**Berliner Theologische Zeitschrift**
Band 41 (2024)

# Berliner
# Theologische Zeitschrift

——

Herausgegeben
im Auftrag der Humboldt-Universität zu Berlin
durch die Theologische Fakultät

Herausgeberkreis
Ruth Conrad (Berlin), Daniel Cyranka (Halle), Mohammad Gharaibeh (Berlin),
Katharina Greschat (Bochum), Ulrike Kaiser (Jena), Rebekka Klein (Frankfurt a. M.),
Torsten Meireis (Berlin), Jürgen van Oorschot (Erlangen), Katharina Pyschny (Graz),
Ulrike Schröder (Rostock), Jens Schröter (Berlin), Henrik Simojoki (Berlin),
Friedemann Stengel (Halle), Markus Witte (Berlin)

Schriftleiter
Markus Witte

# Band 41 (2024)

# Heilige Räume – Räume des Heiligen

Herausgegeben von
Katharina Greschat, Mohammad Gharaibeh
und Markus Witte

**DE GRUYTER**

**Redaktionsassistenz**
Miriam Raichle

**Advisory Board**
Lubomir Batka (Bratislava), Ingolf Dalferth (Claremont, CA), Wilfried Engemann (Wien),
Risto Saarinen (Helsinki), Joseph Verheyden (Leuven)

ISBN 978-3-11-156104-2
ISSN 0724-6137
e-ISSN 2699-3414

**Library of Congress Cataloging-in-Publication Data**
A CIP catalog record for this book has been applied for at the Library of Congress.

**Bibliografische Information der Deutschen Nationalbibliothek**
Die Deutsche Nationalbibliothek verzeichnet diese Publikation in der Deutschen
Nationalbibliografie; detaillierte bibliografische Daten sind im Internet über
http://dnb.dnb.de abrufbar.

© 2024 Walter de Gruyter GmbH & Co. KG, Berlin/Boston
Satz: Matthias Müller, Berlin
Umschlagabbildung: Waisenhauskirche Köln, Foto: H. G. Esch

www.degruyter.com

# Inhalt

https://doi.org/10.1515/bthz-2024-0001

# Editorial

*Denn sollte Gott wirklich auf Erden wohnen?*
*Siehe, der Himmel und aller Himmel Himmel können dich nicht fassen –*
*wie sollte es dann dies Haus tun, das ich gebaut habe?* (1 Kön 8,27)

## 1 Hinführung

Nachdem sich die *Berliner Theologische Zeitschrift* in Band 37 (2020) der Größe »Zeit« zugewendet hatte, lag es nahe, nun einmal die Größe »Raum« zu thematisieren – und dies nicht nur angesichts der Tatsache, dass sich der kulturwissenschaftliche *spatial turn* vielfältig in den theologischen und religionswissenschaftlichen Disziplinen niedergeschlagen hat, sondern auch vor dem Hintergrund, dass die fortschreitende Digitalisierung und Globalisierung die Theologie dazu herausfordert, neu darüber nachzudenken, wie sie das Verhältnis von Gott, Welt und Mensch beschreibt. Ein solches Nachdenken beinhaltet die theologische Klärung dessen, was unter Raum zu verstehen ist. Der vorliegende Band will Impulse für eine solche Klärung geben. Er ist nicht enzyklopädisch angelegt, sondern exemplarisch, positional und selektiv. Gleichwohl bietet er grundsätzliche Reflexionen über wesenhafte, relationale, materiale, funktionale, soziale und prozesshafte Raumverständnisse in Geschichte und Gegenwart. Damit verbunden sind grundlegende Überlegungen zu Körper(lichkeit) und Leib(lichkeit), zu Identität und Personalität, zu Ästhetik und Emotionalität. Anders ausgedrückt: Wenn ein Raum als Text verstanden wird, dann sind zugleich dessen Grammatik und Beschriftung, dessen Ko- und Kontexte sowie dessen intra-, inter- und extratextuelle Bezüge zu thematisieren.

Die Fokussierung auf *heilige* Räume und auf Räume des *Heiligen* impliziert die prinzipielle Frage nach dem Sakralen und nach Sakralität: Werden heilige Räume gefunden bzw. vorgefunden und/oder erfunden? Wodurch wird ihre Heiligkeit legitimiert? Wie wirkt sich ein dynamisches und relationales Raumverständnis auf die Bestimmung eines als heilig definierten, empfundenen, konstruierten oder gedeuteten Raums aus? In welchem Verhältnis stehen Materialität und Sozialität einer »religiös begründeten Sinnordnung«[1]? Welche Rolle spielen Ästhetik, Metaphern, Symbole und Riten bei der Bestimmung und Wahrnehmung eines sakralen Raums? Wie wirken sich Erfahrungen des Exils, der Diaspora, der Migration auf heilige Räume aus? Wie funktionieren multireligiöse Räume? Diese Fragen signa-

---

1 So die Definition eines heiligen Raums im Beitrag von Matthias Wüthrich in diesem Band, S. 80.

https://doi.org/10.1515/bthz-2024-0002

lisieren, dass eine theologische Beschäftigung mit dem Thema »heilige Räume« neben der Kosmologie auch die Anthropologie, die Christologie, die Ekklesiologie, die Pneumatologie und die Sakramentologie sowie – angesichts der biblischen Vorstellung vom »neuen Himmel und der neuen Erde« (Jes 66,22; Offb 21,2) – die Eschatologie berührt. Bei alledem ist die Theologie auf den steten Austausch mit der Religionswissenschaft, der Philosophie, den Geschichtswissenschaften und der Soziologie, aber auch der Architektur- und Kunst(geschichte) angewiesen.

Der Schwerpunkt der in diesem Band zusammengestellten Beiträge liegt auf Kirchenräumen, und zwar im Spannungsfeld von Umgestaltungen, Simultan- und Umnutzungen, worin sich das Phänomen der »neutralen Heiligkeit« heiliger Stätten niederschlägt,[2] sowie im Gegenüber von De-Sakralisierung traditionell als heilig betrachteter Stätten und Sakralisierung eigentlich oder bislang als profan verstandener Orte wie z.B. Bibliotheken, Gedächtnisstätten, Museen, Parlamentsgebäude oder Stadien. Die Beschreibung und Interpretation der gegenwärtigen Formation und Transformation von Kirchenräumen schließt die Rückfrage nach biblischen Traditionen, nach philosophie- und theologiegeschichtlich wichtigen Denkmustern und Diskursen sowie nach liturgischen Vorgaben ein. Insofern sind den gegenwartsbezogenen Ausführungen zum Verhältnis von Kirchenräumen und Architektur sowie zum Wechsel von Sakralisierung und De-Sakralisierung Essays zum Verständnis heiliger Räume in der biblischen Überlieferung und im frühen Christentum sowie – veranschaulicht am Abendmahl – zum systematisch-theologischen Verständnis von Identität und Personalität, von Medialität und Spiritualität sowie von Räumlichkeit und Zeitlichkeit vorangestellt. Konfessionelle Spezifika in der Bestimmung eines heiligen Raumes werden dabei ebenso deutlich wie sozialwissenschaftliche und theologische Unterschiede in der Bestimmung von Religion und Religionen.

Die Beiträge lassen sich je für sich lesen und legen jeweils (in unterschiedlichem Maß) Rechenschaft über die zur Anwendung kommenden raum- und sakralitätstheoretischen Voraussetzungen und Denkfiguren ab. Gleichwohl zielt die in diesem Band vorgenommene Anordnung der Aufsätze auf eine dialogische und komplementäre Lektüre insbesondere der unmittelbar nebeneinander platzierten Beiträge. Dass editorisch andere »Lesepaare« möglich und einzelne Beiträge auch unter anderen Überschriften gut aufgehoben gewesen wären, versteht sich bei einem interdisziplinär ausgerichteten Band von selbst und zeigt nur die sachlich bedingte Vernetzung der einzelnen Essays. Rote Fäden mögen hierbei ebenso wahrgenommen werden wie der Versuch, einen vielstimmigen Beitrag zu aktuellen Debatten über heilige Räume und Räume des Heiligen in Kirchen, Synagogen,

---

2 G. Lanczkowski, Heilige Stätten I. Religionswissenschaftlich, in: TRE 14 (1985), 672–677, hier: 674.

multireligiösen Räumen, umgenutzten Sakralräumen und pluralen Gesellschaften, aber auch zum interreligiösen Gespräch zu leisten.

# 2 Der Band und seine Teile

## 2.1 Raum und Räumlichkeit

Der den Band eröffnende Beitrag der römisch-katholischen Bibelwissenschaftlerin *Marlen Bunzel* (Berlin) zu heiligen Räumen bietet zunächst eine Übersicht zu wichtigen Begriffen für »Raum« und »Heiligkeit« in der Hebräischen Bibel und interpretiert dann einen heiligen Raum in den Schriften des Tanach als relationale, soziale und dynamische Größe. Die Heiligkeit eines Raums ergibt sich demnach durch die Beziehung zu Gott, der in späten Schichten der Hebräischen Bibel und dann im frühen und im rabbinischen Judentum selbst als heiliger Raum, als der Raum schlechthin (*HaMakom*) verstanden werden kann. Bunzels Interpretation basiert auf der Auslegung der Erzählungen der Offenbarung Gottes vor Mose (Ex 3), des Traums Jakobs in Bethel (Gen 28), der Theophanie am Sinai (Ex 19) und der Bindung Isaaks auf »einem der Berge des Landes Morija« (Gen 22). Am Rande kommen tempel- und zionstheologische Konzeptionen des Deuteronomiums, der Prophetie und der Psalmen zur Sprache. Dabei finden raumtheoretische Überlegungen von Michel de Certeau (1925–1986) und Martina Löw (geb. 1959) ebenso Berücksichtigung wie jüdische Auslegungen vom mittelalterlichen Midrasch bis zu Benno Jacob (1862–1945) und Shimon Gesundheit (geb. 1961). Als eine Ergänzung und Weiterführung der Darstellung Bunzels kann der im dritten Teil dieses Bandes eingestellte Beitrag des Rabbiners *Edward van Voolen* gelesen werden, der das Verständnis heiliger Stätten im Judentum im Wandel der Zeiten beleuchtet. Das Verständnis heiliger Räume in der Griechischen Bibel (Septuaginta), die in der Alten Kirche das Alte Testament wurde und in der dezidiert vom »heiligen Land« (Weish 12,3; 2 Makk 1,7)[3] oder auch der »heiligen Stadt« (Neh 11,1; Tob 13,10; 1 Makk 2,7 u.ö.) gesprochen wird,[4] wäre noch einmal ein eigenes Thema.

Im Blick auf das frühe Christentum entwirft der evangelische Neutestamentler *Ulrich Mell* (Stuttgart-Hohenheim) die These, dass es aufgrund eines, frühjüdisch vorgeprägten, personalen Heiligkeitsverständnisses, dem gemäß die Christen sich

---

**3** Zu der in der Hebräischen Bibel einmaligen Wendung »heiliger Boden« in Sach 2,16 siehe Bunzel, S. 28.

**4** Vgl. auch Mt 4,5; 27,53; Offb 11,2; 21,2.10.

selbst als »Tempel Gottes« betrachteten (1 Kor 3,16; 2 Kor 6,16), keiner besonderen sakralen Kultstätten bedurfte. Die Vorstellung der frühen Christen als »lebendige Steine« (1 Petr 2,5) bildet dann in gewisser Weise eine Kollektivierung der alttestamentlichen Personifikation des Zions (vgl. Ps 9,15; Klgl 2,8; Sach 9,9), die schon in späten Fortschreibungen des Jesajabuchs angelegt ist (vgl. Jes 60,21).[5] Eine solche (nicht nur) im Alten Testament vorliegende Personifikation eines heiligen Ortes ließe sich auch für ein personales Raumverständnisses fruchtbar machen. Eigene heilige Räume sind im Christentum dann erst im 4. Jahrhundert im Kontext der Verehrung von Märtyrer- und Heiligengräbern entstanden. Die von Mell diagnostizierte »räumliche Asakralität im Urchristentum«, die aber nicht spiritualistisch zu begründen sei, und die Interpretation räumlicher Sakralität als einer von den sich als Heilige verstehenden Christen »abgeleiteten Heiligkeit« wird von Überlegungen zu frühchristlicher Ekklesiologie und Eschatologie und zur »Hauskirche« von Dura Europos am Euphrat (3. Jahrhundert) flankiert.

Der Beitrag des protestantischen systematischen Theologen *Risto Saarinen* (Helsinki) knüpft insofern direkt an Mells Ausführungen an, als dass er bei seiner Frage nach der Bedeutung des aristotelischen Raumverständnisses für die christliche Theologie ausführlich auf die frühchristlichen Denker Paulus und Pseudo-Klemens eingeht. Im Mittelpunkt seines Essays, der auch eine knappe Einführung in die Raumkonzeptionen Aristoteles' (384–322 v. Chr.) und Isaac Newtons (1642–1726) bietet, steht Martin Luthers Schrift *Vom Abendmahl Christi. Ein Bekenntnis* (1528). Die von Saarinen vorgeführte Interpretation der Abendmahlsschrift Luthers zeigt, wie eng theologische Reflexionen über einen (heiligen) Raum mit Grundfragen des Gottesverständnis (Ubiquität und Multilokalität Gottes; Körper Gottes), der Christologie und Pneumatologie, des Personenverständnisses und der Sakramentologie verknüpft sind. Wenn Saarinen in Anlehnung an Eilert Herms (2023) Luthers Ontologie als Panentheismus klassifiziert und wenn die gesamte Schöpfung als Ort Gottes verstanden wird, dann bildet das ein Gegenüber zu dem von Bunzel aus dem Midrasch Bereschit Rabbah zu Gen 28,11 mitgeteilten Zitat Rabbi Isaaks, dem zufolge Gott die Wohnung der Welt, aber die Welt nicht die Wohnung Gottes sei.

Die von Saarinen für die Theologiegeschichte des 16. Jahrhunderts diskutierte Frage nach der raumtheoretischen Basierung des Abendmahlsverständnisses, findet im Beitrag des evangelischen systematischen Theologen *Matthias Wüthrich* (Zürich) zur digital vermittelten Abendmahlsfeier ihre bis in die unmittelbare Gegenwart reichende Fortführung. In Aufnahme von Gottfried Wilhelm Leibniz' (1646–1716) Verständnis des Raums als Ordnungsgefüge und Martina Löws Raum-

---

5 Siehe dazu K. Schmid, Zion bei Jesaja, in: T. Pilger/M. Witte (Hg.), Zion. Symbol des Lebens in Judentum und Christentum (SKI.NF 4), Leipzig 2013, 11–25.

modell, in dem eine Verschmelzung von Menschen bzw. Objekten mit den Orten, an denen sie lokalisiert sind, angenommen wird, problematisiert Wüthrich die Gegenüberstellung von »digitalem« bzw. »virtuellem« und »analogem« bzw. »realem« Raum. Grenzen, die für die Definition eines Raums, zumal eines heiligen Raums, eigentlich konstitutiv sind, und Differenzierungen wie »Innen und Außen« oder »Zentrum und Peripherie« werden angesichts eines relationalen und auf dem Wechselspiel von Inszenierung, Konstruktion und Rezeption basierenden Raumverständnisses fließend. Der Aufbau eines durch digitale Synchronie ermöglichten globalen und interpersonalen Raums wirft gleichzeitig grundsätzliche Fragen nach Leibhaftigkeit, Personenwahrnehmung und Präsenz sowie nach christologischen, ekklesiologischen und sakramentologischen Konsequenzen auf.

## 2.2 Kirchenräume und Architektur

Dieser Abschnitt zu Kirchenräumen und ihrer Architektur fragt nach den Möglichkeiten einer architektonisch-räumlichen Umsetzung des Konzepts der Heiligkeit im Kirchenbau, lotet aus, was für Vorstellungen von Sakraltopographie angesprochen werden könnten und beschreibt Heiligkeit in erster Linie als eine Deutekategorie.

Der Beitrag des Architekten und Philosophen *Martin Düchs* (St. Pölten), der gemeinsam mit dem evangelischen systematischen Theologen *Thomas Wabel* (Bamberg) verfasst worden ist, konzentriert sich auf den Architekten und Architekturtheoretiker Otto Bartning (1883–1959), dessen Kirchenbauten nach wie vor einen hohen Bekanntheitsgrad besitzen. Die Verfasser schildern anschaulich, wie sehr die Zeit nach dem ersten Weltkrieg als Einschnitt wahrgenommen und mit welchem Nachdruck ein »neuer Mensch« propagiert wurde. Interessanterweise hat auch Karl Barth in seinem *Römerbrief* (erste Fassung 1918/1919, zweite Fassung 1921/1922) den neuen Menschen mit raumbezogenen Metaphern beschrieben, die mit Bauen und mit Bewegung zu tun haben. Für Bartning war entscheidend, dass sich in Räumen menschliches Leben wiederfinden könne. Insofern setzte er bei der Gestaltung von Kirchenräumen statt auf Verzauberung oder Einschüchterung auf Wohnen in einem ganz existentiellen Sinn, d.h. das Raumerleben soll durchsichtig auf die Selbstbestimmung des Menschen hin sein.

Vieles von dem, was in diesem Beitrag angesprochen wird, greifen die folgenden Aufsätze aus je anderer Perspektive auf, wie etwa der Aufsatz der Architekturwissenschaftlerin *Stefanie Lieb* (Köln). Auch sie verwendet die Metapher des Wohnens und bezieht sich auf Otto Bartning, stellt aber insbesondere den Sichtbeton als Materialsprache des 20. Jahrhunderts, der natürlich auch für den modernen Kirchenbau Verwendung fand, in den Mittelpunkt ihres Beitrags. Man denke nur an die berühmte Wallfahrtskirche von Le Corbusier in Ronchamps! Angelehnt an das Modell der gotischen Kathedrale, an das des Bunkers oder einer Skulptur gestaltete man seinerzeit Betonkirchen, die jedoch inzwischen häufig massiv umgestaltet oder einer Umnutzung unterzogen wurden. Der Beton bröckelt und die sehr spezifische Materialsprache wirkt mittlerweile abgenutzt.

Die Bewegung und das Raumerleben sind auch für die renommierten Architekten *Ansgar* und *Benedikt Schulz* (Schulz und Schulz, Dresden) von großer Bedeutung. Besonders spannend gestaltet sich ihre Konzeption für den Umbau der St. Rochus Kirche in Düsseldorf, die als radikalster Kirchenbau nach dem zweiten Weltkrieg bezeichnet wurde. Ihr neugotischer Turm wurde in der Nachkriegszeit durch einen Gang mit einem Kuppelbau verbunden, einem »Ei mit einem Innenraum aus Beton und Licht«. Weil der Bau aber nicht funktioniert, will der Entwurf der Architekten durch Positionswechsel der für die Liturgie notwendigen Gegenstände Bewegung in den Raum bringen, so dass Raum und Liturgie miteinander verschmelzen können. Außerhalb der Gottesdienstzeiten soll der Kirchenraum jedoch leer bleiben, um der Kontemplation Raum zu geben.

Auch im Beitrag der evangelischen praktischen Theologin *Sonja Keller* (Neuendettelsau) geht es um die liturgische Praxis als wichtigem Referenzpunkt für die besondere Bedeutung von Kirchengebäuden, die ja in evangelischer Perspektive nicht heilig genannt werden, sondern primär zur Funktionsausübung errichtet wurden. Keller macht deutlich, dass das Raumerleben entscheidend ist und Kirchen eine affektive Qualität zu eigen werden kann, so dass ihnen Heiligkeit sowohl subjektiv als auch kollektiv nur im Sinne einer Deutekategorie zugeschrieben werden könne. Aus diesem Grund werden Kirchenschließungen und Umwidmungen in dieser Perspektive deshalb auch nicht als Verlust von Heiligkeit wahrgenommen.

Der Beitrag der evangelischen praktischen Theologin *Kerstin Menzel* (Halle/Saale) lässt sich als direkte Fortsetzung dazu lesen. Sie fragt nach der Heiligkeit umgewidmeter Kirchen im Sinne eines Wechselspiels zwischen der Materialität von Architektur und der Sozialität ihrer Nutzung. Wie wirkt sich das aus, wenn die an gemeinschaftliche oder individuelle Ritualität gebundene Sakralität aufhört? Manche Transformationen, wie die Digital Church in den Räumlichkeiten der ehemaligen Aachener St. Elisabeth Kirche oder die Kletterkirche in Mönchengladbach, setzen die sakralen Elemente ganz gezielt für die eigene Inszenierung ein. Andere Transformationen, wie die Zirkuskirche in Großkayna oder ein Restaurant mit dem bezeichnenden Namen »Glück und Seligkeit« in Bielefeld, machen deutlich, dass die religiös-kirchliche Prägung auch bei völliger Umnutzung keineswegs an ihr Ende kommt. Ein rein funktionales Verständnis – so Menzel– unterschätzt die Wirkung, die von einem Sakralraum ausgehen könne.

## 2.3 Umnutzung und Konstruktion durch Interaktion

Während im Artikel von Kerstin Menzel über eine Transformation gesprochen wurde, beschäftigen sich die folgenden Aufsätze mit der Sakralisierung und De-Sakralisierung von Räumen. Den Auftakt macht der Beitrag des Rabbiners *Edward van Voolen* (Berlin) zu heiligen Stätten im Judentum. Er schreibt über die Sakralisierung sowie Politisierung zahlreicher heiliger Stätten. Dabei steht am Anfang des Beitrags Jerusalem mit seiner historischen Bedeutung und zentralen Rolle für das Judentum sowie seiner historischen Bedeutung für Christentum und Islam. Für das Judentum vollzog sich jedoch mit der Zerstörung des Zweiten Tempels in Jerusalem im Jahr 70 n. Chr. ein Wandel, der zum einen das Gedenken an Jerusalem in zahlreichen Gebeten bewahren sollte, gleichzeitig aber auch dazu führte, dass beinahe überall, wo Rituale abgehalten werden, kleine heilige Räume entstehen. Dadurch treten *Synagogen als kleine Heiligtümer* in der ganzen Welt an die Stelle des Tempels und sogar Häuser werden am Schabbat zu einem heiligen Raum.

Thematisch verwandt geht es in dem Beitrag der evangelischen Theologin *Gerdi Nützel* (Berlin) weiter. Dieser beschäftigt sich zwar nicht mit heiligen Räumen im Judentum, stellt aber die Umnutzung von Sakralräumen durch Religionsgemeinschaften anderer religiöser, konfessioneller und/oder kultureller Prägung in den Mittelpunkt. Damit erschließt sich dem Leser eine inhaltliche Verwandtschaft zu der sozialen Konstruktion von heiligen Räumen durch Rituale und Praktiken. Dafür nimmt Nützel geltende kirchenrechtliche Regelungen sowie die praktischen Erfahrungen mit sieben verschiedenen Formen der Umnutzung in Berlin und Brandenburg exemplarisch in den Blick. Daraus entwickelt sie sieben handlungsorientierte Formen für ein Konzept der interreligiösen Konvivenz mit einem besonderen Augenmerk auf vielfältige Raumaspekte und nutzt ein Konzept von *Shared Space*, um Umnutzung als Chance für die interreligiöse Konvivenz zu begreifen.

Von der Umnutzung von Sakralräumen durch Religionsgemeinschaften anderer religiöser Prägung gelangt der Leser im nächsten Beitrag der evangelischen Theologin *Silke Radosh-Hinder* (Berlin) zur sozialen Konstruktion von multireligiösen Gebäuden durch kommunikative Interaktion. Ging es folglich im vorherigen Beitrag darum, was mit bestehenden Sakralräumen nach der Umnutzung geschieht, richtet *Radosh-Hinder* einen Blick darauf, wie interreligiöse Interaktionen »neue« Räume konstruieren und schaffen und wie diese charakterisiert werden können. Nicht nur angesichts der stetig steigenden Anzahl an interreligiösen Interaktionen und der damit verbundenen Einrichtung von z. B. *Stillen Räumen* ist dies eine wichtige Perspektive – vor allem auch angesichts der Tatsache, dass Konzepte von Heiligkeit und Sakralität in den verschiedenen Religionen unterschiedlich definiert werden oder gar nicht existieren.

Auf ähnliche Ambivalenzen blickt der Beitrag der römisch-katholischen Theologin *Anna Minta* (Linz). Er »fokussiert auf [...] Ambivalenzen zwischen dem Profanen und Sakralen, auf wechselseitige Aneignungsprozesse des Sakralen respektive des Profanen und die damit einhergehende Verunklarung der Grenzen zwischen beiden Sphären im Zusammenhang mit den architektonischen Räumen der Gemeinschaftsstiftung«.[6] Dabei zeigt sich die Verhandelbarkeit von Heiligkeit besonders deutlich im Reformkirchenbau des 20. Jahrhunderts mit dem Bemühen, inszenierte Heiligkeit zu entkräften, sowie in den Ambitionen profaner Institutionen, über sakral anmutenden Assoziationen die soziale Bedeutung zu steigern.

Der Beitrag der Religionswissenschaftlerin *Insa Eschebach* (Fürstenberg) beschäftigt sich mit der Sakralisierung von Räumen in der Erinnerungskultur, dessen Geschichte durch den gewaltsamen Tod von Menschen geprägt ist. Dabei beschreibt Eschebach Sakralisierung als Kulturtechnik, welche Handlungsmuster und ein Vokabular zur Verfügung stellen, um Massentötungen und Gewaltverbrechen in einer sinnvollen, scheinbar überirdisch legitimierten Ordnung aufgehen zu lassen. Dies zeigt sie am Beispiel der Sakralisierung von Orten wie Oradour-sur-Glane und dem Frauen-Konzentrationslager Ravensbrück nach 1945.

## 2.4 Heilige Erde und das Heilige im politischen Raum

Der vorliegende Band über Heilige Räume und Räume des Heiligen widmet seinen letzten Abschnitt schließlich einer Sakraltopographie, die sich auf nationale Konzepte bezieht. Der protestantische Systematiker und Kirchenhistoriker *Reinhard Flogaus* (Berlin) beschäftigt sich eindringlich mit dem prominenten Narrativ der »Russischen Welt«, das vom Patriarchen der Russisch-Orthodoxen Kirche gemeinsam mit Wladimir Putin nicht erst seit dem Ukraine-Krieg 2022 aufgerufen wird. Allerdings hat diese sehr bewusste Anknüpfung und Weiterführung des zaristischen Russland, verbunden mit seiner Sakralisierung von Land, Volk und Nation unter dem Schirm des orthodoxen Glaubens in Abgrenzung zu der als dekadent und unchristlich gedeuteten westlichen Kultur auch zu massiver Kritik und zur Abspaltung der lettischen und der ukrainischen Orthodoxen Kirche geführt.

In einer instruktiven Einzelstudie widmet sich der Ostkirchenkundler *Martin Illert* (Halle/Saale) schließlich einer Gedenkstätte des in Osteuropa verehrten Bischof Methodius aus dem neunten Jahrhundert, der – einer erfundenen Tradition nach – seinerzeit im schwäbischen Ellwangen inhaftiert wurde. Dort wurde in den 1980er Jahren eine Gedenkstätte nach den Richtlinien der sozialistischen

---

6 Minta, in diesem Band S. 264.

Identitätspolitik Bulgariens errichtet, die nicht an die religiöse Tradition anknüpft und Methodius als den Apostel der Slaven verehrt, sondern Bulgarien als Kreuzweg alter Zivilisationen und Methodius als Vertreter von Bildung und Aufklärung verherrlicht. Noch die im Jahr 2018 erfolgte Ausmalung der Gedenkstätte bzw. des heiligen Raums ist immer dieser Interpretation verpflichtet.

# 3 Dank

Den Autorinnen und Autoren des Bandes danken wir sehr herzlich für ihre Mitwirkung und ihre Bereitschaft, spezielle Wünsche des Herausgeberkreises in ihren Aufsätzen zu berücksichtigen. Miriam Raichle sind wir zu Dank für die Erstellung der Satzvorlage verpflichtet, dem Verlag W. de Gruyter danken wir sehr herzlich für die gute Zusammenarbeit, insbesondere für die Möglichkeit, dass diesem Band zahlreiche Abbildungen beigegeben werden konnten. Die Verwendung der Fotografie der Kölner Waisenhauskirche von H. G. Esch zur Gestaltung des Covers dieses Bandes verdanken wir Stefanie Lieb. Beim Lesen der Korrekturen haben uns studentische Mitarbeiterinnen und Mitarbeiter in Berlin unterstützt: Johanna Christina Mängel und Felix Zander – auch Ihnen sei herzlich gedankt. Mit der Edition dieses Bandes verbinden wir die Hoffnung, dass die einzelnen Aufsätze zu einem neuen Erleben des Heiligen in Zeit und Raum anregen.

*Katharina Greschat, Mohammad Gharaibeh, Markus Witte*
Berlin und Bochum, im Frühjahr 2024

# Literaturhinweise

R. Achenbach (Hg.), Heilige Orte der Antike, Münster 2018.
B. Beinhauer-Köhler / M. Roth / B. Schwarz-Boenneke (Hg.), Viele Religionen – ein Raum?! Analyse,
    Diskussionen und Konzepte, Berlin 2015.
M. Böhm (Hg.), Kultort und Identität. Prozesse jüdischer und christlicher Identitätsbildung im Rahmen
    der Antike (BThSt 155), Göttingen 2016.
J. Bründel / T. Laubach / K. Lindner (Hg.), Zeichenlandschaften. Religiöse Semiotisierungen im interdis-
    ziplinären Diskurs (BaThS 41), Bamberg 2021.
J. Dünne / S. Günzel (Hg.), Raumtheorie. Grundlagentexte aus Philosophie und Kulturwissenschaft
    (stw 1800), Frankfurt / M. 2006.
A. Koch, Jüngste religionswissenschaftliche Debatten zu Raum, VuF 62 (2017), 6–18.
M. Tworuschka / U. Tworuschka, Heilige Stätten. Die bedeutendsten Pilgerziele der Weltreligionen,
    Darmstadt 2016.

Teil I:  **Raum und Räumlichkeit**

Marlen Bunzel
# Heilige Räume in der Hebräischen Bibel
## Am Beispiel von Texten aus den Büchern Genesis und Exodus

**Zusammenfassung:** Der vorliegende Text setzt bei den Begrifflichkeiten an, die die Hebräische Bibel für *heilige Räume* bereithält. Er fokussiert sich dabei vor allem auf Texte aus den Büchern Genesis und Exodus, da sich hier zentrale heilige Räume der Hebräischen Bibel finden: der *heilige Ort* in Ex 3 – und Gen 28, der *heilige Berg* in Ex 19 – und Gen 22, sowie das *mobile Zelt-Heiligtum* ab Ex 25, welches im *Heiligen Land* zu einem festen Heiligtum, dem Tempel wird. Deutlich wird, dass es sich bei den heiligen Räumen der Hebräischen Bibel nicht um statische, begrenzte Räume handelt, sondern um Beziehungsräume, die sich in Relation zu Gott, dem unbegrenzten heiligen Raum (*HaMakom*), entfalten.

**Abstract:** The present text concerns itself with the terminology that the Hebrew Bible provides for *holy spaces*. It focuses mainly on texts from the book of Genesis and Exodus, since central holy spaces of the Hebrew Bible are found here: the *holy place* in Ex 3 – and Gen 28, the *holy mountain* in Ex 19 – and Gen 22, as well as the *mobile tent-sanctuary* from Ex 25 on, which becomes a fixed sanctuary, the temple, in the *Holy Land*. It becomes evident that the holy spaces of the Hebrew Bible are not static, limited spaces, but relational spaces that unfold in relation to God, the unlimited sacred space (*HaMakom*).

# 1 Am Anfang: Der Ewige und Allgegenwärtige schafft Raum und Zeit – und heiligt einen Zeitraum (Gen 1,1–2,3)

Die Hebräische Bibel beginnt mit den Worten: »Im Anfang (בְּרֵאשִׁית) schuf Gott den Himmel und die Erde [...] und der Wind (רוּחַ) Gottes war flatternd über den

**Kontakt: Marlen Bunzel**, Zentralinstitut für Katholische Theologie der Humboldt-Universität zu Berlin; E-Mail: marlen.bunzel@hu-berlin.de

https://doi.org/10.1515/bthz-2024-0003

weiten Wassern«[1] (Gen 1,1.2b). Der ewige Raum (רוּחַ)[2] und die allgegenwärtige Zeit (רֵאשִׁית) sind vor allem Anfang schon da. Gott, der Ewige und Allgegenwärtige, schafft Himmel und Erde. Durch die Nennung von Himmel und Erde spannt sich förmlich ein weiter Raum auf, der im Fortgang von Gott geordnet und gefüllt wird. Inmitten des bereits vorhandenen Chaos (Gen 1,2a: Tohu Wabohu) stiftet Gott den Kosmos. Indem Gott räumliche und zeitliche Grenzziehungen vornimmt, entsteht *ein zeitlich strukturierter Raum*[3]: Die Trennung von Licht und Finsternis (Gen 1,4) führt zum Wechsel von Tag und Nacht (Gen 1,5); durch die horizontale Grenzziehung eines Gewölbes wird der Himmel von der Erde getrennt (Gen 1,6–8); durch eine vertikale Grenze wird das Trockene (Festland) vom Wasser (Meer) getrennt (Gen 1,9–10). In diesem raumzeitlich strukturierten Ganzen wechseln sich Licht und Dunkel, Wasser und Festland ab. Es eignet sich von nun an als Lebensraum für Pflanzen, Tiere und Menschen. Gott, der Heilige, schafft den Raum als Bedingung der Möglichkeit dafür, dass es Leben gibt. Zum Abschluss dieser ersten Schöpfungserzählung gibt Gott von seiner Heiligkeit ab: »Und Gott segnete den siebten Tag und heiligte ihn« (Gen 2,3). Das erste, was Gott also für heilig erklärt, ist weder ein Ort noch ein Lebewesen, sondern ein bestimmter *Zeitraum*, der Shabbat: »Der Raum, in dem es wimmelt und wuselt, sinkt durch die Ausgrenzung des siebten Tages als heilig in auf Gott hin ausgerichtete Ruhe«[4], so formuliert es Irmtraud Fischer poetisch.

Für meinen Beitrag »Heilige Räume in der Hebräischen Bibel«[5] liefern Fischers Überlegungen eine Grundlage, an die im Folgenden angeknüpft wird. Fischers Vorgehen orientiert sich am Aufbau des Kanons der Hebräischen Bibel, wodurch ihr Beitrag einen blitzlichtartigen Überblick anbietet. Ebenso enthält der von Ilse Müllner verfasste Artikel »Räume – Körper – Heiligkeit«[6] wichtige Beobachtungen

---

**1** Nach der Übersetzung Benno Jacobs: B. Jacob, Das Buch Genesis. Hg. in Zusammenarbeit mit dem Leo Baeck Institut, Stuttgart 2000 (Erstveröffentlichung: 1934), 19.25.
**2** Dass mit dem Begriff רוּחַ (»Wind, Atem, Geist«) eine Raumdimension eingespielt wird, wird im folgenden Punkt (»Heilige Räume« in der Hebräischen Bibel? – Eine semantische Bestandsaufnahme) erläutert. Zur Rolle der רוּחַ bei der Schöpfung siehe auch H.-J. Fabry, Art. רוּחַ, in: ThWAT V (1986), 385–425: 405–408.
**3** Vgl. I. Müllner, Räume – Körper – Heiligkeit. Dynamiken von Raum und Geschlecht aus exegetischer Sicht, in: A. Kaupp (Hg.) Raumkonzepte in der Theologie. Interdisziplinäre und interkulturelle Zugänge, Ostfildern 2016, 65–79: 67.
**4** I. Fischer, Heiliger Raum. Über alttestamentliche Vorstellungen des kosmischen und kultischen Raums sowie des verheißenen Landes als gottgeschenkter Lebensraum des Volkes Israel, in: P. Ernst/A. Strohmaier (Hg.), Raum. Konzepte in den Künsten, Kultur- und Naturwissenschaften (Raum, Stadt, Architektur 1), Baden-Baden, 2013, 59–70: 61.
**5** Herzlichen Dank den Herausgeber:innen für die Aufnahme in die BThZ 2024.
**6** Vgl. I. Müllner, Räume (s. Anm. 3). Vgl. auch der von Ilse Müllner mitherausgegebene, angekün-

zum Thema: Sie setzt beim Jerusalemer Tempel an und versteht dabei das konzentrische und gestufte Modell von heiligem Raum mit dem Tempel in seiner Mitte als grundlegend. Dabei setzen sowohl Fischer als auch Müllner eine Vorstellung von *heiligem Raum* voraus, ohne ihn als solchen zu hinterfragen. In meinem Beitrag möchte ich einen Schritt davor schalten. Welche Begrifflichkeiten hält die Hebräische Bibel für heilige Räume bereit? Wo werden Räume explizit als heilig benannt? Wo lässt der Text die Vorstellung eines heiligen Ortes implizit entstehen? Die Beantwortung der aufgeworfenen Fragen kann im Rahmen dieses Beitrags nur annäherungsweise erfolgen. Ich fokussiere mich aus methodischen und hermeneutischen Gründen dabei vor allem auf Texte aus den Büchern Genesis und Exodus, da sich an ihnen zentrale heilige Räume der Hebräischen Bibel exemplarisch beschreiben lassen. Der Durchgang durch die Texte wird zeigen, dass es sich bei heiligen Räumen in der Hebräischen Bibel um *Beziehungsräume* handelt, die sich relational entfalten.[7] Abschließend mündet mein Text in eine Reflexion über den *ewigen Raum*, in eine Zusammenschau jüdischer und christlicher Sichtweisen zu *dem* heiligen Raum, der nicht im Raum aufgeht.

## 2 »Heilige Räume« in der Hebräischen Bibel? – Eine semantische Bestandsaufnahme

Ein legitimer Weg, »heilige Räume« in der Hebräischen Bibel zu finden, führt über die Begrifflichkeiten. Welche Räume, welche Orte werden in den Texten konkret als »heilig« klassifiziert? Dazu werden all jene Begriffe als »Raum«-Begriffe verstanden, bei denen der Raum- und Ortsbezug intuitiv hergestellt wird, so z.B. bei אֲדָמָה (»Erde, [Erd-]Boden; Land«), הַר (»Berg«), מִשְׁכָּן (»Wohnung«), אֹהֶל (»Zelt«) oder, ein besonderer Fall[8], מִקְדָּשׁ (»heiliger Ort«).[9] Der abstrakteste hebräische Raum-Begriff, der dem deutschen Wort »Raum« am nächsten kommt und in der Hebräischen Bibel oft im Zusammenhang mit קדש (»heilig/en«) vorkommt, ist מָקוֹם (»Ort, Stelle, Standort«).

---

digte Band »Heilige Räume«, hg. von M. Kutzer/I. Müllner/A. Reese-Schnitker, Stuttgart, erscheint voraussichtlich 2024.

7 Zum Begriff des Beziehungsraumes vgl. M. Bunzel, Ijob im Beziehungsraum mit Gott. Semantische Raumanalyse zum Ijobbuch (HBS 89), Freiburg i. Br. 2018, 17–70.

8 Vgl. dazu unten 5.

9 Zur narrativen Erzeugung von Raum durch raumreferentielle Termini siehe K. Dennerlein, Narratologie des Raumes (Narratologia 22), Berlin/New York 2009, 75–84.

Das *eine* treffende hebräische Äquivalent für »Raum« gibt es nicht,[10] was ich kurz demonstrieren möchte: Das Nomen רַחַב, »weiter Raum«, kommt in der gesamten Hebräischen Bibel nur zweimal vor, jeweils im Ijobbuch: in Ijob 36,16 (»in Weite stehst du, nicht in Enge«) und 38,18 (die »Weiten der Erde«).[11] Während die erste Verwendung eine »innere Weite« im metaphorischen Sinne meint (in Ijob 36,16), ist in der Gottesrede mit רחב die konkrete Weite des Weltenraumes angesprochen (Ijob 38,18).

Das verwandte Nomen מֶרְחָב, das im Modernhebräischen als Äquivalent für »Raum« verwendet wird,[12] kommt sechsmal vor, ebenfalls i. S. v. »weiter Raum, Weite«, sowohl konkret: »Weite/weite Landschaft« (Hos 4,16) und »Weiten der Erde« (Hab 1,6), als auch metaphorisch: »in die Weite führen« (mit יצא Hiph.), parallel zu »befreien«, mit Gott als Subjekt (2 Sam 22,20 // Ps 18,20) und im Gegensatz zur »Enge« (Ps 31,9 f.; 118,5).[13] *Gott führt von der Enge in die Weite, verschafft neuen Raum*, so die raummetaphorische Formulierung in den Psalmen.

Ein ähnlicher »Raum«-Begriff lautet רֶוַח, »Weite, Raum«. Er wird in dieser Bedeutung als Nomen nur zweimal in der gesamten Hebräischen Bibel verwendet: in Gen 32,17 i. S. v. »Abstand« und in Est 4,14[14] i. S. v. »Erleichterung, Errettung aus der Bedrängnis«[15]. Bei diesem Lexem fällt der sowohl etymologische als auch inhaltlich-theologische Zusammenhang mit dem bereits erwähnten רוּחַ (»Atem, Wind, Geist«) auf: »*rûaḥ* ist eng verwandt mit *ræwaḥ* ›Weite/Raum‹, es wird gebraucht, wenn jemand weit wird, erleichtert ist, aufatmet [...] רוח *rûaḥ* schafft Raum, sie setzt in Bewegung, führt aus der Enge in die Weite und macht so lebendig.«[16] Auf diesen Zusammenhang wird meist nur dann hingewiesen, wenn es um den mehrdimensionalen anthropologischen Grundbegriff רוּחַ (»Geist, Atem«) geht: רוּחַ als eine Kraft, die in Bewegung setzt und die Bewegung ist, »deren Woher und Wohin rätselhaft bleibt«[17]. Der wenig rezipierte französische Exeget Henri Cazelles plädiert jedoch dafür, diese Raumdimension, die der Begriff רוּחַ enthält, immer auch dort mitzudenken, wo in der Hebräischen

---

**10** Vgl. dazu z. B. M. Geiger, Art. Raum, WiBiLex, Januar 2012, https://bibelwissenschaft.de/stichwort/65517/.

**11** Vgl. רַחַב, Gesenius[18], 1232b. Die Verbalwurzel (רחב) kommt hingegen häufiger vor, v. a. im Hiphil i. S. v. »Raum verschaffen«.

**12** Vgl. bspw. der Titel der Dissertation von Hana Cohen Yadan תפיסות מרחב ודימויי מרחב במקרא, engl.: »Spatial Conceptualization and the Imagery of Space in the Hebrew Bible«, frei zugänglich unter https://oranim.academia.edu/HanaCohenYadan.

**13** Vgl. מֶרְחָב, Gesenius[18], 739a.

**14** Zu Est 4,14 siehe auch unten der abschließende Punkt (6).

**15** Siehe רֶוַח, Gesenius[18], 1225a. Vgl. dazu das entsprechende Verb רוח1, Gesenius[18], 1224b: »sich ausweiten, sich verbreiten, Hi. sich erleichtert fühlen; [...] geräumig sein [...]; weit sein« (רָוַח), so in 1 Sam 16,23; Ijob 32,20 und Jer 22,14. רוח2 (רוּחַ) ist nur im Hiphil belegt und wird in erster Linie mit »riechen« (z. B. in Dtn 4,28) übersetzt, vgl. רוח2, Gesenius[18], 1225a. Siehe dazu das Substantiv רֵיחַ (»Geruch«).

**16** H. Schüngel-Straumann, Art. Geist (AT), WiBiLex, Januar 2009, https://bibelwissenschaft.de/stichwort/19184/. Die Trennung zwischen רוח1 und רוח2, die beispielsweise im Gesenius zu finden sind, ist umstritten, vgl. dazu T. Kronholm, Art. רֵיחַ, in: ThWAT V (1986), 382–385: 382; R. Albertz/C. Westermann, Art. רוּחַ, in: THAT II (2004), 726–753: 727.

**17** Albertz/Westermann, רוּחַ (s. Anm. 16), 728.

Bibel רוּחַ, *rûaḥ*, vorkommt.[18] Denn die primäre Bedeutung der Wurzel רוח »est celui d'un espace, d'une distance, un vide qui peut être rempli mais ne l'est pas par lui même. C'est ainsi qu'en hébreu, cet espace peut être le vide apparent qui s'étend entre ciel et terre [...]; c'est l'espace où respirent hommes et animaux«[19].

Dass מקום als geeignetes Äquivalent für »Raum« gelten kann, ist näher zu erläutern, heißt מקום doch übersetzt zuallererst »Ort« und nicht »Raum«.[20] Bei genauerem Hinsehen wird jedoch schnell deutlich, dass der hebräische Begriff für »Ort« (מקום) nicht dem deutschen Begriff von »Ort« entspricht und dass er sich daher auch nicht auf »Ort« im Gegensatz zu »Raum« beschränken lässt: Im hebräischen מקום klingt die Beweglichkeit mit an, denn מקום ist auf das Bewegungsverb קום (»aufstehen«) zurückzuführen,[21] während unser Verständnis von Ort im Gegensatz zum Raum eher das eines festen, unbeweglichen Platzes ist.[22] Die im abendländischen Denken gut funktionierende und in der Philosophie vielbeachtete Unterscheidung zwischen »Ort« und »Raum«[23] (engl.: place – space; frz.: lieu – espace u.a.) ist im Hebräischen schlicht nicht anzutreffen; daher sollten wir uns beim Lesen (und Übersetzen) der hebräischen Texte davon lösen – ähnlich wie von der Vorstellung einer »Leib-Seele«-Dichotomie.

Michel de Certeau bringt die Differenz von »Ort« und »Raum« so auf den Punkt: »Insgesamt *ist der Raum ein Ort*, mit dem man etwas macht.«[24] Und Martina Löw, eine der Stichwortgeber:innen der Spatial-Turn-Welle in den Geisteswissenschaften, definiert Raum als »relationale (An-)Ordnung von Lebewesen und sozialen Gütern *an Orten* [...]. Die Konstitution von Raum bringt systematisch Orte hervor, so wie Orte die Entstehung von Raum erst möglich machen. [...] An einem Ort können verschiedene Räume entstehen«[25].

---

**18** Vgl. H. Cazelles, Prolégomènes à une étude de l'Esprit dans la Bible, in: W.C. Delsman/J.T. Nelise (Hg.), Von Kanaan bis Kerala. FS J.P.M. van der Ploeg (AOAT 211), Neukirchen-Vluyn 1982, 75–90.
**19** Cazelles, Prolégomènes (s. Anm. 18), 80. Deutsch: Die erste Bedeutung von רוח »ist die eines Raumes, einer Distanz, einer Leere, die gefüllt werden kann, aber nicht von selbst gefüllt wird. So kann dieser Raum im Hebräischen die scheinbare Leere zwischen Himmel und Erde sein [...]; es ist der Raum, in dem Menschen und Tiere atmen«.
**20** Die Septuaginta übersetzt מקום ebenso meist mit τόπος, »Ort«, ganze 363mal von ca. 400, vgl. J. Gamberoni, Art. מָקוֹם, in: ThWAT IV (1984), 1113–1124: 1115.
**21** Siehe Gamberoni, מָקוֹם (s. Anm. 20), 1115.
**22** Jedoch auch Jacob Levy definiert מקום ähnlich statisch als »Ort, Stelle, eig. wo man steht, sich befindet«, vgl. J. Levy, Neuhebräisches und Chaldäisches Wörterbuch über die Talmudim und Midraschim, Band 3, Leipzig 1883, 219.
**23** Vgl. dazu die Kategorisierungen bei Aristoteles, siehe S. Rau, Räume. Konzepte, Wahrnehmungen, Nutzungen, Frankfurt a.M. ²2017, 19–20.
**24** M. de Certeau, Die Kunst des Handelns, Berlin 1988, 218. Hervorhebung im Original.
**25** M. Löw, Raumsoziologie, Frankfurt a.M. 2001, 271.272–273. Hervorhebung MB.

Das hebräische מקום deckt außerdem ein weit über »Ort« hinausgehendes Bedeutungsspektrum ab: In vier Fünfteln der Fälle seines Vorkommens handelt es sich
um Ergänzungen oder Umstandsbestimmungen, was darauf hindeutet, dass מקום
einen »wenig ausgeprägten Eigengehalt«[26] hat und daher umso stärker vom Kontext abhängig ist. Wenn im Folgenden von »heiligem Ort« (מקום + קדש) die Rede ist,
ist daher immer auch die »Raum«-Dimension von מקום mitzudenken.

Die Übersetzung von קדש mit »heilig (sein)/heiligen« etc. bereitet hingegen
keine Schwierigkeiten; die Wurzel קדש beschreibt schon ursemitisch »einen
numinosen Wertbegriff sui generis. Die elementare Einheit des Begriffs bedingt
die große Geschlossenheit im Bedeutungsspektrum seiner Wurzelderivate.«[27] Ein
Blick auf die Verteilung der Wurzel קדש im Gesamt der Hebräischen Bibel zeigt,
dass sie nach ihrem ersten, bereits erwähnten Vorkommen in Gen 2,3 im gesamten
Buch Genesis nicht mehr vorkommt,[28] und das, obwohl doch intuitiv besonders die
Erzelternerzählungen der Genesis (Gen 12–50) mit »heiligen Orten« in Verbindung
gebracht werden.[29] Erst in Ex 3,5 kommt קדש wieder vor – und dort ausgerechnet
in Verbindung mit מקום. Es handelt sich hierbei um eine Passage, die als Beschreibung eines heiligen Ortes par excellence gelten kann (3). Schaut man weiter durch
das Buch Exodus, so findet sich das nächste »Match« zwischen »heilig« und einem
Raum-Lexem in Ex 19 – und auch hier wieder an exponierter Stelle, nämlich am
Beginn der Sinaitheophanie in Bezug auf den »heiligen Berg« (4). Die nächste Verknüpfung von Raum-Lexemen, denen Heiligkeit zugeschrieben wird, ist ab Ex 25,
dem Beginn der »Heiligtumsbestimmungen« zu finden, und von dort dann in
großer Fülle. Von hier an wird das Zelt der Begegnung als der »heilige Ort« oder
»Heiligtum«, als Wohnung (Mischkan) Gottes eingeführt – dem Beginn der Vorstellung eines Tempels auf dem Berg Zion als Wohnort Gottes im (heiligen) Land (5).
Sämtliche im Folgenden besprochenen Beispiele heiliger Räume (Ex 3; 19; 25–31)
sind über die Raummotive eng miteinander verbunden und kehren darüber hinaus
im Gesamt der Hebräischen Bibel immer wieder.

---

**26** Gamberoni, מָקוֹם (s. Anm. 20), 1115.
**27** H.-P. Müller, Art. קדש, in: THAT II (2004), 589–609: 589. Auf die semantischen Opposita von »heilig« und den daran geknüpften Themenkomplex von profanen, entweihten und unreinen Orten
gehe ich aus Platzgründen in diesem Beitrag nicht ein.
**28** Ohne קְדֵשָׁה (die »Geweihte« im euphemistischen Sinne von »Dirne, Prostituierte«) in Gen 38,21
(zweimal). 22.
**29** Vgl. Müller, קדש (s. Anm. 27), 593–594. Besonders häufig taucht die Wurzel קדש in den mittleren
Büchern der Tora auf, 102mal im Buch Exodus, 152mal in Levitikus und 80mal Numeri; außerdem
73mal bei Jesaja, 105mal bei Ezechiel, 65mal in den Psalmen und 87mal in den Büchern der Chro-
nik.

# 3 Der »heilige Ort« in Ex 3,5 – und der »Ort« in Gen 28

> Im Alten Testament »kann jeder Ort,
> an dem der Gott Israels sich offenbart,
> zu einem heiligen Ort werden«[30].

Beinahe ohne jede Vorwarnung wird in Ex 3 im Zusammenhang mit der Berufung des Mose und der Offenbarung des Gottesnamens ein Ort für heilig erklärt; hier kommt erstmals in der Hebräischen Bibel ein Raum-Lexem in Verbindung mit קדשׁ vor. Mose sieht beim Weiden seines Viehs in der Wüste am Gottesberg (הַר הָאֱלֹהִים) Horeb einen brennenden Dornbusch, der nicht verbrennt. Als er näher herangehen möchte, ruft Gott ihn; Mose antwortet mit »hier bin ich« (Ex 3,4), und Gott sagt: »Komm nicht näher heran. Zieh deine Schuhe aus, denn der Ort (מָקוֹם), auf dem du stehst, heilige Erde/heiliger Boden (אַדְמַת־קֹדֶשׁ) ist er« (Ex 3,5).[31] Zwei »Vorwarnungen« gibt es also doch: Gott gibt Mose die Anweisung, einen Abstand einzuhalten und seine Schuhe auszuziehen – ein Ritual, welches in vielen Religionen beim Betreten eines Gotteshauses praktiziert wird. Anschließend erklärt Gott diesen Ort schlicht für heilig. Davon, dass Mose seine Schuhe auch auszieht, ist im Folgenden nichts zu lesen, jedoch vollzieht er eine andere Geste, die ebenfalls bis heute beim Betreten von sakralen Räumlichkeiten verschiedenster Religionen vorgenommen wird: »Und Mose verhüllte sein Gesicht, denn er fürchtete sich, Gott anzuschauen« (Ex 3,6b).

> Ähnlich ergeht es Josua, der, als der Engel bzw. der Anführer (שַׂר) des Heeres JHWHs vor ihm steht und sich als solcher zu erkennen gibt, mit dem Gesicht zur Erde sinkt (Jos 5,14). Es folgt ein fast identisches Zitat von Ex 3,5: »Zieh deine Schuhe aus; denn der Ort, auf dem du stehst, ist heilig. Und Josua tat es« (Jos 5,15). Einzig das Wort »Erde, Boden« (אדמה) fehlt hier; und: Anders als bei Mose fügt der Erzähler ausdrücklich hinzu, dass Josua seine Schuhe auszieht.[32]

Der Ort, der in Ex 3,5 als heilig hervorgehoben wird, ist nicht in einem statischen Sinne heilig, sondern in einem dynamischen Sinne, der eine Wirkung nach sich

---

**30** P. Hirschberg, Art. Heilige Stätten, WiBiLex, Dezember 2014, https://bibelwissenschaft.de/stichwort/46879/.

**31** Die exakte Übersetzung müsste lauten: »Heiligkeitserde« oder »Erde/Boden von Heiligkeit«, da es sich um eine indeterminierte Genitivverbindung handelt. Das הוא (»er«) am Ende des Verses bezieht sich auf das maskuline מקום, nicht auf das feminine אדמה.

**32** Zu einem Vergleich von Ex 3,5 und Jos 5,15 vgl. U. Dahmen, »Der Ort, wo du stehst, ist heilig(er Boden)« (Ex 3,5 // Jos 5,15). Der Einzug ins Land als Spiegelbild des Exodus?, in: E. Ballhorn (Hg.), Übergänge. Das Buch Josua in seinen Kontexten (SBB 76), Stuttgart 2020, 99–124: 116–117.

zieht. Durch ein wechselseitiges Beziehungsgeschehen zwischen Gott und Mose entfaltet sich ein heiliger Raum: (1) Gott ist an diesem Ort (מקום) und gibt sich Mose zu erkennen; Gott selbst zieht eine unsichtbare Schutzgrenze (»tritt nicht näher heran«), die anzeigt, dass man sich an diesem Ort anders zu verhalten hat (»zieh deine Schuhe aus«). (2) Mose reagiert entsprechend: Er ist einerseits angezogen von diesem Ort (קרב) und andererseits erschrocken, er verhüllt ehrfürchtig (ירא) sein Gesicht.[33] Es handelt sich somit bei der Rede vom »heiligen Ort/Raum« um eine relationale Größe,[34] bei der sich die Ideen von מקום und קדוש ergänzen: Durch das Einhalten eines Abstandes zu diesem Ort (מקום), welches auf Beziehung basiert, wird zugleich die Nähe zum Heiligen (קדוש) hergestellt.[35] Und Mose erfährt die Heiligkeit des Ortes räumlich, am eigenen Leib. An eben diesem Ort sagt JHWH seinen Namen – und er sagt ihn dabei auch nicht: »Ich werde sein, der ich sein werde« (Ex 3,14). Damit sagt Gott zugleich: Du kannst mich weder an einem Ort festmachen, noch mit einem Namen definieren.[36] Die Menschen sind es, die diese Orte der Gottesbegegnung fixieren, z.B. indem sie sie benennen und/oder dort einen Altar errichten. »Die (ätiologischen) Namen, die Schauplätze von Theophanien oder ähnlichen markanten Ereignissen in geprägten Formeln erhalten [...], tragen sozusagen die Geschicke Israels ins Land ein; Israel eignet es sich dadurch faktisch und theologisch an [...]. Solche ›Orte‹ sind Denk-Male«[37]. Eine berühmte Stelle für die Gründung solch eines Denkmal-Ortes findet sich im Buch Genesis, in Gen 28. Gen 28,10–19 gilt sogar als »klassisches Beispiel für die Stiftung einer heiligen Stätte«[38] – ohne dass dieser Ort explizit als »heilig« bezeichnet wird. Bereits der Beginn der Erzählung deutet darauf hin, dass der Ort, um den es im Folgenden geht, ein ganz besonderer Ort sein muss: Das dreimalige מקום in V 11 ist markant und hat insbesondere in der rabbinischen Auslegungstradition zahlreiche Reflexionen

---

**33** Rudolf Otto bezeichnet in dem Klassiker »Das Heilige« von 1917 (s. Anm. 41) die Erfahrung des Heiligen, die Begegnung mit dem Göttlichen als *Mysterium tremendum et fascinans*, anziehend und abschreckend, fesselnd und bedrohlich zugleich.
**34** So auch Müllner, Räume (s. Anm. 3), 72–74. Zu einer detaillierteren raumtheoretischen Verortung eines relationalen Raumverständnisses vgl. Bunzel, Beziehungsraum (s. Anm. 7), 17–61, sowie M. Bunzel, Raumerkundungen in der poetischen Literatur der Hebräischen Bibel. Metaphorische Räume im Ijobbuch und in den Psalmen, in: PzB 33 (1/2024), 108–126.
**35** Vgl. dazu E. Ballhorn, Der Name Gottes. Ex 3 als theologische Gotteslehre, in: B. Schmitz/T. Hieke/ M. Ederer (Hg.), Vor allen Dingen: Das Alte Testament. FS Christoph Dohmen (HBS 100), Freiburg i.Br., 75–94, 80.
**36** Vgl. dazu S. Rückert/S. Haberer in dem Bibelpodcast »Unter Pfarrerstöchtern«, Was ist ein heiliger Ort, 19.05.2023, https://www.zeit.de/gesellschaft/2023-05/pfingsten-pilgern-wallfahrt-bibelpodcast, 9.–10. Minute.
**37** Gamberoni, מָקוֹם (s. Anm. 20), 1119–1120.
**38** Hirschberg, Heilige Stätten (s. Anm. 30).

nach sich gezogen.[39] Im Traum erfährt Jakob eine Gottesoffenbarung, die er nach
dem Aufwachen so interpretiert: »›Wirklich, JHWH ist an diesem Ort (מָקוֹם) und
ich wusste es nicht.‹ Er fürchtete sich (ירא Qal) und sagte: Wie furchtbar (ירא Nifal)
ist doch dieser Ort (מָקוֹם)! Er ist nichts anderes als das Haus Gottes (בֵּית אֱלֹהִים) und
das Tor des Himmels (שַׁעַר הַשָּׁמַיִם)« (Gen 28,16–17).[40] Rudolf Otto schreibt über Gen
28,17, dass dieser Vers »nichts als den numinosen *Urschauer* selber [enthält]. Und
ein solcher Urschauer als noch ganz inexplicites Gefühl hat zweifellos in vielen
Fällen hingereicht, um ›heilige Stätten‹ auszuzeichnen und zu Plätzen scheuer Verehrung [...] zu machen«[41]. Jakob errichtet an diesem Ort sodann eine Mazzebe, ein
Steinmal (V 18), und gibt dem Ort den Namen Bet-El, »Haus Gottes« (V 19) – als Ausdruck der Gegenwart Gottes an diesem Ort. In der weiteren biblischen Überlieferung kommt Bet-El als Kultstätte eine ambivalente Bedeutung zu.

# 4  Der »heilige Berg« in Ex 19 – und der »Berg JHWHs« in Gen 22

> »Heiligkeit ist nur, solange es noch Unheiliges gibt.
> Wo alles heilig ist, da ist Heiliges selbst nicht mehr heilig,
> da ist es einfach da.«[42]

Bereits in Ex 3 gab es einen Vorverweis auf den »heiligen Berg«, an dem ab Ex
19 die sogenannte Sinaitheophanie (Ex 19–40) beginnt: »Wenn du das Volk aus
Ägypten herausgeführt hast, werdet ihr Gott an diesem Berg (הָהָר הַזֶּה) dienen«
(Ex 3,12). Der Berg Sinai – der vermutlich identisch ist mit dem Berg Horeb aus
Ex 3 – ist Ort der Gotteserscheinung, des Bundesschlusses und der Gabe der Tora
an das Volk Israel. Er bildet das Zentrum der Tora; das ganze Buch Levitikus mit

---

**39** Vgl. dazu z. B. der Midrasch Bereshit Rabba 68 zu Gen 28,11. Mehr dazu s. u. 6.

**40** Vgl. auch die Lutherübersetzung 2017 zu Gen 28,16–17: »Fürwahr der Herr ist an dieser Stätte,
und ich wusste es nicht. Und er fürchtete sich und sprach: Wie heilig ist diese Stätte! Hier ist nichts
anderes als Gottes Haus, und hier ist die Pforte des Himmels«. Das interpretierende Adjektiv »heilig« wird im Fußnotentext so kommentiert: »Luther merkte an: ›der Ort, da man Gott fürchten und
ehren solle‹.«

**41** R. Otto, Das Heilige. Über das Irrationale in der Idee des Göttlichen und sein Verhältnis zum
Relationalen, München 1963, Nachdruck 2004, 153. Vgl. dazu die Übersetzung Benno Jacobs, der
hier ירא mit »Schauer/erschauern« wiedergibt: »Und er erschauerte und sprach: wie ist doch voll
Schauer dieser Ort, das ist nichts anderes als eine Gottesstätte und dies das Tor des Himmels.«
Jacob, Genesis (s. Anm. 1), 581.

**42** F. Rosenzweig, Der Stern der Erlösung, Frankfurt 1988 (Erstveröffentlichung: 1921), 427.

dem »Heiligkeitsgesetz« und Num 1–11 spielen am Sinai, dem Ort der Gottesbegegnung inmitten der Wüste:[43] »Mose sagte zu JHWH: Das Volk kann nicht auf den
Berg Sinai hinaufsteigen, denn du selbst hast uns eingeschärft und gesagt: Grenze
den Berg ab und heilige ihn« (Ex 19,23). Die Trennung zwischen heiligem und nicht
heiligem Raum wird hier, anders als in Ex 3, explizit.[44] Um zu verstehen, wie diese
Grenzziehung erfolgen soll bzw. schon erfolgt ist, muss der Kontext betrachtet
werden. Mose zitiert in V 23 eine Gottesrede, die zuvor an ihn erging. Der genaue
Wortlaut dieser Gottesrede ist den Leser:innen nicht bekannt, zu groß sind die
Abweichungen zur Gottesrede wenige Verse zuvor, wo JHWH zu Mose sagte: »Du
sollst das Volk rundherum abgrenzen, indem du sagst: Hütet euch, auf den Berg
hinaufzusteigen oder seinen Bereich auch nur zu berühren! Jeder, der den Berg
berührt, hat den Tod verdient. Keine Hand soll den Berg berühren« (Ex 19,12–13a).
Das – imaginäre – Abgrenzen des Berges, um zunächst bei dieser Frage zu bleiben,
wird durch das Aussprechen eines Verbotes gezogen; der Berg darf weder bestie-
gen noch berührt werden (so als wäre er von einer Grenze umgeben). Es entsteht
die Vorstellung eines »heiligen Raumes«, der dann aber erst in der von Mose zitierten Gottesrede explizit so benannt wird – in der eigentlichen Gottesrede fehlt קדשׁ.
Weiterhin fällt auf, dass sowohl um den Berg (V 23) als auch um das Volk (V 12)
eine Grenze gezogen werden soll. Diese Aufforderung zu einer doppelten Grenzziehung muss nicht als »falsche Wiedergabe« der Gottesrede durch Mose eingeordnet
werden, sondern kann als Ergänzung gelesen werden: Nicht nur der Ort, an dem
Gott erscheint, wird auf die Theophanie vorbereitet, sondern auch das Volk. Bereits
in den vorherigen Versen 5 f. und 10 f. wurde die Vorbereitung des Volkes thematisiert: »Jetzt aber, wenn ihr auf meine Stimme hört und meinen Bund haltet, werdet
ihr unter allen Völkern mein besonderes Eigentum sein. Mir gehört die ganze Erde,
ihr aber sollt mir als ein Königreich von Priestern und als ein heiliges Volk gehören«
(19,5–6a).[45] Und ebenso entscheidend sind die Verse 10–11: »JHWH sprach zu Mose:
Geh zum Volk! Heilige sie heute und morgen! Sie sollen ihre Kleider waschen und
sich für den dritten Tag bereithalten. Am dritten Tag nämlich wird JHWH vor den
Augen des ganzen Volkes auf den Berg Sinai herabsteigen.« Deutlich wird: Neben
dem Ort (hier: dem Berg), der für die Theophanie vorbereitet werden muss, indem
er als »heiliger Raum« von der Umgebung abgegrenzt wird, muss auch das Volk

---

**43** Vgl. G. Fischer/D. Markl, Das Buch Exodus (NSK-AT 2), Stuttgart 2009, 210–211.
**44** Eine gängige Übersetzung von Ex 19,23 lautet: »zieh eine Grenze um den Berg«.
**45** Dass etwas Heiliges als Eigentum Gottes gelten kann, lässt sich auch mit einem Blick auf das
deutsche Wort »heilig« (althochdeutsch »heilag«) erklären: Es wird u. a. auf das altnordische *hei-
lagr* zurückgeführt, welches die Bedeutung »eigen, Eigentum« hat, vgl. G. Lanczkowski, Art. Heiligkeit I. Religionsgeschichtlich, in: TRE XIV (1985), 695–697: 695.

auf die Theophanie vorbereitet werden sowie sich selbst darauf vorbereiten.[46]
Dies geschieht ebenfalls durch eine Art von Grenzziehung, durch das Ziehen einer
dynamischen, raumzeitlichen Grenze: *Wenn* das Volk auf Gottes Stimme hört, sich
reinigt (indem es seine Kleider wäscht, Männer und Frauen voneinander Abstand
halten) und über einen bestimmten *Zeitraum* – denn »auch in der Kategorie der
Zeit [wird] eine solche Aussonderung bzw. Unterbrechung vorgenommen«[47] – von
Mose geheiligt wird, *dann* ist es genug vorbereitet auf die Theophanie, dann ist
es ausreichend mit einer »Grenze von Heiligkeit« geschützt.[48] Es bedarf also einer
*beidseitigen* Grenze. Es geht dabei auch darum, dass das Volk die Gotteserscheinung aushält, sie überlebt. Daher soll die Grenze einer stabilen, immateriellen
Schutzmauer gleichen, die in ihrer Wirkung nicht nachlässt. Dieses Raumbild einer
Grenze wird durch das dreimal vorkommende Verb פרץ (»[ein-]reißen, durchbrechen«)[49] erzeugt: »Und auch die Priester, die zu JHWH herantreten, sollen sich heiligen, damit JHWH nicht in sie einbricht (פרץ)« (Ex 19,22). Und: »JHWH sprach zu ihm
[Mose]: Geh, steig hinab, und komm herauf, du und Aaron mit dir! Aber die Priester
und das Volk sollen nicht durchbrechen (פרץ), um zu JHWH hinaufzusteigen, damit
er nicht in sie einbricht (פרץ)« (Ex 19,24). Bei der Theophanie selbst wird die Grenze
um den Berg verstärkt. Schwere Wolken liegen auf ihm (V 16) und Rauch umhüllt
ihn (V 18) – für die Dauer der Gotteserscheinung.

Auch wenn sich im Buch Genesis keine explizite Verknüpfung zwischen
»heilig« und einem Berg finden lässt, so gibt es doch mit Gen 22 eine wichtige
Passage über einen Berg, der vor allem aufgrund seiner immensen Wirkungs-
geschichte den Status eines »heiligen Ortes« erhalten hat. Die rätselhafte Erzählung
über die »Bindung Isaaks« oder »Erprobung Abrahams« (Gen 22,1–19), die Søren
Kierkegaard in »Furcht und Zittern« zum Dreh- und Angelpunkt seiner Glaubens-
philosophie macht,[50] thematisiert einen »Berg JHWHs« (V 14). Sie spielt im Land
Morija (Gen 22,2) bzw. auf dem Berg Morija (2 Chr 3,1).[51] Anders als bei Mose am

---

**46** So auch C. Dohmen, Exodus 19–40 (HThKAT), Freiburg i. Br. 2004, 47: »Die ›Heiligung‹ des Volkes, zu der Mose aufgefordert wird […], bezieht sich nicht auf einen speziellen von Mose auszufüh-
renden Akt, sondern auf die Vorbereitung, die Einstellung auf die Begegnung mit dem Heiligen«.
**47** Dohmen, Exodus 19–40 (s. Anm. 46), 67.
**48** Auch das Volk selbst kann als ein »heiliger Raum« verstanden werden. In diesem Text zu »heiligen Räumen« fokussiere ich mich aber ausschließlich, wie in der Einleitung dargelegt, auf die
intuitiv als »Raum« verstandenen Raum-Lexeme.
**49** Vgl. dazu פרץ, Gesenius[18], 1082a.
**50** S. Kierkegaard (Werke 3). Mit Erinnerungen an Kierkegaard von Hans Bröchner (Philosophie
der Neuzeit 3), Reinbek b. Hamburg 1961.
**51** Einen Überblick über die Diskussion zur Identifizierung eines Landes bzw. Berges Morija bietet
A. Michel, Art. Morija, WiBiLex, März 2015, https://bibelwissenschaft.de/stichwort/28057/.

Dornbusch liegt hier das Moment des Erschreckens aber nicht in erster Linie in der Erzählung selbst, sondern: Der Moment des Erschreckens findet in dem:r Leser:in statt. Das Erschauern gelangt bei der Lektüre an seinen Höhepunkt, als Abraham kurz davor ist, seinen einzigen Sohn zu opfern: »Und sie kamen an den Ort, den Gott ihm genannt hatte, und Abraham baute dort den Altar und schichtete das Holz auf. Dann fesselte er seinen Sohn Isaak und legte ihn auf den Altar, oben auf das Holz« (V 9). Während bei Mose die Erscheinung JHWHs das Erschrecken ausgelöst hatte, wird in Gen 22 die Spannung gerade durch die Erscheinung des Engels JHWHs aufgelöst: »Strecke deine Hand nicht aus gegen den Knaben und tu ihm nichts, denn nun weiß ich, dass du gottesfürchtig bist (ירא אלהים) [...]« (V 12). Die Auszeichnung dieses Ortes – die viermalige Verwendung von מקום (»Ort«) in diesem Text[52] gibt dem Lexem eine besondere Betonung – erfolgt bei seiner (Um-)Benennung: »Abraham gab jenem Ort den Namen: JHWH wird sehen (ראה), von dem heute (noch) gesagt wird: Auf dem Berg JHWHs wird gesehen (ראה Nifal)« (V 14). Schlüsselwort ist hier das Verb ראה (»sehen«)[53], das zudem eine große Ähnlichkeit mit ירא (»fürchten«) aufweist. Und sowohl auf »sehen« als auch auf »fürchten« kann »Morija« zurückgeführt werden – weshalb die Vulgata in V 2 »Land des Schauens«, *terra Visionis*, (statt »Morija«) schreibt.[54] Die Formulierung »auf dem Berg JHWHs wird gesehen« lässt sowohl das Subjekt als auch das Objekt des Sehens offen. Denn, so die Deutung Benno Jacobs: »Im Schauen Gottes sind Aktiv und Passiv eins. Gott sehen heißt, in seinen Lichtkreis eintreten, vor ihm erscheinen, sich von ihm sehen lassen [...]. Und endlich ist mit ›Berg‹ die Erzählung vom ›Ort‹ (v. 14 9 4) wieder zur Gottesrede v. 2 zurückgekehrt. Jetzt ist er zu SEINEM Berg geworden.«[55]

Das Motiv vom »heiligen Berg« oder »Gottesberg«[56] wandert sowohl geographisch als auch theologisch weiter, von der Sinaihalbinsel *außerhalb des Landes* zum Berg Zion *innerhalb des Landes*,[57] von der schriftlichen Tora im engeren Sinne zu den Propheten[58] und Schriften.[59] Das »Motiv des Gottesberges, an dem man der Gottheit begegnen kann und von dem aus der Schalom des Kosmos ausgeht, [wurde] auf den Zion übertragen«[60]: »Sein heiliger Berg ragt herrlich empor; er

---

52 Gen 22,3.4.9.14.
53 »Sehen« (ראה) kann als Leitwort der gesamten Passage gelten, es kommt fünfmal vor: in Gen 22,4.8.13.14 (zweimal).
54 Anders die LXX: ἡ γῆ ἡ ὑψηλή »das hohe Land«. In 2 Chr 3,1 geben sowohl die LXX als auch V »Morija« als Eigennamen wieder.
55 Jacob, Genesis (s. Anm. 1), 502.
56 Vgl. dazu der Exkurs bei Dohmen, Exodus 19–40 (s. Anm. 46), 52–54.
57 Zum Land s. u. 5.
58 Vgl. Jes 11,9; 56,7; 57,13; Ez 20,40; Joel 4,17; Obd 1,16; Zef 3,11.
59 Vgl. Ps 2,6; 3,5; 15,1; 43,3; 48,2; 87,1; 99,9; 110,3.

ist die Freude der ganzen Erde. Der Berg Zion liegt weit im Norden; er ist die Stadt des großen Königs« (Ps 48,3). In der Rede vom Zion, die besonders in den Psalmen sowie im Jesajabuch als »Zionstheologie« entfaltet wird, kulminiert eine Fülle an Lexemen »heiliger Räume«. Weitere, hierfür grundlegende Verknüpfungen zwischen קֹדֶשׁ (»heilig«) und Raum-Begriffen finden sich ab Ex 25, wo nämlich mit der Ersterwähnung des »Heiligtums« (מִקְדָּשׁ) die Vorstellung von JHWH, der in Jerusalem auf dem Zion – in seinem Heiligtum – wohnt, verankert ist.

# 5 Das mobile »Heiligtum« ab Ex 25 – und der Weg in ein »heiliges Land«?

> »Der Raum des biblischen Narrativ konstituiert sich maßgeblich durch Bewegung und bleibt doch fokussiert auf einen Ort.«[61]

Ab Ex 25 wird die Rede von einem »heiligen Ort«, dem »Heiligtum«, im Kontext der sogenannten Heiligtumsbestimmungen zentral, wozu die Anleitungen für den Bau eines Wüstenheiligtums (Ex 25–31) sowie die Beschreibung ihrer Ausführung (Ex 35–40) zählen; sie wurden raumhermeneutisch bereits intensiv untersucht.[62] Unterbrochen werden die Heiligtumsbestimmungen durch die Erzählung vom Goldenen Kalb (Ex 32–34), die als Kontrastfolie zu seinem unmittelbaren Kontext gedeutet werden kann.[63] Sowohl semantisch als auch theologisch verschmelzen bei dem Begriff des Heiligtums (מִקְדָּשׁ) der Aspekt des Heiligen mit dem Aspekt des Räumlichen. Dieser Raum *ist* das Heilige: »Sie sollen mir ein Heiligtum (מִקְדָּשׁ) machen! Dann werde ich in ihrer Mitte wohnen« (Ex 25,8).[64] – Das raumkonno-

---

60 T. Rudnig, Art. Heilig/profan/Heiligkeit (AT), WiBiLex April 2014, https://bibelwissenschaft.de/stichwort/20869/.

61 Müllner, Räume (s. Anm. 3), 66.

62 F. Bark, Ein Heiligtum im Kopf der Leser. Literaturanalytische Betrachtungen zu Ex 25–40 (SBS 218), Stuttgart 2009; M.K. George, Israel's Tabernacle as Social Space (AIL 2), Atlanta 2009; M. Hopf/W. Oswald/S. Seiler (Hg.), Heiliger Raum. Exegese und Rezeption der Heiligtumstexte in Ex 24–40. Beiträge des Symposiums zu Ehren von Helmut Utzschneider, 27.–29. Juni 2014 (Theologische Akzente 8), Stuttgart 2016; J. Rhyder, The Tent of Meeting as Monumental Space: The Construction of the Priestly Sanctuary in Exodus 25–31, 35–40, in: HeBAI 10 (3/2021), 301–313.

63 Vgl. dazu Bark, Heiligtum (s. Anm. 62), 60–70.

64 Vgl. zu Ex 25,8 R. Achenbach, Mishkan – 'Arôn – 'Ohael Mo'ed. Concepts of Divine Presence in the Pentateuch, in: ZAR 23 (2017), 151–161: 151: »The deity's intention is the *shekhîna* – the divine dwelling in the center of a chosen congregation«.

tierte Stichwort שכן, »wohnen, sich niederlassen«, fiel innerhalb des Exodus-Buches erstmals unmittelbar zuvor, in Ex 24,16: »Die Herrlichkeit JHWHs ließ sich auf dem Berg Sinai nieder (שִׁכֹן)«. – Das Raumbild vom Wohnen Gottes in der Mitte des Volkes (בְּתוֹכָם) wird in den Kapiteln 25–31 detailliert beschrieben. Dabei wird eine Vielzahl von Raum-Lexemen in Verbindung mit »heilig« verwendet: Die »Wohnung«, Mischkan (מִשְׁכָּן) Gottes kommt erstmals in Ex 25,9 vor und ist von der Wurzel שכן (Ex 24,16: »wohnen, sich niederlassen«) abgeleitet. Mischkan wird auch mit »Stiftshütte« oder »Tabernakel« (v.a. im Englischen: tabernacle) wiedergegeben; in den Heiligtumstexten dient »Wohnung«, Mischkan (מִשְׁכָּן) als Bezeichnung für das Heiligtum (מִקְדָּשׁ) selbst; mitunter wird sie als der »heilige Ort« bezeichnet (Ex 29,31: מָקֹם קָדֹשׁ). Außerdem wird das Raum-Lexem »Offenbarungszelt/Zelt der Begegnung« (אֹהֶל מוֹעֵד) – in deutschen Übersetzungen auch als »heiliges Zelt« bekannt[65] – in diesem Zusammenhang eingeführt: »Ich werde dort den Israeliten begegnen und es wird durch meine Herrlichkeit geheiligt werden. Ich werde das Zelt der Begegnung heiligen [...]. Ich werde in der Mitte der Israeliten wohnen und ihnen Gott sein« (Ex 29,43–45).

Das zentrale Thema der Kapitel 25–31 ist die Gestaltung dieses »heiligen Raumes«; allein das Lexem משכן (»Wohnung«) kommt hier 17mal vor und die Wurzel קדש (»heiligen«) 56mal. Detailreich wird beschrieben, wie dieses Heiligtum gebaut sein soll. Es soll drei voneinander getrennte Heiligkeitsbereiche besitzen: einen Vorhof, das Heilige und das Allerheiligste – in Entsprechung zu den auf dem »heiligen Berg« für die Theophanie ausgegrenzten Bereichen in Ex 19: »Errichte die Wohnung nach ihrem Plan, der dir auf dem Berg gezeigt worden ist.« (Ex 26,30). Bei diesen durch Vorhänge voneinander getrennten Bereichen handelt es sich um Abstufungen hinsichtlich ihrer »Heiligkeitsdimension«. Bereits für das Betreten des Vorhofs bedarf es der Vorbereitung: Es bedarf sowohl der Heiligung der Priester (Ex 29) als auch der Heiligung der Zeit (Ex 31,12–17).

Bei dem Grundriss des Begegnungszeltes handelt es sich um ein doppeltes konzentrisches Modell.[66] In der Mitte des Vorhofs befindet sich der Altar, auf dem die Priester Opfer darbringen; in der Mitte des Heiligtums wiederum befindet sich das Allerheiligste mit der »Lade des Zeugnisses« (אֲרֹן הָעֵדֻת)[67], die ebenfalls nach den Anweisungen vom »heiligen Berg« anzufertigen ist (Ex 25,40). Weil das Zeltheiligtum »zugleich Ort der Gegenwart und Offenbarung Jhwhs als auch der Zuneigung Israels zu Jhwh ist, hat das Heiligtum ein doppeltes Zentrum, ähnlich den zwei

---

65 So z.B. in der Guten Nachricht (2018) oder in der Hoffnung für alle (2015).

66 Vgl. der Grundriss des Zeltheiligtums z.B. bei Fischer/Markl, Exodus (s. Anm. 43), 282.

67 Vgl. dieselbe Wurzel (יעד) in »Zelt der Begegnung«, אֹהֶל מוֹעֵד. Auch »Wohnung« (משכן) kommt zusammen mit יעד vor, so in Ex 38,21: »Haus der Begegnung/des Zeugnisses«.

Brennpunkten einer Ellipse. Die Lade ist Ort der göttlichen Kommunikation, der Brandopferaltar die Mitte menschlicher Antwort«[68]. Wie schon in Ex 3 wird hier deutlich, dass der »heilige Raum« nicht statisch zu verstehen ist, vielmehr entfaltet sich der Raum zu einem heiligen Raum durch die Begegnung zwischen Gott und Volk (im »Zelt der Begegnung«), durch die wechselseitige *Beziehung* zwischen Gott und Volk. Er entsteht in seinen relationalen Bewegungen, wird transformiert, zieht weiter. Während es in Ex 19 darum ging, dass das Volk zu JHWH an den Sinai kommen sollte, so bekommt diese Bewegung nun seine Entsprechung, indem JHWH kundtut, *in der Mitte* des Volkes sein zu wollen (Ex 25,8 u. ö.). Gott möchte Wohnung in der Mitte seines Volkes beziehen – nicht außerhalb des Volkes. Nach der Sünde des Volkes mit dem Goldenen Kalb jedoch kann Gott nicht mehr in der Mitte des Volkes sein (Ex 33,3); die eigentliche Grundidee vom Heiligtum mitten im Volk lässt sich nicht mehr realisieren. »Erst Gottes erneute Zuwendung in einer besonderen Form der Offenbarung, [...] im Vorüberzug Gottes an Mose (Ex 33,18ff.) [...] schafft die Voraussetzung für die nachfolgende Verwirklichung des Offenbarungszeltes«[69] (Ex 35–40). Von da an zieht die »Wohnung Gottes« mit dem Volk mit, vermutlich vorne voran[70]: »Immer, wenn die Wolke sich von der Wohnung erhob, brachen die Israeliten auf zu all ihren Wanderungen.« (Ex 40,36).

Entlang des Erzählfadens der Hebräischen Bibel wird aus dem mobilen Zeltheiligtum nach der Überquerung des Jordans und der Landnahme Kanaans zunächst ein fest installiertes »Mischkan« (nach Jos 18,1 in Schilo), später dann das »heilige Haus« (בית), der Jerusalemer Tempel.[71] Der Ausdruck »Mischkan« verschwindet zwar nicht völlig von da an, aber im Zusammenhang mit dem Tempelbau kommt er nicht mehr vor.[72] Jedoch wird im sogenannten Tempelweihgebet, das Salomo in den Mund gelegt wird, das Ringen um eine Verhältnisbestimmung von Räumli-

---

**68** Fischer/Markl, Exodus (s. Anm. 43), 281–282.
**69** C. Dohmen, Mose. Der Mann, der zum Buch wurde (BG 24), Leipzig 2011, 237. Auf Ex 33,21 verweist auch der Midrasch Bereshit Rabba, der unten in meinen Abschlussgedanken zitiert wird. »Und JHWH sagte: Siehe, da ist ein Ort (מקום) bei/mit mir, stell dich da auf den Felsen! Wenn meine Herrlichkeit vorüberzieht (עבר), stelle ich dich in den Felsspalt und halte meine Hand über dich, bis ich vorübergegangen bin (עבר).« (Ex 33,21f.).
**70** Vgl. z.B. Dtn 1,30–33. Jos 3,3f. zufolge zieht die Lade sogar mehr als 900 m vorne weg, um dem Volk den Weg zu weisen.
**71** Vgl. F. Bark, Mischkan. Ein Möglichkeitsraum, in: M. Kümper/B. Rösch/U. Schneider/H. Thein (Hg.), Makom. Orte und Räume im Judentum. Real. Abstrakt. Imaginär. Essays (Haskala 35), Hildesheim 2007, 171–179: 179: »Der Tempel ist ein Haus [...], wohingegen dem Wort Mischkan das transitorische Moment der Nomadenzelte eigen ist.« Siehe auch S. Spero, From Tabernacle (Mishkan) and Temple (Mikdash) to Synagogue (Bet Keneset), in: Tradition 38 (3/2004), 60–85. Siehe dazu die diachrone Einschätzung bei Achenbach, Mishkan (Anm. 64), 160.
**72** In 1 Chr 6,17; 23,26 wird die Niederlassung JHWHs in Jerusalem in einem »Haus« (בית) gar der

chem und Heiligem deutlich: »Wohnt denn Gott wirklich auf der Erde? Siehe, selbst der Himmel und die Himmel der Himmel fassen dich nicht, wie viel weniger dieses Haus, das ich gebaut habe.« (1 Kön 8,27).

Ein entscheidender Erzählfaden, der im Buch Exodus mitläuft und mit dem Thema des »heiligen Raumes« zusammenhängt, ist die dauernde Bewegung des Volkes in Richtung des verheißenen Landes: »JHWH sprach zu Mose: Geh, zieh hinauf von hier, du und das Volk, das du aus dem Land Ägypten heraufgeführt hast, in das Land, von dem ich Abraham, Isaak und Jakob geschworen habe: Deinen Nachkommen werde ich es geben« (Ex 33,1).[73] Es ist ein schönes und weites Land (ארץ), »wo Milch und Honig fließen« (Ex 3,8). Jedoch, den Ausdruck »heiliges Land« sucht man vergeblich in der Hebräischen Bibel. »[D]er Name ›Heiliges Land‹ [ist] kein biblischer und wenn Heiligkeit mit dem Land verbunden wird, ist damit keine eigenständige Qualität des Landes gemeint«[74], sie ist nicht ontologisch vorgegeben, sondern hängt eng mit der Gottesbeziehung Israels zusammen[75], mit dem Einhalten der Treue zur Tora: »The Land is given to Israel for a distinct purpose: to provide a space in which it can embody faithfulness to the Torah. To live according to the Torah is to live in a place of rest.«[76]

Ein einziger Vers innerhalb der Hebräischen Bibel wird als Beleg für eine Bezeichnung der südlichen Levante mit »heiligem Land« herangezogen: Sach 2,16:[77] »Und JHWH wird Juda als sein Erbteil besitzen im heiligen Land und wird Jerusalem aufs Neue erwählen.« Die wörtliche Formulierung lautet jedoch, ähnlich wie in Ex 3,5: אַדְמַת הַקֹּדֶשׁ, »die/der Heiligkeitserde/-boden«, hier mit Artikel. Gemäß dem Kontext liegt in Sach 2 eine Übersetzung von אדמה (»Erdboden«) mit »Land« nahe; die den Erzeltern so oft verheißene אֶרֶץ (»Land, Erde«) als אֶרֶץ הַקֹּדֶשׁ (»heiliges Land«) kommt jedoch an keiner einzigen Stelle vor.[78] Es scheint, als sei

---

transportablen »Wohnung« (משכן) gegenübergestellt. Beliebt bleibt das Bild von der »Wohnung« Gottes in der metaphernreichen Dichtung des Psalters.

73 Mit Verweis auf Gen 12 (Abraham); Gen 26 (Isaak); Gen 28 (Jakob) u. a.

74 T. Fornet-Ponse, Heiliges Land – Land der Heiligen?, in: ZKTh 138 (1/2016), 28–47: 29.

75 Vgl. E. Ballhorn, Heiliges Land, in: BiLi 87 (4/2014), 264–269: 266.

76 A. Marchadour/D. Neuhaus, Land, Bible and History. Toward the Land That I Will Show You, New York 2007, 59.

77 Vgl. dazu R. Lux, Prophetie und Zweiter Tempel. Studien zu Haggai und Sacharja (FAT 65), Tübingen 2009, 73. Außerhalb der Hebräischen Bibel kommt der Ausdruck »heiliges Land« in Weish 12,3 (τῆς ἁγίας σου γῆς) und in 2 Makk 1,7 (τῆς ἁγίας γῆς) vor.

78 Zum Terminus »Land« in den Erzeltern-Erzählungen der Genesis vgl. I. Fischer, Israels Landbesitz als Verwirklichung der primordialen Weltordnung. Die Bedeutung des Landes in den Erzeltern-Erzählungen, in: JBTh 23 (2008), Heiliges Land, 3–24.

die ausdrückliche Verknüpfung von »heilig« mit dem verheißenen Land überflüssig, da es selbstverständlich ist.[79]

Über den Umfang und die Grenzen dieses (heiligen) Landes gibt es verschiedenste Aussagen und Auffassungen innerhalb der Hebräischen Bibel.[80] Das »(heilige) Land« ist eher eine theologische als eine territoriale Größe, wenngleich sich die Geschichte Israels immer wieder an realen Landschaften festmacht.[81] Wichtiger als die Frage nach konkreten Grenzen des Landes ist das im-Land-Sein vs. dem außerhalb-des-Landes-Sein, wie es kontrastreich bei Abraham gegenübergestellt wird (Gen 12,1) sowie auch in dem oben zitierten Vers bei Mose (Ex 33,1): *Geh aus dem Land weg – in das Land hinein.* Das Leben außerhalb des Landes, im Exil, in der Diaspora prägt die biblische Rede von einem Leben innerhalb des Landes.[82] Egbert Ballhorn verbindet das im Zusammenhang mit dem Land zentrale Raummodell des *Innen und Außen* mit dem *konzentrischen* Grundmodell des heiligen Raumes. Und auch hier ist wieder die Relationalität entscheidend, nicht die Statik:

> Das Bleiben Israels im verheißenen Land ist an dessen Beziehung zu Gott und an die Einhaltung der Tora gebunden. Die Heiligkeit des Landes ist dementsprechend eine Funktion der Einwohnung Gottes. So gibt es die Vorstellung einer gestuften Form der Heiligkeit, die sich konzentrisch um den Tempel erstreckt. Das Allerheiligste im Tempel bildet den Kern, um den Tempelbezirk herum erstreckt sich der Zion, darum die ganze Stadt Jerusalem, die auch ›Heilige Stadt‹ heißen kann (Jes 52,1), und schließlich das Land. Eine solche Konzeption des Heiligen Landes ist gewissermaßen nicht von der umgrenzten Fläche, sondern von ihrem Mittelpunkt her konzentrisch gedacht (vgl. auch Ez 40–48).[83]

---

79 So wie auch im Modernhebräischen הארץ (»*das* Land«) ausreicht, wenn über Israel gesprochen wird. Siehe dazu Ballhorn, Land (s. Anm. 75), 264: »Es gibt nur *ein* Land, das heilig ist.«
80 Vgl. dazu J.C. de Vos, Art. Land, WiBiLex, November 2010, https://bibelwissenschaft.de/stichwort/24593/; L. Schwienhorst-Schönberger, Art, Land, in: WAM, Darmstadt 2013, 299–305: 302.
81 Wolfgang Kraus spricht von einem »metaphorischen Verständnis« des Landes, vgl. W. Kraus, Das ›Heilige Land‹ als Thema einer Biblischen Theologie, in: ders./K.-W. Niebuhr (Hg.), Frühjudentum und Neues Testament im Horizont Biblischer Theologie (WUNT 162), Tübingen 2003, 251–274: 253–256.
82 Vgl. dazu C.M. Rutishauser, Eretz Israel – Ein Land, das Christen heilig ist, in: Zeitschrift für christlich-jüdische Begegnung im Kontext (1/2019), 14–25: 17: »Es gibt keine Theologie des Landes ohne eine Theologie der Diaspora.« Bereits die zweite Schöpfungserzählung funktioniert durch eine Gegenüberstellung von »Innen« und Außen«: Dem paradiesischen Leben *in* einem »idealen Raum«, dem Garten (Gen 2), wird die harte Realität außerhalb des idealen Raumes gegenübergestellt (Gen 3–4), vgl. dazu Fischer, Raum (s. Anm. 4), 61–62.
83 Ballhorn, Land (s. Anm. 75), 266. So auch Lux, Prophetie (s. Anm. 77), 82.

Der jüdisch-israelische Bibelwissenschaftler Shimon Gesundheit bindet die in der Hebräischen Bibel grundgelegte »Theologie des Landes« wesentlich zurück an die Erfahrung des Exils: »Die *Landverheißung* in der Tora Moses ist *ewig*; die *Landnahme* ist *vergänglich.* Hier spiegelt sich zweifellos die existentielle Situation Israels im Exil wieder: Israel lebte während seines langen Exils ohne Land, doch in der Gewissheit und im Glauben an den Ewigkeitswert der Landverheißung.«[84] Das wandernde Volk der Hebräer – in dem »Hebräer« (עברי) klingt עבר, »überqueren, vorbeiziehen« an, *das* Leitwort des biblischen Exodus-Narrativs – findet seine Identität außerhalb des Landes, in der Sehnsucht nach dem Land. Die biblische Erzählung vom »wandernden Sinai«[85] wird im Exil zum identitätsstiftenden »portativen [...] [L]and«[86].

Außerhalb des Landes und fernab vom Jerusalemer Tempel wurde JHWH selbst zu einem heiligen Raum: »Ich habe sie in die Länder zerstreut. Doch bin ich ihnen ein wenig zu einem Heiligtum (מְקְדָּשׁ) geworden in den Ländern, wohin sie gekommen sind« (Ez 11,16).

# 6 Schlussgedanken: Der Raum des Heiligen – Gott als heiliger Raum

Gott zeigt sich an konkreten Orten (Ex 3,5). Gott bindet Orte in sein Erscheinen ein (Ex 19) und sucht sich einen Ort zum Wohnen (Ex 25–31); er erwählt sich einen Ort, um seinen Namen dort wohnen zu lassen (Dtn 12–31)[87] und verortet sich: »Ich gehe weg und kehre an meinen Ort (מְקוֹמִי) zurück«, (Hos 5,15). Das Sich-Niederlassen Gottes auf den Menschen und sein Wohnen unter ihnen, in der jüdischen Tradition *Schechina* genannt, »wird vorgestellt als eine Scheidung, die in Gott selbst vorgeht. Gott selbst scheidet sich von sich, er gibt sich weg an sein Volk.«[88]

---

**84** S. Gesundheit, Das Land als Mitte einer jüdischen Theologie der Tora. Synchrone und diachrone Perspektiven, in: ZAW 123 (2011), 325–335: 334.
**85** B. Jacob, Das Buch Exodus. Hg. im Auftrag des Leo Baeck-Instituts von Shlomo Mayer, Stuttgart 1997, 1032.
**86** H. Heine, Sämtliche Schriften. Bd. 6, 1. Teilband, hrsg. v. Klaus Briegleb, München 1975, 483. Vgl. dazu auch M. Peetz, Eine Heimat zum Mitnehmen, in: Georg 2 (2014), 35–38: 38.
**87** Im Deuteronomium findet sich innerhalb der Kapitel 12–31 21-mal die so genannte Zentralisationsformel: »der Ort, den JHWH erwählen wird« oder in ihrer längeren Version: »der Ort, den JHWH, eure Gottheit erwählen wird, um ihren Namen dort niederzulegen, damit er dort wohne.« Vgl. dazu Müllner, Räume (s. Anm. 3), 71–72.
**88** Rosenzweig, Stern (s. Anm. 42), 455. Vgl. zur Schechina-Theologie z.B. B. Janowski, Die Einwoh-

Mit Est 4,14 wird JHWH als »der andere Ort« (מָקוֹם אַחֵר) verstanden.[89] Nachbiblisch ist המקום (»der Ort«) zu einer von vielen möglichen Umschreibungen des
Gottesnamens JHWH geworden, mit dem möglicherweise die Dimension der räumlichen Allgegenwart Gottes zum Tragen kommt.[90] Dabei geht JHWH nicht im Raum
auf. Im Midrasch Bereshit Rabba ist zu Gen 28,11[91] zu lesen:

> Rav Huna says, in the name of Rabbi Ami: why do we substitute the name of the Holy Blessed
> One and use Place? Because God is the Place of the world, and the world is not the place of
> God. From what is written »Here there is a place with Me« (Exodus 33:21) the Holy Blessed
> One is the place of the world and the world is not the place of the Holy Blessed One. Said Rabbi
> Yitzchak: from »The ancient God is dwelling« (Deut. 33:27) we do not know if the Holy Blessed
> One is the dwelling of the world or if the world is the dwelling of the Holy One, but from what
> is written »Hashem, You are a dwelling‹ we see that the Holy Blessed One is the dwelling of the
> world and the world is not the dwelling of the Holy One.«[92]

Warum wird der Name JHWHs durch »Ort« ersetzt, so fragt Rav Huna im Midrasch?
Weil Gott der Ort der Welt ist, aber die Welt nicht der Ort Gottes, so die Antwort
von Rabbi Ami, mit Verweis auf Ex 33,21: »Siehe, ein Ort ist bei mir« (הִנֵּה מָקוֹם
אִתִּי). Und mit Verweis auf Dtn 33,27, wo es heißt: »eine Wohnung ist der Gott der
Urzeit« (מְעֹנָה אֱלֹהֵי קֶדֶם)[93] sagt Rabbi Yitzchak sinngemäß: der Heilige (JHWH) ist die
Wohnung der Welt, aber die Welt nicht die Wohnung des Heiligen. In einem orthodoxen Marien-Hymnus wird es so gesungen: Χαῖρε, Θεοῦ ἀχωρήτου χώρα, »Sei

---

nung Gottes in Israel. Eine religions- und theologiegeschichtliche Skizze zur biblischen *Schekina*-
Theologie, in: ders./E. E. Popkes (Hg.), Das Geheimnis der Gegenwart Gottes. Zur Schechina-Vorstel-
lung in Judentum und Christentum (WUNT 318), Tübingen 2014, 3–40.
**89** Vgl. dazu z. B. M. L. Frettlöh, Von den Orten Gottes zu Gott als Ort. *Māḳōm*, eine rabbinische Got-
tesbenennung, und die christliche Lehre von der immanenten Trinität, in: dies./J.-D. Döhling (Hg.),
Die Welt als Ort Gottes – Gott als Ort der Welt: Friedrich-Wilhelm Marquardts theologische Utopie
im Gespräch, Gütersloh 2001, 86–124; Gamberoni, מָקוֹם (s. Anm. 20), 1124.
**90** »Das jüdisch-palästinensische Metonym [המקום, MB] [...] ist offensichtlich das Ergebnis einer
langen Entwicklung theologischen Denkens, die im Begriffe der göttlichen Allgegenwart gipfelte.«
M. Jammer, Das Problem des Raumes. Die Entwicklung der Raumtheorien, Darmstadt ²1980, 31.
Vgl. auch H. Völkening, Die Gottesbezeichnung *HaMakom*. Topologie eines Topos oder ein Topos
ohne Topologie?, in: M. Kümper/B. Rösch/U. Schneider/H. Thein (Hg.), Makom. Orte und Räume
im Judentum. Real. Abstrakt. Imaginär. Essays (Haskala 35), Hildesheim 2007, 75–86.
**91** S. o. 3.
**92** Bereshit Rabbah 68,9. Englische Übersetzung: https://www.sefaria.org/Genesis.28.11?lang=bi&
aliyot=0&p2=Bereishit_Rabbah.68.9&lang2=bi&w2=all&lang3=en (abgerufen am: 27.04.2023).
**93** An dieser Stelle wird für »Wohnung« nicht das geläufige Wort משׁכן (s. o. 5) verwendet, sondern
das seltenere מעון, welches bspw. im Buch Exodus gar nicht begegnet.

gegrüßt (Maria), Raum Gottes, den der Raum nicht zu fassen vermag/der räumlich selbst nicht fassbar ist.«[94]

Im gelebten Judentum wird an der Stelle des Gottesnamens JHWH selten »HaMakom« eingesetzt, mit einer einzigen Ausnahme: Wenn ein Mensch verstorben ist und Freunde und Verwandte kommen, um den Angehören während der Schiv'a, der siebentägigen Trauerzeit, ihr Mitleid zu bekunden, ist es üblich, folgenden Satz zum Trost zu sagen: »HaMakom [= JHWH] wird euch unter dem Rest der Trauernden von Zion und Jerusalem trösten.«[95] Genau dann also, wenn die Auflösung aller Beziehungen droht, wird *HaMakom* eingesetzt. Dann, wenn der Ort des Verstorbenen leer geworden ist und *HaMakom*, der ewige Raum (רֶוַח)[96], der Beziehung ist, diese Leere füllt. Dort, wo irdische Vergänglichkeit auf heilige Ewigkeit trifft, wo sich Raum und Zeit berühren, »am Kreuzpunkt der Unendlichkeit«[97].

*HaMakom* hat sich erst nachbiblisch zu einer Umschreibung der Allgegenwart Gottes im Raum seiner Schöpfung entwickelt, doch zahlreiche Bilder dafür finden sich auch schon innerbiblisch. Eines davon hier zum Schluss: »Herr, du bist unsere Wohnung gewesen von Generation zu Generation. Ehe die Berge geboren waren und du die Erde und die Welt erschaffen hattest, von Ewigkeit zu Ewigkeit bist du, Gott.« (Ps 90,1–2).

---

**94** Aus dem orthodoxen Marienhymnus *Hymnos Akathistos*. Für diesen Hinweis danke ich meinem Kollegen Felix Körner, Inhaber des Nikolaus-Cusanus-Lehrstuhls für Theologie der Religionen an der HU Berlin.

**95** המקום ינחם אתכם בתוך שאר אבלי ציון וירושלים. Für diesen Hinweis und den Austausch dazu danke ich Daniel Fabian, Rabbiner und wissenschaftlicher Mitarbeiter am Institut für Katholische Theologie der HU Berlin.

**96** Zur Begründung s. o. Anm. 2.

**97** M. Kaléko, Wo sich berühren Raum und Zeit …, in: dies., Verse für Zeitgenossen, München 2017, 14.

Ulrich Mell

# Heiliggeistkirche

## Zum urchristlichen Verständnis von Heiligkeit

*Jürgen Becker als Gruß zum 90. Geburtstag*

**Zusammenfassung:** Da Heiligkeit in urchristlicher Zeit personal wie sozial durch Einwohnung des heiligen Geistes konstruiert wurde, konnten christliche Kultfeiern in vorhandenen privaten Wohn- oder Wirtschaftsgebäuden praktiziert werden. Räumlichkeiten, die christlichen Heiligen zum Medium wurden, dürften ihre Sakralität nur abgeleitet von ihrer Benutzung besessen haben.

**Abstract:** Since holiness in early Christian times was constructed personally as well as socially by indwelling the holy Spirit, Christian cult celebrations could be practiced in existing private residential or commercial buildings. Premises that became the medium for Christian saints may have possessed their sacredness only derivatively from their use.

# 1 Einführung

Das von den Herausgebern der Berliner Theologischen Zeitschrift gewählte Rahmenthema: »Heilige Räume – Räume des Heiligen«, stellt an das Christentum der ersten hundert Jahre bzw. an die Zeit des Urchristentums[1] die Frage, ob die Gemeinden zur Ausübung ihres zweiteiligen Kultes[2] – neben dem nach Bedarf prak-

---

1 Zur zeitlichen Eingrenzung s. U. Schnelle, Die ersten 100 Jahre des Christentums 30–130 n.Chr. Die Entstehungsgeschichte einer Weltreligion, Göttingen ²2016, 26; D.-A. Koch, Geschichte des Urchristentums. Ein Lehrbuch, Göttingen ²2014, 24. Zur Bezeichnung dieses Zeitraums als »Urchristentum« vgl. Koch, a.a.O., 22–27. Gleichfalls ist der Begriff ›Christentum‹ sowie seine grammatikalischen Ableitungen akzeptabel, da er eine vom Glauben an die Auferstehung Jesu von den Toten getragene Lebenseinstellung bezeichnet, auch wenn der Begriff frühestens zu Beginn des 2.Jh.s n.Chr. gebraucht wird (vgl. 1 Petr 4,16; IgnMagn 10,1.3; IgnRöm 3,3; IgnPhld 6,1) und die lateinische Form *christianitas* erstmals im 4. Jh. n.Chr. vorkommt, dazu Kl. Koschorke, Art. Christentum II. Kirchengeschichtlich, in: RGG⁴ 2 (1999), Sp. 196–210: 197.
2 Vgl. die Zweiteilung des christl. Kultes bei Plin., epist. X 96,7 in ein morgendliches und abendli-

---

**Kontakt: Ulrich Mell**, Fakultät Wirtschafts- und Sozialwissenschaften der Universität Hohenheim (Stuttgart); E-Mail: u.mell@t-online.de

https://doi.org/10.1515/bthz-2024-0004

tizierten Initiationsritus der Taufe[3] der regelmäßig wiederholte Kult einer Kombination von Wortgottesdienst und Mahlfeier[4] – sakrale Kultstätten eingerichtet haben. Eine Antwort zu finden ist insofern nicht einfach, als das Wissen über die in urchristlicher Zeit genutzten Räumlichkeiten begrenzt und im Wesentlichen nur durch Rückschlüsse aus literarischen Zeugnissen und späteren, frühestens in das 3. Jh. n. Chr. zu datierenden archäologischen Befunden zugänglich ist.[5] Etwas besser sieht die Quellenlage zur Erläuterung des personalen Verständnisses von Heiligkeit aus.[6] Um das urchristliche Verständnis von Raumheiligkeit zu erörtern, erscheint es daher sinnvoll, das gestellte Thema zu ergänzen, indem neben dem Ort des sakralen Raumes – sakraler Raum als architektonische Realisierung – auch die Heiligung des Raumes durch die Kultteilnehmer – Raum als soziales Medium von Heiligkeit – in den Blick genommen wird.[7]

---

ches Ritual, von dem das letztere eindeutig als ein Kultmahl (»[...] sich später wieder zu treffen, um Speise zu sich zu nehmen«) bezeichnet wird (Text bei Koch, Geschichte [s. Anm. 1], 534).

**3** Wurde die Taufe zunächst im Rahmen einer an See- oder Flussufern versammelten christl. Gemeinschaft im Freien durchgeführt (vgl. Apg 8,37; 10,47f.; Did 7,2; Just., 1apol. 61,3), so konnte sie in liturgisch-ritualisierter auch in einem Raum mit einem Wasserbecken o. ä., aber auch in einem öffentlichen Bad (vgl. ActThom 26f.) durchgeführt werden.

**4** Vgl. 1 Kor 14,23–33.36 in Kombination mit 11,4f.17–34. Wurde das »Herrenmahl« (11,20) zunächst als Einheit von Sakral- und Sättigungsmahl gefeiert (vgl. 11,25; Mk 14,22 parr.; Did 10,1), kam es Mitte des 2. Jh.s n. Chr. zur Trennung von sakramentaler Eucharistie und sättigender Agape (vgl. Just., 1apol. 65; 67; IgnSm 8,2).

**5** Vgl. D. W. Rordorf, Was wissen wir über die christlichen Gottesdiensträume der vorkonstantinischen Zeit?, ZNW 55 (1964), 110–128; H.-J. Klauck, Hausgemeinde und Hauskirche im frühen Christentum (SBS 103), Stuttgart 1981; L. M. White, The Social Origins of Christian Architecture. Texts and Monuments for the Christian Domus Ecclesiae in its Environment, 2 Bde. (HThS 42), Valley Forge 1990 + 1997; S. de Blaauw, Art. Kultgebäude, in: RAC XXII (2008), Sp. 227–393; E. Adams, The Earliest Christian Meeting Places. Almost Exclusively Houses?, LNTS 450, London u. a. 2013, sowie P. Lampe, Die stadtrömischen Christen in den ersten beiden Jahrhunderten. Untersuchungen zur Sozialgeschichte (WUNT 2/18), Tübingen ²1989, 313–320, dazu die Literatur bei M. Wolter, Der Brief an die Kolosser. Der Brief an Philemon (ÖTBK 12), Gütersloh/Würzburg 1993, 245f.; C. Osiek, Art. Haus III. Hausgemeinde (im Urchristentum), in: RGG⁴ 3 (2000), 1477f.: 1478; U. Mell, Christliche Hauskirche und Neues Testament. Die Ikonologie des Baptisteriums von Dura Europos und das Diatessaron Tatians (NTOA/StUNT 77), Göttingen 2012, 37 Anm. 14.

**6** Vgl. dazu U. Mell, Von elitärer zu öffentlicher Heiligkeit, in: U. Fellmeth/Ders. (Hg.), Pilgerwege ins »Heilige Land«. Beiträge zur Religionsgeographie der Alten Kirche, Frankfurt a. M. u. a. 2012, 69–97: 72–86.

**7** Vgl. den sog. ›spatial turn‹ in der Geschichtswissenschaft der Antike (dazu M. Schroer, Räume, Orte, Grenzen. Auf dem Weg zu einer Soziologie des Raumes, Frankfurt a. M. 2006, 174–176), der die Spannung zwischen einem passiven Verständnis von Raum, das den Raum als Ort für bestimmte soziale Ereignisse bestimmt, und einem relationalen, aktiven Verständnis von Raum betont, in dem die Akteure ihre eigenen sozialen Räume schaffen.

# 2 Heilige Räume im Urchristentum?

Wer sich über Versammlungsräume im Urchristentum informieren will, ist zunächst auf Rückschlüsse aus literarischen Erwähnungen angewiesen. Wenn beispielsweise Paulus in seiner Kritik am Verhalten der Gemeinde bei der Herrenmahlsfeier von Versammlungen spricht,[8] sieht er keinen Anlass, die Örtlichkeit zu beschreiben, weil er wie selbstverständlich davon ausgeht, dass seine Adressaten diese kennen. Erst aus seinem späteren Brief aus Korinth,[9] in dem von einem Gruß von »Gaius, mein (sc. Paulus) und der ganzen Gemeinde Gastgeber« die Rede ist (Röm 16,23), lässt sich schließen, dass sich die korinthische Gemeinde zur Kultausübung in einem bestehenden Privatgebäude eines Mitchristen versammelte.[10]

## 2.1 Die urchristlichen Hausgemeinden

Lässt sich die in Korinth ausgeübte Praxis zunächst für die von Paulus gegründeten und besuchten Gemeinden in Griechenland und Kleinasien[11] und darüber hinaus verallgemeinern,[12] so ergibt sich das Bild einer erst nachösterlich entwickelten Versammlungskultur,[13] die forschungsgeschichtlich unter dem Thema ›christliche

---

**8** Vgl. 1 Kor 11,17–22 sowie bes. V. 17 f. 20. 33.

**9** Zum Abfassungsort des Röm vgl. U. Schnelle, Einleitung in das Neue Testament, Göttingen ⁹2017, 135; I. Broer / H.-U. Weidemann, Einleitung in das Neue Testament, Würzburg ⁴2016, 461.

**10** Anders D.L. Balch, The Church Sitting in a Garden (1 Cor 14:30; Rom 16:23; Mark 6:39–40; 8:6; John 6:3; Acts 1:15; 2:1–2), in: Ders./A. Weissenrieder (Hg.), Contested Spaces. Houses and Temples in Roman Antiquity and the New Testament, WUNT 285, Tübingen 2012, 201–235: »In the Roman colonies Corinth and Philippi, we might imagine Pauline believers renting spaces in taverns, or simply gathering there for meals with wine« (232).

**11** Für die von Paulus gegründeten Gemeinden ist zunächst auf den von ihm gebrauchten Ausdruck »die hausweise sich konstituierende Gemeinde« zu verweisen, vgl. Röm 16,5; 1 Kor 16,19; Phlm 2. So dürften ›Hausgemeinden‹ in Philippi (vgl. Apg 16,15. 32. 34), Thessaloniki (vgl. 17,5), Korinth (vgl. Röm 16,23; Apg 18,7; ActPaul 9) und in Kolossä (vgl. Kol 4,15) bestanden haben. Für die von Paulus besuchte Christenheit in Ephesus ist auf 1 Kor 16,19b; Apg 20,20 und für die Christen in Rom auf Röm 16,5. 14 f. zu verweisen. Abstrus Adams, Meeting Places (s. Anm. 5), 24–35, der meint, da Paulus nie ein »household a ›church in the home‹« nenne (ebd. 26), dürfe man bei Paulus nicht von einer sich in einem Haus versammelnden Gemeinde sprechen.

**12** Vgl. Jak 2,2 f.; 2 Joh 1. 10.

**13** Dass bereits Jesus von Nazaret Hausgemeinden in Galiläa eingerichtet hat (so R.W. Gehring, Hausgemeinde und Mission. Die Bedeutung antiker Häuser und Hausgemeinschaften – von Jesus bis Paulus [BWM 9], Gießen 2000, 87–93) überzeugt nicht: Jesus war nicht Leiter eines Haushaltes, sondern ließ sich als afamiliar (vgl. Mk 3,31–35) lebender Wanderprediger von situierten Gastgebern in ihre Häuser einladen, vgl. Mk 1,29–31; 2,15 parr.; 14,3 parr.; Lk 14,1; 15,2, aber auch Q 7,33 f.

Hausgemeinde‹[14] behandelt wird. Ihr Kennzeichen ist, dass Christen eines Ortes oder eines größeren städtischen Ortsteiles sich in einem bestimmten Hauswesen oder dass sich die Christen eines Ortes in mehreren Teilgruppen in unterschiedlichen Gebäuden trafen.[15] In einem ansonsten von einer Familie bewohnten und von ihr zur Lebenshaltung genutzten Haus oder in einer Werkstatt oder Laden mit angeschlossenem Wohnbereich[16] begegnete man sich zu Gottesdiensten in einem für die Teilnehmer hergerichteten Raum.[17] Die jeweilige Räumlichkeit – in einem größeren Wohngebäude[18] kamen Andron oder Atrium infrage[19] – wurde von einer Hausherrin oder einem Hausherrn christlichen Glaubens[20] für die Zeit der Kultfeier, vornehmlich am späten Nachmittag des (jüdisch gezählten) ersten Tages der Woche,[21] zur Verfügung gestellt. ›Hausgemeinden‹ sind sowohl für Palästina[22] – so bereits für die Erstgemeinde in Jerusalem[23] – als auch für andere Städte des

---

**14** Vgl. dazu H. Leppin, Die frühen Christen. Von den Anfängen bis Konstantin, München 2018, 123: »Das Wort ›Hausgemeinde‹ ist ein nützlicher Verlegenheitsbegriff, der eine vielfältige, wildwüchsige Realität bezeichnet, über deren Einzelheiten man nur spekulieren kann«. Das Urteil von Adams, Meeting Places (s. Anm. 5), 202: »I would go as far as to suggest that the category ›house church/ churches‹ should be dropped altogether from New Testament and Early Christian Studies«, dürfte ›das Kind mit dem Bade ausschütten‹.
**15** Vgl. für Korinth Röm 16,23; 1 Kor 16,15.
**16** Vgl. Adams, Meeting Places (s. Anm. 5), 20 f. 137–146.
**17** In Häusern fanden auch nichtkultische Veranstaltungen wie Gemeindevollversammlungen (vgl. Gal 2,2; 1 Thess 5,27; Apg 1.15.24–26; 6,2; 15,30; IgnPol 7,2; IgnPhld 8,1 f.), verkündigende und katechetische (vgl. Q 10,5 f.; Mk 7,17; 9,28 f. par.; Mt 13,36; Lk 10,7; Apg 16,32) oder auch philosophische Veranstaltungen (vgl. Acta Just. 3,2 f.) statt.
**18** Vgl. 1 Kor 11,22.34.
**19** In der hell.-röm. Kultur war das Haus Schnittpunkt von Privatheit und Öffentlichkeit; es gab Privatgemächer und Räumlichkeiten, die öffentlich-repräsentativen Zwecken dienten. So wurden das Andron für das Symposion unter Freunden oder das Atrium für den Empfang der Klienten benutzt, vgl. Chr. Höcker, Art. Haus, DNP 5 (1998), Sp. 198–210: 200.
**20** Z. B. Maria (Apg 12,12), Phoebe (Röm 16,1) oder Nympha (Kol 4,15), Gaius (Röm 16,23) oder Stephanas (1 Kor 16,15). – Keineswegs zwingend ist, dass die Häuser/Wohnungen/Geschäfte Eigentum der Haushaltsvorstände waren.
**21** Der sogenannte ›achte Tag‹ (vgl. Barn 15,9; Just., dial. 41,4; 138,1) galt aufgrund des Auferstehungsglaubens als Tag der den Tod überwindenden Zeit der ›neuen Schöpfung‹ (vgl. 2 Kor 5,17; Gal 6,15) und wurde in späterer Zeit entsprechend der röm. Wochentageinteilung der ›Sonntag‹ (vgl. Just., 1apol. 67).
**22** Vgl. zu Joppe Apg 10,6.17 und zu Cäsarea (marittima) 10,2a; 21,8. Zur christl. ›Hausmission‹ in Palästina vgl. Q 10,5–7 und zur Bekehrungssituation im Haus und der Verheißung von ›Häusern‹ vgl. Mk 10,29 f.
**23** Vgl. Apg 1,13, wonach sich elf Apostel zusammen mit »Frauen« sowie Angehörigen der Familie Jesu zu ständigen Zusammenkünften in einem »Obergemach« trafen, das ihnen von einem wohlhabenden (vgl. 12,13: Hausangestellte) weiblichen Haushaltsvorstand namens »Maria« geöffnet

Römischen Reiches, in denen sich eine christliche Gemeinde gebildet hatte,[24] anzunehmen.

Aus archäologischer Sicht ist der in der Nähe von Megiddo in einem Wirtschaftsgebäude entdeckte ›christliche Gebetsraum‹[25] von Interesse. Seine christliche Benutzung wird in das 3. Jh. n. Chr. datiert.[26] Drei Bodenmosaike dürften den
Standort eines Tisches kennzeichnen, der zur Feier der Eucharistie hereingebracht
wurde.[27] Außerhalb christlicher Zusammenkünfte wurde der Raum für gewerbliche Zwecke genutzt.[28]

---

wurde (12,12). Es dürfte sich um das Obergeschoss eines geräumigen (Stadt-)Hauses gehandelt
haben (vgl. 9,37. 39; 20,8). Dieser auch als »Söller« bezeichnete Raum konnte für Versammlungen
genutzt werden (vgl. 20,8; mShab I 4, R. Chananja b. Chizkija b. Garon, T 1; bMen 41ᵇ, Haus Hillel
und Schammai, T 1, s. Bill. 2,594), da die Hausbewohner nicht belästigt wurden, wenn er über einen
separaten Zugang verfügte. Mk 14,15 parr. erzählt, dass das »Paschamahl« (V. 16fin.) Jesu mit seinen
Jüngern in Jerusalem in einem »Speisesaal« (vgl. 1 Sam 1,18; 9,22) stattfand (zur Vermietung von
Speiseräumen vgl. Adams, Meeting Places [s. Anm. 5], 166–171). Eine Identität beider Räumlichkeiten ist möglich, aber kaum zu beweisen. Auch gegenüber einer Lokalisation auf dem Zionsberg
(so Rordorf, Gottesdiensträume [s. Anm. 5], 113) ist Zurückhaltung angebracht. Zudem dürfte diese
Örtlichkeit nicht das einzige Versammlungslokal gewesen sein, vgl. Apg 8,3; 12,17 und die über-
triebenen Zahlenangaben 2,41; 4,4.

24  Eine ›Hausgemeinde‹ ist z. B. für Troas (vgl. Apg 20,7f.), Laodicea (vgl. Kol 4,15), Smyrna (vgl.
IgnSm 13,1 f.; IgnPol 8,2) und für Ikonium (vgl. ActPaul 3,5,7) anzunehmen.

25  Vgl. dazu den vorläufigen Bericht von Y. Tepper/L. Di Segni, A Christian Prayer Hall of the Third
Century CE at Kefar ʾOtnay (Legio). Excavations at the Megiddo Prison 2005, Jerusalem 2006. Gefunden wurden ein großes und drei kleinere Bodenmosaiken, wobei die drei letzteren keineswegs zu
dem größeren Mosaik passen, das auf einen römischen Centurio hinweist, der den lateinischen Namen »Gaianus« und den griechischen Alias-Namen »Porphyrios« trägt und als Stifter des Mosaiks
ohne nähere Erläuterung als »unser Bruder«, als Mitglied der christl. Ortsgemeinde (vgl. 2 Kor 8,22;
1 Thess 3,2; Hebr 13,23) bezeichnet wird. Es ist darum naheliegend, dass die drei weniger formvoll-
endeten kleineren Mosaiken zuerst angelegt wurden. Das größte von ihnen enthält Inschriften, die
eine ›fromme‹ Frau namens »Akeptous« erwähnen, die dem »Gott Jesus Christus« einen »Tisch«
als ›Erinnerungsgabe‹ gestiftet hat.

26  Tepper/Di Segni, Prayer Hall (s. Anm. 25), 50, datieren auf 230–235 n. Chr., V. Tzaferis, Inscribed
to »God Jesus Christ«: Early Christian Prayer Hall Found in Megiddo Prison, BArR 33, 38–49, datiert
auf die 2. Hälfte des 3. Jh.s n. Chr. Skeptisch Chr. Markschies, Was lernen wir über das frühe Christentum aus der Archäologie des Heiligen Landes?, ZAC 11 (2008), 421–447, 432–442.

27  Vgl. 1 Kor 10,21 die Erwähnung eines ›Tisches‹ im Zusammenhang mit dem ›Herrenmahl‹; Cypr.,
ep. 45,2; 73,2, weitere Literaturbelege bei Markschies, Christentum (s. Anm. 26), 438 Anm. 48.

28  Der ›Gebetsraum‹ dürfte als Bäckerei einer röm. Garnison genutzt worden sein, vgl. Tepper/di
Segni, Prayer Hall (s. Anm. 25), 29f.

## 2.2 Eine Hauskirche in urchristlicher Zeit?

Die Institution der ›Hausgemeinde‹ war an ihr funktionales Ende gekommen, wenn eine christliche Ortsgemeinde von der Öffentlichkeit und möglicherweise auch von der kommunalen Verwaltung als Kultgemeinde[29] akzeptiert war und eine größere Zahl von Gemeindemitgliedern besaß. In diesem Fall konnte ein von seinen bisherigen Bewohnern vollständig geräumtes Hauswesen der örtlichen Gesamtgemeinde als ›christliche Hauskirche‹[30] zur Verfügung gestellt werden.[31]

Sind ›Hauskirchen‹ für die urchristliche Zeit literarisch nicht belegt, so dürfte das parallele Fehlen aussagekräftiger archäologischer Belege[32] unter anderem darauf zurückzuführen sein, dass sich ›Hauskirchen‹ nicht durch eine als ›christlich‹ erkennbare Raumgestaltung wie Bodenmosaiken von gewöhnlichen Privathäusern auszeichneten, sondern eher durch die Hinzufügung von Einrichtungen für die Gottesdienstleitung.[33]

---

**29** Dazu E. A. Judge, Art. Kultgemeinde (Kultverein), in: RAC XXII (2008), 393–438, der urchristl. Gemeinschaften der ›Kultgemeinde‹ zuordnet (vgl. 394. 420).
**30** Dazu bemerkt de Blaauw, Art. Kultgebäude (s. Anm. 5), Sp. 282: »Der Begriff Hauskirche, [...], ist nur ein Verlegenheitsname für die unübersichtliche Vorgeschichte des monumentalen Kirchenbaus«. Vgl. die Übersicht von White, Origins of Christian Architecture (s. Anm. 5).
**31** Beispiel ist die christl. Hauskirche von Dura Europos (maßgebend C. H. Kraeling, The Christian Building. The Excavations at Dura-Europos conducted by Yale University and the French Academy of Inscriptions and Letters, Final Report Bd. VIII / II, New Haven / New York 1967), die um die Mitte des 3. Jh.s n. Chr. in dem vormals bewohnten Haus eines Christen namens Dorotheos eingerichtet wurde, vgl. dazu Mell, Hauskirche (s. Anm. 5), 79–91. 83 f. 92–94, anders White, Origins of Christian Architecture (s. Anm. 5), Bd. 2, 123; Adams, Meeting Places (s. Anm. 5), 95. Die außen am Haus angebrachten Sitzbänke (Abbildung des Grundrisses Mell, a. a. O., 82) legen nahe, dass in der städtischen Öffentlichkeit das christl. Versammlungshaus bekannt und akzeptiert war. – Ob auch eine Hauskirche im palästinschen Kapernaum im ›Haus des Petrus‹ im 2. Jh. n. Chr. eingerichtet worden war, ist fraglich, so aber V. C. Corbo, The House of St. Peter at Capharnaum. A Preliminary Report of the First Two Campaigns of Excavations; April 16–June 19, Sept. 12–Nov. 26, 1968, Jerusalem 1969. Zur Kritik an Corbo vgl. J. R. Strange, Archeological Evidence of Jewish Believers?, in: O. Skarsaune / R. Hvalvik (Hg.), Jewish Believers in Jesus, Peabody 2007, 710–744: 727–731.
**32** Vgl. Klauck, Hausgemeinde (s. Anm. 5), 77–81.
**33** Vgl., dass in dem aus zwei Räumen zusammengeführten Hauptversammlungsraum der Hauskirche von Dura Europos ein Schmuckfries mit bacchantischen Motiven bestehen blieb, während an seiner Stirnfront ein Podest (für einen Bischof?, vgl. Mell, Hauskirche [s. Anm. 5], 89. 94. 97. 102) eingerichtet wurde. – Ein Sonderfall dürfte dabei die Einrichtung eines Baptisteriums, kenntlich an der begehbaren Piscina und den biblisch inspirierten Fresken mit Taufbezug (vgl. Mell, a. a. O., 289–293; anders Korol, s. u., 1661) sein, da sich das Hofhaus für die Einrichtung einer dreigeteilten

# 3 Zum urchristlichen Verständnis personaler Heiligkeit

Zunächst ist festzuhalten, dass sich die Mitglieder der christlichen Erstgemeinde in Jerusalem »die Heiligen« nannten.[34] Die Gemeinde bestand zunächst aus nicht-priesterlichen Mitgliedern jüdischen Glaubens, die wie Jesus aus Galiläa stammten,[35] zu denen in Jerusalem wohnende Juden, aber auch Diasporajuden stießen, die sich in der Tempelstadt niedergelassen hatten.[36] Ihre Selbstdeutung als ›heilige Laien‹ ist jüdisch vorgeprägt[37] und mobilisiert ein elitäres Selbstverständnis[38] als ein besonders auserwählter Teil[39] von ›Israel‹, dem Volk Gottes.[40]

Fragt man nach dem Motiv für diese exklusive Selbstwahrnehmung, so dürfte es im Auferstehungsglauben liegen.[41] So hat sich nach einer von Paulus aufgegrif-

---

Versammlungsstätte eignete: (1) zwei aneinander grenzende Räume für den Gottesdienst mit Eucharistie für männliche – der Hauptversammlungsraum – wie weibliche Gemeindeglieder, (2) ein Baptisterium für die Taufe von Neophyten und (3) der Hof für Gäste und der Kirchenzucht unterworfenen Personen, vgl. Mell, a.a.O., 92–100. Zu dem nur fragmentarisch erhaltenen Bildmaterial des Baptisteriums vgl. Mell, a.a.O., 113–187.253–256.265–287; D. Korol, Neues zu den alt- und neutestamentlichen Darstellungen im Baptisterium von Dura-Europos, in: D. Hellholm u.a. (Hg.), Ablution, Initiation, and Baptism. Late Antiquity, Early Judaism, and Early Christianity, BZNW 176, Berlin/Boston 2011, 1611–1672 (Abbildungen: 1823–1854). Die z.T. kleinliche und missgünstige Kritik Korols an der den kirchlichen Kontext (Tatian) berücksichtigenden Interpretation des Bibelwissenschaftlers Mell soll wohl darüber hinwegtäuschen, dass es der hehren Zunft christlicher Archäologen seit Jahrzehnten nicht gelungen ist, das einzigartige Kleinod christlicher Existenz im »Pompeji des Ostens« in einer Monographie archäologisch umfassend und methodisch einwandfrei der Öffentlichkeit vorzustellen, um die z.T. ausufernde Spekulation (s. die Literatur bei Mell und Korol) in die Schranken zu weisen.

**34** Vgl. Röm 15,25 f. 31; 1 Kor 16,1; 2 Kor 8,4; 9,1.12.

**35** Vgl. Lk 24,10.13; Joh 1,40.43–45; Apg 1,13.

**36** Vgl. Apg 6,1.5.8, dazu Koch, Geschichte (s. Anm. 1), 169–173.

**37** Zur atl.-frühjüd. Bezeichnung von Laien als ›Heilige‹ vgl. Ps$^{LXX}$ 15,3; 33,10; TestLev 18,11; äthHen 43,4; 50,1; 51,2; 62,8; 65,12; 100,5.

**38** Vgl. Jes 4,3 über die Überlebenden von Jerusalems Untergang; TrJes 62,12 über die Exulanten aus Babylon; Weish 18,9 über die Exodusteilnehmer; Dan 7,8.21; 8,25; TestLev 18,11.14 über die endzeitlich-eschatologische Gemeinschaft; 1QM 12,4 in Verbindung mit 10,10 über die endzeitliche Siegesgemeinde, Näheres bei Mell, Heiligkeit (s. Anm. 6), 72–77.

**39** Vgl. Röm 1,7; 1 Kor 1,2 die Anrede an Christen als »berufene Heilige«.

**40** Die Benennung signalisiert zugleich Hoheit und Gottesnähe, vgl. die atl.-frühjüd. Benennung von Engeln als ›Heilige‹: Ex 15,11; Dtn 33,3; Ps 88(9),6.8; Hi 5,15; 15,15; Weish 5,5; Sir 42,17; Sach 14,5; Dan 4.10.14.20; 7,21 f.; 8,13; äthHen 1,9; 100,5 u.ö., dazu urchristl. 1 Thess 3,13; 2 Thess 1,10.

**41** Vgl. Röm 4,25; 8,34; 1 Kor 15,3b–5; 2 Kor 5,15; 1 Thess 1,10; 4,14a.

fenen Glaubenstradition vom »Evangelium Gottes«[42] der ›heilige‹ Gott Israels[43] neu definiert als derjenige, der »Jesus Christus« »seit der (sc. seiner) Auferstehung von Toten« als »Sohn Gottes nach dem Geist der Heiligkeit« eingesetzt hat (Röm 1,1–4). Daraus ist zu schließen, dass der Glaube an den nach seinem Tod mittels Gottes heiligen Geist in den Himmel erhöhten Kyrios die so mit großer Hoffnung Glaubenden an göttlicher Heiligkeit beteiligt: Wie bei Christus so ist Gottes heiliger Geist der Mittler personaler Heiligkeit.[44]

Übernimmt Paulus in seinen Gemeindebriefen die Jerusalemer Selbstbezeichnung für die Bezeichnung von Christen,[45] so hat sich beim Völkerapostel jedoch der theologische Kontext verändert. Paulus vertritt das ›Evangelium der Rechtfertigung des Menschen‹ (vgl. Gal 2,16) und propagiert das jüdisch vorgeprägte[46] Konzept einer göttlichen Erwählung der einzelnen Glaubenden aus allen Völkern.[47] In seinem universalistisch ausgeweiteten Heilsangebot rückt der Ritus der Taufe auf den das Neuschöpfungsheil[48] Juden wie Nichtjuden vermittelnden Namen von Jesus Christus[49] in den Mittelpunkt.[50] So sprechen von Paulus rezipierte Traditionen[51] davon, dass in der Taufe Gott Christus zur »Gerechtigkeit, Heiligung und Erlösung« (1 Kor 1,30) dem Neophyten übereignet bzw. Glaubende, die sich taufen lassen, »reingewaschen, geheiligt und gerechtfertigt« (6,11) sind.

---

**42** Zum vorpaulinischen Bekenntnis vgl. U. Mell, Heiligende Homologie. Zur Anatomie des Evangeliums am Beginn des Römerbriefs, in: Ders., Biblische Anschläge. Ausgewählte Aufsätze, ABG 30, Leipzig 2009, 263–286.
**43** Zur Heiligkeit Gottes vgl. atl.: Ex 15,11[LXX]; Jos 24,19; 1 Sam 6,20; Ps 22,4; Spr 9,10; Jes 5,19; DtJes 40,25; Hab 3,3 u.ö. sowie urchristl.: Joh 17,11; 1 Petr 1,15f.; Hebr 12,10; 1 Joh 2,20; Apk 4,8; 6,10 u.ö.
**44** Der heilige Geist als Gabe Gottes gehört zum Anfang des christl. Lebens (vgl. Gal 3,2f.), definiert die Zugehörigkeit zu Christus (vgl. Röm 8,9), vereint mit Christus (vgl. 1 Kor 6,17) und gibt Anteil an Christi Gottessohnschaft (vgl. Röm 8,14–16; Gal 4,6).
**45** Vgl. Röm 8,27; 12,13; 16,2.15; 1 Kor 1,2; 6,1f.; 14,33; 2 Kor 1,1; 13,12; Phil 1,1; 4,21f.; Phlm 5.7.
**46** Vgl. Gen 12,1f.; 17,3, dass sich Israel als von Gott aus allen Völkern erwählt weiß und mit einer besonderen Verantwortung betraut ist (vgl. DtJes 42,1–4.6f.; 49,1–6; Röm 3,2).
**47** Vgl. 1 Thess 1,4.
**48** Vgl. Röm 4,17.
**49** Vgl. Apg 2,38; 8,16; 10,48; 19,5, dazu Röm 6,3; 1 Kor 1,13.15.
**50** Vgl. 1 Kor 12,13; Gal 3,26–28.
**51** Analyse bei U. Schnelle, Gerechtigkeit und Christusgegenwart. Vorpaulinische und paulinische Tauftheologie (GThA 24), Göttingen ²1986, 37–46.

Der von Paulus im Zusammenhang brieflicher Grußübermittlung erwähnte[52] ›heilige Kuss‹[53] ist ein weiteres Indiz, dass die zugesprochene Taufgnade zu einer effektiv verstandenen Neukonstitution als ›heilige Menschen‹ führt. Der zur Begrüßung wie zum Abschied[54] zwischen den Geschlechtern ausgetauschte Kuss dürfte nicht nur[55] bei einer christlichen Versammlung paulinischer Gründung praktiziert worden sein.

Die durch Evangelium, Taufe und Heiligkeitsstatus propagierte Auffassung, dass christlicher Glaube in einer fundamentalen Differenz zu Religionsvorstellungen paganer oder jüdischer Provenienz steht,[56] prägt sich für Paulus in einem Gemeindewissen aus:[57]

---

**52** Vgl. Röm 16,16; 1 Kor 16,20; 2 Kor 13,12; 1 Thess 5,26, dazu E. D. Schmidt, Heilig ins Eschaton. Heiligung und Heiligkeit als eschatologische Konzeption im 1. Thessalonicherbrief (BZNW 167), Berlin/New York 2010, 360–372; U. Mell, Das Evangelium in einem rhetorischen Brief. Ein Kommentar zum 1. Thessalonicherbrief (WMANT 166), Göttingen 2023, 412–415.

**53** Zur urchristl. Frömmigkeitspraxis vgl. Kl. Thraede, Ursprünge und Formen des ›Heiligen Kusses‹ im frühen Christentum, JbAC 11/12 (1968/69), 124–180: 145; W. Klassen, The Sacred Kiss in the New Testament, NTS 39 (1993), 122–135: 128. Mit der Beifügung des Adjektivs »heilig« unterscheidet sich der christl. Kuss von demjenigen mit erotischer (vgl. JosAs 8,4–7) oder ehrerbietiger Komponente, vgl. RH 2,9, R. Gamaliel T 2; Chag 14ᵇ, R. Jochanan b. Zakkai T 2, s. Bill. 1,995, dazu Lk 7,38.45; 22,47f. (der ›Judaskuss‹ [Mk 14,44f. par.] nimmt erzählerisch als ›Kuss der Unaufrichtigkeit‹ [vgl. 2 Sam 20,9; Spr 27,6] auf diese Sitte Bezug). Der christl. Kussaustausch geht einher mit seiner im 1. Jh. n. Chr. zunehmenden Ausbreitung unter Eliten, vgl. 1 Sam 20,41 sowie mit weiteren Belegen W. Kroll, Art. Kuß, PWSup V (1931), Sp. 511–520: 513–515; G. Stählin, Art. φιλέω κτλ., in: ThWNT IX (1973), 112–169: 120f.

**54** Vgl. die Belege zum Kussaustausch bei der Begrüßung: Gen 29,11.13; 33,4; 45,15; Ex 4,27; 18,7; 2 Sam 14,33; JosAs 4,1; Lk 7,45; 15,20 und zum Abschied: Gen 31,28; 32,1; Rut 1,9.14; 1 Sam 20,41; 2 Sam 19,40; 1 Kön 19,20; Tob 10,12; 3 Makk 5,49; Apg 20,37.

**55** Vgl. 1 Petr 5,14: »Kuss der Liebe«. In post-urchristlicher Zeit wird der Kuss als Zeichen des Friedens in die Liturgie der Eucharistie überführt, vgl. Just., 1apol. 65,2; Tert., or. 18,1–7.

**56** Zum Kussaustausch als Abgrenzungszeichen einer Gemeinschaft vgl. F. Kohlschein, Art. Kuß, LThK VI (1997), 545f.: 546; R. Börschel, Die Konstruktion einer christlichen Identität. Paulus und die Gemeinde von Thessalonich in ihrer hellenistisch-römischen Umwelt (BBB 128), Berlin/Wien 2001, 320f.

**57** Vgl. 1 Kor 3,16a. Die Formulierung dürfte bereits auf die Jerusalemer Erstgemeinde zurückgehen, die sich vis-a-vis zum Zions-Tempel konstituierte, dazu J. Becker, Die Gemeinde als Tempel Gottes und die Tora, in: D. Sänger/M. Konradt (Hg.), Das Gesetz im frühen Judentum und im Neuen Testament (FS Chr. Burchard; NTOA/StUNT 57), Göttingen/Fribourg 2006, 9–25. Zum Kontext im 1 Kor vgl. A. Weissenrieder, »Do you not know that you are God's temple?« Towards a new perspective on Paul's temple image in 1 Corinthian 3:16, in: D.L. Balch/Ders. (Hg.), Contested Spaces. Houses and Temples in Roman Antiquity and the New Testament, WUNT 285, Tübingen 2012, 377–411.

Ihr seid Gottes Tempel, (da) der Geist Gottes unter euch wohnt. Verdirbt jemand den Tempel Gottes, wird Gott diesen verderben. Denn der Tempel Gottes ist heilig, diejenigen (die ihn bilden) seid ihr! (1 Kor 3,16f.)

Zwei Aspekte dieser Ekklesiologie bedingen einander: Zum einen[58] verwirklicht sich in der eschatologischen Endzeit[59] in der vom heiligen Geist erfüllten Christengemeinde Gottes wahrer heiliger Tempel in einem Menschenhaus[60], gebaut aus ›lebendigen Steinen‹. Damit ist der sichtbare Tempel auf dem Zion nicht mehr allein die irdische Wohnstätte der Gottheit auf Erden.[61] Gottes Anbetung und Verehrung[62] findet auch in jeder christlichen Versammlung[63] jedweden Ortes statt.

Zum anderen ist wie beim jüdischen Tempelverständnis,[64] so auch bei der urchristlichen Auffassung eines Kultbaus aus Geistbeschenkten, mit ihrem Heiligkeitsniveau untrennbar die Pflicht zur kultischen Reinheit verbunden. Paulus konkretisiert die Kehrseite der Medaille mit großer Konsequenz:[65]

---

**58** Diese Aussage wird meist und leider ausschließlich im Zusammenhang mit der Wahrnehmung von Raumheiligkeit im frühen Christentum betont, vgl. z.B. F.W. Deichmann, Vom Tempel zur Kirche, in: Mullus (FS Th. Klauser), JbAC Erg.-Bd. 1 (1964), 52–59: 55; A.M. Yasin, Saints and Church Spaces in the Late Antique Mediterranean. Architecture, Cult, and Community (Greek Culture in the Roman World), Cambridge 2009 (Reprint 2010), 14.16; M. Czock, Gottes Haus. Untersuchungen zur Kirche als heiligem Raum von der Spätantike bis ins Frühmittelalter, Millenium-Studien 38, Berlin/Boston 2012, 28.

**59** Vgl. Ez 36,26; 37,14; Joel 3,1–5, dazu 1 Thess 4,8; Apg 2,17–21. Die Gabe des Geistes, nach TestLev 18,10–14; Jub 1,23 von Gott für die Endzeit verheißen, ist vorläufiger Teil der ausstehenden Vollendung, vgl. 2 Kor 1,22; 5,5; Eph 1,14.

**60** Zum frühjüdischen Begriff vgl. 1QS VIII 5; 4Q174 3,6.

**61** Nach 2 Makk 14,35; Josephus, Bell V 459 wohnt Gott selbst im Tempel, vgl. aber auch Dtn 12,5.11 (auch 11Q19 45,12–14; 47,11), dass Gott seinen Namen in Jerusalem wohnen lässt, und Ex 29,43–6, dass sich »Gottes Herrlichkeit« im Zelt der Begegnung einfindet, Ex 40,34f.; 1 Kön 8,10f. als »Wohnen« Gottes bezeichnet.

**62** Anders die Qumrangemeinde, für die der *jachad* Ersatzsühngemeinschaft für den ihrer Ansicht nach verunreinigten Jerusalemer Tempel ist, vgl. CD XI 20f.; 1QS VIII 3–10; IX 3–6, dazu M. Vahrenhorst, Kultische Sprache in den Paulusbriefen, WUNT 239, Tübingen 2008, 46–49.

**63** Vgl. die Analogie, dass Gott unter den Israeliten wohnt: Ex 29,45; 1 Kön 6,13; Sach 2,14f.

**64** Vgl. dass Unreine den Tempel nicht betreten dürfen (Jub 3,10–14; 11Q19 35; 45,7–18; Josephus, Ap II 103; Bell V 194) bzw. des Todes schuldig waren (vgl. Lev 7,20f.). So verpflichtete schon das Aufsuchen des Tempelareals sich rituell zu reinigen, vgl. 1 Sam 16,5; Apg 21,24.26; 24,1f.

**65** Zu den paulinischen Texten vgl. W. Schrage, Der erste Brief an die Korinther (EKK 7/1), Solothurn/Neukirchen-Vluyn 1991; H. Merklein, Der erste Brief an die Korinther (ÖTBK 7/1), Gütersloh/Würzburg 1992, zur Heiligkeitsparänese 1 Thess 4,1–12 vgl. Mell, Evangelium (s. Anm. 52), 267–302.

1.  Alle Mitarbeiter müssen ihr Engagement daran messen lassen, ob sie dem konstruktiven Aufbau der Gemeinde, immerhin »Gottes Bauwerk« (1 Kor 3,9b) ›dienen‹:[66] Wenn Eigensinn »Eifersucht und Streit« (3,3b) hervorruft, dann – so lautet die sakrale talio[67] – wird Gott den Übeltäter verderben!

2.  Ebenso stiftet es nach 1 Kor 6,1–8 Unfrieden in der Gemeinde, wenn Christen mit den Mitteln einer manipulierbaren und korrupten Justiz gegeneinander vorgehen. Da Heilige im Eschaton über die Welt, ja über Engel richten werden,[68] sollen Christen Rechtsstreitigkeiten untereinander gütlich beilegen, bis hin zum Rechtsverzicht.

3.  Wer als Glaubender in egozentrischer Weise meint, seinen Sexualtrieb mit einer Prostituierten ausleben zu müssen (vgl. 1 Kor 6,12–18), gibt zu erkennen, dass er ein spiritualistisches Missverständnis von Geistheiligkeit besitzt: Bejahte Lust kennt keinen Missbrauch, sondern bewährt sich im Respekt vor der leiblichen Integrität des ehelichen Sexualpartners.

4.  Auch wer Mischehen zwischen Glaubenden und Nichtglaubenden für auflösungsbedürftig hält, verwechselt nach 1 Kor 7,12–16 Leibheiligkeit mit weltabgewandter Askese. Nicht die Trennung von der ›Welt‹, sondern ihre Durchdringung heiligt die nichtglaubenden Ehepartner ebenso wie gemeinsame Kinder.[69]

# 4 Auswertung

Das Urchristentum nahm im Rahmen der antiken Religiosität römischer Zeit eine Sonderstellung ein. (Öffentliche) Kultstätten mit abgestuften Heiligkeitsbereichen, die ein Tempelgebäude für die Gottheit oder einen Opferaltar zu ihrer Verehrung vorsahen, kamen für die ersten Christen nicht infrage.[70] Wo immer sie sich zu zeitlich bestimmten wie begrenzten Gottesdiensten versammelten, war ihre weit verbreitete Überzeugung,[71] dass Gott in ihrem Menschenhaus der von Gottes Geist geleiteten Heiligen gegenwärtig sei.

---

**66** Vgl. 1 Kor 3,5b, dazu den Abschnitt 3,1–15.

**67** Vgl. 2 Makk 3 sowie die Verbotstafeln, die Nichtjuden das Betreten der Vorhöfe des Jerusalemer Tempels verbieten, vgl. Josephus, Bell V 193; VI 125 f.; Ant XV 417.

**68** Vgl. 1 Kor 6,2 f. mit Weish 3,8 f.

**69** Vgl. 1 Kor 7,14.

**70** Mit Czock, Gottes Haus (s. Anm. 58), 4.

**71** Vgl. über die paulinischen Belegstellen hinausgehende urchristl. Bezeichnung von Christen als ›Heilige‹ 1 Kor 14,33 (nachpaulinischer Eintrag); Kol 1,2.4.12.26; 3,12; Eph 1,1.15.18; 2,19; 3,8.18; 4,12; 5,3; 6,18; 2 Thess 1,10; 1 Tim 5,10 sowie das Verständnis der Gemeinde(versammlung) als heiliger Tempel 2 Kor 6,16 (nachpaulinische Tradition); Eph 2,19–22; 1 Petr 2,5.9.

Die Bedürfnisse des sich vor allem in den Städten im Osten des Römischen Reiches sowie in Rom ausbreitenden Christentums konnte am besten das antike Haus[72] befriedigen. Ob Wohnhaus oder Wirtschaftsgebäude, es ermöglichte den Glaubenden in geschlossenen Räumen eine geschützte Kommunikation und stellte hauswirtschaftliche Geräte besonders für die Mahlfeier zur Verfügung.[73] Gemeinden, die ihre Wurzeln im antiken Judentum hatten, konnten zudem an den Brauch des Diasporajudentums anknüpfen, sich in privaten (Stadt-)Häusern zu versammeln.[74] Fand der urchristliche Kult, der keineswegs privat war,[75] in Räumlichkeiten öffentlich-repräsentativen Charakters statt, insofern ein u.U. wohlhabender Christ eine private Einladung an Mitchristen aussprach, so blieben die benutzten Räume weiterhin in der Verfügung ihrer Nutzer, die sie für ihre Wohn- und Haushaltszwecke oder für andere gewerbliche Ziele nutzten.

Die ›räumliche Asakralität‹ des Urchristentums hat in der Geschichtswissenschaft zu der These geführt, den ersten Christen sei das materielle Kultgebäude gleichgültig gewesen, weil sie mit dem Diasporajudentum einem spiritualistischen Kult huldigten.[76] »Dieses radikal vergeistigte Sakralbauverständnis«[77] spiegelt je-

---

[72] Vgl. dazu E. Dassmann/G. Schöllgen, Art. Haus II (Hausgemeinschaft), in: RAC XIII (1986), 801–905: 803–811; R. Osborne/G. Thur, Art. Oikos, in: DNP 8 (2000), Sp. 1134–1136.

[73] Vorhandene Räumlichkeiten mussten auch deshalb genutzt werden, da Christen in der Gesellschaft eine Minderheit darstellten und nicht den Rechtsstatus eines *collegium licitum* besaßen, um als Verein aus eigenen Mitteln Grundbesitz zum Hausbau erwerben zu können.

[74] Vgl. C. Claußen, Versammlung. Gemeinde. Synagoge. Das hellenistisch-jüdische Umfeld der frühchristlichen Gemeinden (StUNT 27), Göttingen 2002, 83–112.166–208 (Resümee 307), sowie das Beispiel der Diasporagemeinde in Dura-Europos: Benutzte sie für ihre Zusammenkünfte ab 165 n.Chr. zunächst eine ›Haussynagoge‹, so bezog sie ab ca. 200 n.Chr. durch Einbeziehung eines weiteren Hauses ein mit einem relativ großen Versammlungsraum ausgestaltetes Gemeindezentrum, dazu C.H. Kraeling, The Synagoge. The Excavations at Dura Europos conducted by Yale University and the French Academy of Inscriptions and Letters, Final Report Bd. VII/1, New Haven 1956 (Nachdr. 1979), 4–6.

[75] 1 Kor 14,16.23–25 belegt, dass zum Wortteil des christl. Gottesdienstes nichtglaubende Gäste eingeladen wurden, während die Teilnahme am Herrenmahl ausschließlich (getauften) Mitgliedern (vgl. Did 9,5) vorbehalten war. Die Behauptung, dass »für die Frühzeit des Christentums der private Charakter des Kultus kennzeichnend« war, so Fr.-H. Beyer, Geheiligte Räume. Theologie, Geschichte und Symbolik des Kirchengebäudes, Darmstadt ²2009, 23, ist daher unzutreffend.

[76] Vgl. z.B. Deichmann, Tempel (s. Anm. 58), 54; H. Brandenburg, Die frühchristlichen Kirchen in Rom vom 4. bis zum 7. Jahrhundert. Der Beginn der abendländischen Kirchenbaukunst, Regensburg ³2013, 11; C. Jäggi, Die Kirche als heiliger Raum: Zur Geschichte eines Paradoxons, in: B. Hamm u.a. (Hg.), Sakralität zwischen Antike und Neuzeit, BzH 6, Stuttgart 2007, 75–89: 77; Yasin, Saints (s. Anm. 58), 16.

[77] De Blaauw, Art. Kultbau (s. Anm. 5), Sp. 277.

doch die einstige Bewerbung des Christentums wider, wie sie nicht nur,[78] aber vorwiegend Apologeten der post-urchristlichen Epoche vertraten:[79] Sie versuchten die Fremdheit der ›christlichen Religion‹ einem aufgeklärten Bürgertum als eine die besten philosophischen Ansätze vollendende Gottesverehrung zu empfehlen und als solche in der spätrömischen Gesellschaft zu etablieren.[80] Dahingestellt sei, ob sie mit ihrer für das Christentum eintretenden Argumentation das vormalige urchristliche Selbstverständnis repräsentierten.

Eine besser begründete Perspektive auf das funktional orientierte Heiligkeitsverständnis urchristlicher Zeit dürften hingegen die brieflichen Äußerungen des Völkerapostels Paulus vermitteln. Seine Ethik für getaufte Heilige, die sich gegen ein spiritualistisches und asketisches Missverständnis des ihnen innewohnenden heiligen Geistes wendet, ist nach einem leiblichen Verständnis von Heiligkeit als Kraftphänomen, das sich auf Personen überträgt,[81] eine ›soziale Konstruktion‹. Ekklesiologisch übertragen auf christliche Versammlungen wird der Raum zu einem Bereich des alle Teilnehmer aktiv einschließenden Austauschs von sozialer Geistheiligkeit,[82] die sich in spiritueller wie christlich-bildender Sprache und im rituellen Gemeinschaftsessen konkretisiert.[83] Durch den Austausch des heiligen Kusses zu Beginn und Ende wird einerseits die Versammlungszeit der Heiligen bestimmt und andererseits ihre elitäre Identität gestützt: Nach außen wird der Schutz heiliger Gemeinschaft vor Uneingeweihten gewahrt, indem die Öffentlichkeit ausgeschlossen ist; nach innen wird von den Eingeweihten Kultreinheit gefordert, indem

---

78 Die Ansicht, dass Gott nicht in einem Haus aus Stein und Holz wohne, sondern sein Wohnort die ganze Welt sei (vgl. Minucius Felix, Oct. 32,1b; Athenagoras, suppl. 8; 10,1; Theophilos, autol. 2,3; Clemens Alexandrinus, strom. VII 5,29), ist bereits atl. (vgl. 1 Kön 8,27; TrJes 66,1) sowie urchristl. (vgl. Apg 7,48–50; 17,24f.; Hebr 9,1.24; Just., 1dial. 127,2) bekannt und war philosophisch eingeführt, vgl. Seneca, frg. 123 Haase = Lactanz, div. inst. VI 25,3; Cicero, nat. deor. 2,71.

79 Vgl. O. Skarsaune, Art. Apologetik IV. Kirchengeschichtlich 1. Alte Kirche, in: RGG⁴ 1 (1998), 615–620.

80 Vgl. C. Finney, Topos Hieros und christlicher Sakralbau in vorkonstantinischer Überlieferung, Boreas 7 (1984), 193–225: 202.

81 Vgl. analog Mt 23,17–19, das magische Verständnis von dinglicher Heiligkeit als einer Macht zur Vereinnahmung von Gegenständen.

82 Vgl. 1 Kor 14,26, die von allen Teilnehmern geforderte und vom heiligen Geist gewirkte (vgl. 1 Thess 5,19; 1 Kor 12,11f.) Poesie, Lehre, Offenbarung, Zungenrede wie Auslegung und Prophetie, die der Bildung christl. Sichtweise und Grundhaltung dienten.

83 Vgl. ähnlich zur Ekklesiologie des 1 Kor A. Weissenrieder, Contested Spaces in 1 Corinthians 11:17–33 and 14:30. Sitting or Reclining in Ancient Houses, in Associations and in the Space of ekklēsia, in: D. L. Balch/Ders. (Hg.), Contested Spaces. Houses and Temples in Roman Antiquity and the New Testament, WUNT 285, Tübingen 2012, 59–107: »The Corinthian ekklēsia not only possessed a space, but rather was this space« (106).

sie sich zu ethischer Verantwortung innerhalb wie außerhalb der Gemeinde ver-
pflichten.

Ob aber durch Wort- und Tathandlungen heiliger Christen eine Transformie-
rung des von ihnen zur Kultausübung benutzten häuslichen Raumes[84] zu einem
christlich-heiligen Status erfolgte,[85] dürfte fraglich sein. Räume im Urchristentum,
selbst wenn sie durch christliche Motive gekennzeichnet worden sein sollten, dürften ihre Sakralität nur abgeleitet von ihrer christlichen Benutzung besessen haben.[86]

Die Zeit urchristlicher ›Heiliggeistkirche‹ geht zu Ende, als in Kontinuität zu
dem personalen Heiligkeitsverständnis des Anfangs heroische Märtyrer christlichen Glaubens an ihren Gräbern verehrt wurden[87] und damit die raumerobernde
christliche Topographie der *Communio sanctorum* um die neue christliche Dimension von *Loca sanctorum* erweitert wurde.

---

**84** Hervorzuheben ist, dass in röm. Gesellschaft das private Haus nicht kultfrei, mithin für seine
Bewohner ›profan‹ war: So gab es im *atrium* oder *tablinum* einen Laren-Altar, wo Hausgötter, die
die Beschützer des Herdes waren, bildlich oder figural dargestellt und mit Opfer versorgt wurden, vgl. A. Mastrocinque, Art. Laren, DNP 6 (1999), Sp. 1147–1150: 1149; Adams, Meeting Places (s.
Anm. 5), 114 f. und seine Bemerkung: »The domestic cult is an obvious parallel to and precedent for
early Christian use of house space as ritual place« (115).
**85** So Yasin, Saints (s. Anm. 58) 14 (auch 37.44): »I suggest, the spaces in which early Christians
came together to worship should be understood as sacred«, vgl. vorsichtiger ebd. 36: »I suggest,
they (sc. the Christians) effectively imbued the places where that community comes together with
a sacred character«.
**86** Vgl. R. A. Markus, The End of Ancient Christianity, Cambridge 1990 (reprint 1994), 140: »The
building had a sacredness only derivatively«; 140 f.: »For centuries the church building received no
consecration other than by use«.
**87** Vgl. Apk 6,9–11; MartPol 18,2 f., dazu K. Hausberger, Art. Heilige/Heiligenverehrung III. Anfänge
christlicher Heiligenverehrung, TRE XIV (1985), 646–660: 648; Markus, End (s. Anm. 86), 142–155;
Ders., How on Earth Could Places Become Holy?, in: T. W. Hillard (Ed.), Ancient History in a Modern
University vol. 2: Early Christianity, Late Antiquity and Beyond, Grand Rapids/Cambridge 1998,
369–378: 375–378; Yasin, Saints (s. Anm. 58), 46–100.

Risto Saarinen

# »Der Ort ist wol leiblich«

## Die aristotelische Raumlehre und die christliche Theologie

**Zusammenfassung:** Die aristotelische Physik kennt keinen Begriff des absoluten Raumes. Sie lehrt, dass die Außenflächen der anderen Dinge, die mich umschließen, meinen Ort und Raum bestimmen. Der Raum ist also relativ und setzt die körperlichen Dinge voraus. Am Beispiel von Paulus, Pseudo-Klemens und Luther wird gezeigt, dass diese klassische Raumlehre auch für die Theologie des Körpers und des Raumes bedeutsam ist.

**Abstract:** The classical Aristotelian physics does not teach absolute space but holds that the outer surfaces of other things surrounding me define my place or space. Space is thus relative and assumes the existence of corporeal things. Using the examples of Paul, pseudo-Clemens and Luther, the paper argues that these teachings have some relevance to the theology of space and body.

In seiner Schrift *Vom Abendmahl Christi. Ein Bekenntnis* (1528) verteidigt Martin Luther die Lehre von der körperlichen Präsenz Christi im Abendmahl. Er vertritt die Auffassung von drei verschiedenen Weisen, an einem Ort zu sein. Die lutherische Konkordienformel übernimmt diese Differenzierung.[1] Nach der ersten Seinsweise ist ein Ding im Raum »localiter«. Entscheidend für diese konkrete Auffassung des Raumes ist die Grenzlinie zwischen unterschiedlichen Körpern. Auf diese Weise

> ist ein ding an eym ort circumscriptive odder localiter, begreifflich, das ist, wenn die stet und der corper drynnen sich mit einander eben reymen, treffen und messen, gleich wie ym fas der wein odder das wasser ist, da der wein nicht mehr raumes nympt, noch das fass mehr raumes gibt, denn so viel des weins ist. Also ein holtz odder baum ym wasser nicht mehr raumes nympt noch das wasser gibt, denn so viel des baumes drynnen ist. Also ein Mensch ynn der lufft wandelend, nicht mehr raums von der luft umb sich her nympt, noch die lufft mehr gibt, denn so gros der mensch ist Auff die weise messen sich, stet und cörper miteinander gleich abe von stück zu stück, gleich als ein kannen giesser, die kannen ynn seiner form abmisset, geusst und fasset.[2]

---

1 Luther, WA 26, 327–337. BSELK, 1494–1496.
2 WA 26, 327, 5–15.

---

**Kontakt: Risto Saarinen**, Faculty of Theology, University of Helsinki; E-Mail: risto.saarinen@helsinki.fi

https://doi.org/10.1515/bthz-2024-0005

Diese Erläuterung ist einerseits gut verständlich. Andererseits mag sich der moderne Mensch wundern, wie ein Raum »gegeben« oder »genommen« werden kann. Darüber hinaus wird hier die »stet«, also der Ort oder der dreidimensionale Container, als die Grenzfläche des Körpers beschrieben. Seit Isaac Newton denken die neuzeitlichen Menschen, dass es so etwas wie »absolute space« gibt.[3] Dieser absolute Raum erscheint uns als dreidimensionales Koordinatensystem. Wenn wir uns bewegen, verändern sich die Koordinaten, aber der Raum verändert sich nicht. Der absolute Raum existiert also unabhängig von den Körpern. Luther hingegen denkt, dass die Körper in Bewegung Raum nehmen und geben. Als moderne Menschen denken wir vielleicht, dass Luther hier metaphorisch vom Geben und Nehmen des Raumes sowie vom Ort als Container redet.

# 1 Luther und die aristotelische Physik

Die metaphorische Lesart wird aber schwieriger, wenn Luther in der Fortsetzung konstatiert: »Der ort ist wol leiblich und begreifflich, und hat seine masse, nach der lenge, breite und dicke.«[4] Die drei Dimensionen des Raumes erscheinen hier nicht als abstrakte Koordinaten, sondern sie sind im leiblichen Wesen vorhanden, das die Messung eines Raumes erst ermöglicht. Folglich ist der Ort dieses Wesens »leiblich«. Diese Aussage Luthers ergibt wenig Sinn, wenn man das Newtonsche Konzept des absoluten Raumes voraussetzt.

Luther spricht auch von den unterschiedlichen Seinsweisen Christi. Der menschliche Leib Christi ist »begreifflich«, also mit der kreatürlichen Rationalität verstehbar. Im Rahmen dieser Seinsweise können wir diskutieren, »wie er auff erden leiblich gieng, da er raum nam und gab, nach seiner grösse«. Gott ist aber »nicht ein leiblicher Raum oder stet« und so deckt diese Redeart vom Leib oder Körper Christi nur einen Aspekt des Sachverhalts ab.[5] Wenn wir im Rahmen der »unbegreiflichen geistlichen« Seinsweise Christi reden, ist die Sachlage anders:

> da er keinen raum nympt noch gibt, sondern durch alle creatur feret wo er will, wie mein gesichte (das ich grobe gleichnis gebe) durch lufft, liecht odder wasser feret und ist, und nicht raum nympt noch gibt ... Item wie liecht und hitze durch lufft, wasser, glas, Cristallen und der gleichen feret und ist, und auch nicht raum gibt noch nympt.[6]

---

3 A. Hüttemann, Raum I: philosophisch, RGG⁴ 7 (2004), 62–63.
4 WA 26, 328, 4–5.
5 WA 26, 334–335.
6 WA 26, 335,39–336, 4.

Im Rahmen eines neuzeitlichen absoluten Raumverständnisses ist die Unterscheidung zwischen leiblicher und geistlicher Seinsweise wenig hilfreich. Denn einerseits braucht die leibliche Bewegung aus unserer Sicht keinen Raum »geben« oder »nehmen«, weil der Raum überall schon vom Körper unabhängig vorhanden ist. Und andererseits brauchen Phänomene wie das Licht, das Sehen und die Wärme aus unserer Sicht durchaus den absoluten Raum, innerhalb dessen sie erst geschehen können. Luther denkt aber, dass das Sehen und das Licht keinen Raum nehmen. Auf analoge Weise existiert Gott für ihn ohne den Raum und den Ort. Die rätselhafte Voraussetzung dieses vormodernen Denkens ist, dass der Raum und die Orte »leiblich« sind. Das Rätsel bezieht sich also nicht auf die geistliche bzw. theologische Seinsweise, sondern auf die erste, begreifliche Seinsweise.

Die Lösung dieses Rätsels kann dem vierten Buch der Physik des Aristoteles entnommen werden. Vereinfachend kann gesagt werden, dass Aristoteles weder den absoluten Raum noch die Leere (das Vakuum) annimmt. Die Wirklichkeit besteht aus Körpern, die von den Grenzflächen der anderen Körper umschlossen sind.[7] Aus moderner Perspektive ist eine solche Wirklichkeit »voll«. Um Luthers Beispiel zu verwenden: wenn der Mensch sich bewegt, ist sein Körper stets von der Luft umschlossen. Er »nimmt« ein gewisses Stück des Luftraumes und »gibt« ein anderes Stück frei, das unmittelbar von der Luft wiederbesetzt wird.

Nach der Behandlung unterschiedlicher Theorien des Ortes (*tópos*) kommt Aristoteles zu dem Schluss, dass der Ort eines Körpers als die Grenze dieses Körpers zu allen anderen angrenzenden Körpern zu verstehen ist (*Physik* 212a). Der Ort des Wassers im Krug ist also die Grenzfläche des Kruges, die mit der Außenfläche des Wassers zusammenfällt. Auf diese Weise ist der Ort eines Körpers durch diese Grenzfläche gegeben (*Ph.* 212a20). Der Ort ist also ein »Umgrenzendes des Körpers« (*Ph.* 212a6). Im Folgenden wird diese Lehre vom Ort als »Containervorstellung« bezeichnet.[8] So ist der Ort eines Körpers zwar nicht mit diesem Körper identisch, aber die beiden sind »koinzident« (*Ph.* 212a30). Der Ort ist »körperlich«, weil die anderen, umschließenden Körper diesen Ort und den mit ihm koinzidenten Körper bestimmen. Der Ort ist somit für Aristoteles eine »Fläche« bzw. ein »Gefäß« oder Container (*angeíon*, *Ph.* 212a28). Luthers Beispiele beleuchten diese Vorstellung so, dass »die stet und der corper drynnen«[9] koinzidieren.

Die Bewegung der Körper geschieht nicht im leeren Raum, sondern die unterschiedlichen Körper nehmen Raum voneinander und geben zugleich einander

---

7 Hüttemann, Raum (s. Anm. 3).
8 Diese Bezeichnung stammt von mir. Sie will nur eine Gruppe von miteinander ähnlichen Raumvorstellungen charakterisieren und hat keine Beziehung etwa zur heutigen Psychologie.
9 WA 26, 327, 6.

Raum (*Ph.* 213b27–30). Deswegen können die sich bewegenden Körper zu unterschiedlichen Zeiten an verschiedenen Orten sein (*Ph.* 219b20–220a10). Der jeweilige Ort dieses Körpers ist aber als ein Container zu verstehen, dessen Grenzfläche den Ort bestimmt. Wenn ich im Schwimmbad ins Wasser gehe, verändert sich mein Ort nicht aufgrund der Koordinaten des absoluten Raumes, sondern aufgrund der Grenzfläche der neuen Elemente, die mich umschließen. Das Universum hat keinen Ort, weil außerhalb ihm keine umschließenden Körper vorhanden sind (*Ph.* 212b–213a). Der aristotelische Ort ist also eine Relation zwischen den Körpern. Luthers Beschreibung der rational verstehbaren Seinsweise des Raumes folgt der aristotelischen Physik.

Dieses Beispiel gibt Anlass zu unterschiedlichen hermeneutischen Überlegungen. Erstens, der Raumbegriff ist nicht univok oder einfach zu verstehen. Wir haben sowohl absolute als auch relative geschichtliche Raumlehren. Aristoteles und Newton sind Namen für zwei leitende Paradigmen in dieser Hinsicht. Die alten christlichen Texte setzen häufig eine relative Raumlehre voraus. Zweitens, moderne Menschen denken vorwiegend im Rahmen der absoluten Raumlehre. Die Relativitätstheorie Albert Einsteins bietet nur für die wenigsten Spezialisten eine intuitive Alternative. Auch die heutigen Geisteswissenschaftler haben normalerweise das dreidimensionale Koordinatensystem in der Schule gelernt und begreifen den Raum anhand absoluter Koordinaten.

Drittens, das »veraltete« Weltbild von normativen religiösen Texten kann ein Problem für die Auslegung dieser Texte werden. Unsere Welt ist nicht »voll«, sondern eher »leer« und ihre Orte und Räume haben nicht körperbedingte relative Plätze, sondern quasi-absolute Koordinaten. Wie kann man zwischen den unterschiedlichen Weltbildern vermitteln? Viertens, die festgestellte Differenz kann auch eine Auslegungshilfe sein. Die Theologie des Körpers und die Theologie des Raumes sind heutzutage intensiv diskutierte Themen. Die historische Perspektive kann uns neue Einsichten in deren Verständnis bieten. Im Folgenden wird dieser vierte Punkt in Bezug auf den Raumbegriff erläutert. Die drei ersten hermeneutischen Punkte müssen aber auch stets mitgedacht werden.

# 2 Raum und Körper bei Paulus und Pseudo-Klemens

Die Bibelwissenschaftler haben die vielfältigen Begriffe des Raumes in thematischen Studien und Sammelbänden untersucht. Patrick Schreiner bietet eine umfassende Übersicht von dieser Forschung.[10] Das Hauptinteresse der Forscher bezieht sich auf die sozialen und politischen Räume, die auch architektonisch und sakral repräsentiert werden können. Die modernen philosophischen Theorien, zum Beispiel diejenigen Michel Foucaults, sind auch öfters in den historischen Studien berücksichtigt worden. Die geographischen Entwicklungen und die Globalisierung haben ebenfalls den Raumbegriff der Exegeten beeinflusst.[11]

Der Paradigmenwechsel im Zeitalter von Isaac Newton ist auch in einigen Studien diskutiert worden. Unterschiedliche Konzeptionen des physikalischen Raumes waren schon in der Antike vorhanden. Die relative Bestimmung von Raum und Ort ist jedoch üblich. Die Dominanz des absoluten Raumbegriffs ist eine neuzeitliche Erscheinung. Für die religiösen Schriftsteller der Antike ist die soziale Konstruktion des sakralen Weltbildes oft wichtiger als die Berücksichtigung der philosophischen oder naturwissenschaftlichen Lehren.[12]

Diese Einsichten der bisherigen Forschung werden im Folgenden nicht in Frage gestellt. Jenseits der sozialen, politischen und architektonischen Vorstellungen ist aber in der Antike ein wissenschaftliches Weltbild vorhanden, das bei einigen Autoren eine theologische Rolle einnimmt. Manchmal verwenden auch die nicht-philosophischen Autoren Aspekte der wissenschaftlichen Raumlehre ihrer eigenen Zeit. Das Verhältnis zwischen Ort, Raum und Körper kann in dieser Hinsicht besonders ergiebig sein.

Die Theologie des Körpers ist heutzutage ein so weites Feld, dass eine Berücksichtigung der wichtigen Literatur hier nicht möglich ist.[13] Nur selten behandeln diese Studien die philosophischen Vorstellungen von Raum und Ort. Die historische Theologie des Körpers kann aber auch den Raumbegriff vielseitig beleuchten, wie zum Beispiel die Studien von Troels Engberg-Pedersen und Christoph Markschies zeigen.[14]

Troels Engberg-Pedersen will nachweisen, dass der Geist bei Paulus als feine Materie verstanden werden kann. Zuerst diskutiert Engberg-Pedersen die Seinsweise des »pneumatischen Leibes« (1 Kor 15,44). Dieser Auferstehungsleib oder »himmlischer Körper« (1 Kor 15,40) unterscheidet sich vom Leib des irdischen

---

10 P. Schreiner, Space, Place and Biblical Studies: A Survey of Recent Research in Light of Developing Trends, Currents in Biblical Research 14 (2016), 340–371.
11 Schreiner, Space (s. Anm. 10), 341, 345–350.
12 Schreiner, Space (s. Anm. 10), 342–343, 351–355. Siehe auch G. Prinsloo & C. Maier (Hg.), Constructions of Space V: Place, Space and Identity in the Ancient Mediterranean World, New York 2013. Die früheren Bände I–IV (zwischen 2008 und 2013 in der Reihe JSOTSup) enthalten ebenfalls wertvolle Studien.
13 Für eine kurze Forschungsgeschichte siehe C. Markschies, Gottes Körper: Jüdische, christliche und pagane Gottesvorstellungen in der Antike, München 2016, 34–40.
14 T. Engberg-Pedersen, Cosmology & Self in the Apostle Paul: The Material Spirit, Oxford 2010; Markschies, Körper (s. Anm. 13).

Menschen, aber er ist auf seine besondere Weise materiell.[15] Nach der stoischen Kosmologie trennt sich die pneumatische Materie vom Fleisch und Blut im Tod. Bei Paulus wird der ganze Mensch in solche Materie verwandelt; so verwendet der Apostel in 1 Kor 15 stoische Züge, um seine eigene Lehre verständlich zu machen.[16]

Die Vorstellungen von Ort und Raum spielen eine beträchtliche Rolle in 2 Kor 4,7–5,10. Engberg-Pedersen fragt, ob hier anstatt von stoisch-materieller Soteriologie eher platonische und immaterielle Züge zum Vorschein kommen. Der irdische Leib wird als Hütte oder Zelt beschrieben (2 Kor 5,1), und in diesem Zustand seufzen die Menschen unter schwerem Druck (2 Kor 5,4). Engberg-Pedersen konstatiert, dass Paulus hier nicht Körperfeindlichkeit, sondern eine positive Einstellung zum eigenen Körper lehrt. Paulus sagt nämlich, dass wir »nicht entkleidet, sondern überkleidet werden wollen« (5,4), somit entsteht eine Analogie zu 1 Kor 15,50–55. In beiden Stellen werden zwei körperliche Seinsweisen bejaht. Eine platonische nicht-körperliche Existenz ist nicht gemeint. Wenn Paulus in 5,10 vom Lohn redet, meint er die Kompensation, die man »durch den Körper« (*dia tou sômatos*) erhält. So entsteht eine stoisch inspirierte Auffassung vom pneumatischen Leib.[17]

Paulus versteht den Körper an dieser Stelle als »Gefäß« (4,7, *skeuos*), das »in die Enge getrieben« wird (4,8). Das irdische Haus des Leibes ist eine Hütte oder ein Zelt (*skēnḗ*, 5,1.4), die als Außenfläche des Menschen dient. In diesem Container oder Oikos »wohnt« der Mensch. Obwohl der irdische Leib im Tod verlassen wird, ist man auch bei dem Herrn »daheim« (5,6–8). So denkt Paulus an zwei alternative Containervorstellungen des Leibes; jetzt sind wir »in der Fremde« (*ekdēmeô*), bei dem Herrn aber »daheim« (*endēmeô*, beide 5,9). Wie Engberg-Pedersen zeigt, spricht Paulus hier stets vom materiellen Leib, der durch unterschiedliche Grenzflächen oder Gefäße wie im Container existiert.

Nach der antiken Physik stoischer oder aristotelischer Prägung befinden sich also Körper an einem Ort, der mit dem Körper koinzidiert. Die Rede vom Körper als Gefäß, Zelt oder Wohnung folgt der Einsicht, dass der Körper im Ort als Container zu denken ist. So ist auch der pneumatische Stoff des Leibes nicht einfach immateriell oder ortlos, sondern im Gefäß des Körpers identifizierbar und lokalisierbar. Wie bei Aristoteles, so kann der Leib bei Paulus seinen Ort wechseln, aber im neuen Ort ist er auch durch seine Grenzfläche lokalisierbar und so dort daheim oder »endemisch«. Auf diese Weise kann Engberg-Pedersens Paulusauslegung mit unserer Lutherauslegung in Verbindung gebracht werden.

---

**15** Engberg-Pedersen, Self (s. Anm. 14), 26–28.
**16** Engberg-Pedersen, Self (s. Anm. 14), 31–36.
**17** Engberg-Pedersen, Self (s. Anm. 14), 48–50.

Christoph Markschies untersucht leibhafte Gottesvorstellungen in der Antike. Er will zeigen, dass solche Vorstellungen im frühen Christentum viel wichtiger waren als man üblicherweise denkt. Bekanntlich sind viele Gottesbilder in der Bibel anthropomorph und körperlich, so dass Gott Hände, Füße, Augen und Gesicht besitzt.[18] Die antiken Philosophenschulen mit Ausnahme vom Platonismus lehrten normalerweise, alles Seiende sei materiell oder körperlich. Im Dialog zwischen Christentum und Philosophie war es deswegen durchaus möglich, die Existenz eines leiblichen Gottes philosophisch zu verteidigen. Die frühen Anthropomorphiten waren nach Markschies keineswegs einfache Menschen, sondern sie beachteten stoische und aristotelische Denkvoraussetzungen.[19]

Weil die rechtgläubigen Christen des dritten und vierten Jahrhunderts vorwiegend Platoniker waren, wurden die Vorstellungen von Gottes Körper als Häresie verworfen. Spuren der leibhaften Vorstellungen sind allerdings nicht nur in der Bibel, sondern bei einigen frühen Kirchenvätern, z. B. Tertullian und Pseudo-Klemens, vorhanden. Oft sind uns solche Vorstellungen nur durch ihre Verwerfungen bekannt.[20] Die Betonung der wahren und leiblichen Menschlichkeit Christi moderierte die immaterielle Theologie des Platonismus gewissermaßen und ermöglichte ein christliches Nachdenken über die positive Rolle des Leibes in der Theologie.[21]

Markschies konstatiert im Weiteren, dass »es eine umfangreiche zeitgenössische Diskussion über die Zusammenhänge von Körper und Ort gab«. Er erwähnt die Rezeption der Physik des Aristoteles und konstatiert, dass die Neuplatoniker dem Ort des Körpers einen eigenen ontologischen Status beimaßen. Dagegen lehrten die Stoiker, dieser Ort subsistiere immer gemeinsam mit dem Körper.[22] Diese Lehre nähert sich der oben erläuterten Position des Aristoteles an.

So lehrt zum Beispiel Faustus von Riez, alle geschaffene Natur sei körperlich. Die Engel und menschliche Seelen haben einen geistigen bzw. himmlischen Körper, wie auch Paulus (1 Kor 15,40) sagt. Wie die Stoiker konstatiert Faustus, dass der Ort und der Körper solcher Seelen zusammenfallen. So haben die Seelen eine gewisse Quantität und einen Ort. Der Körper ist der Wohnort der Seele, und auch in der Auferweckung kehrt die Seele an einen bestimmten räumlichen Ort wieder. Die räumliche Gestalt von Paradies und Hölle impliziert somit Quantität und Körper.[23] Eine ähnliche Lehre von der Körperlichkeit der Seele kann auch bei Tertullian

---

**18** Markschies, Körper (s. Anm. 13), 43–56.
**19** Markschies, Körper (s. Anm. 13), 57–85.
**20** Markschies, Körper (s. Anm. 13), 148–158.
**21** Markschies, Körper (s. Anm. 13), 378–380, 414–418.
**22** Markschies, Körper (s. Anm. 13), 154–155.
**23** Markschies, Körper (s. Anm. 13), 154–156.

nachgewiesen werden. Darüber hinaus lehren einige neuplatonische Philosophen, die Seele habe einen astralen Körper. Auch dieser Körper kann eine »Umhüllung« bzw. »Bekleidung« haben, also eine Art von Grenzfläche, die dem Astralkörper eine Gestalt und einen räumlichen Ort gibt.[24]

Bemerkenswert an dieser Diskussion ist das Zusammensein von Ort und Körper. Wenn die Christen den Himmel als einen Ort denken, müssen die geretteten Christen sowohl eine Seele als auch einen Körper haben. Denn ohne Körper haben die Seelen keine Grenzfläche und folglich auch keinen Ort, in dem sie wohnen oder daheim sein könnten. Philosophisch betrachtet würden die immateriellen Seelen ohne Ort und Grenze zu einer Weltseele zusammenschmelzen. Die Lehre vom Himmel als Ort impliziert deswegen die Auferstehung des Körpers. Dieses räumliche Motiv für die Auferstehung des Körpers ist in der Forschung wenig berücksichtigt worden.[25]

Der Einfluss des aristotelischen bzw. stoischen Raumbegriffs auf die christliche Theologie ist besonders deutlich in der 17. Homilie von Pseudo-Klemens.[26] Dieser Text setzt sich mit den philosophischen Grundüberzeugungen der Antike auseinander. Wie oben bemerkt, befindet sich das Universum nach Aristoteles nicht im Ort bzw. Raum, weil das All keine umschließenden Körper hat. Aus demselben Grund wird in der Homilie zuerst behauptet, Gott habe keine Form oder Gestalt (A.): »Wenn er aber in einer Form ist, wie ist er dann unbegrenzt? Wenn er aber begrenzt ist, befindet er sich in einem Raum. Wenn er sich aber in einem Raum befindet, ist er geringer als der ihn umgebende Raum.«[27]

Dieser Gedankengang wird anschließend jedoch abgelehnt. Pseudo-Klemens argumentiert, dass Gott und Raum nicht im Sinne von A. miteinander verglichen werden können (B.):

> Der Raum (*tópos*) ist das Nichtseiende, Gott aber das Seiende. Das Nichtseiende kann aber mit dem Seienden nicht verglichen werden. Wie kann denn der Raum ein Seiendes sein? Nur wenn es einen zweiten Raum (*deútera chóra*) gäbe, ebenso wie Himmel, Erde, Wasser, Luft, und wenn ein anderer Körper existierte, der seine (sc. des Raumes) Leere ausfüllen könnte, die deshalb Leere genannt wird, weil sie nichts ist. Denn dies – das Nichts – ist der für das Leere zutreffende Name. Was ist denn die sogenannte Leere anderes als ein Gefäß, das

---

24 Markschies, Körper (s. Anm. 13), 156–162.
25 Vgl. O. Lehtipuu, Debates over the Resurrection of the Dead – Constructing Early Christian Identity, Oxford 2015.
26 Markschies, Körper (s. Anm. 13), 269–275. B. Rehm & G. Strecker (Hg.), Pseudoklementinen 1, Berlin 1994.
27 Markschies, Körper (s. Anm. 13), 269, 632 (Griechisch). Die folgende Rekonstruktion (A, B, C, D) stammt von mir.

nichts enthält. Wenn jedoch dies Gefäß selbst leer ist, ist es selbst kein Raum, sondern in ihm ist die Leere selbst, wenn es überhaupt ein Gefäß ist.[28]

Nach diesem Argument präsentiert die Homilie ein anderes Argument wie folgt: (C.) was etwas umschließt, ist nicht höher als das, was es umschließt. Gott ist höher als die Welt und somit nicht der Raumlehre der Physik unterlegen. Als Schönheit kann Gott eine Form haben, deren Anteilnahme an seienden Dingen unendlich ausgebreitet werden kann. Die Homilie will schließlich beweisen, (D.) dass Gott eine bestimme Gestalt oder Form hat, nämlich die Ausdehnung des Unendlichen in Höhe, Breite und Tiefe sowie in andere denkbare Richtungen.[29]

Im Lichte der aristotelischen Raumvorstellung bilden A, B, C und D einen logischen Gedankengang. A sagt im Sinne von Aristoteles, dass ein Wesen ohne Grenze sich nicht im Raum bzw. Ort (*tópos*) befinden kann. B konstatiert, dass der Ort (*tópos*) an sich nichts ist, d.h. es gibt keinen absoluten Ort oder Raum, weil es kein Vakuum gibt. Jeder seiende Raum (*chốra*) koindiziert mit einem Körper und realisiert somit einen zweiten Raum, der den nichtseienden ersten Raum ins Sein ruft und somit den Raum des Seienden bestimmt. Mit Hilfe von B stellt dann C die übliche Lehre von A folgendermaßen in Frage: Die aristotelische Lehre der Umschließung ist nur unter gleichwertigen Seienden gültig. Die Anteilnahme Gottes an diesen Seienden ist kategorisch anders, da er im seienden Raum (*chốra*) gegenwärtig sein kann, ohne seine Unendlichkeit zu verlieren. D ist eine eigenartige Schlussfolgerung, die wie folgt denkt: weil A in der Theologie falsch ist und weil Gott im Raum auf seine einzigartige Weise präsent sein kann, ist es auch möglich, dass Gott eine bestimmte Form wie Schönheit hat. Wenn die Lehre von der Körperlosigkeit Gottes nur eine Folge der aristotelischen Physik (A) ist, kann diese Lehre in Frage gestellt werden.

Markschies überlegt, ob hier ein argumentativer Bruch stattfindet, weil B zuerst den Raum als das Leersein und das Nichtseiende definiert, die Fortsetzung aber vom Raum als gefüllte Substanz spricht.[30] Im Rahmen der aristotelischen Raumlehre ist die Argumentation allerdings logisch, obwohl für den modernen Leser vielleicht nicht überzeugend. Das Argument B versucht nachzuweisen, dass der seiende Raum (*chốra*) stets im Rahmen der Körperrelationen gedacht werden muss. Ohne das körperliche Umschließen bleibt der Raum bzw. der Ort (*tópos*) nichts, weil kein Vakuum angenommen werden kann. Jedes Gefäß muss wenigstens Luft enthalten, um im seienden Raum vorhanden sein zu können.

---

28 Markschies, Körper (s. Anm. 13), 274, 635 (Griechisch).
29 Markschies, Körper (s. Anm. 13), 274–275.
30 Markschies, Körper (s. Anm. 13), 274.

Gott unterliegt der Raumlehre der Physik allerdings nicht, und folglich kann Gott in der schon seienden Welt als unendliche Form gegenwärtig sein, ohne die Geschöpfe räumlich zu ersetzen. So formuliert die Homilie eine wertvolle hermeneutische Einsicht. Der Autor weist nach, dass die Lehre von Gott als unendlichem Wesen nicht der antiken Raumlehre unterliegt. Die kategoriale Alterität der göttlichen Anwesenheit bedeutet für Pseudo-Klemens, dass Gott nicht-philosophisch verstanden werden muss.

## 3 Raum und Ort Christi bei Luther

Die großen christlichen Kirchen haben die Auffassung von Gottes Körper einstimmig als Häresie erklärt. Dagegen bejahen die Kirchen die leibliche Gegenwart Christi im Abendmahl. Weil Christus einen menschlichen Körper hat, ist dieser Körper in den eucharistischen Elementen anwesend. Sowohl für die aristotelische als auch für die moderne Lehre vom Raum bietet diese Lehre eine Herausforderung, weil der menschliche Leib Christi etwa am Sonntagmorgen rund um die Welt in sehr vielen Orten gleichzeitig präsent sein kann. Darüber hinaus sitzt dieser Leib auch im Himmel »zur Rechten des Vaters«. Große christliche Kirchen lehren auf diese Weise die Multilokation des Leibes Christi.[31]

Normalerweise wird dieser Zustand als eine Fähigkeit der göttlichen Natur bzw. des göttlichen Geistes Christi erklärt. Die göttliche Kraft ist fähig, auch den menschlichen Leib Christi im Sakrament gegenwärtig zu machen. Wie schon oben angedeutet, schlägt Luther in seiner Abendmahlsschrift vor, dass die sogenannte definitive bzw. geistliche Seinsweise Christi diesen Sachverhalt ermöglicht. Nach dieser Seinsweise ist »das ding odder cörper nicht greifflich an eim ort«. Es ist nicht »nach dem ort des raums« messbar, sondern »kann etwa viel raums, etwa wenig raums einnemen«. Engel und Teufel können die definitive Seinsweise verwenden. Der Körper Christi konnte ebenfalls auf diese Weise durch die geschlossene Tür gehen. Dann hat Christus »keinen Raum« genommen, obwohl sein Körper auch »begreifflich an orten« so sein kann, dass er »raum nam« und »sich abmessen liess«. Auf ähnliche Weise kann Christus auch im Sakrament gegenwärtig sein. Die definitive Seinsweise ist unbegreiflich.[32]

---

**31** Meine Terminologie folgt oft R. Cross, Communicatio Idiomatum: Reformation Christological Debates, Oxford 2019. Für den scholastischen Hintergund sowie Luthers Entwickung siehe J. Baur, Ubiquität, TRE 34 (2002), 224–241 sowie H. Hilgenfeld, Mittelalterlich-traditionelle Elemente in Luthers Abendmahlslehre, Zürich 1971.
**32** WA 26, 327–329, 335–336.

An zwei Stellen vergleicht Luther die definitive Seinsweise Christi im Abendmahl mit der Weise, wie Christus durch die geschlossene Tür und durch den Grabstein gekommen ist. In diesen Fällen nahm Christus zwar keinen Raum von Holz oder Stein an, »doch sein leib zu gleich war an dem ort, da eitel stein und holtz war«.[33] Einerseits ist also der Leib nicht räumlich greifbar, aber andererseits ist er doch »an dem ort«. Vielleicht kann man sagen, dass Elemente wie Brot oder Wein eine besondere Aufgabe als Container in der definitiven Seinsweise so erfüllen, dass vom Ort gesprochen werden kann. Diese Funktion kann nicht »nach dem raum des Orts« gemessen werden, und so bleiben Brot und Wein auch »unverändert«.[34] Aber wegen der definitiven Containervorstellung hat das »hoc est« der Einsetzungsworte immerhin eine lokale Bedeutung.

Merkwürdigerweise ist Luther mit dieser geistlichen Auffassung der Realpräsenz noch nicht zufrieden. Er verlangt darüber hinaus, dass der Leib Christi auch an allen anderen Orten der Welt gegenwärtig ist. Weil Gottes Geist überall ist und weil nach der Lehre von Chalkedon Christus »in zwei Naturen unvermischt, unveränderlich, ungetrennt und unteilbar erkannt wird«, muss auch die menschliche Natur bzw. der Leib Christi überall gegenwärtig sein. Diese Lehre von der faktischen Omnilokation bzw. Ubiquität ist bisweilen »das neue Dogma der lutherischen Christologie« genannt worden.[35] Die Lehre ist umstritten geblieben. Kürzlich hat Marilyn McCord Adams sie als »overkill« bezeichnet. Nach Adams will Luther die menschliche Natur und den Leib Christi so energisch hervorheben, dass er einfach übertreibt. Die Ubiquität richtet die Aufmerksamkeit der Christen allerdings weg von der Realpräsenz des Abendmahls. »Wenn Christus überall ist, kann ich ihn in der Natur verehren, und ich kann ihn in meiner Suppe essen«, konstatiert Adams.[36]

Der konkrete Inhalt von Ubiquität ist davon abhängig, wie man das Zusammensein von menschlicher und göttlicher Natur Christi versteht. Die Leiblichkeit ist eine Eigenschaft der menschlichen Natur, die unterschiedlich bewertet werden kann. Die Lutherforscher sind darin einig, dass der Reformator die Menschlichkeit und auch die Leiblichkeit Christi betont.[37] Zugleich will Luther aber auch diese Leiblichkeit so definieren, dass sie nicht-räumlich und im gewissen Sinne sogar »außerhalb der Geschöpfe« stattfindet. Er beschreibt die dritte Seinsweise der Ubiquität wie folgt:

---

**33** WA 26, 328–329 und 336: 329,4.
**34** WA 26, 327, 35, 329, 7.
**35** T. Mahlmann, Das neue Dogma der lutherischen Christologie, Gütersloh 1969.
**36** M. McCord Adams, Eucharistic Real Presence. Some Scholastic Background to Luther's Debate with Zwingli, in: C. Helmer (Hg.), The Medieval Luther, Tübingen 2020, 65–88: 87.
**37** Für die Diskussionslage vgl. D. Luy, Dominus mortis. Martin Luther on the Incorruptibility of God in Christ. Minneapolis 2014, sowie Cross, Communicatio (s. Anm. 31).

> Zum dritten ist ein ding an orten Repletive, ubernatürlich, das ist, wenn etwas zu gleich gantz und gar, an allen orten ist und alle orte fullet, und doch von keinem ort abgemessen und begriffen wird nach raum des orts, da es ist. Diese weise wird allein Gotte zu geeigent ... Lieber warumb solt er [Christus] nicht auch ym brod also sein mügen, on raum und stet seiner grösse gemesse? Wenn er aber auff diese unbegreifliche weise ist, so ist er ausser der leiblichen Creaturn, und wird nicht drinnen gefasset noch abgemessen. Wer kan aber wissen, wie solchs zugehe? Wer will beweisen, das falsch sey, ob yemand saget und hielte, weil er ausser der Creatur ist? So ist er freylich wo er wil, das yhm alle Creatur, so durchleufftig und gegenwertig sind, als einem anderen cörper seine leibliche stet odder ort.[38]

In der zweiten, definitiven Seinsweise kann Christus »ynn und bei den Creaturn« sein.[39] In der dritten, »repletiven« Seinsweise ist er aber »ynn allen Creaturn«, so »das sie yhn nicht messen noch begreifen, sondern viel mehr das er sie fur sich hat gegenwertig, misset und begreift«.[40] So ist Ubiquität ein Aspekt der dritten, übernatürlichen Seinsweise, die Christus als eine Person und als Gott versteht. In der zweiten Seinsweise sind zweifellos punktuelle Lokation, Multilokation und potentieller Zugang zu jeder Lokation vorhanden, aber in dieser Hinsicht bleibt Luther innerhalb der üblichen lateinischen Tradition.

Nach McCord Adams behauptet Luther, der Leib Christ sei »definitively in place everywhere«. Diese Behauptung ist meines Erachtens übertrieben. In Bezug auf die zweite Seinsweise bejaht Luther nur die Möglichkeit, dass Christus »durch alle creatur feret wo er will«[41], also eine Art von unbegrenzter Multilokation, aber nicht die faktische Ubiquität. In der dritten Seinsweise findet aber eine faktische Ubiquität des gesamten Christus »an allen orten« statt.

Es besteht allerdings ein beträchtlicher Unterschied zwischen der zweiten und der dritten Seinsweise. Die »unbegreifliche« zweite Seinsweise setzt immer noch die natürliche Welt oder die Schöpfung voraus. Das definitive Sein Christi in der Welt ist zwar unbegreiflich, aber nicht kategorial anders. Deswegen bedeutet die definitive Deutung der eucharistischen Realpräsenz, dass der Leib Christi im Rahmen der endlichen Schöpfung empfangen werden kann.

In der dritten Seinsweise vollzieht sich aber ein kategorialer Unterschied, der einigermaßen ähnlich wie die kategoriale Alterität Gottes in der oben behandelten Homilie des Pseudo-Klemens konzipiert ist. Wenn Gott als unendliches Wesen in der Schöpfung anwesend ist, ist »yhm alle Creatur so durchleuchtig und gegenwertig [...] als einem anderen cörper seine leibliche stet oder ort«. Die Analogie

---

**38** WA 26, 329, 8–330, 11.
**39** WA 26, 336, 11.
**40** WA 26, 336, 13–15.
**41** WA 26, 335, 39–40.

sagt also, dass das innerweltliche Verhältnis *geschaffener Körper – der Ort dieses Körpers* als Gleichnis für das höhere Verhältnis *ungeschaffener Gott – alle Kreatur* gelten kann. In der dritten Seinsweise verhält sich Gott zur gesamten Schöpfung also ähnlich wie ein innerweltlicher Körper zu seinem physikalischen Ort. »Alle Creatur« ist somit wie ein zweiter Raum für die göttliche Anwesenheit. In seiner Ubiquität koinzidiert Gott mit der Schöpfung und ist zugleich von ihr kategorial verschieden.

Merkwürdigerweise kann die Ubiquität auch als Container verstanden werden. »Alle Kreatur« ist Gottes repletiver Ort in der dritten Seinsweise. Luther vertritt somit eine Art von Panentheismus, d.h. eine Lehre, in der alles in Gott existiert und Gott »an allen orten ist und alle orte fullet«. Zugleich ist Gott aber auch »ausser den Creaturn«, so dass dieses All-in-Gott-Sein keinen Pantheismus bedeutet. Eilert Herms hat kürzlich Luthers Ontologie als Panentheismus zu charakterisieren versucht. Vielleicht kann auf mittelalterliche Weise konstatiert werden, dass Gott im Rahmen seiner *relatio rationis* zur Welt die ganze Schöpfung enthält. Der Mensch betrachtet Gott aber im Rahmen einer *relatio realis* als ein Wesen, das »ausser den Creaturn« existiert.[42] Somit versteht diese Containervorstellung die gesamte Schöpfung als den Ort der Gegenwart Gottes.

Wie Pseudo-Klemens setzt Luther also im oben zitierten Text einen »zweiten Raum« und einen »anderen Körper« voraus. Nur in dieser Alterität ist die faktische Ubiquität des Leibes Christi zu verstehen. Die definitive Seinsweise vollzieht sich dagegen innerhalb des einheitlichen Raumes der Schöpfung. Sie bezeichnet eben »unbegreifflich an eym ort sein«[43], während die repletive Seinsweise »ausser den Creaturn« stattfindet, »so weit als Gott draussen ist«.[44] Auf diese Weise erscheint Luthers Lehre von der Ubiquität der menschlichen Natur Christi bzw. des Leibes Christi nicht als »overkill«. Der Leib Christi ist zwar repletiv in meiner Suppe vorhanden, aber im Abendmahl ist Christus sowohl definitiv als auch repletiv anwesend.

Was wir als »Containervorstellung« bezeichnet haben, interessiert Luther so viel, dass er nach der Behandlung der drei Seinsweisen noch das Wort »in« eigens erläutert:

Wol ists war, das unser vernunfft die sich nerrisch stellet zu dencken, weil sie das wörtlin (ynn) gewonet ist nicht anders zuverstehen, denn auff die eine leibliche begreifliche weise,

---

**42** E. Herms, Luthers Ontologie des Werdens. Verwirklichung des Eschatons durchs Schöpferwort im Schöpfergeist. Trinitarischer Panentheismus. Tübingen 2023. Zu relatio rationis und realis vgl. meine Rezension dieses Buches in der Zeitschrift Luther (im Erscheinen begriffen).
**43** WA 26, 328, 10.
**44** WA 26, 336, 16–17.

wie stro ym sacke, und brod im korbe ist. Drumb wo sie höret, das Gott sey ynn dem odder ynn diesem, denckt sie ymer des strosacks und brodkorbes. Aber der glaube vernympt, das (ynn) gleich so viel ynn dieser sachen gilt, als uber, ausser, unter, durch und widder herdurch und allenthalben.[45]

Luther will also sagen, dass das Wort »in« als Container verschiedene theologische Interpretationen zulässt und darum mit »ausser« kompatibel sein kann.

Richard Cross hat die Lehre Luthers anhand des Raumbegriffs eingehend erläutert. Anders als McCord Adams denkt Cross, Luther folge der mittelalterlichen und chalkedonischen Theologie auf seine originelle Weise. Cross schlägt vor, dass der Unterschied zwischen definitiver und repletiver Seinsweise so verstanden werden kann, dass sie unterschiedliche räumliche Vollzüge von »interpenetration« darstellen. Während die definitive Seinsweise »mehr oder weniger« Raum beinhalten kann, geschieht in der repletiven Seinsweise eine komplette Interpenetration von Gott und Welt.[46] Auf ähnliche Weise konstatiert Jörg Baur, die dritte Seinsweise werde von der zweiten »nur gleitend komparativisch abgehoben«.[47]

Meine Auslegung von Luthers Raumbegriff betont die kategoriale Differenz zwischen definitiver und repletiver Seinsweise stärker als Baur und Cross. Bei Gabriel Biel, von dem Luther wahrscheinlich diese Differenz übernommen hat, sind die zwei ersten Seinsweisen örtlich bzw. räumlich aussagbar, während die dritte als nicht-lokal bezeichnet wird. Nur die dritte Seinsweise manifestiert die Allgegenwart Gottes.[48] Aus der spezifischen Perspektive des Raumes bzw. des Ortes ist der Unterschied zwischen definitiver und repletiver Seinsweise also kategorial. Insofern als Luther »panentheistisch« denkt, haben Baur und Cross aber gewissermaßen recht.

Cross will vor allem nachweisen, dass Luther die Gegenwart des Leibes Christi generell nach der Himmelfahrt sowie spezifisch im Abendmahl »nicht-räumlich« (*non-spatial*) versteht. Dieser Sachverhalt ist für Cross mit dem Gedanken vereinbar, dass der Leib einen Ort hat. »Nicht-räumlich« bedeutet nur, dass der Leib nicht im Sinne der ersten Seinsweise, also »localiter« existiert. Die definitive und die repletive Seinsweise sind »nicht-räumlich«, aber sie können zugleich im Ort vorhanden sein. So sind die Multilokation im eucharistischen Brot sowie die Ubiquität in der gesamten Schöpfung möglich. Weil die Schöpfung endlich ist, können sich

---

45 WA 26, 341, 13–19.

46 Cross, Communicatio (s. Anm. 31), 63.

47 Baur, Ubiquität (s. Anm. 31), 232.

48 Gabriel Biel, Collectorium circa quattuor libros Sententiarum, Prologus et liber primus, Tübingen 1973, 677 (In Sent I d37): »Quod altero primorum duorum modorum est in loco, dicitur locale et secundum locum mutabile; sed non quod est in loco tertio modo.«

die menschliche Natur und deren endliche Eigenschaften wie Leiblichkeit bis zur Ubiquität erstrecken.[49]

Nach Cross haben schon Luthers Zeitgenossen diese Lehre nicht adäquat verstanden. So nimmt Zwingli an, nach Luther sei der menschliche Leib unendlich. Da aber die Schöpfung endlich ist, kann die endliche menschliche Natur und deren Körperlichkeit dort überall anwesend sein. Cross konstatiert im weiteren, Luther lehre keinen *genus maiestaticum*, also die Kommunikation der göttlichen Eigenschaften an die menschliche Natur. Luther will nur die Relation zwischen Körper und Ort möglichst präzise bestimmen. Deswegen ist die lutherische Weiterentwicklung dieser Lehre bei Johannes Brenz problematisch.[50]

Auch im »nicht-räumlichen« Seinsmodus hat der Leib Christi also oft einen endlichen Ort, z. B. das »hoc est« des eucharistischen Brotes. Deswegen konnte schon die mittelalterliche lateinische Theologie diskutieren, welchen Ort ein menschlicher Körper im »nicht-räumlichen« Modus einnimmt.[51] Diese Auslegung von Cross deckt sich mit meiner von Biel inspirierten Deutung der zweiten Seinsweise. Luthers Lehre vom Verhältnis zwischen Körper und Ort bleibt somit im Rahmen der lateinischen theologischen Tradition:

> The three kinds of presence that Luther outlines are simply different kinds of relations to places, and the relation between a body and a place need not in any sense be something uncreated. Indeed, the scholastic theologians expended considerable effort placing these different kinds of relations into different Aristotelian categories ... and there is nothing in Luther's account that suggests anything more metaphysically elevated than this. Christ's body receives a special mode of non-spatial presence, a particular kind of bodily relationship to all the places that there are in the universe.[52]

# 4 Fazit

Meine kurzen Bemerkungen zu Paulus, Pseudo-Klemens und Luther sowie deren heutige Interpreten wollen einerseits zeigen, dass die antike Raumlehre, vor allem die Physik des Aristoteles, ein bestimmtes Verständnis vom Raum bzw. Ort enthält,

---

49 Cross, Communicatio (s. Anm. 31), 65.
50 Cross, Communicatio (s. Anm. 31), 65, 111–115, 264. In WA 26, 341, 1–6 erläutert Luther die Menschheit Christi als etwas, was »ausser allen (andern) Creaturen« ist. Diese Position ist kompliziert, da Christus einerseits »nicht geschaffen« ist, andererseits aber einen menschlichen und somit kreatürlichen Körper hat.
51 Cross, Communicatio (s. Anm. 31), 63–64. So auch Biel, Collectorium (s. Anm. 48), 677.
52 Cross, Communicatio (s. Anm. 31), 65.

das wir heute nicht mehr teilen. Andererseits ist es aber auch historisch und sachlich problematisch, die alten Texte aus der Perspektive von Newton oder Einstein zu lesen.

Zuerst ist es in jedem Fall notwendig, die antiken Voraussetzungen sichtbar zu machen. Der Ort ist für Paulus und Luther leiblich, weil er mit dem sich darin befindenden Leib koinzidiert. Die alten Weltbilder enthalten bisweilen mythologische Komponenten, aber sie enthalten auch philosophische und naturwissenschaftliche Lehren, die uns als schwer verständlich erscheinen. Wie sollen wir mit diesen Lehren umgehen, wenn wir eingesehen haben, welche Funktionen sie in den alten Texten haben?

Der antike Raumbegriff kann wichtige theologische Rollen einnehmen. Er unterstützt das positive Verhältnis zum menschlichen Körper und zur materiellen Schöpfung. Die Auferstehung des Körpers braucht die Lehre vom Himmel als Ort. Auch der Geist besitzt eine gewisse Körperlichkeit, wenn der menschliche Leib als Gefäß oder Container aufgefasst wird. Anhand der antiken Raumlehre können diese theologischen Intentionen besser verstanden werden.

Bei Pseudo-Klemens und Luther bemerken wir aber auch eine bewusste theologische Distanzierung von der naturwissenschaftlichen Lehre ihrer Zeit. Pseudo-Klemens lehnt die aristotelische Raumlehre ab, um Gottes Alterität auf seine eigene Weise hervorzuheben.

Luther plädiert für die theologischen Seinsweisen Christi, die die aristotelische Lehre vom Raum als zu eng betrachten und eine breitere theologische Vorstellung vom Ort und Körper ermöglichen. Die relative Raumlehre und die Containervorstellung werden jedoch von Luther bejaht und neu interpretiert.

Diese theologischen Ansätze sind auch verwundbar. Pseudo-Klemens beschreibt Gottes Alterität auf eine idiosynkratische Weise. Luthers Lehre von der Ubiquität der menschlichen Natur Christi wurde schon von seinen Zeitgenossen nicht adäquat verstanden und sie erscheint auch heute leicht als übertrieben. Durch historische und hermeneutische Arbeit können die theologischen Intentionen dieser Autoren besser erkannt werden. Die antiken Raumvorstellungen sind für diese Autoren einerseits wichtige Ansatzpunkte, andererseits aber auch Hindernisse, die sie durch die theologische Reflexion zu überholen versuchen.

Matthias D. Wüthrich

# Zur digital vermittelten Abendmahlsfeier

## Ein raumtheoretischer Präzisierungsversuch

**Zusammenfassung:** In der Diskussion zum digital vermittelten Abendmahl wird sehr häufig das Abendmahl »im digitalen Raum« demjenigen im »realen Raum« entgegengesetzt. Diese problematische, essentialistische Rede von zwei Räumen ist ein Indiz dafür, dass die räumlichen Erfahrungen von Menschen während des digital vermittelten Abendmahls noch nicht hinreichend erfasst sind. Der Beitrag entfaltet darum eine Raumtheorie, die es ermöglicht, räumliche Erfahrungen partizipativer leiblicher Ko-Präsenz und Gemeinschaft im Vollzug des digital vermittelten Abendmahls zu beschreiben.

**Abstract:** In the discussion of digitally mediated Last Supper, communion »in digital space« is often contrasted with communion in »real space«. This problematic, essentialist talk of two spaces is an indication that the spatial experiences of people during the digitally mediated Last Supper have not yet been sufficiently recognized. The article therefore develops a theory of spatiality that allows for the description of spatial experiences of participatory bodily co-presence and community in the performance of the digitally mediated Last Supper.

# 1 Einleitung[1]

Während der Corona-Pandemie stellte sich für die Kirchen die Frage nach der Möglichkeit und Angemessenheit einer digital vermittelten Feier des Abendmahls mit großer Dringlichkeit. Entsprechend setzte sehr bald eine offene und öffentliche kirchliche sowie theologische Diskussion darüber ein, ob und wie das digital vermittelte Abendmahl gefeiert werden kann und wie eine solche Feier theologisch zu beurteilen ist. Mittlerweile scheint zwar die Corona-Pandemie vorüber zu sein und sich die Dringlichkeit gelegt zu haben, doch die dabei diskutierten Fragen zum

---

1 Dieser Aufsatz entstand im Kontext des Universitären Forschungsschwerpunktes »Digital Religion(s)« der Universität Zürich: https://www.digitalreligions.uzh.ch/de.html.

**Kontakt: Matthias D. Wüthrich**, Theologisches Seminar der Universität Zürich;
E-Mail: matthias.wuethrich@theol.uzh.ch

https://doi.org/10.1515/bthz-2024-0006

Umgang mit digital vermittelten Abendmahlsfeiern und erst recht zu ihrer theologischen Interpretation sind damit nicht vom Tisch. Und sie werden wohl dort bleiben, denn mittlerweile bieten einige Kirchen regelmäßig hybride Abendmahlsfeiern an und im Metaverse werden rein digitale Abendmahlsfeiern mit Avataren inszeniert ...[2]

Natürlich spielte die Frage der Realpräsenz Jesu Christi in den Debatten eine wichtige Rolle. Die *Möglichkeit* dieser Realpräsenz auch im digital vermittelten Abendmahl – ob sie nun als leibliche (lutherisch) oder pneumatische (reformiert)[3] konzipiert wird – wurde meistens zugestanden. Strittig waren lutherischerseits höchstens die Bedingungen ihrer *lokalen Verwirklichung* bei entsprechender Rückbindung an den Sprechakt der Einsetzungsworte[4] – eine Rückbindung, die in diesem Zusammenhang nur schwer nachvollziehbar scheint.[5] Viel Aufmerksamkeit erhielten in der Diskussion aber auch die Fragen der praktischen Realisierung der

---

**2** Vgl. die Dokumentation unter: https://www.youtube.com/watch?v=06NXJJahuFM – sowie die VR Church Website: https://www.vrchurch.org/ (abgerufen am 04.01.2024). Die dort angezeigten Metaverse-Gottesdienstangebote schließen auch rein digitale Abendmahlsfeiern (und sogar digitale Taufen) ein. Vgl. dazu auch: A. Trevor Sutton, Worship in the Metaverse, Religion & Liberty 35/4, 17.10.2022, https://www.acton.org/religion-liberty/volume-35-number-4/worship-metaverse; für diese und weitere Belege: T. Schlag, K. Yadav, Bildungsbeziehungen in der Ankunftszeit des Metaversums – eine religionspädagogische Sensibilisierung, ZPT 75/2 (2023), 163–181: 174.
**3** Die weitaus meisten Stellungnahmen und Publikationen zum Thema, auf die ich im Folgenden primär referieren werde, sind lutherisch (oder uniert) geprägt. Eine differenzierte Analyse des (schweizerisch-)reformierten Kontextes und der spezifisch anderen Problemakzentuierungen bietet: K. Kusmierz, Celebrating the Last Supper Online. A (Swiss) Reformed Perspective, Dansk Teologisk Tidsskrift 85/1 (2022), 82–101. – Die folgenden Überlegungen beziehen sich – auf der Basis der Leuenberger Konkordie (1973) und ihrer programmatischen Formulierung in Art. II.2b zum Abendmahl – auf den in sich differenzierten v. a. deutschsprachigen *protestantischen* Kontext. Die sakramentstheologisch wiederum anders gelagerte römisch-katholische Diskussion kann ich im Folgenden nicht berücksichtigen. Für eine dialogoffene Position, die auch das hier verhandelte Raumproblem mit im Blick hat, vgl. S. Peng-Keller, »Geistliche Kommunion« online. Zur digitalen Transformation liturgischer Partizipation, LJ 71 (2021), 36–50.
**4** Vgl. V. Leppin, pro und contra. Ist digitales Abendmahl sinnvoll?, Zeitzeichen, Juni 2020, https://zeitzeichen.net/node/8326; auch das Kirchenamt der EKD erwägt diese Position, bezieht aber noch keine Stellung dazu: EKD, Hinweise zum Umgang mit dem Abendmahl in der Corona-Krise, 03.04.2020, https://www.ekd.de/ekd_de/ds_doc/Hinweise%20zum%20Umgang%20mit%20dem%20Abendmahl%20in%20der%20Corona-Krise.pdf.
**5** Vgl. z.B. die Kritik (u. a. an der erwähnten Position von Volker Leppin) bei: R. Winter, Abendmahl digital empfangen? Überlegungen angesichts aktueller Herausforderungen durch Pandemie(n) und Digitalisierung, KuD 67/3 (2021), 235–259: 247–251; sowie bei: C. Schrodt, Abendmahl: digital. Alte und neue Fragen – nicht nur in Zeiten der Pandemie, ZThK 118/4 (2021), 495–515: 499–506; vgl. auch: M. Meyer-Blanck, Kommunion vor dem heimischen Monitor? Gottesdienst und Abendmahl unter den Bedingungen der Corona-Pandemie, LJ 71 (2021), 22–35: 32 f.

Gabensymbolik, der Möglichkeit partizipativer leiblicher Ko-Präsenz und Gemein-schaft.[6] Angesichts dieses thematischen Zuschnitts der hier nur grob skizzierten Diskussion ist es wenig verwunderlich, dass die *räumlichen Konstellationen* der am Abendmahl teilnehmenden Personen oft mitverhandelt wurden und sich in den Diskursen eine hypertrophe Verwendung der Rede vom Raum beobachten lässt (der gegenüber temporale Kategorien deutlich zurücktreten). Diese Raumtermino-logie ist auffällig oft geprägt durch eine begriffliche Entgegensetzung oder zumin-dest abstrakte Unterscheidung von »digitalem Raum« (oder virtuellem Raum) und »realem Raum« (oder physischen Raum, Kirchenraum).

So unterscheidet zum Beispiel das Impulspapier der Hannoverschen Landeskirche mehr-fach zwischen einem physischen, sakralen Raum und einem digitalen Raum und spricht von Abendmahlsfeiern zu Hause vor dem Bildschirm als von Abendmahlsfeiern »im digitalem Raum«.[7]

Manchmal ist die Entgegensetzung auch nur implizit mitgedacht. Etwa wenn im Schrei-ben der EKD »Hinweise zum Umgang mit dem Abendmahl in der Corona-Krise« die Frage aufgeworfen wird, »welche Bedeutung die real in einem Raum (und zu einer Zeit) zusammen-kommende Gemeinschaft und das real vorhandene Brot sowie der real vorhandene Wein innehaben«.[8]

Auch in wissenschaftlich-theologischen Beiträgen ist die besagte Unterscheidung oft zu finden. Hier drei Beispiele: (1) Roman Winter fragt in seinem Beitrag: »Ist Gemeinschaft im digitalen Raum verwirklicht, oder sind die Unterschiede zum realen Raum so gravierend, dass sie die Erfahrung der promissio untergraben?«[9] (2) Auch im einschlägigen Beitrag von Chris-

---

6 Vgl. etwa: A. Deeg, Gottesdienst in ›Corona‹-Zeiten oder: Drei Variationen zum Thema Präsenz, EvTh 81/2 (2021), 136–151; Kusmierz, Celebrating the Last Supper Online (s. Anm. 3); F. Nüssel, »Nehmt und esst« – digital?, Cursor_Zeitschrift für explorative Theologie, 26.02.2021, https://assets .pubpub.org/h6gcl58d/2966a51b-a557-4ebd-93e3-3f3ce91fd936.pdf; Schrodt, Abendmahl (s. Anm. 5); Winter, Abendmahl digital empfangen? (s. Anm. 5).
7 Der Schatz der Christusgegenwart in digitalen Formen des Abendmahls!? Ein Impuls zur Er-probung digitaler Formen des Abendmahls in der Evangelisch-lutherischen Landeskirche Han-novers, März 2021, https://www.michaeliskloster.de/damfiles/default/michaeliskloster/material/ zoom-raeume/sakramente-und-kasualien/Digitales-Abendmahl-Impulspapier-2021-03-12-V2-1 .pdf-a862c00bda07fa4ccd752759797d3fbc.pdf; ähnlich das Orientierungspapier der Evangelischen Kirche in Hessen und Nassau: S. Bäuerle, M. Beiner, D. Joachim, Abendmahl im digitalen Raum. Orientierungshilfe, Impulse und liturgische Bausteine (Zentrum für Verkündigung), 2021.
8 EKD, Hinweise zum Umgang mit dem Abendmahl in der Corona-Krise (s. Anm. 4), 2, vgl. auch 3. Im Thesenpapier von Selina Fucker, Hella Blum und Frederike van Oorschot wird andererseits nur von einem Abendmahl »im digitalen Raum« oder »im virtuellen Raum« gesprochen; vgl. S. Fu-cker, H. Blum, F. van Oorschot, Thesenreihe 2: Abendmahl. Thesenpapier zur Diskussion, Cursor, 16.12.2020, https://cursor.pubpub.org/pub/84pwuoth/release/1.
9 Winter, Abendmahl digital empfangen? (s. Anm. 5), 245. – Die Unterscheidung zwischen digi-talem bzw. virtuellem Raum und realem Raum durchzieht seine durchaus instruktiven Überle-gungen zum digital vermittelten Abendmahl; vgl. Winter, Abendmahl (s. Anm. 9), 239.242.245.251.

toph Schrodt wird die Entgegensetzung mehrfach gebraucht oder vorausgesetzt.[10] (3) Alexander Deeg unterscheidet zwischen Gottesdiensten »im digitalen Raum« sowie solchen »in physischen Kirchenräumen«, im »analogen Raum« und »im Raum physischer Kopräsenz«.[11]

Mir scheint diese Entgegensetzung oder schon nur die abstrakte Unterscheidung von realem (physischem, analogem etc.) Raum und digitalem Raum sehr problematisch. Sie ist es erst recht dann, wenn von einem Abendmahl »im digitalen Raum« gesprochen wird – und dabei nicht etwa eine rein digitale Inszenierung mit Avataren, sondern, wie in den genannten Beispielen, meist einfach das Setting einer Abendmahlsfeier mit Livestreamübertragung zu Hause vor dem Bildschirm bezeichnet wird.

Ich nehme diesen problematischen Sprachgebrauch und die entsprechende Raumterminologie als ein Indiz dafür, dass wir noch nicht in der Lage sind, die *räumlichen Erfahrungen*[12] von Menschen im Kontext des digital vermittelten Abendmahls theoretisch angemessen zu erfassen. Mehr noch: Meine folgenden Überlegungen sind von der Vermutung geleitet, dass jener Sprachgebrauch die Erfassung der räumlichen Erfahrungen und ihrer leiblich-gemeinschaftlichen Dimensionen geradezu verhindert – oder zumindest erschwert! Denn sie basieren – so lautet die hier zu entfaltende *These* – auf einer *inadäquaten, nicht phänomengerechten Raumtheorie.*

Im Folgenden soll versucht werden, in drei argumentativen Schritten eine alternative, angemessenere Raumtheorie zu entfalten, die dann in einem vierten und fünften Schritt noch einmal auf den konkreten Kontext des digital vermittelten Abendmahls angewandt wird. Meine Ausführungen verfolgen also das *Ziel, eine adäquatere raumtheoretische Beschreibung der Möglichkeit von räumlichen Erfahrungen partizipativer leiblicher Ko-Präsenz und Gemeinschaft im Vollzug des digital vermittelten Abendmahls zu entwickeln.* Man wird bei diesem Unterfangen die aus leibphänomenologischer Sicht stark betonte Differenz zwischen Virtualität und Realität nicht leichtfertig einziehen dürfen.[13] Das schließt freilich das hier verfolgte Anliegen nicht aus, die allzu abstrakte Unterscheidung zwischen einem »realen«

---

10 Schrodt verwendet sie auch in seiner Typologisierung der Formen des digital vermittelten Abendmahls; vgl. Schrodt, Abendmahl (s. Anm. 5), 498, vgl. auch 505.
11 Deeg, Gottesdienst in ›Corona‹-Zeiten (s. Anm. 6), 144.146.149 et passim.
12 Zu diesem schwierigen Begriff: M. Wüthrich, Raum Gottes. Ein systematisch-theologischer Versuch, Raum zu denken (FSÖTh 143), Göttingen 2015, bes. 499–517.
13 Meines Erachtens überspannt T. Fuchs die Differenz jedoch technikkritisch, wenn er von einer nicht aufzugebenden »ontologische[n] Unterscheidung von Virtualität und Realität« spricht, die er mit der Unterscheidung von Bild und Original, Schein und Sein parallelisiert und in deren Kontext er – wenn auch eher beiläufig – zwischen einem virtuellen und einem leiblichen Raum differen-

und »digitalen« Raum so zu verflüssigen, dass *der (interdependente) Wirklichkeits-bezug der beiden Referenzbereiche neu ausgehandelt* werden kann und muss. Mit diesem Anliegen schließe ich mich Studien an, die die Verflechtung von Lebenswelt bzw. Erlebniswelt, Kultur und Digitalität beschreiben,[14] sowie kulturwissenschaftlichen Embodiment-Studien, die dafür plädieren, die Unterscheidung zwischen »real« und »virtuell« nicht essentialistisch festzuschreiben, sondern abhängig von der Akteursperspektive zu interpretieren.[15] Auch in etlichen innovativen theologischen Studien zum digital vermittelten Abendmahl – wie etwa in den oben erwähnten von Deeg, Schrodt, Winter u. a.[16] – kommt jenes Anliegen zum Tragen. Ich entwickle es im Folgenden so weiter, dass ich es raumtheoretisch zu präzisieren versuche.[17]

# 2 Zur Frage der Raummodellierung[18]

Für die folgenden Überlegungen gehe ich von einem Szenario aus, »bei dem eine Pfarrerin oder ein Pfarrer in der Kirche mit wenigen anderen in agendarischer Weise das Abendmahl zelebriert und die Einzelnen zu Hause via Internet als Ge-

---

ziert; vgl. T. Fuchs, Der Schein des Anderen. Empathie und Virtualität, in: ders., Verteidigung des Menschen. Grundfragen einer verkörperten Anthropologie, Berlin 2020, 119–145: 138 f. 140.

**14** Z.B. K. Stalder, Kultur der Digitalität, Berlin ⁵2021.

**15** Z.B. K. Radde-Antweiler, Embodiment, in: H. Campbell/R. Tsuria (Hg.), Digital religion. Understanding Religious Practice in Digital Media, London ²2021, 103–120.

**16** Auch bei F. van Oorschot, Digitale Theologie und digitale Kirche. Eine Orientierung, Heidelberg 2023, 81, wird die Wendung »im digitalen Raum« im Blick auf das Abendmahl gebraucht. Die Autorin plädiert jedoch einleuchtend für eine Verflüssigung der Unterscheidung von »virtuellen« und »realen« bzw. »kohlenstoffliche[n]« Räumen; van Oorschot, Digitale Theologie 79, vgl. 78–84. Vgl. zur Verflüssigung der erwähnten Unterscheidung auch: Kusmierz, Celebrating the Last Supper (s. Anm. 3); sowie ohne direkten Bezug zum Abendmahl: T. Wabel, Prekäre Kopräsenz. Raum, Sozialräume und geteiltes Erleben in Zeiten der Pandemie, EvTh 81 (2021), 101–113: 111 f.

**17** Es sei freilich angemerkt, dass das *Problem* der theoretischen Bestimmung dessen, was unter »Raum« zu verstehen ist, gerade in den erwähnten Beiträgen durchaus präsent ist: z.B. Deeg, Gottesdienst in ›Corona‹-Zeiten (s. Anm. 6), 142 f.; Schrodt, Abendmahl (s. Anm. 5), 509 f. Winter hält sogar ausdrücklich fest: »Wir haben nach wie vor Schwierigkeiten, den ontologischen Status einer virtuellen Gemeinschaft (oder eines Raums) in einer Videokonferenz zu bestimmen«; Winter, Abendmahl digital empfangen? (s. Anm. 5), 251. Vgl. auch Kusmierz, Celebrating the Last Supper (s. Anm. 3), 90.

**18** Die folgenden Ausführungen in Kap. 2–4 greifen – z.T. leicht modifiziert – auf Überlegungen zurück, die ausführlich entwickelt wurden in: Wüthrich, Raum Gottes (s. Anm. 12).

meinde mitfeiern, indem sie sich selbst Brot und Wein nehmen.«[19] Dieses Szenario hat jedoch nur idealtypischen Charakter, denn die konkrete Praxis des digital vermittelten Abendmahls zeigt(e) durchaus eine gewisse Varianz an Formen, selbst wenn man von der Extremform von digitalen Abendmahlsfeiern allein mit Avataren absieht.[20]

Die Art und Weise, wie Raum im Kontext jenes Szenarios interpretiert wird, bildet bereits eine grundlegende Voreinstellung und Vorentscheidung darüber, wie überhaupt erfasst und theoretisch beschreibbar wird, was in dessen Vollzug seitens der kommunizierenden Teilnehmenden erfahrbar ist. Denn Raum kann auf unterschiedliche Weise modelliert werden. Es ist zwischen zwei Modellen zu unterscheiden, dem Containermodell und dem relationalen Modell des Raumes:

Das *Containermodell des Raumes* geht davon aus, dass unter »Raum« die statisch-fixe, immer schon vorgegebene Umgebung des Menschen verstanden wird. Der Raum ist das physische Worin des Menschen, er bildet den gleichsam stummen Hintergrund jeglicher Abendmahlserfahrungen, bleibt ihnen aber äußerlich. Der Raum bildet die Umfriedung, die äußere physische Grenze all dessen, was *in ihm* erfahren wird. Doch der Raum ist selbst nicht konstitutiver Teil dieser Erfahrungen. Er ist allein (Mit-)Bedingung der Möglichkeit der Erfahrungen, er ist der vorgegebene Behälter unserer Erfahrungen. Raum als Behälter zu konzipieren, gehört zu den Alltagstheorien unseres Raumverständnisses. Wir lernen das Containermodell mathematisch als dreidimensionalen Raum in der Schule kennen. Weil wir gelernt haben, Raum so zu konzipieren, meinen wir, unsere räumlichen Erfahrungen als Erfahrungen »in einem Behältnisraum« verstehen zu müssen. Das Containermodell ist schon alt: In gewissem Sinne hat bereits Aristoteles sein topologisches Verständnis des Ortsraumes so verstanden, Isaac Newton den absoluten Raum so konzipiert und charakterisierte später etwa die Phänomenologie den erlebten Raum so.[21] Wir nennen hier exemplarisch drei Punkte, die gegen diese lange Tradition sprechen, Raum vor dem Hintergrund des Containermodells zu deuten:

---

**19** K. Fechtner, Abendmahlsfasten in widriger Zeit. Überlegungen zu der Frage, ob man Abendmahl online feiern kann und soll, 2020, https://www.ev.theologie.uni-mainz.de/files/2020/04/Fechtner-Abendmahl-online.pdf, 1–3: 1.
**20** Vgl. dazu die Typologie bei Schrodt, Abendmahl (s. Anm. 5), 498, vgl. 497. – S. Fucker, H. Blum und F. van Oorschot unterscheiden in ihrer Cursor-Thesenreihe zum digitalen Abendmahl »zwischen einem angeleiteten Hausabendmahl, einem Agapemahl und einer digital vermittelten Abendmahlsgemeinschaft«, die jeweils zeitlich simultan (durch Livestream) oder asynchron gefeiert werden; Fucker/Blum/van Oorschot, Thesenpapier (s. Anm. 8).
**21** Für eine genauere Diskussion und Belege zu den einzelnen Positionen vgl. Wüthrich, Raum Gottes (s. Anm. 12), 66, vgl. 153–165 (Phänomenologie des gelebten Raumes), 177f. (Aristoteles), 237–239 (Newton).

1.  Die Soziologin Martina Löw hat darauf hingewiesen, dass wir sowohl in unserer Wahrnehmung als auch in unserer Erinnerung uns umgebende Menschen, Lebewesen oder materielle und symbolische Güter ungetrennt von den Orten bzw. den Räumen synthetisieren, an bzw. in denen diese platziert sind. In unserer Wahrnehmung verschmelzen Menschen oder Objekte mit den Orten, an denen sie lokalisiert sind.[22] Angewandt auf unseren Sachzusammenhang bedeutet das, dass Menschen, ob sie nun vor dem Bildschirm feiern oder in der Kirche, das Abendmahl raumvermittelt (und das heißt hier auch leibvermittelt) erfahren. Es gibt für sie keine Erfahrungen ohne Raumbezug, keine Erfahrungen, die von einem erfahrungsunabhängigen Behältnis namens »Raum« abgelöst verstanden werden könnten.

2.  Räumliche Erfahrungen haben sich u.a. mit dem Aufkommen des Internets bzw. im Zuge der Digitalisierung deutlich verschoben. Hier werden virtuelle Beziehungsverhältnisse und Sozialordnungen auffällig häufig mittels räumlich konnotierter Ausdrücke wiedergegeben: Cyber*space*, Internet- oder Online-*Forum*, Chat*room*, *Portal*, *Fenster*, *Home*page usw. Ich deute diese relational-personale Ausweitung des Redens von Raum als eine komplexe Entwicklung, in der es nicht nur zu einer metaphorisch-semantischen Erweiterung, sondern auch zu einer grundlegenden Neukonfiguration dessen kommt, was »Raum« genannt wird – und zwar dahingehend, dass sich immer mehr relational-personale Strukturen in die Rede von Raum einzulagern beginnen. Diese Neukonfiguration scheint angesichts unseres hochdigitalisierten Alltags unumgänglich: Wir bewegen uns und kommunizieren gleichzeitig in Räumen mit Menschen auf der ganzen Welt. Wie sollte dieser Vorgang sprachlich erklärkräftig ausgedrückt werden können, wenn man Raum im Sinne eines statischen dreidimensionalen, bergend-umfassenden Behältnisses versteht, das beziehungsunabhängig ist?

3.  Es stellen sich aber auch *philosophische* Probleme. Die entscheidende und nicht leicht abzuweisende Frage lautet, ob das Containermodell nicht (zumindest in seinen neuzeitlichen Konkretionen) ein bestimmtes *Sein* des Raumes suggeriert, das dann in einer nur schwer zu denkenden Weise neben oder hinter dem Sein der »Dinge« zu stehen käme – was für die moderne Philosophie meist keinen gangbaren Weg darstellt.[23] Diese grundlegende philosophische

---

22 Vgl. M. Löw, Raumsoziologie, Frankfurt am Main 2001 ([11]2022), 199 (ich zitiere im Folgenden nach der Erstauflage).
23 So z.B. in Weiterführung von Leibniz und Kant: E. Cassirer, Mythischer, ästhetischer und theoretischer Raum (1931), in: V. J. M. Krois/E. W. Orth (Hg.), Symbol, Technik, Sprache. Aufsätze aus den Jahren 1927–1933, Hamburg 1985.

Kritik spiegelt sich später z. B. auch in der sozialgeographischen Kritik an einer Substantialisierung oder Essentialisierung des Raumes.[24]

Unsere Ausführungen legen nahe, nach einer Alternative zum Containermodell des Raumes zu suchen, die eine *angemessenere* theoretische Erfassung räumlicher Erfahrung insbesondere im Kontext der Digitalisierung zu entwickeln erlaubt. Wir greifen dabei auf Gottfried Wilhelm Leibniz und andere Philosophen zurück, die vorgeschlagen haben, Raum als eine Ordnungsrelation zu verstehen. Nach dieser Auffassung hat Raum keine seinsmäßige Substanz, sondern ist eine Anordnung von Körpern an Orten. Es gibt keinen Raum, *in* dem sich diese Anordnung befindet, die Lagerelationen der Orte der Körper *ist* bereits Raum.[25] Man kann von einem *relationalen Raummodell* sprechen. Mit Leibniz bin ich der Meinung, dass letztlich jede containermäßige Figuration von Raum als Ordnungsrelation *rekonstruiert* werden kann, dass also jedes Containermodell letztlich auf ein relationales Modell zurückgeführt werden kann. Wie beim Containermodell, so können auch innerhalb des relationalen Raummodells Raumbegriffe und -verständnisse auf unterschiedlichen Abstraktionsniveaus angesiedelt sein. Bei Leibniz ist der Abstraktionsgrad sehr hoch. Doch das muss nicht so sein. So fand im Kontext des sog. *spatial turn*[26] das relationale Modell komplexe Konkretionen, die sich auch auf die räumlichen Bezüge sozialer Praktiken von Menschen beziehen. Um zu konkretisieren, wie im Kontext des *spatial turn* das relationale Raummodell zur Deutung sozialer Praktiken verwendet wird, soll im Folgenden der bereits erwähnte, mittlerweile »klassische« Entwurf der Raumsoziologie von Martina Löw kurz vorgestellt werden.

---

**24** Vgl. z. B. B. Werlen, Körper, Raum und mediale Repräsentation, in: J. Döring/T. Thielmann (Hg.), Spatial Turn, Das Raumparadigma in den Kultur- und Sozialwissenschaften, Bielefeld 2008, 365–392.
**25** Zu Leibniz vgl. Wüthrich, Raum Gottes (s. Anm. 12), 240–246.
**26** Vgl. z. B. Döring/Thielmann, Spatial Turn, Das Raumparadigma (s. Anm. 24). Für einen Überblick und eine Analyse der frühen Debatten zum »spatial turn« vgl. Wüthrich, Raum Gottes (s. Anm. 12), 27–89.

# 3 Das relationale Modell in raumsoziologischer Konkretion

Löw selber bezieht sich in diesem Buch noch nicht explizit auf den (damals in Deutschland noch wenig bekannten) *spatial turn*, kann ihm aber retrospektiv sachlich zugerechnet werden und wird so auch in sozial- und kulturwissenschaftlichen Beiträgen breit rezipiert. Löw operiert mit einem sehr weiten Raumbegriff. Sie geht von folgender Grunddefinition aus:

> Raum ist eine relationale (An)Ordnung von Lebewesen und sozialen Gütern an Orten. Raum wird konstituiert durch zwei analytisch zu unterscheidende Prozesse, das Spacing und die Syntheseleistung.[27]

Die wichtigsten Elemente der Definition sollen kurz erläutert werden: Für Martina Löw entsteht Raum durch das Handeln von Menschen, Raum wird konstituiert und sozial produziert. Raum entsteht, indem Menschen Güter und Menschen platzieren (*spacing*). Raum entsteht aber auch durch Wahrnehmungen, Erinnerungen und Vorstellungen, d. h. Raum wird synthetisiert (*Syntheseleistung*).[28]

Mit dem Begriff der *(An)Ordnung* bringt Löw zum Ausdruck, dass alltägliches, repetitives Handeln und räumliche Strukturen zirkulär aufeinander bezogen sind: räumliche Strukturen bringen ein Handeln hervor, welches in der Konstitution von Räumen räumliche Strukturen reproduziert.[29]

(An)geordnet sind oder werden *Lebewesen und soziale Güter*. Soziale Güter können primär materieller (z. B. Tische, Häuser) oder primär symbolischer Art sein (z. B. Lieder, Werte, Vorschriften).[30] Indem Löw auch Lebewesen, v. a. Menschen und Tiere, als Objekte der Raumkonstitution betrachtet, geht sie über frühere soziologische Raumkonzepte hinaus. Damit gewinnt auch die Standortgebundenheit und Perspektivität der je eigenen Raumkonstitution eine neue Qualität und Bedeutung. Ein wichtiger Gedanke kommt hinzu: soziale Güter und Lebewesen bilden nicht je für sich einen Raum, sondern in ihren Wechselwirkungen. Konkret bedeutet das beispielsweise: Wie Menschen interagieren, ihr gemeinsames Reden, ihre Gesten und Aktivitäten und die je eigene Platzierung unter ihnen – all das fließt ein in ein Ensemble, das »Raum« heißt. Auch der eigene Körper, seine Bewegungen relativ zu den Körpern der ihn umgebenden Mitmenschen, seine Ausrichtung,

---

**27** Löw, Raumsoziologie (s. Anm. 22), 271.
**28** Vgl. Löw, Raumsoziologie (s. Anm. 22), 158–161.
**29** Vgl. Löw, Raumsoziologie (s. Anm. 22), 171 f.
**30** Vgl. Löw, Raumsoziologie (s. Anm. 22), 153.

seine Wahrnehmungen von Außenwirkungen, die »Ausstrahlung« und Stimmung von Menschen u. a. spielen eine zentrale Rolle. Dadurch wird Raum verflüssigt und dynamisiert, denn er baut sich durch komplexe relationale Positionierungs- und Synthetisierungsprozesse auf. – Wohlgemerkt, *die Bezeichnung »Raum« ist hier keine Metapher!* Ein übertragener Gebrauch des Raumbegriffes wäre nur dann angezeigt, wenn dieser von seiner Ausgangsbedeutung her nicht mehr in der Lage wäre, die Dynamik sozialer Praktiken in sich abzubilden, wie das beim Containermodell der Fall ist, dessen Verwendung letztlich – wie in den Digitalisierungsdiskursen oft zu beobachten – zu einer ungebremsten Wucherung von Raummetaphern und zu einem Verlust der Erklärkraft der Rede vom Raum führt.

Auf der Basis von Löws Raumsoziologie lässt sich der Begriff eines *sozialen Raumes* entwickeln, der uns für die Erfassung räumlicher Erfahrung im Kontext des digital vermittelten Abendmahls weitaus angemessener erscheint als ein nach dem Containermodell konzipiertes Raumverständnis. Denn in Löws Verständnis des sozialen Raumes haben auch Interaktionen zwischen Menschen eine raumkonstitutive Bedeutung und ist der Raum untrennbar mit dem gesellschaftlichen Aufbau kollektiver und subjektiver Erfahrungen verwoben.

Löw hat in jüngerer Zeit auch die digitale Mediatisierung in ihre Raumsoziologie zu integrieren versucht.[31] Doch eignet sich Löws Konzeption v. a. zur soziologisch distanzierten Beschreibung und Erfassung mehrstelliger sozialer Praktiken. Es bedarf im Blick auf den uns interessierenden Phänomenbereich digital vermittelter Abendmahlsfeiern einer ergänzenden Fokussierung auf den zwischenmenschlichen Nahbereich und seine ästhetischen, sozialen, emotionalen, leiblichen Aspekte. Es bedarf darum einer weiterführenden Raumkonzeptualisierung. Sie soll im folgenden Kapitel unter dem Begriff des »interpersonalen Raumes« vorgenommen werden.

# 4 Der interpersonale Raum

Die folgenden Überlegungen haben explorativen Charakter, ich wage im methodischen Register einen Überschritt von der Soziologie zur Leibphänomenologie. Ich bediene mich entsprechend auch in stärkerem Maße einer bildsprachlichen Heuristik. Zudem setze ich dabei voraus, dass alle räumlichen Erfahrungen stets

---

**31** Vgl. H. Knoblauch, M. Löw, Digitale Mediatisierung und die Re-Figuration der Gesellschaft, in: T. Döbler/C. Pentzold/C. Katzenbach (Hg.), Räume digitaler Kommunikation. Lokalität – Imagination – Virtualisierung (Neue Schriften zur Online-Forschung 16), Köln 2021, 22–45.

in unterschiedlichen Intensitätsgraden leibbezogen und leibvermittelt sind, ohne dass hier eigens erläutern zu können.[32]

Für den Fortgang der Argumentation ist noch einmal Löws Einsicht zu unterstreichen, dass nicht nur materielle und symbolische Güter, sondern auch zwischenmenschliche Beziehungen den Raum mitkonstituieren. Der Bezug zwischen Raum und Beziehung muss aber im Blick auf den uns interessierenden Erfahrungsbereich des digital vermittelten Abendmahls noch stärker gemacht werden: Es gibt nämlich auch *Beziehungen oder personale Begegnungen, die einen ihnen eigentümlichen entsprechenden Raum (im Sinne eines Manifestationsaspektes dieser Beziehungen oder Beziehungsereignisse) allererst hervorbringen.* Es ist dieses Phänomen, dem im Folgenden nachgegangen und Sprache gegeben werden soll. Thomas Fuchs hat dafür vor etlichen Jahren den Begriff des *interpersonalen Raumes* verwendet.[33] Er entwickelt diesen Begriff anhand des Raumes zwischen Säugling und Mutter, der als Urparadigma und gleichzeitig als Ermöglichungsgrund aller interpersonalen Räume angesehen werden darf. Während dieser zunächst in »reine[r] Zwischenleiblichkeit«[34] besteht, zeichnet Fuchs die Entwicklung der menschlichen Personalität nach, die sich im Wechsel von leibvermittelten Selbst- und Fremdverhältnissen konstituiert. Er setzt eine Personenwahrnehmung voraus, die als Synthese einer aktiv-intentionalen Gestaltbildung und zugleich einer leiblich-sympathetischen Partizipation zu begreifen ist, in der also die gesamte Leiblichkeit (inklusive Leibgedächtnis) synästhetisch, partizipativ spürend engagiert ist.[35]

Fuchs' Beschreibung des interpersonalen Raumes bedarf für unsere Zwecke weiterer Präzisierung. Fuchs selbst weist die Richtung, in der weiterzudenken ist, indem er – in Rekurs auf Emmanuel Lévinas – darauf aufmerksam macht, dass die Person in ihrem *Antlitz* leibhaftig wird und sich so jeder Objektivierung widersetzt. »Die Epiphanie des Anderen ist sein Antlitz, weil es gerade in seiner Verletzlichkeit jeder Verdinglichung Widerstand leistet.«[36] Die sich im Antlitz manifestierende Alterität der Anderen verhindert auch nach Fuchs, dass jede zwischenmenschliche Begegnung schon per se einen interpersonalen Raum konstituiert. Dieser stellt vielmehr einen Raum von größerer personaler Intimität, fragiler Beziehungsnähe und

---

**32** Zum entsprechenden Leibverständnis und der Differenz von Leib und Körper vgl. zum Beispiel: T. Fuchs, Zwischen Leib und Körper, in: M. Hähnel/M. Knaup (Hg.), Leib und Leben. Perspektiven für eine neue Kultur der Körperlichkeit, Darmstadt 2013, 82–93.
**33** Vgl. T. Fuchs, Leib – Raum – Person. Entwurf einer phänomenologischen Anthropologie, Stuttgart 2000, 296 ff.
**34** Fuchs, Leib – Raum – Person (s. Anm. 33), 275.
**35** Vgl. Fuchs, Leib – Raum – Person (s. Anm. 33), 151.163–174.
**36** Fuchs, Leib – Raum – Person (s. Anm. 33), 300.

Beziehungsintensität dar. Auf welche zwischenmenschlichen Beziehungsphänomene könnte der Begriff des interpersonalen Raumes dann angewandt werden?

Peter Sloterdijk hat in seiner Sphärentrilogie den Versuch unternommen, »das Sein-in-Sphären« als ein »Grundverhältnis« des Menschen zu erweisen.[37] Phänomenal aufschlussreich sind seine sprachkreativen Ausführungen im ersten Band, in denen er die gerundeten Intimformen menschlicher Beziehungen, ihre geteilten, konkordanten, konsubjektiven »Innenräume« untersucht. Es handelt sich dabei nach Sloterdijk um Räume, »an denen nur dyadische oder mehrpolige Gruppen Anteil haben, ja, die es nur geben kann, in dem Maß, wie menschliche Individuen durch enge Nähe zueinander, durch Einverleibungen, Invasionen, Verschränkungen, Ineinanderfaltungen und Resonanzen – psychoanalytisch auch: durch Identifikationen – diese besonderen Raumformen als autogene Gefäße kreieren.«[38]

Für unseren Zusammenhang dürfte – im Anschluss an Lévinas – besonders das Phänomen, das Sloterdijk als »interfazialen Raum«, »Vier-Augen-Raum« oder »interfaziale[...] Intimsphäre«[39] bezeichnet, interessant sein. Er stützt sich bei der Ausarbeitung dieses Raumes auf die frühneuzeitliche Malerei, die »den interfazialen Raum als eine Wirklichkeit eigenen Rechts«[40] entdeckt habe. Insbesondere in Giotto di Bondones Freskengemälde in der *Cappella degli Scrovegni* sieht er die Sphäre »einander zugewandter Menschengesichter in ihrer eigensinnigen raumbildenden Kraft«[41] entdeckt. Es sind zwei Bilder, die diese Entdeckung dokumentieren: der Begrüßungskuss Joachims und der Heiligen Anna an der goldenen Pforte von Jerusalem und der Judaskuss. Während beim ersten Gemälde die Gesichter Joachims und der Heiligen Anna – beobachtet durch andere Gesichter – einen gemeinsamen intimen Glückskreis gegenseitiger Anerkennung und geteilter Hoffnung bilden,[42] erfährt der Beobachter beim zweiten Gemälde »im fragend-wissenden Augenausdruck der Christusgestalt eine offene, sphärenbildende Kraft, die selbst den Verräter in ihren Raum reintegriert, wenn dieser ihn nur betreten könnte, während er in Judas eine gierige Isoliertheit verkörpert sieht, die auch bei dichter physischer Nähe zum Gegenüber sich dem gemeinsamen Raum nicht eingliedern kann.«[43] Giotto macht augenfällig, wie der Liebesraum zwischen Jesus und seinen Jüngern in dieser Face-to-Face-Situation einen sphärischen Riss erfährt. – Damit deutet sich auch bei Sloterdijk an, was in den Gemälden von Giotto genial erfasst ist: dass die

---

**37** P. Sloterdijk, Sphären I. Mikrosphärologie. Blasen, Frankfurt am Main 1998, 46.
**38** Sloterdijk, Sphären I (s. Anm. 37), 98.
**39** Sloterdijk, Sphären I (s. Anm. 37), 141.147.191.
**40** Sloterdijk, Sphären I (s. Anm. 37), 147.
**41** Sloterdijk, Sphären I (s. Anm. 37), 147.
**42** Vgl. Sloterdijk, Sphären I (s. Anm. 37), 147–152.
**43** Sloterdijk, Sphären I (s. Anm. 37), 154f.

Andere als Andere auch im fazialen Nahbereich des Kusses nicht verschwindet, sei es nun ein Kuss zwischen Liebenden oder nicht. Mehr noch: Die Andersheit steigert sich hier erst richtig zur Erfahrung des Geheimnisses, das verborgen in den Augen der Anderen liegt.[44]

Mit Sloterdijks interfazialem Raum wurde hier exemplarisch ein Phänomen aus dem intimen Nahbereich aufgegriffen, das verdeutlichen hilft, was oben als »interpersonaler Raum« bezeichnet wurde. Der Nahbereich lässt sich von da aus auch auf distanziertere Beziehungsverhältnisse ausweiten oder auf Beziehungsverhältnisse, die durch eine dynamische Dialektik von Nähe und Distanz bestimmt sind. Zu denken ist etwa an das Phänomen des Tanzes, des Spiels (Musik, Sport) – oder eben religiöse Rituale wie z.B. das Abendmahl! Auch im Blick auf diese Phänomene können sich in der interfazialen Begegnung bipolare und polypolare Sphären konstituieren, die als interpersonale Räume zu bezeichnen sind. Um keine allzu reduktionistische Vorstellung vom interpersonalen Raum zu entwerfen, sei gleich angefügt, dass sich dieser ebenso durch stärker auditive, taktile, olfaktorische, gustatorische Sinneserfahrungen (und ihre synästhetischen Wechselwirkungen) aufbauen kann. Das Beispiel des primär visuellen, interfazialen Raumes wurde hier nur deswegen gewählt, weil sich daran in besonderer Weise zeigen lässt, wie sich der interpersonale Raum auch in digitale Umgebungen hinein erstrecken kann.[45] – Wie oben bereits am Beispiel von Judas deutlich wurde, ist zudem stets mitzuden-

---

**44** Mit dem so verstandenen interfazialen Raum nicht zu verwechseln ist der pseudo-interfaziale Raum des *Spiegels*, den sich das moderne Subjekt im Sinne einer es technisch ergänzenden Fremdsicht zugelegt hat, in dem der Andere das Eigene darstellt und doch seltsam fremd bleibt; vgl. Sloterdijk, Sphären I (s. Anm. 37), 196–209; sowie: M. Foucault, Die Heterotopien. Der utopische Körper. Zwei Radiovorträge, übers. von M. Bischoff, Zweisprachige Ausgabe, Frankfurt am Main 2005, 23–36.

**45** Eine Privilegierung des Visuellen im Blick auf digitale Umgebungen lässt sich kaum bestreiten, selbst wenn es sich nicht abstrakt aus dem synästhetischen Zusammenwirken der Sinne extrahieren lässt. Die Frage ist freilich, *welche existentielle Qualität dem Visuellen dabei zukommt.* Bemerkenswerterweise plädiert der Philosoph Richard Kearney in seinem Buch »Touch. Recovering Our Most Vital Sense« bei der von ihm intendierten Überwindung des durch die Digitalisierung beförderten Sinnesverlustes nicht etwa für eine einseitige Rückgewinnung des taktilen Sinnes *gegenüber* dem visuellen Sinn. Es geht ihm um »touch in a more inclusive way, as an embodied manner of being in the world, an existential approach to things«, denn »touch« »is present not only in tactility, but also in visibility, audibility, and so on«; R. Kearney, Touch. Recovering Our Most Vital Sense, New York 2021, 15f. Entsprechend unterscheidet Kearney dann auch zwischen einem digitalen »spectacle« und »other ways of seeing« bzw. »tactful insight«, einem taktvollen (von lat. tangere) berührend-berührten Sehen; ebd., 26, vgl. 24–27. – Könnte dieses letztere Sehen nicht sogar im Kontext digitaler Umgebungen stattfinden?

ken, dass der interpersonale Raum auch Risse erfahren, sich verengen oder implodieren kann. Allzu romantisch sollte man sich jenen Raum also nicht ausmalen.

# 5 Das Ineinander von digitalem und analogem[46] Raum

Unsere Ausführungen haben deutlich gemacht: Mit der Erarbeitung des Konzeptes des sozialen Raumes wurde mit Löw deutlich, dass nicht nur die (An)Ordnung materieller und symbolischer Gegenstände, sondern auch diejenige von Menschen und ihren Außenwirkungen in die Raumkonstitution einbezogen sind. Der Akzent lag dabei aber auf ihrer perspektivischen Positioniertheit im Gesamtsetting, das als Raum synthetisiert wurde, und nicht auf der Beziehungsqualität. Menschen und ihre Körper kamen insofern als raumkonturierende Faktoren in den Blick, als sie immer einen Teil einer größeren ortsräumlichen Konstellation bilden, die bei der Raumkonstitution mitsynthetisiert wird. Mit dem interpersonalen Raum haben wir ergänzend ein Konzept erarbeitet, das die Qualität der Beziehung von sich begegnenden Personen erfassen kann. Im Blick ist dabei eine intensivierte Form von leiblich-personaler Begegnung, die den Raum als sphärischen *Manifestationsaspekt der Beziehung* gleichsam mitgeneriert und aufbaut.

Was bedeutet dieses Verständnis des sozialen und des interpersonalen Raumes nun hinsichtlich des Verständnisses der räumlichen Erfahrung im digital vermittelten Abendmahl? Ich unternehme den Versuch einer hypothetisch-phänomenalen Rekonstruktion:

Es ist sicher nicht zu bestreiten, dass zumindest aus der Sicht der Internetuser eine live gestreamte Abendmahlsfeier auf dem Bildschirm so etwas wie einen in sich relativ abgeschlossenen »digitalen Raum«, ein als Sinneinheit abgrenzbares räumliches Ensemble, darstellt. Im Erfahrungshorizont der zu Hause am Abendmahl Teilnehmenden mag sich ja durchaus die Wahrnehmung aufdrängen, dass sich die Abendmahlleitenden in der Kirche während des Livestreams »im« digitalen Raum befinden (zusammen mit weiteren zugeschalteten Personen). Wie auch umgekehrt im Falle einer online-Zuschaltung aller am Abendmahl Partizipieren-

---

46 Vielleicht hängt die eingangs referierte Unterscheidung zwischen einem realen und digitalen Raum bei einigen kritischen Beiträgen sogar mit dem Bezug zur Rede von der *Real*präsenz Christi zusammen. Um hier keine schiefen Vorentscheidungen zu evozieren – und weil der Realitätsbegriff philosophisch hoch klärungsbedürftig ist – wähle ich für die folgenden, eigenen Überlegungen die etwas unbelastetere Bezeichnung des analogen Raumes.

den in die Kirche – nun aus der Sicht der Abendmahlleitenden – alle Zugeschalteten »im« digitalen Raum sind. Die Rede vom Im-digitalen-Raum-Sein bringt in diesem Fall eine basale standortrelative Erfahrungsperspektive zum Ausdruck.

Dennoch ist aufgrund der oben skizzierten Struktur des sozialen Raumes klar: Die Person, die vor dem Bildschirm sitzt und an einem solchen digital vermittelten Abendmahl teilnimmt, befindet sich – wie die abendmahlleitende Pfarrperson und ihre Helfenden – dabei selbst in einem analogen Raum, z. B. in einem geheizten, feierlich geschmückten Wohnzimmer mit brennenden Kerzen, mit Brot und Wein, eventuell mit weiteren Familienmitgliedern usw.

Entscheidend wichtig für unseren Zusammenhang ist nun aber, dass diese materiale, körperlich-leibliche, symbolbeladene Figuration und die digitale Medialität erfahrungsmäßig nicht abstrakt getrennt werden können. Aus der eben skizzierten Erfahrungsperspektive jener Person bilden auch der Computer und erst recht das auf seinem Bildschirm zu sehende Abendmahlsgeschehen Anordnungselemente des dynamischen Ensembles, das ihren analogen Raum darstellt. Ja, mehr noch: Sofern alle Aufmerksamkeit dem auf dem Bildschirm inszenierten Geschehen gewidmet ist, kann durchaus festgestellt werden: Jener auf dem Bildschirm gezeigte digitale Raum verflicht sich mit ihrem analogen Raum. Die inszenierten Anordnungselemente auf dem Bildschirm werden während der Feier zu einem zentralen und konstitutiven Teil ihres analogen Raumes. Die Anordnungselemente des digitalen Raumes und des analogen Raumes verschmelzen zu einer in sich differenzierten, dynamischen räumlichen Erfahrung. Oder um es in Löws Terminologie auszudrücken: Der gestreamte digitale Raum bildet aus der Erfahrungsperspektive jener Person ein konstitutives, dynamisches Anordnungselement der Praxis des Spacings und der Syntheseleitung, mittels derer sich ihr analoger sozialer Raum aufbaut.

Doch wir können vielleicht sogar noch einen Schritt weiter gehen: Gerade weil die erwähnte Person vor dem Bildschirm Teil eines Beziehungsgeschehens ist, das für sie glaubensexistentiell hoch relevant ist, kann sich u. U. in diesem analogen sozialen Raum zugleich ein interpersonaler Raum aufbauen; nicht nur ein innerfamiliärer interpersonaler Raum, sondern auch ein interpersonaler Raum in Hinsicht auf diejenigen, die das Abendmahl leiten – und vielleicht sogar in Bezug auf andere Personen, die noch auf dem Bildschirm zu sehen sind und mitfeiern, oder gar hinsichtlich der geglaubten weltweiten Kirche.[47] Die Annahme des Aufbaus dieses *spezifischen* interpersonalen Raumes ist nicht völlig abwegig. Zur spezifischen Eigenlogik des digital vermittelten Abendmahls zählt etwa die mittels Kameraeinstellungen hervorgebrachte eigentümliche Dialektik von Nähe und Distanz. »Durch

---

47 Dass gerade das online vermittelte Abendmahl diese globale Communio-Erfahrung evozieren kann, betont z. B. Kusmierz, Celebrating the Last Supper Online (s. Anm. 3), 92.

die Nähe der Kamera ähnelt die Kommunikation einem Vier-Augen-Gespräch«,[48] sodass sich hier wohl auch fazial-interpersonale Räume aufbauen können, die in einem regulären Gottesdienst nicht zustande kämen – weil wir einander nicht so zu Gesicht bekommen.

Natürlich wollte die eben skizzierte hypothetisch-phänomenale Rekonstruktion keine *wirkliche* räumliche Erfahrung nachzeichnen: Dazu fehlte u. a. die spezifische empirische Erfassung von deren Individualität, die durch Faktoren wie Alter, Geschlecht, gesellschaftliche Position und Vorgeschichte mit den involvierten Personen usw. bestimmt wird. Es ging mir allein um den raumtheoretischen Versuch, solche räumliche Erfahrung allererst vorstellbar und beschreibbar zu machen. Als Fazit lässt sich festhalten: Mit einem relationalen Raummodell und dem ihm entsprechenden Konzept des sozialen Raumes ist es durchaus möglich, Verschränkungen von digitalen Räumen und analogen Räumen anzunehmen. Und wenn sich dabei den sozialen Raum ergänzend und überlagernd ein interfazial-interpersonaler Raum konstituiert, verstärkt sich diese Verschränkung zusätzlich. In gewissem Sinne handelt es sich dann bereits um Formen einer »extended/augmented reality«,[49] wobei die kombinatorische Verschränkung wohl sehr individuell ist.

Sind unsere tentativen Überlegungen richtig, dann ist aber nicht nur die abstrakte Unterscheidung zwischen einem digitalen Raum und einem analogen Raum zu entsubstantialisieren und zu verflüssigen. Vielmehr ist auch zuzugestehen, dass bei einem digital vermittelten Abendmahl nicht nur Personen in je analogen Räumen digital vermittelt miteinander kommunizieren, sondern dass diese Kommunikation insofern auch ihre Leiblichkeit involviert. *Die Frage ist nicht, ob auch das digital vermittelte Abendmahl Formen partizipativer leiblicher Ko-Präsenz und Gemeinschaft ermöglicht, sondern welche!*[50]

Es ist also nicht möglich, pauschal zu behaupten, eine digital vermittelte Abendmahlsfeier sei ein leibvergessenes und darum letztlich auch nicht gemeinschaftsbezogenes Unterfangen, das erfahrungsmäßig in prinzipiell unvermittelbaren Ortsräumen spielt. Entsprechend scheint mir auch Kristian Fechtners Aussage in einer kurzen Stellungnahme zu Beginn der Pandemie nicht mehr haltbar:

> Der Ritus ist nur dann eine gemeinschaftliche Feier des Abendmahls, wenn für alle Beteiligten die Einheit von Raum, Zeit und leiblichem Zusammensein gilt und erfahrbar wird: Wenn

---

48 Deeg, Gottesdienst in ›Corona‹-Zeiten (s. Anm. 6), 142.
49 Deeg spricht – wie andere – im Blick auf Erfahrungen junger Menschen mit digitalen Medien von »Erweiterung«, »Mixed Reality« oder »Reality-Virtuality-Continuum«; Deeg, Gottesdienst in ›Corona‹-Zeiten (s. Anm. 6), 141.
50 Ich schließe mich hier der These an, die Alexander Deeg in seinem Beitrag entfaltet hat; vgl. Deeg, Gottesdienst in ›Corona‹-Zeiten (s. Anm. 6), bes. 140.151.

ich an einem anderen Ort und/oder zu einer anderen Zeit und/oder medial zugeschaltet bin, dann nehme ich nicht an dieser Feier teil, auch wenn ich – aber eben durch das Medium getrennt – privatissime zu Hause Brot und Wein zu mir nehme. Ohne ihre leibliche Kopräsenz sind mir die Mitfeiernden eben nicht im Geschehen gegenwärtig; sie bleiben in dem, was ich für mich tue, außen vor.[51]

# 6  Zwei präzisierende Nachträge

Meine Ausführungen wären falsch verstanden, wenn sie als generelles Plädoyer für digital vermittelte Abendmahlsfeiern gelesen würden – ein Votum für eine Option zwischen einem Abendmahl »light« und einem Abendmahl »deep«. Das digital vermittelte Abendmahl sollte nicht der Normalfall sein, sondern ein sorgfältig bedachtes kirchliches Handeln in seelsorgerlichen Notlagen (die freilich einigermaßen elastisch zu bestimmen sind). Denn die Herausstellung, *dass* räumliche Erfahrungen und entsprechend Formen partizipativer leiblicher Ko-Präsenz und Gemeinschaft möglich sind, bedeutet ja noch keine Aussage darüber, wie intensiv und mit welcher gemeinschaftsbildenden Qualität diese leibliche Involviertheit zustande kommt. So kann zum Beispiel der Aufbau eines interfazial-interpersonalen Raumes im Nahbereich schon nur dadurch irritiert und vielleicht sogar gestört werden, dass aufgrund der unterschiedlichen Platzierung von Kamera und Bildschirm oft kein echter Augenkontakt zustande kommt (weil man in den Bildschirm schaut und nicht in die Kamera oberhalb desselben). Man wird also in Anschluss an Thomas Fuchs unumwunden zugeben müssen, dass die leibliche Involviertheit in digital vermittelten Kommunikationskontexten nur in einem defizienten Modus stattfindet, weil etwa die konkrete physisch-taktile Berührung, die Ausdruckswahrnehmung, das atmosphärisch-leibliche Spüren der Präsenz des/der Anderen, Gerüche etc. fehlen oder unterminiert sind,[52] sodass ein gleichwertiges synästhetisches Zusammenwirken der Sinne und entsprechend der Widerfahrnischarakter des Abendmahls sicher eingeschränkt wird.

Doch der entscheidende Punkt ist: Aus der Sicht einer raumtheoretischen Rekonstruktion räumlicher Erfahrung sind die Differenzen zwischen physisch rein ko-präsenten Abendmahlsfeiern in einer Kirche, einer digital vermittelten Abendmahlsfeier (oder hybriden Zwischenformen) und schließlich einem rein digitalen Abendmahl allein mit Avataren gradueller und nicht kategorialer Natur. Digital

---

51 Fechtner, Abendmahlsfasten in widriger Zeit (s. Anm. 19), 2.
52 Vgl. ohne Bezug auf das digital vermittelte Abendmahl: Fuchs, Der Schein des Anderen (s. Anm. 13), 119–145; und in anderer Weise auch: Kearney, Touch (s. Anm. 45).

vermittelte Formen sind nicht »erfahrungsfrei«, wir machen einfach *andere und nur teilweise defizientere* räumliche Erfahrungen partizipativer leiblicher Ko-Präsenz und Gemeinschaft.

Bei diesen raumtheoretischen Überlegungen wird es nicht sein Bewenden haben können. Mit der Möglichkeit, das digital vermittelte Abendmahl auch als räumliche Erfahrung beschreiben zu können, stehen wir erst vor der *theologisch* entscheidenden Frage: Nämlich der Frage, wie denn nun solche räumlichen Erfahrungen partizipativer leiblicher Ko-Präsenz und Gemeinschaft auf die heilsame Gegenwart Jesu Christi zu beziehen sind und von *ihr* her ein Verständnis der Gemeinde als Leib Christi zu entwickeln ist – und welche Funktion dabei der liturgische Bezug auf die Elemente Brot und Wein in der Kirche und zu Hause hat. Unsere Überlegungen beantworten diese entscheidende Frage nicht, sondern bereiten ihr allererst den Boden. Ihre Beantwortung setzt meines Erachtens eine noch komplexere Raumtheorie voraus, die fähig ist, Raum als eine auch religiös geprägte Sinnordnung zu verstehen.[53]

---

53 Einen ersten Versuch einer solchen Raumtheorie mit ekklesiologischer Zuspitzung (aber nicht spezifisch auf das digital vermittelte Abendmahl bezogen) habe ich in Anschluss an Ernst Cassirer unternommen; vgl. Wüthrich, Raum Gottes (s. Anm. 12), 418–521, bes. 460 ff.

Teil II: **Kirchenräume und Architektur**

Martin Düchs, Thomas Wabel

# Neues Bauen für den neuen Menschen?

## Christliche Anthropologie im Gespräch mit Otto Bartning

**Zusammenfassung:** Gibt es Bauten, die den »neuen Menschen«, mithin also das innere Neuwerden und eine veränderte Lebensführung des Menschen, befördern können? Die affirmative Bejahung dieser Frage in Theorie und Praxis der Architektur zu Beginn des 20. Jahrhunderts steht in deutlichem Kontrast zu Karl Barths schroffer Ablehnung jeglicher Anschaulichkeit in der Rede vom »neuen Menschen« in seiner Interpretation des Römerbriefs (²1922). Der Artikel diskutiert architekturphilosophische Überlegungen Otto Bartnings (1883–1959) aus der Zeit nach den beiden Weltkriegen und stellt zwei seiner sogenannten »Notkirchen« vor. Wir argumentieren, dass gerade im Verzicht auf eine der Architektur externe Programmatik wie beispielsweise eine Erziehung des Menschen Bartnings Kirchen aus sich heraus wirken und der Bau die Begegnung mit dem Gotteswort gleichsam performativ ermöglicht. Dabei koinzidieren anthropologische und theologische Bestimmungen des Heiligen.

**Abstract:** Are there buildings that can promote the »new man«, i.e. the inner renewal and an alternative way of life? The affirmative answer to this question in theory and practice of architecture at the beginning of the 20th century stands in stark contrast to Karl Barth's blunt rejection of any perceptibility in the discourse on the ›New Man‹ in his interpretation of Paul's letter to the Romans (²1922). The article discusses architectural-philosophical considerations of Otto Bartning (1883–1959) from the period after the two world wars and introduces two of his so-called ›churches in times of adversity‹ (*Notkirchen*). As we argue, it is precisely in avoiding a programmatic approach that Bartning's churches have an effect of their own accord, and the construction, in a performative manner, enables the encounter with the Word of God. In this, anthropological and theological conceptions of the sacred coincide.

**Kontakt: Martin Düchs,** New Design University, St. Pölten; E-Mail: martin.duechs@ndu.ac.at;
**Thomas Wabel,** Institut für Evangelische Theologie an der Otto-Friedrich-Universität Bamberg;
E-Mail: thomas.wabel@uni-bamberg.de

https://doi.org/10.1515/bthz-2024-0007

# 1 Der Raum des Heiligen als anthropologische Größe

Die Kategorie des Heiligen verweist auf zwei miteinander zusammenhängende, gleichwohl aber unterschiedene Bereiche. »Heilig« wird zum einen verwendet, um einen Raum oder einen Gegenstand als besonders zu kennzeichnen. Ein heiliger Raum oder Bezirk ist der Bereich des Göttlichen, der als *sanctum* abgesondert vom Profanen zu betrachten ist.[1] Heiligkeit kann sich aber auch »in allen irdischen Erscheinungen manifestieren«; so können auch »der Mensch und seine Handlungen« als heilig bezeichnet werden[2] – sei es im indikativischen Sinne der Zugehörigkeit zu Gott, sei es im (daraus erwachsenden) imperativisch-ethischen Sinne der Forderung, heilig zu sein (Lev 20,26).[3] Miteinander in Verbindung stehen beide Verwendungsweisen von »heilig« nicht zuletzt durch die Überzeugung, dass in Räumen und durch Räume, die als heilig erachtet werden, bei Menschen ein Prozess der *Heiligung* in Gang gesetzt werden könne. Man könnte zur besseren Differenzierung hier also von Heiligkeit und Heiligung sprechen, wobei die Begriffe aufs engste miteinander verbunden sind. Auch neutestamentlich sind »Heiligkeit und Heiligung [...] nicht voneinander zu trennen.«[4] So umgreift in den deuteropaulinischen Schriften »heilig« auch die Veränderung des Menschen hin zum »neuen Menschen«: »[Ihr habt] den neuen Menschen angezogen [...], der nach Gott geschaffen ist in wahrhaftiger Gerechtigkeit und Heiligkeit« (Eph 4,24).[5]

Die *architektonische* Umsetzung des Konzepts »Heiligkeit« orientiert sich zumeist an dem Aspekt der Auszeichnung des sakralen Bereichs als eines besonderen, anderen Ortes oder Ortes des Anderen. Dazu kann erstens das Mittel der Ausgrenzung Verwendung finden. In vorchristlichen Tempelbauten darf der Bereich des Heiligen von Laien nicht betreten werden und auch die bauliche Abgrenzung des Altarraumes, wie sie in den meisten christlichen Kirchen vorliegt, dient der Auszeichnung durch Ausgrenzung des heiligen Ortes. Daneben kann der sakrale Bereich durch das Mittel der Transzendierung ausgezeichnet werden, indem wie in

---

**1** G. Lanczkowski, Heiligkeit I. Religionsgeschichtlich, in: G. Müller (Hg.), Theologische Realenzyklopädie. Band XIV, Berlin/New York 1985, 695–697: 695. Vgl. dazu auch: O. Bartning, Begriff des Sakralbaus, in: ders., Vom Raum der Kirche, Bramsche 1958, 31–38: 33. Vgl. daneben: O. Bartning, Spannweite, Bramsche 1958.
**2** Lanczkowski, Heiligkeit I (s. Anm. 1), 695.
**3** D. Kellermann, Heiligkeit II. Altes Testament, in: G. Müller (Hg.), Theologische Realenzyklopädie. Band XIV, Berlin/New York 1985, 697–703: 701.
**4** M. Lattke, Heiligkeit III. Neues Testament, in: G. Müller (Hg.), Theologische Realenzyklopädie. Band XIV, Berlin/New York 1985, 703–708: 703.
**5** Elberfelder Übersetzung – bei Luther imperativisch: »zieht den neuen Menschen an ...«.

gotischen Kathedralen der Eindruck eines Hinausführens über die irdische Sphäre erzeugt wird. Architektonisch kann dies durch die Überhöhung der Dimensionen von Sakralbauten gegenüber der baulichen Umgebung, durch die Verwendung besonders edler Baustoffe und/oder durch die Erzeugung einer besonderen Atmosphäre erreicht werden.

Diese Art der Auszeichnung der Heiligkeit eines Ortes hängt besonders eng zusammen mit der Idee der Heiligung des Menschen, die durch einen solchen Ort angestoßen werden soll. Paradigmatisch lässt sich das in den Schriften von Abt Suger, dem »Gründungsvater der Gotik«, sehen. Suger schrieb auf den (verlorenen) Bronzetüren des Westportals von Saint Denis: »Edel strahlt das Werk, doch das Werk, das edel strahlt, soll die Herzen erhellen, so daß sie durch wahre Lichter zu dem wahren Licht gelangen, wo Christus die wahre Tür ist. Welcher Art dieses [wahre Licht] innen ist, das gibt die goldene Tür hiermit an. Der schwerfällige Geist erhebt sich mit Hilfe des Materiellen zum Wahren.«[6] Die Idee Sugers gleicht der einer ästhetischen Verzauberung. Der Mensch ist durch den Glanz der Materialien und das Licht gleichsam gefangen genommen und wendet sich Christus zu, sodass der Prozess der Heiligung angestoßen wird.

Wenn dieser Prozess einen ästhetisch-emotionalen Weg zur Heiligung beschreibt, dann kann man davon einen vernunftgemäß-rationalen unterscheiden. Dieser Aspekt der Heiligung bleibt eher dem begleitenden Bildprogramm überlassen. Hier wird Heiligung im Sinne einer moralischen Besserung des Einzelnen hin zu einem neuen Menschen verstanden. Diese tritt dabei häufig nicht gleichsam positiv durch eine Verzauberung ein, sondern eher durch ein Erschrecken vor den beispielsweise in vielen gotischen Kirchen z.T. in drastischer Weise vorgeführten Folgen des jüngsten Gerichts.

Das drastische Bildprogramm soll dafür sorgen, dass der Mensch seinem alten Leben entsagt, umkehrt und sich aufmacht ein »neuer Mensch« zu werden. Allerdings ist diese Form der Heiligung des Menschen hin zu einem neuen Menschen auch der gleichsam »puren« Baukunst jenseits der Bildprogramme nicht fremd. Ja, in programmatischer Weise ist Architektur explizit als herausragende Möglichkeit der Beförderung eines neuen Menschseins verstanden worden, und zwar nicht nur in längst vergangenen Zeiten, sondern in besonderer Weise im 20. Jahrhundert. Eine der zentralen Forderungen der Architektur-Moderne ist just die nach einem neuen Bauen für neue Menschen beziehungsweise die Erwartung, dass durch das neue Bauen die Herausbildung eines neuen Menschen befördert wird.[7]

---

6  Vgl.: Suger, De administratione, in: A. Speer und G. Binding (Hg.), Abt Suger von Saint-Denis. Ausgewählte Schriften: Ordinatio, De consecration, De administratione. Darmstadt 2000, 324.
7  Vgl. dazu J. Pahl, Architekturtheorie des 20. Jahrhunderts, München/London/New York 1999, 93.

Unabhängig von der Frage, inwiefern dies als Säkularisat christlich-religiöser Traditionsbestände zu werten ist, fragen wir in diesem Beitrag danach, wie eine Idee des neuen Menschen sich in der Sakralarchitektur niederschlagen kann und inwiefern die Erfahrung dieser Architektur womöglich als Beitrag zur Beförderung eines neuen, d. h. gegenüber dem Alltäglichen veränderten Menschseins beitragen kann. Dem Begriff des Heiligen nähern wir uns dabei also nicht auf theologischem, sondern auf anthropologischem Wege – in der Hoffnung freilich, dass dieser Zugang dann auch für die theologische Frage nach den Räumen des Heiligen etwas austrägt. Als Beispiel sollen uns zwei Kirchenbauten Otto Bartnings (1883–1959) dienen – eines Architekten, der in reichhaltigen schriftlichen Reflexionen Einblick in die Grundlagen seines Wirkens gibt und als ein zentraler Akteur der Architektur-Moderne im deutschsprachigen Raum zu gelten hat.

## 2 Der neue Mensch – architektonisch

Architektur wurde im Laufe der Geschichte nicht nur dazu eingesetzt, um Menschen vom Heiligen auszugrenzen, sondern auch, um sie dem Heiligen beziehungsweise eigentlich eher der *Heiligung* näherzubringen. Dazu wird gleichsam der innere, psychische Raum des Menschen durch den äußeren, physischen Raum (und/oder durch Bilder) affiziert. Eine ähnliche Motivation lässt sich in der Architektur-Moderne feststellen, die nach dem Ersten Weltkrieg von einer Avantgarde-Bewegung relativ rasch zum Mainstream wird. Im November 1918 ist die Welt im Vergleich zur Vorkriegszeit eine fundamental andere geworden – ein Umstand, der die Gesellschaften Europas tief verunsichert. Dazu hat nicht nur der Krieg beigetragen, auch die fundamentalen Neuerungen in der Wissenschaft (Evolutionstheorie, Relativitätstheorie, Theorien Freuds), der Kunst (Secessionsbewegungen, Jugendstil, Vormoderne), der Politik (Revolutionen und neue Regierungsformen) und nicht zuletzt im metaphysisch-religiösen Bereich (Nietzsche: »Gott ist tot«) erschüttern die Menschen. Dabei erschüttern sie nicht nur *die* Menschen, sondern auch *den* Menschen, also das, was man hinsichtlich des Wesens Mensch als grundlegende Annahmen teilt. Max Scheler fasst das im Jahr 1928 so zusammen:

> Zu keiner Zeit der Geschichte ist sich der Mensch so problematisch geworden wie in der Gegenwart. Wir besitzen eine naturwissenschaftliche, eine philosophische und eine theologische Anthropologie, die sich nicht mehr umeinander kümmern. Eine einheitliche Idee vom Menschen aber besitzen wir nicht. Die immer wachsende Vielfalt der Spezialwissenschaften, die sich mit dem Menschen beschäftigen, verdecken überdies weit mehr das Wesen des Menschen, als dass sie es erleuchten.[8]

Eine Folge ist das Einsetzen von Suchbewegungen: Man sucht nach neuen politischen, wissenschaftlichen und künstlerischen Ideen und Formen. Und man sucht auch nach einem »Neuen Menschen«.[9] Damit wird ein Motiv aufgegriffen, das in den 1920er Jahren in der Regel nicht mehr unmittelbar theologisch oder religiös konnotiert ist.[10] Sein Ursprung freilich liegt in der christlichen Theologie: In der paulinischen und deuteropaulinischen Tradition werden die Begriffsfelder des »neuen Lebens« und des »neuen Menschen« verwendet, um die Existenz des Menschen »in Christus« zu beschreiben.[11]

## 2.1 Der neue Mensch in der Architektur der Moderne

Auch in der Architektur ist die Forderung nach einem Neuen Bauen für den Neuen Menschen insbesondere in den 1920er Jahren omnipräsent.[12] Doch obwohl sie das Bauen für den Neuen Menschen programmatisch in den Mittelpunkt rücken, setzen sich die Architekten der Moderne kaum systematisch mit der Frage nach dem Menschen auseinander.[13] Tun sie es doch, so ist diese Auseinandersetzung in hohem

---

**8** M. Scheler, Die Stellung des Menschen im Kosmos, Darmstadt 1928, 13. Wir zitieren hier allerdings die relativ freie Zitation von Scheler bei Ernst Cassirer (E. Cassirer, Versuch über den Menschen: Einführung in eine Philosophie der Kultur, Hamburg [amerik. Orig. 1944] 2007, 45).
**9** Dies zeigt sich in verschiedenen Spielarten der bildenden Kunst, des Theaters (z.B. Bertolt Brecht: episches Theater), der Literatur (z.B. Robert Musil: Der Mann ohne Eigenschaften), des Films (z.B. Fritz Lang: Metropolis) etc. Und es zeigt sich in einer wahren Flut von Publikationen, Buchreihen und Zeitschriften, die sich alle auf die ein oder andere Weise mit dem »Neuen Mensch« befassen. Vgl. dazu T. Poppelreuter, Das Neue Bauen für den Neuen Menschen: Zur Wandlung und Wirkung des Menschenbildes in der Architektur der 1920er Jahre in Deutschland, Hildesheim 2007; Pahl, Architekturtheorie (s. Anm. 7); N. Lepp et al. (Hg.), Der neue Mensch: Obsessionen des 20. Jahrhunderts, Ostfildern-Ruit 1999; aber auch schon in der Zeit die Entwicklung der Architektur in den 1920ern bilanzierend: K. Scheffler, Der neue Mensch, Leipzig 1932.
**10** Wohl aber lässt sich die Verheißung eines neuen Zeitalters mit einem Neuen Menschen, die beispielsweise auch ein Grundmotiv sozialistischer beziehungsweise kommunistischer ebenso wie faschistischer Ideen ist, als Säkularisat eines eschatologischen Motivs verstehen.
**11** Die Zusammensetzungen mit »neu« beschreiben das Sein in Christus in anthropologischer Metaphorik: »das Neue des Lebens« (Röm 6,4), »das Neue des Geistes« (Röm 7,6 – vgl. zum »neuen Geist« in Ez 11,19; 18,31; 36,26), eine »neue Kreatur« (2 Kor 5,17), ein »neuer Mensch« (Eph 2,15. 4,24; Kol 3,10).
**12** In der Literatur wird die Suche nach dem Neuen Menschen als verbindendes Merkmal unterschiedlichster Strömungen beziehungsweise Protagonisten der Architektur-Moderne hervorgehoben. Vgl. explizit z.B. Pahl, Architekturtheorie (s. Anm. 7), 93, und daneben: Poppelreuter, Das Neue Bauen (s. Anm. 9); Lepp et al., Der Neue Mensch (s. Anm. 9).
**13** Es gibt vereinzelte Ausnahmen von dieser Regel. Oskar Schlemmers Buch »der mensch« bei-

Maße naiv,[14] technisch geprägt[15] oder ideologischer Natur. Die meisten Architekten beschreiben »*Den Neuen Mensch*«[16] nur allgemein, vage und intuitiv oder beschwören sein Kommen appellativ. Dennoch lassen sich näherungsweise vier Ideal-Typen des Neuen Menschen in der Architektur der 1920er Jahre charakterisieren.[17]

Der erste Idealtypus des Neuen Menschen lässt sich als positivistisch denkender, rationaler Optimierer nach dem Modell des homo oeconomicus oder des homo faber beschreiben. Er ist das Kind einer aufgeklärten Zeit; für ihn sind Technik, ökonomisches Denken und eine positivistisch verstandene Naturwissenschaft kennzeichnend. Entsprechend sind der Geist und die Vernunft für den Neuen Menschen #1 das wichtigste Merkmal. Die biologische Seite des Menschen, seine Körperlichkeit und Emotionalität wird genauso kritisch betrachtet wie das Eingebunden- und Angewiesensein in und auf soziale Beziehungen.

Der Neue Mensch #2 trägt paradoxerweise viele Züge eines klassischen Humanisten. Das Verhältnis von Geist und Körper beziehungsweise Ratio und Sinnlichkeit ist hier mehr oder weniger ausgewogen – beide Seiten dieses Spannungsfeldes kommen zu ihrem Recht. Die große Bedeutung des sinnlichen Erlebens für den Menschen wird anerkannt und hochgeschätzt. Gleichzeitig aber ist die Vernunft des Menschen eindeutig bestimmend. Der Mensch wird nicht durch metaphysische oder natürliche Gegebenheiten bestimmt, sondern er bestimmt sich selbst.

Der dritte Idealtypus wird eher als Natur- denn als Kulturwesen verstanden. Er ist primär durch seine animalische Natur bestimmt. Der Neue Mensch #3 ist ein Kind der Lebensreformbewegung der 2. Hälfte des 19. Jahrhunderts und letztlich auch ein Urenkel der Romantik. Die Rolle der Sinnlichkeit, der Emotionen und des Unterbewussten wird höher geschätzt als die Vernunft. Dieser Neue Mensch ist ein

---

spielsweise war eigentlich zur Veröffentlichung Ende der 20er Jahre vorgesehen, erschien dann allerdings erst 1969: O. Schlemmer, Der Mensch: Unterricht am Bauhaus, Berlin 2014. Das Buch des Kritikers Karl Scheffler erschien zwar 1932 unter dem Titel »Der Neue Mensch«, enthält aber auch keine systematische Auseinandersetzung mit dem, was der Neue Mensch eigentlich ist: Scheffler, Der neue Mensch (s. Anm. 9).

14 Vgl. hier z.B. die »anthropologischen« Überlegungen von Hannes Meyer.

15 Hier muss auf »den Neufert« hingewiesen werden, eine Sammlung von vermassten Zeichnungen, die den Menschen bei verschiedensten Tätigkeiten zeigen. Vgl. dazu E. Neufert, Bauentwurfslehre: Grundlagen, Normen, Vorschriften über Anlage, Bau, Gestaltung, Raumbedarf, Raumbeziehungen, Maße für Gebäude, Räume, Einrichtungen, Geräte mit dem Menschen als Maß und Ziel, Braunschweig/Wiesbaden 1996; G. Weckherlin, BEL. Zur Systematik des architektonischen Wissens am Beispiel von Ernst Neuferts Bauentwurfslehre, Weimar 2017.

16 Die meisten Architekten sprechen tatsächlich von »dem neuen Mensch« oder fordern »den neuen Mensch«, also nicht grammatikalisch korrekt »den neuen Menschen«.

17 Für eine genauere Analyse vgl.: M. Düchs, Menschliche Architektur: Eine philosophische Annäherung, Habilitationsschrift an der Universität Bamberg 2020.

Wesen, das sich in erster Linie durch seine Sinnlichkeit die Welt erschließt. Philosophisch gesehen stehen die Neuen Menschen #1 und #2 eher dem Idealismus nahe, #3 eher dem Empirismus.

Der Neue Mensch #4 wird seltener überhaupt als Neuer Mensch bezeichnet und wenn, dann mit einem qualifizierenden Zusatz, z. B. als »der neue *deutsche* Mensch«.[18] Zu den angenommenen anthropologischen Konstanten zählen hier, dass Geist und Körper, Denken und Fühlen, Vernunft und Emotion als unterschiedliche, im Menschen vereinte Seiten begriffen werden. Architektur muss jeweils beiden Seiten gerecht werden. Außerdem wird der Mensch begriffen als Wesen, das – mit den Worten Arnold Gehlens – »*von Natur aus ein Kulturwesen*« ist. Ein »zurück zur Natur« in einem naiven Sinn kann es für ihn nicht geben. Wissenschaft und Technik sind für den Neuen Menschen #4 stets Mittel zum Zweck, nie Selbstzweck. Die Angewiesenheit des Menschen auf eine Gemeinschaft wird als selbstverständlich angenommen. Metaphysische Überzeugungen haben ihre Berechtigung und dürfen auch in der und durch die Architektur symbolisch kommuniziert werden. Darüber wird die Bedeutung von Wissens(chafts)-Systemen aber weder generell noch in der Architektur geschmälert. Zu den wesentlichen Merkmalen des Neuen Menschen #4 zählen schließlich die Verwiesenheit auf (lokale) Traditionen und eine bestimmte Identität. Der Neue Mensch #4 ist bestimmt durch und angewiesen auf die lokalen Bezüge, Geschichten und Traditionen seiner Herkunftsregion.

## 2.2 Der Mensch bei Otto Bartning

Der Mensch, für den Otto Bartning baut, wird von ihm selbst nirgendwo explizit und ausführlich beschrieben.[19] Man ist für eine Rekonstruktion dieses Menschen also auf einzelne Bausteine in seinen Schriften angewiesen. In der Gesamtschau wird man aber sagen können, dass Bartnings Menschenbild typisch humanistische Züge trägt.

Auch bei Bartning findet sich eine starke Betonung der geistigen Natur des Menschen, ohne dass aber damit eine Geringschätzung seiner Körperlichkeit einherginge. Damit zusammenhängend zeichnet sich der Mensch auch durch eine »natürliche Künstlichkeit« (H. Plessner) aus: Er ist darauf angewiesen, sich mittels

---

18 Vgl. als Beispiel: P. Schmitthenner, Die Baukunst im neuen Reich, München 1934, 20.
19 Dabei ist Bartning allerdings nicht naiv im Hinblick auf die Frage nach dem Menschen. Das zeigt z. B. O. Bartning. 1954. Ganzheit des Menschen – ein Begriff oder nur ein Wort?, in: O. Bartning, Spannweite, Bramsche 1958, 130–135. Hier rekapituliert er verschiedene Menschenbilder verschiedener Zeiten.

Kultur in der Natur einzurichten. »Der Mensch, dem keine Schuppen und kein Fell mehr wachsen, braucht die Hülle der Bekleidung und als zweite Schutzhülle den Bau.«[20]

Hinsichtlich des Spannungsfeldes von Sozialität und Individualität ist klar, dass Bartning die Versammlung der Gemeinde als zentral nicht nur für die Religion, sondern für den Menschen insgesamt begreift. Der Mensch ist ganz im aristotelischen Sinn darauf hingeordnet, als Individuum Teil einer Gemeinschaft zu sein. Damit ist er weder der heroische Einzelgänger, der die soziale Gemeinschaft nicht braucht, noch das »Herdentier«, das seine Individualität in der Masse aufgibt. Er lebt in der Spannung von Individualität und Sozialität.

Darüber hinaus ist die Dimension des religiösen Glaubens für Bartning eminent wichtig und für sein Verständnis von Baukunst konstitutiv.[21] Er denkt den Menschen als mehrdimensional in dem Sinn, dass verschiedene fundamental unterschiedliche Dimensionen der Wirklichkeit als gleichermaßen wichtig für ihn anerkannt werden. Bartning spricht von der »Ganzheit des Menschen«, der man als Architekt gerecht werden müsse.[22] Abgesehen von religiösen Überzeugungen gehört dazu auch das Bedürfnis nach sinnlicher Schönheit. Das ist auch deshalb interessant, weil Bartning im Kirchenbau zwar vieles mit den Anforderungen der Liturgie, also letztlich funktionalen Erfordernissen an Raumkonstellationen und Bewegungsmöglichkeiten begründet, gleichzeitig aber in seinem praktischen Bauen größten Wert auf sinnlich angenehme, mithin schöne Räume legt.

In der frühen Schrift »Zur Frage des Evangelischen Kirchbaus« (1909) unterscheidet er zwei Bauweisen, zum einen eine »Luthersche«, die sich jeglicher »Sakralität« entledigt und das Hören des Wortes ins Zentrum stellt. »Die andere Auffassung hält fest an der mystischen Bewertung des Altars und seines Sakraments. [...] Sie braucht einen Chor mit gemalten Fenstern; sie muß die Kanzel seitwärts anbringen, um die Mittelstellung des Altars nicht zu beeinträchtigen.«[23]

Bartning selbst lässt zwar keinen Zweifel daran, dass er die erste, die »Luthersche« Auffassung befürwortet. Ihm ist aber schon in dieser Schrift klar, dass eine ausschließliche Orientierung an den funktionalen Erfordernissen Gefahr läuft, sehr einseitig akzentuierte, »nüchterne« beziehungsweise »kahle« Räume zu schaffen. Dementsprechend geht seine Intention dahin, Kirchenräume auf dem

---

20 O. Bartning, Der heilende Raum (1956), in: ders., Spannweite (s. Anm. 1), 96.
21 »[D]ie sakrale Baukunst« ist, wie er spekuliert, »wohl der Ursprung der Baukunst als Kunst überhaupt« (O. Bartning, Vom neuen Kirchbau, Berlin 1919, 29).
22 Bartning, Ganzheit des Menschen (s. Anm. 19), 130–135.
23 O. Bartning, Zur Frage des Evangelischen Kirchbaus (1909), in: ders., Vom Raum der Kirche (s. Anm. 1), 15.

Fundament der Lutherschen Auffassung weiterzuentwickeln zu einem »Sammelpunkt des Lebens«, worunter er auch das Gemeindeleben fasst: »[E]s gilt ein Haus
der Zusammenkunft zum Hören der Predigt und zum gemeinsamen Abendmahl,
einen Sammelpunkt des Lebens auch des bürgerlichen Lebens der Gemeinde
zu schaffen.«[24] Um diesen Anspruch zu erfüllen müssen diese Räume aber auch
dem menschlichen Leben in seiner Fülle entsprechen. Bartning plädiert hier also
nicht – wie andere Vertreter der Architektur-Moderne – dafür, dass die Räume
die Menschen erziehen, indem sie streng und asketisch sind und das Verstehen in
den Vordergrund stellen. Vielmehr möchte er Räume schaffen, in denen sich das
menschliche Leben in allen seinen Dimensionen und Facetten wiederfinden kann.
Dazu gehört auch, dass die Räume die ästhetischen Bedürfnisse der Menschen
ernst nehmen, mithin also den Menschen auf einer sinnlichen Ebene ansprechen
und eine angenehme Atmosphäre schaffen. Das zeigt sich nicht nur in verschiedenen Bemerkungen zur Schönheit,[25] sondern auch in seinen Entwürfen, die neben
der Tatsache, dass sie meist gut funktionieren, auch schön sind und atmosphärisch
besonders. Das mag sich daher erklären, dass Bartning künstlerische Gestaltung als
aus der handwerklichen Tätigkeit erwachsen betrachtet.[26] Entsprechend leitet er
das Empfinden für Schönheit aus elementaren, »gesetzmäßigen Grundformen« wie
Wölbung oder Zeltdach ab, die noch in so hochentwickelten Bauwerken wie der
Kuppel des Petersdoms oder dem Eiffelturm wiederbegegnen und dem Betrachter
»den kindlichen Ruf« entlocken: »Wie schön!«[27]

Schön und wertvoll sind für Bartning auch viele Kirchenbauten aus der Geschichte. Dennoch lehnt er – anders als beispielsweise der oben beschriebene
Mensch #4 – ein direktes Anknüpfen an historische Bauten ab. Er sieht sich wie
viele andere Künstler und Architekten seiner Zeit an einer Schwelle angekommen.
Die »neue Zeit« erfordere neue Bauformen für den Neuen Menschen.[28] Der Historismus wird als verlogen und damit auch als moralisch falsch begriffen. Es geht
darum, ehrlich zu sein und den Menschen nichts vorzumachen. Das bedeutet im

---

**24** Bartning, Zur Frage des Evangelischen Kirchbaus (s. Anm. 23), 15.
**25** Vgl. z. B. den kurzen Aufsatz: O. Bartning, Vom Schönen – ein Gestammel (1954), in: ders., Spannweite (s. Anm. 1).
**26** »Handwerk und Kunstwerk, [...] Notwerk und Kunstwerk sind [...] im Wirken unlösliche Teile
des Werkes« (Bartning, Vom neuen Kirchbau [1919] (s. Anm. 21), 30).
**27** O. Bartning, Vom neuen Kirchbau [1957], in: ders., Vom Raum der Kirche. Aus Schriften und
Reden, Bramsche 1958, 107–118: 110.
**28** In seinem späteren Vortrag *Vom neuen Kirchbau* (1957) beschreibt er, dass seine theoretische
Position und seine Bauten in der Zwischenkriegszeit noch vergleichsweise mutig waren, wohingegen jetzt gelte: »Daß neuer Kirchbau nur moderner Kirchbau sein könne, erscheint uns heute
selbstverständlich« (Bartning, Vom neuen Kirchbau [1957] (s. Anm. 27), 111).

Bauen, sich nicht mehr an Romanik, Gotik oder Renaissance zu orientieren, sondern an den Themen und den Mitteln der Gegenwart. Damit ist Bartning ganz Kind
seiner Zeit und vertritt die Kernforderung der Architektur-Moderne. Der Mensch,
für den Bartning bauen will, ist also entschieden der Zukunft zugewandt. Er ist
zwar kein radikaler Positivist, der – wie beispielsweise Hannes Meyer, der zweite
Direktor des Bauhauses – die Vergangenheit regelrecht verachtet und als Ballast
empfindet, aber auch er will einen neuen Anfang setzen.

## 3 Der neue Mensch – theologisch. Karl Barths *Römerbrief* in zweiter Auflage (1921)

In unmittelbarer zeitlicher Nähe zu Bartnings früher Schrift *Vom neuen Kirchbau*
(1919) adressiert Karl Barth in seiner berühmt gewordenen Auslegung des Römerbriefs (1919, 1921 in stark abgeänderter 2. Auflage) im Unterkapitel »Der neue
Mensch« die Heiligung als »Konstituierung der menschlichen Persönlichkeit«.[29]
Die paulinische Rede vom »neuen Menschen« versteht er dabei als Absage an alle
Kontinuität zum Vorherigen. Die Theologie des Paulus wird für Barth zum Interpre-
tament, mittels dessen er seine Gegenwart als Krisis deutet und jede Entsprechung
zwischen menschlichem Erfahrungsraum und dem »ganz Anderen« von Gottes
Gegenwart negiert. Die »Krisis« der Taufe in den Tod Christi (Röm 6,4) ist »grund-
sätzliche Negation *dieses* [sc. des alten] Menschen und *seiner* Möglichkeiten«.[30]
Umgekehrt ist das »Wandeln in Lebensneuheit« (Röm 6,4) von einer »absoluten Andersartigkeit«, der neue Mensch eine »unmögliche [...] Möglichkeit«.[31]

Barth lehnt jede »Entsprechung« des neuen Menschen und seines neuen Lebens »in Christus« mit einem Bereich menschlicher Empfindung, »Erlebnisse, Ge-
sinnungen«[32] oder »zeitlich-anschauliche[r] Ereignisse ›meines‹ Lebens«[33] schroff
ab. Dies gilt selbst dann, wenn diese Erfahrungsmöglichkeiten eine aktive Abkehr
vom Bisherigen beinhalten, »wie Askese [oder] ›zurück zur Natur!‹«.[34] Der neue
Mensch ist »unanschaulich[...]«[35], ist die Bestreitung jeder »religiöse[n] Menschenmöglichkeit«, ja aller »Humanität«.[36]

---

**29** K. Barth, Der Römerbrief, München ²1922, 127.
**30** Barth, Der Römerbrief (s. Anm. 29), 174 f.
**31** Barth, Der Römerbrief (s. Anm. 29), 174 f.
**32** Barth, Der Römerbrief (s. Anm. 29), 176.
**33** Barth, Der Römerbrief (s. Anm. 29), 175.
**34** Barth, Der Römerbrief (s. Anm. 29), 174.
**35** Barth, Der Römerbrief (s. Anm. 29), 182.

Lässt sich angesichts einer so massiv herausgestellten Diskontinuität die neue Existenz im Glauben überhaupt veranschaulichen? – Bei genauer Lektüre lässt sich erkennen, dass auch Barth auf Ansätze einer Veranschaulichung nicht verzichten kann. Hilfreich ist ein Blick auf die Sprachgestalt des *Römerbriefs*. Hier ist bemerkenswert, dass einige der Metaphern, die Barth für das Neue verwendet, dem bildspendenden Bereich von Bauen, Raum und Bewegung entnommen sind. Sie deuten – das ist ihre erste Funktion – auf die potenzielle Erfahrbarkeit des Neuen hin. So schafft die Infragestellung des alten Menschen durch das Mitbegrabensein mit Christus den »Raum« für das Wirken des Geistes[37], einen »Hohlraum«, der durch einen »neue[n] göttliche[n] Lebensinhalt« erst auszufüllen ist; die Taufe in den Tod Christi ist »Angel, Schwelle, Übergang [...] zum neuen Menschen«.[38]

Die raumbezogenen Metaphern verraten eine Sensibilität Barths für ein Sich-Verhalten auf menschlicher Seite, das man als Verhältnis negativer Entsprechung zu Gottes Wirken bezeichnen könnte. In spannungsvollem Kontrast von Bezeichnung und Verneinung skizziert Barth den Glauben »als menschliche[n] Hohlraum, nein göttliche[n] Inhalt, als menschliches Verstummen [...] und Warten, nein als göttliche Rede [...] und Tat«.[39] So liegt eine zweite Funktion dieser Metaphern darin, dass sie Kontinuität und Diskontinuität verbinden. Zwar konnotiert die Schwellenmetaphorik in erster Linie Diskontinuität. Doch tritt ihr die Weg-Metaphorik zur Seite und weist darauf hin, wie *im Vollzug* zumindest die Möglichkeit aufscheint, dass die Veränderung wahrnehmbar wird, Gestalt gewinnen könnte: Der Weg des Neuen ist »nicht in Erwägung zu ziehen, [...] nur zu *gehen*«;[40] die radikale »Zweiheit« von Altem und Neuem erscheint in der »Einheit der am Menschen und seiner Welt sich vollziehenden Bewegung vom Alten zum Neuen«.[41] Der Gegensatz zwischen alt und neu ist aufgehoben im »Dualismus einer Bewegung«.[42] Dem »*neue[n]* Mensch[en] auf der Schwelle der *neuen* Welt« tritt doch immerhin »die unanschauliche Pragmatik der neuen Welt« entgegen, deren »Form [zwar] dieselbe ist wie die der alten«, für die aber die Richtung hin zum »göttlichen Ja« schon vorgegeben

---

36 Barth, Der Römerbrief (s. Anm. 29), 221 f.
37 Barth, Der Römerbrief (s. Anm. 29), 221.
38 Barth, Der Römerbrief (s. Anm. 29), 174.
39 Barth, Der Römerbrief (s. Anm. 29), 181.
40 Barth, Der Römerbrief (s. Anm. 29), 221.
41 Barth, Der Römerbrief (s. Anm. 29), 142.
42 Barth, Der Römerbrief (s. Anm. 29), 155 – vgl. z. St. erhellend C. J. Kaltwasser, At the »Zero-Point« of Faith. The Clash of Old Man and New in the *Römerbrief* and Barth's Later Doctrine of Sanctification, in: C. Chalamet/A. Dettwiler/S. Stewart-Kroeker (Hg.), Karl Barth's epistle to the Romans: retrospect and prospect (Theologische Bibliothek Töpelmann 196), Berlin/Boston 2022, 419–433: 424 f.

ist.[43] So, wie die Metapher vom Hohlraum das Ineinander von göttlichem Handeln und menschlichem Empfangen veranschaulicht, so auch die Metapher von Weg und Bewegung: »[I]ndem sich die Wege scheiden, begegnen sie sich auch«.[44]

Bewegungsbezogen sind auch zwei andere Metaphernfelder, mit denen Barth arbeitet. Sie suchen danach, die Umkehr zwischen Alt und Neu auf einen (Raum-) Punkt zu bringen. Glaube ist zum einen »die Wende, die Drehung, die Umkehr, in der die Gleichgewichtslage, in der sich Ja und Nein [...] im Menschen befinden, gestört und aufgehoben wird.«[45] Hier wird die Metaphorik gesprengt: Ein bestehendes Gleichgewicht kann zu einer Seite *kippen*; Wende, Drehung und Umkehr suggerieren aber eine *Dreh*bewegung. Dass die im Glauben eröffnete neue Existenzweise nur »unanschaulich anschaulich werden« kann,[46] scheint sich also bis in die Sprachgestalt hinein niederzuschlagen.

Zum anderen gebraucht Barth das Bild des »Nullpunkt[s] zwischen zwei im Unendlichen auslaufenden Hyperbelarmen«.[47] Hier verbinden sich Diskontinuität (Umkehrung der Krümmungsrichtung) und Kontinuität (fortlaufende Linie) – von Barth theologisch formuliert: »[Gott] verneint uns, wie wir sind, und bejaht uns eben damit als die, die wir nicht sind«.[48]

In Barths *Römerbrief* mögen zuerst die Krieg- und Kampf-bezogenen Metaphern ins Auge stechen, in denen – durchaus im Gefolge des Paulus (Röm 6,12–16) – alter und neuer Mensch sich gegenüberstehen.[49] Beachtet man aber auch die verwendete Metaphorik von Bauen, Raum und Bewegung, so verrät diese, dass auch die Diskontinuität der Glaubenserfahrung doch immerhin von der Kontinuität menschlicher Erfahrung zehrt.

Es wird im nachfolgenden Teil zu Bartnings Kirchenbauten und ihren anthropologischen Grundlagen zu fragen sein, ob und inwiefern deren Wirkung auf eine Weise verstanden werden kann, die in Einklang mit Barths Anliegen steht. Das wäre nicht als Umsetzung eines – wie auch immer gearteten – Programms zu ver-

---

43 Barth, Der Römerbrief (s. Anm. 29), 144.155.
44 Barth, Der Römerbrief (s. Anm. 29), 143 im Zusammenhang der Adam-Christus-Typologie von Röm 5,12.
45 Barth, Der Römerbrief (s. Anm. 29), 181f.
46 Barth, Der Römerbrief (s. Anm. 29), 221.
47 Barth, Der Römerbrief (s. Anm. 29), 125.
48 Barth, Der Römerbrief (s. Anm. 29), 127. In ihrer Interpretation der Passage stellt Cambria Kaltwasser die Überzeichnung des Gegensatzes durch Barth gegenüber Paulus heraus (Kaltwasser, At the »Zero-Point« (s. Anm. 42), 421f.).
49 S. z.B. Barth, Der Römerbrief (s. Anm. 29), 195 – vgl. hierzu P.D. Jones, The rhetoric of war in Karl Barth's »Epistle to the Romans«: a theological analysis, Journal for the history of modern theology 17 (2010), 90–111; Kaltwasser, At the »Zero-Point« (s. Anm. 42), 422.

stehen, wohl aber darin, mit architektonischen Mitteln die Sensibilität für eine Haltung zu befördern, die die Eigenmächtigkeit jeder »menschliche[n] [...] Betätigung« ausschließt[50] und »*die* Möglichkeit« aufzeigt, »die genau jenseits der Grenze aller alten und neuen religiösen Menschenmöglichkeit anfängt, von Gott her anfängt«.[51]

# 4 Den Raum vom Menschen her denken – Bartnings Sakralbauten und anthropologische Motive aus seinen Schriften

## 4.1 Zeitgenossenschaft – Neues Bauen nach den Kriegen

Im Rückblick stellt der Zeitgenosse und Fachkollege Bartnings, Hermann Hampe, die erste Auflage von Barths Römerbrief (1919) als zeitgeschichtliches Ereignis in eine Linie mit der Gründung des Bauhauses und mit Bartnings Schrift »Vom neuen Kirchbau« von 1919.[52] Tatsächlich liest sich Bartnings abschließendes Kapitel »Zeichen der Zeit«[53] den Zeitdiagnosen sehr ähnlich, die Barth und andere Vertreter der sogenannten Dialektischen Theologie vorgenommen haben. Auch die Kennzeichnung von Bartnings früher Schrift als expressionistisch unterstreicht diese geistesgeschichtliche Parallele.[54] Im Rückblick auf das Jahr 1919 stellt Bartning 1957 ausdrücklich eine Analogie her zwischen den Erfahrungen nach dem Ersten und denen nach dem Zweiten Weltkrieg: »Wir waren ja in ›Krieg‹ und ›Nachkrieg‹ damals ungeübter als heute und darum tiefer verwirrt und gründlicher erschüttert. [...] Hinter uns sahen wir alles entwertet und vernichtet – und glaubten uns also von allem befreit und waren bereit, vorzustoßen in eine völlig ungewisse, aber eben dadurch völlig ›unbedingte‹ Zukunft.«[55]

Bartnings rückblickende Einschätzung dieser Haltung als »naiv«[56] – im negativen wie im positiven Sinne – verrät ein Bewusstsein um die Ambivalenz des

---

50 Barth, Der Römerbrief (s. Anm. 29), 176.
51 Barth, Der Römerbrief (s. Anm. 29), 222.
52 H. Hampe, Kirchenbau V. Im 20. Jh., 2., in: K. Galling (Hg.), Die Religion in Geschichte und Gegenwart, Tübingen ³1959, Bd. 3, 1396–1400: 1396.
53 Bartning, Vom neuen Kirchbau [1919] (s. Anm. 21), 99–130.
54 J. Feustel, Umbauter Raum als sichtbare Form und Gestalt der Gemeinschaft. Ekklesiologie und Sakralität in Bartnings Kirchen, Arbeitsstelle Gottesdienst 23 (2009), 10–19: 12.
55 Bartning, Vom neuen Kirchbau [1957] (s. Anm. 27), 112.
56 Bartning, Vom neuen Kirchbau [1957] (s. Anm. 27), 112.

Neuanfangs. Der Wiederaufbau ist mehr als ein bloßes »Schwamm drüber« und Nach-vorne-Schauen. In Bartnings nach dem Zweiten Weltkrieg errichteten soge-nannten »Notkirchen« kommt das zum Ausdruck. Sie sind »ein Bekenntnis zu der herrschenden Not, zugleich aber auch Symbol für ein neues Leben.«[57] Im Wissen um diese Ambivalenz liegt das Neue dieser Bauten. Bartning begreift die Katastro-phe als Chance und zieht in seiner Rede zur Einweihung der ersten Notkirche in Pforzheim 1948 die Parallele zum (auch baulich vorgebildeten) Zelt in der Wüste. »Wir wissen [...], daß in der Not und Verwirrung der Seelen die klare Ordnung, die Einfalt [...] dieses Zeltes von tiefster Bedeutung ist [...], daß Notkirche nicht notdürf-tigen Behelf, sondern neue und gültige Gestalt aus der Kraft der Not bedeutet.«[58]

Dem Zurückgeworfensein auf die elementarsten Bedürfnisse entspricht das ästhetische Programm einer Rückführung auf elementare menschliche Handlun-gen, Bewegungen und Haltungen, wie es in Bartnings architekturphilosophischen Reflexionen zum Ausdruck kommt. Im 3. Abschnitt dieses Teils sollen einige dieser Motive auf ihre theologische Relevanz hin untersucht werden. Zuvor aber gilt es, anhand zweier Fallbeispiele der Wirkung nachzuspüren, die diese Bauten noch heute ausüben.

## 4.2 Fallbeispiele: Notkirchen in Overath (1951) und in Darmstadt (1949/50)

Die Diasporakapelle beziehungsweise Versöhnungskirche aus Overath und die Matthäuskirche in Darmstadt gehören zu den sogenannten »Notkirchen«. Mit die-sem Begriff werden Bauten aus dem Notkirchenprogramm bezeichnet, das Otto Bartning nach dem Zweiten Weltkrieg für das Evangelische Hilfswerk entwickel-te.[59] Der Bau aus Overath beherbergte von 1951 bis 2017 die dortige evangelische Gemeinde und steht seit 2019 im Freilichtmuseum Kommern als Teil der Ausstel-lung zu Bauten der Nachkriegszeit im Rheinland;[60] die Darmstädter Kirche von 1950 wird bis heute von der Gemeinde benutzt. Wie die Bezeichnung «Notkirche« schon sagt, handelt es sich um eine aus der Not geborene Lösung. Es ging in erster Linie darum, möglichst schnell und günstig Räume für Gottesdienst und Gemein-

---

57 W. Hartmann, Die Notkirchen von Otto Bartning, Kunst und Kirche 50 (1987), 199–205: 199.
58 O. Bartning, Bei der Einweihung, in: ders., Vom Raum der Kirche. Aus Schriften und Reden, Bramsche 1958, 95–106: 100.
59 In Overath handelt es sich um eine Notkirche des Typs D in Darmstadt um den Typ B. Vgl. zum Notkirchenprogramm: Hartmann, Die Notkirchen (s. Anm. 57).
60 J. Mangold (Hg.), Diasporakapelle – ein serieller Nachkriegsbau, Kommern 2020.

deaktivitäten im zerstörten Deutschland aufzubauen. Dafür mussten Gemeinden (meist) in Eigenleistung Fundamente herstellen und konnten dann mit bestellten, vorgefertigten Bauteilen relativ schnell und günstig ein Gebäude für Gottesdienst und sonstige Gemeindeaktivitäten errichten.

Interessant sind die Kapelle in Overath und die Kirche in Darmstadt aber besonders deshalb, weil es sich gerade nicht um Notlösungen im üblichen Sinn des Wortes handelt. Beide Gebäude erfüllen nicht lediglich eine funktionale Aufgabe, indem sie »einfach nur ein Dach über dem Kopf« bieten. Vielmehr zeigt sich hier, dass Bartning trotz der aufs Äußerste beschränkten Mittel Wert darauf legt, atmosphärisch wirksame Räume zu entwerfen. Wie angeführt, sieht er die Notkirchen als Chance, »aus der Kraft der Not« eine »neue und gültige Gestalt« für Kirchen allgemein zu entwickeln. Notwendigerweise muss Bartning sich auf das absolut Wesentliche konzentrieren und dazu gehört eben auch die Berücksichtigung ästhetischer Bedürfnisse. Es handelt sich also gerade nicht um »irgendwie zusammengenagelte«, sondern um ästhetisch bewusst inszenierte, stimmungsvolle Räume. Dies ist in unserem Zusammenhang wichtig, weil sich hier durch die gebauten Werke Annahmen Bartnings über den Menschen zeigen. Dabei sprechen wir hier bewusst von »zeigen«, weil Bartning zwar keine ausgearbeitete schriftliche Anthropologie hinterlassen hat, seine Bauten aber durchaus geprägt sind von seinen Annahmen und Überzeugungen hinsichtlich dessen, was der Mensch ist und was seine Bedürfnisse sind. Und diese Prägungen zeigen sich in den Bauten.

Der erste Raumeindruck in der Matthäuskirche (s. Abb. 1) ist der von Konzentration, Geschlossenheit und Geborgenheit. Man betritt das Gebäude, das durch den später hinzugefügten Kirchturm, die Längsorientierung des Hauptbaukörpers und den annähernd abgerundeten Chor von außen gut als Kirche zu identifizieren ist, von der westlichen Schmalseite.[61] Im Inneren öffnet sich ein längs orientierter Raum, der auf den in einem polygonal abgewinkelten Chorraum erhöht stehenden Altar hin orientiert ist. Damit verwendet Bartning eine gleichsam »klassische«, vertraute Grundrissform. Bestimmt wird das Bild im Inneren durch sichtbare Binder in dunklem Holz, die auch die Konstruktion des Raumes bilden. Diese Holzbinder verbreitern sich im vertikalen Bereich nach oben und knicken dann ab, um das Dach zu bilden, wobei sie sich wieder zum Firstpunkt hin verjüngen. Dadurch rückt der Raum nach oben hin zusammen und trägt zu einer konzentrierten Atmosphäre bei. Die Wandzwischenräume zwischen den Holzbindern sind mit unverputzten,

---

61 Die Beschreibung beider Kirchen beschränkt sich im Folgenden im Wesentlichen auf den inneren Raumeindruck, wobei wir die in Zusammenarbeit mit Otto Bartning entstandenen Wandmalereien von Willi Sohl aussparen. Für genauere Beschreibungen hinsichtlich Baugeschichte, Konstruktion und Aussehen vgl. Mangold, Diasporakapelle (s. Anm. 60).

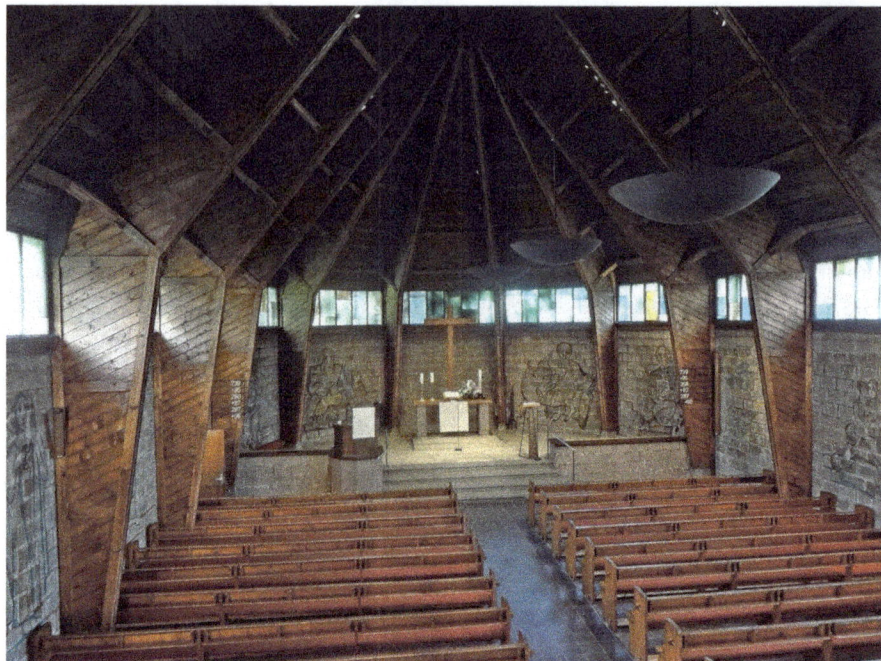

**Abb. 1:** Ev. Matthäuskirche Darmstadt, Otto Bartning 1949/50 (Foto: Thomas Wabel)

großformatigen Betonsteinen ausgefacht und im Chorbereich zum Teil direkt be-
malt. Die Unterseite der Dachfläche wird durch Holzbretter gebildet, der Boden
besteht aus Fliesen. Den obersten Meter der ca. 4 m hohen Außenwände bildet eine
umlaufende Verglasung, die auch die Belichtung des Raumes sicherstellt. In der
Gesamtheit ergibt sich durch diese Maßnahmen ein Innenraum, der trotz seiner
kleinen Abmessungen zwar konzentriert, nicht aber beengt oder einengend wirkt.
Dazu trägt auch das umlaufende Fensterband bei, durch dessen teils milchig weiße,
teils pastellfarbige Gläser das Licht gebrochen hineinfällt.

Es fällt in diesem Raum nicht schwer, einen Platz zu finden. Egal, wo man sitzt,
geht von dem Raum eine entspannende und zugleich die Konzentration fördernde
Wirkung aus. Das geschieht nicht durch das Mittel der »Verzauberung« durch eine
mystische Atmosphäre und auch nicht durch »Einschüchterung« durch besondere Größe oder Radikalität der Gestaltung.[62] Es wird aber auch kein übertriebenes

---

[62] Man denke hier hinsichtlich der Einschüchterung durch besonders radikale Größe beispielsweise an Kathedralen wie die in Beauvais oder hinsichtlich der Radikalität der Gestaltung an Bauwerke des Brutalismus.

»less is more« praktiziert. Bartnings »Methode« zur Erzielung der gewünschten architektonischen Wirkung ist viel schlichter: Man könnte sie mit dem Ausdruck »selbstverständliche Gelassenheit« beschreiben.[63] Die Lichtquelle ist klar erkennbar und sorgt für eine neutrale Belichtung; die konstruktiven Elemente sind ablesbar und in ihrer Gestaltung verstehbar; die Organisation des Raumes erschließt sich schon beim Eintreten; die Materialien sind vertraut und angenehm, ebenso wie das Zusammenspiel von Materialien und Proportionierung. In seiner Wirkung, performativ also, sorgt der Raum für Ruhe, Geborgenheit und Konzentration und bereitet so auf das zu hörende Wort vor, das für Bartning zweifellos im Mittelpunkt steht.[64] Der Raum selbst schafft das, worauf es Barth gemäß dem oben Ausgeführten ankommt: Sensibel zu werden für das Wort, das uns die Möglichkeit (und mit Barth auch die radikale Andersheit) des Neuen Menschen ahnen lässt.

Ganz ähnlich verhält es sich bei der Kapelle in Overath (s. Abb. 2). Man betritt das Gebäude, das von außen nicht eindeutig als Kirche markiert ist und eher wie ein kleines Wohnhaus aussieht, durch eine von zwei Doppeltüren, die jeweils seitlich an der Traufseite angebracht sind. Nach Passieren eines Windfangs steht man in einem großen, rechteckig entlang des Firstes orientierten Raum, der bis zur Unterseite des Daches geöffnet zu sein scheint. Belichtet wird der Raum über zwei großflächige Verglasungen an den beiden Giebelseiten. Entlang der Längsseiten gibt es auf der einen Seite eine schrankartige Vertiefung, vor der der Altar steht. Auf der anderen Längsseite lässt sich die Wand öffnen, so dass ein dahinter liegender Raumteil dem Kirchenraum als Erweiterung zugeschlagen werden kann. Die Möblierung besteht aus Bänken, die ebenfalls entlang der Längsseite angeordnet und auf den Altar hin orientiert sind. Die Materialien im Inneren sind dunkle Holzverkleidungen an Decken und Wänden der Längsseite sowie helle Holzmöblierung, Fliesen am Boden und weiße Wandflächen vor dunklen Holzständern an den Giebelseiten. Die Konstruktion des Gebäudes wird nicht durch Verkleidungen oder ähnliches »verheimlicht«, allerdings wird sie auch nicht auffällig inszeniert. Bemerkenswert ist die offensichtliche Flexibilität des Gebäudes. Der Altar kann in einem Schrank »versteckt«, die lose stehenden Bänke entfernt und die Saalerwei-

---

**63** In einer 1957 – zwei Jahre vor seinem Tod und knapp 10 Jahre nach dem Notkirchenprogramm – gehaltenen Rede kritisiert Bartning explizit zwei Tendenzen, die ihm in der Architektur vorzuherrschen scheinen: »das Sensationelle« und »das Quantitative«. Vgl. O. Bartning, Vom Leitbild des Menschen, in: ders., Spannweite (s. Anm. 19), 136–145: 136.

**64** Bereits in der Auferstehungskirche Essen (1929), einem viel größeren, markanten Bauwerk, hat Bartning diese Mittel eingesetzt. Bis auf das schmale, obenliegende Fensterband, die drei Fenster in der abgeteilten Sakramentskirche und das Metallrelief im Sockel des Taufbeckens fehlt auch hier jeder figürliche Schmuck; die Kirche wirkt durch die Materialien Beton, Holz und Glas und ihre Proportion.

**Abb. 2:** Ev. Diasporakapelle Overath, Otto Bartning 1951 (Foto: Martin Düchs)

terung verschlossen werden. In der Folge ergibt sich ein weitgehend leerer Raum, der für Aktivitäten der Gemeinde jenseits des Gottesdienstes genutzt werden kann. Man hat es hier also gleichsam mit einer »Mehrzweckhalle« zu tun, was auch explizit von Bartning intendiert, beziehungsweise den Anforderungen geschuldet war. Entgegen den Assoziationen, die üblicherweise beim Wort »Mehrzweckhalle« auftauchen, hat der Raum allerdings auch hier eine ganz eigene würdevolle, konzentrierte und auch feierliche Atmosphäre. Erzielt wird diese Wirkung wieder durch die bereits genannten architektonischen Mittel.

Auffällig ist also, dass beide Kirchen etwas schaffen, was – wie wir gleich sehen werden – schon in den ersten Schriften Bartnings genau so angelegt ist: Er will keine mystische oder erhabene Raumerfahrung ermöglichen, die den Menschen verzaubert, einschüchtert oder belehrt. Stattdessen steht die Funktion im Vordergrund, aber »Funktion« wird hier nicht eindimensional gedacht als zur-Verfügung-Stellen eines neutralen, cartesischen Raumes, in dem sich Körper hin und her bewegen. Funktion bedeutet vielmehr ein dem-Menschen-gerecht-Werden, und zwar genauer dem Menschen in seinen vielen Dimensionen, beziehungsweise mit den

Worten Bartnings »der Ganzheit des Menschen«.[65] »Das Leitbild des Architekten aber, der das Ganze des menschlichen Lebens liebend begreifen muß, um es in allen Formen zu behausen und neu zu gestalten, dieses Leitbild ist wohl nur zu finden und zu deuten – im Leitbild des Menschen.«[66] Aus diesem Leitbild entsteht auch der Raum des Heiligen.

Anders ausgedrückt: Bartning hat den Menschen dahingehend tief verstanden, dass er erkennt, dass Menschen ein Bedürfnis nach Schönheit im Sinne von bewusster ästhetischer Gestaltung haben, auch und gerade wenn sie sich als Gemeinde versammeln. Die Trennung von (eindimensional verstandenen) funktionalen und ästhetischen Aspekten, wie sie insbesondere in der frühen Architektur-Moderne propagiert wurde, ist für Bartning falsch. Die Schönheit eines Gemeinderaumes ist keine hinreichende Voraussetzung dafür, dass ein funktionaler Raum entsteht, aber sie ist (neben anderen Aspekten) eine notwendige Bedingung für einen funktionierenden Gemeinde-Raum. Auch im Notkirchenprogramm weicht Bartning nicht von dieser Sichtweise ab, weil die ästhetische Gestaltung seiner Umgebung zu den essentiellen Bedürfnissen des Menschen gehört und das gilt in besonderer Weise für christlich-religiöse Versammlungsräume. Dass er damit richtig liegt, zeigt nicht zuletzt die außerordentliche Verbundenheit vieler Gemeindemitglieder mit ihrer Bartning-Kirche in Overath, aber auch bei anderen Notkirchen. Bartning schafft das, was er sich programmatisch vorgenommen hat: der Gemeinde und dem Menschen eine Heimat, eine Wohnung in einem existentiellen Sinn zu bauen:

> Das menschliche Problem steht allen voran. Die neue Wohnung (gleichgültig in welcher Bauweise) braucht den neuen Menschen mit einfacher, aufrichtiger Lebenshaltung. Ohne diesen neuen Menschen bleibt jede Wohnung tote Schale. Der Mensch ist das Grundelement unserer Erneuerung. Diesem Menschen will die Notkirche Sammlung und Ausdruck geben. So ist sie Teil des Wohnungsbauprogramms.[67]

## 4.3 Raum als anthropologisch relevante Größe – Motive zum (neuen) Menschen aus Bartnings Schriften

Otto Bartning hat sein praktisches Tun stets theoretisch reflektiert. Er hat einige größere programmatische Schriften zur Architektur, eine Vielzahl an kleineren Schriften und auch zwei Romane hinterlassen. Eine explizite Auseinandersetzung

---

65 Bartning, Ganzheit des Menschen (s. Anm. 19).
66 Bartning, Vom Leitbild des Menschen (s. Anm. 63), 140.
67 O. Bartning, Die 48 Notkirchen, Heidelberg 1949, 2.

mit dem, was den neuen Menschen ausmacht, findet sich, wie erwähnt, allerdings nicht.

Das Fehlen von ausgearbeiteten anthropologischen Überlegungen mag auch damit zusammenhängen, dass Bartning den Menschen für letztlich unbeschreibbar hält. Biologische oder psychologische Kategorien reichen nicht aus, aber auch die Philosophie und die Theologie können sich dem Menschen in seiner Vielschichtigkeit und Tiefe letztlich nur annähern, weil die Sprache nicht das adäquate Werkzeug zur Erfassung darstellt.[68] Bartning weist an verschiedenen Stellen darauf hin, dass »der raumfühlige Mensch« architektonische Qualität relativ einfach und intuitiv »spüren«,[69] aber nur schwer und ungenügend Urteile dazu formulieren kann. Dementsprechend muss auch der Architekt spüren, was den (neuen) Menschen ausmacht, um ihm adäquate Behausungen für seine verschiedenen Tätigkeiten bauen zu können. 1952, also nach dem Zweiten Weltkrieg und in unmittelbarer zeitlicher Nähe zum Bau der oben beschriebenen Kirchen, schreibt er: »Den Sinn des Lebens müssen wir fühlen und wollen, wenn wir Wohnungen [...] bauen. [...] Wir müssen den neuen Menschen spüren und lieben – um ihm Halt und Gestalt im gebauten Raum zu geben.«[70] Ein fruchtbares Spannungsverhältnis zeichnet sich schon in dieser Äußerung ab, das es weiter zu erkunden gilt: Die Spannung zwischen dem Raum, der den Menschen umgibt und dem, wie dieser Mensch sich wahrnimmt.

Trotz der Betonung des »Fühlens« bleibt die theoretische Reflexion wichtig, weil auch sie ein Vermögen und auch Bedürfnis des Menschen ist, das es zu beachten gilt. Offensichtlich sieht Bartning den Menschen geprägt durch ein weiteres Spannungsfeld: das zwischen rational-sprachlich verfasstem, vernunftbestimmtem Verstehen und einem vor- oder nichtsprachlichen sinnlich und intuitiv-spürenden Verstehen. Dabei sind zwar beide Seiten im Menschen voll verwirklicht und haben ihre bleibende Berechtigung, in der Architektur scheint für Bartning der spürende Zugang allerdings der primäre zu sein.

### 4.3.1 (Gemeinsame) Bewegung

Die Bewegung und das gemeinsame Handeln im Raum sind Bartning zufolge zentral dafür, einen Raum gemeinsam zu erfahren. Das gilt auch für die Gebäude, in denen der Gottesdienst stattfindet und für den Gottesdienst selbst. »Der evangeli-

---

**68** Bartning, Ganzheit des Menschen (s. Anm. 19).
**69** Bartning, Vom neuen Kirchbau [1957] (s. Anm. 27), 113.
**70** O. Bartning, Vom Bauen, Werk 39 (1952), 240–241, 240.

sche Gottesdienst [...] ist nicht vollziehbar ohne *gemeinsames* Handeln. [...] Unsere Gottesdienstordnung [...] beruht auf [...] sichtbarer Handlung und also Bewegung im Raum«.[71]

Mit diesem sozialen und anthropologischen Ausgangspunkt beim (gemeinsamen) Handeln ist aber der Fokus auf der Heiligkeit des Raumes qua Zugehörigkeit zum Göttlichen, wie sie architekturgeschichtlich dem *temenos* entspricht, nicht aufgegeben. Vielmehr legt die Ausrichtung auf das Göttliche ein bestimmtes Handeln und Sich-bewegen nahe, etwa beim »allmählichen Herankommen«.[72] Das Heilige, der Raum und das menschliche Handeln stehen in Wechselwirkung.

Für das »im Raum sich vollziehende Handeln« geht Bartning von einer Wechselwirkung zwischen Liturg und Gemeinde aus, die er wiederum in sozialanthropologischen Kategorien beschreibt: »[E]s geht bei solchem Bewegen und Handeln im Raum ja nicht nur um die *Aus*wirkung auf die anderen [...], sondern es geht dabei mindestens ebenso stark um die *Ein*wirkung solchen Handelns auf das Gemüt des Handelnden selbst und die Zusammenfassung und Verstärkung dieser inneren Bewegung in der Gemeinschaft.«[73] Diese Wechselwirkung zwischen der Wirkung des Raums und dem, was in diesem Raum geschieht, analysiert Bartnings Begriff der »Spannung«.

### 4.3.2 Spannung

Ein gelungener Sakralbau zeichnet sich Bartning zufolge durch eine »lebendige Wechselwirkung«[74] von »Raumspannung« und »liturgischer Spannung« aus: Wenn beide Spannungen »sich vereinigen, so [...] stärken sie sich«; im entgegengesetzten Fall »werden sowohl die Kraft des Raumes wie die Kraft der Liturgie geschwächt«.[75] Bartning verbindet das Zusammenwirken beider Spannungen in der frühen wie

---

71 Bartning, Vom neuen Kirchbau [1957] (s. Anm. 27), 112.
72 Bartning, Vom neuen Kirchbau [1957] (s. Anm. 27), 112. Vgl. zu dieser Wechselwirkung im menschlichen Zugang zum Heiligen M. Düchs / T. Wabel, Wege als Immersionen. Zur Interdependenz geistig-spiritueller und räumlich-architektonischer Annäherungen an sakrale Räume, in: J. Bründl / T. Laubach / K. Lindner (Hg.), Zeichenlandschaften. Religiöse Semiotisierungen im interdisziplinären Diskurs (Bamberger theologische Studien 41), Bamberg 2021, 67–111.
73 Bartning, Vom neuen Kirchbau [1957] (s. Anm. 27), 113. Eine solche Verstärkung von Binnendynamiken hat noch expliziter als Bartning sein katholischer Zeitgenosse Rudolf Schwarz zum zentralen Element seiner Bauten gemacht, auf den Bartning sich ausdrücklich bezieht (ders., Vom neuen Kirchbau (s. Anm. 27), 112).
74 Bartning, Vom neuen Kirchbau [1957] (s. Anm. 27), 113.
75 Bartning, Vom neuen Kirchbau [1957] (s. Anm. 27), 113.

der späten Kirchbau-Schrift mit der Positionierung von Altar, Taufstein und Kanzel in der architektonischen Mitte und der Konvergenz der Raum- und Blickachsen in dieser Mitte.[76]

Diese »Einheit des Raumes und des Gottesdienstes« ist auch für Nichtarchitekten – für die Liturgin wie für die Gottesdienstbesucher – spürbar.[77] Für Bartning macht sie einen Raum zu einem Heiligen Raum, denn sie bewirkt das Erleben von Einheit und Stimmigkeit, das auf die Begegnung mit dem Wort vorbereitet. Fehlt diese Einheit, so entsteht ein »pseudosakral[er]« Raumeindruck, dem dann auch bildende Kunst und Architektur nichts entgegenzusetzen vermögen.[78] Stellt er sich aber ein, so verleiht dies dem Raum eine dauerhafte Atmosphäre: »Wenn die [...] Spannung des Lautes, des Wortes [...] sich deckt mit der architektonischen Spannung, dann unterstützen sich die beiden Größen [...] so sehr, dass in einem solchen Raum, auch wenn er wieder leer ist, die Nachwirkung des in ihm schon vor einer [sic] Wochen gesprochenen Wortes noch lebt«.[79]

### 4.3.3 Heiliger Raum

Die Gestaltung sakraler Räume trifft Bartning zufolge einen Kern des Religiösen. »Baukunst, Raumkunst [...] kann [...] nur dann Ausdruck und Form der Religion sein, wenn die Religion selbst raumartig, raumhaft ist«.[80] Das ermöglicht Sakralbau überhaupt erst, hält aber auch die Anforderung bereit, diesem Wesen der Religion baulich zu entsprechen. Von diesen Voraussetzungen her wird verständlich, warum Bartning – wie für die beiden Notkirchen beschrieben – auf eine bewusste Inszenierung des Heiligen Raums weitgehend verzichten kann. Wenn Religion selbst raumhaft ist, erschließt sich der religiöse Raum aus sich selbst heraus. Das lässt sich sowohl raumsoziologisch – die »Raumspannung« entsteht aus der Bewegung im Raum und der Anordnung der Gegenstände im Raum[81] – als auch raumtheologisch beschreiben – die »liturgische Spannung« wird als raumhaft wahrgenom-

---

76 Bartning, Vom neuen Kirchbau [1919] (s. Anm. 21), 97, hier unter Verwendung der Metaphern von »Gewicht« und »Kraftfeld« (ders., Vom neuen Kirchbau [1919] (s. Anm. 21), 86 f.; ders., Vom neuen Kirchbau [1957] (s. Anm. 27), 114).
77 Bartning, Vom neuen Kirchbau [1957] (s. Anm. 27), 114.
78 Bartning, Vom neuen Kirchbau [1919] (s. Anm. 21), 96 f.
79 Zit. nach J. Posener, Otto Bartning: sein Begriff »Raumspannung«, vornehmlich im Bereich der Kirche, Arbeitsstelle Gottesdienst 23 (2009), 37–40: 38.
80 Bartning, Vom neuen Kirchbau [1919] (s. Anm. 21), 32.
81 Vgl. M. Löw, Raumsoziologie [2001], Frankfurt am Main ⁹2017.

men.[82] Der Bau stellt »in seiner Wohlgestalt [...] den Geist der Stätte selbst dar«.[83] Dieser »Geist« ist freilich nie ein rein Geistiges, sondern bezeichnet ein kosmisches Eingebundensein in die »Weltsphären« und ihre »[E]inteilung«, in »Hain[...]« und »Wald[...]«, so dass die Sakralbauten, die dem Ausdruck verleihen (Pagode, Stifts-hütte, Säulenhalle, Dom) »die räumliche Erscheinungsform dieses Geistes sind«.[84] Auch dieses Eingebundensein wird im physischen Erleben unmittelbar erfahrbar und gewinnt gerade dadurch zeitdiagnostische Relevanz. Die oben beschriebenen Holzbinder, eine »vom Boden auf zueinander geneigte und zum Rund sich schlie-ßende Konstruktion« interpretiert Bartning in seiner Rede zur Einweihung der ersten der Notkirchen als »Zelt in der Wüste«, das »Ordnung«, »Einfalt« und »Ehr-lichkeit« konnotiert[85] und der »Stille« Raum gibt, aus der alles Handeln erwächst.[86]

Über die bloße Funktionalität hinaus macht der Raum des Heiligen die »Ge-meinschaft des Geistes [...] in den Sinnen wirksam«[87] und begründet so eine le-bendige Wechselwirkung zwischen Geistigem und körperlich Erfahrbarem. Die in den Mythen, Symbolen und Ritualen der Religion erschlossene geistige Welt ist auf die Verkörperung in ihren baulichen Formen angewiesen; sie geht aber in ihnen nicht auf.

Angesichts dessen, dass – Bartning zufolge – im Sakralbau der Mensch unmit-telbar seiner elementaren Bedürfnisse ansichtig wird, überrascht es auch nicht, dass die Gestaltung heiliger Räume und ihre Wirkung auf den Menschen aus sehr fundamentalen Zusammenhängen resultieren. »Baukunst und Musik boten sich [von jeher] als besonders geeignete Ausdrucksmittel dar«, weil sie »die dem Men-schen faßbare [...] und [...] greifbare Auseinandersetzung« mit den für den Men-schen selbst nicht fassbaren und greifbaren Anschauungsformen Raum und Zeit sind.[88] So sind Baukunst und Musik auch die geeignetsten Ausdrucksmittel, den hei-ligen Raum hervorzuheben[89]; beide koinzidieren im »Rhythmus eines Bauwerks«,

---

**82** Die von Matthias Wüthrich zu Recht identifizierte Problematik, einen »Containerraum« nach-träglich mit einer »magisch-räumliche[n], ontischen Substantialisierung des Heiligen« aufladen zu wollen, entfällt dadurch von vornherein (M. Wüthrich, Raum Gottes. Ein systematisch-theologi-scher Versuch, Raum zu denken, Göttingen 2015, 115).

**83** Bartning, Vom neuen Kirchbau [1919] (s. Anm. 21), 28.

**84** Bartning, Vom neuen Kirchbau [1919] (s. Anm. 21), 28.

**85** Bartning, Bei der Einweihung (s. Anm. 58), 100.

**86** O. Bartning, Probleme des Kirchenbaues. Vortrag anlässlich der Eröffnung der Kultbau Ausstel-lung, Essen, am 3.11.1929, Arbeitsstelle Gottesdienst 23 (2009), 57–59: 58 – vgl. O. Beyer (Hg.), Otto Bartning in kurzen Worten. Aus Schriften und Reden des Architekten, Hamburg 1954, 27 (1947).

**87** Bartning, Bei der Einweihung (s. Anm. 58), 100.

**88** Bartning, Vom neuen Kirchbau [1919] (s. Anm. 21), 27. Den Begriff der Anschauungsformen verwendet Bartning selbst nicht.

**89** Bartning, Vom neuen Kirchbau [1919] (s. Anm. 21), 27.

in dem »wir Länge, Breite und Höhe in all ihrer Gliederung als einen schwebenden Gang, als einen Tanz der Seele nach unhörbarer Musik« erleben.[90]

## 4.4 Der neue Mensch und das neue Bauen?

Inwiefern lässt sich nun über Gemeinsamkeiten der zeitgeschichtlichen Signatur hinaus Otto Bartnings neues Bauen auf den neuen Menschen beziehen, den Karl Barth im Anschluss an Paulus erhofft?[91] Die scheinbar offensichtlichen Parallelen und Gegensätze hinterlassen ein ambivalentes Bild. Einerseits scheinen beide Anliegen sich in Barths tiefem Zweifel am »Wohlbekannte[n], Handliche[n], Direkte[n]«, an der »alten unerhörten Sicherheit«,[92] und Bartnings selbstkritischer Distanzierung von der »staatserhaltenden [...] Vaterlandsliebe« der Staatskirche[93] zu treffen. Wo andererseits Barth den neuen Menschen in radikaler Unanschaulichkeit aufscheinen lässt, spricht Bartning in fast schwelgerischem Ton von der »Selbstdarbringung« der »zur Raumform drängende[n] religiösen Idee«, die sich in der »Sehnsucht nach einer anderen Raumform« zeige.[94] Doch auch wenn diese Diktion ungewohnt erscheinen mag: Auch Bartnings Überlegungen fußen darauf, dass der Mensch sich »umwendet«, weg sogar noch von den religiösen Verrichtungen der »Selbstzucht«, »Selbstbesinnung«, »Belehrung«, ja selbst des »Gebet[s] im Kämmerlein«.[95] Und auch er lässt einen »wieder auf Gott [ge]richtet[en]« neuen Menschen anklingen, wenn er die »freiwillige Hingabe des Ichs als des neuen Subjekts« als die »Gemeinschaft der Heiligen« versteht,[96] aus deren Handeln heraus – wie gezeigt – für ihn der Raum des Heiligen erwächst.

---

**90** O. Bartning, Musik und Raum, in: ders., Spannweite, Bramsche 1958, 90–95: 92. – Insofern ist die Kirche ein Beispiel für das, was Thomas Erne als »spatiale Performanz« bezeichnet: »ein Rhythmus, mit dem mich die Kirche bewegt, [...] sofern ich mich in der Kirche bewege« (T. Erne, Grundwissen Christentum Kirchenbau, in: ders./P. Schüz (Hg.), Die Religion des Raumes und die Räumlichkeit der Religion, Göttingen 2010, 181–199: 191).
**91** Es dürfte klar geworden sein, dass es uns nicht um eine explizite Bezugnahme des einen auf den anderen geht (für die es unseres Wissens keine Belege gibt), sondern um die Aufhellung eines inneren Zusammenhangs von Architektur und Theologie im Blick auf den Menschen.
**92** Barth, Der Römerbrief (s. Anm. 29), x.xiv.
**93** Bartning, Vom neuen Kirchbau [1919] (s. Anm. 21), 111. Vgl.: »[Z]ur Kirche möchte ich sagen: [...] wir hörten von deinen Kanzeln, was wir zu hören erwarteten, hörten [...] von der Herrlichkeit des Vaterlandes [...], hörten aber selten von dem, das wir nicht erwarteten und doch ahnten. Und die Sehnsucht nach diesem führte uns von den Kanzeln weg« (ders., Vom neuen Kirchbau [1919] (s. Anm. 21), 117).
**94** Bartning, Vom neuen Kirchbau [1919] (s. Anm. 21), 119.120.111.
**95** Bartning, Vom neuen Kirchbau [1919] (s. Anm. 21), 118.

Nach dem Zweiten Weltkrieg macht Bartnings schwelgerischer Ton einer größeren Vorsicht angesichts der Ambivalenz des Neuanfangs Platz. Im Rückblick auf
seine frühe Forderung, neuer Kirchbau müsse moderner Kirchbau sein, verbietet
er sich jede Selbstzufriedenheit: »Wenn [...] etwas, das so grundsätzlich infrage
stand, selbstverständlich wird, so ist es an der Zeit, es von neuem in Frage zu stellen.«[97] Die, die hier in der »Wüstenei der zerstörten Stadt« und in der »inneren
Wüste« zusammenkommen, werden – so Bartning in der schon genannten Ein-
weihungsrede – in der Kirche als Zelt in der Wüste »eine Gemeinschaft bilden des
Schweigens, des zögernden Redens und des plötzlichen Betens und Singens«.[98] Die
Barthsche Charakterisierung des neuen Menschen, der nur aus der (von einer Bejahung umgriffenen) Negation heraus verständlich und so »in unerhörter Weise
Ende und Anfang ist«,[99] mag hier ihren Widerhall finden.

   In zweifacher Richtung entziehen sich Bartnings Bauten einer Programmatik
des neuen Menschen – und vermögen gerade so dem paulinischen »neuen Menschen«, an dem sich die Heiligung vollzieht, Raum zu geben. An die Stelle der sozusagen negativen Programmatik des neuen Menschen als einer gänzlich unanschau-
lichen, radikalen Veränderung der christlichen Existenz, wie sie Barths *Römerbrief*
entwirft, tritt bei Bartning die Erkundung einer auf anthropologischen Grundlagen
basierenden Kirchenraum-Architektur. Und statt als Gegenstand einer architekturphilosophischen Programmatik wie in den Typisierungen #1–4 erscheint der neue
Mensch bei Bartning als eine veränderte Weise des Sich-selbst-Erlebens in einem
religiösen Versammlungsraum. Das Raumerleben wird durchsichtig auf die Selbstbesinnung des Menschen hin. Damit gewinnt die architektonische Gestaltung zugleich fundamentalanthropologische und religiöse Bedeutung.

## 5 Desiderate für Kategorien theologischer Anthropologie und ein daraus abgeleitetes Verständnis heiliger Räume

Die als positiv beschriebene Wirkung der Kirchenbauten Bartnings als Umsetzung
der Idee eines »neuen Menschen« zu bewerten, wäre in *architekturphilosophischer*
Sicht überzogen, weil es Bartning nicht um die bauliche Umsetzung einer Program-

---

96 Bartning, Vom neuen Kirchbau [1919] (s. Anm. 21), 118f.
97 Bartning, Vom neuen Kirchbau [1957] (s. Anm. 27), 111.
98 Bartning, Bei der Einweihung (s. Anm. 58), 100.
99 Barth, Der Römerbrief (s. Anm. 29), 128.

matik zu tun ist. Sie wäre aber auch *theologisch* überzogen. Denn eine programmatische Ethisierung des Christlichen, die das Neue aus eigener Kraft zu erreichen versucht, könnte, wie Lisanne Teuchert herausstellt, in einer »*Rhetorik der kleinen Schritte*« womöglich banalisierend oder in einer vorschnellen Identifikation des Vorfindlichen mit dem erstrebten Neuen ideologisierend wirken[100]. Das mag verständlich machen, warum der »neue Mensch« so selten als programmatischer Topos in der christlichen Anthropologie auftaucht. Theologisch eignet der christlichen Rede von Altem und Neuem eine grundsätzliche Spannung, die nicht vereinseitigend aufgelöst werden sollte[101].

Doch muss damit jede Suche nach Faktoren, die das Selbstverständnis eines neuen Menschen sowie den Impuls zu einer neuartigen Lebensführung hervorbringen oder zumindest unterstützen sollen, in den Verdacht der Ideologisierung geraten? Damit wäre das Erbe der Dialektischen Theologie im Sinne eines *totaliter aliter* gegenüber jeder Anknüpfung an menschliche Erfahrungswirklichkeit gewiss überzeichnet.

So wenig Bartnings Bauten – trotz der von Hampe einleuchtend aufgewiesenen zeitgeschichtlichen Parallelen – lediglich als Umsetzung eines theologischen Programms betrachtet werden sollten, so wenig ist zu bestreiten, dass die von Barth »merkwürdigerweise fast nur in Negationen zu beschreibende«[102] Existenzweise des neuen Menschen eine anthropologisch beschreibbare Entsprechung finden kann. Ein Raum des Heiligen muss nicht im Widerspruch stehen zu einem Raum für den Menschen. Wohl aber ist mit Bartnings hochsensiblem Augenmerk auf Blickachsen und Raumgefühl eine sehr basale Schicht menschlichen Erlebens berührt, die oft nicht thematisch wird, auch nicht leicht explizit zu machen ist – durch eine allzu eindeutige Programmatik aber eher verdeckt als ermöglicht wird.

Können nun Räume des Heiligen zur Heiligung des Menschen beitragen? Vermag ein neues Bauen dem neuen Menschen Raum zu geben oder diesen gar, wie von der Architektur-Moderne postuliert, zu formen?

Aus der Beschäftigung mit Bartnings Bauten und Schriften lässt sich Letzteres sicher als weit überzogene und auch von Bartning als naiv empfundene Erwartung ablehnen. In aller Vorsicht lässt sich aber dennoch formulieren, dass die »Erneuerung des Denkens« (Einheitsübersetzung; griech. *nous*) beziehungsweise »Erneuerung des Sinnes« (Luther), von der Paulus schreibt (Röm 12,2), nicht ohne eine sinnliche, spürbare Komponente auskommt – und diese Komponente kann sich im

---

**100** L. Teuchert, Neuland betreten und nicht ausrutschen. Eine heikle Grundaufgabe der Theologie, Zeitschrift für explorative Theologie (2019), 23–49: 33 f.
**101** Teuchert, Neuland betreten (s. Anm. 100), 28. 33. 43 f.
**102** Barth, Der Römerbrief (s. Anm. 29), 221.

architektonischen Raum manifestieren. Dadurch kann Architektur vielleicht in viel schlichterer oder, je nach Sichtweise, raffinierterer Weise zur Entstehung von Räumen des Heiligen beitragen als durch Verzauberung, Einschüchterung oder Belehrung: Architektur könnte helfen den zu heiligenden Menschen besser zu verstehen, indem sie hierzu dessen Raumerfahrung als Prüfstein heranzieht und nicht eine in welcher Weise auch immer normierende theoretische Konzeption. In den Worten Bartnings,[103] aber – wenngleich mit anderer Akzentuierung – auch Heideggers[104]: Im Idealfall lässt Architektur den Menschen *wohnen*. Das heißt hier, Architektur kann dazu beitragen, dass der Mensch in einem umfassend zu verstehenden Sinn daheim ist. Indem man nun genau hinhört, hinsieht und hinspürt, wodurch dieses Wohnen gelingt, welche Dimensionen des Menschen also hier angesprochen sind, kann man viel über den Menschen lernen und so vielleicht einen kleinen Schritt hin zu der »Erneuerung des Sinnes« gehen, die den neuen Menschen kennzeichnet.

---

**103** Vgl. oben Anm. 67 und 70.
**104** M. Heidegger, Bauen Wohnen Denken, in: O. Bartning (Hg.), Mensch und Raum – 2. Darmstädter Gespräch 1951, Darmstadt 1952, 72–84.

Stefanie Lieb

# »Gott wohnt auch im Bimsbeton«

## Der Diskurs zum Sichtbeton als sakralem Ausdrucksträger im Kirchenbau der 1950er bis 70er Jahre

**Zusammenfassung:** Der Einsatz von Sichtbeton als gestalterischem Material für den Bau von Kirchen in den 1950er bis 70er Jahren galt damals und gilt bis heute oftmals als problematisch, da häufig mit dem Material und seiner »profanen« Wirkung keine »sakrale« Atmosphäre verbunden werden kann. Im Beitrag wird untersucht, wie das Alltagsmaterial Beton zu einem Symbolträger und Raumgestalter im Kirchenbau werden konnte und welche Rechtfertigungsstrategien hier von Seiten der Architekturgestaltenden zum Tragen kamen.

**Abstract:** The use of exposed concrete as a design material for the construction of churches in the 1950s to 70s was considered problematic at the time and is still often considered problematic today, as the material and its »profane« effect often cannot be associated with a »sacred« atmosphere. The article examines how the everyday material concrete could become a symbolic medium and spatial designer in church construction and which justification strategies were used by the architectural designers.

»Gott wohnt auch im Bimsbeton« – so lautete der Covertitel vom Dezemberheft des Spiegels aus dem Jahr 1953 (s. Abb. 1) mit einem Porträt des Architekten Dominikus Böhm, der in dieser Zeit mit dem Einsatz von Sichtbeton in seinen Kirchenbauten großes Aufsehen erregte. Böhm, sowie die Architekten Rudolf Schwarz und Otto Bartning, wurden in dem Spiegel-Artikel als Verfechter für das funktionalistische Bauen mit geometrischen Formen, Stahlbetonkonstruktionen und »profanen« Baumaterialien im modernen Kirchenbau porträtiert. Neben der Begründung, dass der Nachkriegskirchenbau die aktuellen Tendenzen im Profanbau mitaufnehmen sollte, war es vor allem das Argument der »Wahrhaftigkeit«, das den Einsatz der neuen Baustoffe legitimierte. Rudolf Schwarz wurde dazu wie folgt zitiert:

> Denn die Wand ist uns nicht mehr ein schweres Gemäuer, sondern eine gespannte Membrane, wir kennen den zugfesten Stahl und überwanden durch ihn die Wölbung. Die Baustoffe sind uns etwas anderes als den alten Meistern; wir kennen ihren inneren Bau, die Lagerung ihrer

---

**Kontakt: Stefanie Lieb**, Kunsthistorisches Institut, Universität zu Köln;
E-Mail: stefanie.lieb@uni-koeln.de

https://doi.org/10.1515/bthz-2024-0008

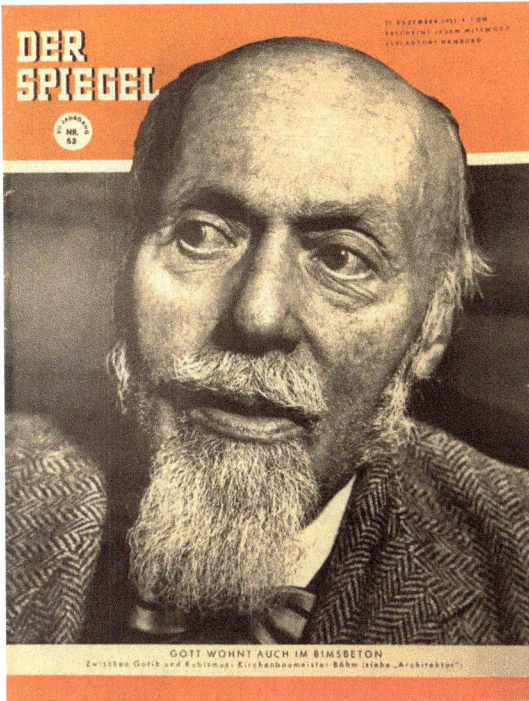

**Abb. 1:** Spiegel-Coverbild von 1953
»Gott wohnt auch im Bimsbeton«
(Foto: Spiegel)

Atome, den Verlauf der inneren Spannung und bauen, indem wir das alles wissen; denn es kann nicht mehr zurückgenommen werden. Die schwere alte Form würde uns zur theatralischen Attrappe, und die Menschen merkten die hohle Packung.[1]

Heute sind wir auf eine andere Art und Weise erneut mit den Schwierigkeiten dieses Baumaterials im Sakralbau des 20. Jahrhunderts konfrontiert: Etlichen »Betonkirchen«, besonders der Nachkriegszeit, drohen Abriss oder Umnutzungskonzepte, wenn sie nicht schon gar Opfer der Abbruchbirne geworden sind. Warum es beim derzeitigen Kirchensterben besonders die »Betonkirchen« trifft, ist eine Fragestellung, die zu weiteren Überlegungen hinsichtlich einer sakralen Codierung von Beton als Material im modernen Kirchenbau führt.[2] Des Weiteren ist der Aspekt der »substanzschonenden Betoninstandsetzung« bei Nachkriegskirchen ein aktuelles

---

1 Siehe Artikel »Gott treibt Geometrie« vom 22.12.1953, in: DER SPIEGEL, 52/1953, zitiert nach R. Schwarz: Vom Bau der Kirche, Heidelberg ²1947, 4/5.
2 Vgl. auch W. Pehnt: Lebendige Spur. Kirchen in Zeiten des Brutalismus. Eine Fallstudie, in: O. Elser, P. Kurz, P. Cachola Schmal (Hg): SOS Brutalismus. Eine internationale Bestandsaufnahme. Ausstellungskatalog Deutsches Architekturmuseum Frankfurt, Wüstenrot Stiftung, Zürich 2017, 41–45.

**Abb. 2:** Köln-Sülz, ehemalige Waisenhaus-Kirche von Gottfried Böhm, umgebaut durch nebel pössl architekten zu Büro- und Veranstaltungsraum (Foto: H. G. Esch)

Thema in der Denkmalpflege, zu dem bereits Forschungsprojekte, wie z. B. das zur Fatima-Kirche von Gottfried Böhm in Kassel, durchgeführt worden sind.[3] Als ein aktuelles Beispiel für die gelungene Betonsanierung einer weiteren Betonkirche von Gottfried Böhm in Köln kann die sogenannte »Waisenhauskirche« in Köln-Sülz angeführt werden, die inzwischen denkmalgerecht durch das Architekturbüro nebel pössl architekten zu einem Mischnutzungstyp als Wohnungsgenossenschaftsbüro und Eventlocation in einem neu entstandenen städtischen Wohnviertel umgebaut wurde (s. Abb. 2). Hier wird also der bewusst intendierte Einsatz der Materialwirkung des Béton brut für den sakralen Kontext vorausgesetzt und entsprechend behutsam mit den ursprünglichen Betonoberflächen umgegangen. Mein Interesse gilt an dieser Stelle der Frage nach den Rechtfertigungsstrategien, die den Einsatz von Beton, explizit Sichtbeton, für den Sakralbau nicht vorrangig aufgrund von bautechnischen Vorteilen, sondern vielmehr aufgrund von materialikonologischen Zusammenhängen zu legitimieren versuchten. Oder einfacher formuliert: Wie konnte der als billiges und künstliches Alltagsmaterial verschriene Baustoff Beton[4] zu

---

3 Institut für Steinkonservierung e. V., Mainz, siehe IFS-Bericht, 30/2008: Substanzschonende Betoninstandsetzung denkmalgeschützter Bauwerke, Mainz 2008.
4 Vgl. C. Hackelsberger: Beton: Stein der Weisen? Nachdenken über einen Baustoff, Braunschweig, Wiesbaden 1988; K. Bonacker: Beton – ein Baustoff wird Schlagwort. Geschichte eines Imagewandels von 1945 bis heute, Marburg 1996.

einem Symbolträger und Raumgestalter im Kirchenbau der 1950er bis 70er Jahre werden und welche Raumatmosphäre prägende Wirkung wurde ihm jeweils zugesprochen?

# 1 Sichtbeton-Traditionen im Sakralbau vom 19. bis 21. Jahrhundert

Zunächst darf in einem kurzen historischen Abriss nicht unerwähnt bleiben, dass Beton bereits seit dem ausgehenden 19. Jahrhundert im Kirchenbau eingesetzt worden ist und eigentlich schon mit dem antiken »opus caementitium« des Pantheon in Rom eine Vorgeschichte hat. Als frühestes Beispiel für den Einsatz von Eisenbeton im Sakralbau gilt Anatole de Baudots Kirche S. Jean de Montmartre in Paris von 1894. Gefolgt wird sie 1908 von der Ulmer Garnisonskirche (seit 1964: Pauluskirche) von Theodor Fischer.[5] Neben den geschwungenen und spielerisch ornamentreichen Jugendstilformen finden sich hier in diesem Kirchenraum bei den Stützelementen sowie im Gewölbe bereits die ersten »sakralen« Sichtbetonflächen. Die erste Eisenbetonkirche Österreichs, Jože Plečniks Heilig Geist Kirche in Wien (1911), zeigt besonders in der klassizistischen Außenfassade und in der kubistisch anmutenden Krypta die porös-raue Struktur der Betonoberflächen, die hier durch die Beimischung von Ziegelsplitt eine leicht rötliche Färbung aufweisen. Bei all diesen frühen Betonkirchen aus dem Anfang des 20. Jahrhunderts ist die Einbindung des neuen Materials Beton in ein vorgegebenes historistisches Grundriss-, Raum- und Dekorationskonzept noch maßgeblich. Die technischen Möglichkeiten der Eisenbetonkonstruktion werden zwar für den Kirchenbau entdeckt, ihr formal-ästhetisches sowie auch haptisches Potential kommt jedoch bis dahin nur in Kombination mit traditionellen Gestaltungselementen wie Gesims- und Friesgliederungen sowie Wandmalereien zur Geltung. In den 20er Jahren sind es vor allem die Kirchenbauten Auguste Perrets in Paris wie Notre Dame du Raincy (1923)[6] sowie nachfolgend die Antoniuskirche in Basel von Karl Moser (1927), die als Stahlbeton-Skelettkonstruktionen mit Betonstützen, unverputzten Betonschalengewölben und Betonmaßwerk-Ausfachungen Materialeinheit demonstrieren. Als erste deutsche Kirche in reiner Stahlbetonbauweise gilt die Nikolaikirche in Dortmund von Karl Pinno & Peter Grund von 1930, die im Zweiten Weltkrieg teilzerstört wurde, aber

---

5  F. Pfammatter: Betonkirchen. Zürich, Köln 1948, 36–37.
6  Pfammatter, Betonkirchen (s. Anm. 5), 38–42; C. Freigang: Auguste Perret, die Architekturdebatte und die ›Konservative Revolution‹ in Frankreich 1900–1930, München, Berlin 2003, 235–277.

bis heute die ursprüngliche strenge Raumkomposition auf trapezförmigem Grundriss mit Sichtbeton-Rahmenbindern erkennen lässt.[7] Die drei Inkunabel-Bauten der frühen 30er, Rudolf Schwarz' Fronleichnam-Kirche in Aachen (1930)[8], Otto Bartnings Auferstehungskirche in Essen (1930)[9] und Dominikus Böhms Kirche St. Engelbert in Köln (1933)[10] sollen in diesem Kontext nur kurz erwähnt werden. Sie stellen auch Stahlbetonkonstruktionen dar, bei ihnen war aber von Beginn an keine Sichtbeton-Ästhetik geplant.

In der Zusammenschau dieser Betonkirchen aus den 20er und 30er Jahren wird der enorme Entwicklungsschritt im Einsatz von Beton als Bau- und Raumkonfigurierendes Material deutlich: Der Sichtbeton wird nun als gestaltende Oberflächenstruktur am Außenbau und im Inneren eingesetzt und verleiht dem Sakralbau eine homogene Gesamtwirkung. Die Raumatmosphäre kann je nach Bedarf unterschiedlich konzipiert werden: entweder als gotisierende dreischiffige Hallenkirche mit profilierten Betonsäulen, -gewölben und –maßwerkfenstern (Perret) oder als nüchterne »Fabrikhalle« mit Betonrahmenbindern und grob verschalter Außenhaut (Nikolaikirche, Dortmund). Dass das industrielle Material und seine Wölbkonstruktionen auch eine sakral-expressive Raumwirkung erzeugen können, belegt der Innenraum der Christkönigskirche in Mainz-Bischofsheim von Dominikus Böhm (1926). Für die weitreichenden Wiederaufbau- und Neubauprogramme von Kirchen nach dem Zweiten Weltkrieg spielte natürlich Beton als verhältnismäßig billiges Baumaterial eine wichtige Rolle. Jedoch noch nicht in den ersten Jahren unmittelbar nach Kriegsende, da hier noch Materialknappheit (besonders fehlender Stahl, aber auch Kies, Zement und Holz für die Betonproduktion) vorherrschte. Beim bekannten Notkirchenprogramm des Hilfswerks der evangelischen Kirche in Deutschland, konzipiert von Otto Bartning ab 1946, wurden in Montagebauweise mit vorfabrizierten Bauteilen und als Holzkonstruktionen kleine Kirchengebäude unter Mithilfe der jeweiligen Gemeinde errichtet; Beton und Stahl standen für dieses Projekt noch nicht zur Verfügung.[11]

Aber dann zu Beginn der 50er-Jahre mit dem Neubau der ersten größer dimensionierten Kirchen aus Trümmermaterialien wurde auch Sichtbeton mit einbezogen, wie z. B. bei St. Anna in Düren von Rudolf Schwarz.[12] Im Laufe der 50er Jahre

---

7 Pfammatter, Betonkirchen (s. Anm. 5), 72.
8 Pfammatter, Betonkirchen (s. Anm. 5), 73.
9 Pfammatter, Betonkirchen (s. Anm. 5), 62.
10 Pfammatter, Betonkirchen (s. Anm. 5), 61.
11 Vgl. U. Pantle: Leitbild Reduktion. Beiträge zum Kirchenbau in Deutschland von 1945–1950, Regensburg 2005, 223–226; C. Schneider: Das Notkirchenprogramm von Otto Bartning, Marburg 1997.
12 Vgl. K. Kappel: Memento 1945? Kirchenbau aus Kriegsruinen und Trümmersteinen, München, Berlin 2008.

entstanden eine Vielzahl von Betonkirchen, die häufig auch die schalungsrauen Betonflächen am Innen- und Außenbau zeigen, wie z. B. Gottfried Böhms Kirche Herz Jesu in Bergisch Gladbach-Schildgen (1956–69) oder die Uniklinik-Kirche St. Johannes der Täufer in Köln (1958–66, s. Abb. 3, 4)[13]. Le Corbusiers legendäre Wallfahrtskirche in Ronchamp ist natürlich auch als »Betonkirche« der 50er einzuordnen, hier ist jedoch nur das Dach, das als Betonschalen-Hohlkörper dem Kirchenraum aufliegt, in Sichtbeton-Struktur gestaltet.[14] Das im Anschluss geschaffene Kloster La Tourette versah Le Corbusier dann vollständig mit schalungsrohen Betonwänden.

In den 50er Jahren scheint Sichtbeton im Sakralbau vorrangig als Ausdrucksträger für das »Rohe«, »Ursprüngliche«, »Zeitlose« und für Einfachheit und Askese gegolten zu haben. Rudolf Schwarz verstand die Kirche St. Anna in Düren symbolisch als einen »Fels« und errichtete sie als geschlossenen winkelförmigen Bau aus gemauerten Trümmersteinen und Sichtbetongewölben.[15] Karl Josef Bollenbeck interpretierte 1997 in einem Aufsatz zur Sichtbetonsanierung, dass es wohl einen symbolträchtigen Zusammenhang zwischen sakralen Trümmerstein- und Sichtbetonwänden in den 50ern gab: Als das Trümmersteinmaterial ausging, sei der Béton brut mit seinen »erzählenden Wänden« an seine Stelle getreten, als Sinnbild des aus den Kriegsruinen neu Entstehenden.[16]

Gottfried Böhms Entwürfe aus den 50ern sind zwar bereits experimentell im Hinblick auf den Einsatz von orientalisch anmutenden Bauelementen oder ungewöhnlichen Deckenlösungen, sie beschränken sich jedoch auf den kastenartigen Baukörper (die sogenannte gerichtete »Wegekirche«) mit häufig nachträglich bearbeiteten Sichtbetonflächen. Diese »Wahrhaftigkeits«- und »Demuts«-Geste, die mit dem Sichtbeton vermittelt werden soll, tritt am deutlichsten bei Corbusiers »La Tourette« zutage, wo Beton ähnlich wie massives und behauenes Natursteinmauerwerk bei einem mittelalterlichen Zisterzienserkloster als Rahmung für schlichte, jedoch dadurch umso mehr spirituell wirkende Räume dient.[17] Ab den 1960er

---

13 W. Voigt (Hrsg.): Gottfried Böhm. Ausst.-Kat. Deutsches Architekturmuseum Frankfurt a. M., Berlin 2006, 103, 110.
14 K. Wittmann-Englert: Zelt, Schiff und Wohnung. Kirchenbauten der Nachkriegsmoderne, Lindenberg im Allgäu 2006, 77. Weiterhin Le Corbusier selbst: »Auf dem Zeichentisch liegt eine Krebskrabbenschale, die ich 1946 auf Long Island bei New York aufgelesen hatte. Sie wird zum Dach der Kapelle: zwei zusammenhängende Betonhäute, sechs Zentimeter dick, dazwischen ein Abstand von 2,26 Metern.«, in: A. von Vegesack et al. (Hg.), Le Corbusier – The Art of Architecture. Ausst.-Kat. Vitra Design Museum, Weil am Rhein 2007, 306, (dort Anm. 17).
15 Kappel, Memento (s. Anm. 12), 235–243.
16 K. J. Bollenbeck: Sichtbetonsanierung an Kirchen des Erzbistums Köln, In: Denkmalpflege im Rheinland, 14/1997, Nr. 2, 80–90.
17 Le Corbusier: »Das Innere ist von totaler Einfachheit. Der Beton trägt noch die Spuren der

**Abb. 3:** Köln, Universitätskirche Johannes der Täufer, Gottfried Böhm (Foto: Stefanie Lieb)

Jahren wurde der Kirchenbau als architektonische Aufgabe endgültig zum Experimentierfeld für Baukubaturen, Raumbilder, Konstruktionen und Baumaterialien. Für den katholischen Kirchenbau spielte sicherlich das Zweite Vatikanische Konzil (1962–65) als Aufgabe der bisherigen strengeren Liturgieregeln für den Sakralraum eine Rolle, denn nun konnte auch hier wie bei der evangelischen Nachbarkonfession mit dem Konzept des zentralen Einheitsraumes gearbeitet werden. Ralf von Bühren bezeichnet sogar den zentralisierten Grundriss und den rauen Sichtbeton als die bestimmenden Gestaltungsfaktoren für den nachkonziliaren katholischen Kirchenbau im westlichen Mitteleuropa.[18] Konfessionelle Unterschiede in der architektonischen Umsetzung sind spätestens ab diesem Zeitpunkt kaum noch auszu-

---

groben Verschalung. Es gibt fast keine Lichtquellen ... in dieser Kirche, die von bewegender Einfachheit ist und ein Gefühl des Schweigens und der Sammlung erzeugt.«, zitiert nach: W. Stock, W. Zahner: Der sakrale Raum der Moderne. Meisterwerke des europäischen Kirchenbaus im 20. Jahrhundert, München 2010, 86.

**18** R. von Bühren: Kunst und Kirche im 20. Jahrhundert. Die Rezeption des Zweiten Vatikanischen Konzils, Paderborn 2008, 373/374.

**Abb. 4:** Köln, Universitätskirche Johannes der Täufer, Gottfried Böhm (Foto: Stefanie Lieb)

machen. Und selbst für den modernen Moscheebau wird in einigen Fällen die Sicht-beton-Anmutung zum wichtigen gestalterischen Faktor, wie es die Etimesgut Camii in Ankara von Cengiz Bektaş oder die Bilal-Moschee in Aachen von Gernot Kramer (1964–72) demonstrieren.[19] Als herausragende Betonkirchen der 60er und 70er für das Rheinland und Umgebung seien exemplarisch genannt St. Pius in Neuss von Joachim Schürmann (1961–65), St. Paulus in Neuss von Fritz Schaller und Stefan Polónyi (1966–68), die Auferstehungskirche in Köln-Buchforst von Georg Rasch und Winfried Wolsky (1967–68), St. Gertrud (1962–65) und Christi Auferstehung (1964–70) in Köln von Gottfried Böhm, die Kirche der katholischen Hochschulgemeinde in Köln von Josef Rikus und Heinz Buchmann (1968–69, s. Abb. 5) und die Wallfahrts-kirche in Neviges von Gottfried Böhm (1963–68). Allein in dieser Region existieren darüber hinaus einige bis jetzt unentdeckte Kirchen »aus der zweiten Reihe«, bei denen ebenfalls Betonoberflächen gestaltprägend zum Einsatz kamen, wie z. B.

---

**19** S. Lieb: Die Bilal-Moschee in Aachen – ein euroislamisches Bauwerk der Moderne, in: U. Main-zer (Hg.), INSITU. Zeitschrift für Architekturgeschichte, 3. Jg. 2011, Heft 3, Worms 2011, 105–118.

**Abb. 5:** Köln, Kirche der kath. Hochschulgemeinde, Josef Rikus (Foto: Stefanie Lieb)

St. Antonius in Düren von Matthias Kleuters (1973–75)[20] oder die Pauluskirche in Mülheim an der Ruhr von Aribert Riege (1974–75). Für den süddeutschen Raum sowie die Schweiz und Österreich sind als spektakuläre Betonkirchen Helmut Strifflers Versöhnungskirche in Dachau (1967), Walter Förderers Heiligkreuzkirche in Chur (1969), Günther Domenigs Osterkirche in Oberwart (1966–69) und Fritz Wotrubas Kirche in Wien (1974–76) zu nennen. Um den Überblick zu komplettieren, seien noch die zwei südlichen Kirchenbauten aus Florenz, die Autobahnkirche von Giovanni Michelucci (1959–64), und aus dem spanischen Jávea, die Fischerkirche Nuestra Señora de Loreto von Garcia Ordóñez (1967), angeführt.

Trotz der immensen Vielfalt der Ausdrucksmöglichkeiten durch das Material Sichtbeton und seine entsprechende Haptik in den 60er Jahren, lässt sich für diesen

---

20 G. Hoffmann: Moderne Kirchen in Düren und im Rheinland – ein Überblick, in: Zwischen Stolz und Vorurteil. Nachkriegskirchen im Rheinland. Mitteilungen aus dem LVR-Amt für Denkmalpflege im Rheinland, Heft 22, Köln 2015, 17–32: 30–31.

Zeitraum eine zentrale Tendenz des plastischen Denkens festmachen. Der Schlichtheitsgestus der 50er wird aufgegeben zugunsten einer neu gewonnenen Freiheit
in der plastischen Formgebung und auch freien Grundrisskonzeption. Die Sichtbetonflächen und -raumkörper werden nun mit ihren Bearbeitungsstrukturen, Volumina und entsprechenden Lichteffekten zu künstlerischen Stimmungsträgern. Die
Strukturprofile des Sichtbetons reichen von schroffen, sperrigen Holzschalungsspuren über Kanneluren bis hin zu glatten und scheinbar weich geformten Oberflächen. Bereits Mitte der 70er Jahre flaute der Betonboom im Kirchenbau massiv
ab, zum einen wegen des allgemeinen Rückgangs der Bauaufträge für monumentale Kirchenbauten, zum anderen wegen einer sich wandelnden Sakralbauästhetik.
Die »Entsakralisierungsdebatte«[21] führte zur fast ausschließlichen Konzeption von
Gemeindezentren als multifunktionalen sozialen Zentren, oft in günstigerer Fertigbauweise und mit weniger Feingefühl für die jeweilige Materialsprache. Spätestens
in den 80er Jahren wurden keine Sichtbetonwände im modernen Kirchenbau mehr
eingesetzt – und die bereits bestehenden wurden im Laufe der Jahre größtenteils
überputzt oder angestrichen.

Erst am Ende der 90er Jahre gelangt der Béton brut als Ausdrucksträger wieder in das Blickfeld der wenigen Architekten, die in Zeiten des Kirchensterbens
noch eine neue Kirche entwerfen dürfen. Die Gründe sind verschieden: Es kann
der Einfluss aus der Profanarchitektur sein, wo besonders im Museumsbau (Tadao Ando, Zaha Hadid) der Sichtbeton Auferstehung feiert[22], oder aber es ist die
allgemeine Tendenz im Sakralbau zurück zu einer einfachen und homogenen Materialsprache. Beispielbauten für diesen Aspekt sind das Ökumenische Zentrum
von Kister-Scheithauer-Gross in Freiburg (1999–2004), St. Theodor in Köln von Paul
Böhm (1999–2002), die Evangelische Kirche im schweizerischen Cazis vom Atelier
Werner Schmidt (1996–2003) und die Bruder-Klaus-Kapelle von Peter Zumthor in
Mechernich (2005–2007).

# 2 Sichtbarer Beton im Sakralbau: Materialikonologien und -diskurse

Nach dem bauhistorischen Überblick schließen sich nun theoretische Überlegungen hinsichtlich der materialikonologischen Zusammenhänge des Sichtbetons im

---

21 Vgl. Wittmann-Englert, Zelt, Schiff und Wohnung (s. Anm. 14), 115.
22 Vgl. hierzu N. Haepke: Sakrale Inszenierungen in der zeitgenössischen Architektur. John Pawson – Peter Kulka – Peter Zumthor, Bielefeld 2013.

Kirchenbau an. Der Einsatz dieses Materials mit seiner Oberflächenwirkung war zwar ab den 1950er-Jahren absolut gängig, im Profan- sowie Sakralbau, jedoch bedurfte es bei letzterem immer einer passenden legitimierenden »Assoziationsformel«. Diese Rechtfertigungsstrategien entstanden nicht in erster Linie aufgrund der vermeintlich strengen Liturgie- und Baurichtlinien der jeweiligen Kirchenverbände – diese hatten sich bereits in den 50ern auf katholischer und evangelischer Seite sehr weit für jede architektonische Neuerung geöffnet – sondern vielmehr aus einem Gefühl der Architekten heraus, das »Alltagsmaterial« Beton semantisch aufzuladen und damit aufzuwerten, um damit den »besonderen«, den spirituellen Raum und mögliche Identifikationsbilder zu schaffen. In einer chronologischen Systematik (die nicht ganz linear verlaufen kann und auch keinen Anspruch auf Vollständigkeit erheben will), lassen sich drei Assoziationsformeln gleichsam als Metaphern herausarbeiten: (1) die »Kathedrale« als Charakteristikum für die konstruktiven und dekorativen Umsetzungen in den 1920er und 30er Jahren, (2) der »Bunker« als »Urhütte« der Wiederaufbauzeit in den 50ern und (3) die »Skulptur« als begehbarer Kunstraum für die Betonkirchen der 60er und 70er Jahre.

## 2.1 Assoziationsformel »Kathedrale«

Die frühen Betonkirchen der 1920er Jahre rekurrieren in ihrem konstruktiven Habitus auf die gotische Kathedrale als dem Archetyp des christlichen Kirchenbaus. Christian Freigang konnte in seiner Habilitation zu Auguste Perret darstellen, dass die Pfarrkirche Notre-Dame in Le Raincy als Halle in Stahlbetonbauweise mit Sichtbeton-Stützen und –Gewölben sowie den Wänden aus Betonformbausteinen (»Claustra«) und Glasfüllungen von der französischen katholischen Reformbewegung als »Wiedergeburt der Gotik« im modernen Material gefeiert wurde.[23] Als ein wichtiger Vorbildbau wurde von Zeitgenossen die Sainte Chapelle in Paris genannt, denn dort sei die gotische Skelettbauweise mit den in farbige Glasflächen aufgelösten Wänden zur Perfektion gesteigert. Vergleichbar sei nun die neue »Sainte-Chapelle du béton armé« in Le Raincy, bei der eine »gotische« Konstruktion in Eisenbeton vorliege.[24] Der katholische Kunstkritiker Abel Fabre ging 1920 sogar soweit, den armierten Beton in Anlehnung an Perret als »neues, monolithisches Konstruktionsprinzip, das riesenhafte, rechteckig organisierte Bauskelette erlaube«, über die antiken römischen Konstruktionen und die Gotik mit ihren »fehlerbehafteten seit-

**23** Vgl. Freigang, Auguste Perret (s. Anm. 6), 235–254.
**24** Freigang, Auguste Perret (s. Anm. 6), 254.

lichen Stützsystemen« zu stellen.[25] Tatsächlich entstanden in der Nachfolge von Le Raincy eine ganze Reihe von Kirchenbauten aus Sichtbeton in Frankreich, Belgien und der Schweiz, bei denen mehr oder weniger dieser gotische Urtypus der Kathedrale umgesetzt wurde. Der katholische Züricher Architekt Ferdinand Pfammatter (und Perret-Verehrer), der 1948 ein Buch über »Betonkirchen« verfasste, listet diese auf und dokumentiert u. a. die Seminarkapelle in Grenoble von Duteuil & Busse (1934), die tatsächlich eine 1:1-Umsetzung der Pariser Sainte Chapelle in Sichtbeton darstellt.[26] Als Berechtigung für den Einsatz von Beton im Kirchenbau führt Pfammatter seine technisch-konstruktiven Möglichkeiten für eine monumentale Raumwirkung an.[27] Für eine angemessene Oberflächenwirkung müsse jedoch die »charakterlose[n], graue[n] Zementhaut« durch entsprechende Veredelungsprozesse wie eine Schalung aus geölten Brettern, durch steinhauerische Bearbeitung oder durch chemische Zerstörung der Zementhaut bearbeitet werden, um adäquat im Kirchenbau einsetzbar zu sein.[28]

Diese Assoziationsformel der gotischen Kathedrale als steinmetzmäßigem Skelettbau mit diaphaner Wand und farbiger Lichtmystik durch die Struktur der geometrisch angelegten Maßwerkfenster konnte für die kirchlichen Institutionen aufgrund ihrer historisch-traditionellen Verankerung sowie gleichermaßen für die Architekten und Ingenieure aufgrund der konstruktiven Möglichkeiten zum rechtfertigenden Vorbild für den modernen Sichtbeton-Kirchenbau werden. Diesen Transformationsprozess vom gotischen Steinbau zum modernen Betonbau kann man auch noch bei vielen Sakralbauten der 50er und 60er Jahre in Reminiszenzen entdecken.

## 2.2 Assoziationsformel »Bunker«

Zur Thematik möglicher Leitbilder für den Kirchenbau nach dem Zweiten Weltkrieg haben bereits Ulrich Pantle mit dem Prinzip der »Reduktion«[29], Kerstin Wittmann-Englert mit den Bildformeln von »Zelt«, »Schiff« und »Wohnung«[30] und Kai Kappel mit den Studien zum Kirchenbau aus Trümmersteinen Grundlegendes erarbeitet.[31] Ergänzend im Hinblick auf das Material Sichtbeton möchte ich in die-

**25** Freigang, Auguste Perret (s. Anm. 6), 265.
**26** Pfammatter, Betonkirchen (s. Anm. 5), 48.
**27** Pfammatter, Betonkirchen (s. Anm. 5), 131.
**28** Pfammatter, Betonkirchen (s. Anm. 5), 131.
**29** Pantle, Leitbild Reduktion (s. Anm. 11).
**30** Wittmann-Englert, Zelt, Schiff und Wohnung (s. Anm. 14).
**31** Kappel, Memento (s. Anm. 12).

sem Kontext den Bautypus des »Bunkers« hinzufügen. Der Bunker im Zweiten
Weltkrieg steht einmal als Bollwerk und Festungsarchitektur an der Front (siehe
die Bunker am Atlantikwall, die Paul Virilio in seinem Buch »Bunker Archéologie«
porträtierte)[32] oder als geschlossener Betonblock in der Stadt als Schutzraum für
die Bevölkerung bei Fliegerangriffen. Virilios Untersuchungen zur Ästhetik der
Bunkerarchitektur (seit den 50ern, erst 1975 publiziert) inspirierten Claude Parent
zum Bau seiner Kirche Sainte Bernadette du Banlay in Nevers (1964–66) in Form
eines monolithartigen Betonkörpers auf hexagonalem Grundriss, dessen riesige
Baumassen jedoch durch Brechungen im Mauerverlauf und durch die Einfügung
von schrägen Ebenen ins Wanken zu geraten scheinen.[33] Parent wollte diese »fonc-
tion oblique« (»schräge Funktion«) als Verfremdungsmoment des spezifischen architektonischen Raums verstanden wissen, der damit das negative Bunker-Image
aufbricht und für die Kirchennutzung in der schützenden Bunkerhöhle freimacht.
Für diesen Prozess war der Einsatz der Farbigkeit und groben Oberflächenstruktur
des Sichtbetons maßgeblich. In Düsseldorf hat sich bis heute ein Luftschutzbunker
erhalten, der bereits drei Jahre nach dem Zweiten Weltkrieg zu einer »Bunkerkirche« umgebaut, besser sollte man sagen »umgesprengt« wurde (s. Abb. 6).[34] 1948
sprengte man die Zwischendecken und die Fensteröffnungen in die über einen Meter dicken Sichtbetonwände und füllte sie zunächst mit einfachen, später 1959 mit
farbigen Beton-Glas-Lanzetten mit neuer Sichtbetonrahmung. Im Inneren entstand
dadurch ein großer, verhältnismäßig heller Kirchenraum. Die Bunker-Ästhetik der
Innen- und Außenwände mit der unverputzten rauen Schalungsoberfläche sowie
auch die Einschussspuren am Magazinturm blieben bewusst erhalten. Erst Sanie-
rungsarbeiten in den letzten Jahren haben dieses ursprüngliche Bild durch einen
hellen Putzanstrich im Inneren verfälscht. Auch bei der Düsseldorfer Bunkerkirche wurde also ähnlich wie später dann bei Parents Sainte Bernadette mit diesem
Transformationsprozess des fortifikatorischen Äußeren und schützenden Inneren
des Bautyps Bunker auf den Bautyp Nachkriegskirche gearbeitet. Dies gewährleis-
tete ein historisch-mahnendes Gedächtnis aufgrund der Verwendung von Formen
der Kriegsarchitektur, aber andererseits auch die Umkehrung der ursprünglichen
zerstörerischen Konnotation durch die Nutzung als friedlichem, stillem und nun
von Gott geschütztem Kirchenraum. Es wäre zu überlegen, ob nicht bei einigen neu
errichteten Nachkriegskirchen mit geschlossenem Äußeren in Sichtbeton, wie z.B.
Gottfried Böhms Universitätskirche St. Johannes der Täufer, solche Gedanken der

---

32 P. Virilio, Bunker Archéologie, Paris 1975.
33 Siehe A. Rüegg u.a. (Hg.): Die Unschuld des Betons. Wege zu einer materialspezifischen Architektur, Zürich 2004, 40–41.
34 Vgl. Pantle, Leitbild Reduktion (s. Anm. 11), 272–283.

**Abb. 6:** Düsseldorf, Bunkerkirche (Foto: Stefanie Lieb)

Umdeutung des Bunkerbildes eine Rolle gespielt haben. Bei Rudolf Schwarz findet man in seinem Buch »Kirchenbau« von 1960 folgende Formulierung: »Der Würfel kann ein Bunker sein oder der Kosmos, den man der Gottheit darreicht.«[35]

## 2.3 Assoziationsformel »Skulptur«

Bei einigen der Betonkirchen, besonders aus den 60er Jahren, liegen aufgrund ihrer plastischen Körper- und Raumformungen die Assoziationen zu bildhauerischen Kunstobjekten nahe. Gottfried Böhm, Josef Rikus, Walter Förderer und Fritz Wotruba waren beispielsweise studierte bildende Künstler und verstanden ihre Kirchenbauten auch als »begehbare Skulpturen«. Walter Förderers kennzeichnende Charakterisierung seiner Sakralbaukonzepte als Entwürfe für »Räume von hoher

---

[35] R. Schwarz: Wegweisung der Technik (1931), zitiert nach: M. Sundermann: Demut der Baukunst. Rudolf Schwarz und Emil Steffann, o. O, 2023, 38.

Zwecklosigkeit«[36] verweist auf den künstlerischen Impetus dieser Bauten. Ähnlich wie Ton zum Modellieren einer Plastik suggeriert auch Beton als Amalgam-Gemisch zunächst die große Freiheit der Formgestaltung. Hinzu kommen aber das Stahlgewebe der Armierung sowie die Sperrigkeit der Schalung, die als tektonisch starres Gefüge dem entgegenstehen.[37] Dennoch sind aber gerade die Schalungsspuren auf der Außen- und Innenhaut der Betonkirche die optischen und haptischen Zeugnisse des kreativen Vorgangs der Formentwicklung und -umsetzung durch den Betonguss in die Schalungsformen. Im Sichtbeton-Handbuch von Wilhelm Künzel 1965 (in dem übrigens sehr viele Beispielbauten Kirchen darstellen!) ist sogar die Rede davon, dass eine steinmetzmäßige Nachbearbeitung der Sichtbetonflächen nicht »betongerecht«, also materialgerecht, sei, da dies »der Besonderheit des Betons, die ihm gegebene Schalungsform genau auszufüllen«, widerspräche.[38] Es gehörte also sozusagen zum künstlerischen Anspruch des Betonkirchen-Architekten, die Außenhaut seiner »Sakralplastik« materialgerecht, also mit den unbehandelten Schalungsspuren, zu zeigen. Weiterhin wurden damit auch eine Homogenität des Bauwerks und eine Übereinstimmung zwischen Außenbau und Innenraum angestrebt. Walter Förderer begründete seine Vorliebe für das Material Sichtbeton und seine »Rohbau-Ästhetik« mit der Äußerung: »Ich möchte meine Architektur – innen und aussen – möglichst als Ganzes mit dem Rohbau gültig verwirklicht wissen.«[39] Die Betonkirchen sind also folglich Kunstgebilde für eine sakrale Erfahrung, bei denen der »ehrliche« und »einfache« Beton materialgerecht im Sinne der zeitgleichen Minimal Art und Arte Povera eingesetzt wird.[40]

---

36 Rüegg, Unschuld des Betons (s. Anm. 33), S. 38. Weiterhin Z. Reckermann: »Gebilde von hoher Zwecklosigkeit«. Walter Maria Förderers Gratwanderung zwischen Architektur und Skulptur am Beispiel von St-Nicolas in Hérémence, Weimar 2009.

37 Siehe A. Deplazes: Zur Metaphysik des Sichtbetons. Faszination und Paradoxie der Oberfläche, in: Kunst+Architektur in der Schweiz, Nr. 4, 2009, 16–23.

38 W. Künzel: Sichtbeton im Hoch- und Ingenieurbau, Düsseldorf ²1965, 129.

39 Zitiert nach Reckermann, Gebilde (s. Anm. 36), 49.

40 Vgl. M. Brinkmann: Minimal Art. Etablierung und Vermittlung moderner Kunst in den 1960er Jahren, 2 Bde., Diss. Bonn 2006.

## 3 Der »Wahrhaftigkeits«-Gestus des Sichtbetons für den modernen Sakralbau – Vermittlung und Transformation

Wie es die architekturhistorische und ikonologische Aufarbeitung gezeigt hat, kam Sichtbeton als Baumaterial aber auch als Bedeutungs- und Stimmungsträger im modernen Kirchenbau besonders der Nachkriegszeit eine zentrale Rolle zu. Der Einsatz unterschiedlicher Sichtbetonoberflächen mit ihren jeweiligen Strukturen wurde im Kirchenbau generell nie dem Zufall überlassen und auch nicht als reines Ergebnis des technischen Bauvorgangs gewertet. Vielmehr bezogen die Architekten die Materialsprache des Sichtbetons bewusst in ihre Entwürfe für einen sakralen Baukörper und einen entsprechenden, »modernen sakralen Raum« mit ein. Dass viele dieser Betonkirchen, die für die Ewigkeit gebaut schienen, nach mehreren Jahren bauliche Mängel, besonders Korrosions- und Feuchtigkeitsschäden aufwiesen, darf nicht unerwähnt bleiben. Besonders die skulpturalen Kirchenbauten der 60er, bei denen auch die Dachflächen aus Sichtbeton bestehen, wiesen recht früh Schäden auf und mussten dann langfristig mit Metallblech verkleidet werden.[41] Unabhängig von dieser Problematik ist auch festzustellen, dass bei vielen noch gut erhaltenen Betonkirchen der Nachkriegszeit ursprüngliche Sichtbetonflächen überstrichen oder überputzt worden sind, oder es kam zu einer Überschalung der Wände durch z.B. Holzverkleidungen.[42] In den Bauakten sowie auch bei Nachfragen wird dazu immer wieder als Begründung angeführt, dass das Grau des Betons so hässlich und kalt sei, man die Wetterspuren auf der Außenhaut (Patina) entfernen und im Inneren mehr Helligkeit, Farbe und Wärme erzeugen wolle.[43] Diesen Intentionen von Kirchenverbänden, Geistlichen und Gemeindemitgliedern ist eigentlich nichts vorzuwerfen, denn sie sind über die spezifische Materialsprache ihres Betonbaus und seiner architekturgeschichtlichen Bedeutung nicht hinreichend informiert. Hier gälte es Aufklärungsarbeit zu leisten, indem der besondere Wert des Sichtbetons für den Sakralbau der Moderne ausführlich vorgestellt und systematisiert wird. Die Wissenschaft ist hier angewiesen hinreichende Ergebnisse zu liefern, um dann zusammen mit der Denkmalpflege entsprechende Maßnah-

---

**41** Vgl. U. Krings: Gottfried Böhms Kirchenbauten und die Denkmalpflege. In: Voigt, Gottfried Böhm (s. Anm. 13), 129–142. Weiterhin: H. Junker, S. Lieb: Sakralbauten der Architektenfamilie Böhm, Regensburg 2019.
**42** Vgl. die Kirche St. Elisabeth in Freiburg, der Sichtbeton-Innenraum von 1965 im Jahr 1980 mit einer umlaufenden Holzverkleidung versehen wurde. Vgl. H. Weber: Zwischen sakral und profan. Umnutzung von Kirchen der Nachkriegsmoderne, Weimar 2023, 141, Abb. 78.
**43** Weber, Zwischen sakral und profan (s. Anm. 42), 141.

men der Informationsarbeit, Unterschutzstellung und Sanierung durchführen zu können.[44] Dies gilt im Übrigen auch bei der Transformation einer Betonkirche aus der Nachkriegszeit. Aktuelle Umnutzungen wie der Umbau der Freiburger Kirche St. Elisabeth zur Wohnanlage Church Hill 2015[45] oder die Transformation der Gerhard-Uhlhorn-Kirche in Hannover[46] zum Studierendenwohnheim 2019 sind dafür gute Beispiele.

---

44 Vgl. I. Scheurmann: Denkmalschutz für unwirtliche Baudenkmäler? Zu Wert- und Vermittlungsfragen von Bauten des Brutalismus, in: Wüstenrot Stiftung (Hg.): Brutalismus. Beiträge des internationalen Symposiums in Berlin 2012, Zürich 2017, 158–170.
45 Weber, Zwischen sakral und profan (s. Anm. 42), 128–167.
46 https://www.evangelisch.de/inhalte/161395/21-10-2019/erste-studenten-ziehen-umgebaute-evangelische-kirche-hannover-ein (eingesehen am 28.10.23).

Ansgar Schulz, Benedikt Schulz

# In Bewegung

## Umgestaltung des Kirchenraumes von St. Rochus in Düsseldorf

**Zusammenfassung:** Die Kirche St. Rochus in Düsseldorf ist in den 1950er Jahren als Ersatz eines kriegszerstörten Kirchenschiffes errichtet worden. Ihre radikale Architektur bietet Raum, in dem Menschen eine höhere Wirklichkeit erfahren können. Doch um heiliger Raum sein zu können, müssen heilige Handlungen gut in ihm vollziehbar sein. Die Umgestaltung des Kirchenraumes hat zum Ziel, Raum und Liturgie aufeinander abzustimmen, miteinander verschmelzen zu lassen.

**Abstract:** St. Rochus Church in Düsseldorf was built in the 1950s as a replacement for a church that had been destroyed during World War II. Its radical architecture provides a space where people can experience a higher reality. However, to be a sacred space, it must also be conducive to the effective performance of sacred rituals. The redesign of the church aims to harmonize the space and the liturgy, allowing them to seamlessly merge.

Die innenräumliche Umgestaltung von bestehenden Kirchen ist für Architektinnen und Architekten eine ungewöhnliche, aus dem Alltagsschaffen herausragende Aufgabe. Oft geht es dabei um die Anpassung der Kirchenräume an sich wandelnde Anforderungen, beispielsweise bei Veränderungen von Raumkonfigurationen aus vorkonziliarer Zeit, überkommener künstlerischer Ausgestaltung der Räume oder Angleichung der Raumorganisation an sich wandelnde Gemeindegrößen. Im hier behandelten Fall gilt es, ein in der Entstehungsgeschichte des Kirchenbaus begründetes Problem zu lösen: Die anstehende Umgestaltung soll die Störung im Verhältnis von Raum und Liturgie beheben.

Die katholische Kirche St. Rochus in Düsseldorf-Pempelfort wurde 1894 bis 1897 im neoromanischen Stil erbaut. Während des Zweiten Weltkriegs wurde sie durch einen Luftangriff stark beschädigt. In den Jahren nach dem Krieg erwog man sowohl die Teilreparatur als auch die komplette Rekonstruktion der Kirche. Der damalige Pfarrer Peter Dohr und der von ihm hinzugezogene Architekt Paul Schneider-Esleben entwickelten jedoch 1952 die Idee eines Neubaus an der Stelle des historischen Kirchenschiffs. In der Folge wurden die Ruine der Kirche mit

Kontakt: **Ansgar Schulz, Benedikt Schulz**, Fakultät Architektur der Technischen Universität Dresden; E-Mail: ek@mailbox.tu-dresden.de

https://doi.org/10.1515/bthz-2024-0009

**Abb. 1:** Die 1955 fertiggestellte katholische Kirche St. Rochus in Düsseldorf zählt zu den bedeutendsten Sakralbauten des 20. Jahrhunderts (© GraphyArchy / Wikipedia)

Ausnahme des Glockenturms 1953 gesprengt und bis 1955 ein neuer, freistehender Kirchenraum errichtet.[1] Es entstand ein einzigartiger Kirchenbau, der zu den architektonisch bedeutendsten Sakralbauten des 20. Jahrhunderts zu zählen ist. Der Bau wurde vielfach veröffentlicht und wird noch heute bei Düsseldorfer Stadtführungen besichtigt. Sein radikales Erscheinungsbild brachte ihm in der deutschen Wochenzeitschrift »Der Spiegel« den Vergleich mit einem Atommeiler ein (s. Abb. 1).[2]

Die Form der Kirche basiert auf dem von Dohr und Schneider-Esleben entwickelten Gedanken eines Zentralbaus, der die Dreifaltigkeit und die zwölf Apostel symbolisiert.[3] Der Grundriss entspricht einem Dreipass, einem spätromanischen beziehungsweise gotischen Ornament, bei dem drei Kreise vom Schwerpunkt eines gleichseitigen Dreiecks gleichmäßig nach außen verschoben werden, so dass sie in einen Kreis eingeschrieben sind. Als Vorbild für die Grundrissgeometrie diente die Wallfahrtskirche Kappl bei Waldsassen,[4] allerdings ist die für St. Rochus ent-

---

1 A. von Buttlar, St. Rochus, in: A. Lepik/R. Heß (Hg.), Paul Schneider-Esleben. Architekt, München 2015, 100–102.
2 »Etwas überhöht«. Der Spiegel 51 (1963), 78.
3 Von Buttlar, St. Rochus (s. Anm. 1), 100.

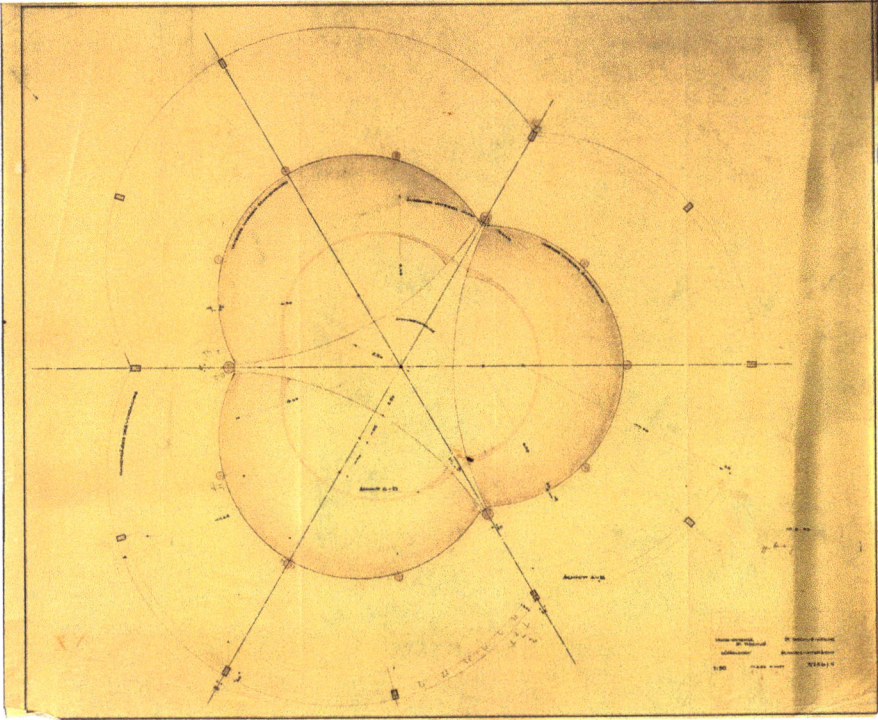

**Abb. 2:** Die Originalzeichnung aus der Erbauungszeit zeigt die einem Dreipass ähnliche Grundriss-geometrie des Kirchenraumes (© Paul Schneider-Esleben / Archiv Architekturmuseum Technische Universität München)

wickelte Raumkonfiguration eine völlig andere. Auf den in Form des Dreipasses aneinandergefügten Halbkreisen des Hauptraumes sind zwölf Stützen platziert. Sie tragen drei parabelförmige Kuppelsegmente, die steil nach oben bis in eine Höhe von 28 Metern geführt werden. An der Schnittlinie zwischen den Kuppelsegmen-ten sind Lichtbänder aus Glassteinen eingefügt, die sich nach oben verbreitern in das im Zentrum liegende Opaion, der kreisrunden Öffnung am höchsten Punkt der Kuppel, die wiederum mit Glassteinen ausgefüllt ist (s. Abb. 2).

Um den Kranz der zwölf Stützen herum ist ein dreiteiliger Umgang mit gerin-gerer Raumhöhe angelegt. Die Außenwände dieser drei Konchen verlaufen wie-derum auf Halbkreisen, allerdings sind deren Mittelpunkte gegenüber den Mittel-punkten der inneren Halbkreise nach außen verschoben, sodass die inneren und

---

4 Von Buttlar, St. Rochus (s. Anm. 1), 100.

**Abb. 3:** Der andersartige Raum der Kirche bietet aus architektonischer Sicht die Voraussetzung für die Transzendenzerfahrung (© Klotz, Heinrich [Hg.] [1987]: Paul Schneider-Esleben Entwürfe und Bauten 1949–1987. Braunschweig/Wiesbaden: Friedr. Vieweg & Sohn)

äußeren Halbkreise nicht parallel zueinander sind, sondern aufeinander zulaufen. Jede Konche ist von einer konisch zulaufenden Dachfläche überdeckt, die durch ein Fensterband von der Außenwand abgesetzt ist. Die Dachflächen knicken am inneren Stützenkranz übergangslos nach oben ab in die Kuppelsegmente. Die rotationssymmetrische Form des Kirchenraumes besteht aus drei identischen Segmenten, die sich jeweils im Winkel von 120 Grad aufeinander abbilden. An zwei der drei Schnittlinien der Konchensegmente befinden sich die unscheinbaren Zugänge von außen beziehungsweise aus der Sakristei, ansonsten ist der architektonische Raum ohne jegliche Orientierungspunkte für eine Gerichtetheit.

Form, Raumkomposition und Lichtführung von St. Rochus sind einzigartig, es existiert keine annähernd vergleichbare Kirche. Die geometrische Ordnung des Baus ist mathematisch präzise und rational durchdringbar. Und dennoch ist das Empfinden, das schon die äußere Annäherung an die Kirche auslöst, ein hochemotionales. Die Wahrnehmung von etwas Andersartigem, dem aus dem Alltag der gebauten Umwelt Heraustretenden setzt sich im Innern fort. Staffelung und Hierarchie von Eingang, Umgang und Kuppelraum, die faszinierende Verschneidung der Formen, die Richtungslosigkeit der Rotationssymmetrie, die Komplexität des Raumes als Ganzes und die von extrem hoher Nachhallzeit bestimmte Raumakustik erzeugen Gefühle und Gedanken, die den Menschen in eine andere Wirklichkeit versetzen können (s. Abb. 3).

Doch reicht das, um heiliger Raum zu sein, ein Raum des Heiligen? Die deutschen Bischöfe geben Hilfestellung zur Klärung der Frage: »Wenn sowohl der Zeichencharakter des Raumes als auch seine liturgische Eignung stimmen, sind die Voraussetzungen dafür geschaffen, dass das Mysterium Christi und seiner Kirche angemessen gefeiert und erfahren werden kann.«[5] Die Architektin Nadine Haepke führt in ihrer bemerkenswerten Dissertation aus, dass sakrale Inszenierung als architektonisches Mittel allein nicht ausreichend ist: »Das Sakrale zeichnet sich durch eine Andersartigkeit des Raumes und des Gebrauchs aus: Es ist vom Alltag ausgenommen.«[6] Es bedarf also des Gebrauchs des Raumes durch die Liturgie, des guten Gebrauchs. Erst die heilige Handlung lässt den heiligen Raum entstehen.

Hier liegt ein wesentliches Problem von St. Rochus. Den stimmigen Zeichencharakter kann man dem Raum keinesfalls absprechen. Die liturgischen Handlungen hingegen lassen sich offenbar nicht dauerhaft zufriedenstellend vollziehen, wie die mehrfachen Umgestaltungen der Kirche seit ihrer Fertigstellung bezeugen. Dies ist in der Entstehungsgeschichte der Kirche begründet. Pfarrer Dohr und Architekt Schneider-Esleben sind während des Rohbaus im Streit auseinandergegangen. Zu diesem Zeitpunkt waren zentrale Fragen des Projekts noch nicht geklärt, insbesondere das Verhältnis von neuem Zentralbau zu erhaltenem Glockenturm sowie die Platzierung von Altar, Ambo, Tabernakel, Gemeinde und Orgel im Raum. So wurde Schneider-Eslebens Planung, den Kirchenraum axial durch den Glockenturm und von dort aus unter einem Dach zwischen Turm und Kirchenraum hindurch zu betreten, von Dohr nicht realisiert. Statt den Altar oder den Taufbrunnen in die Mitte des Raumes zu rücken, wie Schneider-Esleben entwerferisch untersucht hatte, ließ Dohr im Zentralraum die Ordnung einer nach Osten ausgerichteten Wegekirche ausführen. Das Potential des radikalen architektonischen Konzepts wurde nicht ausgeschöpft.

Seit der Benediktion im Jahr 1955 werden in St. Rochus Gottesdienste gefeiert und die Kirche darf als heiliger Raum im kirchenrechtlichen Sinne verstanden werden.[7] Doch ist die Gemeinde bis heute nicht zufrieden mit dem Ensemble und dem Innenraum. Mehrfach wurden unter Beteiligung verschiedener Architekten und Künstler Ergänzungen und Umgestaltungen vorgenommen, zum Teil sogar von

---

5 Sekretariat der Deutschen Bischofskonferenz (Hg.), Leitlinien für den Bau und die Ausgestaltung von gottesdienstlichen Räumen, Handreichung der Liturgiekommission der Deutschen Bischofskonferenz, Bonn 2002, 9.
6 N. Haepke, Sakrale Inszenierungen in der zeitgenössischen Architektur, Bielefeld 2013, 30.
7 Vgl. CIC 1205 und 1214.

Schneider-Esleben selbst in seinen späten Lebensjahren. So wurden im Laufe der Jahre beispielsweise der Kirchturm instandgesetzt, dort eine Werktagskapelle integriert, figurative Skulpturen im Außenraum platziert, an die Pfeiler der alten Kirche erinnernde Stahlsäulen aufgestellt und die Vorhalle mit bunten Fenstern versehen. Im Kirchenraum wurden die Kuppel angestrichen, die Position und Gestaltung der liturgischen Orte sowie die Materialität von Fußboden und Konchenwänden verändert, eine voluminöse Orgel wurde eingebaut und der Raum mit diversen Kunstwerken unterschiedlicher Epochen und Stilrichtungen ausgeschmückt.

Der Klarheit des ursprünglichen architektonischen Konzepts haben die Interventionen nicht geschadet, aber als Ort heiliger Handlungen hat sich die Kirche offenbar nicht entscheidend verbessert. Der damalige Pfarrer Heribert Dölle äußerte im Jahr 2017 in einem Zeitungsinterview eine gewisse Ratlosigkeit, gepaart mit Faszination: »Die Rochuskirche ist immer noch unverstanden. Wir müssen die Sprache der Architektur erst lernen [...]. Sie ist ein Sakralraum für denjenigen, der sich auf diese leere Form einlässt und nach Spiritualität sucht.«[8] An der Qualität des Raumes bestehen keine Zweifel, aber offensichtlich gibt es weiterhin Handlungsbedarf hinsichtlich seines guten Gebrauchs. Durch das Zerwürfnis zwischen Schneider-Esleben und Dohr ist es nie zu einer von beiden geistigen Vätern der Rochuskirche getragenen Lösung gekommen, Raum und Liturgie in Einklang zu bringen, und den diversen Umgestaltungen ist es nicht gelungen, eine sich gegenseitig befruchtende Einheit von Raum und Liturgie zu erzeugen.

Die Gemeinde entschloss sich daher im Jahr 2020 zu einem erneuten Umgestaltungsversuch und lobte dafür einen Architekturwettbewerb aus. In der Aufgabenstellung wird das Problem explizit dargelegt, dass sich im Zentralbau von St. Rochus die liturgische Tradition und die ungerichtete Architektur nicht gut vertragen. Den Entwerfenden wird die konkrete Frage gestellt: »Wie vollzieht sich die Liturgie in diesem Raum?«. Das Potential des Spannungsverhältnisses von Raum und Liturgie wird benannt: »Der Raum kann die Liturgie inspirieren, die Liturgie kann den Raum zur Sprache, zur Stimmung und zur Atmosphäre erheben.«[9] Um darauf gute Antworten finden zu können, werden den zum Wettbewerb eingeladenen Architekturschaffenden viele Freiheiten gegeben. So wird die komplette bestehende Ausgestaltung einschließlich Altar, Ambo, Orgel, Sitzbänken und Kunstwerken zur Disposition gestellt. Hauptaltar und Tabernakel könnten in die Turmkapelle versetzt,

---

**8** H. Meister, St. Rochus in Düsseldorf: Ein Ei mit einem Innenraum aus Beton und Licht, Westdeutsche Zeitung, 18.07.2017, https://www.wz.de/specials/nrw/kirchen-im-rheinland/st-rochus-in-duesseldorf-ein-ei-mit-einem-innenraum-aus-beton-und-licht_aid-26651815.
**9** Kirchengemeinde Heilige Dreifaltigkeit, Mehrfachbeauftragung der Innenraumgestaltung (Vorplanung) in der und um die Kirche St. Rochus in Düsseldorf-Pempelfort, Düsseldorf 2020, 4.

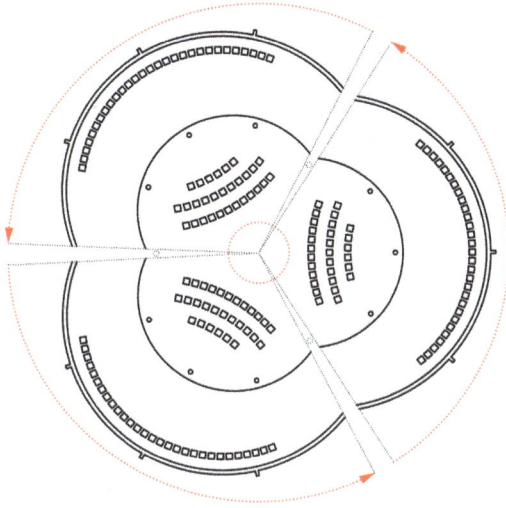

**Abb. 4:** Die Umgestaltung des Kirchenraumes folgt seiner dreigeteilten Rotationssymmetrie (© Schulz und Schulz)

Altar und Ambo neu angefertigt und im Kirchenraum tragbar ausgebildet werden. In einem radikalen Schritt will die Gemeinde einen Neuanfang dieser Kirche als heiligen Raum wagen.

Das Beurteilungsgremium des Wettbewerbs hat sich einstimmig für unseren Beitrag als Grundlage der erneuten Umgestaltung von St. Rochus entschieden. Wir haben dem Entwurf den Titel *In Bewegung* gegeben. Dies bezeichnet aus unserer Sicht die Schnittmenge des einzigartigen Raumes und der katholischen Liturgie. Anders als beim üblichen architektonisch-entwerferischen Vorgehen, bei dem der Raum in der Regel als Symbiose aus städtebaulichen und liturgischen Anforderungen entsteht, muss in St. Rochus die Liturgie dem Vorhandenen folgen – dem Raum ohne Richtung. Dieser ist durch seine dreigeteilte Rotationssymmetrie mit vielen auf- und abschwingenden Linien von starker rhythmischer Bewegung geprägt. Die Bewegung der im Gottesdienst Handelnden ist ein wichtiger Teil der Liturgie, insbesondere in der Interaktion aller Beteiligten untereinander. Dem Priester fällt dabei die entscheidende Rolle zu, was Walter Zahner so formuliert: »Der Priester soll nicht mehr allein in der Repräsentanz Christi im Altarraum verharren und so ein theaterhaftes Gegenüber sinnenfällig untermauern. Vielmehr soll er als Teil der einen Gemeinschaft der Gläubigen in deren Mitte stehen«[10] (s. Abb. 4).

Wie kommen nun die Bewegungen des Raumes und die Bewegungen der liturgisch Handelnden in Einklang? Schneider-Esleben und Dohr haben sich beim

---

10  W. Zahner, Baukunst aus Raum und Licht, in: ders. (Hg.), Baukunst aus Raum und Licht, Sakrale Räume in der Architektur der Moderne, Lindenberg 2012, 31.

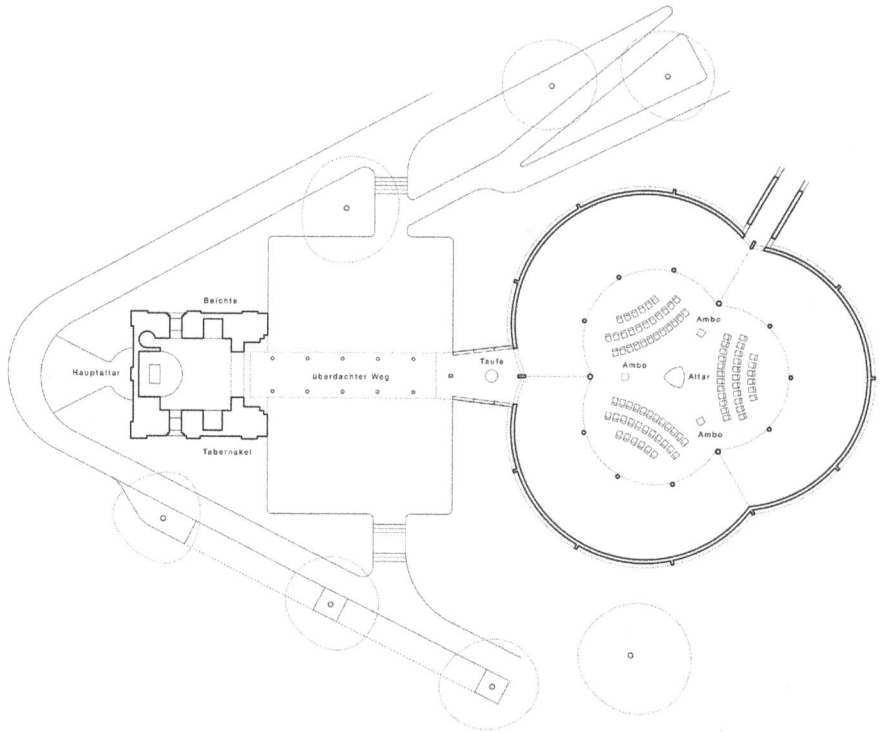

**Abb. 5:** Hauptaltar und Tabernakel im historischen Glockenturm sind über einen überdachten Weg im Freien mit dem Kirchenraum verbunden (© Schulz und Schulz)

Entwurf der Rochuskirche von der Symbolik der Dreifaltigkeit leiten lassen. Im Vorbild, der Wallfahrtskirche Kappl, beten die Pilger an drei Altären, die rotationssymmetrisch korrekt jeweils in einer Konche platziert sind, und doch ist der nach Osten gerichtete Altar hervorgehoben und die Bankreihen auf ihn ausgerichtet. Auch hier ist – wie in den meisten kirchlichen Zentralbauten – der Konflikt zwischen zentriertem Raum und gerichteter Liturgie nicht aufgelöst. Schneider-Esleben war sich dieses Konflikts bewusst, wie viele seiner Skizzen aus dem Entwurfsprozess belegen. Er versuchte, die Mitte des Raumes zu besetzen, sein zur Ausführung ausgearbeiteter Vorschlag, dort den Taufbrunnen zu platzieren, wurde allerdings nicht ausgeführt.

Zum konsequenten wie radikalen Schritt, die Liturgie zugunsten des Raumes in zentrierter Anordnung zu vollziehen, konnten sich die damaligen Beteiligten nicht durchringen. Heute, rund siebzig Jahre später, nach der durch das Zweite Vatikanische Konzil initiierten Liturgiereform, der damit verbundenen Öffnung der Liturgie für vielfältige Handlungsformen und Erfahrungen mit neuartigen Formen

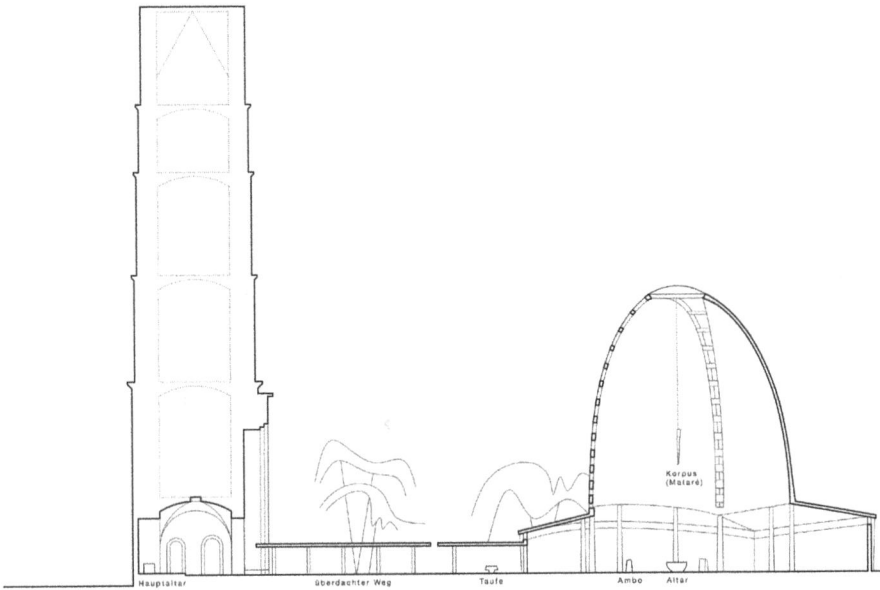

**Abb. 6:** Die Raumabfolge von Werktagskapelle, überdachtem Gang und Kirchenvorraum findet im 28 Meter hohen Kirchenraum ihren Abschluss (© Schulz und Schulz)

wie zum Beispiel der Communio-Ordnung mit bipolarer Platzierung von Altar und Ambo und sich gegenüberstehenden Gemeindebänken ist der Spielraum größer. Daher schlagen wir vor, der Logik des architektonischen Raumes von St. Rochus zu folgen und den Altar in die Mitte zu stellen, auf den Mittelpunkt der rotationssymmetrischen Figur. Raum und Liturgie drehen um den Altar in der Mitte.

Um St. Rochus als Ganzes verständlich zu machen und den eigentlichen Kirchenraum zu entlasten, werden Hauptaltar, Tabernakel, Osterleuchter und Beichtort in die Werktagskapelle im Glockenturm verlagert, der Taufbrunnen verbleibt im Vorraum des Kirchenraumes, und die Orgel ist in Form beweglicher Registermodule vorgesehen, die außerhalb des Gottesdienstes in den angrenzenden Gemeinderäumen gelagert werden. Zur Stärkung der Verbindung zwischen Turm und Kirchenraum soll das von Schneider-Esleben ursprünglich geplante leichte Dach zwischen den beiden Teilen errichtet werden. Der Kirchenraum fokussiert auf seine Funktion als Ort von Gottesdienst und stillem Gebet, daher werden dort zukünftig nur noch Altar, Ambo und Stühle platziert (s. Abb. 5 und 6).

Deren Anordnung folgt der Dreiteilung des Raumes und dessen Rotationssymmetrie. Die Gemeinde ist in drei Blöcke aufgeteilt, deren Stuhlreihen die konvexe

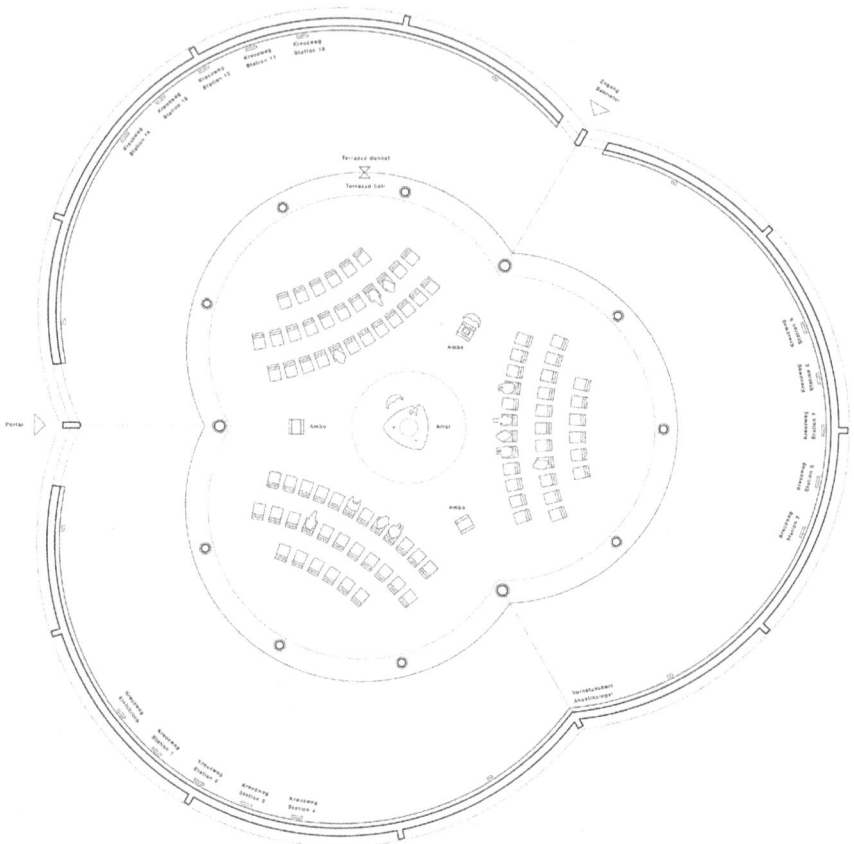

**Abb. 7:** Altar, Ambonen-Standorte und Gemeindebestuhlung erzeugen die Bewegung der im Gottesdienst Handelnden im Raum (© Schulz und Schulz)

Gegenkrümmung zu den Konchenwänden bilden und so den Fliehkräften der Rotation des Raumes entgegenwirken. Anstelle von Sitzbänken sind Stühle vorgesehen, um diese für unterschiedliche Handlungsszenarien entfernen zu können. Auf den Schnittlinien der Kuppelsegmente befinden sich drei Ambo-Standorte. Die Gliederung der Elemente wirkt wie eine zu einer Seite aufgebogene Communio-Anordnung, die um den Altar rotiert. In der Konsequenz dreier identischer Teilbereiche ist der Vorstehersitz nicht als solcher markiert. Der Priester entscheidet während der Einzugsprozession, an welche Stelle er sich begibt. Ähnlich verhält es sich mit den drei Ambonen. Die verschiedenen Teile des Wortgottesdienstes wie beispielsweise Eröffnung, Gebete, Lesung, Evangelium und Predigt erfolgen im Wechsel von unterschiedlichen Ambonen aus. Während der Gottesdiensthandlungen bewegen

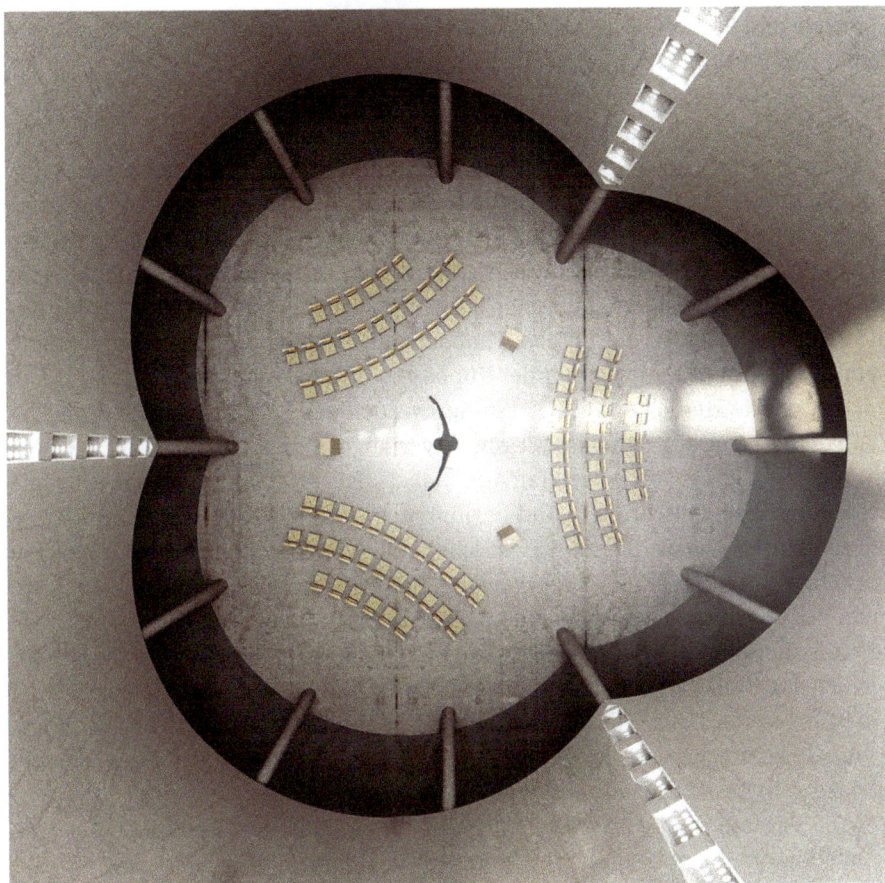

**Abb. 8:** Die im Zentrum über dem Altar abgehängte Christusfigur ist das einzige subtil richtungs-gebende Element im Raum (© Schulz und Schulz)

sich der Priester und die mitwirkenden Laien im dreigeteilten Raum und interagie-ren mit der Gemeinde (s. Abb. 7 und 8).

Die Anordnung dreier spiegelgleicher Bereiche geht an die Grenzen des Spiel-raums, den die Vorgaben des Messbuches bieten. So muss der Priestersitz als sol-cher erkennbar sein.[11] Wie das bei spontaner Wahl des Zelebranten während des Einzugs bewerkstelligt werden kann, bedarf noch einer Detaillösung. Drei Ambo-nen in einem Kirchenraum sind äußerst ungewöhnlich, aber laut der Richtlinie

---

11 Sekretariat der Deutschen Bischofskonferenz (Hg.), Die Messfeier – Dokumentensammlung, Auswahl für die Praxis, Bonn 2015, 70.

»Liturgie und Bild« die zulässige Ausnahme von der gängigen Praxis: »In der Regel findet sich im Kirchenraum ein einziger Ambo [...]«.[12] Zum Altarraum fordert das Messbuch: »Der Altarraum soll durch eine leichte Erhöhung oder durch eine besondere Gestaltung und Ausstattung vom übrigen Raum passend abgehoben sein.«[13] In St. Rochus werten wir die Position des Altars im Zentrum des Raumes und seine dreigliederige, auf den Raum reagierende Form als besondere Gestaltung im Sinne des Messbuches. Eine Erhöhung des Altarraums oder eine wie auch immer geartete Trennung von Gemeinde und Altar würden dem Gedanken der Interaktion zwischen den Beteiligten des Gottesdienstes völlig widersprechen. Vielmehr müssen die Grenzen zwischen Altarbereich, Ambonen und Gemeinde aufgehoben werden, denn sie stehen als Einheit unter der Kuppel.

Die größte Herausforderung resultiert jedoch aus der Position des Altars im Zentrum des Raumes, denn das Messbuch verlangt: »Für gewöhnlich soll eine Kirche einen feststehenden, geweihten Altar haben, der frei steht, damit man ihn ohne Schwierigkeiten umschreiten, und an ihm, der Gemeinde zugewandt, die Messe feiern kann.«[14] Damit ist eine wesentliche Errungenschaft der Liturgiereform beschrieben, die Zelebration *versus populum*. Der Priester feiert die Eucharistie nicht mehr mit dem Rücken zur Gemeinde, sondern ihr mit dem Gesicht zugewandt. Diese radikale Neuerung hat aber nichts daran geändert, dass weiterhin ein grundsätzlicher Konflikt zwischen dem ungerichteten Zentralraum und der gerichteten Liturgie besteht. Die axiale Ausrichtung der Liturgie bleibt auch dann bestehen, wenn die komplette Gemeinde während der Eucharistiefeier anstelle des Priesterrückens sein Gesicht sehen können soll (s. Abb. 9).

Die Formulierung »für gewöhnlich« deutet an, dass es Ausnahmen des freistehenden Altars mit der Zelebration in Richtung Gemeinde gibt. Das mag sich auf Situationen beziehen, in denen dies in einer historischen, vorkonziliaren Wegekirche nur schwer nachträglich umsetzbar ist, zum Beispiel im Falle erheblicher gestalterischer und den Raum störender Einbußen. In St. Rochus ist die Wirkung des Raumes so stark, dass weder die vorkonziliare Eucharistiefeier gut durchführbar war noch die Zelebration *versus populum* in der heute üblichen Form. Die Einzigartigkeit, das radikale Anderssein der Rochuskirche rechtfertigen nicht nur ein Anderssein der Liturgie in diesem Raum, sie fordert vielmehr dazu auf, nicht »für gewöhnlich« zu handeln, sondern Ungewöhnliches zu wagen. In St. Rochus kann das Handeln des Priesters aus der Gemeinde heraus nicht dadurch erfahren wer-

---

12 Sekretariat der Deutschen Bischofskonferenz (Hg.), Liturgie und Bild, Eine Orientierungshilfe, Handreichung der Liturgiekommission der Deutschen Bischofskonferenz, Bonn 1996, 30.
13 Messfeier (s. Anm. 11), 68.
14 Messfeier (s. Anm. 11), 69.

**Abb. 9:** Der Priester bewegt sich bei der Eucharistiefeier um den Altar herum und wendet sich der Gemeinde bewusst zu (© Schulz und Schulz)

den, dass ausnahmslos alle Gottesdienstbesuchende im gesamten Verlauf der Eucharistiefeier sein Gesicht sehen. Aber die Gemeinde kann die heilige Handlung des Liturgen im auratischen Raum auf eine besondere, eigene Art spüren, wenn die Liturgie den Raum spiegelt, wenn Raum und Liturgie miteinander verschmelzen.

Die Handlungen der Eucharistiefeier sollten nicht zwingend an einer einzigen Position am Altar vollzogen werden. Vielmehr würde der Positionswechsel um den Altar herum nicht nur die horizontale Ausrichtung der Liturgie zugunsten der Orientierung nach oben in die Kuppel überlagern, sondern dem Priester auch die Möglichkeit geben, sich während der Eucharistie allen Teilen der Gemeinde bewusst zuzuwenden. In der damit verbundenen Bewegung zur versammelten Gemeinde zu zelebrieren, stellt eine Herausforderung für den Priester dar, die ihm

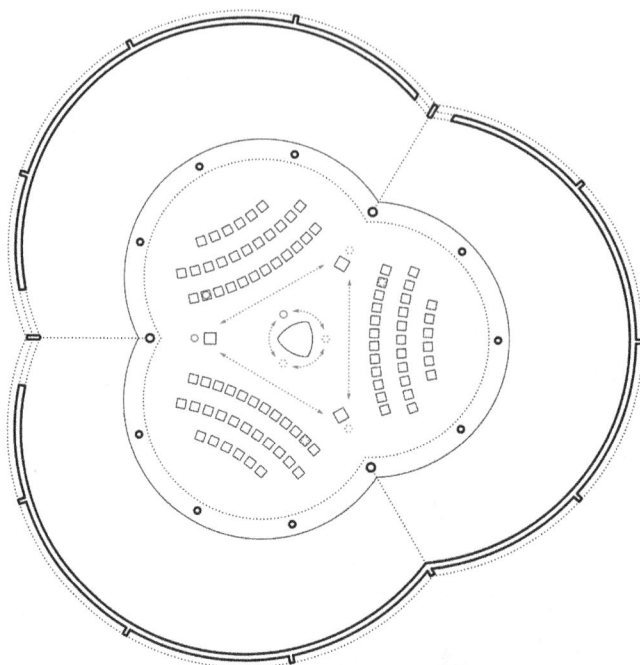

**Abb. 10:** Die Bewegung im Raum während des Gottesdienstes verdeutlicht seine dreiteilige Gliederung und die Auflösung zur Kreisform im Zentrum (© Schulz und Schulz)

eine Auseinandersetzung mit dem geometrisch komplexen Raum abverlangt. Auch die Anordnung des Tabernakels im Glockenturm wirft zu klärende Detailfragen zum Ablauf der Eucharistiefeier auf. Sind nicht genügend Hostien für den Empfang der Kommunion geweiht, wird im Regelablauf eines Gottesdienstes auf bereits konsekrierte Hostien im Tabernakel zurückgegriffen. In St. Rochus würde dies den Gang von Priester oder Kommunionhelfenden durch das Freie zum Glockenturm notwendig machen. Dieser weite Weg mag unpraktisch sein, würde aber auf eindrückliche Weise die aus Turm und Kirchenraum bestehende Gesamtheit von St. Rochus in einen größeren Zusammenhang stellen.

Auch die Gemeinde ist zur Gottesdienstfeier in der Rochuskirche in Bewegung. Zum Empfang der Kommunion formt sie um den Altar herum einen geschlossenen Kreis und löst damit die Dreiteilung des Raumes auf zu einem kraftvollen Symbol der Gemeinschaft der Gläubigen (s. Abb. 10). Die *participatio actuosa*, die tätige Teilnahme der Gemeinde am Gottesdienst, beginnt in St. Rochus schon mit seiner Vorbereitung. Die Stühle, auf denen die Gemeinde während der Messfeier Platz nimmt, sind außerhalb der Gottesdienstzeiten entlang der Konchenwände aufge-

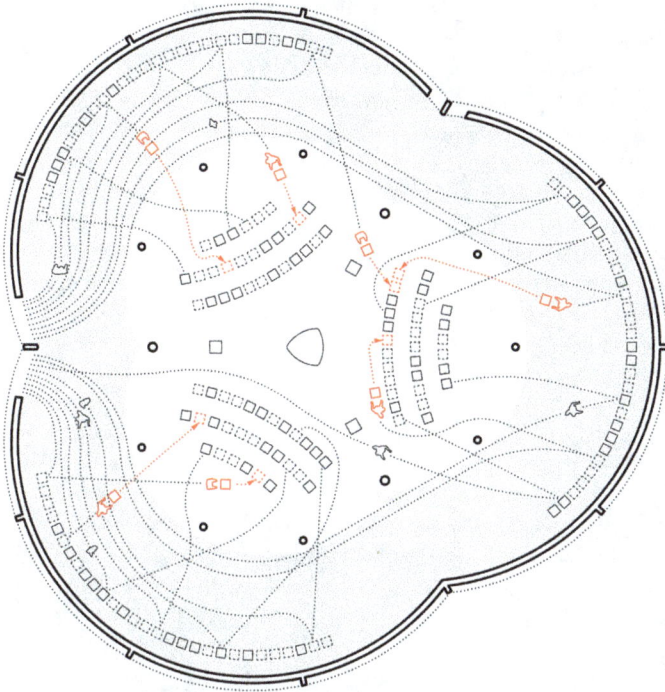

**Abb. 11:** Die *participatio actuosa* der Gemeinde beginnt mit der Aufstellung der Stühle
vor dem Gottesdienst (© Schulz und Schulz)

reiht. Vor Beginn der Feier werden sie – nach unserer Idealvorstellung – von den
am Gottesdienst Teilnehmenden unter die Kuppel getragen und an markierten Positionen aufgestellt. Die Gemeinde eignet sich den Raum für die Feier der heiligen
Messe bewusst an. Auch die Orgel wird für den Gottesdienst bewegt. Sechs Module
werden vor Beginn der Messe aus der Sakristei in den Kirchenraum verschoben
und der Dreiteilung des Raumes entsprechend positioniert. Die Größe der Module
ist derart angepasst, dass sie einzeln durch die Tür der Sakristei in den Kirchenraum gelangen können (s. Abb. 11).

Dieses aktive Herrichten des Raumes für den Gottesdienst, das womöglich un-
bequeme Herstellen seiner Gebrauchsfähigkeit für die liturgischen Handlungen
dient der Auseinandersetzung der an der Messfeier Teilnehmenden mit dem Raum,
aber auch der Besinnung und Einstimmung auf die heiligen Handlungen. Die Leere
des Raumes außerhalb der Gottesdienstzeiten dient aber auch seiner kontemplativen Wirkung. Die Einzelnen, die St. Rochus aufsuchen, sei es zum stillen Gebet
oder zur Bewunderung der Architektur, erspüren die Magie des puren, von allem
Sekundären befreiten Raumes und seine christliche Symbolik. Einzig Altar und

**Abb. 12:** Altar und Ambonen sind im leeren Raum Zeugnisse der heiligen Handlungen des Gottesdienstes (© Schulz und Schulz)

Ambonen zeugen von den heiligen Handlungen der Liturgie, ihre Position in den geometrischen Schwerpunkten des Raumes versinnbildlichen die Kongruenz von Raum und Liturgie (s. Abb. 12).

Kleine architektonische Eingriffe verändern den Raum zugunsten seiner neuen liturgischen Ordnung. So werden die Lichtbänder zwischen den Konchenwänden und ihren konischen Dächern leicht abgedunkelt und der Terrazzo-Fußboden unter der Kuppel wird etwas heller ausgeführt als in den Konchen. Damit wird der Fokus der Wahrnehmung stärker auf das Zentrum und die Kuppel ausgerichtet. Die Konchenwände werden mit einem akustisch wirksamen Material verkleidet und der Raum mit einer neuen, dreigeteilten Lautsprecheranlage ausgestattet, um die Verständlichkeit des gesprochenen Wortes zu verbessern und im Raum an jeder

Stelle in gleicher Qualität sicherzustellen. Der Altar ist in Form eines in drei Richtungen aufgeweiteten Kelches ausgebildet, der so auf die Geometrie des Raumes reagiert.

Schneider-Esleben hatte im Zuge seiner Planungen für die Rochuskirche auch das Gestühl entworfen, Musterstühle anfertigen lassen und der Gemeinde anlässlich der Taufe seines dritten Kindes sechs Stühle gestiftet. Die schlank dimensionierten, leicht wirkenden Holzstühle mit integrierter Kniebank und Rohrgeflechtbezug für Sitzfläche und Rückenlehne wären für die damalige Zeit in einer katholischen Kirche eine ungewöhnliche Lösung gewesen. Pfarrer Dohr lehnte die Stühle ab und ließ konventionelle Sitzbänke aufstellen. Wir greifen Schneider-Eslebens Gestaltungsabsicht wieder auf und realisieren dem Ursprungsentwurf ähnliche leichte Holzstühle mit Rohrgeflecht. Auch Altar und Ambonen bestehen aus Holz und Geflecht, sodass Gemeindegestühl und liturgische Orte durch ein aufeinander abgestimmtes Erscheinungsbild stärker verzahnt wirken.

Von der derzeitigen künstlerischen Ausgestaltung verbleiben nur noch zwei Objekte im Raum. Die vom Künstler Ewald Mataré gefertigten 14 Kreuzwegbilder werden um eine in das Kunstwerk einführende Station erweitert und zu je fünf Teilen an den Konchenwänden platziert. Die ebenfalls von Mataré gestaltete Christusfigur wird in der Mittelachse der Kuppel vom Opaion aus abgehängt. Der Korpus ist nach Westen auf den Eingang ausgerichtet und damit das einzig verbliebene Element, das sich der Rotationsgeometrie des Raumes widersetzt und subtil eine Richtung weist. Das Taufbecken im Vorraum des Kirchenraumes und die Ausgestaltung der Werktags- und Sakramentskapelle im Glockenturm bleiben als Zeichen der Kontinuität von Ort und Gemeinde unverändert im bisherigen Zustand.

Heilige Orte sind andersartig als die gewohnten Lebensräume der Menschen. Ihre Architektur aus Form, Raum und Licht geht über das Alltägliche hinaus und erzeugt Aura. Doch außergewöhnliche, berührende Architektur allein macht sakral inszenierten Raum noch nicht zum heiligen Raum. Erst die heilige Handlung gibt dem Raum seine Bestimmung als Ort einer anderen Wirklichkeitserfahrung. Je mehr der sakral inszenierte Raum und die in ihm vollzogene heilige Handlung miteinander harmonieren, umso stärker kann das Andersartige empfunden werden. In St. Rochus ist der außeralltägliche auratische Raum von großer Dominanz. Die Liturgie lässt sich dort noch nicht ihm angemessen vollziehen. Dies gelingt, wenn sie sich auf den Raum einlässt, ihn durch ihre heiligen Handlungen erobert und zum heiligen Raum macht.

Sonja Keller

# Wahrnehmungsroutinen statt heilige Räume

## Erkenntnistheoretische Anmerkungen zur Absenz der Kategorie »heilig«

**Zusammenfassung:** Der Beitrag fragt, welche Beschreibungen von evangelischen Kirchengebäuden angesichts der Absenz der Deutekategorie »heilig« diskursiv entstanden sind. Er skizziert raum- und materialitätstheoretische, wissenssoziologische, ästhetische, phänomenologische und nutzungsorientierte Zugänge sowie die architektonische Resakralisierungstendenz des Kirchenbaus im 19. Jahrhundert.

**Abstract:** The article asks which descriptions of Protestant church buildings emerged discursively regarding the absence of the interpretative category »sacred«. It focuses on approaches based on the spatial and material turn, the sociology of knowledge, aesthetics and phenomenology as well as on the architectural tendency towards the sacralization of church buildings in the 19th century.

# 1 Einführung

Die schiere Vielzahl von Kirchen und Kapellen in Deutschland eröffnet hinreichend Optionen, um die theologischen Programme und architektonischen Eigenschaften religiöser Räume zu analysieren. Unter den rund 44.000 katholischen und evangelischen Kirchen und Kapellen in Deutschland finden sich zahlreiche hochwertige Entwürfe liturgisch nutzbarer Räume,[1] die mit Objekten der bildenden Kunst ausgestattet sind, die Zusammenkünfte ermöglichen und durch die eingebauten Orgeln auch einer musikalischen Tradition einen Ort geben. Doch in welcher Weise können die architektonisch innovativen und selbstreflexiven Kirchenbauten, wie sie gerade die Nachkriegsarchitektur hervorgebracht hat,[2] als Entdeckungszusam-

---

1 Vgl. M. Gigl, Sakralbauten. Bedeutung und Funktion in säkularer Gesellschaft, Freiburg i. Br. 2020, 273.
2 Der Nachkriegskirchenbau zeichnet sich vielfach durch außerordentlich selbstreflexive architektonische Entwürfe aus, die nicht vergangene Formen bemühen, sondern um eine moderne

---

**Kontakt: Sonja Keller**, Augustana-Hochschule, Neuendettelsau; E-Mail: sonja.keller@augustana.de

https://doi.org/10.1515/bthz-2024-0010

menhang dienen, um sich nicht nur mit der religiösen Baukultur, sondern auch mit dem heiligen Raum auseinanderzusetzen? Kann durch die Analyse der Bauten die Eigenschaft »heiliger« Raum näher qualifiziert werden oder handelt es sich bei dem attributiven Adjektiv »heilig« ausschließlich um eine theologische Setzung oder religiöse Zuschreibung?

Der Protestantismus ist gegenüber der Zuschreibung »heilig« skeptisch. Im »Kirchengesetz über die Widmung und Entwidmung von Kirchen« vom 4. Dezember 2006 wird in der Präambel eine Kirche folgendermaßen bestimmt: »Kirchen dienen der Sammlung der Gemeinde um Wort und Sakrament. Sie sind öffentliche Gebäude, die grundsätzlich zu erhalten und ihrer Bestimmung gemäß zu nutzen sind.«[3] Von »heilig« ist in dem Gesetz weder hinsichtlich der Widmung einer Kirche noch ihrer Entwidmung die Rede. Das Gesetz spiegelt das reformationstheologisch abgeleitete evangelisch-theologische Grundverständnis, demzufolge Kirchengebäude nicht als heilige Räume, sondern als Versammlungsräume der Gemeinde (domus ecclesiae) im Sinne von CA VII verstanden und damit vor allem hinsichtlich ihrer gottesdienstlichen Funktion bestimmt und reflektiert wurden.[4] Dieser liturgische Anknüpfungspunkt an das Verständnis von Kirchengebäuden ist indessen auch in der aktuellen Forschung zu Kirchengebäuden und ihrer Nutzungserweiterung präsent und manifestiert sich auch in der aktuellen Verwendung des Begriffs »Sakralbauten«.[5] Zur Geschichte der theologischen Deutung des evangelischen Kirchenraums gehört auch der Umstand, dass die theologischen Spitzen der Reformation insgesamt eher einen langwierigen Umdeutungsprozess als eine abrupte

---

Gestalt von Kirche ringen und damit auch ekklesiologische Verschiebungen ausdrücken, indem sie den Kirchenraum als Zelt, als Gemeinschaftsraum oder als Laden gestalten. Vgl. K. Kusmierz, Gestalt gewordene Theologie im modernen reformierten Kirchenbau, in: J. Stückelberger (Hg.), Moderner Kirchenbau in der Schweiz, Zürich 2022, 61–74. 74.

**3** Kirchengesetz über die Widmung und Entwidmung von Kirchen (Widmungsgesetz, WidmungsG) vom 4. Dezember 2006, in: Amtsblatt der Evangelischen Kirche in Deutschland, H. 2 (2007), 53–54; 53. Vgl. https://www.kirchenrecht-ekd.de/pdf/3575.pdf#page=29 [30.10.2023].

**4** »Im ekklesiogenetischen Ereignis der Anrede Gottes wird der soziale Raum der sichtbaren Kirche mit dem interpersonalen Raum der geglaubten Kirche verbunden. Wider eine Virtualisierung des interpersonalen Raumes der Kirche ist damit seine Rückbindung an konkrete Örtlichkeiten, leiblich präsente Personen und soziale Praktiken deutlich geworden.« M.D. Wüthrich, Raum Gottes. Ein systematisch-theologischer Versuch, Raum zu denken, Göttingen 2015, 454.

**5** Vgl. A. Gerhards/S. Bienert/A. Deeg/U. Königs/K. Menzel/S. Lieb, Sakralraumtransformationen – Einführung in die Untersuchungsbereiche des Forschungsprojekts, in: Ders. (Hg.), Kirche im Wandel. Erfahrungen und Perspektiven, Münster 2022, 57–92.

Profanierung der Kirchenräume nach sich gezogen haben und der ikonoklastische Eifer nur von Teilen der reformatorischen Bewegung geteilt wurde.[6]

Die evangelisch-theologische Reflexion über die Eigenart, Außeralltäglichkeit oder religiöse Nutzbarkeit kirchlicher Räume kommt diskursiv entsprechend weitgehend ohne die Kategorie »heilig« aus, wobei dazu durchaus ein Spektrum an Positionen vorliegt: Als »geheiligte Räume christlicher Existenz«[7] beschrieb etwa Manfred Josuttis die Kirchengebäude, wohingegen Horst Schwebel immer wieder betonte, dass es sich bei Kirchenräumen um anthropologisch notwendige Räume handelt und der Kirchenraum keine Heiligkeit aufweist und auch kein »medium salutis«[8] darstellt.

Der Verzicht auf die Zuschreibung »heilig« wird mit dem Hinweis auf kurze und einschlägige reformationstheologische Einlassungen erklärt,[9] was nicht verhindert, dass auch im Kontext des Protestantismus immer wieder mit reichlich Pathos die Besonderheit von Kirchengebäuden beschrieben wurde.[10] Die in ästhetischen und religiösen Kategorien beschreibbare besondere Erlebnisqualität von Kirchengebäuden repräsentiert einen beständigen theologischen Reflexionshorizont, den Thomas Erne mit dem Begriff »Hybridräume der Transzendenz« fasst.[11]

6 Vgl. B. Heal, Sacred image and sacred space in Lutheran Germany, in: W. Coster/A. Spicer (Hg.), Sacred space in early modern Europe, Cambridge 2005, 39–59; 40.

7 M. Josuttis, Vom Umgang mit heiligen Räumen, in: T. Klie/B. Dressler (Hg.), Der Religion Raum geben. Kirchenpädagogik und religiöses Lernen, Münster 1998, 34–43; 42.

8 H. Schwebel, Von der Kirche in der Stadt zur City-Kirche, in: Ders./M. Ludwig (Hg.), Kirchen in der Stadt. Bd. 1: Erfahrungen und Perspektiven, Marburg 1994, 9–23; 15f.

9 Dazu gehört insbesondere der Rekurs auf Luthers viel zitierte Predigt zur Einweihung der Schlosskirche in Torgau 1544, demnach das Kirchengebäude kein heiliger Ort ist, sich dort jedoch die Begegnung mit dem Wort Gottes, dem Heiligen ereignet. Vgl. dazu S. Keller, Kirchengebäude in urbanen Gebieten. Wahrnehmung – Deutung – Umnutzung in praktisch-theologischer Perspektive, Berlin 2016, 101–110.

10 Exemplarisch dazu die Leipziger Erklärung aus dem Jahr 2002, die am 24. Evangelischen Kirchbautag verabschiedet wurde:»Wir empfehlen, selbstbewusst und mutig die Chancen unserer sakralen Räume zu nutzen, mit diesem Pfund zu wuchern und die uns überkommenen Gebäude verlässlich zu erhalten, denn Kirchen sind Versammlungsorte der christlichen Gemeinden: Mit ihren Glocken sagen sie eine andere Zeit an. Durch das, was in ihnen geschieht – Gottesdienste und Andachten, Hören und Beten, Loben und Klagen – werden sie erst zu ›heiligen‹ Räumen. Hier versichern sich Menschen ihrer religiösen Identität, hier erfahren sie Begleitung in den Schwellensituationen ihres Lebens (Taufe, Hochzeit, Trauerfeier). Hier findet der Ausgegrenzte Asyl, hier kann die Erschöpfte aufatmen – in einem offenen, zweckfreien Raum.« Vgl. Leipziger Erklärung, in: A. Nohr (Hg.), »Nehmt eure Kirchen wahr!«, Darmstadt 2003, 5–7.

11 Vgl. T. Erne, Hybridräume der Transzendenz. Wozu wir heute noch Kirchen brauchen. Studien zu einer postsäkularen Theorie des Kirchenraumes, Leipzig 2017, 30.

Es stellt sich mit Blick auf ökumenische und interreligiöse Reflexionen über religiöse Räume,[12] die mit dem Attribut »heilig« nicht ringen, die Frage, welche anderen Reflexionsperspektiven, Setzungen oder Deutungen in der evangelisch-theologischen Auseinandersetzung mit religiösen Räumen anstelle des suggestiven und absoluten Begriffs »heilig« relevant sind.[13] Was sind die Konsequenzen der Absenz des definitorisch starken Begriffs »heilig« hinsichtlich der Beschreibung evangelischer Kirchengebäude? Welche architektonischen und welche konkreten räumlichen Qualitäten geraten ins Sichtfeld, wenn der zentrale religiöse Raum nicht als heiliger Raum bestimmt ist? In diesem Beitrag soll aus einer evangelischen, praktisch-theologischen Perspektive heraus die erkenntnistheoretisch orientierte Frage verfolgt werden, was eigentlich aus den heiligen Räumen geworden ist bzw. in welche Zuschreibungen und Beobachtungen die Auseinandersetzung mit der Außeralltäglichkeit oder symbolischen Qualität der Kirchengebäude diffundiert ist. Hat die Fokussierung auf Bedeutungs- und Wahrnehmungsmuster die Rede vom heiligen Raum etwa überflüssig gemacht? Welche Frageperspektiven, Konzepte und Methoden dienen der Analyse dieser nicht-heiligen Räume?

Der Beitrag vertritt die These, dass die Absenz der Kategorie »heilig« produktive, alternative wissenschaftlich-theologische Beschreibungen religiöser Räume und ihrer Funktionen hervorgebracht hat. Dass just die wissenschaftliche Beschäftigung mit Kirchengebäuden im Kontext der evangelischen Theologie für eine interdisziplinäre Verständigung über »heilige Räume« weiterführend sein soll, lässt sich mit der wissenschaftstheoretischen Relevanz dieses breiten transdisziplinären Diskurses erklären, der zu einem Spatial Turn und Material Turn in der Evangelischen Theologie und insbesondere der Praktischen Theologie geführt hat. Raum und Räumlichkeit bzw. die materiellen Grundlagen des Protestantismus und der Evangelischen Kirche sind damit vom Rand in die Mitte der Praktischen Theologie gerückt.

Der Beitrag verfolgt die Frage nach der Innovationskraft der Absenz der Kategorie des Heiligen in vier Abschnitten. Im ersten Abschnitt wird eine produktions-

---

12 Als architekturhistorisch, religionswissenschaftlich und interreligiös anschlussfähig erweist sich offenbar der Begriff »sakral«, der in einer vergleichenden Studie zum Wandel der »Sakralraumtopographie« genutzt wird und der sich inhaltlich an der Rede über den Bautyp »Sakralbau« orientiert. Vgl. B. Löffler/D. Scharbat Dar (Hg.), Sakralität im Wandel. Religiöse Bauten im Stadtraum des 21. Jahrhunderts in Deutschland, Berlin 2022.
13 Carsten Colpe skizziert Fehlleistungen des Begriffs »das Heilige«, wozu der Absolutheitscharakter des selbstverständlich Heiligen gehört, sofern der Begriff suggeriert, dass die Tatbestände, Dinge oder Handlungsweisen, die als heilig bezeichnet werden, diese Eigenschaft in sich tragen würden und das Heiligkeitsattribut als Zuschreibung damit nicht kenntlich wird. Vgl. C. Colpe, Das Heilige, in: HrwG, Bd. III, Stuttgart 1993, 79–99. 86.

ästhetische bzw. architekturhistorische Entwicklung verfolgt, sofern der boomende Kirchenbau im 19. Jahrhundert fokussiert wird. Im zweiten Abschnitt wird die Perspektive gewechselt und gefragt, welche methodischen Ansätze und theoretischen Konzepte zur Anwendung kommen und wonach gefragt wird, wenn die Heiligkeit der Kirchengebäude nicht vorausgesetzt wird, wobei nur einige ausgewählte jüngere Perspektivwechsel skizziert werden.

## 2 Würdig statt heilig. Architekturhistorische Anmerkungen zum Verlust des Heiligen[14]

Zur Zeit des ersten großen Kirchbaubooms im ausgehenden 19. Jahrhundert aufgrund des rapiden Wachstums der Städte überlagerten sich Dynamiken der Architektur- und Religionsgeschichte mit sozial- und kulturgeschichtlichen Entwicklungen. Die architekturtheoretische Frage nach der Gestaltung von kirchlichen Gebäuden vollzog sich am Horizont vielfältiger theologischer, gesellschafts- und öffentlichkeitsbezogener Selbstverständigungsprozesse.[15] Die architektonische Aufwertung oder »Resakralisierung« des Kirchenbaus jenseits seiner gottesdienstlichen Gebrauchsfunktion ist kennzeichnend für den opulenten Kirchenbau im 19. Jahrhundert.[16] Das Programm der »Resakralisierung« des Kirchenbaus, wie es Eva-Maria Seng für den evangelischen Kirchenbau im 19. Jahrhundert rekonstruiert hat, lässt sich auf die unübersehbare und objektübergreifende Tendenz zu Opulenz der öffentlichen Bauten zurückführen, die auch die architektonische Gestaltung von Bahnhöfen, Museen, Einkaufspassagen oder Bildungseinrichtungen zur Zeit des Historismus kennzeichnet.[17]

---

**14** Ausführlicher zur Geschichte des protestantischen Kirchraums vgl. Keller, Kirchengebäude (s. Anm. 9), 142–156.
**15** Vgl. M. Marek/U. Karstein/F. Stoye/I. Hausmann/P. Rinn, Von der Künstlerschöpfung zum multiauktorialen Werk. Großstädtischer Kirchenbau und der Wandel des Architekturbegriffs in der Ära der Modernisierung, in: Denkströme. Journal der Sächsischen Akademie der Wissenschaften, Heft 9 (2012), 44–78; 44f.
**16** Vgl. E.-M. Seng, Kirchenbau zwischen Säkularisierung und Resakralisierung im 18. und 19. Jahrhundert, in: R. Dürr/G. Schwerhoff (Hg.), Kirchen, Märkte und Tavernen. Erfahrungs- und Handlungsräume in der Frühen Neuzeit, Frankfurt a. M. 2005, 559–601; 579.
**17** Vgl. M. Brix/M. Steinhauser, Geschichte im Dienste der Baukunst. Zur historistischen Architektur-Diskussion in Deutschland, in: Dies. (Hg.), »Geschichte allein ist zeitgemäss«. Historismus in Deutschland, Lahn/Gießen 1978, 199–327; 200.

Die Monumentalität der Kirchengebäude des späten 19. Jahrhunderts kann als Korrektur am nüchternen konfessionellen Kirchenbau des 18. Jahrhunderts interpretiert werden, der sich am Predigtgottesdienst orientierte und der ideengeschichtlich in seiner Schlichtheit und Konzentration von den theologischen Bewegungen der Aufklärung und des Pietismus geprägt war. Die weit verbreitete Geschichtsbegeisterung des 19. Jahrhunderts sowie der Hang zum Monumentalbau wirkten sich auf den evangelischen Kirchenbau aus, trotzdem der Kirchenbau insgesamt seine Bedeutung als herausragende Bauaufgabe verlor. Die im 19. Jahrhundert virulente Stilfrage im Sinne der Suche nach *dem* gültigen Epochenstil stellte sich auch im Rahmen des Kirchenbaus, wobei es offensichtlich nicht gelungen ist, den einen neuen Baustil zu entwickeln, weshalb der evangelische sowie der katholische Kirchenbau im Rahmen der Adaption historischer Bauformen erstaunlich ähnliche Bauten hervorgebracht haben. Als Inbegriff des Christlichen und als Nationalstil setzte sich in der mittelalterbegeisterten Mitte des 19. Jahrhunderts die Gotik als prägender Baustil in beiden Konfessionen durch.[18] Die Stilfrage erwies sich dabei als theologisch kaum operationalisierbar, weshalb vor allem die affektive Dimension der Kirchen die architektonische Diskussion prägte, wobei die architektonische Refiguration des Kirchbaus offensichtlich nicht als Projekt einer aufkeimenden Moderne gelesen, sondern ein restaurativer Zugriff gewählt wurde.[19] Die Suche nach dem geeigneten Stil für den christlichen Kirchenbau konzentrierte sich auf den Symbol- und Affektwert der Bauten, wobei als kategoriale Kriterien der würdevolle Ernst, die Solidität sowie die Erhabenheit des Baus eine wichtige Rolle spielten.[20] Neben der Stilfrage war auch jene nach dem Bautyp höchst virulent. Einen Einblick in die diskursive Gemengelage ermöglichen die kirchlichen Empfehlungen und Orientierungshilfen, die Mitte des 19. Jahrhunderts erarbeitet wurden. Die Verständigung über den angemessenen und insbesondere würdevollen Kirchenbau, die in beiden Konfessionen betrieben wurde, war insgesamt stark von einer liturgischen Perspektive geprägt, was sich auf das Erstarken der neulutherischen Theologie, Gottesdienst- und Abendmahlslehre zurückführen lässt.[21]

Die gottesdienstlich-liturgische Engführung des Kirchenbaus führte dazu, dass die weiteren öffentlichen Bedeutungs- und Nutzungsdimensionen der Kirchengebäude in den Hintergrund rückten. Die Rede von der »Resakralisierung« des evangelischen Kirchenbaus im 19. Jahrhundert bezieht sich damit nicht auf den

---

18  Vgl. K. Döhmer, In welchem Style sollen wir bauen? Architekturtheorie zwischen Klassizismus und Jugendstil, München 1976, 98.
19  Vgl. Keller, Kirchengebäude (s. Anm. 9), 192.
20  Vgl. Keller, Kirchengebäude (s. Anm. 9), 192.
21  Vgl. Keller, Kirchengebäude (s. Anm. 9), 165–169.

Anspruch, heilige Räume zu erbauen, sondern auf die Priorisierung der liturgischen Funktion der Kirchen und der Schaffung eines würdigen sakralen Raumes. Paradigmatisch für diese Entwicklung steht das Eisenacher Regulativ, ein wirkmächtiges Bauprogramm aus dem Jahr 1861, das den evangelischen Kirchenbau anleiten soll.[22] Das Eisenacher Regulativ verzichtet auf die Festlegung auf einen Baustil, wobei zur Wahrung der Tradition auf bestehende »christliche Baustyle«[23] zurückgegriffen werden soll. Insgesamt orientiert sich das Programm grundlegend an den gottesdienstlichen Erfordernissen an einen Raum, wobei die »Würde« des Baus als Qualitätskriterium betont wird.

# 3 Erkenntnistheoretische Anmerkungen zur Absenz des Heiligen

Dieser Beitrag verfolgt die These, dass die wissenschaftliche Wahrnehmung von (evangelischen) Kirchengebäuden von einer evangelisch-theologischen Skepsis gegenüber Konzepten des Heiligen und heiligen Räumen geprägt ist, was auch erklärt, dass so vielfältige Epistemologien in der praktisch-theologischen Forschung zu Kirchengebäuden zur Anwendung kommen. Die Absenz bzw. der schleppende Verlust des »heiligen Raumes« und die Ausdifferenzierung der vielfältigen Funktionen dieser religiösen Räume in der evangelischen Theologie geht mit einer theologischen Neuvermessung einher, die insbesondere die Nutzungspraxis der Räume aufgreift, wobei die Kategorie des Heiligen kaum relevant ist. Dieser Abschnitt verfolgt die Darstellung zentraler Ansätze und Diskurslinien in der wissenschaftlichen Auseinandersetzung mit der Bedeutung, Funktion und Nutzung evangelischer Kirchengebäude und rekonstruiert damit Verschiebungen der erkenntnistheoretischen Perspektivierung von Kirchengebäuden, wobei die Entwicklungen nicht als Abfolge von Modellen skizziert wird, sondern diese hinsichtlich ihrer epistemologischen Grundlagen und Leistungsfähigkeit thematisiert werden.

---

22 Regulativ für den evangelischen Kirchenbau. Eisenach 1861, in: G. Langmaack (Hg.), Evangelischer Kirchenbau im 19. und 20. Jahrhundert. Geschichte – Dokumentation – Synopse, Kassel 1971, 272–274.
23 E.-M. Seng, Der evangelische Kirchenbau im 19. Jahrhundert. Die Eisenacher Bewegung und der Architekt Christian Friedrich von Leins, Tübingen 1995 (Tübinger Studien zur Archäologie und Kunstgeschichte, 15), 279.

## 3.1 Die Entdeckung der Räumlichkeit und Materialität religiöser Räume

Für den evangelisch-theologischen Diskurs über Kirchenräume, der sich insbesondere an der Frage nach der Umnutzung und erweiterten Nutzung derselben entzündet hat, ist die räumliche Verfasstheit von Kirchenbauten zu einem zentralen wissenschaftlichen Referenzpunkt geworden. Die wissenschaftliche Beschäftigung mit Kirchengebäuden angesichts ihrer Schließung und Aufgabe brachte vielfältige theologische Auseinandersetzungen mit Raum und Räumlichkeit hervor. Die theologische Erschließung dessen, wie Räumlichkeit philosophisch, soziologisch und theologisch gedacht werden kann, wurde zu einem zentralen theoretischen Baustein der jüngeren evangelisch-theologischen Auseinandersetzung mit Kirchengebäuden.[24] Als zentraler Impulsgeber für die theologische Neuvermessung der Kategorie Raum kann die Rezeption des Spatial Turns[25] und insbesondere der relationalen Raumsoziologie von Martina Löw bezeichnet werden.[26] In zahlreichen Untersuchungen spielt dieses Raumkonzept, das die soziale Verfasstheit der Produktion und Gestaltung von Raum sowie seine Rezeption reflektiert, eine zentrale Rolle.[27] Die Leistungsfähigkeit dieses Zugriffs ist offenkundig, sofern es ein subjektorientiertes Verständnis des sozialen und relationalen Raumes hervorbringt, das sowohl die Gestaltung als auch die Rezeption als Bedingung jeder Raumerfahrung zu beschreiben vermag.[28] Löw bearbeitet damit die soziologische Raumvergessenheit und stellt fest, dass konkrete materielle und symbolische Eigenschaften von Räumen den sozialen Raum vorstrukturieren und Raum seinerseits das Ergebnis von sozialem Handeln repräsentiert.[29] Die Theologie hat sich gegenüber dieser raum-soziologischen Epistemologie, die die relationale Konstitution von Räumen reflektiert, sehr offen gezeigt. Der Ansatz eignet sich allerdings nur mittelbar zur Analyse, in welcher Weise institutionelle Räume, wie es Kirchengebäude sind, bestimmte Handlungsweisen hervorbringen.[30] Löw weist auf die Kulturspezifik von

---

**24** Von herausragender Bedeutung für die evangelisch-theologische Arbeit an einem Verständnis von Raum und Kirchenräumen sind die Forschungen von Jooß, Wüthrich und Schindehütte. E. Jooß, Raum. Eine theologische Interpretation, Gütersloh 2005; Wüthrich, Raum Gottes (s. Anm. 4). K. Schindehütte, Der Kirchenraum als Topos der Dogmatik, Tübingen 2017.

**25** Vgl. T. Erne, Gottes räumliche Gegenwart. Theologische Raumkonzepte, in: ThLZ 143 (2018), Sp. 1103–1118.

**26** Vgl. M. Löw, Raumsoziologie, Frankfurt a. M. 2001.

**27** Vgl. T. Woydack, Der räumliche Gott, Schenefeld 2009; Wüthrich, Raum (s. Anm. 4).

**28** Vgl. Löw, Raumsoziologie (s. Anm. 26), 15.

**29** Vgl. Löw, Raumsoziologie (s. Anm. 26), 154f.

**30** Vgl. Löw, Raumsoziologie (s. Anm. 26), 172.

Raumkonstitutionen und -erfahrungen hin, ohne diesen Aspekt näher zu vertiefen. Mit der Entdeckung der relationalen Kategorie Raum verbindet sich im evangelisch-theologischen Diskurs auch eine jüngere intensive Reflexion über den materialen Charakter religiöser Räume. Ansätze einer materialitätssensiblen Annäherung an Räume – insbesondere im Kontext von Kirchengebäuden – sind mittlerweile in der Mitte des wissenschaftlichen theologischen Diskurses angekommen.[31] Als Ausgangspunkt einer solchen objektorientierten und materialitätssensiblen Auseinandersetzung mit Kirchengebäuden dient die Analyse der Eigenschaften, Gestaltungsmerkmale und Nutzungsformen der Kirchen, worin sich die Adaption des Material Turns[32] in der Praktischen Theologie zeigt.[33] Kirchengebäude werden von vielen Menschen offenbar als besondere und außeralltägliche Räume wahrgenommen. Doch wie kann dieser Mehrwert beschrieben werden, ohne ihn zu essenzialisieren? Der Hinweis auf das architektonische Spiel mit den Raumeigenschaften Höhe, Weite, Leere oder Farbigkeit erklärt zumindest ansatzweise, wie die besondere Anmutung von Kirchengebäuden hergestellt wird und lenkt den Blick auf die räumlich-materiale Verfasstheit der Bauten und die Modi ihrer Wahrnehmung. Die affektive Qualität von Kirchen lässt sich in verschiedener Hinsicht beschreiben, wobei die deutungsschweren theologischen oder religiösen Sprachspiele zur Beschreibung religiöser Räume in der Gefahr stehen, das breite Wahrnehmungsspektrum zu verkürzen. Einen leistungsfähigen Zugang zur spezifischen Qualität der Wahrnehmung religiöser Räume eröffnet die praxeologische Theorie zur Routine des

---

**31** Vgl. S. Keller, Arbeit an Affekten. Potenziale einer materialitätssensiblen Perspektive auf die Transformation kirchlicher materieller Kultur, in: S. Keller/A. Roggenkamp (Hg.), Die materielle Kultur der Religion. Interdisziplinäre Perspektiven auf Objekte religiöser Bildung und Praxis, Bielefeld 2023, 139–154; 152–154.

**32** Der multiperspektivische Material Turn stellt ein passivisches Verständnis der Funktion von Objekten infrage und reflektiert, wie Räume, Objekte und Artefakte, Akteuren ähnlich, repräsentieren, in- und exkludieren oder erinnern. Vgl. D. Hicks, The Material-Cultural Turn: Event and Effect, in: Ders./Mary C. Beaudry (Hg.), The Oxford Handbook of Material Cultural Studies, Oxford 2010, 25–98.

**33** Katharina Krause formuliert dazu prägnant: »Als hilfreich kann sich eine ethnografische Forschungsstrategie erweisen, weil sie sich grundlegend auf Materialität bezogen weiß und deren Dynamiken anhand konkreter – historisch oder gegenwärtig beobachtbarer – Praxisvollzüge in den Blick zu nehmen vermag. Mittels beobachtender Teilnahme lässt sich am eigenen Leib in Erfahrung bringen, wie sich dabei die situationsspezifischen Beziehungen zwischen ›menschlichen‹, ›materiellen‹ und anderweitigen (noch in großer Vorläufigkeit zu charakterisierenden) Partizipanden des fraglichen Tuns gestalten.« K. Krause, Dinge am Werk. Überlegungen zur Wirkmächtigkeit von Materialität in Kontexten des Religiösen, in: S. Keller/A. Roggenkamp (Hg.), Die materielle Kultur der Religion. Interdisziplinäre Perspektiven auf Objekte religiöser Bildung und Praxis, Bielefeld 2023, 37–55; 51.

Wahrnehmens.[34] Andreas Reckwitz beschreibt Affekte als relevante orientierende Größe, die zugleich materiell und kulturell vermittelt werden.[35] Artefakte, Räume und Objekte affizieren demnach die Wahrnehmung und das Verhalten der Menschen im Raum und sind Ausgangspunkt von Verhaltensweisen und Handlungsroutinen.[36] Menschen durchlaufen in ihrem Leben so etwas wie eine Schule des Sehens und Wahrnehmens, die architektonische Zeichen spezifisch erleben lassen und die das Verhalten beeinflussen. Das wird etwa daran erkennbar, dass viele Menschen still und leise durch einen leeren Kirchenraum schreiten. Dieses Verhalten mag der Affektqualität oder Heiligkeit des Raumes zugeschrieben werden oder aber als Ausdruck einer angeeigneten Nutzungs- und Bewegungsroutine gelesen werden. Affekte, so konstatiert Reckwitz, sind höchst relevant, zumal soziale Ordnungen in unterschiedlichem Maße von Affekten ausgehen, die Objekte in uns hervorrufen.[37] Vor diesem Hintergrund lässt sich auch verstehen, in welcher Weise die erweiterte Nutzung oder Umnutzung einer Kirche vielfach mit baulichen Maßnahmen einhergeht, die auf eine Neubestimmung der Affektqualität des Raumes abzielen, weshalb das Gestühl, die Prinzipalstücke oder die Fenster entfernt werden.[38]

    Die Religionsästhetik nimmt das Subjekt und seine Körperlichkeit als erkenntnistheoretischen Ausgangspunkt der Wahrnehmung in den Fokus und schafft damit eine leistungsfähige ergänzende Perspektive auf verinnerlichte Routinen der Wahrnehmung und des Erlebens.[39] Das Gefühl, von einem Raum oder einem Ding affiziert zu werden, wird nicht auf die besonderen sakralen Eigenschaften eines Objekts oder eines Raumes zurückgeführt, sondern als (Körper-)Wissen beschrieben, das seinerseits auf Sozialisation und Routinen zurückzuführen ist, welche wiederum das sinnliche und körperliche Erleben orientieren und limitieren. Wissen umfasst demnach weit mehr als kognitive, sprachliche und bewusste Prozesse.[40]

---

34 Vgl. A. Reckwitz, Praktiken und ihre Affekte, in: H. Schäfer (Hg.), Praxistheorie. Ein Forschungsprogramm, Bielefeld 2016, 163–180; 165.

35 Vgl. Reckwitz, Praktiken (s. Anm. 34), 165.

36 Eindrücklich dazu das Beispiel einer Betenden, die zum Gebet in der Kirche in bestimmter Weise zu knien pflegt, wobei ihr diese Körperpraxis dabei hilft, eine betende Grundhaltung anzunehmen. Vgl. T. Cress, Sakrotope. Studien zur materiellen Dimension religiöser Praktiken, Bielefeld 2019, 80 ff.

37 Vgl. Reckwitz, Praktiken (s. Anm. 34), 166.

38 Einschlägige Beispiele dazu finden sich bei Beusker, Viergutz und Thasler. Vgl. E. Beusker/H.-K. Viergutz/C. Thaler, Umnutzung von Kirchen. Beispiele aus Nordrhein-Westfalen, Göttingen 2021.

39 Vgl. A. Koch, Aestheticscapes. Artefakte in sinnlich-ästhetischen Arrangements institutioneller Komplexe, in: S. Keller/A. Roggenkamp (Hg.), Die materielle Kultur der Religion. Interdisziplinäre Perspektiven auf Objekte religiöser Bildung und Praxis, Bielefeld 2023, 57–75; 61–62.

40 Anne Koch hält zu Wirkung von Affordanzen fest: »Für das ästhetische Subjekt bezeichnet Affordanz die situative Wahrnehmung einer Aufgabe (gehe zur anderen Seite, berühre dieses Expo-

Für das Verständnis der außeralltäglichen Erfahrungsqualität vieler Kirchen ist der Hinweis auf ihre besondere Affektqualität und das Körperwissen, an das sie anknüpfen, überaus leistungsfähig.

## 3.2 Bedeutungen und Zuschreibungen. Wissenssoziologische Zugänge

Die Pionierarbeit der fundierten empirischen Erforschung der Bedeutung und Wahrnehmung von Kirchenräumen liegt von Anna Körs vor, die diese als Medien des kollektiven Gedächtnisses beschreibt, auf die Menschen sich in unterschiedlicher Weise beziehen.[41] Auf kollektive Wahrnehmungen, Deutungen und Zuschreibungen bezieht sich dieser hermeneutisch-soziologische Zugriff, der die gesellschaftliche Bedeutung bzw. Lesart von gotischen Backsteinkirchen an der Ostseeküste thematisiert, wobei Körs die vielfältigen Bedeutungszuschreibungen aus der Sicht der Kirchenbesucher herausarbeitet, wozu etwa die architektonisch-atmosphärische, die religiöse, die städtische, die kirchlich-bauliche, die geschichtliche sowie die kirchlich-gemeindliche Deutung gehören.[42] Die von Einzelnen formulierte Wahrnehmung einer Kirche als etwas Heiliges oder als ein Ort der Transzendenz konnte in den Interviews immer wieder ermittelt werden.[43] Die Attribute »heilig« und »sakral« sind damit als Deutekategorie der Bauten durchaus im kollektiven Gedächtnis verankert. Die Forschungen zur Wahrnehmung und Bedeutung von Kirchengebäuden haben den Kirchenraumdiskurs in den letzten Jahren stark geprägt, wobei die Kategorie des Heiligen im Rahmen dieses wissenschaftlichen Zugriffs nicht als substanzielle Eigenschaft, sondern vor allem als kollektive oder subjektive Zuschreibung reflektiert wird. Den Wahrnehmungs- und Deutungspluralismus rekonstruiert auch Keller als Rahmenbedingung der facettenreichen Debatte über die Umnutzung von Kirchengebäuden in urbanen Kon-

---

nat) an einer *localitas*, die den Handelnden zu etwas mitveranlasst, wobei das, wozu die *localitas* jemanden bringt, ein Affekt, eine Körperregung (Mimik) oder Handlung sein kann [...]. Dieses Ineinander von aufeinander bezogenen Handlungen ist der Gewinn des Affordanzkonzeptes jenseits einer Überbrückung der Subjekt-Objekt-Trennung und findet sich im ästhetischen Subjekt, insofern es als verkörperte Kognition entworfen ist.« Koch, Aestheticscapes (s. Anm. 39), 71.

**41** Vgl. A. Körs, Gesellschaftliche Bedeutung von Kirchenräumen. Eine raumsoziologische Studie zur Besucherperspektive, Wiesbaden 2012.

**42** Vgl. Körs, Gesellschaftliche Bedeutung (s. Anm. 41), 367–372.

**43** Vgl. Körs, Gesellschaftliche Bedeutung (s. Anm. 41), 282.

texten,[44] woran auch die Untersuchung zum Stellenwert und der Bedeutung von Kirchengebäuden in einer säkularen Gesellschaft von Maximilian Gigl anknüpft.[45]

## 3.3 Religiöse Raumerfahrungen. Ästhetische und leibphänomenologische Zugänge

Bevor individuelle und kollektive Zuschreibungspraktiken zu wichtigen Referenzpunkten der interdisziplinären Verständigung über Kirchengebäude geworden sind, haben insbesondere leibphänomenologische und ästhetische Ansätze die Auseinandersetzung mit Kirchengebäuden in der evangelischen Theologie geprägt. In den Fokus gerät dabei das subjektive, leibliche und ästhetische Erleben der Kirchenbauten. Tatsächlich handelt es sich dabei um einen wissenschaftlichen Zugang, der eine gewisse Affinität zu den Deutekategorien »heilig« und »sakral« aufweist. Verschiedene phänomenologisch orientierte Beiträge machen das Subjekt und seine (leibliche) Wahrnehmung zum Ausgangspunkt der theologischen Auseinandersetzung. Clemens W. Bethge entfaltet in seiner wirkästhetischen Analyse von Kirchengebäuden die Wahrnehmung der »Heiligkeit« dieser Gebäude folgendermaßen: »Dass sich der ästhetische Gegenstand Kirchenraum als heiliger Raum darstellt, hängt aufs Engste damit zusammen, welche Erfahrung sich in dem beschriebenen Lektüreprozess einstellt: Kirchenraum ist heiliger Raum, *wenn er als solcher erfahren wird*, und das bedeutet: wenn eine in ihm gemachte Erfahrung im Erleben des Rezipienten unauflöslich mit dem Raum verbunden ist bzw. wenn die beschriebene ästhetische Erfahrung, die sich im Verlauf der Kirchenraumlektüre einstellt, selbst als religiöse zu charakterisieren ist.«[46] Diese Passage führt direkt zu den erkenntnistheoretischen Fragen, die sich mit dem Konzept heiliger Räume verbindet. Wie kann Heiligkeit überhaupt erfahren werden? Handelt es sich dabei um eine ästhetisch-sinnliche oder doch um eine normativ-theologische Kategorie? In welcher Weise sind die subjektiven Lektüreprozesse von Kirchenräumen uniform oder werden sie gerade durch spezifische architektonische Eigenschaften hervorgerufen? In welcher Weise ist das Erleben eines (heiligen) Kirchenraumes eine ästhetische und diese wiederum eine religiöse Erfahrung? Die mit dem Kirchengebäude verbundene (Kirchen-)Raumlektüre wird von Bethge als subjektives

---

**44** Vgl. Keller, Kirchengebäude (s. Anm. 9), 209–216.
**45** Vgl. Gigl, Sakralbauten (s. Anm. 1).
**46** C. W. Bethge, Kirchenraum. Eine raumtheoretische Konzeptualisierung der Wirkästhetik, Stuttgart 2015, 308–309.

(rezeptions-)ästhetisches Erleben ausgewiesen, das seinerseits auf Erfahrungen bezogen ist. Träger der religiösen oder ästhetischen Erfahrung ist damit das Subjekt.

Das Kirchengebäude als kollektiver Erlebnisraum und seine religiöse Erfahrungsqualität, wie sie mit dem Erleben eines Kirchengebäudes verbunden sein kann, ist das Thema der »geistlichen Raumerschließung« von Klaus Raschzok. Eine solche Form der Raumerschließung, die etwa im Rahmen der Kirchenraumpädagogik eine breite Rezeption gefunden hat, konzentriert sich auf die religiöse oder spirituelle Anmutung von Kirchengebäuden und setzt sich damit auseinander, wie dieser »geistliche Mehrwert« erschlossen werden kann.

Dieses dezidiert spirituell orientierte Modell betont die Wirkung von Kirchengebäuden, wobei nicht explizit gemacht wird, welche Bedeutung der Sozialisation und Kultur für das Erleben eines Kirchengebäudes als wirkmächtigem religiösen Raum zugeschrieben werden muss. Der Ansatz betont, dass Kirchen selbst religionsproduktiv wirken können und markiert damit eine Distanznahme zu einer rein funktionalen Deutung von Kirchengebäuden und leistet potenziell einer Reifizierung der Spiritualität der Kirchengebäude Vorschub. Religionsproduktiv sind Kirchengebäude, sofern es mittels der geistlichen Raumerschließung möglich ist, dass ein Kirchengebäude nicht nur als Träger theologischer und architektonischer Programme gelesen und erfahren werden, sondern dass Kirchengebäude auch als Speicher ihrer gesamten Nutzung erlebt werden können. Vorausgesetzt wird dabei, dass in einem Kirchengebäude Spuren vorliegen, die verfolgt und geistlich erschlossen werden können. Demzufolge bezieht sich die gottesdienstliche Nutzung auf vergangene Nutzungen und schreibt sich wiederum selbst in den Kirchenraum ein und hinterlässt so Spuren.[47] Diese Spuren beschreibt Raschzok allerdings nicht als Rezeptionsprodukt des religiösen Bewusstseins, sondern er schildert sie als eigenmächtig und wirksam: »Räume verbinden sich mit dem gottesdienstlichen Geschehen zu einer Einheit, die im Raum noch lange nach der aktuellen gottesdienstlichen Nutzung in Gestalt von Spuren aufbewahrt bleibt. Die Spuren der gottesdienstlichen Nutzung, die im Raum aufbewahrt sind, gewähren der gottesdienstlichen Feier Orientierung, Sicherheit und Halt. Sie leisten die Verbindung zur Gemeinschaft der Heiligen, indem sie gestalthaft Vergangenheit, Gegenwart und Zukunft zu einer neuen Einheit im erlebten Gottesdienst verbinden.«[48]

Das Konzept betont die liturgische Bedeutung der Kirchengebäude und steht damit in einer evangelisch-theologischen Tradition der Betonung der besonderen Dignität der Kirchengebäude aufgrund dessen, was darin geschieht. Ungeklärt

---

47 Vgl. K. Raschzok, Kirchenbau und Kirchenraum, in: H.-P. Schmidt-Lauber (Hg.), Handbuch der Liturgik. Liturgiewissenschaft in Theologie und Praxis der Kirche, Göttingen 2003, 387–407; 401.
48 Raschzok, Kirchenbau und Kirchenraum (s. Anm. 47), 402.

bleibt allerdings, welche Rezeptionsbedingungen bzw. welche religiöse Gestimmtheit notwendig ist, um diese Anmutung wahrnehmen zu können und in welcher Weise dieses Erleben tatsächlich mittels geistlicher Raumerschließung intersubjektiv erfahrbar gemacht werden kann. »Der Ansatz neigt offenkundig dazu, aus den ästhetischen und geistlich-phänomenologischen Deutungen eine Eigenschaft der Kirchengebäude abzuleiten, in dem der ›spirituelle Überschuss‹ dieser Räume in starken theologischen und liturgischen Deutekategorien beschrieben wird, wobei die Vielfalt der Affekte im Erleben von Kirchengebäuden nicht explizit gemacht wird.«[49] Der Ansatz fokussiert Affordanzen und spezifische Raumeigenschaften im Kirchenraum. Im Unterschied dazu fokussieren die praxistheoretischen, ethnographisch arbeitenden Zugänge, die Nutzungspraktiken und Raumwahrnehmungen rekonstruieren, gerade auch für Varianten oder Abweichungen von der »eigentlichen« Raumnutzung.[50]

## 3.4 Vom liturgischen zum multifunktionalen Raum. Die praktisch-theologischen Neuvermessungen der Nutzung und Potenziale religiöser Räume

Die epistemologischen Konzepte, die im Rahmen der Untersuchung von Bedeutungszuschreibungen oder Nutzungen von Kirchengebäuden relevant sind, formatieren das Verständnis derselben grundlegend, wie die Skizze zentraler konzeptioneller, theoretischer und methodischer Zugriffe auf Kirchengebäude gezeigt hat. Für das Verständnis der Kirchengebäude ebenfalls höchst bedeutsam ist die theologische Einordnung derselben. Die evangelisch-theologische Skepsis gegenüber einer heiligen Qualität von Kirchengebäuden sagt letztlich wenig darüber aus, welche anderen Funktionen und Eigenschaften den Kirchengebäuden beigemessen werden kann. Die rein funktionale theologische Bestimmung, dass es sich dabei um in der Regel kunstvoll gestaltete Räume zur Feier eines Gottesdienstes handelt, ist sachlich richtig, doch die Forschungen zur Wahrnehmung und Deutung von Kirchengebäuden haben sehr deutlich gezeigt, dass die Bauten weder in der individuellen noch in der kollektiven Wahrnehmung auf die gottesdienstliche Funktion

---

49 Keller, Arbeit an Affekten (s. Anm. 31), 144.
50 Vgl. exemplarisch zum Wechselspiel zwischen Einrichtung und Nutzung bzw. wie die Einrichtung die Nutzungsqualität affiziert K. Menzel, Einrichten ist Aneignen. Gegenstände als Zugang zur Erforschung einer veränderten Nutzung von Kirchengebäuden, in: S. Keller/A. Roggenkamp (Hg.), Die materielle Kultur der Religion. Interdisziplinäre Perspektiven auf Objekte religiöser Bildung und Praxis, Bielefeld 2023, 169–193.

limitiert sind und die Kirchen selbstverständlich auch als Denkmäler, öffentliche Symbolisierung von Religion oder als Räume der individuellen Andacht wahrgenommen und genutzt werden. Die Vielfalt der Nutzungen und der Bedeutungszuschreibungen bildet sich auch im transdisziplinären ökumenischen Diskurs über die Nutzung, erweiterte Nutzung oder Schließung von Kirchengebäuden ab. Der weit verzweigte Diskurs über die Nutzung und Nachnutzung kirchlicher Gebäude, der sich teilweise auch auf Pfarrhäuser und Gemeindehäuser bezieht, wird seit über dreißig Jahren in diversen Foren und Teilöffentlichkeiten geführt, wobei die hohe Wertschätzung für den Kirchenbau mittlerweile den Diskurs prägt, was sich damit erklären lässt, dass das Wissen über die vielfältige gesamtgesellschaftliche und soziale Bedeutung der Kirchengebäude stetig wuchs. Dahinter stehen vielfältige Untersuchungen und Einlassungen auf die Nutzung oder Umnutzung ganz konkreter Kirchengebäude. Die herausgearbeiteten Funktionen, die Kirchengebäude im Rahmen ihrer bestehenden Nutzung oder ihrer erweiterten Nutzung annehmen können, sind außerordentlich vielfältig. Binnenkirchliche und dezidiert liturgische Beschreibungen der Kirchengebäude rückten damit zugunsten einer Vielzahl von Perspektivierungen in den Hintergrund: Schon lange wird die Eigenschaft der Kirchengebäude als vielerorts herausragende Bauten im öffentlichen Raum betont und damit ihre Funktion als materielle Repräsentationen von verfasster christlicher Religion im öffentlichen Raum herausgestellt.[51] Als lokale Raumressource werden Kirchengebäude neu entdeckt, wenn anhand spezifischer Projekte gezeigt wird, in welcher Weise die Neunutzung oder erweiterte Nutzung kirchlicher Immobilien und konkreter Kirchengebäude auf einen spezifischen Sozialraum bezogen sind und solche Prozesse damit potenziell einen Mehrwert für das lokale Gemeinwohl schaffen.

Die kulturelle und öffentliche Funktion von Kirchen werden programmatisch von Citykirchen[52] im urbanen Kontext und Kulturkirchen[53] in zumeist ländlichen Räumen profiliert zur Geltung gebracht. Die Nutzungspraktiken, die sich mit Citykirchen und touristisch besonders intensiv frequentierten Kirchengebäuden ver-

---

**51** Vgl. T. Erne, Mehr als eine Immobilie! Kirche als wirksames Zeichen im Stadtraum, in: I. Scheurmann (Hg.), Kirche leer – was dann? Neue Nutzungskonzepte für alte Kirchen, Petersberg 2011, 60–65; 60.
**52** Vgl. F. Löwe, Das Problem der Citykirchen unter dem Aspekt der urbanen Gemeindestruktur. Eine praktisch-theologische Analyse unter besonderer Berücksichtigung von Berlin, Münster 1999, 19.
**53** Zu den Eigenschaften von Kulturkirchen gehört es, dass sie Kirche und Kultur punktuell miteinander ins Gespräch bringen und dadurch in ihrem gesellschaftlichen und kulturellen Umfeld sogar selbst als Kulturinstitutionen wahrgenommen werden. Vgl. A. Drews/J. Koll, Einführung, in: Dies., C. Dahling-Sander (Hg.), Kulturkirchen, Stuttgart 2019, 9–14. 9.

binden, wurden 2018 in einer empirischen Studie erhoben und beschrieben. Die Untersuchung ermittelt verschiedene Nutzungstypen und kommt zum Ergebnis, dass das Wahrnehmen und Erleben der Kirchengebäude stark von der religiösen Sozialisation und der Erwartungshaltung der Besucherinnen und Besucher geprägt ist, die tendenziell überdurchschnittlich gebildet sind und einem religiös geprägten Milieu angehören.[54] Die Studie verbindet theologische und soziologische Fragestellungen, indem die heterogene Gruppe der Besucherinnen und Besucher von Citykirchen sowie deren Erwartungen und Motive untersucht wurden.[55] Dass Kirchengebäude vielfach als religiöse Räume erlebt werden, versteht sich von selbst, darüber hinaus ist der Besuch einer Citykirche vielfach touristisch motiviert und bezieht sich auf das Bauwerk und die besondere Atmosphäre in Kirchen. Diese Nutzungs- und Erlebnisoffenheit wird quasi von der Citykirchenprogrammatik selbst genährt, die unterschiedliche individuelle und soziale Erlebnisformen fördert.[56] Citykirchen inszenieren sich dabei als Orte der städtischen Identitätsbildung sowie der kollektiven Erinnerung.[57] Citykirchen weisen dabei zahlreiche Überschneidungen zu Kulturkirchen auf, sofern sie eine übergemeindliche Öffentlichkeit adressieren und die christliche Tradition in besonderer Weise erlebbar zu machen versuchen, wozu in urbanen und teilweise auch ländlichen Gebieten die intensive Auseinandersetzung mit sozialen, politischen und diakonischen Themen gehören.[58]

---

54 Schätzungen zufolge werden die zwölf untersuchten Kirchen jährlich von über sieben Millionen Menschen besucht. Vgl. H. Rebenstorf/A. Körs, Die Besucher*innen von Citykirchen: Besuchsverhalten, Erwartungen und Kirchenraumwahrnehmung, in: Dies. et al. (Hg.), Citykirchen und Tourismus. Soziologisch-theologische Studien zwischen Berlin und Zürich, Leipzig 2018, 35–133. 89.

55 Vgl. C. Zarnow/H. Rebenstorf/C. Sigrist/A. Körs, Einleitung, in: Dies./C. Zarnow/C. Sigrist, Citykirchen (s. Anm. 54), 18–19.

56 Dass das mehrstellige Erleben von Citykirchen auf eine besondere Form der Gestaltung der Nutzung angewiesen ist, formulieren die Autorinnen und Autoren der Studie zum Schluss pointiert: »Kurz: Citykirchen sind Erlebnisräume, die begangen, erspürt und atmosphärisch aufgenommen werden können. Zugleich sind sie Artefakte, die in einer Vielfalt von Bedeutungsdimensionen erschlossen werden können. [...] Produktionsästhetisch betrachtet lässt sich beides, sowohl das sinnliche Raumerleben als auch das kognitive Raumverstehen, praktisch beeinflussen.« A. Körs/H. Rebenstorf/C. Zarnow, Zusammenfassung zentraler Ergebnisse, in: Dies./C. Zarnow/C. Sigrist, Citykirchen (s. Anm. 54), 213.

57 Vgl. Rebenstorf/Körs, Die Besucher*innen von Citykirchen (s. Anm. 54), 90–91.

58 Tobias Woydack schildert diese profilierte Form der Nutzung insbesondere von Stadtkirchen folgendermaßen: »Die christlichen Gebäude werden also neu als Ort der Inszenierung christlicher Deutungskultur in universaler Perspektive verstanden. Das waren sie zwar schon durch ihre gottesdienstliche Nutzung bereits in gewisser Weise, aber diese Nutzung wird durch Kunst, Musik, bildende Künste und als Forum für gesellschaftliche Auseinandersetzung erweitert. Dabei soll das spezifisch Christliche erkennbar bleiben.« Woydack, Der räumliche Gott (s. Anm. 27), 109.

Diese Forschung zu den Erwartungen an Citykirchen verweist auf die Erlebnis- und Bedeutungsvielfalt, die sich mit diesen lokal identitätsstiftenden Kirchengebäuden verbindet. Die Citykirchen-Studie repräsentiert damit einen wichtigen empirischen Forschungsbeitrag, sofern individuelle Formen der Kirchennutzung außerhalb von Gottesdiensten und Andachten zuvor kaum erforscht wurden.

Neben den spezifisch kulturellen und dezidiert eine lokale Öffentlichkeit adressierenden Nutzungsprogrammen der City- und Kulturkirchen lässt sich seit einigen Jahren auch ein gesteigertes Interesse an der sozialen und spezifisch Gemeinwesen bezogenen Funktion von kirchlichen Infrastrukturen und der institutionellen kirchlichen Präsenz im Sozialraum konstatieren.[59] So lassen sich etwa im Kontext der Sanierung von Dorfkirchen immer wieder Projekte und Initiativen identifizieren, die die sozialräumliche Funktion eines Kirchengebäudes aufgreifen, wozu ganz konkret etwa die Fokussierung auf die Barrierefreiheit, den Einbau von Küchen und sanitären Anlagen, eine flexible Bestuhlung, die technische Ausstattung, der Neubau des Innenraumes sowie die Ermöglichung der Nutzungsvielfalt gehören.[60] Die im Rahmen diakonischer und kirchenentwicklungsbezogener Verständigungen intensivierte Auseinandersetzung mit dem lokalen Sozialraum als Bezugsgröße der Entwicklung von Ortsgemeinden und kirchlichen Infrastrukturen ventiliert eine ganze Reihe von Handlungs- und Entwicklungsperspektiven, wozu insbesondere auch die Wahrnehmung und Stärkung von nahräumlichen Netzwerken und Kooperationen gehört.[61] Dem Öffentlichkeits- und Relevanzverlust der Kirche soll demnach gerade auch mittels einer intensivierten und kooperationsgestützten Verankerung von Kirche in den lokalen Sozialräumen entgegengewirkt werden. Auf kirchenleitender Ebene stellt sich im Rahmen der Konzentration der Ressourcen die Frage, welche Funktionen dabei räumlichen kirchlichen Infrastrukturen zukommen und in welcher Weise sie dazu geeignet sind, einen lokalen sozialen Ort hervorzubringen, der nicht nur eine kirchliche Funktion hat, sondern darüber hinaus auch die öffentliche Infrastruktur des Quartiers, eines Dorfes oder einer Region stärkt.[62]

---

**59** Vgl. A.-C. Renneberg/H. Rebenstorf, Sozialraumorientierung. Neue Gemeindeformen und traditionelle Gemeinden in der EKD im Vergleich, Baden-Baden 2023, 13.
**60** Vgl. A. Preuß/S. Wenng, Bauliche, soziale und am Gemeinwesen orientierte Aspekte, in: Wüstenrot Stiftung (Hg.), Land und Leute. Die Kirche in unserem Dorf, Ludwigsburg 2020, 26–37.
**61** Vgl. S. Keller, Zur Imaginations- und Steuerungsfunktion des kirchlichen und diakonischen Programmbegriffs Sozialraum. Eine praktisch-theologische Einordnung, in: I. Hübner/Dies./K. Merle/S. Merle/T. Moos/C. Zarnow (Hg.), Religion im Sozialraum. Sozialwissenschaftliche und theologische Perspektiven, Stuttgart 2023, 192–206; 203.
**62** »Soziale Orte« als öffentliche Orte der Begegnung und Vergemeinschaftung, die die soziale Kohäsion stärken, gehen, trotzdem sie wichtige lokale Infrastrukturen repräsentieren, in vielen

Eine Vielzahl von keineswegs nur binnenkirchlich organisierten Gruppen und Initiativen zum Erhalt einer Kirche formiert sich jeweils erst angesichts der drohenden Schließung einer Kirche.[63] Der Einsatz für den Fortbestand eines Kirchengebäudes verfügt demnach über ein kreatives und zivilgesellschaftliches Engagement bündelndes Potenzial. Die Auseinandersetzung mit dem Sozialraum rund um die Neuausrichtung von Kirchengebäuden oder Gemeindehäusern geht dabei vielfach mit einer Suche nach lokalen Partnern einher, um etwa eine Kirche als Kulturkirche im ländlichen Raum im Verbund mit kulturellen oder sozialen Initiativen zu erhalten. Christine Siegl entfaltet anhand von vier Beispielen die Nutzungserweiterung von Dorfkirchen als kirchliches Handeln, wobei in den kooperationsgestützten Projekten eine Haltung der Gastfreiheit grundlegend zum Tragen kommt.[64] In solchen und ähnlichen Projekten, die Kirchengebäude als lokale Raumressourcen mit neuen Funktionen versehen, spiegelt sich der konstatierte Perspektivwechsel im Umgang mit Kirchengebäuden von einer »Entsorgungs- zu einer Fürsorgementalität«[65]. Entsprechend wird der Umgang mit kirchlichen Räumen vermehrt als gesamtgesellschaftliche Aufgabe verstanden, sofern die Bauten auch als allgemeine öffentliche Raumressource begriffen werden können, die nach Möglichkeit öffentlich genutzt werden sollen. Der Ruf nach einer stärkeren gesamtgesellschaftlichen Verantwortungsübernahme im Zusammenhang mit der großen Zahl von Kirchengebäuden der beiden Großkirchen steht allerdings durchaus in einem spannungsvollen Verhältnis zum rapide schwindenden Rückhalt der Kirchen in der Gesellschaft und der haushaltsbedingten Notwendigkeit, große Bestände der kirchlichen Immobilienportfolios aufzugeben.[66] Mittlerweile lässt sich zudem ein schwindendes öffentliches Interesse an der Schließung und Aufgabe von Kirchen

Dörfern und ländlichen Regionen verloren und sind zum Erhalt oder zur Neugestaltung auf ein Miteinander von Bürgern, Vereinen, der Verwaltung und Kirchen angewiesen. Vgl. C. Neu, Soziale Orte – von Zusammenhalt, Öffnung und Präsenz vor Ort, in: G. Hofmeister/G. Schendel/H. Schönemann/C.J. Witt (Hg.), Kirche neu denken – Kirche erproben. Auf der Suche nach neuen Formen kirchlichen Lebens, Baden-Baden 2023, 219–226; 224.
**63** Vgl. S. Keller/H. Rabe-Wiez, Funktion und Praxis des Sozialraumbezugs bei der Neuvermessung kirchlicher Gebäudebestände und Strukturen, in: A. Deeg/K. Menzel (Hg.), Diakonische Kirchen(um)nutzung, Münster 2023, 189–202; 201.
**64** Vgl. C. Siegl, Gast – Raum – Kirche. Nutzungserweiterung von Dorfkirchen als kirchliches Handeln, Freiburg i.Br. 2019, 301–303.
**65** Vgl. A. Gerhards, Der offene Himmel für alle! Transformation von Kirchenräumen als Herausforderung und Chance, in: Wüstenrot Stiftung (Hg.), Kirchengebäude und ihre Zukunft. Sanierung – Umbau – Umnutzung, Ludwigsburg 2017, 54–67; 65.
**66** Vgl. A. Schmidt/K. Schiemann, Kirchliche Baudenkmale – Kulturelles Erbe auf einem steinigen Weg, in: Kirche & Recht 28 (2022), 176–190.

beobachten,[67] was die Fragen, für wen, wozu und mit welchen Mitteln kirchlich nicht mehr benötigte Kirchenräume erhalten werden sollen, mit neuer Dringlichkeit aufwirft.

Dass die nüchterne Analyse der Nutzungs- und Umnutzungspotenziale weitgehend auf Hinweise auf die potenzielle Heiligkeit von Kirchengebäuden verzichtet, lässt sich damit erklären, dass dabei gerade nicht-religiöse Nutzungsformen in den Fokus gerückt werden. Hinzu kommt, dass Kirchenschließungen kirchenleitend eher als Verlust von öffentlicher kirchlicher Präsenz verhandelt werden und nicht als Aufgabe heiliger Räume.[68] Mit großer Aufmerksamkeit werden wissenschaftlich Projekte begleitet, bei denen es gelingt, Kirchengebäude lokal für neue Zwecke zu nutzen und mittels bürgerschaftlicher Teilhabe neue lokale »Verantwortungsgemeinschaften«[69] auszubilden, die binnenkirchliche Perspektiven ganz selbstverständlich weiten und die sozialen Ressourcen dieser Räume freilegen.

# 4 Fazit

Der Beitrag hat nachgezeichnet, welche Themen und Eigenschaften von Kirchengebäuden – den zentralen religiös genutzten Räumen des Protestantismus – verhandelt und fokussiert werden, wenn Kirchengebäude nicht als heilige Räume verstanden werden. Das Verständnis von Kirchengebäuden als öffentliche Ermöglichungsräume, die als kulturelle, touristische, sozialräumliche sowie diakonische Ressourcen genutzt werden können, kann als zentrales Ergebnis des nunmehr über drei Jahrzehnte währenden breiten theologischen und öffentlichen Diskurses über den Umgang mit für gottesdienstliche Nutzungen nicht mehr benötigte Kirchengebäude gewertet werden. Deutlich wurde dabei, dass die gottesdienst-

---

**67** Vgl. Gigl, Sakralbauten (s. Anm. 1), 455–457.

**68** Exemplarisch dazu die Handreichung der EKBO zur Nutzung und Nutzungserweiterung von Kirchengebäuden: »Vielmehr ist eine zukunftsweisende innerkirchliche und in der Öffentlichkeit wahrnehmbare Verarbeitung eines derartigen Vorgangs [Aufgabe einer Kirche, Anm. S. K.] nötig, mit der deutlich wird, dass der Abschied von einem Kirchengebäude differenziert gesehen werden muss. Es ist die Aufgabe eines Ortes, jedoch nicht einfach der Rückzug der Kirche aus dem Gemeinwesen. Der Auftrag der christlichen Gemeinde bleibt bestehen.« Evangelische Kirche Berlin-Brandenburg-schlesische Oberlausitz, Kirchen – Häuser Gottes für die Menschen. Zur Nutzung und Nutzungserweiterung von Kirchengebäuden, Berlin 2019, 62. https://kirchenbau.ekbo.de/fileadmin/ ekbo/mandant/kirchenbau.ekbo.de/Dokumente/Orientierungshilfe_Kirchgebaeude.pdf.

**69** U. Sommer/B. Welzel, Vorwort, in: B. Welzel/H. Barrenechea (Hg.), Kirchturmdenken. Sakralbauten in ländlichen Räumen: Ankerpunkte lokaler Entwicklung und Knotenpunkte überregionaler Vernetzung, Bielefeld 2022, 8–12; 9.

lich-funktionale Bestimmung des Kirchenraumes nur einen Teil der tatsächlichen Nutzungspraxis ausmacht. Die liturgische Praxis ist ein wichtiger Referenzpunkt der evangelisch-theologischen Reflexion über Kirchengebäude und ihre besondere Dignität.[70] Die evangelisch-theologische Beschäftigung mit Kirchengebäuden hat eine intensive Auseinandersetzung mit der Kategorie Raum und der Multiperspektivität seiner Wahrnehmung hervorgebracht. Der Verzicht auf die Zuschreibung »heilig« führt dabei in eine produktive erkenntnistheoretische Weite, die sich in vielfältigen konzeptionellen, theoretischen und methodischen Zugängen spiegelt. Forschungen zu den Bedeutungszuschreibungen zeigen, dass die Kategorie »heilig« auch im Zusammenhang mit evangelischen Kirchenbauten immer wieder aufgerufen wird, doch in der Auseinandersetzung mit dem Spatial und Material Turn neue, leistungsfähige Perspektiven hervorgebracht werden, um zu verstehen, in welcher Weise Räume, Artefakte, Handlungen, Anmutungen oder Routinen die Wahrnehmung und Raumerfahrung prägen.

---

70 Exemplarisch dazu der Entwurf der Agende zur Einweihung, Widmung und Entwidmung: »Nach evangelischem Verständnis sind Gotteshäuser und Gottesdiensträume nicht an sich heilig. Sie gewinnen aber Anteil an der Heiligkeit der Gottesbegegnung, zu der sich Menschen in ihnen versammeln: die sie in Gebet und Predigt, Sakrament und Feier erfahren, die ein gemeinsames Gedächtnis stiftet und die sowohl bei den Menschen als auch in den Räumen Spuren hinterlässt.« VELKD/UEK (Hg.), Einweihung – Widmung – Entwidmung. Entwurf zur Erprobung, Agende für die Union Evangelischer Kirchen in der EKD, Bd. 7. Agende IV, Teilband III der VELKD für evangelisch-lutherische Kirchen und Gemeinden, 4. https://www.uek-online.de/downloads/einweihung-widmung-entwidmung-entwurf-erprobung-uek-velkd_2022.pdf [31.10.2023]

Kerstin Menzel

# Heiligende Räume

## Aushandlungen sakraler Architektur in umgenutzten Kirchenräumen

**Zusammenfassung:** Der Beitrag fragt danach, inwiefern sich der in der baulichen Form enthaltene sakrale Charakter von Kirchenräumen in säkularen Neunutzungen und deren Praktiken niederschlägt. Dafür werden zunächst unterschiedliche Weisen beschrieben, in denen eine neue Nutzung sich auf die sakralen Raumdimensionen beziehen kann. Anhand eines Fallbeispiels wird dann gezeigt, wie sich der Kirchenraum überraschend und beharrlich in eine sportlich-soziale Nutzung einspielt.

**Abstract:** The article examines the extent to which the sacred character of church spaces – embodied in their built structure – is reflected in new secular practices of use. Initially, different ways are described in which new functions can relate to the sacred dimensions of space. A case study then shows how the church space surprisingly and persistently plays itself into a sports oriented social use.

In einem kleinen Text zum Umgang mit »heiligen Räumen« vergleicht Manfred Josuttis Sakralräume mit Wohnräumen. Ebenso wie diese werden auch heilige Räume geschaffen – und zwar mit Praktiken der Auswahl, der Einrichtung, der Einweihung, der Regulation von Grenzen und der stetigen Konservierung und Reinigung. Mit Ritualen, Segenshandlungen oder Grenzziehungen werden Räume für Josuttis als »symbolische Kraftfelder« entsprechend »geheiligt«.[1] Könnte es sich jedoch auch anders herum verhalten? Könnte der Raum mit seinen symbolischen Markierungen und baulichen Voraussetzungen, die ja immer leibliche Auswirkungen haben, auch Praktiken in diesem Raum heiligen? Ein solches Wechselspiel zwischen Materialität von Architektur und Sozialität ihrer Nutzung betont jedenfalls die – raumtheoretische Grundlagen von Martina Löw aufnehmende – Architektursoziologie. Architektur konstituiert, so Heike Delitz, nämlich nicht nur das Soziale,

---

**1** M. Josuttis, Vom Umgang mit heiligen Räumen, in: T. Klie (Hg.), Der Religion Raum geben. Kirchenpädagogik und religiöses Lernen, Münster 2003, 34–43: 42.

---

**Kontakt: Kerstin Menzel**, Theologische Fakultät der Martin-Luther-Universität Halle-Wittenberg; E-Mail: kerstin.menzel@theologie.uni-halle.de

https://doi.org/10.1515/bthz-2024-0011

gibt ihm nicht nur »Gestalt«, sondern fungiert auch als Artefakt, als »Gefüge«, lenkt, »ermöglicht und evoziert« »Körperhaltungen, Bewegungen, Blicke« und präfiguriert damit die Nutzung.[2]

Während eine solche Raumwirkung für klar religiöse Nutzungen wohl kaum bestritten und als förderlich wahrgenommen würde, ist sie im Blick auf säkulare Umnutzungen bisher kaum untersucht. In der Diskussion um Kirchenumnutzung wird bisher neben der Optimierung von Prozessen und baulichen Fragen vielfach thematisiert, welche neue Nutzung angemessen sei bzw. Akzeptanz finde. Die Frage nach der Sakralität stellt sich dann so, dass offen ist, ob und welche neue Nutzung mit dem sakralen Charakter von Kirchengebäuden vereinbar ist, wobei sich bei der theologischen Deutung von Sakralität konfessionelle Differenzen ergeben.

So stellen de Wildt und Plum im Artikel »Kirchenumnutzung« im Handbuch der Religionen[3] unter »Sakralität des Kirchenraumes« die konfessionellen Perspektiven auf die Weihe des Raumes, die historisch unterschiedlich verortete Funktionsreduktion auf den Gottesdienst, die Möglichkeit einer Umnutzung und den Rekurs auf das Konzept der »Atmosphäre« in der neueren Phänomenologie dar. Es werden in den folgenden Kapiteln die rechtlichen Regelungen zu Folgenutzungen und Profanierung bzw. Entwidmung aufgeführt. Die Grenzen einer solchen rituellen Handlung werden dann jedoch nur im Blick auf die Emotionalität für die Gemeinden sowie das Interesse der Anwohner:innen an der Gebäudeerhaltung diskutiert, nicht für die Konkretion der neuen Nutzung. Anhand der Allensbach-Studie von 2009 wird dann die allgemeine Akzeptanz unterschiedlicher Neunutzungsformen aufgezeigt. Den Beitrag schließen einige Überlegungen zur Neunutzung im kulturellen Bereich und die Arbeit von Kirchbauvereinen ab.

Die Interviews von Sonja Keller, die in Gruppendiskussionen die Wahrnehmung von Umnutzungen erforscht hat, bewegen sich auch in weiten Teilen entlang der Bedeutungen, die Kirchengebäuden zugeschrieben werden und der Fragestellung, inwiefern eine Umnutzung als angemessen empfunden wird. Bei klar säkularen Nutzungen werden Elemente, die »christliche Assoziationen« wecken, wie eine Rosette, teilweise als problematisch wahrgenommen.[4] Dabei wird jedoch nicht deutlich, ob hier eine konkrete Gestaltungsform beurteilt wird und auf welcher Erfahrungspraxis dies erfolgt.

---

**2** H. Delitz, Gebaute Gesellschaft. Architektur als Medium des Sozialen, Frankfurt a. M. 2010, 14.
**3** K. de Wildt/R. Plum, Kirchenumnutzung, in: M. Klöcker/U. Tworuschka (Hg.), Handbuch der Religionen. Kirchen und andere Glaubensgemeinschaften in Deutschland und im deutschsprachigen Raum, Bd. 2/60, Ergänzungslieferung, Hohenwarsleben 2019, 1–30.
**4** S. Keller, Kirchengebäude in urbanen Gebieten. Wahrnehmung – Deutung – Umnutzung in praktisch-theologischer Perspektive, Berlin/Boston 2016, 77.

Unter denkmalpflegerischen und baukulturellen Fragestellungen ist der Umgang mit dem Raum bei Kirchenumnutzungen selbstverständlich vielfach beschrieben und kritisch diskutiert worden.[5] Allerdings verbleiben diese Beiträge wiederum auf der baulichen Ebene und beziehen die Wirkung der Architektur auf die konkreten Praktiken nicht in ihre Überlegungen ein, was mit Grenzen disziplinärer Expertise und Methodik auch verständlich ist. Gerade hier kann die Arbeit einer interdisziplinären Forschungsgruppe vielleicht weiterführen.

Eine der wenigen Spuren auf der Suche nach dem Verhältnis von Religiösem und Säkularem in den Nutzungspraktiken und Deutungszuschreibungen neuer Nutzer:innen ist die Arbeit Eward Postmas, der mit Konzepten von Aneignung bzw. Zueignung arbeitet und etwa die »Relativierung ihres eigenen wirtschaftlichen Interesses« oder die Gastfreundschaft als Topos der Kontinuität in einer umgenutzten Kirche rekonstruiert.[6] Er schreibt:

> Im Umgang mit Kirchen, ihrem (Wieder)aufbau, (Wieder)einrichten, (Re)präsentieren und (Neu)gebrauch, bauen Menschen für sich und andere (neue) Identitäten und (neue) Dekors auf. Sie treten in Beziehung zu diesem konkreten Ort und Raum [...]. Welche Positionen nehmen sie in diesem dynamischen Prozess in den Domänen des Säkularen und des Religiösen ein? Wie trägt ihre Zueignung von Ort und Raum zu der sich verändernden kulturellen und religiösen Stellung von Kirchengebäuden bei? Rund um das Kirchengebäude entstehen jedes Mal neue Bedeutungskonstellationen, und bestehende oder »alte« Zusammenhänge werden in eine neue Perspektive gerückt.[7]

Der Begriff der Aneignung ist hier passend, zugleich darf dabei die Wirkung des Raums selbst nicht unterschätzt werden, der nicht nur passiv Gegenstand einer solchen ist, sondern am Aushandlungsprozess selbst partizipiert.[8]

---

5 Vgl. für eine der frühen Untersuchungen etwa R. Fisch, Umnutzung von Kirchengebäuden in Deutschland. Eine kritische Bestandsaufnahme (Monumente-Publikationen der Deutschen Stiftung Denkmalschutz), Bonn 2008 und zuletzt H. Weber, Zwischen sakral und profan – Umnutzung von Kirchen der Nachkriegsmoderne, Weimar 2023.
6 E. Postma, Die Vondelkerk in Amsterdam. Die dynamische Zueignung eines Kirchengebäudes an der Schnittstelle von Säkularem und Religiösem, in: A. Gerhards/K. de Wildt (Hg.), Der sakrale Ort im Wandel (Studien des Bonner Zentrums für Religion und Gesellschaft 12), Würzburg 2015, 161.
7 Postma, Vondelkerk (s. Anm. 6), 152.
8 Vgl. hierzu ausführlicher K. Menzel, Sakralraumtransformation als Aushandlungsprozess. Differenzierungen im Blick auf Prozess und Akteure. Response zu Dunja Sharbat Dar, in: A. Gerhards (Hg.), Kirche im Wandel. Erfahrungen und Perspektiven zur Transformation sakraler Räume (Sakralraumtransformationen 1), Münster 2022, 229–244 und dies., Einrichten ist Aneignen. Gegenstände als Zugang zur Erforschung einer veränderten Nutzung von Kirchengebäuden, in: S. Keller/A. Roggenkamp, Die materielle Kultur der Religion. Interdisziplinäre Perspektiven auf Objekte religiöser Bildung und Praxis (rerum religionum 12), Bielefeld 2023, 169–193.

Ich will in diesem Beitrag also hinter eher praxisoptimierende und normativ ausgerichtete Überlegungen zurücktreten und danach fragen, inwiefern der in der baulichen Form enthaltene sakrale Charakter von Kirchenräumen in säkularen Neunutzungen aufgenommen wird bzw. sich in der neuen Nutzung auswirkt. Inwiefern erweisen sich baulich-materielle Elemente als beharrlich, auch wenn eine an gemeinschaftliche oder individuelle Ritualität gebundene Sakralität aufgehört hat? Wie positioniert sich eine neue Nutzung gegenüber den für Sakralbau typischen Bauformen, den in Lichtführung und Materialität gesetzten Akzenten und Richtungen des Gebäudes, verbleibender explizit religiöser Ausstattung? Sakralität wird mithin nicht essentialisiert oder rezeptionsbezogen, sondern praxis- bzw. materialitätstheoretisch gefasst.

Unter Rückgriff auf eine in der Forschungsgruppe »Sakralraumtransformation« entwickelte Typologie werden zunächst drei unterschiedliche Raumkonstellationen dargestellt, in denen sich die neue Nutzung auf Elemente der Sakralität im Kirchenraum bezieht, jeweils anhand von Beispielen aus Deutschland und den Niederlanden (1). Vertiefend wird daraufhin der Fall einer an einen Zirkusverein verkauften Kirche im ostdeutschen Untersuchungsraum dargelegt (2). Der durch die Denkmalpflege festgelegte Verbleib des Altarbilds sowie eines Liedverses an den Deckenbalken – so zeigt unser Material – hat Auswirkungen auf die neue Nutzung und bringt soziale und räumlich-materielle Aushandlungsprozesse mit sich. Die Ergebnisse werden abschließend ins Verhältnis gesetzt zu Entwürfen, die in den letzten Jahren eine Neubestimmung der Sakralität des Kirchenraums vorgenommen haben (3). Die Materialität des Kirchenraums führt, so die These, zu einer impliziten Hybridität, auch wenn die religiöse Nutzung des Gebäudes beendet wurde.

# 1 Transformationspfade von Umnutzungen

## 1.1 Transformationslandschaften und -pfade

Die DFG-Forschungsgruppe »Sakralraumtransformation« untersucht seit 2020 die Entwicklungen in der Nutzung von Kirchengebäuden konfessionell und regional vergleichend zum einen im Bereich des Bistums Aachen und den zugehörigen Kirchenkreisen der Evangelischen Kirche im Rheinland und zum anderen im Bereich Leipzig-Halle-Merseburg mit Teilen von zwei Bistümern und Landeskirchen. Nach einer Erhebung von möglichst allen Kirchengebäuden, in denen sich seit 1990 eine bauliche und Nutzungsänderung vollzogen hat, wurden in einem interdisziplinären Samplingprozess 14 Fallbeispiele ausgewählt. Grundlage dieser Entscheidung war einerseits die Beschreibung von *Transformationslandschaften*, d.h. Entwicklungstendenzen, die uns im Blick auf den jeweiligen Untersuchungsraum prägend erscheinen,[9] sowie andererseits *Typologien unterschiedlicher Transformationspfade*.

In Teilprojekt 2 haben Alexander Deeg und ich eine Typologie von Raumkonstellationen erarbeitet, in denen sich religiös-kirchliche und andere Nutzungslogiken[10] ins Verhältnis setzen. Diese sind:

–   Simultaneität: Unterschiedliche Nutzungslogiken werden im selben Raum etabliert, etwa in Pilger-, Fahrrad- oder Citykirchen sowie bei einer Mitnutzung durch andere Gruppen, etwa als Versammlungsraum einer Schule oder als Ort für Konzerte und kulturelle Veranstaltungen.

–   Separation: Durch einen Raumeinbau oder eine Raumteilung werden unterschiedliche Nutzungslogiken getrennt im selben Raum etabliert, etwa durch den Einbau einer Bibliothek, die Abgrenzung von auch kommunal genutzten Gruppenräumen unter der Empore oder die Einrichtung eines Stadtteilzentrums mit einem verkleinerten Sakralraum. In diesen beiden Fällen ist die Nutzung »explizit hybrid«.

–   Anlagerung: Die Etablierung einer neuen Nutzung im unmittelbaren Umfeld der Kirche, etwa in Gebäuden eines Ensembles oder in unmittelbarer Nachbarschaft verändert indirekt auch die Nutzung des Kirchengebäudes.

–   Ablösung: Die kirchlich-religiöse Nutzung endet, eine andere Nutzung prägt den Kirchenraum. Die Ausgangsbeobachtung ist dabei, dass die Raumwirkung und die Geschichte des Ortes auch in der neuen Nutzung ›lesbar‹ bleiben. Daher sprechen wir bei den Konstellationen der Anlagerung und der Ablösung von »implizit hybrid«. Letzteres soll hier genauer untersucht werden.

## 1.2 Räumlich-ästhetische Muster

Von Teilprojekt 4 aus dem Bereich der Architektur wurde eine weitere Unterscheidung eingeführt, die aus den gesammelten Beispielen eine Typologie räum-

---

9 A. Gerhards/S. Bienert/A. Deeg/U. Königs/S. Lieb/K. Menzel/J. Seip, Sakralraumtransformation – Einführung in die Untersuchungsbereiche des Forschungsprojekts, in: A. Gerhards (Hg.), Kirche im Wandel. Erfahrungen und Perspektiven (Sakralraumtransformationen Bd. 1), Münster 2022, 57–92.
10 Ausschlaggebend für diese Unterscheidung ist uns dabei das Selbstverständnis der jeweiligen Akteure als nicht-kirchlich oder nicht-religiös, etwa einer Universität, einer Kommune oder eines zivilgesellschaftlichen Vereins. Diakonische Institutionen und Akteure im Bereich der Kultur sind dabei nicht eindeutig zuzuordnen, haben zuweilen jedoch so starke Eigenlogiken, dass wir auch hier von Hybridität sprechen. Ausführlicher vgl. A. Deeg/K. Menzel, Potentiale spannungsvoller Kooperationen. Begriff und Praxis hybrider Kirchennutzung, in: A. Gerhards (Hg.), Kirche im Wandel. Erfahrungen und Perspektiven (Sakralraumtransformationen Bd. 1), Münster 2022, 171–189.

lich-ästhetischer Transformationspfade entwickelt. Während für Teilprojekt 2 die Nutzungspraktiken und -akteure zentral sind, stehen hier die räumlichen Gestaltungen, besonders des Innenraums, im Fokus.

> Bei den neuen Nutzungen von Sakralbauten erkennen wir entweder a) parasitär, b) pragmatisch oder c) politisch motivierte Transformationen. Die »heilige Wirklichkeit« des Kirchenraumes wird demnach entweder (a) ausgenutzt, (b) hingenommen oder (c) reformiert.[11]

Ich will diese Unterscheidungen anhand von einigen Beispielen verdeutlichen, die sich einerseits in unseren beiden Untersuchungsräumen beschreiben lassen, die sich andererseits aber auch bei einem Besuch meinerseits in der niederländischen Stadt Haarlem bestätigen ließen. In den Niederlanden (ebenso wie in der DDR[12]) wurden Kirchengebäude seit den 1970ern in größerer Zahl umgenutzt.[13] Insofern ist interessant, dass sich hier vergleichbare Wahrnehmungen über die Grenze hinweg anstellen lassen.

Die drei Begriffe erscheinen mir nicht vollends glücklich, bringen jedoch die Differenz gut auf den Punkt, weshalb ich sie hier beibehalte. »Sakrale Elemente« verstehe ich dabei möglichst offen und auf den jeweiligen Baustil bezogen, z.B. Raumvolumen oder -struktur, Lichtführung etwa durch Buntglasfenster, Gewölbegestaltung, Verwendung hervorgehobener Materialien oder sakrale künstlerische Ausstattung.

### 1.2.1 Parasitär: Ausnutzen der sakralen Elemente des Raumes

Die neogotische Kirche *St. Elisabeth in Aachen* wurde 2016 von der katholischen Gemeinde profaniert. Dem gingen Überlegungen zur Umnutzung seit 2002, die Integration von Gemeindebüro und Versammlungsräumen sowie eine Zwischennutzung als Ausstellungs- und Forschungsfläche für Kinder voran. Nach der Profanierung wurde der Raum drei Monate als urbanes Kulturhotel »Hotel Total« zwischengenutzt, ein Ort des Wohnens und Arbeitens u.a. für Geflüchtete und Langzeitarbeitslose. Ende 2016 wurde die Kirche an die Landmarken AG verkauft

---

**11** U. Königs/L. Behrendt, Zwischen Wirklichkeit und Realität. Kirchenbauten als Visualisierungsmaschinen, Research Bulletin der Bergischen Universität Wuppertal (2021), 29–34: 33.
**12** Vgl. E. Schäfer, Umnutzung von Kirchen. Diskussionen und Ergebnisse seit den 1960er Jahren (Forschungen zum baukulturellen Erbe der DDR 7), Kromsdorf/Weimar 2018.
**13** Vgl. etwa die große Studie der Bistümer Haarlem und Rotterdam 2008: Onderzoek herbestemming kerken en kerklocaties, 2008, https://adaptalkmaar.nl/wp-content/uploads/Onderzoek-herbestemming-kerken-en-kerklocaties.pdf.

und als Teil des DigitalHUB zum Coworking-Space für Start-Up-Unternehmen umgebaut.[14] Der Raum firmiert nun unter dem Label »*Digital Church*«. Es wurden ein Zwischenboden eingezogen für Heizung und technische Büroinfrastruktur, Maßnahmen zur Schalldämmung durchgeführt und Fenster mit Klarglas ersetzt. Im Raum wurden ca. 100 mobile Schreibtische sowie weitere flexible Raummöbel und größere Kuben, teilweise noch aus der Nutzung als »Hotel Total« aufgestellt. Im Altarraum wurde eine Bar zur Selbstbedienung eingerichtet. Alle Einbauten sind reversibel.

Der Investor, Norbert Herrmanns, sagt über den Raum: »Dennoch hat natürlich jeder, der den Raum betritt, sofort den Eindruck, in einen Sakralraum zu kommen. Und das ist auch das Gute daran, die Spiritualität des Raumes bleibt erhalten und das war auch ein Ziel. Wir wollten also keine Verfremdungen, die so weit geht, dass die Spiritualität weg ist. Wir wollten andererseits auch, dass jedem in der ersten Sekunde klar ist: ich bin nicht mehr in der Kirche.«[15] Ersteres zeigt sich in der Raumanordnung, die in ihrer alltäglichen Einrichtung im Hauptschiff den Mittelgang mit einem zentralen langgezogenen Arbeitstisch und die Anordnung des Gestühls aufnimmt, in der unberührten Raumhöhe, der Abtrennung vornehmlich durch Glaswände und der hervorgehobenen Inszenierung der Bar im ehemaligen Altarraum. Kanzel, Marienstatue, Weihwasserspender und ein Seitenaltar sind weiterhin vorhanden (s. Abb. 1 und 2). Alle weiteren Ausstattungsstücke, und das spricht für den letzten Satz in dem genannten Zitat, wurden entfernt.

In der Selbstdarstellung ist der Kirchenraum zentral, insbesondere das Netzgewölbe, das auf der Startseite im Internet zentral in Szene gesetzt sowie im Logo verwendet wird. In der virtuellen historischen Tour durch den Raum wird das Gewölbe explizit mit dem Netzwerkgedanken des DigitalHUB verbunden: »Netzgewölbe sind typisch für spätgotische Architektur. Passenderweise spiegelt sich in dem Netzgewölbe der digitalCHURCH eine der zentralen Säulen des Geschäftsmodells des

---

**14** Vgl. auch E. U. Heckmann, St. Elisabeth | Coworking Space »Digital Church«, https://www.zukunft-kirchen-raeume.de/projekte/st-elisabeth-digital-church/ (abgerufen am 20.02.2024).
**15** Unveröffentlichtes Interview im Rahmen der Masterarbeit von L. Nirschl in Teilprojekt 5. Auch von Seiten des Bistums wird die Kontinuität betont. So firmiert eine Seite zum Coworking in Kirchen mit einem Bild der Digital Church und folgendem Zitat: »Viele Verantwortliche und Engagierte treibt die Zukunft der vielen Immobilien um – Kirchen, Pfarrheime, Büros, Gebäude der Einrichtungen. Ebenso drängend sind die Wünsche, neue Begegnungsorte und offene Räume in der Pastoral zu schaffen. In denen soll im besten Fall wieder das gelingen, was die Kirche immer schon ausgemacht hat: Kommunikation und Austausch unter den Menschen zu ermöglichen, nah dran zu sein an den Sehnsüchten und gesellschaftlichen Trends unserer Zeit und mit den Menschen gemeinsam einladende Orte zur Begegnung, Gastfreundschaft, Bildung und Kultur zu schaffen.«, 17.11.2022, https://heutebeidir.de/aktuelles/Aktuell/artikel/Ich-geh-mal-in-die-Kirche-arbeiten.

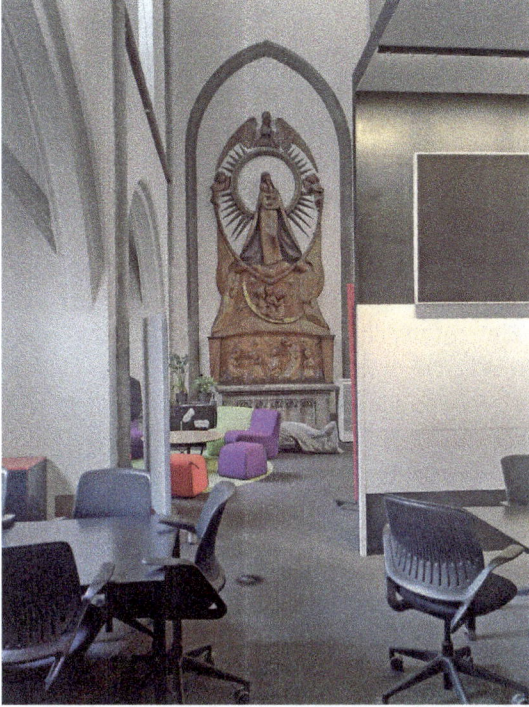

**Abb. 1 und 2:** St. Elisabeth
Aachen, Digital Church, Marien-
statue und Seitenkapelle
(Fotos: TRANSARA)

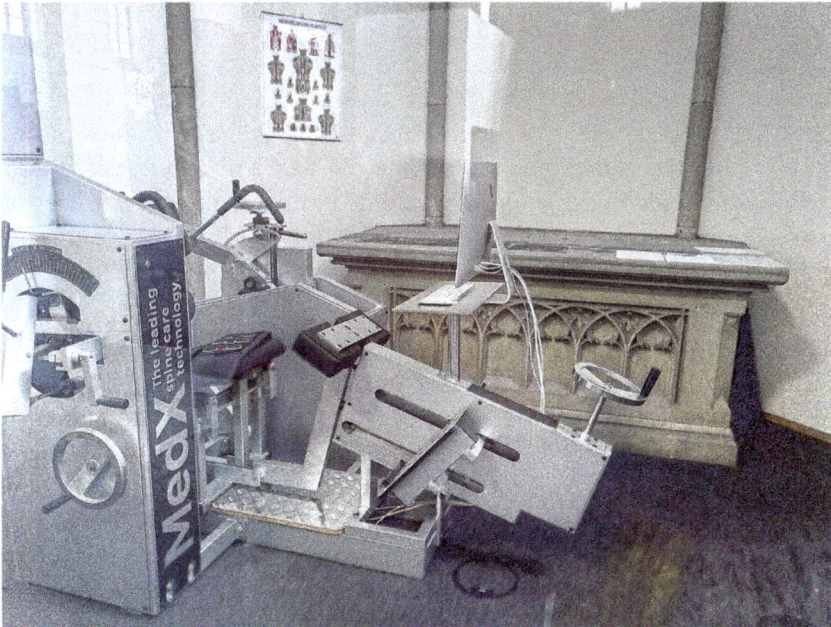

digitalHUB: Dem Networking zwischen Mittelstand und Startups, zwischen Usern und Enablern der Digitalisierung.«[16]

Noch näher an der ursprünglichen Raumwirkung bewegt sich die ehemalige evangelische Kirche *St. Martin in Elstertrebnitz*, die nach einem Brand in den 1980ern aus der Nutzung fiel, 2018 verkauft wurde und heute privat als »buchbare Location für Hochzeiten, Familienfeiern, Firmenevents oder kulturelle Veranstaltungen« genutzt wird. Auf der Website wird das aus dem Mittelalter stammende Gebäude als »Kulturkirche« vermarktet.[17] Ein Besuch wurde der Forschungsgruppe (ohne Angabe von Gründen) nicht ermöglicht, aber auf Bildern ist jenseits der Entfernung des Gestühls und der Einrichtung als Festsaal mit Tischen kein Unterschied zu einer anderen Dorfkirche erkennbar. Es finden sich auch Bilder mit klassischer Reihenbestuhlung und Blumenschmuck auf dem Altar. Neben einem Bild mit der völlig intakten und sanierten Außenhülle der Kirche ist zu lesen: »In der Kneipe feiern kann jeder. Ein besonderer Ort für besondere Menschen«.[18]

Auch die *Jopenkerk im niederländischen Haarlem* verbindet die neue Nutzung – hier durch eine Bierbrauerei – mit dem Titel »Kirche«.[19] 2010 werden Brauerei und Café in der früheren Jakobskirche eingeweiht (s. Abb. 3 und 4). Einrichtung und Bar spielen mit den Farben der Buntglasfenster, die Wände sind der Marke entsprechend rot. Der Chorbogen trägt die Inschrift: Cervisia argumentum est Dei amoris nostri volentis nos felicis esse (Bier ist ein Zeichen der Liebe Gottes zu uns und seines Wunsches, dass wir glücklich sind). Direkt darunter befindet sich der Shop für Fanartikel. Die in Holz gehaltene Empore bricht den Raum ebenso auf wie die beiden Braukessel neben der Bar.

Alle Beispiele verbindet, dass die sakralen Elemente strategisch zur eigenen Inszenierung eingesetzt werden. Religiöse Reminiszenzen im modernen Raum (Digital Church, Jopenkerk) oder eine reduzierte Einrichtung des Kirchenraums (Kulturkirche) nehmen dabei charakteristische Elemente der Sakralarchitektur ebenso auf wie die Kontinuität in der Raumstruktur oder das Überschreiben von religiösen Raumelementen mit Gestaltungen der neuen Nutzungslogik (Bar in der Digital Church, Chorbogen in der Jopenkerk).[20]

---

**16** Virtuelle 3D-Tour, https://my.scasa.eu/eL4aE1KdG (abgerufen am 20.02.2024).
**17** Homepage der Kulturkirche Elstertrebnitz, https://kulturkirche-elstertrebnitz.de/ (abgerufen am 20.02.2024).
**18** Homepage der Kulturkirche Elstertrebnitz, https://kulturkirche-elstertrebnitz.de/veranstaltungen-geschichte/ (abgerufen am 20.02.2024).
**19** Homepage der Jopenkerk Haarlem, https://www.jopenkerk.nl/haarlem/jopenkerk/ (abgerufen am 20.02.2024).
**20** Für letzteres findet sich eine interessante Parallele in der Umnutzung der Dorfkirche in Willingen als Kneipe, die mit sakraler Volkskunst ironisch überschrieben wurde, vgl. Fisch, Umnutzung

**Abb. 3 und 4:** Jakobskerk Haarlem, Jopenkerk, Vorplatz und Innenraum vom ehemaligen Hauptportal gesehen (Fotos: Kerstin Menzel)

### 1.2.2 Pragmatisch: Hinnehmen der sakralen Elemente des Raumes

Die katholische Kirche *St. Peter in Mönchengladbach*, 1932–1933 von Clemens Holzmeister gebaut, wurde 2007 profaniert und 2009 an eine GmbH verpachtet. 2010 eröffnete sie als »*Kletterkirche*«. Sowohl die Selbstdarstellung wie auch die Rauminszenierung spielen die sakralen Raumelemente eher herunter. Die neue Nutzung läuft zwar auch unter dem Titel »Kletterkirche«, aber die Vorstellung erwähnt die Kirche nur knapp: »Das besondere Ambiente des alten Kirchengebäudes macht die Kletterkirche zu einem außergewöhnlichen Ort und zu viel mehr als einer reinen Kletterhalle. Wir verstehen uns als Begegnungsstätte, in der Alt und Jung, Groß und Klein zusammenkommen.«[21] Nicht die sakrale Raumqualität, sondern der Ort des Zusammenkommens ist hier die Kontinuitätslinie. Die Kletterwände sind reversibel vor die Kirchenwände gesetzt, verstellen damit den Blick auf die Seitenschiffe und die raumprägenden runden Buntglasfenster (s. Abb. 5 und 6). Damit überformen sie die Raumwirkung deutlich, auch wenn das Raumvolumen des funktionalistischen Baus noch erlebbar ist. Die sakrale Ausstattung mit Altar, Taufbecken, Tabernakel und Ambo wurde vor dem Umbau entfernt. Die ehemalige Sakristei wurde zu Umkleidekabinen, Duschen und Toiletten umgebaut. Einzelne Kirchenbänke dienen noch als Sitzgelegenheiten. Am Eingang wird die Geschichte der Kirche gewürdigt und – eher museal – in Szene gesetzt.

Das zweite Beispiel aus unseren Untersuchungsräumen soll im zweiten Teil des Beitrags ausgeführt werden: die Umnutzung der katholischen Kirche »*Heilige Drei Könige*« in Großkayna als *Zirkuskirche*.

Die *Bakenesserkerk in Haarlem*, eine schlichte Backsteinkirche mit auffälligem, reich dekorierten weißen Turm wurde bis in die 1950er Jahre als Kirche für Kinder, insbesondere Waisen, genutzt. 1997 wurde die Kirche zunächst an einen privaten Investor verkauft und wechselte dann mehrfach Besitzer und Nutzung. 2007 gründete sich ein Förderverein, 2008 kaufte die Kommune das Gebäude und sanierte es für das archäologische Bureau der Stadt.[22] In einem fast den gesamten Raum einnehmenden Glaseinbau befinden sich heute Arbeitsplätze für die Restauration und Dokumentation von Funden (s. Abb. 7 und 8). Die Außenseiten des Kubus wer-

---

(s. Anm. 5), 62 f. Daraus ergeben sich auch ironisches bis verhöhnendes Handeln im Kirchenraum, Fisch, Umnutzung (s. Anm. 5), 113.

**21** Homepage der Kletterkirche www.kletterkirche.de (abgerufen am 20.02.2024); vgl. Jörg Beste, St. Peter | Kletterkirche, https://www.zukunft-kirchen-raeume.de/projekte/st-peter-kletterkirche/ (abgerufen am 20.02.2024).

**22** Vgl. Bakenesserkerk, Wikipedia https://nl.wikipedia.org/wiki/Bakenesserkerk (abgerufen am 20.02.2024). Homepage Stadtrestaurierung Amsterdam, https://stadsherstel.nl/monumenten/de-bakenesserkerk/ (abgerufen am 20.02.2024) sowie der in der Kirche ausliegende Flyer.

**Abb. 5 und 6:** St. Peter Mönchengladbach, Kletterkirche, Innenraum und Cafébereich mit Fenster von Anton Wendling (Fotos: TRANSARA)

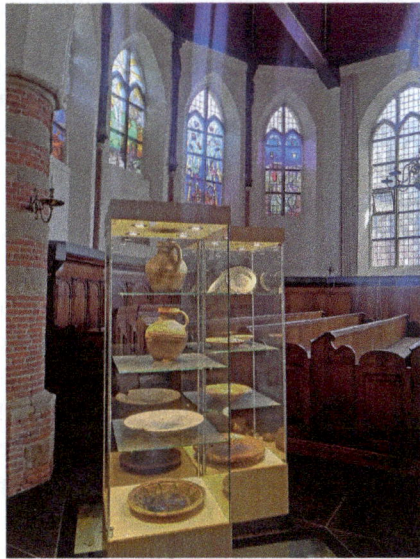

**Abb. 7 und 8:** Bakenesserkerk Haarlem, archäologisches Bureau der Stadt; Vitrine und neue Glas-fenster mit Comicmotiven (Fotos: Kerstin Menzel)

den als Ausstellungsvitrinen genutzt. Im hinteren Teil der Kirche wurden einige Bänke belassen, die Fenster wurden mit Comicfiguren und Ausgrabungsmotiven neu in Buntglas gefasst.

In diesen Beispielen dominiert die neue Nutzung die Raumstruktur. Der Gesamtraum bleibt in eingeschränkter Weise erlebbar. Vor allem aber werden die verbleibenden sakralen Elemente weder räumlich noch im Diskurs strategisch zur Selbstinszenierung eingesetzt.

### 1.2.3 Politisch: Reformulierung der sakralen Elemente des Raumes

Eine weitere, aber räumlich sich ganz anders darstellende Restaurantnutzung ist das *»glück & seligkeit« in Bielefeld*, das ich einmal als westdeutsches Beispiel heranziehe, auch wenn es nicht im Aachener Untersuchungsraum liegt. 1997 bis 2002 wurde die neogotische *Martini-Kirche* an eine orthodoxe Gemeinde verpachtet, danach verkauft und zum Restaurant umgebaut.[23] Die Eröffnung erfolgte mit hoher medialer Aufmerksamkeit. Auffällig ist v. a. die Lichtinszenierung, die das Farbenspiel der Buntglasfenster im Altarraum aufnimmt und die Raumstruktur sowie die Rosette über dem Eingangsportal betont. Die hochwertige und klar moderne Ausstattung (auffällig v. a. die Lampen) setzt einen Kontrast zur schlicht und weiß gehaltenen Raumhülle (s. Abb. 9). Auch im Chorraum stehen Tische, die Bar steht seitlich, einer Empore gegenüber. Von den Emporen eröffnen sich jeweils unterschiedliche Perspektiven auf den Gesamtraum, unter der Empore wirkt das Design dagegen zurückgenommener und distanzierter gegenüber dem Hauptschiff. Die Website wird von einem Drohnenvideo eröffnet, das interessanterweise mit einem Flug auf die Buntglasfenster des ehemaligen Altarraums endet.

Ein Beispiel aus unserem ostdeutschen Untersuchungsraum kann ich hier nicht aufführen. Das mag zum einen damit zu tun haben, dass wir in Ostdeutschland einen deutlich höheren Anteil von explizit hybriden Neunutzungen sehen, die tatsächliche Ablösung also nur selten vorkommt. In diesen Fällen, so mein Eindruck, sind dann häufig nicht die finanziellen Mittel vorhanden, um eine architektonisch hochwertige Lösung zu erarbeiten. Im Blick auf Lösungen der Simultaneität oder der Separation wären durchaus gelungene Beispiele zu nennen, die ich hier wegen der Vergleichbarkeit jedoch zurückstelle.

Die *Janskerk in Haarlem*, Teil eines Johanniterklosters, fiel im 16. Jh. durch die Reformation an die Stadt und wurde dann evangelisch genutzt. Bereits 1936 wurde

---

**23** Homepage des Restaurants, https://www.glueckundseligkeit.de/die-kirche.html (abgerufen am 20.02.2024).

**Abb. 9:** Martini Bielefeld, Restaurant »Glück und Seligkeit« (Foto: Kerstin Menzel)

das Depot des Stadtarchivs in die Kirche verlegt. 2005–2007 wurde wiederum nach einer Auslagerung des Depots die Kirche zum öffentlichen Informationszentrum des Nordholländischen Archivs umgebaut, 2019 noch einmal renoviert und modernisiert.[24] Heute ist sie ein Komplex aus Café, Lesesaal, Büros und Ausstellungsflächen. Der eigentliche Kirchenraum kann in seinem gesamten Raumvolumen wirken, weil sich nur im Bereich der Emporen und im hinteren Teil sparsame Einbauten finden. Der Chorraum wurde bei meinem Besuch durch eine Ausstellung genutzt und war frei von Einbauten, die ehemalige Chorschranke war durch eine (offen stehende) faltbare Glaswand im unteren Bereich gestalterisch aufgenommen. Die weißen Wände betonen die Raumhöhe und das von Holzstützen getragene Gewölbe. Die Arbeitsplätze im Bereich des Kirchenschiffs und die Balustraden und Treppen der Emporeneinbauten setzen mit hellem Holz und geraden, klaren Linien einen Gegenakzent zu den schlanken Säulen und einem steinsichtigen Teil der Außenmauer (s. Abb. 10). Auf den Emporen finden sich wiederum Ausstellungselemente, die in ihrer Gestaltung in den jeweiligen Raum eingepasst scheinen. Glasabtrennungen ermöglichen Durchblicke durch den gesamten Raum, auch durch

---

24 Vgl. Homepage des Noord-Hollands Archief, https://noord-hollandsarchief.nl/ontdekken/jans-kerk/janskerk (abgerufen am 20.02.2024) sowie der in der Kirche ausliegende Flyer.

**Abb. 10:** Janskerk Haarlem, Informationszentrum des Nordholländischen Archivs (Foto: Kerstin Menzel)

den Aufzug. Die ehemalige Glocke findet einen prominenten Platz im Treppenaufgang und steht wiederum mit ihrer historischen Erscheinung in Kontrast zu Holz und Glas. Unter den Emporen im Erdgeschoss stehen weitere Tische sowie Bücherregale.

Die hier genannten Beispiele zeichnen sich alle durch eine hohe gestalterische Qualität, Zurückhaltung in der Überformung des Raums und eine bewusste Kombination von alten und neuen Materialien[25] aus. Der Charakter der Kirche wird zwar erkennbar aufgenommen, aber nicht strategisch für die eigene Selbstdarstellung eingesetzt.

Insgesamt ist interessant, dass die hier dargestellten Beispiele von außen die neue Nutzung kaum zu erkennen geben. Nur anhand von Schildern oder kleineren Elementen wird diese sichtbar. Am deutlichsten ist noch die Jopenkerk, die in der Fassade zum vorgelagerten Platz mit größeren Eingriffen in die Substanz geöffnet wurde. Im Hintergrund dieser Beobachtung steht natürlich u. a. das Drängen der Denkmalpflege, die äußere Erscheinung der geschützten Gebäude möglichst weit-

---

25 Vgl. hierzu Fisch, Umnutzung (s. Anm. 5), 115.

gehend zu erhalten. Ob dies im Blick auf das Erwartungsmanagement bei einem sich verändernden Bautypus immer sinnvoll ist, diskutieren wir in der Forschungsgruppe durchaus kritisch.

Eine zweite übergreifende Beobachtung lautet: Natürlich hat der Typus der neuen Nutzung (Gastronomie, Museum, Sportstätte etc.) einen Einfluss auf die Gestaltungsästhetik,[26] im Blick auf die Jopenkerk und das »glück & seligkeit« werden jedoch auch Unterschiede innerhalb eines Nutzungstyps deutlich.

# 2 Fallbeispiel: »Zirkuskirche« Großkayna

Noch eine Vorbemerkung zum methodischen Vorgehen bei den Fallanalysen: Die Forschung vor Ort und die Materialerhebung fand sowohl gemeinsam wie auch in den Teilprojekten statt. Teilprojekt 2 arbeitet dabei mit einem weiten ethnografischen Zugriff: Ortsbegehungen, Gespräche und ausführliche Interviews, Analyse von Dokumenten und medialen Quellen greifen ineinander. Einzelne Interviewpassagen wurden sequenziell im Team interpretiert.[27]

Die Forschungsfrage ist dabei im Teilprojekt das Verhältnis unterschiedlicher Logiken, die sich in erweiterter bzw. hybrider Nutzung zusammenfinden. Auch bei vollständigen Umnutzungen, die mit einem Verkauf und dem Ende der kirchlichen Trägerschaft einher gehen, nehmen wir wahr, dass religiöse bzw. kirchliche Logiken nicht an ihr Ende kommen. Dies soll im Folgenden anhand einer von einem Zirkusverein genutzten Kirche genauer beschrieben werden.

## 2.1 Eine überflüssig gewordene Bergarbeiterkirche und ihre neue Nutzung

Die Kirche »Heilige Drei Könige« (s. Abb. 11) wurde 1935 durch Johannes Reuter im sachsen-anhaltinischen Großkayna errichtet.[28] Sie wurde benötigt, da es durch den Bergbau und die Industrialisierung einen großen Zuzug katholischer Arbeiter in die evangelisch geprägte Region gab. Das Baugelände etwa wurde durch das ört-

**26** Vgl. S. Netsch/K. Gugerell, Reuse of Churches in Urban and Rural Dutch Landscapes, Acta Horticulturae et Regiotecturae (2019) 1, 48–55: 53f. DOI: 10.2478/ahr-2019-0009.
**27** Ich danke im Blick auf die hier zitierten Interviewauszüge Elisabeth März und Alena Meinel für die gemeinsame Interpretationsarbeit.
**28** 1944 wurde die Kirche schwer zerstört und erst in den 1980ern restauriert. Zur Baugeschichte G. Knochenhauer, 300 Jahre Braunkohlenbergbau im Geiseltal, erschienen anläßlich der Festwo-

**Abb. 11:** Heilige Drei Könige Großkayna, Zirkuskirche, Außenansicht (Foto: TRANSARA)

liche Bergbauunternehmen Michel-Vesta-AG der jungen Kirchengemeinde gestiftet. Durch Abbaggerung eines großen Teils des Ortes in den 1960ern, Wegzug und Strukturwandel in der Braunkohleregion nach der Wiedervereinigung[29] war die katholische Gemeinde in den 2000ern beinahe völlig verschwunden.[30] 2009 wurde die Kirche daher aufgegeben und profaniert. Nach einigen Jahren Leerstand wurde sie 2013 an das Zentrum für Zirkus und bewegtes Lernen, einen eingetragenen Verein im nahen Halle, verkauft. Als Hauptmotiv wird deren Wunsch nach einem

---

che 300 Jahre Bergbau im Geiseltal vom 18.06.–28.06.1998 der Städte Braunsbedra und Mücheln, Mücheln 1998, 209–210; V. Schädler, Katholischer Sakralbau in der SBZ und in der DDR (Studien zu Kirche und Kunst, Bd. 11), Regensburg 2013, 145–159; Dies., Zwei deutsche Kirchenarchitekturen: katholische Sakralbauten von Johannes Reuter und Rudolf Schwarz im geteilten Deutschland der 1950er Jahre, in: Das Münster. Zeitschrift für christliche Kunst und Kunstwissenschaft 64 (2011), 53–59.

**29** Vor der Umsiedelung lebten hier noch ca. 5.000 Einwohner, vgl. Wikipedia, https://de.wikipedia .org/wiki/Gro%C3%9Fkayna (abgerufen am 20.02.2024). Im Ortsteil Großkayna leben im Jahr 2022 1.010 Menschen, vgl. Angaben der Kommune, https://www.braunsbedra.de/de/allgemeines-brauns-bedra.html (abgerufen am 20.02.2024).

**30** Zusammenschluss von 5 Gemeinden zu Pfarrei St. Norbert 2010.

eigenen größeren Raum mit angelagerten Übernachtungsmöglichkeiten genannt (»unsere eigene Jugendherberge«[31]). Obwohl vor Großkayna bereits eine andere zum Verkauf stehende Kirche im Blick war, spielt der sakrale Charakter in den Begründungen für den Kauf keine Rolle.

Die schlichte Saalkirche wurde dann bis 2015 mit wenigen baulichen Maßnahmen in Eigenleistung für die neue Nutzung ertüchtigt. Es wurde ohne größere Entwürfe durch beratende Architekt:innen ein Antrag auf Nutzungsänderung gestellt, die Verständigungen mit der Denkmalpflege verliefen wohl weitestgehend konstruktiv. Das Gestühl wurde komplett entfernt. Altar, Tabernakel und Kommunionbänke, bauzeitlich und aus schwarzem Marmor, wurden ebenso wie weitere Ausstattung aus dem Raum entnommen. Das große Chorwandfresko von Bernd Terhorst (1935) sowie die Aufschrift mit drei Zeilen des Gedichts *Lobt den Herrn, ihr Wesen alle* aus dem Epos Dreizehnlinden von Friedrich Wilhelm Weber (1813–1894) auf den Querträgern der Kirchendecke blieb aus denkmalpflegerischen Gründen erhalten. Kleinere Auseinandersetzungen gab es über die Wärmedämmung der Bleiglasfenster, die mit im Innenraum vorgesetzten Scheiben gelöst wurde. Außerdem wurde ein Holzfußboden eingezogen, die Treppe zum ehemaligen Altarraum mit einem Holzpodest über- und ein Ofen eingebaut. Von außen blieb das Gebäude bis auf den kaum sichtbaren Schornstein des Ofens unverändert. Im anliegenden Pfarrhaus wurde ein Gästehaus mit schlichten Zimmern (32 Betten, Bäder) Aufenthaltsraum und Selbstversorger-Küche (in der ehemaligen Sakristei) eingerichtet. Für die Verwaltung des Gästehauses wurde eine gGmbH gegründet.

Der Verein bietet in und um Halle Zirkuspädagogik an; speziell in Großkayna finden Zirkusferien und Lehrgänge zur Ausbildung von Zirkuspädagog:innen statt. Die Angebote für Kinder und Jugendliche werden durch Fördermittel finanziert und sind daher für die Teilnehmenden kostenlos, was auch finanziell schwächeren Familien die Teilnahme erlaubt.[32] Die Kirche und das Gästehaus werden auch an andere Bildungsgruppen oder Vereine vermietet, die anfängliche Vermietung für Familienfeiern wurde aufgrund der Anwohnersituation und der Beanspruchung der Räume wieder reduziert.

Nur sehr selten sind Umnutzungsprozesse mit der Eröffnung nach einem ersten Umbau abgeschlossen.[33] Auch in Großkayna werden gegenwärtig Ideen für die Sanierung und den weiteren Ausbau diskutiert. Dabei sind Instandsetzungen und

---

31 Podcast »Peißnitzgespräche« Nov. 2017, abgerufen über den Facebook-Account des Vereins.
32 BmBF, Programm »Kultur macht stark. Bündnisse für Bildung«, Zirkus unterm Kirchendach, https://www.buendnisse-fuer-bildung.de/buendnissefuerbildung/de/einblicke/zirkus-unterm-kirchendach.html (abgerufen am 20.02.2024).
33 Vgl. Menzel, Aushandlungsprozess (s. Anm. 8), 239–242.

Modernisierungen ebenso geplant wie eine Verlegung des Eingangs (s. u. 2.7) und
kleinere Anbauten am Pfarrhaus. Auch im Kirchenraum werden kleinere Veränderungen überlegt (s. u. 2.5).

Auf der Basis eines Ortsbesuchs, diverser Gespräche, von Dokumenten aus
dem Internet und Zeitungen hat die Forschungsgruppe das Fallbeispiel dem pragmatischen Muster (s. o. 1.2) zugeordnet. Die sakralen Architekturmerkmale werden nicht hervorgehoben oder gestalterisch weitergeführt. Der Raum bildet eher
die schlichte Hülle der neuen Nutzung. Auch in der Deutung des Raumes wird die
ehemals religiöse Nutzung kaum für die eigene Selbstdarstellung in Anspruch genommen.

## 2.2 Eindrücke zur Wahrnehmung der Transformation

Der Geschäftsführer erzählt, dass er noch nie erlebt hat, dass Menschen sich über
die neue Nutzung ärgern. Er sei viel mit den Menschen vor Ort im Gespräch und
würde eher Dankbarkeit wahrnehmen, dass sich die offenbar einmal vorhandene
Idee einer Motorradwerkstatt nicht verwirklicht hat.

Ein ehemaliges Gemeindeglied, in Großkayna über viele Jahrzehnte verankert,
aber heute in einer nahen Stadt lebend, erzählt analog, dass die neue Nutzung im
Ort gut ankomme, weil zwei oder drei Arbeitsplätze geschaffen wurden und es eine
gute Option sei: »Ich bin der Meinung, das ist verhältnismäßig gut gemacht worden,
indem das zu einer sozialen Nutzung gekommen ist und das ist immer besser für
meine Begriffe als verrotten lassen.« Anders als in einer weiteren Gemeinde, wo
die Umnutzungsabsicht einer Kirche auf Widerstand treffe, hätten hier alle eingesehen, dass es keine Gemeinde mehr gibt.

In den wenigen auffindbaren Medienberichten wird das Projekt überaus positiv dargestellt. So ist das Gebäude in einem WELT-Artikel für den Verein ein »Glücks-
griff«.[34] Das Projekt ist dabei der Aufmacher eines Textes zu Kirchenumnutzungen
in beiden Konfessionen, dem am Ende eine Kirche gegenübergestellt wird, die noch
keine Zukunftsperspektive hat. Die Mitteldeutsche Zeitung berichtet ohne Proble-
matisierung der Umnutzung von der ersten Premiere 2015.[35]

Auch auf der Website des BmBF wird das Projekt vorgestellt, weil es mit Mitteln aus dem Programm »Kultur macht stark« gefördert wird.[36] Hier wird schon

---

**34** Manege frei im Kirchenschiff, WELT Online, 13.8.2015, https://www.welt.de/regionales/sachsen-
anhalt/article145157115/Manege-frei-im-Kirchenschiff.html (letzter Zugriff: 24.01.2023).
**35** Premiere im Kinderzirkus, MZ vom 16.07.2015.
**36** Vgl. zum Folgenden BmBF, Zirkus unterm Kirchendach (s. Anm. 32).

im Intro ein überaus positives Gesamtbild gezeichnet und der Raum hervorgehoben: »In Großkayna verbringen Kinder und Jugendliche zauberhafte Zirkusferien an einem besonderen Ort. Das abwechslungsreiche Programm und die fürsorgliche Rundumbetreuung durch pädagogische Fachkräfte und junge Ehrenamtliche kommt bestens an.« Auch eine Zirkustrainerin wird mit einem Lob des Raumes zitiert: »Das Bildungshaus in Großkayna ist der perfekte Ort, um konzentriert zu arbeiten, erzählt Nadine Arendt. Denn das Zirkustraining findet in einer ehemaligen Kirche statt, die zu einem Probenraum mit Bühne umgestaltet wurde. Das hohe Gebäude strahlt Ruhe aus, im großen Garten kann man sich austoben und im alten Pfarrhaus finden sowohl die Teilnehmenden als auch das Team aus pädagogischen Fachkräften und Ehrenamtlichen Platz zum Übernachten.«

Das Projekt wurde auch auf einem Experten-Workshop nach der erfolgreichen Bewerbung der Mitteldeutschen Kirche für die Internationale Bauausstellung in Thüringen 2015 vorgestellt und unter dem Thema »Soziale und kulturelle Öffnung von Kirchen« diskutiert.[37]

Im Bereich der Forschung von Kirchenumnutzung ist dieser Befund wenig überraschend, da immer wieder hervorgehoben wird, dass der soziale Charakter einer neuen Nutzung Akzeptanz schafft.

## 2.3 Raumeindrücke

Die Forschungsgruppe besuchte die Kirche Anfang 2022 in einer Phase nach der Pandemie. Im Gespräch mit den beiden Hausmeistern und im Begehen entstand der Eindruck: hier wird umgebaut, repariert, vorbereitet. Die bauliche Neugestaltung erschien uns schlicht bis provisorisch, was der Selbstdarstellung durchaus entspricht. Requisiten standen in Kisten vor dem Bild im Altarraum und auf der Empore, offenbar fehlte passender Stauraum (s. Abb. 12). In Bildern des social-media-Accounts,[38] die einen Einblick in die Kursarbeit geben, sieht man ebenfalls Requisiten im Raum, aber die Matten sind ordentlich verklebt, das Altarbild ist vollständig sichtbar.

Noch einmal anders wirkt der Raum auf einigen Bildern im Netz, die stärker den Raum inszenieren. So etwa die sehr aufgeräumten Raumeindrücke auf der Sei-

---

37 Dokumentiert unter: Perspektiven für kirchliche Gebäude in Thüringen – Aufgabe, Abgabe, Wandel. Dokumentation Expertenworkshop Kloster Volkenroda 26. und 27. März 2015, 26, abrufbar unter https://www.location3.de/wp-content/uploads/IBA_Thueringen_EKM_Potz_2015.pdf.
38 Facebookseite des Vereins, https://www.facebook.com/zirkus.klatschmohn (abgerufen am 20.02. 2024).

**Abb. 12:** Kirche Heilige Drei Könige Großkayna, Zirkuskirche, Innenraum (Foto: Kerstin Menzel)

te des Hauses[39] oder einer Website mit Modellprojekten des Landesverbands der Kultur- und Kreativwirtschaft Sachsen e. V.[40] Auf den Webseiten des Vereins und des Hauses finden sich auch Bilder, die Einrichtungselemente mit Zirkusrequisiten kontrastieren: etwa ein Diabolo vor einem runden Buntglasfenster[41] oder auf Bällen balancierende Kinder vor dem strahlenden Fresko.[42]

## 2.4 Aushandlung I: Bezeichnung

Interessant ist bei Umnutzungen immer, ob in der neuen Bezeichnung noch auf die Ursprungsnutzung verwiesen wird. Das ist im Fall der Kirche in Großkayna nicht eindeutig. Einerseits findet sich auf der Website des Vereins die Bezeichnung als »Sport- und Zirkuskirche Geiseltal«[43], in einem Bericht auch »Zirkuskirche Groß-

---

**39** Homepage des Bildungshauses, https://zirkuskirche.de/?page_id=8 (abgerufen am 20.02.2024).
**40** Kreativorte Mitteldeutschland, Zirkuskirche Großkayna, https://www.kreativorte-mitteldeutschland.de/orte/zirkuskirche-grosskayna/ (abgerufen am 20.02.2024).
**41** Homepage des Bildungshauses, https://zirkuskirche.de/?page_id=21 (abgerufen am 20.02.2024).
**42** Homepage des Vereins, https://zzb-halle.de/ (abgerufen am 20.02.2024).
**43** Homepage des Vereins, https://zzb-halle.de/zirkusferien/ (abgerufen am 20.02.2024).

kayna«[44] und wird ebendieser Begriff auch für die Website des Hauses verwendet
»zirkuskirche.de«. Dort wird dann aber auch der formelle Begriff des Tagungshau-
ses benutzt: »Gruppen- und Bildungshaus Großkayna«[45].

Die wechselnde Begrifflichkeit wird auch in den Interviews deutlich. Der Geschäftsführer sagt:

> »Wir nennen's Zirkuskirche, wir nennen's Zirkushaus. Das Gebäude ist ja weiterhin eine .. ,
> ein Kirchengebäude, wurde ja als Kirchengebäude gebaut. Und deswegen ist das ja auch- also
> ich sehe das als Kirche an. Ich nutz, ich nutz diesen Begriff auch ›Zirkuskirche‹ halt irgendwie
> oft, weil das ja schon irgendwie ein Alleinstellungsmerkmal ist.«

Auch die aktuelle Architektin verweist auf die offizielle Bezeichnung in den Plänen,
um dann aber doch auf den bleibenden Charakter als Raum für »Spiritualität« zurückzukommen:

> »... also wir nennen die Kirche tatsächlich auf dem Papier dann Sporthalle. Das hat was mit
> Fördermitteln zu tun, aber es ist zum Schluss auch eine Sporthalle. Und als zweite Funktion
> auch ein Treffpunkt für Seminare, Coaching, Meditation. Ich sage jetzt mal ganz viel Spiritua-
> lität. Das passt, passt da rein.«

Insgesamt wird darin eine Unentschiedenheit deutlich, ob der Raum mit einem
neuen Namen versehen werden soll, um die Ablösung der bisherigen Nutzung nach
außen direkt deutlich zu machen, oder ob die Erkennbarkeit, die mit dem Begriff
»Zirkuskirche« verbunden ist (»Alleinstellungsmerkmal«), und die Kontinuität der
erkennbaren Bauform (»ein Kirchengebäude«) bzw. des Nutzungsbereichs (»Spiritualität«) nicht doch auch eine Weiterverwendung des Begriffs »Kirche« als Teil des
Namens nahelegen. Anders gesagt: Dass der Raum in seiner äußeren, klar sakral
konnotierten Bauform und seiner inneren Anlage weitgehend erhalten bleibt, hat
beharrliche Konsequenzen für die Benennung, ohne dass der Begriff in der Selbstdarstellung aber intensiv zur Profilierung genutzt würde.

## 2.5 Aushandlung II: Den Raum als Kirche sichtbar halten

An zwei Stellen wünschen sich die Verantwortlichen eine weitergehende Veränderung: Sie empfinden die Deckenbalken als »drückend« oder sogar »erdrückend«,
wobei im Gespräch unklar bleibt, ob das an der Ästhetik der dunklen Balken oder

---

**44** Kreativorte Mitteldeutschland, Zirkuskirche Großkayna (s. Anm. 40).
**45** Homepage des Vereins, https://zirkuskirche.de/ (abgerufen am 20.02.2024).

an der Rhetorik des Verses mit ihrem Aufforderungscharakter, ihrem universalen Anspruch oder ihrem – auch in Psalmsprache – eindeutig christlichen Klang liegen könnte: »Lobt den Herrn ihr Wesen alle / All ihr Werke seiner Hände / lobt den Herrn denn er ist mächtig / gütig ist er ohne Ende«. Und sie würden gern die Kreuze aus den Buntglasfenstern entfernen.

Es wird jedoch nicht damit gerechnet, dass die staatliche Denkmalpflege einer Veränderung der beiden Elemente zustimmen würde. So sagt die Architektin:

> »Ich denke, dass es diesen Spruch [an der Decke] nicht braucht. Die Wirkung ist trotzdem da. Also das ist das, was ich an dem Raum wahrnehme, ja? Ich sehe eher den Raum als die Kreuze in den Fenstern. Das ist halt so ein Thema, weil die Denkmalbehörde – das hatte ich schon mal geschrieben gehabt, ne – eben das daran festgemacht hat. Das wäre wohl das einzigste, woran man noch erkennt, dass es eine Kirche ist. Und da ist mir klar geworden, aha, es ist doch aber viel mehr.«

Interessant sind diese Wahrnehmungen, dass die Denkmalpflege die Wahrung des ursprünglichen Charakters des Raumes an den Kreuzen festmacht, im Blick auf den Wechsel der Zuständigkeit in der denkmalfachlichen Aufsicht. Vor dem Verkauf war noch das Bischöfliche Ordinariat des Bistums Magdeburg als untere Denkmalschutzbehörde zuständig, mit dem Verkauf wechselte dies an das staatliche Denkmalamt. Ersteres stimmte 2013 dem Ausbau der Prinzipalstücke unter Verweis auf die entsprechenden Ordnungen bei Profanierung zu, auch wenn dies als »erheblicher Eingriff in das Kulturdenkmal« gewertet wurde. Die Zustimmung erfolgte aber u. a., weil »die Beschaffenheit der Bau-/Raumhülle in seiner Ausdrucksform erhalten bleibt.«[46] Auch einem Abhängen der Decke mit Stoffbahnen sowie einem Ersetzen der Kreuze mit buntem Glas in den Fenstern wurde damals zugestimmt, solange diese als Bleiglasfenster von außen in der jetzigen Gesamtform erkennbar bleiben. Aus den aktuellen Überlegungen liegen uns noch keine Unterlagen der staatlichen Denkmalbehörde vor, aber offenbar greifen hier andere Argumentationen.

## 2.6 Aushandlung III: Raumwirkung in Nutzungspraktiken

Zweimal wird in Gesprächen von der Wirkung des Raums für die pädagogische Praxis berichtet. So beschreibt der Geschäftsführer den Kontrast zu Inszenierungen, die vor dem Kauf der Kirche in Jugendherbergen entstanden sind:

---

46 Schreiben des Bischöflichen Ordinariats, Untere Denkmalsbehörde an die Gemeinde St. Norbert vom 2. 9. 2013.

>»Und das Spannende war wirklich bei dieser ganzen Geschichte, dass ging's auf einmal wirklich so frei nach dem Thema ›Der Raum ist der vierte Pädagoge‹ – oder manchmal sogar der erste. Es ging wirklich sofort um übernatürliche Sachen, um Wiedergeburt und so weiter, um Tod und so. Und das erste Programm, was wir da inszeniert hatten, hieß dann ›Der Tod macht Urlaub‹. Und das war die Geschichte, dass der Tod irgendwie total überfordert ist und keinen Bock mehr hat, diese ganzen Leute da in den Himmel zu begleiten oder was auch immer. Und wollte in Urlaub, und es gab dann auch ein Kind, das den Tod gespielt hat. Das war echt ein tolles Programm. Und dann die Geschichte war, dass dann halt sozusagen, dass dann keiner mehr gestorben ist und es gab einen totalen Stau und so.«

Mit dem Begriff »spannend« wird auf ein Geschehen verwiesen, das unerwartet und energiegeladen ist. Die Bedeutung des Raumes in der pädagogischen Arbeit wird sogar noch über den zitierten pädagogischen Grundsatz hinaus gesteigert. Beschrieben wird dies mit »übernatürliche Sachen«, die mit »Tod« und »Wiedergeburt« konkretisiert werden. Mit ersterem ist also nicht nur der physische Tod, sondern auch Fragen des »danach« gemeint. Mit »Wiedergeburt« klingt ein weiter religiöser Horizont an. Dieses Thema etabliert sich im gemeinsamen Prozess einer kindgerechten und humorvollen Inszenierung, aber es scheint evident, dass sich mit einem Kirchengebäude dieses Thema assoziieren lässt. Dies könnte einerseits im Topos Kirche begründet liegen, andererseits könnten konkrete Gestaltungselemente (das Fresko mit dem Jesuskind, das zugleich wie der Verklärte oder Auferstandene aussieht, oder die Kreuze in den Fenstern) eine Wirkung haben. Das wird jedoch im Interview nicht genauer ergründet.

>»Und diese Themen waren auf einmal sozusagen wirklich total omnipräsent und das merken wir bei jedem Inszenierungsprozess. Dass die Kirche da total was macht irgendwie mit den Menschen. Tatsächlich letztens hatte ich auch mal so ne Meditationsrunde da. Da gings um ein sehr intensives Gefühlsthema und da hat man schon gemerkt, da ist n anderer Beef oder ne andere Energie drinnen, ja, wenn wir da arbeiten, ja, in diese Richtung.«

Diese Wirkung wird dann generalisiert, es ist mehr als ein einmaliger Zufall. Die nicht näher beschriebenen Themen kommen quasi unausweichlich. Der Raum selbst wird hier als Akteur gezeichnet. Dann wird zur Bestätigung noch ein zweites Beispiel angeführt: eine Meditationsgruppe, in der die Auseinandersetzung besonders dicht erlebt wurde. Mit »Beef« wird noch einmal auf das Widerständige, Unerwartete und Spannungsreiche verwiesen, das die Energie steigert und eine besondere Atmosphäre schafft. Wiederum wird am Ende der Passage eine Kontinuität zur früheren Nutzung hergestellt:

>»Und deswegen finde ich es auch so spannend, weil das der Ort ja im Prinzip vorgibt. Ist ja ein Raum für spirituelle Transformation. Wurde halt nur irgendwie anders genutzt vorher und im Prinzip [...] führen wir eigentlich die Nutzung einfach weiter. Nur mit nem anderen Mantel eher.«

## 2.7 Aushandlung IV: Ausrichtung des Raumes

Beim Besuch vor Ort ist das Bild im ehemaligen Altarraum mit Umzugskisten teilweise verstellt, in denen offenbar Requisiten und Kostüme aufbewahrt werden (s. o. Abb. 12). Eine große Traverse für Schaukel o. ä. steht im Altarraum. Auf den zweiten Blick fallen uns auch die Lautsprecher und eine schlichte Wanduhr auf. Einerseits wirkt dieser Bereich durch die überbauten Stufen wie eine Bühne, zugleich aber auch wie ein Aufbewahrungsort. In den Bildern, die sich im Netz finden, insbesondere in medial aufgenommenen Abbildungen,[47] ist das Fresko sehr klar als Hintergrund von Kindern, die auf Bällen balancieren, zu sehen. Auch ein Vorhang ist zu sehen, der den Altarraum als Bühne abgrenzt. Andererseits finden sich v. a. im social media Account auch Bilder, auf denen Requisiten im Altarraum liegen oder der Raum offenbar einfach Übungsfläche ist. Das Bild selbst wird von mehreren Gesprächspartner:innen als unproblematisch beschrieben.

Der Eindruck einer Bühne bestätigt sich in der Nutzung nicht. Der Geschäftsführer führt aus:

> »Das war so angedacht, aber es wurde nie als Bühne genutzt. Deswegen ist ja so spannend, wie sich das dann irgendwie für die tatsächliche Nutzung- was dann so passiert, weil es war dann auch ziemlich logisch, weil Zirkus ja rund ist. Es hat sich viel mehr angeboten, dass wir unten in dem Chorraum [gemeint ist wohl das Schiff, K. M.], dass wir da ein Zirkusrund gebaut haben und so einen Vorhang vor die Empore gestellt haben und da kamen die Kinder dann hinten von der Empore runter und haben dann da gespielt und das Publikum saß so im Halbrund oben auf der Bühne drauf und eben unten drum herum und so. Und es war eine viel schönere Atmosphäre. So wird das eigentlich, wenn wir Aufführungen haben, genutzt.«

Entsprechend sei geplant, das Podest abzubauen und die alte Treppe mit Kissen als Sitzgelegenheit zu nutzen. Der frühere Haupteingang kann als Ausgangspunkt von Auftritten dann nicht mehr als Haupteingang fungieren (s. Abb. 13). Dazu komme noch der Aspekt der Barrierefreiheit, da von vorne keine barrierefreie Zuwegung möglich sei, die zukünftig über den Innenhof ermöglicht werden soll. Interessant sind nun die Deutungen dieser räumlichen Drehung.

Zum einen wird wiederum Kontinuität wahrgenommen und die Veränderung als Weiterentwicklung gedeutet, wie etwa oben mit dem »Raum für spirituelle Transformation« oder durch die Architektin:

> »Vom Feng-Shui her ist der Kircheneingang nicht mehr aktuell. Und so fühlt sich das ja auch an. Und die Kirche ist ja auch, also ist ja einen Schritt weitergegangen. Ich, entweiht finde ich immer so ein schwieriges Wort.«

---

47 Vgl. etwa Manege frei im Kirchenschiff, WELT Online, 13. 8. 2015 (s. Anm. 34).

**Abb. 13:** Kirche Heilige Drei Könige Großkayna, Zirkuskirche, Empore (Foto: Kerstin Menzel)

Zum anderen wird die räumliche Drehung durch den Geschäftsführer als Verschiebung von Machtverhältnissen beschrieben:

> »Also zum einen ist im Prinzip der Haupteingang jetzt bei uns der Hintereingang, weil da wird das Material rein- und rausgetragen [...]. Und das andere, was ja ein bisschen ein relationeller Gedanke ist: Dadurch, dass der Fokus ja sozusagen im Chorraum [also im zentralen Rund im Schiff] liegt, wenn wir Aufführungen machen. Früher, wo die Leute auf den Bänken gesessen haben, haben sie nach oben geguckt. Und jetzt gucken die Leute auf die Gemeinde im Prinzip, ja? Ist ja fast so ein bisschen Entmachtung. [...] Also man entmachtet per se, indem man sich abwendet von dem, was da oben passiert, ja?«

Beim Besuch vor Ort sprach auch die Architektin davon, dass der Kirchenraum eine starke Achse vom ursprünglichen Eingang her habe, der große Macht ausstrahle, daher soll diese Achse gebrochen werden durch einen Raumeinbau, um den man herumgehen muss, so dass man sich vorsichtiger diesem großen Raum annähere.

## 2.8 Fazit

Es ergibt sich ein differenziertes Bild, das Pragmatik und Narrationen der Kontinuität sowie der Abgrenzung umfasst. In einem Zitat der Architektin wird dies auf den Punkt gebracht:

> »Ich möchte ja *umwandeln*. Umwandeln von dem, was der Architekt sich damals gedacht hat, aber weiterentwickeln, weil wir leben jetzt im 21. Jahrhundert.«

Problematisiert werden insbesondere die Elemente des Raumes, die mit Hierarchie und Autorität verbunden werden, etwa die Deckenbalken oder die Raumordnung mit dem erhöhten Altarraum. Demgegenüber werden – weltanschaulich offener und unverbindlicher, aber mit den Nutzer:innen und ihren Emotionen, Lebensentwürfen und Ansichten eng verbunden – Spiritualität und existenzielle Themen positiv als Kontinuitätslinien beschrieben. Der Raum selbst partizipiert an den Aushandlungsprozessen in der Etablierung der neuen Nutzung, nicht allein in Auseinandersetzungen mit der Denkmalpflege, sondern etwa in der Durchsetzung einer anderen Raumanordnung als ursprünglich geplant oder dem Einfluss auf Themen und Atmosphäre von Veranstaltungen.

# 3 Implizite Hybridität

Neuere Kirchenraumtheorien haben darauf hingewiesen, dass ein rein funktionales Verständnis von Sakralraum die Wirkung und Qualität von Architektur unterschätzt. So hat Thomas Erne die Wirkung der Weitung des eigenen Daseins über die Grenzen von Religiosität hinaus beschrieben.[48] Clemens Bethge hat die Lesbarkeit des Kirchenraums als heiligen Raum ausgeführt.[49] Das lässt sich im Blick auf die Neunutzung der »Zirkuskirche« in Großkayna nur unterstreichen. Damit ist, Erne und Bethge aufnehmend, auch noch einmal kritisch zu reflektieren, ob diese »sakrale« Qualität des Raums wirklich so stark am Gottesdienst festzumachen bzw. von diesem herzuleiten ist, wie Tobias Woydack[50] oder Klaus Raschzok[51] das

---

**48** T. Erne, Hybride Räume der Transzendenz. Wozu wir heute noch Kirchen brauchen. Studien zu einer postsäkularen Theorie des Kirchenbaus, Leipzig 2017.
**49** C. W. Bethge, Kirchenraum. Eine raumtheoretische Konzeptualisierung der Wirkungsästhetik (Praktische Theologie heute 140), Stuttgart 2015.
**50** T. Woydack, Der räumliche Gott. Was sind Kirchengebäude theologisch?, Hamburg/Schenefeld 2005.

in ihren Kirchenraumtheorien tun. In jedem Fall wirken die sakral konnotierten Raumelemente auch in einer säkular genutzten Kirche weiter, entsteht eine Form von impliziter Hybridität zwischen sakraler Architektur und säkularer Neunutzung. Die kirchlicherseits noch immer gelegentlich zu hörende These, dass mit der Entwidmung eine Kirche aufhört, eine Kirche zu sein, erweist sich in empirischer Perspektive als Fiktion.[52]

Martin Radermacher hat am Beispiel der umgenutzten Dominikanerkirche in Münster darauf verwiesen, dass nicht nur den menschlichen Akteuren, sondern dem »socio-spatial arrangement« eine Wirkungsmacht, »agency« (Latour) zukomme. Dabei verwendet er den Begriff der Atmosphäre und füllt diesen anders als die neue Phänomenologie als »realized semantic potential of socio-spatial arrangements«[53] Der Raum eröffne eine Reihe von Möglichkeiten (etwa Religion, Kunst, Kultur und Bildung, Architektur und Technik sowie Politik und Ökonomie), von denen je nach Situation ein Diskurs realisiert werde.

> What is conceptually relevant is that in these processes of communicative transformations, the built space itself is not a passive stage or silent object of communicative attributions [...]. On the contrary, it plays an important role in affording and restricting communication. Its architectonic iconicity suggests and triggers certain communications to occur – without determining them.[54]

Ich würde diese Perspektive noch einmal praxistheoretisch weiterführen. Nicht allein auf den Diskurs, sondern auch auf die Nutzung selbst hat die Architektur eine Wirkung, führt zu – für die Akteure – unerwarteten Effekten und Veränderungen. Ob jedoch der stark besetzte Begriff der »Atmosphäre« hier wirklich weiterführt, ist zu fragen. Mir erscheint es sinnvoller, konkrete Raumqualitäten oder -elemente zu benennen, die eine Rolle spielen.

Dabei verdient die Beobachtung, dass insbesondere die Dimensionen religiöser Hierarchie kritisch verhandelt werden, weiterführende Überlegungen. Auch in anderen Fallbeispielen begegnet uns diese Problematik, wo etwa die holzvertäfelte Gesamtkomposition eines Raumes nach Wiesbadener Programm mit einem großen Orgelprospekt vorne als christliche Dominanz in einem weltanschaulich pluralen

---

51 Etwa K. Raschzok, Spuren im Kirchenraum. Anstöße zur Raumwahrnehmung, PTh 89 (2000), 143–145.
52 Vgl. hierzu auch J. Seip, Was überschreitet die Kirchenprofanierung? Hybridität als Einübung ins Andersdenken, in: A. Gerhards/K. de Wildt (Hg.), Wandel und Wertschätzung. Synergien für die Zukunft von Kirchenräumen (Bild – Raum – Feier 17), Regensburg 2017, 241–262.
53 M. Radermacher, »Not a Church Anymore«. The Deconsecration and Conversion of the Dominican Church in Münster (Westphalia, Germany), Material Religion 17 (2021), 1–28: 4.
54 Radermacher, Deconsecration (s. Anm. 53), 22.

Stadtteil als Problem markiert wird (Philippuskirche Leipzig) oder wo ein Pfarrer bei Eröffnung der hybriden Nutzung als Stadtteilzentrum sich in eine Theaterinszenierung involvieren lässt, die seine eigene Autorität ironisch bricht (Heilandskirche Leipzig).

---

Teil III:  **Umnutzung und Konstruktion durch Interaktion**

Edward van Voolen

# Heilige Stätten im Judentum

## Ursprung, Entwicklung und neue Bedeutungen

**Zusammenfassung:** Die Bedeutung der heiligen Stätten des Judentums und ihre Rolle im jüdischen Leben haben sich im Laufe der Zeit erheblich verändert. In diesem Aufsatz geht es um die Frage, wie sich ihre Bedeutung im Laufe der Jahrhunderte verändert hat. Neben heiligen Orten entstanden ortsbezogene heilige Zeiten und die Zahl der Stätten vervielfachte sich. Die Säkularisierung und Politisierung vieler heiliger Orte in den letzten Jahrzehnten vergrößerten ihre Bedeutung. Vergleiche mit dem Christentum und Islam, die sich beide auf das Judentum beziehen, werden gelegentlich mit einbezogen.

**Abstract:** The significance of the holy sites of Judaism and their role in Jewish life have changed considerably over time. This essay deals with the question of how their significance has changed over the centuries. In addition to holy places, location-specific holy times have emerged. The number of holy sites has multiplied. The secularization and politicization of many sacred places in recent decades has increased their significance. Comparisons with Christianity and Islam, both of which relate to Judaism, will occasionally be made.

# 1 Einführung

An erster Stelle der heiligen Stätten steht Jerusalem, welches von überragender Bedeutung für die drei abrahamitischen Religionen, Judentum, Christentum und Islam ist. Schon seit den biblischen Zeiten, insbesondere seit dem Bau und der Einweihung der Tempel vor ca. 3.000 Jahren bis zu ihrer endgültigen Zerstörung mehr als tausend Jahre später im Jahr 70 der üblichen Zeitrechnung[1] und während der folgenden zwei Jahrtausende ist die Stadt einer der wichtigsten Pilgerorte der Welt. Trotz oder wegen der in der Vergangenheit und heute noch immer fortdauernden religiösen und politischen Spannungen beschäftigen sich heute längst nicht mehr nur Religionswissenschaftler und Theologen mit Jerusalem. Jerusalem ist für re-

---

**1** Ab hier gekürzt als v. d. Z. oder n. d. Z.

---

**Kontakt: Edward van Voolen**, Berlin; E-Mail: edwardvanvoolen@gmail.com

https://doi.org/10.1515/bthz-2024-0012

ligiöse Juden die wichtigste heilige Stadt, gefolgt von Hebron, Nablus, Bethlehem, Tiberias und in jüngerer Zeit Safed und Meron. Neben diesen heiligen Stätten im Heiligen Land gibt es sowohl innerhalb als auch außerhalb Israels heilige Stätten, vor allem Gräber berühmter Gelehrter, die besucht werden.

Heute, wenn preiswerte Flugreisen eine (Pilger-)Reise ins Heilige Land für viele möglich machen, bleiben Reise und Aufenthalt, ob individuell oder als Teil einer Gruppe unternommen, eine besondere Erfahrung.[2] Die Anwesenheit von so vielen Gläubigen und neugierigen Reisenden an einem besonderen Ort kann manchmal Unterschiede sozialer, kultureller, politischer und ethnischer Art überbrücken. Eine Pilgerreise schafft dann ein Gefühl der Zusammengehörigkeit und kann somit identitätsstiftend sein. Unterschiede zwischen Religionen und religiösen Strömungen innerhalb der Religionen (katholisch oder evangelisch, schiitisch oder sunnitisch, orthodox oder liberal) werden jedoch nicht immer überwunden und können sogar mit Gewalt zum Ausdruck gebracht werden.

Die drei Bedeutungen, die Theologen und Anthropologen wie Arnold van Gennep, Victor Turner und Mircea Eliade einem heiligen Ort zuschreiben – der symbolische Wert des Ortes, die persönliche Erfahrung und die soziale Komponente – haben alle mit den Gründen zu tun, warum jemand eine Pilgerreise unternimmt, sei es aufgrund einer religiösen Verpflichtung oder freiwillig, aus einem persönlichen Motiv heraus.[3] Die Reise und der Besuch eines heiligen Ortes stellen für den Pilger ebenso wie für den normalen Touristen eine wichtige spirituelle Erfahrung dar. Alte Pilgerberichte, Souvenirs und Selfies halten die Erinnerung fest.

---

2 Juden bezeichnen das biblische Land traditionell als »Eretz Jisrael« (das Land Israel), ein Begriff, der in der Bibel nur selten verwendet wird (1 Sam 13,19; Ez 27,17; 40,12; 47,18; 2 Chr 34,7). Einmal wird das Land in der Bibel als »Admat haKodesch« (heiliges Land, Sach 2,16) bezeichnet. Diese letzte Bezeichnung wurde nur durch in Griechisch überlieferte, aber nicht im jüdischen Kanon aufgenommene Hellenistisch-jüdische Texte (wie 2 Makk 1,7 und Weish 12,3) zuerst für Christen und später auch für die Allgemeinheit zu einem geläufigen Begriff.

3 A. van Gennep, Les rites de passage, Paris 1909 (The Rites of Passage, London 1960); V. Turner, Dramas, Fields, and Metaphors, Ithaca und London 1974; M. Eliade, The Sacred and the Profane: Die Natur der Religion, New York 1957.

# 2 Heilige Städte

## 2.1 Jerusalem als heilige Stadt für Juden, Christen und Muslime

Seit Jahrtausenden betrachten Juden, Christen und Muslime *Jeruschalajim* (Stadt des Friedens), *Hierosolyma* (griechisch *hieros*, heilig) oder *Urschalim Al-Quds* (Jerusalem die Heilige) als eine Stadt, deren Name allein schon den besonderen Charakter der Stadt für die drei monotheistischen Traditionen während ihrer gesamten aufgezeichneten Geschichte unterstreicht.[4] Seit biblischer Zeit pilgern nicht nur jüdische Gläubige nach Jerusalem und hoffen, eine besondere Erfahrung zu erleben, seit dem späten 19. Jahrhundert sind auch Touristen von dieser Stadt fasziniert. Bei ihnen verwischt sich die Grenze zwischen religiöser oder säkularer Motivation, aber nichtsdestoweniger hoffen auch sie, wie skeptisch sie ihre Reise auch anfangen mögen, etwas Besonderes zu erleben.

Falls Krieg und Terror es nicht verhindern, reisen jedes Jahr zwei bis drei Millionen Touristen in die »goldene« Stadt, wovon die allermeisten eine der drei jeweils wichtigsten heiligen Stätten besuchen, und viele an diesen zentralen Orten beten: die Juden bei der Westmauer, der sogenannten Klagemauer (der letzte Überrest des zerstörten Zweiten Tempels), die Christen in der Grabeskirche und die Muslime im Felsendom und in der Al-Aqsa-Moschee. Auch wenn sich die Unterschiede zwischen den drei monotheistischen Religionen und ihren religiösen Traditionen und politischen Interessen in den letzten Jahrzehnten zunehmend verschärfen, gibt es noch immer viele Übereinstimmungen unter ihnen in ihrer Beziehung zu dieser alten heiligen Stadt. Ihre gemeinsame Grundlage ist der Glaube an den einen Gott und die gemeinsame Abstammung von einem Urvater, Abraham.[5]

## 2.2 Jerusalem und Abraham

Nach der biblischen Überlieferung reiste Abraham aus dem fernen Mesopotamien nach Kanaan. In Salem (*Schalem*) hatte er seine erste besondere Begegnung mit dem Priesterkönig Melchisedek, der ihm nicht nur Brot und Wein reichte, sondern

---

4 R.J.Z. Werblowsky, The Meaning of Jerusalem to Jews, Christians and Moslems, Jerusalem 1978; K. Armstrong, History of Jerusalem: One City, Three Faiths, London 1997; L.I. Levine, (ed.), Jerusalem. Its Sanctity and Centrality in Judaism, Christianity, and Islam, New York 1999; S. Sebag Montefiore, Jerusalem: The Biography, London 2011.
5 K.-J. Kuschel, Streit um Abraham. Was Juden, Christen und Muslime trennt – und was sie eint, Ostfildern 2001.

ihn auch segnete (Gen 14,18–20). In Ps 76,2 wird Salem mit Jerusalem identifiziert: »In Salem ist auch seine [Gottes] Hütte, und seine Wohnung ist in Zion« (*Zion* ist ein Synonym für Jerusalem). Ein zweites Ereignis verstärkt diese Verbindung noch: Auf dem Berg *Morija* stellte Gott Abraham auf die Probe, indem er ihn aufforderte, seinen Sohn Isaak als Opfer darzubringen (Gen 22). In einem späteren Buch der Bibel wird Morija mit Jerusalem gleichgesetzt, wo König David die Stiftshütte, das mobile Heiligtum mit der Bundeslade, in der sich die Steintafeln mit den Zehn Geboten befanden, dauerhaft unterbrachte (2 Chr 3,1). In dieser neuen Hauptstadt der zwölf Stämme baute sein Sohn Salomo den Tempel. Damit wurde Jerusalem zum wichtigsten religiösen und politischen Zentrum der Juden. Bis zur Zerstörung des Zweiten Tempels im Jahr 70 n.d.Z. wurden dort täglich sowie an religiösen Festen Opfergaben dargebracht.

Das Christentum betrachtet Abraham ebenfalls als die erste Verbindung zu Jerusalem. Es sieht Abraham – den idealen Gläubigen und den Priesterkönig von Salem – als Vorahnung Jesu (Hebr 5–7). Das Opfer Abrahams erhielt eine neue Bedeutung als Hinweis auf das Opfer, das im Mittelpunkt des Christentums steht: die Kreuzigung des Jesus von Nazareth. Es war in Jerusalem, wo Jesus von seinen Eltern in den Tempel gebracht wurde, Wunder vollbrachte, schließlich hingerichtet wurde und in den Himmel auffuhr. Seit Jahrhunderten folgen christliche Pilger seinen Spuren und folgen der Via Dolorosa, dem Kreuzweg, durch die Altstadt von Jerusalem, bis sie sein Grab in der Grabeskirche erreichen.

Abraham (*Ibrahim*) spielt auch eine wichtige Rolle in der islamischen Beziehung zu Jerusalem, und zwar durch die göttlichen Offenbarungen, die dem Propheten Muhammad gegeben wurden und im Koran festgehalten sind. Abraham fügte sich dem Willen Gottes und gilt daher als Muslim. Obwohl weder der eigentliche Ort der Opferung noch der geopferte Sohn im Koran namentlich erwähnt werden, gehen die meisten Überlieferungen davon aus, dass Abrahams ältester Sohn Ismael (*Isma'il*) derjenige war, der geopfert wurde. Einigen Korankommentaren zufolge fand die Opferung in der Nähe von Mekka statt, andere wiederum bezeugen, dass die Opferung auf dem Felsen *Haram al-Sharif* (dem edlen Heiligtum, das heißt dem Tempelberg) erfolgte. Nach dem Koran (Sure 17,1) reiste der Prophet Muhammad während einer nächtlichen Reise von Mekka zur »fernsten« (*aqsa*) Moschee und stieg dann in den Himmel auf. Kurz nach dem Bau des Felsendoms (*Qubbat As-Sakhrah*) an dieser Stelle im Jahr 691 wurde zwischen 705–715 in Jerusalem die Al-Aqsa-Moschee errichtet, deren Name die Stadt endgültig als Standort des »fernsten« (*aqsa*) Heiligtums auswies und etablierte. Dadurch wurde *Al-Quds* (die Heilige), wie die Muslime Jerusalem nennen, zur drittheiligsten Stadt des Islam nach Mekka und Medina. Jeden Tag, insbesondere während des islamischen Pilgermonats (*Dhu al-Hijjah*), pilgern die Muslime zum Haram al-Sharif, um dort zu beten.

## 2.3 Jerusalem vor und nach der Zerstörung: heilige Orte und heilige Zeiten

Für die biblischen Juden war der Tempel in Jerusalem das Ziel der jährlichen Wallfahrten: »Dreimal im Jahr sollen alle eure männlichen Personen vor dem Ewigen, eurem Gott, erscheinen an dem Ort, den er erwählen wird (sc. Jerusalem), zum Fest der ungesäuerten Brote (*Pessach*), zum Fest der Wochen (*Schawuot*) und zum Laubhüttenfest (*Sukkot*); und sie sollen nicht mit leeren Händen vor dem Herrn erscheinen« (Dtn 16,16). Interessanterweise ist das hebräische Wort für ein Fest, an dem eine Pilgerfahrt nach Jerusalem obligatorisch war, *chag* (Fest oder Feiertag), mit dem arabischen *chagg, hajj*, Pilgerfahrt, verwandt.[6]

Solange der Tempel existierte, war die *Alija* (der »Aufstieg« nach Jerusalem) eine religiöse Pflicht (*Mitzwa*), die nach der Zerstörung des Tempels im Jahr 70 n. d. Z. wieder aufgehoben wurde. Die Hoffnungen auf die Wiederherstellung der religiösen und politischen Autonomie mussten aufgeschoben werden. Die lange Geschichte der Juden, die als Minderheit über viele verschiedene Länder verstreut waren, ohne politische Souveränität und ohne eigenes Land, führte zu der Notwendigkeit, neben dem Konzept eines »heiligen Ortes« das Konzept einer »heiligen Zeit« zu entwickeln. Die heilige Zeit diente nun als einziges Mittel, um dem Leben einen Sinn zu geben (der tägliche Zyklus der Gebete, der wöchentliche Zyklus der Arbeitstage und des Schabbats und der jährliche Zyklus der Feste).[7] Gott selbst, der nach der Zerstörung des Tempels sozusagen »heimatlos« geworden war, wird als Begleiter seines Volkes im Exil gesehen, in Erwartung seiner Wiederkehr in einer noch nicht eingetretenen messianischen Zukunft.[8] Sogar das Wort *Makom* (hebräisch für »Ort«) erhielt eine abstrakte, überörtliche Bedeutung, als es sich auf Gott selbst bezog, der physisch so unerreichbar ist wie ein Tempel, der nicht mehr existiert.

---

6 W. Gesenius, Hebräisches und Aramäisches Handwörterbuch über das Alte Testament, 17 Berlin 1964; H.-M. Haußig, Hagg, Umra und Ziyara. Formen des freiwilligen und verpflichtenden Pilgerns im Islam, in: J. E. Hafner, S. Talabardon, J. Vorpahl (Hg.), Pilgern. Innere Disposition und praktischer Vollzug, Würzburg 2012, 183–195.
7 Zu diesem Konzept: J. H. Yerushalmi, Zachor: Erinnere Dich! Jüdische Geschichte und jüdisches Gedächtnis, Berlin 1996.
8 bBerachot 3b, Mechilta Pisha 14 und weitere Stellen, siehe Yitzhak Fritz Baer, Galut, Berlin 1937, New York 1947.

## 2.4 Jerusalem ist überall

Die Bibel geht von einer bestimmten kosmischen Ordnung aus, die ethische Regeln, Opfergaben und Rituale umfasst, die an einem zentralen heiligen Ort, Jerusalem, durchgeführt werden, der das Fundament aller Dinge ist. Diese Ordnung wurde durch die Zerstörung des Zweiten Tempels im Jahr 70 n. d. Z. endgültig gebrochen, bzw. unterbrochen. Das Judentum musste sich neu erfinden – was es auch tat, nachdem eine Gruppe gelehrter Pharisäer, die Rabbiner, die Autorität von der erblichen Priesterklasse übernommen und sich fest als neue jüdische Anführer etabliert hatte.[9] Diese Rabbiner reagierten auf dieses religiöse und politische Trauma mit einer Reihe von Innovationen. Statt eines einzigen Tempels traten *Synagogen als kleine Heiligtümer* in der ganzen Welt an die Stelle des Tempels, und die *hebräische Bibel* wurde zum *tragbaren Heiligtum*. Sie reorganisierten und reformierten das jüdische Leben so, dass die Erinnerung an Jerusalem erhalten blieb: in den Bräuchen und Gegenständen, die mit der täglichen Liturgie zu Hause und in der Synagoge verbunden waren, in allen religiösen Feiertagen und in allen Ritualen, die mit den Übergangsriten des Lebens zu tun hatten. Obwohl der Tempel zerstört war und die meisten Juden außerhalb Israels lebten, sorgten sie dafür, dass Jerusalem nie vergessen wurde.[10]

Das Judentum wurde allmählich, aber radikal umgedeutet:[11] Aus einem einzigen unbeweglichen heiligen Ort, dem Jerusalemer Tempel, entstanden *heilige Zeiten* und *mehrere heilige Räume*. Juden betrachten die hebräische Bibel als ihr reisendes Heiligtum, dass das Heiligtum von Jerusalem symbolisiert. Das ist in spanisch-portugiesischen Handschriften aus dem 13. bis 15. Jahrhundert zu sehen, auf deren ersten Seiten oft der siebenarmige Leuchter, der Altar und die Gefäße der Stiftshütte und des Tempels abgebildet sind, wie sie in den Büchern Exodus, Levitikus und Numeri beschrieben werden. Der spanisch-jüdische Philosoph Moses Maimonides (1138–1204) beschreibt in seinem Rechtskodex, wie diese Gegenstände in einem wiedererrichteten Dritten Tempel in der messianischen Ära wiederverwendet werden sollen. So ist es nicht verwunderlich, dass solche Bibeln in Spanien als *Mikdashiyah* (Heiligtum Gottes) bekannt sind, deren drei Bestandteile – Tora,

---

**9** G. Stemberger, Das klassische Judentum. Kultur und Geschichte der rabbinischen Zeit, München 2009.

**10** E. van Voolen, From Time to Place, Shaping Memory in Judaism/Von Zeit zu Ort. Wie Erinnerung im Judentum Form annimmt, in: A. Sachs, Angeli u E. van Voolen, (Ed. Hg.), Jewish Identity in Contemporary Architecture/Jüdische Identität in der zeitgenössischen Architektur, München, Berlin, London, New York 2004, 12–20.

**11** Shaye J. D. Cohen, From the Maccabees to the Mishnah, Louisville 2014.

Propheten und Schriften (TaNaKh auf Hebräisch) – die Dreiteilung des salomonischen Tempels widerspiegeln.[12]

### 2.4.1 Die Synagoge als Tempel ohne Priester

Synagogen, wo auch immer sie sich befanden – in Israel oder in der Diaspora –, traten als das »kleine Heiligtum« (Ez 11,16) an die Stelle des zerstörten zentralen Tempels in Jerusalem. Die Synagoge wurde ein neues Jerusalem – amerikanische Reformjuden bezeichnen sie sogar oft als ›Tempel‹, ohne tatsächlich eine Hoffnung oder Erwartung der konkreten Wiederherstellung zu haben.

Drei Schlüsselelemente kennzeichnen jede Synagoge und erinnern an Jerusalem: das erste Element ist der Schrank für die Tora-Rollen. Er ist verziert mit entsprechenden biblischen Texten oder den Zehn Geboten und befindet sich immer auf der Ostseite des Gebetsraums in Richtung Jerusalem, der Richtung, in die die Gebete traditionell gerichtet sind (vgl. Dan 6,10). Sein Name, »Heilige Lade« (*Aron hakodesh*, bei den sefardischen Juden *hechal*, »Heiligtum«), verweist auf das biblische Heiligtum (Ex 25,10–22), ebenso wie die damit verbundenen zeremoniellen Gegenstände.[13]

Das zweite charakteristische Element einer Synagoge, die *Bima* (eine erhöhte Plattform, Lesekanzel) oder *Almemor* (vom Arabischen *al-minbar*, Pult) in der Mitte der Synagoge, betont den zentralen Platz der Tora und stellt symbolisch den bibli-

---

**12** J. Gutmann, Hebrew Manuscript Painting, London 1979, 50–8; J. Gutmann, Return in Mercy to Zion: A Messianic Dream in Jewish Art, in: Lawrence A. Hoffman (ed.), The Land of Israel: Jewish Perspectives, Notre Dame, Indiana 1986, 234–60. Beispiele sind: Bible, Aragon 1299, Paris, Bibliothèque nationale, Ms. Hébr. 7; Second Kennicott Bible, Soria 1306, Oxford Bodleian Library, Ken. 2; Bible, Spain 14th century, Parma, Bibliotheca palatina, Ms. 2810 (Rossi 518); Duke of Sussex Bible, Catalan, second half of the 14th century, London, British Library, Ms. Add. 15250; Bible, Solsona 1384, London, British Library, Harl. 1528; King's Bible, London, British Library, King's 1; First Kennicott Bible, La Coruna, 1476, Oxford Bodleian Library, Ken. 1.
**13** Der Vorhang vor dem Aron, der *Parochet* (Ex 26,31), ist oft mit Gegenständen aus der Stiftshütte oder dem Tempel geschmückt und wird von zwei Säulen eingerahmt, die an die Säulen *Jachin* und *Boas* im Tempel Salomos erinnern (1 Kön 7,15–22). Der Mantel, in dem die aufgerollte Tora-Rolle aufbewahrt wird, und der davorhängende Schild können Mose und Aaron, die Zehn Gebote oder den siebenarmigen Leuchter (*Menora*) darstellen. Das ewige Licht (*Ner tamid*) über dem Tora-Schrank erinnert an den ständig brennenden siebenarmigen Leuchter in Stiftshütte und Tempel, die *Menora* (Ex 25,31–40; 27,20–21; Lev 24,2–4; 1 Kön 7,49). In vielen Synagogen wird der neunarmige Leuchter, die *Chanukkia*, während Chanukka (dem Lichterfest) rechts von dem Tora-Schrank aufgestellt. Die Position erinnert an den Platz der Menora im biblischen Heiligtum. Auch die Form der neunarmigen Chanukka-Lampe in der Synagoge ist der Menora nachempfunden.

schen Altar dar. Drittens ist die hebräische Bezeichnung für den separaten Frauen-
bereich in traditionellen Synagogen, *esrat naschim* (Frauenhof), dieselbe wie im
Tempel. Ein kleines, unvollendetes Mauerstück in der Synagoge ist eine greifbare
Erinnerung an die Zerstörung des Tempels, *Secher le-Churban*.

Außerdem ersetzt der Gebetsdienst in der Synagoge, der passenderweise *Awoda sche-ba-Lew* (Dienst des Herzens) heißt und von einem Kantor, einem Rabbiner
oder Laien geleitet wird, die *Awoda*, den Opferdienst im Tempel, der von Priestern
(*Kohanim*, Plural von *Kohen*) verrichtet wurde. Die Nachkommen der Priester erfüllen nur noch eine symbolische Funktion, zum Beispiel wenn sie an den Festen
den priesterlichen Segen erteilen (Num 6,24–27).

Konkrete Hinweise auf Jerusalem in der Liturgie der Synagoge (und des Hauses) sind zahlreich. Sie beginnen mit der *Amida*, dem zentralen Gebet, das dreimal
am Tag gesprochen wird und in dem die besonderen Segenswünsche für den Aufbau Jerusalems und die Rückkehr der göttlichen Gegenwart nach Zion enthalten
sind. »Möge das Gedenken an Jerusalem deine heilige Stadt begünstigen«, lautet
ein weiteres Gebet an religiösen Festen. Bevor die Tora am Schabbat und an Feiertagen aus der Schriftrolle gelesen wird, singt die Gemeinde, während die Schriftrolle aus der Lade gehoben wird: »Vater voll Erbarmen, sei Zion gnädig mit deiner
Güte, baue die Mauern Jerusalems wieder auf (Ps 51,20) ... Denn aus Zion wird die
Tora kommen und das Wort des Ewigen aus Jerusalem (Jes 2,3)«. Schließlich wird
nach einem Kapitel aus einem der Prophetenbücher folgendes Gebet gesprochen:
»Erbarme Dich Zions, denn es ist die Quelle unseres Lebens [...], gesegnet seist Du,
Ewiger, der Zion in seinen Kindern frohlocken lässt«.

## 2.4.2 Das Haus als heiliger Ort

Das Haus wird am Schabbat zum heiligen Raum, wobei der häusliche Tisch mit
Kerzen, Brot und Wein symbolisch als Altar betrachtet wird, mit dem Vater als
Priester. Auch in der häuslichen Liturgie stehen Zion und Jerusalem im Mittelpunkt
des Segens nach jeder Mahlzeit. Dieser beginnt mit den einleitenden Psalmen: an
Wochentagen mit Psalm 137 und am Schabbat und an religiösen Feiertagen mit
Psalm 126: »Als der Ewige die Verbannten von Zion zurückbrachte, waren wir wie
Menschen, die träumen [...]. Bringe unsere Verbannten zurück, Ewiger, wie Bäche
in einem trockenen Land. Mögen die, die unter Tränen gesät haben, in Freude ern-
ten.« Das hebräische Tischgebet selbst enthält einen besonderen Hinweis auf Jerusalem: »Erbarme dich, Ewiger, unser Gott, deines Volkes Israel, deiner Stadt Jerusalem und Zion, der Wohnung deiner Herrlichkeit, des Königshauses Davids, deines
Gesalbten, und des großen und heiligen Hauses, das deinen Namen trägt [...]. Baue
die heilige Stadt Jerusalem bald wieder auf, in unseren Tagen.«

So halten die Synagogen als Gebäude und die Liturgie die Erinnerung an Jerusalem lebendig, verbunden mit der Hoffnung auf eine messianische Zukunft, in der die Juden in das Heilige Land zurückkehren werden. Jeder Besuch der Synagoge und jedes Gebet in ihr ist auch eine symbolische Pilgerreise nach Jerusalem.

### 2.4.3 Jerusalem im Jahreszyklus der Feiertage

Nicht nur die Synagoge und die Liturgie, sondern auch der jährliche Zyklus der jüdischen Feste enthält zahlreiche Bezüge zu Jerusalem. Die Zerstörung des Ersten und Zweiten Tempels wird mit einem Fasten an *Tischa b'Aw*, dem neunten Tag des Monats Av (im Sommer), begangen. Der wichtigste Text, der gelesen wird, ist das biblische Buch der Klagelieder, in dem der Autor die Zerstörung des ersten Tempels in Jerusalem durch die Babylonier beklagt.[14]

Das priesterliche Ritual des Sühneopfers im Tabernakel und Tempel (basierend auf Lev 16) wird am *Jom Kippur* (Versöhnungstag), dem wichtigsten Tag im hebräischen Kalender, feierlich wiederholt. Zehn Tage davor, an *Rosch Haschana* (Neujahr), ist der Schlüsseltext die Geschichte von Abrahams Opfer auf dem Berg *Morija* (Gen 22, nach der Tradition der Tempelberg).

Die drei biblischen Wallfahrtsfeste (*Pessach*, das Fest der Wochen *Schawuot* und das Laubhüttenfest *Sukkot*) beziehen sich liturgisch immer noch auf Jerusalem. So schließt das rituelle Festmahl an Pessach mit dem Wunsch: »Nächstes Jahr in Jerusalem«, was in der *Haggada* (der Erzählung, dem liturgischen Text) oft mit einer Darstellung des Tempels illustriert wird. Die zerbrechliche provisorische Laubhütte (*Sukka*), in der die Mahlzeiten während der sieben Tage des Laubhüttenfestes eingenommen werden, spielt nicht nur auf die Herbsternte und die Wanderung der Israeliten durch die Wüste auf dem Weg ins Gelobte Land an, sondern verweist auch symbolisch auf den Wiederaufbau des Tempels, der durch die Worte des Propheten Amos inspiriert wurde: »An jenem Tag werde ich die zerfallene Hütte Davids wieder aufrichten« (Am 9,11). Zudem wurden der Erste und der Zweite Tempel von Jerusalem an Sukkot eingeweiht (1 Kön 8, Esr 3,1–5 und Neh 8).

*Chanukka* (wörtlich: Einweihung, Lichterfest), das einzige antike, nicht biblische Fest, erinnert an die Wiedereinweihung des Tempels durch die Makkabäer, nachdem dieser 165 v. d. Z. vom Seleukidenkönig Antiochus IV. Epiphanes entweiht

---

14 An diesem Tag wird auch an andere Katastrophen der jüdischen Geschichte erinnert: vom Anfang des ersten Kreuzzuges 1096, der Vertreibung der Juden aus England 1290, aus Frankreich 1306 und aus Spanien 1492 bis zum Ausbruch des Ersten Weltkriegs 1914 und der Deportation der Juden aus dem Warschauer Ghetto nach Treblinka 1942.

worden war. Die Rabbiner haben Chanukka nach der Zerstörung des Zweiten Tempels beibehalten, nicht um einen militärischen Sieg zu feiern, sondern als achttägiges Fest, bei dem Juden sich wieder den geistigen Werten des Judentums widmen (»nicht durch Macht, nicht durch Kraft, aber durch meinen Geist«, Sach 2,6), indem sie an jedem Tag des Festes eine Kerze eines neunarmigen Leuchters anzünden, dessen Form an die siebenarmige biblische *Menora* erinnert (Ex 27,20–21, Lev 24,2–4, 1 Kön 7,49).

### 2.4.4 Jerusalem in den Rites de Passage

Bemerkenswerte Bezüge zu Jerusalem finden sich auch im Lebenszyklus.[15] Während einer Hochzeitszeremonie werden die folgenden Zeilen gesprochen: »Zion erhebe sich und freue sich, wenn ihre Kinder in ihrer Mitte in Freude zusammengeführt werden ... noch einmal mögen wir die Stimmen von Braut und Bräutigam in den Straßen Jerusalems hören«. Am Ende der Zeremonie zerbricht der Bräutigam ein Glas unter seinem Fuß, ein Brauch, der sich auf die Zerstörung des Tempels bezieht. Wenn man bedenkt, dass sogar die Brautleute »Jerusalem über ihre größte Freude stellen« (Ps 137,5–6) sollen, ist es nicht verwunderlich, dass auf Heiratsurkunden Jerusalem oft abgebildet ist.

Auch bei den Ritualen rund um den Tod und die Bestattung spielt Jerusalem eine Rolle: Die Toten werden mit den Füßen in Richtung Jerusalem begraben, und in den Sarg wird Erde aus dem Heiligen Land gelegt (vgl. Dtn 32,43). Nach der Beerdigung werden die Trauernden mit den Worten begrüßt: »Der Allmächtige wird euch trösten unter den Trauernden von Zion und Jerusalem«.[16]

Alles in allem stehen alle jüdischen Feiern, sowohl zu Hause als auch in der Synagoge, im Zeichen des viel zitierten Bibeltextes: »Wenn ich dich vergesse, Jerusalem, möge meine rechte Hand verkrüppelt werden. Möge meine Zunge an meinem Gaumen kleben. Wenn ich nicht an dich denke und Jerusalem nicht den Vorrang gebe vor dem, was mir am meisten Freude macht« (Ps 137,5–6). Den Rabbinern ist es gelungen, die Erinnerung an die heilige Stadt lebendig zu halten, in Räumen, die deswegen ständig oder vorübergehend heilig wurden. So sind der Tempel und Jerusalem nicht in Vergessenheit geraten. Jedes Jahr wird ihrer Zerstörung mit einem Fastentag gedacht. Die Hohen Feiertage, die drei Wallfahrtsfeste und unzählige

---

**15** H. E. Goldberg, Jewish Passages. Cycles of Jewish Life, Berkeley – Los Angeles – London 2003.
**16** E. van Voolen, Tod und Trauer im Judentum, in: Andreas Merkt (Hg.): Metamorphosen des Todes. Totengedenken, Bestattungskultur und Jenseitsvorstellungen im Wandel der Zeit, Regensburg 2015, 197–206

Bräuche erinnern an Jerusalem. Die Hoffnung auf den Wiederaufbau des Tempels, die Wiederherstellung seiner Rituale und die Rückkehr in die heilige Stadt in der Zukunft, in einer messianischen Ära, sind Gegenstand der täglichen Gebete und der Liturgie am Schabbat und an jüdischen Feiertagen. Bis dahin ist die »authentische Erfahrung« des heiligsten aller Orte durch die jüdische Tradition gewährleistet: Der Tempel und Jerusalem sind im Bewusstsein der Juden dank einer Fülle von Texten, Bräuchen und visuellen Zeugnissen präsent.

Diese »authentische Erfahrung« ist ein Phänomen, das mit der Art und Weise vergleichbar ist, wie Christen die letzten Stationen im Leben Jesu wiedererleben: Am Karfreitag können in der ganzen Welt die vierzehn Kreuzwegstationen in jeder katholischen Kirche und sogar im Freien nachempfunden werden, ohne dass jemand darüber nachdenkt, ob diese Orte tatsächlich authentisch sind.[17]

## 2.5 Pilgerfahrten zu den heiligen Stätten in Jerusalem

### 2.5.1 Pilgerfahrten nach der Tempelzerstörung

In den Jahrhunderten nach der Zerstörung des Tempels kamen gelegentlich einzelne fromme jüdische Pilger, das Land Israel und seine heiligen Stätten zu besuchen. Aber es war nicht länger eine religiöse Verpflichtung, wie in biblischen Zeiten.[18] Diese Pilgerreisen waren nur Wenigen vorbehalten, hauptsächlich Männern. Einige von ihnen berichteten über ihre Erfahrungen. Eines der berühmtesten Beispiele ist Benjamin von Tudela, der rund 1185 das Heilige Land besuchte und nicht nur die heiligen Stätten beschrieb, sondern auch über die verschiedenen jüdischen Gemeinden berichtete, die er auf seiner Reise kennenlernte. Auch andere jüdische Gelehrte aus Spanien, wie Jehuda Halevi (1075–1141), Mose ben Maimon (Maimonides, 1138–1204) und Mose ben Nachman (Nachmanides, 1194–1270) reisten nach Israel. Petachja von Regensburg berichtete ca. 1180 von seiner Reise nach Bagdad, dass in Persien die Gräber von Hunderten von Propheten und Rabbinern zu finden seien. Auf seiner Rückreise erreichte er Jerusalem kurz nach der Eroberung der Stadt durch die Kreuzfahrer.[19] Augenzeugen berichten nicht nur von der erbärmli-

---

**17** B. Kirshenblatt-Gimblett, Destination Culture: Tourism, Museums, and Heritage, Berkeley 1998, 167.

**18** Shmuel Safrai, Die Wallfahrt im Zeitalter des Zweiten Tempels, Neukirchen-Vluyn, 1981.

**19** S. Schreiner (Hg.), Benjamin von Tudela, Petachja von Regensburg: Jüdische Reisen im Mittelalter. Sammlung Dieterich, Leipzig 1991; A. Kuyt, Die Welt aus sefardischer und aschkenasischer Sicht: Die mittelalterlichen hebräischen Reiseberichte des Benjamin von Tudela und des Petachja

chen Lage der Juden, sondern auch von jahrhundertealten biblischen und rabbinischen Gräbern, die verehrt wurden.[20] Solange fremde Mächte über das Land Israel herrschten, waren die Reise und der Zugang zu den eigentlichen heiligen Stätten fast zweitausend Jahre lang mühsam, gefährlich und kostspielig. Wie herausfordernd die Reise ins Heilige Land auch gewesen sein mag, trotzdem haben Juden, Christen und Muslime im Laufe der Jahrhunderte das heilige Land und Jerusalem immer wieder besucht, entweder einzeln oder in kleinen Gruppen.[21] In den Jahrhunderten, in denen die Pilgerfahrt nach Jerusalem für die große Mehrheit der Juden praktisch unmöglich war, wurde die Erinnerung an den Tempel, die Stadt Jerusalem und das Land Israel in der Synagoge und zu Hause aufrechterhalten.

### 2.5.2 Der Tempelberg heute

Nach der jüdischen Tradition besitzt der Tempelberg (*Har haBayit*) eine inhärente, kosmische Heiligkeit. Hier liegt der Grundstein oder der erste Stein der Schöpfung (*Even ha-Shetiyah*, arabisch *sakhrah*), und hier befand sich einst das Allerheiligste: das Zentrum des Tempels mit der Bundeslade und ihren Steintafeln. Dieser Ort übt eine magische Anziehungskraft aus. Da jedoch der genaue Standort dieses allerheiligsten Raums nicht bekannt ist, erklärten die Rabbiner schon früh den gesamten Tempelbezirk zum verbotenen Terrain. Die jüdischen Gesetze über Heiligkeit und rituelle Reinigung verbieten es, den Tempelberg zu betreten. Auch heute noch verhindert der Status quo zwischen dem islamischen *Waqf* (einer religiösen Stiftung) und den modernen israelischen Behörden den Zugang zum Tempelberg, auch wenn eine einzelne ultraorthodoxe nationalistische Gruppierung in den letzten Jahren mit dem Slogan »Lasst uns in das Haus des Ewigen gehen« (Ps 122,1) dagegen nicht nur protestiert, sondern die Vereinbarung auch ignoriert – was regelmäßig zu gewalttätigen Auseinandersetzungen führt.[22]

---

von Regensburg, in: Xenia von Ertzdorff-Kupffer (Hg.), Erkundung und Beschreibung der Welt, Amsterdam 2003, 211–231.

**20** E. N. Adler, Jewish Travellers. A Treasury of Travelogues from 9 Centuries, New York 1966.

**21** H. Budde und A. Nachama (Hg.), Die Reise nach Jerusalem, Berlin 1995; A. Elad, Medieval Jerusalem and Islamic worship: Holy Places, Ceremonies, Pilgrimage, Leiden 1995; L. I. Levine (ed.), Jerusalem. Its Sanctity and Centrality in Judaism, Christianity, and Islam, New York 1999; F. E. Peters, Jerusalem, The Holy City in the Eyes of Chroniclers, Visitors, Pilgrims, and Prophets from the Days of Abraham to the Beginnings of Modern Times, Princeton 1985; R. Wilken, The Land Called Holy: Palestine in Christian History and Thought, New Haven 1992.

**22** S. Chen, Visiting the Temple Mount – Taboo or Mitzvah, in: Modern Judaism, vol. 34, issue 1 (2014), 27–41.

Zusammenfassend: Der Tempelberg ist nicht nur den Juden als *Har ha-Bayit* (Berg des Hauses, das heißt Gottes) heilig, sondern seit dreizehn Jahrhunderten auch den Muslimen. Für sie ist *Haram al-Sharif* (das edle Heiligtum) mit der Al-Aksa-Moschee und dem Felsendom nach Mekka und Medina der drittheiligste Ort des Islam. Jerusalem besitzt also für Juden und Muslime gleichermaßen einen symbolischen Wert, der durch die Gründung des jüdischen Staates 1948, die Einnahme von Ostjerusalem im Jahr 1967, durch einen wachsenden palästinensischen und israelischen Nationalismus und einen zunehmenden jüdischen und islamischen Fundamentalismus verstärkt und politisiert wurde. Seit der Rückeroberung Jerusalems von den Kreuzrittern im Jahr 1187 haben die Muslime die Kontrolle über den Tempelberg – die Tatsache, dass Israel 1967 die Kontrolle über diesen Teil der Stadt erlangte und die Stadt wiedervereinigte, hat daran nichts geändert. Die anschließende israelische Annexion Ost-Jerusalems 1980 sorgte für Unzufriedenheit und wurde international verurteilt. Ein Besuch des ehemaligen Premierministers Ariel Sharon auf dem Tempelberg im Jahr 2000 verursachte eine zweite Intifada. Jüdische Fundamentalisten mit Plänen für den Wiederaufbau des Tempels und die Wiederherstellung des Tempelkults sowie islamische Fundamentalisten heizen die Spannungen weiter an. Vor allem während des *Ramadans* und der Freitagsgebete der Muslime sowie an jüdischen Feiertagen kommt es zu Scharmützeln und Unruhen. Jerusalem und der Tempelberg sind nicht nur wichtige Pilgerziele für Juden, Christen und Muslime, sondern spielen zunehmend eine Rolle in einem politischen Konflikt, der von religiösen und nationalistischen Tönen durchdrungen ist.

### 2.5.3 Die Westmauer heute

Da der Tempelberg nach jüdischem religiösem Gesetz (*Halacha*) seit eh und je als verbotenes Gebiet für Juden gilt, wurde die verbliebene Westmauer oder *Kotel ha-ma'ariwi* (kurz *Kotel*, Mauer) zum Hauptziel der Pilgerfahrten. Die Außenmauer des Tempelvorhofs, die ursprünglich an einer schmalen Straße an der Westflanke des Tempelbergs lag, stammt aus der Zeit von König Herodes dem Großen, ist also mehr als zweitausend Jahre alt. Schon seit dem elften Jahrhundert kommen Rabbiner, Gelehrte und gläubige Juden hierher, um zu beten. Vor allem aber seit dem sechzehnten Jahrhundert und zunehmend seit dem achtzehnten Jahrhundert wurde der Ort populär – der Name »Klagemauer« wurde durch die Klagen dieser religiösen Pilger bekannt. Juden und Christen visualisierten den Tempel selbst in Form des muslimischen Felsendoms oberhalb der Mauer.

Parallel dazu wurde die Westmauer zum wichtigen visuellen jüdischen Symbol für Jerusalem und ein beliebtes Motiv in der jüdischen Grafik und Kunst. Sie schmückt religiöse Gegenstände, Drucke, alte Fotografien, Ansichtskarten und moderne religiöse Souvenirs. Als die Jerusalemer Altstadt mit der Klagemauer 1967 in israelische Hände fiel, wurde die romantische schmale Straße und ein Teil des marokkanisch-muslimischen Viertels abgerissen, um den riesigen Kotel-Platz zu schaffen, der Raum für etwa vierhunderttausend Menschen bietet. Die Mauer selbst bildet jetzt die imposante Kulisse für eine Open-Air-Synagoge, die sich in der Obhut des orthodoxen Rabbinats befindet. Seit 1967 beten Männer und Frauen im Gegensatz zu ihrem früheren informellen Charakter hauptsächlich getrennt.

Heutzutage reisen Juden aus der ganzen Welt massenhaft nach Israel, als religiöse Pilger oder säkulare Touristen – oder als eine Kombination aus beidem. Was auch immer geschieht, ein Besuch Jerusalems und der Westmauer ist ein Muss auf ihrer Reiseroute. Die gigantische Außenmauer der Anlage des Zweiten Tempels beeindruckt selbst die säkularsten Juden. Jerusalem – und Israel insgesamt – ist ein beliebtes Ziel für Menschen, die die jüdischen religiösen Feiertage mit Familie und Freunden feiern. Ein Besuch an der Kotel ist ein wichtiges Erlebnis für jeden Pilger und Touristen und lässt sogar die Grenzen zwischen beiden verschwimmen. An der Stätte des einzigen sichtbaren Überbleibsels des Zweiten Tempels rufen Juden jeden Alters und jeder Herkunft Erinnerungen an vergangene Zeiten wach und murmeln ihre Hoffnungen für die Zukunft. Hier beten, feiern und trauern sie. In den Spalten zwischen den kolossalen Steinblöcken hinterlassen sie kleine Zettel, auf denen sie ihre intimsten Wünsche und Sehnsüchte niederschreiben – ein Verhalten, das dem »Volk des Buches« angemessen ist. Die Kotel ist bei Juden aus aller Welt ein beliebter Ort für die Feier ihrer *Bar-Mitzwa* oder *Bat-Mizwa* (die religiöse Volljährigkeit von Jungen mit dreizehn und Mädchen mit zwölf Jahren). Hier erreicht die »Israel-Erfahrung« junger jüdischer Menschen aus aller Welt ihren Höhepunkt. Im Schatten der Klagemauer oder auf dem sonnenbeschienenen Platz davor finden Juden für einen Moment ein gemeinsames Band zueinander, trotz der vielen Unterschiede zwischen ihnen in Bezug auf Herkunft, Hautfarbe oder Sprache und trotz ihrer unterschiedlichen religiösen Ansichten und Praktiken.

Die Westmauer hat jedoch nicht nur eine verbindende Wirkung, sondern ist auch für Trennungen verantwortlich: Männer und Frauen sind gezwungen getrennt zu beten, wie es die jüdische Orthodoxie vorschreibt. Liberale und konservative Bräuche und gemischte Gottesdienste für Männer und Frauen sind hier verboten. Die 1988 gegründete Gruppe *Women of the Wall* kämpft für religiöse Rechte und Frauenrechte sowie gegen das orthodoxe Establishment, welches das Areal vor der Westmauer verwaltet und kontrolliert.

## 2.5.4 Andere heilige Orte in Jerusalem

Neben dem Tempelberg gibt es in Jerusalem auch andere heilige Stätten für Juden, insbesondere die Gräber biblischer Persönlichkeiten und berühmter Rabbiner. Der Ölberg ist seit dem Altertum ein Wallfahrtsort, nicht zuletzt auch für Christen. Neben der Nähe zum Tempelberg und der herrlichen Aussicht auf ihn ist der Hauptgrund dafür die Überlieferung, dass dies der erste Ort sein wird, von dem die Toten am Tag des Gerichts auferstehen werden: »Und seine [sc. Gottes] Füße werden an jenem Tag auf dem Ölberg stehen, der vor Jerusalem im Osten liegt« (Sach 14,4). Der jüdische Friedhof mit mehr als hundertfünfzigtausend Gräbern ist dreitausend Jahre alt und wird immer noch genutzt. Nach uralter Überlieferung versammelten sich die Juden am Tag der Zerstörung des Tempels auf dem Ölberg, um zu beten und zu klagen. Auch Jesus besuchte diesen Hügel oft mit seinen Jüngern, und laut der Apostelgeschichte (1,9–12) fuhr er von hier aus in den Himmel auf, was erklärt, warum es auf dem Ölberg auch viele Kirchen gibt.

Nicht weit von diesem Ort entfernt, auf dem Berg Zion, befindet sich das angebliche und viel besuchte Grab von König David und das angebliche Grab des Propheten Zacharias (im Kidrontal), das baulich schöne hellenistische Details aufweist. Ebenso hellenistisch gestaltet ist das Grab von Absalom (2 Sam 18,18), ebenfalls im Kidrontal gelegen. Lange Zeit wurde das Grab dieses abtrünnigen Sohnes Davids von Juden, Christen und Muslimen mit Steinen beworfen. Die Eltern warnten ihre Kinder, dass dies geschehen würde, wenn sie sich nicht benehmen würden. Archäologen datieren dieses Denkmal heute viel später: Zunächst wurde angenommen, dass das Grab für einen jüdischen König aus dem ersten Jahrhundert v.d.Z. bestimmt war; später wurde es auf das erste Jahrhundert n.d.Z. datiert, während eine begleitende Inschrift aus dem vierten Jahrhundert, die erst kürzlich entdeckt wurde, sich auf den Vater von Johannes dem Täufer zu beziehen scheint. Nördlich der Altstadt befindet sich ein weiteres beliebtes Grabmal für Simeon den Gerechten, den Hohepriester, mit dem König Alexander der Große zusammentraf.

## 2.5.5 Ambivalenz gegenüber heiligen Orten

Obwohl die Heiligkeit des Landes und der Stadt Jerusalem im Zentrum des Judentums steht, zeigt sich bereits in der Bibel (und später im rabbinischen Judentum) eine Ambivalenz gegenüber dem Phänomen der heiligen Stätten und der Pilgerfahrten.[23] Ein Beispiel dafür ist, dass die Bibel nicht genau angibt, wo sich der Berg

---

23 L.A. Hoffman (ed.), The Land of Israel: Jewish Perspectives, Notre Dame 1986.

in der Wüste Sinai befindet, auf dem Moses die göttlichen Offenbarungen empfing. Es ist ebenfalls nicht bekannt, wo Moses begraben wurde, obwohl er den Auszug aus Ägypten anführte und als der größte Gesetzgeber und Prophet des Judentums gilt (Dtn 34,6).[24]

Die Tatsache, dass die Bibel und die rabbinische Literatur, mit Ausnahme der Stiftshütte und des Tempels von Jerusalem, kaum Überlieferungen über die Verehrung heiliger Orte enthalten, bedeutet nicht, dass es im Judentum keine derartigen Kulte gibt. Dazu gehören Kulte um die Gräber biblischer Persönlichkeiten und jüdischer Gelehrter, sowohl im Heiligen Land als auch darüber hinaus.

# 3 Hebron, Nablus, Bethlehem und Tiberias als heilige Orte

Hebron, Bethlehem und Tiberias haben schon sehr lange den Status als heilige Städte. In Hebron, südlich von Jerusalem, befindet sich die in der Bibel erwähnte *Me'arat ha-Machpela*, die Höhle der Doppelgräber, wo Abraham und Sara, Isaak und Rebekka, Jakob und Lea beerdigt wurden (Gen 23,1–20; 49,28–33) – der Islam hat eine ähnliche Tradition. Das heutige Gebäude stammt aus der Zeit von Herodes dem Großen und ist seit der Eroberung durch Saladin im Jahr 1187 eine Moschee, die für Christen und in geringerem Umfang auch für Juden zugänglich ist. Die Stimmung in Hebron ist angespannt, denn die Erinnerung an das Massaker durch einen israelischen Siedler im Jahr 1994 ist noch immer frisch. Ironisch angesichts der jüdischen Tradition ist, dass sich hier die Pforten zum Paradies befinden sollen. Es heißt, dass auch Adam und Eva hier begraben sind.[25]

Der vierte Patriarch, Joseph, hat ebenfalls eine Gedenkstätte in Hebron, obwohl er der Überlieferung nach in Nablus (Sichem; siehe Jos 24,32) begraben wurde. Die ersten Berichte über Pilgerfahrten zu dieser Stätte, die Juden, Christen und Muslimen heilig ist, stammen bereits aus dem vierten Jahrhundert.

---

24 Maimonides formuliert im siebten Artikel seiner dreizehn Glaubensgrundsätze: »Ich glaube mit vollkommenem Glauben, dass die Prophezeiung von Moses, unserem Lehrer, wahr war und dass er der Vater aller Propheten vor und nach ihm war.« Die poetische Version, Jigdal, in der Liturgie enthalten, drückt es so aus: »Niemals ist in Israel ein anderer wie Mose aufgetaucht, ein Prophet, der das Bild Gottes gesehen hat.«
25 Zohar 127a.

## 3.1 Bethlehem

Das Grab von Jakobs zweiter Frau Rahel liegt zwischen Jerusalem und Bethlehem (Gen 35,19–20) und ist für Juden und Muslime heilig. Bethlehem und Nablus sind ebenfalls heilige Orte und Wallfahrtsorte, die zur Zeit schwer unter dem israelisch-palästinensischen Konflikt leiden.

## 3.2 Tiberias

Die Gräber der frühesten und berühmtesten Rabbiner befinden sich in Tiberias bzw. generell in Galiläa. Hier lebten und lehrten die ersten Rabbiner nach der Zerstörung des Zweiten Tempels. Sie spielten eine prägende Rolle bei der Redaktion der *Mischna* (zweites Jahrhundert) und des Jerusalem Talmuds (fünftes Jahrhundert).

In Tiberias liegt Akiva ben Joseph (ca. 50–135) begraben, der im zweiten Jahrhundert n. d. Z. einen Aufstand gegen die Römer unterstützte, sowie Rabbi Meir Ba'al HaNes (Meir der Wundermacher, zweites Jahrhundert n. d. Z.), dessen Grab sich heute bei religiösen Pilgern besonders großer Beliebtheit erfreut. Ebenfalls beliebt sind die Gräber des mittelalterlichen Philosophen, Juristen und Arztes Mose ben Maimon (Maimonides, 1138–1204) und gleich neben ihm Isaiah Horowitz (ca. 1565–1630), der von Prag nach Safed auswanderte und ein religiöses Handbuch der Ethik verfasste, das großen Einfluss auf die frühe chassidische Bewegung hatte. Die Entdeckung vieler der älteren Gräber wird Rabbi Isaac Luria (1534–1572) zugeschrieben. Er ermutigte die Juden, sie zu besuchen: Pilger konnten durch Wohltätigkeit, Gebet, Meditation und Studium zu neuen religiösen Höhen geführt werden. »Zedaka rettet vor dem Tod«, heißt es im Bibelbuch der Sprüche (10,2; 11,4). Deswegen ist *Zedaka* (Wohltätigkeit, eine Spende) der geeignetste Weg, den Toten zu ehren. Gemäß rabbinischer Tradition ist Wohltätigkeit das Äquivalent zu allen anderen 613 jüdischen Vorschriften zusammen und könne sogar die Erlösung näherbringen.[26] Keine Überraschung also, dass viele spezielle Sammelbüchsen bei den Gräbern aufgestellt sind.

---

26 bTalmud Baba Batra 9a und 10a.

# 4 Neuere Pilgerorte

Es gibt zwei Gründe für das Entstehen neuer heiliger Orte und neuer Kultstätten. Der erste hat mit dem Aufkommen der jüdischen Mystik im 16. Jahrhundert zu tun, in der dem Besuch der Gräber von biblischen Hauptpersonen und einflussreichen Rabbinern große Bedeutung beigemessen wurde. Rabbiner Isaac Luria (1534–1572) und seine Schüler in Safed identifizierten eine große Anzahl dieser Stätten und regten Pilgerfahrten zu ihnen an. Der Besuch eines Grabes könne Wunder und eine persönliche Wandlung bewirken. Der andere Grund hängt mit dem Aufkommen des Zionismus im 19. Jahrhundert zusammen: dem Streben nach einem unabhängigen jüdischen Staat. Infolgedessen erhielten Jerusalem, die Hauptstadt des biblischen Israels und der Ort, an dem der Tempel gestanden hatte, sowie Städte mit antiken Gräbern wie Bethlehem, Hebron, Tiberias und Safed nicht nur eine zusätzliche religiöse, sondern auch eine politische Bedeutung.[27]

Auf der Grundlage des durch die Mystiker des 16. Jahrhunderts geweckten neuen Interesses an der Region entstand Ende des 18. Jahrhunderts der *Chassidismus*, dessen berühmtester Vertreter Rabbi Nachman von Breslov 1798/99 eine Pilgerreise zu den heiligen Stätten und den Rabbinergräbern im Heiligen Land unternahm – und nach ihm viele andere Chassidim, bis heute.[28] Ihre orthodoxen Gegner, die *Mitnagdim*, folgten dem Beispiel – sowohl als Pilger als auch als Bewohner der heiligen Stätten. Der britische Philanthrop Moses Montefiore (1784–1885) besuchte das Heilige Land nicht weniger als sieben Mal, nicht nur als Pilger, sondern auch, um politische Probleme zu lösen und die Armut durch die Gründung sozialer Einrichtungen zu bekämpfen. Unzählige jüdische Wohltäter folgten seinem Beispiel im 20. und 21. Jahrhundert.

## 4.1 Safed

Durch die Auswanderung jüdischer Flüchtlinge aus Spanien im 16. Jahrhundert in die damalige Provinzhauptstadt des Osmanischen Reiches wurde Safed zum Zentrum einer neuen und leichter zugänglichen Form der Kabbala. Hier lebten und wurden unter anderem Joseph ben Ephraim Karo (1488–1575, Autor des *Schulchan*

---

27 R. Gonen (ed.), To the Tombs of the Righteous. Pilgrimage in Contemporary Israel, The Israel Museum, Jerusalem 1999.
28 Dazu ausführlich: S. Talabardon, Ans Ende der Welt – zu den eigenen Wurzeln. Geschichte(n) chassidischen Pilgerns, in: J. Hafner, S. Talabardon, J. Vorpahl (Hg.), Pilgern. Innere Disposition und praktischer Vollzug, Würzburg 2012, 151–182.

*Aruch*, der noch heute gültigen Kodifizierung des jüdischen Rechts), Isaac Luria, Moses ben Jacob Cordovero (1522–1570) und Shlomo Halevi Alkabetz (um 1500–1584) begraben. Sie alle sind wichtige Persönlichkeiten für das religiöse Judentum. Die Atmosphäre in Safed, das wunderschön zwischen den Hügeln Galiläas liegt, ist trotz des »religiösen Tourismus« immer noch sehr spirituell.

## 4.2 Meron

Meron als heiliger Ort in der Nähe von Safed erfreut sich enormer Beliebtheit und zieht jedes Jahr mehr als hunderttausend Pilger an. Mystiker im 16. Jahrhundert identifizierten hier das Grab von Simeon bar Jochai, dem talmudischen Rabbiner, dem der *Zohar*, die Bibel der jüdischen Mystik, zugeschrieben wird. Er war einer der wenigen Schüler von Rabbi Akiva, der die Verfolgung durch die Römer im zweiten Jahrhundert überlebt hat. Diese freudige Tatsache wird am 33. Tag der Omer-Zählung (Lag BaOmer) gefeiert, einer Halbtrauerzeit zwischen Pessach und dem Fest der Wochen. Da dies auch der Jahrestag des Todes dieses großen Gelehrten ist, hat die Wallfahrt nach Meron den Charakter einer *Hillula* angenommen. Hillula (wörtlich »Fest«) ist ein Begriff, der ursprünglich für eine Hochzeit und später auch für den Zeitpunkt verwendet wurde, an dem die Seele eines großen Gelehrten den Körper verließ und mit seinem Schöpfer wieder vereint wurde, mit anderen Worten, der Tag seines Todes. Freude und Trauer sind bei einer Hillula eng miteinander verbunden: Kerzen und Lagerfeuer werden zum Gedenken und als fröhliche Feier angezündet; es wird gesungen, gebetet und getanzt, gefeiert und studiert am Grab eines beliebten Gelehrten oder *Zaddik* (rechtschaffener Mensch). Die Hillula für den Urvater der Kabbala, Simeon bar Jochai, gab den Anstoß für alle nachfolgenden Hillulas. Einige Gelehrte feiern ihre Hillulas sogar am selben Tag wie die Hillulas für Simeon bar Jochai.[29]

# 5 Rabbiner-Gräber als Pilgerorte in Afrika, Israel und Europa

Seit Jahrhunderten herrscht unter den nordafrikanischen Juden, die sich mit der Mystik beschäftigen, die Ansicht vor, dass ein jüdischer Gelehrter nach seinem Tod als Vermittler bei der Erfüllung von Wünschen frommer Besucher fungieren

---

29 Gonen, To the Tombs (s. Anm. 27).

kann, insbesondere an seinem Grab und an seinem Todestag.[30] Alle jüdischen Gemeinden in Marokko, von den Küstenstädten bis zu den Dörfern im Atlasgebirge, hatten ihren eigenen *Zaddik* (Gerechter) – es gibt Aufzeichnungen über mehr als sechshundert gerechte Personen. Neben Simeon bar Jochai, der sich allgemeiner Beliebtheit erfreut, sind die Rabbiner Yaakov Abuhatzeira (1806–1880), Chaim Pinto (1748–1845), David U-Moshe und Amram ben Diwan (gestorben 1782) weiterhin sehr bekannt. Sie werden in der Regel eher stereotyp als Gesandte aus dem Heiligen Land beschrieben, die in Afrika bei ihrer Mission, gesammelte Spenden nach Hause zu bringen, ums Leben kamen. Ihre Gräber werden noch immer von Tausenden von marokkanischen Juden besucht, auch von denen, die heute in Israel leben.

Inzwischen hat sich die nordafrikanische Gemeinschaft in Israel auf zwei Rabbiner konzentriert, die sich bereits großer Beliebtheit erfreuten: Simeon bar Jochai und Meir Ba'al HaNes. Ersterer ist praktisch ein Nationalheiliger, dessen Hillula in Meron von Hunderttausenden mystisch orientierten Juden gefeiert wird – heutzutage vor allem von nordafrikanischen Juden, wie man an ihrer Kleidung, ihrem Essen, ihrer Musik und ihrer Sprache erkennen kann. Ebenso auffällig ist die »Marokkanisierung« des Grabes von Rabbi Meir in Tiberias. Diese Heiligenkulte sind im heutigen Marokko und Israel noch sehr lebendig. Am bemerkenswertesten ist die Verehrung des marokkanischen Zaddiks und Wundertäters Rabbi Israel Abuhatzeira, genannt Baba Sali, der 1889 geboren wurde und erst 1984 starb. Seine Grabstätte in Netivot (Israel) ist für viele zu einer bevorzugten Pilgerstätte geworden. Dort gibt es einen Picknickplatz und einen Souvenirladen mit Hamas (handgeformten Amuletten), Schlüsselanhängern und anderen Produkten mit dem Konterfei von Baba Sali.

Großer Beliebtheit erfreuen sich die Gräber der chassidischen Rabbiner.[31] Diese Stätten befinden sich in Osteuropa, wo die Bewegung entstanden ist. Vor allem seit dem Fall des Eisernen Vorhangs hat die Zahl der Pilgerreisen zu diesen Gräbern stark zugenommen. Ein gutes Beispiel ist die zunehmende Popularität der Pilgerfahrten zum Grab des Gründers des Chassidismus, des Israel ben Elieser, des Ba'al Schem Tov (ca. 1700–1760) in Miedzybórz, Polen, vor allem zu seinem Todestag, aber auch für Zeremonien zum Erwachsenwerden jüdischer Jungen an ihrem 13. Geburtstag. Ein weiteres Beispiel sind die Pilgerfahrten zum Grab von Rabbi Nachman von Breslov (Bratslav, 1772–1810), die zum jüdischen Neujahr stattfinden, wenn Zehntausende in Uman (Ukraine) zusammenkommen. Interessant ist, wie sich dies nicht nur auf die aschkenasischen Anhänger des Rabbiners bezieht, sondern auch auf sephardische Juden und auf Juden, die ihren Weg zurück zum

---

**30** Gonen, To the Tombs (s. Anm. 27).
**31** S. Talabardon, Ans Ende der Welt (s. Anm. 28), 151–182

Judentum suchen und sich von den Schriften dieses großen geistigen Anführers inspirieren lassen.

Ein besonderes Augenmerk gilt Menachem Mendel Schneerson (1902–1994), dem letzten Anführer der Chabad-Lubawitsch-Bewegung. Dies ist eine der bekanntesten chassidischen Bewegungen, die in den letzten Jahrzehnten eine ebenso große Anhängerschaft und Einfluss gewonnen hat. Ihre heiligen Räume und Pilgerfahrten beinhalten nicht nur einen Besuch seines Grabes auf dem Montefiore-Friedhof in Queens, New York, sondern auch seines Hauses am 770 Eastern Parkway in Crown Heights (Brooklyn, New York). Das Haus hat inzwischen Kultstatus erlangt und wurde vielerorts auf der Welt als Chabad-Gemeindezentrum kopiert.[32]

Die Bräuche bei einer *Hillula* sind verwandt mit der islamischen Tradition der *Marabouts*, religiösen Anführern und Lehrern, von denen gesagt wird, dass sie Gott näherstehen als gewöhnliche Muslime. Die von der *Kabbala* inspirierte feierliche Pilgerfahrt zum Grab einer heiligen Person hat möglicherweise ihre Wurzeln in dieser Tradition. Auffallend ist, dass es im Gegensatz zu einer jüdischen Lebensweise, die von biblischen und rabbinischen Vorschriften bestimmt wird, keine klaren Regeln für die Feier einer *Hillula* gibt. Deswegen gibt es noch viel Raum für den persönlichen Ausdruck: Die Gebete sind spontan, den Emotionen wird freier Lauf gelassen, und Männer, Frauen und Kinder begehen sie gemeinsam. Bemerkenswert sind auch die Zelte, die schon Tage vor der eigentlichen Hillula aufgebaut werden, sowie Picknicks, Stände mit Speisen und Getränken, Souvenirs mit den Porträts der Rabbiner, Verkauf von Musikkassetten, CDs, *Kippot* und Kerzen, Gebetbüchern, Psalmen und anderen heiligen Texten, Aufklebern mit der Aufschrift »Lang lebe der König Messias« für den Chabad-Lubawitsch Rabbi Schneerson und der Slogan »Na-Nach Nachma Nachman Me'Uman« (Ruhe in Frieden Nachman aus Uman) für Rabbi Nachman von Breslov.

# 6 Schlusswort

Heilige Orte sind fluide – es sind nicht nur Räume, die so gebaut sind, dass sie als heilig empfunden werden. Seit der Zerstörung des Tempels haben Juden sich reisende Heiligtümer ausgedacht, mittels Bücher, Bräuchen und Ritualen. Ein Raum kann spontan heilig werden, wenn Menschen dort zusammenkommen und etwas

---

**32** G. Berlinger, 770 Eastern Parkway: The Rebbe's Home as Icon, in: S.J. Bronner (ed.), Jews at Home: The Domestication of Identity, Jewish Cultural Studies Series, vol. 2, Oxford 2010, 163–87; S. Talabardon, Ans Ende der Welt (s. Anm. 28).

feiern. Ein Esstisch kann spontan ein Altar werden, wenn man den Schabbat oder einen Feiertag begeht. Hebräisch ist eine heilige Sprache, es gibt ein heiliges Land, heilige Stätten und Gräber heiliger Menschen.

Ein Besuch, eine Pilgerreise oder eine Reise in das Heilige Land ist eine Zeitreise durch die jüdische Geschichte: von der Bibel (Jerusalem, Hebron und Bethlehem) über die großen jüdischen Gelehrten der Antike und des Mittelalters (Tiberias) bis zu den Mystikern des 16. Jahrhunderts (Safed), über das Gedenken an die Shoah in *Yad Vashem* in Jerusalem oder anderen Gedenkstätten in Israel sowie den Gräbern wundertätiger Rabbiner aus Vergangenheit und Gegenwart, in Israel und außerhalb.

Religiöse Juden begleiten ihre Besuche oft mit dem Lernen aus den altehrwürdigen Heiligen Büchern. Sie treten in einen Dialog mit den Texten, die dank Fragen, Kommentaren, Einsichten und Auseinandersetzungen zwischen gelehrten und engagierten Frauen und Männern aus unterschiedlichen Zeiten und Orten lebendig und relevant geblieben sind.

Die Internationalisierung des Wallfahrtskonzepts und der zunehmende religiöse und spirituelle Tourismus könnten dazu beitragen, Unterschiede zwischen gläubigen jüdischen Gruppen untereinander und den säkularen Juden zu mildern. So nähern sich Bräuche an den heiligen Orten und Grabstätten sowie Rituale in Israel, Europa und Nordafrika immer mehr an.

Politische und religiöse Anführer und ihre Gruppierungen sind bestrebt, in den heiligen Stätten, in *Yad Vashem* oder in einem ehemaligen Konzentrationslager gesehen zu werden. Die Verehrung eines jüdischen *Zaddiks*, eines islamischen *Marabouts* oder eines christlichen Heiligen verwischt nicht nur die Grenzen zwischen Religion, Politik und Wirtschaft, sondern füllt auch die Leere zwischen dem Individuum und dem Schöpfer und überwindet gewohnte religiöse Schranken.

Heilige Orte spielen im heutigen Judentum eine immer größere Rolle. Es ist auffallend, wie die Unterscheidung zwischen einer Pilgerstätte und einem Touristenort immer mehr verwischt wird. Der Tourist wird zum Pilger, während der Pilger auch ein Tourist ist. In Jerusalem und an anderen heiligen, besonderen Orten innerhalb und außerhalb Israels kommen sie zusammen: der israelische säkulare Soldat und der wissbegierige europäische Jude, die Aschkenasim und die Sephardim, die marokkanischen Juden, die Chassidim aus Brooklyn, die orthodoxen und die liberalen Juden aus aller Welt. Sie alle sind auf der Suche nach der Stärkung oder Bestätigung ihrer Identität, entweder als Gruppe oder als Individuum.

Heilige Orte erfüllen für Juden innerhalb und außerhalb des Heiligen Landes nicht mehr eine nur ausschließlich religiöse Funktion. Sie sind Teil der größeren Geschichte der modernen jüdischen Identität und des politischen Diskurses über die jüdische und israelische Identität geworden – und sie sind ebenfalls und zunehmend wichtig für die palästinensische Identität.

Aufgrund der zunehmenden Säkularisierung wird die jüdische Identität nicht mehr ausschließlich auf religiöser Grundlage bestimmt. Und so wie die Schwarze Madonna von Tschenstochau zum Symbol des religiösen und politischen Selbstbewusstseins des modernen Polen geworden ist, so spielen die heiligen Stätten, insbesondere Jerusalem, eine entscheidende Rolle in Israel und im nationalen Konflikt zwischen Israel und den Palästinensern.[33] Jerusalem, die Gräber der Vorfahren in Hebron, Josephs Grab in Nablus und Rachels Grab in Bethlehem sind nicht nur Orte, die Juden, Christen und Muslimen heilig sind, sondern sie liegen auch an der Frontlinie eines territorialen Konflikts mit einer internationalen Dimension.

In den letzten Jahrzehnten ist immer deutlicher geworden, dass die Grenzen zwischen den mittlerweile politisch durchdrungenen religiösen heiligen Stätten und den säkularen Wallfahrtsorten unschärfer werden. Dies gilt für Reisen/Pilgerfahrten zu Lenins Grab in Moskau oder zu Elvis Presleys Grab in Graceland in Memphis (Tennessee) ebenso wie für Reisen nach *Yad Vashem* (dem Shoah-Museum und der Gedenkstätte) oder zum Grab des Vaters des modernen Zionismus, Theodor Herzl – beide in Jerusalem. Die häufigen Besuche chassidischer Juden an den Gräbern ihrer Rabbiner in Osteuropa oder die zunehmende Suche junger und älterer Juden nach ihren Wurzeln erinnern heute in vielerlei Hinsicht an eine Pilgerreise: Die Vorbereitung auf eine spirituelle Reise, aber auch die Konfrontation mit der Vergangenheit vor Ort und die Katharsis danach, all dies stärkt die persönliche und die Gruppenidentität zu Hause.

Auch das von jüdischen Philanthropen und israelischen Organisationen organisierte »Birth right«-Programm *Taglit*, das seit seiner Gründung 1999 850.000 junge Jüdinnen und Juden aus der gesamten Diaspora für eine Woche nach Israel geführt hat, weist alle Merkmale einer religiösen Pilgerreise auf – wenn auch mit einer ausgeprägten ideologischen Komponente. Dies ist auch der Fall beim jährlichen »Marsch der Lebenden« von Auschwitz nach Birkenau, den größten Vernichtungslagern der Nationalsozialisten in Osteuropa. Auch diese Reise weist Ähnlichkeiten mit einer Pilgerfahrt auf: eine emotional aufwühlende Reise zu den Lagern, die Rituale vor Ort und die kathartische Wirkung danach – das Gebet für den Toten (*Kaddisch*) und der Abschied von den Ermordeten, verbunden mit dem Entschluss, »nie wieder« eine solche Katastrophe geschehen zu lassen. Solche Reisen werden als Stärkung der jüdischen oder israelischen Identität empfunden, ohne eindeutige politische oder religiöse Schlussfolgerungen zu ziehen– genau das gleiche wie eine klassische religiöse Pilgerfahrt.

---

**33** Siehe zu den heiligen Orten in Jerusalem aus israelischer und palästinensischer Perspektive: Moshe Ma'oz, Sari Nusseibeh, Jerusalem: Points of Tradition – And Beyond, The Hague, London, Boston 2010.

Alle Aspekte eines heiligen Raums – religiöse, weltliche und politische – kommen im weitesten Sinne in Jerusalem zusammen, in der Stadt, deren Name von einigen mit der Bedeutung »Stadt des Friedens« (*Ir Schalom*) erklärt wird. Doch die vielen, durch politische oder religiöse Motive ausgelösten, Kriege und Auseinandersetzungen wegen der gegenseitigen Heiligtümer prägen die lange und wechselvolle Geschichte dieser für Juden, Christen und Muslime gleichermaßen heilige Stadt. Wenn kein Krieg herrscht, zieht Jerusalem jedes Jahr Millionen von neugierigen Touristen und frommen Pilgern an. Gleichzeitig stand und sollte die Stadt wieder auf der Tagesordnung der Friedensgespräche zwischen Israel und den Palästinensern stehen, wobei eine Schwierigkeit die wechselnde Rolle und der wechselnde Einfluss der Großmächte ist.

Der Respekt vor der Religion und den Heiligtümern des Anderen ist ebenso wie die Kenntnis der Traditionen und Bräuche des Anderen eine wichtige Voraussetzung für den Frieden in Israel und Palästina – und anderswo in der Welt. Frieden war schon in biblischen Zeiten keine Selbstverständlichkeit. König Davids Psalm für Pilger, die nach Jerusalem hinaufsteigen, hat deswegen wenig von seiner Aktualität eingebüßt: »Betet für den Frieden Jerusalems, damit es denen gut geht, die dich lieben. Friede sei in deinen Mauern, und Wohlstand in deinen Palästen. Um meiner Brüder und Gefährten willen sage ich nun: Friede sei in dir« (Ps 122,6–8).

Gerdi Nützel

# Shared Space

Die Umnutzung von Sakralräumen als Chance für die
interreligiöse Konvivenz

**Zusammenfassung:** Die Umnutzung von Sakralräumen durch Religionsgemeinschaften anderer kultureller, konfessioneller und religiöser Prägung eröffnet neue
Chancen für die interreligiöse Konvivenz. Das Raumkonzept Shared Space gibt inspirierende Anregungen für die innen- und außenarchitektonischen Raumtransformationen, aber auch für Perspektiven, die durch Umnutzungen für gesellschaftliche, interreligiös-theologische und spirituelle Kooperationsräume entstehen können.

**Abstract:** Finding new forms to use sacral rooms by other religious communities of
different cultural, denominational and religious identities opens new chances for
different forms of an interreligious living together. The concept of »Shared space«
offers ideas to deal with the transformation of inside and outside architecture, different forms of social cooperation, mutual learning processes, interreligious reflection and spiritual action.

## 1 Die religiöse Pluralisierung als Herausforderung für die Nutzung von Sakralräumen und die Teilung des öffentlichen Raums

**1.1** Die religiöse Landschaft verändert sich in den städtischen und ländlichen
Räumen Deutschlands[1] sowohl hinsichtlich der Anzahl von Gläubigen, die sich
unterschiedlichen religiösen Überzeugungen und Institutionen zuordnen, als auch

---

1 Oft wird die religiöse Pluralisierung vor allem als städtisches, teilweise vorwiegend als großstädtisches Phänomen angesehen. Die Recherchen im Rahmen meiner Habilitation zum Thema
»Shared Space: Perspektiven der religiösen Pluralisierung für den öffentlichen Raum – dargestellt
anhand der Entwicklung des Sakralbaus in Berlin und Brandenburg« ergaben jedoch, dass auch
im ländlichen und kleinstädtischen Bereich eine deutliche, wenn auch quantitativ und qualitativ
unterschiedlich profilierte religiöse Pluralisierung stattfindet.

**Kontakt: Gerdi Nützel**, Berlin; E-Mail: nuetzelgerdi@web.de

https://doi.org/10.1515/bthz-2024-0013

hinsichtlich der für ihre religiöse Praxis notwendigen Sakralräume.[2] Dies ist zum einen das Ergebnis von mehrfachen Migrationswellen vor allem seit den 1960er Jahren aufgrund von Arbeits- und Fluchtmigration und zum anderen die Folge von Konversionen oder hybriden religiösen Praxen, wenn zum Beispiel der christliche Glaube mit buddhistischer Meditation verbunden wird. Angesichts des gleichzeitigen deutlichen Rückgangs der Kirchenmitgliedschaft in den evangelischen Landeskirchen, in der römisch-katholischen Kirche und auch in manchen Freikirchen stellt sich die Frage, ob und wie die vorhandenen Sakralräume auch durch Gläubige einer anderen kulturellen, konfessionellen oder religiösen Prägung mit- oder umgenutzt werden können, wie also Sakralräume im Sinne von »Shared space« miteinander geteilt werden können. Welche Herausforderungen, Chancen und Perspektiven ergeben sich durch eine solche Raumteilung für die Gestaltung der interreligiösen Konvivenz?

**1.2** Den Perspektiven und Chancen, die durch die Umnutzung von christlichen Sakralräumen in der gegenwärtigen Situation eröffnet werden, wird in diesem Beitrag zunächst durch Verweise auf damit zusammenhängende Raumaspekte und durch die Vorstellung aktueller Forschungshypothesen zur Frage der Umnutzung von Sakralbauten durch Religionsgemeinschaften anderer religiöser, konfessioneller und/oder kultureller Prägung nachgegangen. In einem zweiten Schritt werden die geltenden kirchenrechtlichen Regelungen sowie die praktischen Erfahrungen mit sieben verschiedenen Formen der Umnutzung in Berlin und Brandenburg exemplarisch vorgestellt und ausgewertet. In einem dritten Schritt werden daraus sieben handlungsorientierte Formen für ein Konzept der interreligiösen Konvivenz mit einem besonderen Augenmerk auf vielfältige Raumaspekte entwickelt. Sie folgen aus den Erfahrungen mit der Umnutzung von Sakralbauten als einer Form interreligiöser Raumteilung im öffentlichen Raum – neben religionsspezifischen Sakralneubauten, Räumen der Stille, Gärten und Häusern der Religionen zum Beispiel.

**1.3** Das aus der Raumplanung stammende Konzept »Shared Space« geht davon aus, dass für eine gelingende Gestaltung des öffentlichen Raumes für unterschiedliche Beteiligte nicht die Überregulierung und die strikte Abgrenzung von Raumanteilen hilfreich sind, sondern die wechselseitige Aufmerksamkeit und Kommunikation über die angestrebte Raumqualität sowie deren Erprobung und kontextuelle Weiterentwicklung entscheidend sind. Ziel dieses Raumkonzeptes ist es, dass so-

---

2 Auch wenn manche der im folgenden genannten Religionsgemeinschaften die Räume für ihre religiöse Praxis nicht selbst als »Sakralraum« im Sinne von geweihten Räumen bezeichnen, verwende ich diesen Begriff im Folgenden als gemeinsamen Begriff für Gebets-, Meditations- und für liturgische Handlungen genutzte Räume.

wohl Vertraute als auch Fremde einen gleichberechtigten Zugang zu sozialen und kulturellen Räumen erhalten.[3]

**1.4** Für ein solches Verständnis von Raum ist die Konzeption der Raumsoziologin Martina Löw hilfreich. Sie versteht Raum als eine stets subjektiv aktiv zu leistende systematische Interpretation von Sinnesreizen, eigener körpergebundener Anwesenheit und symbolischen Markierungen.[4] Dabei stellen sakrale Räume entsprechend des Verständnisses von Michel Foucault »heterotope Räume« dar. Sie sind »Orte, die selbst in die Institution der Gesellschaft eingezeichnet sind, und die eine Art Gegenplatzierung, eine Art tatsächlich realisierter Utopie sind, in denen die sozialen Platzierungen, die man im Inneren einer Kultur finden kann, zugleich repräsentiert, in Frage gestellt und gewendet werden.«[5] Inwiefern können Sakralräume angesichts der religiösen Pluralisierung zu Zeugnissen einer solchen Raumordnung der Alterität und Gastlichkeit werden, die die theologisch-philosophischen Einsichten ernst nimmt, dass Raum immer schon empfangen und anderen anzubieten ist angesichts der eschatologischen Verheißung einer Existenz jenseits des irdisch-diasporischen Raumes?[6] Bourdieu macht darauf aufmerksam, dass bei einer Veränderung der sozialen Distanz zwischen verschiedenen sozialen Gruppen – also auch unterschiedlich kulturell, konfessionell und religiös geprägten Religionsgemeinschaften – immer deren Beziehung im öffentlichen Raum unter Berücksichtigung des jeweiligen ökonomischen, kulturellen, sozialen und symbolischen Kapitals neu auszuhandeln ist.[7] Homi Bhabha hält für solche Begegnungen einen »Zwischenraum«, das »Treppenhaus« zwischen traditionellen, hegemonialen Dominanzkulturen und neu hinzukommenden Minderheiten für den geeigneten Raum, in dem transkulturelle und transnationale – und damit auch interreligiöse – Konvivenz produktiv und innovativ gestaltet werden kann, wenn zugleich

---

**3** C. Bechtler u.a. (Hg.), Shared Space. Beispiele und Argumente für lebendige öffentliche Räume, Bielefeld 2010.

**4** M. Löw, Raumsoziologie, Frankfurt/Main 2001,

**5** K. Menzel, Kleine Zahlen – weiter Raum. Pfarrberuf in ländlichen Gemeinden Ostdeutschlands, Stuttgart 2019, 185, zitiert die Übersetzung aus M. Foucault, Des Espaces autres, von R. Schieder, der christliche Sakralgebäude als heterotope Räume versteht wie auch zum Beispiel P. Bahr, Ortsveränderungen – Kirche als Heterotopos auf dem Land. FÜNF THESEN, in: J. Willinghöfer/L. Weitemeier (Hg.), 500 kirchen. 500 ideen neue nutzung für sakrale räume, Berlin 2017, 97–101.

**6** Siehe K. Busch, Kraft der Räume, in: T. Erne/P. Schüz (Hg.), Die Religion des Raumes und die Räumlichkeit der Religion, Göttingen 2010, 53–65 zum philosophischen Verständnis von Alterität bei Emanuel Levinas. Zum theologischen Verständnis siehe zum Beispiel die Beiträge in: U. Link-Wieczorek (Hg.), Gastlichkeit. Eine Herausforderung an Theologie, Kirche und Gesellschaft, Leipzig 2018.

**7** P. Bourdieu, Ortseffekte, in: ders. et al. (Hg.), Das Elend der Welt. Zeugnisse und Diagnosen des alltäglichen Leidens an der Gesellschaft, Konstanz 1997, 159–167, bes. ab 163.

folgendes geschieht: »Entscheidend für eine solche Vision der Zukunft ist die Überzeugung, dass wir nicht nur die Erzählungen unserer Geschichten ändern, sondern auch unsere Auffassung dessen transformieren müssen, was es bedeutet, sowohl menschlich als auch historisch in anderen Zeiten und verschiedenen Räumen zu leben und zu sein.«[8]

**1.5** Ein wichtiger Aspekt der Umnutzung von Sakralräumen durch Religionsgemeinschaften anderer kultureller, konfessioneller und religiöser Prägung ist die gesellschaftliche und die theologische Interpretation dieser Transformationsprozesse im öffentlichen Raum. Wird sie als »Konkurrenz unter dem Kreuz« oder als Zeugnis einer gelingenden interreligiösen Konvivenz verstanden, gestaltet und in den öffentlichen Raum kommuniziert? Welche Rolle spielen die ökonomischen, kulturellen, sozialen und symbolischen Machtasymmetrien und Konflikterfahrungen mit der Raumteilung der Religionen in anderen historischen oder geografischen Kontexten?[9]

**1.6** Die Bundesstiftung Baukultur weist darauf hin, dass die Kirchen oft die einzigen baukulturellen Traditionszeugnisse und topographischen Orientierungspunkte sowie soziokulturellen Gemeinschafts- und Versammlungsräume darstellen. Sie empfiehlt dringend deren Erhaltung auch durch geeignete Umnutzungskonzepte: »Aufgrund der geschichtlichen, baukulturellen, sozialen und identitätsstiftenden Qualitäten von Kirchen und Kapellen lohnt sich wie bei kaum einer anderen Bautypologie jede Anstrengung von öffentlicher, kirchlicher und privater Seite, die Gebäude in ihrer kirchlichen Nutzung zu halten oder gegebenenfalls mit sinnvollen Nutzungen und einer adäquaten Gestaltung weiter zu entwickeln.«[10]

---

**8** H. Bhabha, Die Verortung der Kultur, Tübingen 2011, 384.

**9** T. Meireis, Öffentlichkeit. Eine kritische Revision zur Grundlegung öffentlicher als kritischer Theologie, in: M. Becka/B. Edmunds/J. Eurich/G. Kubon-Gilke/T. Meireis/M. Möhring-Hesse (Hg.), Sozialethik als Kritik, Baden-Baden 2020, 125–158. Hinweise auf die Beispiele geteilter und umgenutzter Sakralräume zwischen verschiedenen Religionen in unterschiedlichen historischen und religionsverfassungsrechtlichen Kontexten finden sich zum Beispiel in Macedonian Museum of Contemporary Art (Hg.), Shared Sacred Sites, Thessaloniki 2017 und B. Beinhauer-Köhler/M. Roth/B. Schwarz-Boenneke (Hg.), Viele Religionen – ein Raum?! Analysen, Diskussion und Konzepte, Berlin 2015 sowie T. Erne/P. Noss/C. Bracht, Open Spaces. Räume religiöser und spiritueller Vielfalt, Kromsdorf 2016.

**10** Bundesstiftung Baukultur, Baukulturbericht Erbe-Bestand-Zukunft 2018/2019, Berlin 2019, 88.

## 2 Aktuelle Reflexionen der Umnutzung von Sakralräumen durch andere Konfessionen und Religionen

**2.1** Die Diskussion über den Umgang mit der großen, finanziell und konzeptionell als Überforderung eingeschätzten Anzahl von evangelischen und katholischen Kirchen angesichts der zurückgehenden Mitgliederzahlen und der zunehmenden religiösen Pluralisierung in Deutschland begann bereits in den 1980er Jahren aufgrund der Initiative des damaligen evangelischen Bischofs in Berlin/West, Martin Kruse. Sie führte zu fünf »Berliner Gesprächen« von 1987 bis 1994, zu denen sich Engagierte aus der evangelischen Landeskirche, der Berliner Senatsbauverwaltung und der TU Berlin trafen. Das Ergebnis waren Thesen, in denen die Bedeutung der Kirchen als gemeinsame Aufgabe von Kirche und Stadt festgehalten wurde. Hinsichtlich der Umnutzung durch Religionsgemeinschaften anderer kultureller, konfessioneller und religiöser Prägung wurde einerseits darauf hingewiesen, dass Kirchen nach evangelischem Verständnis keine »heiligen« Orte sind, und andererseits befürchtet, dass die Nutzung von Kirchen als Moscheen in der Öffentlichkeit, vor allem auch bei Nichtkirchenmitgliedern, auf Widerspruch stoßen könnte. Die Kirche sollte sich stattdessen dafür einsetzen, dass die Stadt Moscheegemeinden geeignete Grundstücke für den Moscheebau zur Verfügung stellt. Auch die Umnutzung einer der großen Stadtkirchen als interreligiöses Zentrum wurde thematisiert, jedoch ohne näher konkretisiert zu werden.[11]

**2.2** Die in der Folgezeit – nicht zuletzt aufgrund der massiven Kirchenaustrittszahlen – immer dringlicher werdenden Reflexionen über die Umnutzung von Kirchen untersuchen aus ganz unterschiedlichen Perspektiven mögliche und als unmöglich angesehene Formen der Umnutzung.[12] Auffällig ist, dass in den meisten dieser Untersuchungen die Perspektiven einer Umnutzung durch Religionsgemeinschaften einer anderen kulturellen, konfessionellen oder religiösen Prägung nicht oder nur kurz behandelt werden. Einige Thesen, die dort anzutreffen sind, werden im Folgenden vorgestellt:

**2.2.1** Die Untersuchung von Rainer Fisch bezieht sich auf die Umnutzung von 20 Kirchengebäuden zwischen 1980 und 2005 aus denkmalpflegerischer Perspek-

---

11 Die Abschlussthesen dieser fünf »Berliner Gespräche« finden sich in: Evangelische Kirche in Berlin-Brandenburg/Senatsverwaltung für Stadtentwicklung und Umweltschutz (Hg.), Fünftes Berliner Gespräch 1994, Berlin 1997, 14f.
12 Beispiel für kreative Ideen: 500 ideen für Umnutzung der Kirchen in Thüringen, in: Willinghöfer/Weitemeier (Hg.), 500 Kirchen (s. Anm. 5).

tive. Er erinnert an historische Umnutzungsprozesse, die teilweise freiwillig und sukzessive, teilweise gewaltsam und plötzlich durchgeführt wurden. Nach seinen Einsichten ist ein möglichst partizipativer Prozess, an dem die abgebende Religionsgemeinschaft, die Öffentlichkeit, die Denkmalpflege und die neuen Nutzer beteiligt werden, am aussichtsreichsten, um eine langfristig befriedigende Lösung für die Umnutzung des Sakralgebäudes zu erreichen. Die Umnutzung durch eine christlich-orthodoxe Gemeinde sieht er aufgrund der von ihm vermuteten unspektakulären architektonischen Veränderungen nicht als »wirkliche Umnutzung« an.[13] Im Blick auf die Umnutzung durch Freikirchen weist er mit einem konkreten Beispiel auf die Probleme hin, die durch den im öffentlichen Raum als ethisch fragwürdig wahrgenommenen Lebensstil eines freikirchlichen Pastors für die abgebende evangelisch-landeskirchliche Gemeinde entstanden sind.[14] Die Umnutzung durch nichtchristliche Religionsgemeinschaften sieht er aus historisch-ideellen, inhaltlich-theologischen und institutionellen Aspekten als schwierig an. Von Seiten des Denkmalschutzes sei vor allem eine muslimische Nutzung bedenklich, da aufgrund des Bilderverbots, des Anbaus von Waschanlagen, der Einrichtung von Minbar und Quibla außen- und innenarchitektonisch irreversible gravierende Veränderungen vorgenommen werden müssten.[15]

**2.2.2** Kathrin Bauer, die aus ethnologisch-volkskundlicher Perspektive die Umnutzung von Kirchen untersucht, weist zunächst darauf hin, dass viele christliche Kirchen als Umnutzung heidnischer Kultplätze und damit als Sieg über den Polytheismus errichtet wurden. Wenn Kirchen jetzt wiederum durch andere Religionen umgenutzt werden, empfiehlt sie eine gut gestaltete Erinnerungskultur mit entsprechenden symbolischen Handlungen beim Auszug der christlichen Gemeinde. Sie verweist auf die emotionale Bedeutung in Form von Glücks-, Heimat- und Geborgenheitsgefühlen, die für viele Menschen mit Sakralbauten verbunden sind. Die in vielen kirchlichen Regelungen für die Umnutzung von Sakralgebäuden anzutreffende »Nutzungskaskade«, nach der eine Nutzung durch das Gastgewerbe oder ein Abriss akzeptabler sind als die Gebete einer anderen Religionsgemeinschaft, stellt sie im Hinblick auf ihre theologisch-pastorale Plausibilität in Frage.[16]

**2.2.3** Michael Sussmann benennt auf dem Hintergrund seiner DDR-Kirchen-Erfahrungen die »Bewahrung des Bestandes in Verbindung mit einer zeitgemäßen

---

**13** R. Fisch, Umnutzung von Kirchengebäuden in Deutschland. Eine kritische Bestandsaufnahme, Bonn 2008, 82.

**14** Fisch, Umnutzung, (s. Anm. 13), 83.

**15** Fisch, Umnutzung, (s. Anm. 13), 84.

**16** K. Bauer, Gotteshäuser zu verkaufen. Gemeindefusionen, Kirchenschließungen und Kirchenumnutzungen, Münster/New York/München/Berlin 2011, 157 f.

(inhaltlichen) Nutzung«[17] als Aufgabe der Kirchen. Er plädiert für eine Mehrfachnutzung angesichts einer sich weiter transformierenden Gesellschaft. Die Kirchen sollen »ein guter Ort für alle« sein, ein Raum für Dialog, mit Gastrecht, gegebenenfalls auch ein interreligiöser Raum. Seine Vision ist es, die Kirchen in einen Raum umzugestalten, in den »Glaubende aller Religionen und kulturellen Strömungen eintreten können, getrennt und tolerant miteinander leben, beten und miteinander als Teil der multikulturellen Gesellschaft etwas vorleben (gegen Gewalt, für Frieden und Toleranz, für den Glauben).«[18]

**2.2.4** Angelika Büchse, Herbert Fendrich, Philipp Reichling und Walter Zahner untersuchen aus katholischer und internationaler Perspektive die Frage der Umnutzung. Sie fragen nach der kulturgeschichtlichen Wirkung und pastoralen Konzepten angesichts der Tendenz zur Liquidierung von Sakralgebäuden statt ihrer Umnutzung durch nichtchristliche Religionsgemeinschaften, die im Gegensatz zu vielen christlichen Kirchen als religiöse »Aufsteiger« betrachtet werden.[19] Sie weisen darauf hin, dass theologisch aufgrund der in der Enzyklika »Nostra Aetate« beim Zweiten Vaticanum erfolgten Wertschätzung auch anderer Religionen die Liebe Gottes zu allen Menschen und die Gewährung von Gebetsräumen auch für andere Religionen mehr Gewicht haben müssten als die exklusive Wahrung der Würde von religions- oder konfessionsspezifischen Räumen. Sie plädieren für eine Nutzungserweiterung im Sinne des Evangeliums und sehen in der Herausforderung zur Umnutzung die Chance für einen gemeinsamen Aufstieg als Religionsgemeinschaften. Kirchen sollen gerade auch für Fremde und gesellschaftliche Randfiguren ein zugänglicher, erreichbarer und für andere sichtbarer Raum sein. Das Innenleben von Kirchen muss auf Dauer dem Label Kirchturm entsprechen. Eine Musealisierung von Kirchen sehen sie als Gefahr. Das kirchliche Handeln soll dem Auftrag Jesu in einer der Umwelt angemessenen Form, zum Beispiel in diakonischer Offenheit, entsprechen.[20]

**2.2.5** Auch für das aktuelle interdisziplinäre Forschungsprojekt TRANSARA spielt die Frage der Umnutzung von Sakralräumen durch Religionsgemeinschaften anderer kultureller oder religiöser Prägung keine zentrale Rolle. Lediglich die Umnutzung durch anderskonfessionelle christlich-orthodoxe und freikirchliche

---

17 M. Sussmann, Verantwortung für den Kirchenbau: Aus der Vergangenheit – in die Gegenwart – für die Zukunft, in: M. Keller/K. Vogel (Hg.), Erweiterte Nutzung von Kirchen – Modell mit Zukunft, Berlin 2008, 72–96: 73.
18 Sussmann, Verantwortung, (s. Anm. 17), 96.
19 R. Bucher, Liquidierungen. Der Verkauf von Kirchen und die aktuelle Neukonstellation pastoraler Orte, in: A. Büchse/H. Fendrich/P. Reichling/W. Zahner (Hg.), Kirchen. Nutzung und Umnutzung. Kulturgeschichtliche, theologische und praktische Reflexionen, Münster 2012, 31–46: 34.
20 Bucher, Liquidierungen, (s. Anm. 19), 41–44.

Gemeinden sind Teil ihres Forschungsvorhabens.[21] Ihr Anliegen ist es vor allem, in interdisziplinärer Kooperation zwischen evangelischer und katholischer Theologie, Architektur, Denkmalpflege, Religions-, Kunst- und Immobilienwirtschaft die Sakralraumtransformation in einer westdeutschen und in einer ostdeutschen Region exemplarisch zu untersuchen und daraus auch zu einer Neudefinition des »Sakralen« zu kommen.[22] Aufgrund ihrer bisherigen Forschungen haben sie die Einsicht gewonnen, dass im westdeutsch-katholischen Kontext Umnutzungen eher Top-down gegen Protest von unten stattfinden, während im ostdeutsch-protestantischen Raum sie eher Bottom-up erfolgt und der Neunutzung oft die Erfahrung von Leere vorangeht.[23]

## 3 Regelungen für die Umnutzung von Sakralräumen in Berlin und Brandenburg

**3.1** Etwa ein Viertel der rund 2400 Sakralgebäude der Evangelischen Kirche Berlin-Brandenburg-schlesische Oberlausitz (EKBO) sind vorreformatorischen Ursprungs, also umgenutzte römisch-katholische Kirchen.[24] Hinzu kommen Erfahrungen mit der konfessionell und kulturell übergreifenden Nutzung einerseits in Form der wendisch-deutschen Doppelkirche in Vetschau und andererseits durch eine ganze Reihe von temporär als lutherisch-reformiert beziehungsweise deutsch-französisch genutzten Simultankirchen in der Zeit der hugenottischen Zuwanderung im 17. Jahrhundert. In der Gegenwart stellt sich neben der Umnutzung durch eine christliche Religionsgemeinschaft anderer kultureller und/oder konfessioneller Prägung vor allem die Frage, ob auch Religionsgemeinschaften anderer religiöser Prägung Sakralräume der EKBO nutzen dürfen. Die in den Veröffentlichungen »Kirchen – Häuser Gottes für die Menschen« 2006 und in aktualisierter Form 2019[25] getroffenen Regelungen sehen folgende Rangfolge der Nutzung vor: (1) Gottesdienst; (2) Nichtgottesdienstliche Aktivitäten der Kirchengemeinde; (3) Vielfältige gesell-

**21** A. Gerhards/S. Bienert/A. Deeg/U. Königs/S. Lieb/K. Menzel/J. Seip, Sakralraumtransformation – Einführung in die Untersuchungsbereiche des Forschungsprojekts, in: A. Gerhards (Hg.), Kirche im Wandel, 57–92: 82.
**22** A. Gerhards, Einführung, in: ders. (Hg.), Kirche im Wandel. Erfahrungen und Perspektiven, Münster 2022, 9–17: 12.
**23** Gerhards/Bienert/Deeg/Königs/Lieb/Menzel/Seip, Sakralraumtransformation (s. Anm. 21), 89 ff.
**24** EKBO, Kirchen – Häuser Gottes für die Menschen, Berlin 2006, 11 f.
**25** EKBO, Kirchen – Häuser Gottes für die Menschen. Zur Nutzung und Nutzungserweiterung von Kirchengebäuden, Berlin 2019.

schaftsdiakonische und kulturelle Nutzung; (4) Verträgliche imageangemessene Fremdnutzung oder entgeltliche Mischnutzung in Trägergemeinschaft; (5) Entwidmung und nachfolgende Veräußerung unter Vergabe von Erbbaurechten bei imageangemessener Fremdnutzung; (6) Entwidmung und nachfolgende Stilllegung bei imagenichtangemessener Nachnutzung; (7) Abriss, wenn sonst imageschädigende Nachnutzung und Missbrauch (Schändung) des Gebäudes.[26]

Als imageangemessen gilt zum Beispiel eine Nutzung durch eine der Arbeitsgemeinschaft Christlicher Kirchen angehörende Kirche oder durch eine jüdische Gemeinde. Als nicht angemessene Nutzung gelten Kasualhandlungen anderer Weltanschauungen wie zum Beispiel Jugendweiheveranstaltungen, gewaltverherrlichende Veranstaltungen, aber auch die Nutzung durch nichtchristliche Religionen.[27] In der aktualisierten Version von 2019 wird darauf verwiesen, dass praktische Erfahrungen und die Herausforderungen einer »zunehmend multireligiösen und pluralistischen Gesellschaft«[28] zu einer Weiterentwicklung der Regelungen führen. Insbesondere gegenüber anderen christlichen Gemeinden sollen sich die Kirchengemeinden als Gastgeberinnen verhalten, keine Entwidmung bei der Umnutzung durch diese vornehmen, die Unterhaltskosten aber keine Miete verlangen.[29] Eine interreligiöse Nutzung ist möglich, wenn eine Vertretung der EKBO leitend beteiligt ist. Für eine Teilnutzung als Moschee als Ausnahme und Erprobung ist die Zustimmung der Kirchenleitung der EKBO notwendig.[30]

**3.2** Für die Umnutzung von Sakralräumen des Erzbistums Berlin sind die 2003 von der Deutschen Bischofskonferenz getroffenen Regelungen verbindlich. Darin werden unterschiedliche rechtliche Formen der Umnutzung sowie mögliche Absicherungen gegen einen Missbrauch der Sakralgebäude dargestellt. Das Erzbistum selbst regelt in Kaufverträgen explizit: »Grundstück und Gebäude dürfen nicht zu Handlungen oder Zwecken verwendet werden, die gegen die katholische Kirche, ihre Glaubensbetätigungen und ihr Wirken in der Gesellschaft gerichtet sind oder bestimmt bzw. geeignet sind, das Ansehen der Kirche sowie ihre Glaubens- und Sittenlehre zu bekämpfen oder öffentlich herabzusetzen.«[31] Wie bei der EKBO wird eine ökumenische Nutzung durch eine andere ACK-Kirche priorisiert. Der Verkauf an eine andersreligiöse Gemeinschaft wird eindeutig ausgeschlossen: »Die kultische Nutzung durch nichtchristliche Religionsgemeinschaften (z. B. Islam, Buddhismus,

---

26 EKBO, Häuser 2006, (s. Anm. 24), 52–57.
27 EKBO, Häuser 2006, (s. Anm. 24), 54.
28 EKBO, Häuser 2019, (s. Anm. 25), 42.
29 EKBO, Häuser 2019, (s. Anm. 25), 41.
30 EKBO, Häuser 2019, (s. Anm. 25), 42.69.
31 Privatarchiv Nützel: Überlassung des Textes dieser »Partnerschaftsregelung« durch Carola Schwenk (EBO-Baureferat) am 8.4.2015.

Sekten) ist – wegen der Symbolwirkung einer solchen Maßnahme – nicht möglich. Dies geschieht mit Rücksicht auf die religiösen Gefühle der katholischen Gläubigen.«[32] Insgesamt soll es im Falle einer Umnutzung zu einer engen Kooperation zwischen den verschiedenen kirchlichen Ebenen kommen. Neben den rechtlichen und finanziellen sollen auch die psychologischen Aspekte einbezogen werden.

Für die Um- oder Mitnutzung römisch-katholischer Kirchen durch gleichkonfessionelle muttersprachliche Gemeinden hat Erzbischof Koch 2017 Regelungen getroffen, die auch die finanziellen Aspekte transparent regeln. Einen Anteil übernimmt das Erzbistum, bei weiterem Raumbedarf oder höheren Unterhaltskosten muss die muttersprachliche Gemeinde die zusätzlichen Kosten aufbringen.[33] Außerdem wurde die Beteiligung der etwa 20 muttersprachlichen Gemeinden mit und ohne cura animarum an den kirchlichen Gremien des Erzbistums zum Beispiel durch ihre Vertretung im Rat der muttersprachlichen Gemeinden geregelt.[34]

**3.3** Im Unterschied zu diesen Regelungen der beiden Großkirchen steht die Neuapostolische Kirche schon länger der Umnutzung ihrer Sakralgebäude auch durch Religionsgemeinschaften anderer religiöser Prägung aus verschiedenen Gründen offener und flexibler gegenüber. Sie hat in ihrer eigenen Geschichte die Erfahrung gemacht, dass sie in ganz unterschiedlichen säkularen Gebäuden wie Fabrik- und Schulräumen oder in einem ehemaligen Pferdestall ihre Gottesdienste feiern musste. Ihre Sakralgebäude sind in der Regel ohne Turm und auf jeden Fall ohne Glocken – und damit im öffentlichen Raum weniger als Kirchen eindeutig identifizierbar und stellen in der Regel stadt- oder regionalgeografisch auch nicht die topografischen Erkennungszeichen dar. Die Finanzierung der Sakralgebäude mit Hilfe von Spenden führt zu einem finanzbewussten Umgang einschließlich der Entscheidung für deren Verkauf im Fall demografischer Veränderungen oder der Verlagerung geografischer Schwerpunkte der Mitgliederschaft. Theologisch gilt ein Sakralgebäude als solches in der Zeit zwischen Weihe und Entwidmung. Mit anderskonfessionellen und andersreligiösen Religionsgemeinschaften wird ein konstruktiver, geschwisterlicher und einer pluralen Gesellschaft angemessener gleichberechtigter Umgang angestrebt. Die bisherigen Praxiserfahrungen sowohl mit dem Verkauf an andere Religionsgemeinschaften als auch mit dem eigenen Kauf eines ehemaligen Synagogengebäudes sind positiv. Die Entscheidung über die Gebäude-

---

**32** Sekretariat der Deutschen Bischofskonferenz (Hg.), Umnutzung von Kirchen. Beurteilungskriterien und Entscheidungshilfen (24. September 2003), Bonn 2003, 20.
**33** Erzbistum Berlin: Dr. Heiner Koch, Erzbischof von Berlin, Vorläufige Richtlinie für die Muttersprachlichen Gemeinden im Erzbistum Berlin vom 3. April 2017, 6 Seiten, 4.
**34** Erzbistum Berlin, Muttersprachliche Gemeinden, (s. Anm. 33), 4.

planung einschließlich einer Umnutzung durch Verkauf werden von der regionalen Kirchenleitung getroffen und nicht von der einzelnen Gemeinde.[35]

## 4 Erfahrungen mit verschiedenen Formen der Umnutzung von Sakralräumen durch andere Kulturen, Konfessionen und Religionen

In Berlin und Brandenburg wurden mit der Umnutzung durch Religionsgemeinschaften anderer kultureller, konfessioneller und religiöser Prägung in den letzten Jahrzehnten folgende Erfahrungen in sieben unterschiedlichen Formen gemacht:

**4.1** Die Umnutzung durch christliche Gemeinden der gleichen Konfession aber anderer kultureller Prägung findet vor allem durch fast 20 muttersprachliche katholische Gemeinden statt. Sie nutzen in der Regel als Mieter der katholischen Ortsgemeinde zeitversetzt die Kirchen- und Gemeinderäume. Aufgrund des unterschiedlich politisch begründeten Migrationshintergrunds gibt es für die vietnamesischen katholischen Gläubigen zwei muttersprachliche Gemeinden in Ost- und Westberlin. Die durch eine Richtlinie des Erzbistums Berlin geregelte Mitnutzung hat im Blick auf eine architektonische oder spirituelle Umgestaltung bisher lediglich in drei Fällen dazu geführt, dass im Außenraum kulturspezifische Madonnenfiguren sowie eine Skulptur zur Erinnerung an das politische Engagement von Johannes Paul II. errichtet wurden.[36] Im evangelisch-landeskirchlichen Bereich erfolgt eine Um- und Mitnutzung mit Gemeinden der gleichen Konfession aber einer anderen kulturellen Prägung einerseits vor allem mit reformiert-presbyterianischen und lutherischen Gemeinden, die einen europäischen, asiatischen oder afrikanischen Migrationshintergrund haben.[37] Während dies in der Regel in Form eines Mietverhältnisses geschieht, hat die American Church Berlin die von ihr umgenutzte Lutherkirche käuflich erworben.[38]

---

**35** Interview Karsten Hühn, persönlicher Referent des Kirchenpräsidenten der Neuapostolischen Kirche Berlin-Brandenburg, 24.3.2015.
**36** Interview mit Hermann Fränkert-Fechter, Ansprechpartner für die Kategoriale Seelsorge für muttersprachliche Gemeinden im Erzbistum Berlin, 18.7.2019.
**37** Siehe https://www.ekbo.de/wir/kirchengemeinden/fremdsprachige-gemeinden, abgerufen am 24.9.2020 sowie https://doam.org/projekte/ostasiengemeinden, abgerufen am 24.9.2020; Interview mit Alimamy Sesay, Diakon der United Brethren Church in Berlin und Vorsitzender des Rates Afrikanischer Christen in Berlin und Brandenburg, 4.8.2020.
**38** Interview mit Steve Kienberger, Reverend der American Church Berlin, 10.1.2015 sowie Privat-

**4.2** Eine zweite Form der Umnutzung stellt die Rücknutzung einer ursprünglich für römisch-katholische liturgische Nutzung errichteten, seit der Reformationszeit für evangelisch-landeskirchliche Gottesdienste genutzten Kirche durch eine römisch-katholische Gemeinde dar. Diese Form der Umnutzung ist in den beiden Nicolaikirchen der brandenburgischen Stadt Treuenbrietzen und der Stadt Brandenburg anzutreffen. Sie sind jeweils nicht die zentralen Hauptkirchen. In Treuenbrietzen stellte sich angesichts der mehr als 1.000 katholischen Flüchtlinge nach dem Kriegsende 1945 die Frage nach einem angemessenen Sakralraum. Nach mehreren Zwischenlösungen kaufte die katholische Kirche 1967 die Nicolaikirche und renovierte sie – auch unter Entfernung der in der Reformationszeit erfolgten Raumveränderungen – bis zur Neuweihung 1972.[39] Die 1137 errichtete Nicolaikirche in der Stadt Brandenburg war seit 1712 im kommunalen Besitz und nach verschiedenen Nutzungen zunächst 1901 saniert und dann 1926 geschlossen worden. Die römisch-katholische Kirche kaufte sie 1992 der evangelischen St. Gotthardgemeinde ab. Auch hier wurden die protestantischen Einbauten weitgehend entfernt. Eine der Quermauern dient als ökumenisches Memorial für die ehemaligen NS-Gefangenen im benachbarten Gefängnis, vor dem einmal im Monat eine ökumenische Gebetsliturgie stattfindet.[40]

**4.3** Die von dem katholischen Ortspfarrer öffentlich begrüßte und durch einen günstigen Kaufpreis ermöglichte Umnutzung einer modernen schlichten römisch-katholischen Werkssiedlungskirche durch ein evangelisches Gemeindeprojekt in der Stadt Brandenburg, eine dritte Form der Umnutzung, ging mit einem »Auszug« der katholischen Madonnenfigur und dem Verbleib der Skulptur des katholischen Namenspatrons St. Bernhard einher. Auch andere römisch-katholische Sakralgegenstände wurden entfernt oder wie das Weihwasserbecken einer neuen Funktion zugeführt. Um eine ganzheitliche, insbesondere auch Kirchenfremde einladende, ökumenisch ausgerichtete Gemeindearbeit zu ermöglichen, wurde ein Foyer mit Sitzecken und mit einer Küche angebaut, ein öffentlich zugänglicher Spielplatz angelegt und der Zaun um das Kirchengelände beseitigt.[41]

**4.4** In der Forschungsliteratur wird die Um- und Mitnutzung durch eine evangelische Freikirche als vierte Form der Umnutzung in der Regel als unbedenklich

archiv Nützel: American Church in Berlin 2002, Luther Church Development Project, Broschüre, 16 Seiten.

**39** Interview mit Günter Gundlach, Gemeindemitglied in der katholischen Gemeinde St. Nikolai, Treuenbrietzen, 15.10.2020.

**40** Katholische Kirchengemeinde Hl. Dreifaltigkeit Brandenburg an der Havel (Hg.), Sankt Nikolai in Brandenburg an der Havel, Berlin o. J.

**41** Interview mit Hans-Martin Richter, Gründer und Pastor des Gemeindeprojekts St. Bernhard, 2.2.2021 sowie http://www.st.bernhard-brb.de/gemeinschaftskirche, abgerufen am 21.12.2020.

eingestuft. Sie findet in Berlin und Brandenburg vorwiegend durch die Umnutzung evangelisch-landeskirchlicher und römisch-katholischer, vereinzelt auch einheimisch-freikirchlicher Sakralgebäude durch freikirchliche Gemeinden mit afrikanischem, asiatischem oder internationalem Migrationshintergrund statt. Die bisherigen Erfahrungen zeigen, dass diese Form der Umnutzung zwar im Blick auf ihre architektonischen Auswirkungen wenig spektakulär ist, aber durch ihre Abhängigkeit von einer charismatischen Gründerpersönlichkeit und deren theologischer Prägung durchaus Fragen aufwirft. Ein prominentes Beispiel ist die neugotische evangelische Nazarethkirche, die im Besitz der Stadt Berlin ist. Diese verpachtete sie langfristig an eine Freikirche, die die Kirche wiederum an die international tätige Freikirche Igreja Universal de Deus vermietete. Nachdem diese theologisch aufgrund ihrer antiökumenischen Haltung und der Zusage von Heilungswundern bei ausreichend hohen Spenden umstritten ist, wurde von öffentlicher Seite an die evangelische Landeskirche und an die Kommune als Besitzerin appelliert, diese imageschädigende Umnutzung der Kirche zu beenden. Aufgrund des langfristigen Pachtvertrags und des hohen Sanierungsbedarfs schreckt die Kommune jedoch vor diesem Schritt zurück. Aus der Sicht von Umnutzungsexperten folgt aus solchen Erfahrungen, dass neben den finanziellen und rechtlichen Aspekten auch die theologischen Aspekte differenzierter geregelt werden müssen.[42]

**4.5** Im Unterschied zu der in der Forschungsliteratur aufgrund der gemeinsamen christlichen Prägung als unkompliziert vermuteten Umnutzung von römisch-katholischen und evangelisch-landeskirchlichen Sakralgebäuden durch christlich-orthodoxe Gemeinden hat diese fünfte Form der Umnutzung in der Regel gravierende innenarchitektonische Transformationen zur Folge – wie auch an den fast 20 von christlich-orthodoxen Gemeinden exklusiv genutzten Sakralgebäuden in Berlin und Brandenburg sichtbar wird. Für die Durchführung orthodoxer Liturgien ist eine Abtrennung des als himmlischer Präsenzraum verstandenen Altarraums hinter einer Ikonostase grundlegend. Dagegen sind Kanzel und Kirchenbänke, ein im Kirchenraum der Gemeinde zugänglicher Altarraum, Emporen und Orgel überflüssig. Sie müssen oft auf Drängen des Denkmalschutzes erhalten werden. Als zusätzliche Räume werden Räume zum Verkauf und Anzünden von Kerzen für Gebetsanliegen, Räume für die pädagogische, kulturelle und soziale Arbeit mit generationsspezifischen Zielgruppen, eine Taufkapelle, Büro- und Wohnräume, Parkmöglichkeiten und möglichst ein Openairbereich für größere Gottes-

---

42 Siehe zu dem in der Öffentlichkeit ausgetragenen Konflikt: S. Leber, Wie sich die »Universalkirche« in Berlin einkaufen will. Umstrittene Evangelikale im Wedding, Tagesspiegel vom 9.8.2019. J. Hall, Grüne in der Verantwortung. Umstrittene Neue Nazarethkirche, in: TAZ, 27.10.2022; S. Hunglinger, Die rechte Hand Gottes. Extreme Evangelikale in Berlin, TAZ, 12.8.2022.

dienste und Feiern gewünscht. In manchen Fällen geht der exklusiven Umnutzung und deutlichen Umgestaltung eine zeitlich und gestalterisch begrenzte Umnutzung voraus – so im Moment zum Beispiel für die Umnutzung durch ukrainisch-orthodoxe Flüchtlingsgemeinden. In manchen Fällen gibt es vor, während und nach der Umnutzung gute ökumenische Kontakte zu den abgebenden Kirchen und auch zur Kommune. In anderen Fällen führen die auf die nationale Herkunftskirche ausgerichteten orthodoxen Gemeinden, die teilweise aufgrund begrenzter Sprachkenntnisse in den Außenkontakten eher isoliert sind, eine eher wenig auf den Kontext Bezug nehmende Existenz. In zwei Fällen wurden für die Raumbedürfnisse der orthodoxen Umnutzungsgemeinden spezielle Gemeinderäume neu errichtet, die jedoch – wie die Umnutzung durch diese teilweise sehr mitgliedstarken Migrationsgemeinden überhaupt – im öffentlichen Raum wenig sichtbar sind.[43]

**4.6** Eine sechste Form, die im öffentlichen und theologischen Diskurs zunächst als wesentlich fragwürdiger eingeschätzt wird, stellt die Umnutzung durch eine andersreligiöse Religionsgemeinschaft dar. Bei den bisher erfolgten Umnutzungen dieser Art in Berlin und Brandenburg machten die vorherigen Eigentümer jedoch bisher keine Erfahrungen, die für sie diese Umnutzung im Nachhinein fragwürdig erscheinen ließen. So hat die neuapostolische Kirche 1999 ein nicht mehr benötigtes Sakralgebäude in Berlin-Kreuzberg an eine alevitische Gemeinde abgegeben, die dieses inzwischen mit Hilfe von Spenden und öffentlichen Geldern für die vielfältigen Bedürfnisse ihrer Gemeinde und der Quartiersbevölkerung umgebaut und mit zusätzlichen Gebäudeteilen sowie einem Gartengelände ergänzt hat.[44] Zwei weitere neuapostolische Sakralgebäude wurden an eine schiitische und an eine sunnitisch-arabische Gemeinde verkauft. Nachdem letztere Gemeinde einen großen Zulauf von arabischen Muslimen und Musliminnen einerseits aufgrund der Flüchtlingszuwanderung und andererseits aufgrund ihres außergewöhnlichen spirituel-

---

**43** Interviews mit Haupt- und Ehrenamtlichen unterschiedlicher christlich-orthodoxer Gemeinden in Berlin, zum Beispiel mit den serbisch-orthodoxen Geistlichen Dragan Sekulic und Veljko Gacic, 15. 10. 2015, dem syrisch-orthodoxen Subdiakon Amill Gorgis, 14. 10. 2015, dem syrisch-orthodoxen Gemeinderatsmitglied Dr. Selva Can, 9. 8. 2020, Dr. Hanna Heikal, Priester der orthodoxen Gemeinde St. Georgios in Berlin, 11. 6. 2020. Zu den Auswirkungen der weitreichenden Umgestaltung entsprechend den liturgischen Anforderungen siehe auch A. Radej, Gemeinsame Kirchennutzung. Ein Beispiel orthodoxer Ökumene in der Diaspora, in: A. Gerhard/S. Kopp (Hg.), Von der Simultankirche zum ökumenischen Kirchenzentrum. Sakralbauten im Spannungsfeld christlicher Konfessionen, Freiburg-Basel-Wien-Frankfurt/Main 2021, 163–177; G. Nützel, Erfahrung der Heilsökonomie Gottes – Die syrisch-orthodoxe Kirche St. Jacob, in: Berliner Forum der Religionen (Hg.), Jeder nach seiner Facon. Vielfalt und Begegnung der Religionen in Berlin, Berlin 2015, 46–50.
**44** Interviews mit Kadir Sahin, Generalsekretär und Halit Büyükgol, Vorsitzender der Alevitischen Gemeinde zu Berlin, 25. 10. 2015.

len, interreligiösen und zivilgesellschaftlichen Engagements hat, reichen dafür die
vorhandenen Räume schon länger nicht mehr aus. Auch diese Gemeinde erwägt
nach einem gescheiterten Neubauplan auf einem Nachbargrundstück nun auf dem
eigenen Grundstück weitere Gebäudekomplexe zu errichten, um die bisherigen
Zusatzraumimprovisationen mit Containern und Zelten beenden zu können.[45] Im
Inneren sowohl des alevitisch als auch des sunnitisch umgenutzten ehemals neuapostolischen Sakralgebäudes ist nach mehrjähriger Umnutzung inzwischen kaum
noch dessen frühere Kirchraumgestaltung erkennbar, auch wenn die vorherige
sakral-religiöse Nutzung als christlicher Sakralraum für die heutigen Eigentümer
durchaus von Bedeutung ist. Eine weitere Form der Umnutzung durch eine Religionsgemeinschaft anderer religiöser Prägung, die in den 2019 aktualisierten Richtlinien der EKBO ausdrücklich erwünscht wird, ist die Umnutzung eines christlichen
Sakralgebäudes durch eine Synagogengemeinde. Dies wurde erstmals 2015 für die
in der Fußgängerzone der Stadt Cottbus gelegene Schlosskirche realisiert. Ihre Umnutzung erfolgte mit finanzieller Unterstützung des Landes Brandenburg beim Er-
werb und mit dessen langfristiger Zusage für die Unterhaltskosten unter Hinweis
auf die moralische Verpflichtung zur Wiedergutmachung, die durch die Zerstörung
aller Synagogen im Land Brandenburg in nationalsozialistischer Zeit entstanden
ist.[46] Dazu wurden außenarchitektonisch die Glocke aus dem Kirchturm und innenarchitektonisch Kanzel und Kreuz entfernt. Jüdische Symbole wurden auf den
Kirchenfenstern innen angebracht. Sie sind jedoch von außen nicht erkennbar. Seit
dem antisemitisch motivierten Überfall auf die Synagogengemeinde in Halle ist das
als Synagoge umgenutzte Sakralgebäude in Cottbus auch durch den Polizeischutz
für die mehrheitlich aus russischen Zuwanderern und Zuwanderinnen bestehende
Synagogengemeinde im öffentlichen Raum deutlich erkennbar.

**4.7** Eine siebte Form der Umnutzung stellt die Zusatznutzung als interkulturel-
les und interreligiöses Zentrum dar. Sie erfolgte in Berlin im Rahmen einer neuen
Nutzungskonzeption für die evangelische Genezarethkirche in Berlin-Neukölln mit
Hilfe von kirchlichen und öffentlichen Mitteln. Sie ermöglichten den Anbau von
zwei Gebäudeflügeln, in denen sowohl ein Café als auch mehrere Gruppen- und
Büroräume Platz fanden.[47] Dabei stehen – inzwischen auch nach einer weiteren
innen- und außenarchitektonischen Transformation für experimentelle kirchliche

---

**45** Interviews mit Mohammed Sabri, Imam der Dar-Essalam-Moschee in der Neuköllner Begegnungsstätte, 29.10.2015 und 25.9.2020.
**46** Interview mit Kirchenoberbaurat der EKBO, M. Hoffmann-Tauschwitz, 1.4.2015.
**47** Interview mit Elisabeth Kruse, Pfarrerin der evangelischen Genezarethkirche und Initiatorin
des Interkulturellen Zentrums Genezareth, 26.10.2015 sowie mit Pfarrerin Dr. Juni Hoppe, Koordi-
natorin der interreligiösen Arbeit im Interkulturellen Zentrum Genezareth, 2.9.2023.

Arbeitsformen – der Altarraum mit einer mehrfarbigen Glasskulptur, die den brennenden Dornbusch darstellt, sowie der Altar mit Altarkreuz weiterhin unverändert im Mittelpunkt. Auf der Empore befindet sich eine interreligiöse Bücherecke, die für den individuellen Gebrauch und für den interreligiösen Lesezirkel zur Verfügung steht. Die Gruppenräume und auch der Kirchenraum werden für vielfältige Formen der interreligiösen Kooperation, für multireligiöse Sensibilisierungstrainings, für pädagogische Veranstaltungen mit unterschiedlichen Zielgruppen und Kooperationspartnern aus den Religionsgemeinschaften im Kiez und stadtweit genutzt. Eine Nutzung für die interreligiöse Bildung wird auch in dem »Garten des Buches« auf dem Gelände des evangelischen Klosters Lindow in Brandenburg praktiziert. Außerhalb der Region Berlin und Brandenburg findet diese Form der Umnutzung zum Beispiel in dem Londoner Projekt St. Ethelburgas räumlich dergestalt statt, dass im Innenhof der ehemaligen Kirche ein Beduinenzelt für den gleichberechtigten interreligiösen Dialog steht, das von einem kleinen Garten mit Brunnen begleitet wird. Die von außen wenig sichtbare interreligiöse Umnutzung steht architektonisch in einem deutlichen Kontrast zu der Umgebung, die von modernen Hochhäusern geprägt ist.[48] In Hannover wurde 2022 in einer umgenutzten evangelischen Kirche das neukonzipierte »Haus der Religionen« eröffnet, nachdem ein Teil der evangelisch-landeskirchlichen Räume im Anschluss an eine zunächst temporär geplante interreligiöse Umnutzung bereits seit 2005 für die interreligiöse Arbeit des Hauses der Religionen in Hannover in vielfacher Weise mitgenutzt worden war. Zur architektonischen Markierung der interreligiösen Umnutzung im öffentlichen Raum ist nun auch eine Umgestaltung des Kirchturms geplant.[49]

**4.8** Zusammenfassend können die bisherigen Erfahrungen mit der Umnutzung von Sakralgebäuden durch Religionsgemeinschaften anderer kultureller, konfessioneller und religiöser Prägung so beschrieben werden:

**4.8.1** Innenarchitektonisch haben alle Formen der Umnutzung mit Ausnahme der durch eine Gemeinde der gleichen Konfession oder durch eine freikirchliche Gemeinde deutlich wahrnehmbare Auswirkungen. Dies trifft vor allem auf die Umnutzung durch christlich-orthodoxe und muslimische Gemeinden zu. Sie nehmen eine Umgestaltung des Altarbereichs, der Bildgestaltung, des Kircheninnenraums, in dem die Kirchenbänke und Kanzeln meist entfernt werden, sowie eine Umfunk-

---

**48** Siehe https://stethelburgas.org, abgerufen am 1.10.2023.
**49** W. Reinbold/H. Mohagheghi/A. Faridi, Das Haus der Religionen – Zentrum für interreligiöse und interkulturelle Bildung, in: Rat der Religionen (Hg.), Religionen in Hannover, Hannover 2016, 23–29. Zur Vorgeschichte W. Reinbold/H. Mohagheghi/A. Faridi, Das Haus der Religionen, (s. Anm. 49), 15–21 und zur 2022 neu eröffneten Raumkonzeption siehe https://www.haus-der-religionen.de, abgerufen am 1.10.2023.

tionierung der Emporen – als Frauen-, Büro- oder Gruppenraum – vor und geben die Orgeln weiter. In Vorräumen werden nach Möglichkeit Waschanlagen oder Kerzenverkaufsräume für die Gläubigen eingerichtet. Außenarchitektonisch erfolgt meist keine gravierende Umgestaltung, teilweise wurden mehr oder weniger deutlich sichtbare temporäre oder dauerhafte Ergänzungsbauten hinzugefügt. In drei Fällen erfolgte eine spirituelle Markierung der Umnutzung durch eine Gemeinde anderer kultureller Prägung durch eine entsprechende Skulptur im Außenbereich. Die Folge einer evangelisch-katholischen Umnutzung war in der Regel keine ökumenische Raumgestaltung sondern die Rückkehr zu einer konfessionell-liturgisch eindeutigen Gestaltung, in einem Fall ergänzt durch ein ökumenisches Memorial, das auch für regelmäßige ökumenische Gebetsliturgien genutzt wird.

**4.8.2** Stadt- und regionalgeografisch sind die meisten dieser Umnutzungen kaum sichtbar. Lediglich ein neuer Zaun zum Schutz vor Vandalismus, eine regelmäßige Polizeistreife, ein Café mit Terrasse und die kulturspezifischen Sakralskulpturen weisen auf neue Nutzerinnen und Nutzer des vertrauten Sakralgebäudes hin. Teilweise bleibt sogar die Schaukastengestaltung der früheren Gemeinde über Jahre unverändert erhalten.

**4.8.3** Die Rolle von Religion im öffentlichen Raum wurde vor allem im Blick auf die theologische Aussage einer antiökumenisch eingestellten internationalen Freikirche problematisiert. In anderen Fällen wurde die Umnutzung auch von politischer Seite als positive Wirkung für den öffentlichen Raum gewürdigt und im Fall der Umnutzung des evangelischen Sakralgebäudes durch eine Synagogengemeinde auch finanziell dauerhaft unterstützt.

**4.8.4** Hinsichtlich der Formen der Raumteilung zwischen den Religionsgemeinschaften sind einerseits Formen wahrnehmbar, die von einer Konkurrenz der Religionen sowie einem dominanzkulturellen Vorgehen zeugen. Dies wird vor allem bei den Beschränkungen der Umnutzung durch eine Religionsgemeinschaft anderer religiöser Prägung deutlich, aber auch in gewisser Weise bei der rekonfessionell statt ökumenisch geprägten Umnutzung zwischen katholischen und evangelischen Gemeinden. Eine Raumteilung entsprechend den Kriterien eines Marktes der Religionen ist vor allem bei der Umnutzung durch die international agierende Freikirche Igreja Universal Reino de Deus deutlich, die ihre Heilungskompetenz an entsprechende finanzielle Gaben der Gläubigen bindet und keine Bereitschaft zu ökumenischer Kooperation zeigt. Von einer Raumteilung im Sinne einer diasporisch-eschatologischen Existenz zeugt die Haltung der Neuapostolischen Kirche, die nicht mehr selbst benötigte Sakralräume an andere Religionsgemeinschaften abgibt. Die syrisch-orthodoxe Kirche sieht in der Nutzung von anderskonfessionell konzipierten Sakralräumen auch Chancen für eine ökumenische Öffnung ihrer Kirchenmitglieder. Die Benennung umgenutzter Sakralräume mit den Namen ökumenisch oder interreligiös engagierter Persönlichkeiten bietet die Chance zur

Erinnerung an das Potential solcher Umnutzungen für eine gelingende interreligiöse Konvivenz. Die Regelungen der evangelischen Landeskirche EKBO und der römisch-katholischen Kirche in Deutschland sowie des Erzbistums Berlin für die Konvivenz und Raumteilung mit den muttersprachlichen Gemeinden sind vom Konzept der Gastfreundschaft mit dominanzkulturellen Akzenten geprägt.[50]

**4.8.5** Diese Auswertung der innen- und außenarchitektonischen, der stadt- und regionalgeografischen Auswirkungen, aber auch der Anfragen im Hinblick auf die Rolle von Religion im öffentlichen Raum sowie hinsichtlich der Konzepte der Raumteilung zwischen den Religionsgemeinschaften, die bei Umnutzungsprozessen von Sakralräumen wahrzunehmen sind, zeigt, dass ein umfassendes Raumverständnis wie im Konzept von Shared Space hilfreich ist, um Umnutzung als Chance für die interreligiöse Konvivenz zu gestalten. Welche Perspektiven sich daraus für den Umgang mit Sakralräumen in einer religiös pluralen Gesellschaft ergeben, zeigen die folgenden sieben Formen der interreligiösen Konvivenz.

# 5 Die Umnutzung von Sakralräumen als Chance für die interreligiöse Konvivenz[51]

**5.1** »Einander helfen« in einer Form, die die jeweiligen Stärken und Kompetenzen achtet und den anderen nicht zum abhängigen Objekt macht, kann im Blick auf die Umnutzung von Sakralgebäuden heißen, dass in der jeweiligen Region eine gemeinsame Übersicht der Sakralräume erstellt wird, die den Bedarf der einzelnen Religionsgemeinschaften und auch den Überschuss an nicht mehr benötigten Sakralgebäuden transparent macht. Eine interreligiöse Vermittlungsstelle kann

---

50 Nähere Erläuterungen zu dem von mir entwickelten Konzept von sechs Paradigmen (Kampf der Kulturen, Dominanzkultur, Markt der Religionen, Diaspora, Gastfreundschaft und Konvivenz) der Raumteilung zwischen verschiedenen Kulturen und Religionen im öffentlichen Raum finden sich in meinem Beitrag, Vom Kampf der Kulturen zur Konvivenz. Konzeptionen des Zusammenlebens in einer religiös pluralen Welt, in: U. Link-Wieczorek (Hg.), Gastlichkeit. Eine Herausforderung an Theologie, Kirche und Gesellschaft, Leipzig, 2018, 101–115.
51 Ich erweitere im Folgenden das von Theo Sundermeier entwickelte Konzept der ökumenischen Konvivenz mit den drei Aspekten »einander helfen«, »voneinander lernen« und »miteinander feiern« um die vier Aspekte »miteinander beraten und entscheiden«, »miteinander theologisch reflektieren«, »sich miteinander gesellschaftlich engagieren« und »miteinander spirituell leben«. Siehe zum ursprünglichen Konzept: T. Sundermeier, Konvivenz als Grundstruktur ökumenischer Existenz heute, in: V. Küster (Hg.), Konvivenz und Differenz. Studien zu einer verstehenden Missionswissenschaft, Erlangen 1995, 43–75.

die einzelnen Gemeinden und Religionsgemeinschaften beraten, welche Räume für ihre jeweilige religiöse Praxis sinnvoll und finanzierbar hinsichtlich von Sanierungs- und Unterhaltskosten sind, beziehungsweise ob und wie Sakral- und Gemeinderäume mit anderen geteilt werden können und welche Räume für interreligiöse Begegnungen gestaltet und bereitgestellt werden können.[52] Ein erfolgreiches Beispiel war die Zurverfügungstellung von größeren christlichen Sakralräumen für Moscheegemeinden während der muslimischen Feiertage in der Covidpandemiezeit.[53] Die Bereitschaft etablierter Freikirchen, für Darlehen freikirchlicher Migrationsgemeinden zu bürgen, mit denen diese eigene Sakralräume erwerben wollen, und die historische Erfahrung konfessioneller Solidarität für einen erfolgreichen Sakralraumbau könnten zur Schaffung eines interreligiösen Baufonds führen.[54] Für neuentstehende Stadtteile und für Siedlungsbereiche, in denen viele anderskonfessionelle und andersreligiöse Migranten und Migrantinnen zuziehen, sind Formen einer respektvollen gemeinsamen Nutzung von vorhandenen und improvisierten temporären Sakralräumen zu erproben.[55] Bei Angriffen auf die Sakralräume einzelner Religionsgemeinschaften sind Formen der religionsübergreifenden Solidarität und des öffentlichen Protests notwendig.

**5.2** Die Chance und die Herausforderung, angesichts der Umnutzung von Sakralräumen »voneinander zu lernen«, kann bei der wechselseitigen Verständigung über die jeweiligen Sakralraumkonzeptionen, rituellen und liturgischen Vollzüge und weiteren Formen der Gemeindearbeit beginnen und zum Beispiel durch den Austausch über religiöse Bildungsformen, den Umgang mit religiös begründeten Diskriminierungserfahrungen und gelungenen Transformationsprozessen fortgesetzt werden.[56] Wenn genug Vertrauen entwickelt ist, können auch historische Verletzungen mit einer misslungenen Raumteilung der Religionen zum Beispiel mit der Methode des »Healing of Memories« aufgearbeitet werden.[57]

---

52 Darauf wies Marcus Nitschke aus dem Kultur- und Kirchenbüro D:4 im Interview am 31.3.2015 hin.

53 G. Nützel, Teilen auch von Gotteshäusern?, in: Junge Kirche 4/2020, 46.

54 Auf die Bereitschaft mancher etablierter Freikirchen, für Migrationskirchen bei deren Immobilienerwerb zu bürgen, wies Diakon Alimamy Sesay im Interview am 4.8.2020 hin.

55 So im Koalitionsvertrag Berlin 2021–2026, 9 und ausführlicher https://gruene.berlin: Bündnis 90/Die Grünen, Grünes Licht für morgen, abgerufen am 15.8.2021, 180f.

56 Siehe dazu zum Beispiel H. Simojoki, Globalisierte Religion, Ausgangspunkte, Maßstäbe und Perspektiven religiöser Bildung in der Weltgesellschaft, Tübingen 2012; F. Schweitzer, Interreligiöse Bildung. Religiöse Vielfalt als religionspädagogische Herausforderung und Chance, Gütersloh 2014; N. Kermani, Ungläubiges Staunen, München 2015.

57 Näheres https://healing-memories.org, abgerufen am 20.10.2023.

**5.3** Eine besondere Ermutigung kann das »miteinander Feiern« bewirken. Zu einer gelingenden Festgestaltung aus unterschiedlichen kulturellen, konfessionellen und religiösen Traditionen ist der vorherige Austausch über unterschiedliche Festtraditionen, Speise- und Trinkregeln, geschlechts- und altersspezifische Rollen hilfreich, aber auch das gemeinsame Entwickeln neuer Festnarrative und experimenteller Festformen, die etwas von dem utopischen Gehalt religiöser Verheißungen, von dem »Anders-Möglichen« auch im öffentlichen Raum, zum Beispiel durch »Prozessionen« erlebbar machen.[58]

**5.4** Für das »miteinander Beraten und Entscheiden« sind ökumenische und interreligiöse Organisationen wichtig, die für einen fairen, transparenten und gleichberechtigten Umgang zwischen quantitativ dominanten und kleinen Religionsgemeinschaften sorgen. Die im politischen Bereich erprobte Form eines zufällig ausgewählten aber doch repräsentativ zusammengesetzten Bürgerrats mit dem Ziel der Entwicklung thematischer Vorschläge zur Diskussion in den gewählten Gremien könnten die Religionsgemeinschaften auch unter Einbeziehung von Kindern, Jugendlichen sowie religiösen und kulturellen Minderheiten erproben.[59] Das für die Entscheidungsprozesse des Ökumenischen Rates der Kirchen (ÖRK) entwickelte Konsensprinzip, das eine gestufte Entscheidungsfindung ermöglicht, kann auch für die interreligiöse Arbeit und einen zufriedenstellenden tragfähigen Entscheidungsprozess im Fall der interkulturellen, ökumenischen und interreligiösen Umnutzung von Sakralräumen hilfreich sein.[60]

**5.5** Eine entscheidende Rolle für das Gelingen einer Umnutzung im Sinne einer Shared-Space-interreligiösen Konvivenz kommt dem »miteinander theologisch Reflektieren« zu. Der wechselseitige respektvolle und interessierte Austausch über zentrale theologische und ethische Themen kann den Horizont der eigenen Überzeugungen erweitern und gegebenenfalls auch zur Wiederentdeckung und Weiterentwicklung in Vergessenheit geratener theologischer Konzepte führen.[61] Die von einer breiten christlichen Trägerschaft in dem Dokument »Mission Respekt« entwickelten Orientierungen und die Brückenbauintention, die dem muslimischen »A Common Word« zugrunde liegt, sowie die im jüdisch-christlichen Gespräch entwickelten Perspektiven bieten Ansätze für eine gemeinsame theologische Reflexion,

---

**58** Siehe dazu Beiträge in M. Maurer (Hg.), Das Fest. Beiträge zu seiner Theorie und Systematik, Köln/Weimar/Wien 2004.

**59** Siehe https://www.buergerrat.de, abgerufen am 13.2.2022.

**60** Siehe https://oikumene.org: Zwischenbericht zum Konsensverfahren des Ökumenischen Rates der Kirchen, 2003, abgerufen am 17.10.2021.

**61** Anregende Beispiele zum Beispiel aus der christlich-orthodoxen Theologie finden sich in E. Wohlleben, Die Kirchen und die Religionen. Perspektiven einer ökumenischen Religionstheologie, Göttingen 2004, 233–292.

die die jeweiligen kulturellen, konfessionellen und religiösen Auffassungen der Beteiligten produktiv, innovativ und auch experimentell ins Spiel bringen können.[62] Dabei sollte die Kooperation auf akademischer Ebene[63] durch den gemeinsamen theologischen Austausch auch zwischen lokalen Religionsgemeinden und Gemeindegruppen ergänzt werden. Wo dieser theologische Austausch verweigert wird und nur die eigene theologische Überzeugung respektiert wird, ist eine Umnutzung im Sinne von Shared Space als interreligiöse Konvivenz unmöglich.

**5.6** Das gemeinsame »gesellschaftliche Engagement« von Religionsgemeinschaften unterschiedlicher kultureller, konfessioneller und religiöser Prägung kann sich auf ganz unterschiedliche Themen beziehen, wie zum Beispiel Ökologie, Frieden, Demokratie, Gesundheit, Wohnen, Familie oder Arbeit. Je nach Kontext können dafür auch Bündnisse mit zivilgesellschaftlichen Gruppen und Organisationen wie zum Beispiel Bürgerplattformen eingegangen werden. Die gemeinsame friedliche und wechselseitig erfreuliche Umnutzung von Sakralräumen durch differente Religionsgemeinschaften kann als ermutigendes Signal in den öffentlichen Raum gesendet werden. Gemeinsame praktische Tätigkeiten ermöglichen auch dort eine Kooperation, wo Sprachgrenzen diese erschweren oder eingrenzen.[64]

**5.7** Die Entwicklung neuer spiritueller Formen im »Treppenhaus«, im »Zwischenraum«, die intensive Begegnungen während Umnutzungsprozessen zwischen Religionsgemeinschaften ermöglichen, können jenseits der Formulierung von liturgischen Empfehlungen für Entwidmungsgottesdienste[65] auch zur gemeinsamen Suche nach liturgischen Entwürfen für vom Konzept des Shared Space, der interreligiösen Konvivenz geprägte Raumteilungskonzepte der Religionen ermutigen. So stellt zum Beispiel die rituelle Reinigung einer Kirchentreppe durch die afrobrasilianische Candomblé-Gemeinde Ilè Obá Siléké Berlin eine Form dar, auch historische

---

**62** Siehe https://missionrespekt.de, abgerufen am 13.2.2022; https://www.vatican.va: Dokument über die Brüderlichkeit aller Menschen für ein friedliches Zusammenleben in der Welt, unterzeichnet vom Heiligen Vater Papst Franziskus und dem Großimam von Al-Azhar Ahamad Al-Tayyer, am 4.2.2019, abgerufen am 4.1.2022.
**63** Dies findet bundesweit in unterschiedlicher Form statt. In Berlin wurde dafür das »Interdisziplinäre Zentrum« gegründet, das gemeinsame Projekte der evangelischen, katholischen, islamischen und jüdischen Theologie an der Humboldt-Universität in Berlin und der Universität Potsdam unterstützen und auch den Dialog mit der Stadtgesellschaft und globalen Kooperationspartnern ermöglichen soll.
**64** Siehe dazu A.-K. Nagel (Hg.), Religiöse Netzwerke. Die zivilgesellschaftlichen Potentiale religiöser Migrantengemeinden, Bielefeld 2015. Auf die Möglichkeit gemeinsamer Kooperation zum Beispiel im Rahmen gemeinsamer gärtnerischer und kulinarischer Aktivitäten auch bei eingeschränkten gemeinsamen Sprachkenntnissen weist das »Haus der Religionen« in Bern hin.
**65** A. Kaschub, Liturgie der Kirchenschließung. Eine kirchentheoretische und empirische Studie zu Entwidmungen, Leipzig 2022.

Gewalterfahrungen in der Hoffnung auf einen gleichberechtigten respektvollen Umgang in der Gegenwart und Zukunft spirituell »zu bereinigen«.[66] Dies könnten auch »Passionsspiele« leisten, die gegenwärtige Konflikte in künstlerisch gestalteter Form in Bewegung bringen. Hammes macht in ihrer Schilderung der Kapelle des ÖRK in Genf exemplarisch darauf aufmerksam, dass es wichtig ist, dass die Gestaltung eines geteilten Ortes der interreligiösen Konvivenz auch das Ergebnis eines gemeinsamen spirituellen Prozesses ist, bei dem neu hinzukommende Objekte von unterschiedlichen Akteurinnen und Akteuren als ihr Eigenes oder zumindest als Tolerables für bestimmte Zielgruppen wertgeschätzt werden.[67] Dies kann auch zur gemeinsamen Gestaltung neuer experimenteller sakraler Räume, gegebenenfalls auch Openair als Garten der Religionen/Paradiesgärten führen, in denen alle zugleich zuhause und fremd, Gäste Gottes und Geschwister auf Erden sind.

---

**66** Die afrobrasilianische Candomblegemeinde Ilè Obá Siléké in Berlin vollzog eine solche Reinigung der Kirchenstufen der französisch-reformierten Kirche exemplarisch und real im Rahmen des Auftaktes einer Langen Nacht der Religionen auf dem Gendarmenmarkt in Berlin.
**67** V. Hammes, Die ökumenische Kapelle in Genf – Sinnbild für das Miteinander der Kirchen?!, in: A. Gerhards/S. Kopp (Hg.), Von der Simultankirche zum ökumenischen Kirchenzentrum. Sakralbauten im Spannungsfeld christlicher Konfessionen, Freiburg/Basel/Wien/Frankfurt 2021, 178–190.

Silke Radosh-Hinder

# »Neutrale« Heiligkeit?

## Dilemma und Lösungsansätze in der (kommunikativen) Konstruktion multireligiöser Räume

**Zusammenfassung:** Wenn gegenwärtig zunehmend multireligiöse Räume und Gebäude entstehen, fragt die Autorin in diesem Artikel nach Möglichkeiten, ob und inwiefern sich Konzepte von »Heiligkeit« in diesen neuen Räumen erkennen lassen. Ein bislang wenig beachteter Aspekt ist die kommunikative Raumkonstruktion, bei der die Aushandlungsprozesse der Beteiligten daraufhin untersucht werden, wie über die gemeinsame kommunikative Interaktion multireligiöse Gebäude sozial konstruiert werden. Dass ein Konzept von Heiligkeit und Bundesschluss im Rahmen solcher Aushandlungsprozesse auftaucht, wird an einem Datenausschnitt erläutert und eröffnet eine neue Perspektive zur Frage von Heiligkeit multireligiöser Gebäude.

**Abstract:** In this article, the author asks whether and to what extent concepts of »holiness« can be recognized in multi-religious spaces. In this context, one aspect that has hardly received any attention is the communicative construction of space, in which the negotiation processes of those involved are examined in terms of how these building projects are communicated through joint communicative interaction, thus socially constructing multi-religious buildings. The fact that a concept of holiness and covenant emerges in the context of interreligious negotiation processes is explained by the analysis of a short data-excerpt. This opens up a new perspective on the question of holiness around multi-religious buildings.

# 1 Einleitung

Interreligiöse[1] Interaktionen haben in den letzten Jahren zunehmend wissenschaftliche und öffentliche Aufmerksamkeit erlangt. Sie tragen offenbar die Hoff-

---

1 Als *Interreligiöse* Initiativen werden solche Interaktionen bezeichnet, in denen Personen aus mindestens zwei Religionsgemeinschaften beteiligt sind und in denen die religiöse Grundierung und Motivation der Aktionen Teil der Interaktionen ist. Ob und in welcher Weise diese Initiati-

---

**Kontakt: Silke Radosh-Hinder**, Ev. Kirchenkreis Berlin Stadtmitte; E-Mail: s.radosh-hinder@kkbs.de

https://doi.org/10.1515/bthz-2024-0014

nung und Vision von sozialem Frieden und Verständigung in sich.[2] Insbesondere diejenigen Religionsgemeinschaften mit hohem Dominanz- und Exklusivitätsanspruch in Mehrheitspositionen (oder anderweitig »relevant«), die in interreligiösen Kontexten miteinander kommunizieren, werden als symbolische Verwirklichung des scheinbar Unmöglichen gesehen: als Beispiel für den Frieden innerhalb der religiösen Gemeinschaften. Und allein die Tatsache gemeinsamer Kommunikation und interreligiöser Interaktion wird oft als ausreichend angesehen, um diese Visionen von Frieden und Verständigung zu mobilisieren – unabhängig vom tatsächlichen Inhalt dieser Interaktionen. Mar Griera und Alexander Nagel beschreiben, dass im Kontext von Diversifizierung und Pluralisierung auch die Tatsache, dass unterschiedliche Religionsgemeinschaften Prozesse von Kooperation und multireligiöse Koexistenz hervorbringen, zunehmend gesellschaftliche und öffentliche Wahrnehmung erfahren habe. »Religion has become a matter of public concern, and the cultivation of multireligious coexistence has come to be increasingly considered as decisive to ensure social cohesion, inclusion, and peace. In this context, interreligious initiatives have gained momentum and public legitimacy as valuable tools for the governance of religious diversity.«[3] Dies gilt auch und besonders für multireligiöse Gebäude, die aktuell an vielen Orten entstehen, wie Marian Burchardt und Johanna Häring feststellen: »In öffentlichen Diskursen werden multireligiöse Räume oft als Orte der Begegnung, als Symbole interreligiöser Harmonie und Solidarität und als Beispiele für ein friedliches Zusammenleben gepriesen, die für eine hierarchiefreie ›Begegnung auf Augenhöhe‹ stehen und damit als Gegenmodelle zu einem gesellschaftlichen Umfeld, das von kollektiven Vorurteilen, gruppenbezogener Diskriminierung und Rassismus geprägt ist.«[4] Interreligiöse

---

ven religiöse Themenfelder berühren, ist je nach Zielsetzung der Initiativen sehr unterschiedlich; vgl. R. Bernhardt, Concepts and Practice of Interreligious and Socio-religious Dialogue, in: A. Körs/ W. Weisse/J.-P. Willaime (Hg.), Religious Diversity and Interreligious Dialogue, Cham 2020, 239–249: 240. Im Unterschied dazu spreche ich von *multireligiösen* Gebäuden, weil es dort i. d. R. weniger um gemeinsame Interaktionen geht, sondern um die Differenzwahrung religiöser Praktiken sei es nebeneinander oder im Angesicht der anderen; vgl. R. Bernhardt, Raumkonzepte als Manifestation von Pluralismusverständnissen, kunst und kirche (2010), 22–26; M. Burchardt/J. Häring, Das Versprechen der Architektur: Schaffen Multireligiöse Räume Toleranz?, Zeitschrift für Religion, Gesellschaft und Politik 5 (2021), 111–139: 111. Dies kann im Einzelfall variieren, beschreibt aber die generelle Tendenz.

**2** Vgl. J. Fahy/J.-J. Bock, Introduction: Interfaith and Social Movement Theory, in: dies. (Hg.), The Interfaith Movement. Mobilising Religious Diversity in the 21st Century (Social movements in the 21st century. New paradigms), London 2019, 1–27: 10.

**3** M. Griera/A.-K. Nagel, Interreligious Relations and Governance of Religion in Europe: Introduction, Social Compass 65 (2018), 301–311: 302.

**4** Burchardt, Häring, das Versprechen der Architektur (s. Anm. 1), 121.

Interaktionen gelten oft als Marker gelungener gesellschaftlicher Pluralität oder als positives Signal einer ›befriedeten‹ gesellschaftlichen »super-diversity«[5] der Städte.[6] Möglicherweise sind interreligiöse Interaktionen gerade der Anstoß, historische religiöse »Disparitäten« als überwunden zu betrachten. Die zunehmende Praxis aber auch die öffentliche Förderung des interreligiösen Dialogs haben dazu geführt, dass sich Erkenntnisse und Erfahrungen etabliert haben und auch dazu beitragen interreligiösen Aktivitäten grundsätzlich mehr Legitimität zu verleihen.[7] Eine neuere Entwicklung ist das Vorhaben interreligiöser Initiativen, zusammen neue Gebäude zu errichten. Gemeinsam geplante Gebäude versprechen zur Manifestation interreligiöser Bemühungen insgesamt zu werden. »Scholars of architecture and cultural heritage have emphasized how buildings and monuments are ›symbolic condensations‹ (Alexander, 2010, p. 11) that give tangible shape to otherwise abstract ideas of tolerance and multiculturalism.«[8] Obwohl meist nur einzelne Vertreter:innen oder Mitglieder von Religionsgemeinschaften in interreligiösen Kontexten aktiv sind, stehen sie i. d. R. symbolisch für die gesamten Gruppen, die auf diese Weise miteinander kooperieren und unterstützen damit symbolisch umso mehr die gesellschaftliche Vision des Friedens der Religionen. Damit kommt den so entstehenden multireligiösen Gebäuden eine große gesellschaftspolitische Relevanz und symbolische Bedeutung zu. Darüber hinaus stellen sich aber weitere Fragen an diese Räume.

## 2 Sind multireligiöse Räume heilige Räume?

»Wie im Raum der Stille im Bundestag: Wenn man da 'nen Kreuz aufstellt, dann ist man in einer Kirche«, so beschrieb ein Mitglied des Abgeordnetenhauses vor einigen Tagen schmunzelnd seine Erfahrung mit dem sog. Raum der Stille im Deutschen Bundestag. Temporäre religiöse Identifikation und Imagination von Sakral-

---

5 S. Vertovec, Super-diversity and its implications, Ethnic and Racial Studies 30 (2007), 1024–1054: 1025.
6 Vgl. A.-K. Nagel, Dialogical Practice in Urban Spaces. Comments from a Sociological Perspective, in: J. Ipgrave/T. Knauth/A. Körs/D. Vieregge/M. von der Lippe (Hg.), Religion and Dialogue in the City. Case Studies on Interreligious Encounter in Urban Community and Education (Religious diversity and education in Europe Volume 36), Münster, New York 2018, 317–322: 320.
7 Vgl. M. Griera, The Many Shapes of Interreligious Relations in Contemporary Spain, J. Relig. Transf. Cont. Soc. 6 (2020), 317–341: 336.
8 M. Burchardt, Multi-Religious Places by Design: Space, Materiality, and Media in Berlin's House of One, in: dies./M. Giorda (Hg.), Geographies of Encounter. The Making and Unmaking of Multi-Religious Spaces, Cham 2021, 231–252: 232.

bauten, bei der durch den Aufruf der zugespitzten Formulierung »dann ist man in einer Kirche« mehr angesprochen wird als mit dem Begriff »Raum der Stille«. Räume der Stille, multireligiöse Räume, interreligiöse Neubauten, wie passt das zu Heiligen Räumen? Manfred Josuttis beschreibt in christlicher Perspektive in seinem Aufsatz vom Umgang mit heiligen Räumen »Es geht um die Installation eines symbolischen Kraftfeldes, das für die Rezeption göttlicher Gegenwart wie für zwischenmenschliche Kommunikation gleichermaßen geeignet ist.«[9] Überspitzt ließe sich fragen, ob dann multireligiöse Räume mehrfach mit solcher »Installation symbolischer Kraftfelder« aufgeladen seien und ob sich Heiligkeit in und an ihnen potenziert oder ob sie sich, um im Bild mathematischer Gedankenexperimente zu bleiben, gegenseitig neutralisiert?

Auch wenn sich aus der Konstruktion der Frage eine gewisse Absurdität ergibt und dieser Artikel allemal die Antwort darauf schuldig bleiben wird, wird darin doch eine sehr komplexe Fragestellung deutlich: Geht es bei der Frage von heiligen Räumen im christlichen Verständnis ausschließlich um solche Räume, die auf gottesdienstliche Handlungen bezogen sind. So definiert Horst Schwebel diesen Zusammenhang folgendermaßen: »Das Geschehen, wozu der Raum überhaupt geschaffen wurde, ist der Gottesdienst, und hierbei handelt es sich um ein Geschehen, das theologisch zu interpretieren ist als Begegnung von Gott und Mensch in den mit dem Gottesdienst verbundenen Handlungsabläufen. Was die Architektur erreichen kann, ist dies, hierfür einen Raum, eine Hülle, bereitzustellen«.[10] Dabei ist die Zuordnung religiöser Praktiken wie Gottesdienst oder Gebet für multireligiöse Räume keineswegs so eindeutig, wie es auf den ersten Blick scheinen könnte und wird schließlich noch einmal komplexer, wenn es um die Frage von »Heilig« geht, was in den unterschiedlichen Religionen je eigen gewichtig und das Verständnis mitnichten zueinander kongruent ist. Der Zusammenhang von gottesdienstlich gewidmeten Räumen als Kriterium der Heiligkeit ist dabei weder im christlichen Verständnis so eindeutig und folgt im Kontext multireligiöser Räume wiederum vollkommen anderen Anforderungen – ganz zu schweigen von der Tatsache, dass die Frage der »Heiligkeit« in unterschiedlichen Religionen unterschiedlich gefüllt und die Bedeutung keineswegs immer vereinbar sind.

In diesem Artikel geht es nun um solche Räume, die von mehreren religiösen Gemeinschaften gleichzeitig oder gemeinschaftlich genutzt werden. Dabei weist »Nutzung« auf das Aufsuchen dieser Räume zur individuellen oder gemeinschaft-

9 M. Josuttis, Über den Umgang mit heiligen Räumen, in: T. Klie/C.-B. Julius/B. Dressler (Hg.), Der Religion Raum geben. Eine kirchenpädagogische Praxishilfe, Münster 1999, 34–43: 37–38.
10 H. Schwebel, Kirchenbau, heiliger Raum und architektonische Gestalt, Magazin für Theologie und Ästhetik 42 (2006), 148–154: 154.

lichen religiösen Praxis in Form von Gebeten, Ritualen oder auch Gottesdiensten hin. Die beschriebenen Räume werden dabei von unterschiedlichen Akteuren zur Verfügung gestellt und sind zu dieser Form der Nutzung (einzig) vorgesehen.

# 3 Typen multireligiöser Räume

Multireligiöse Räume entstehen aktuell weltweit und in vollkommen verschiedenen kulturellen, nationalen, religiösen und politischen Zusammenhängen.[11] Religiöse Pluralität und interreligiöse Kooperationen, die sich gerade im urbanen Umfeld finden, ›verfestigen‹ sich im Bau multireligiöser Gebäude sichtbar über die architektonische Umsetzung in ein »träges Medium«[12] in urbanen Topografien und im Stadtbild. Gerade weil die Architektur »ein auf spezifische Weise ›schweres‹ und damit auch träges Medium des Sozialen ist, wird die Dauerhaftigkeit religiöser Pluralität und deren Anerkennung gerade an architektonischen Formen gesellschaftlich registriert«[13], erläutern Burchardt und Häring am Beispiel des Bauprojektes zum House of One.[14] Entstehende und bereits existierende multireligiöse Gebäude weisen dabei einerseits wesentliche Unterschiede in den Funktionen wie andererseits in den gestalterischen Umsetzungen auf.

## 3.1 Diachrone und synchrone multireligiöse Gebäude

Multireligiöse Gebäude lassen sich zunächst in zwei grobe Kategorien einteilen. Historisch betrachtet, sind auch solche Gebäude multireligiös, die als Sakralbauten im Kontext einer Religion entstanden sind und geschichtlich – durch Eroberung oder sonstige historische Verschiebungen – zu Sakralbauten in einer anderen Religion umgewandelt wurden. Prominente Beispiele dafür sind die Hagia Sophia in Istanbul oder die Moschee-Kathedrale von Cordoba, an denen sich religiöse Toleranz, wie politische Konflikthaftigkeit zeigen[15] und an deren Umkämpftheit sich über

---

11 Sie werden sowohl von Grassroots Initiativen initiiert wie von nationalen Regierungen (VAE); vgl. S. Schweikle, VAE: Treffen sich ein Rabbi, ein Priester und ein Imam, Süddeutsche Zeitung 27. Februar 2023: https://www.sueddeutsche.de/politik/vereinigte-arabische-emirate-toleranz-religion-menschenrechte-1.5759121.

12 Burchardt, Häring, das Versprechen der Architektur (s. Anm. 1), 118.

13 Burchardt, Häring, das Versprechen der Architektur (s. Anm. 1), 118.

14 House of One, House of One | Willkommen, https://house-of-one.org/de, 20.03.2021.

15 Vgl. Burchardt, Multi-Religious Places (s. Anm. 8), 234.

Generationen hinweg die funktionalisierte, symbolische Heiligkeit solcher Orte ablesen lässt.[16] Im Unterschied zu diesen diachronen multireligiösen Gebäuden (zu unterschiedlichen Zeiten exklusiv religiös genutzt) entstehen aktuell viele synchrone multireligiöse Räume und Gebäude, also solche Einrichtungen, die *gleichzeitig* von mehreren Religionsgemeinschaften nebeneinander und/oder zusammen genutzt werden können und sollen. Burchard bezeichnet sie als »multi-religious places *by design*«[17].

## 3.2 Multireligiöse Orte by design: Sakralraum und funktionale Räume

Multireligiöse Orte by design zeichnen sich durch die Intentionalität der kooperativen Präsenz von mindestens zwei Religionen an einem Ort aus. Auch bei den multireligiösen Gebäuden by design kann unterschieden werden. Zum einen entstehen gemeinsame ikonische Sakralbauten sichtbar im öffentlichen Stadtbild (wie das House of One in Berlin);[18] zum anderen übernehmen multireligiöse Gebäude by design definierte öffentliche Aufgaben und sind eher funktionalistisch in ihrer Formen-Umsetzung. Dies gilt z.B. für explizit multireligiöse Kindertagesstätten, Schulen, Familienzentren u.ä. Sie haben eine gesellschaftliche Funktion für Bildung etc., verfügen aber gleichzeitig über ein multireligiöses Profil. Diese Gebäude werden meist nach dem geplanten Zweck konzipiert und nicht nach dem Bedürfnis religiöser Praktiken. Gewissermaßen eine Zwischenstellung nimmt z.B. das Haus der Religionen in Bern, Schweiz ein, da es sowohl multi-Sakralgebäude als auch Begegnungszentrum vereinigt. Drittens entstehen multireligiöse Orte dort, wo ein spezifischer Bedarf zum Vollzug unterschiedlicher religiöser Praktiken besteht: Dies können »Räume der Stille« an Flughäfen, Universitäten, Krankenhäusern oder Schulen sein oder auch im politisch-öffentlichen Bereich wie dem genannten Beispiel des Bundestages oder im Raum der Stille am Brandenburger Tor in Berlin. »Multifaith has become the default form of religious space in hospitals and airports and has introduced sacred space to places like shops, football grounds and offices where none formerly existed«[19] erläutert Andrew Crompton. Diese Räume unter-

---

**16** Vgl. A. Astor/M. Burchardt/M. Griera, Polarization and the Limits of Politicization: Cordoba's Mosque-Cathedral and the Politics of Cultural Heritage, Qual Sociol 42 (2019), 337–360.
**17** Burchardt, Multi-Religious Places (s. Anm. 8), 231.; (Hervorhebung im Original).
**18** Vgl. Burchardt, Häring, das Versprechen der Architektur (s. Anm. 1), 120.
**19** A. Crompton, The Architecture of Multifaith Spaces: God Leaves the Building, The Journal of Architecture 18 (2013), 474–496.

scheiden sich oft darin, dass sie vom Betreiber der jeweiligen Einrichtung und Institution vorgesehen werden, für die Gestaltung aber an interreligiöse Initiativen
oder Partner (z. B. in der Krankenhausseelsorge) weitergegeben werden. Im Unterschied dazu agieren bei multireligiösen Gebäuden, die zuvor genannt wurden, die
Initiativen als Bauverantwortliche und sind als Initiativgruppen mit mehreren beteiligten Religionsgemeinschaften treibende Kraft der Umsetzung.

# 4 Heiligkeit und multireligiöse Räume

Die Frage nach der Heiligkeit multireligiöser Orte und Gebäude by design lässt sich
zwar nur für jede Religionsgemeinschaft selbst beantworten, näherungshalber soll
hier aber über die Umsetzung in architektonischen Formen als ästhetischer Form
nachgedacht werden, denn schon diese Kategorie macht deutlich, was nicht zuletzt bei der Umsetzung multireligiöser Räume auf dem Spiel steht, so wie Andrew
Crompton es aus der Perspektive der Architektur beschreibt: »Anthropologically
sacred space has been conceived of as a place where heaven and earth are joined,
metaphorically a navel of the world. But even something as broad as this does not
apply to every religion. The most general possible definition of sacred space treats
it as somewhere set apart from the profane world by a threshold. It appears that
any room with a door will suffice, but even here you cannot please everyone; many
pagans prefer to worship out of door.«[20] Als Konsequenz gesellschaftlich religiöser
(Super-)Diversität und Pluralität stellt sich die Frage, ob und wie sich diese auch in
architektonischen Formen abbilden wird bzw. wie pragmatische Lösungen diverser
religiöser Bedürfnisse und Realitäten im Kontext von räumlichen Formationen umsetzbar sind und sein werden. So entsteht einerseits ein additiv zusätzlicher Bedarf
nach bebaubaren Flächen und zukünftigen Räumen für verschiedene Religionsgemeinschaften, sowie die verschiedenen Dimensionen von Religionsgemeinschaften
als »Space keeper«, »Space giver« und »Space seeker«[21], d.h. solchen Gemeinden,
die über (zu viel) Raum verfügen, Raum vorhalten und weitergeben können und
solchen, die dringenden Raumbedarf haben.[22] Sowohl aus pragmatischen Gründen z. B. weil nicht additiv für jede Religionsgemeinschaft, die den Raum brauchen

---

**20** Crompton, Architecture (s. Anm. 19).
**21** I. Becci, New Religious Diversity in Potsdam: Keeping, Making, and Seeking space, in: C. Zar-
now/B. Klostermeier/R. Sachau (Hg.), Religion in der Stadt. Räumliche Konfigurationen und theologische Deutungen (Theologisches Labor Berlin 1), Berlin 2018, 101–118: 103.
**22** Vgl. zu den Konflikten, die innerhalb dieser Rollen vorgegeben sind; vgl. Becci, Diversity (s.
Anm. 21), 110–118.

könnte, ein eigener Raum zur Verfügung steht, wie auch aus konzeptionellen Gründen, z. B. als Ausdruck interreligiöser Kooperation entwickeln sich multireligiös genutzte und/oder konstruierte Räume und Gebäude.

Bei der Umsetzung des multireligiösen Anspruches besteht ein grundsätzliches architektonisches Problem, das bislang nur weniger oder bessere Näherungen an eine Problemlösung hervorgebracht hat; Crompton beschäftigt sich mit der Architektur multireligiöser Räume. Er unterscheidet zwei Typen von Umsetzungen in dem Anliegen, religiöse Orte gemeinsam zu betreiben. Er unterscheidet einerseits den sichtbaren Typus, nämlich solche Orte, an denen religiöse Ausdrucksformen unterschiedlicher Religionen gleichzeitig sichtbar sind. Diese Art der Umsetzung bezeichnet er als »unity by inclusion«[23]. Andererseits spricht er vom nicht-sichtbaren Typus, der sich dadurch auszeichnet, dass alle religiösen Symbole und Zeichen, nicht sichtbar sind, insbesondere dann, wenn sie im Widerspruch zu anderen religiösen Aussagen stehen und dass dies die Neutralität eines Ortes symbolisiere. Er bezeichnet dies als »unity by exclusion«.[24] Diese Umsetzung in der Leere und dem Schweigen im Bereich architektonischer Formen und religiöser Artefakte sieht er allerdings als problematisch an. Während multireligiöse Interaktion die Antwort auf eine globalisierte Welt zu sein versucht, zeigt sich deren architektonische Umsetzung nicht selten in weißen, leeren Räumen, in denen, wenn man sie betritt, nichts sichtbar ist, mit der Absicht, dass niemand von anderen religiösen Artefakten oder Deutungen gestört werden solle. Er beschreibt diese für ihn unangemessene Lösung des architektonischen Problems »as the architectural equivalent of silence.«[25] Aber, so schreibt er, da es legitimer Weise keine Möglichkeit gibt, spezifischen religiösen Ausdruck und Praxis in universalen Formen auszudrücken, sieht sich auch der sichtbare Typus mit unüberwindbaren Schwierigkeiten konfrontiert, insbesondere weil hier die Probleme, z. B. einer dominanten, formgebenden religiösen Prägung und die Frage, wie viele und welche religiösen Symbole repräsentiert sein müssen und was ggfs. im Widerspruch zueinander steht oder aufgehoben werden soll, keineswegs gelöst werden. Wenn in diesem Artikel eine kritische Einschätzung der leeren Räume vorgenommen wird, so schließe ich mich dabei zunächst der eher ästhetisch geleiteten Einschätzung von Andrew Crompton an. Insbesondere dann, wenn es um solche multireligiös genutzten Räume geht, bei denen die jeweilige religiöse Prägung und Deutung z. B. in Form von Kisten religiöser Artefak-

---

23 Crompton, Architecture (s. Anm. 19), 479.
24 Im Original verwendet Crompton hier die Begriffe »positive« »negative« type; Crompton, Architecture (s. Anm. 19), 479. Er verwendet die Begriffe rein deskriptiv. Da die Wertungskonnotation in der Übersetzung so stark ist, habe ich sie mit sichtbarer und nicht-sichtbarer Typus übersetzt.
25 Crompton, Architecture (s. Anm. 19), 491.

te in einem ansonsten weißen Raum jeweils neu gestaltet und nach dem religiösen Vollzug wieder abgeräumt werden muss. Diese Räume folgen dabei einer möglichst effizienten und pragmatischen Nutzungsweise, die insbesondere im Kontext von Transiträumen, wo es keine kontinuierliche Nutzer:innengruppe gibt, z.B. an Flughäfen sich gerade nicht als ästhetisch geplante architektonische Konzeption zeigen. Der Gedanke der »Heiligkeit« und einer möglichen damit verbundenen religiösen Erfahrung beschränkt sich hier bestenfalls auf die religiöse Praxis der jeweiligen Nutzer:innen dieser Räume. Dieser Eindruck bezieht sich zunächst auf ein je individuell/religiös geprägtes Raumempfinden. Gleichzeitig aber stellt sich im Kontext eines eher konstruktivistischen Raumverständnisses hier die Frage, der kommunikativen Prägung von Räumen im Vollzug des Be- und Entkleidens von Räumen. Wie entstehen so kommunikativ gemeinsam konstruierte Räume? Wie wirkt diese Form der Nutzung auf die gesellschaftliche Raumkonstruktion, wenn Räume erst durch die mit ihnen verbundenen Erinnerungen und Narrative soziale Wirklichkeit gewinnen? Die Herausforderung der Parallelität und Widersprüchlichkeit religiöser Raum- und Bildbedürfnisse wird im leeren Raum dadurch gelöst, dass keine Religionsgemeinschaft Spuren hinterlässt und damit auch möglichem Dominanzgebaren religiöser Gemeinschaften Einhalt geboten werden kann. Dies führt zu einer idealerweise gleichberechtigten und respektvollen Überlassung des Raumes, das mit dem Signal der Höflichkeit verbunden ist, den Raum für eine andere Form religiöser Nutzung als der eigenen wieder freizumachen. Als pragmatische Lösung eines gemeinsamen Raumnutzungskonzeptes hat dies unbestritten seine Vorteile. Crompton allerdings ist angesichts der architektonischen Umsetzung von multireligiösen Räumen die Frustration über den Versuch der Neutralität, der seiner Meinung nach zu Leere und Abwesenheit führt, anzumerken, wenn er das bleibende Dilemma beschreibt: »These universal interfaces with God are not, as one might have thought, a sublime expression of a deep unity of which individual religions are merely a particular expression. Here is a building problem for which architects seem to have no answer. Are these blank white rooms even architecture at all? Why is it so difficult to transcend different faiths and create places that are sacred for all?«[26] Die kritische Analyse, die Crompton den nicht-sichtbaren Typus multireligiöser Räume und Gebäude bescheinigt, muss mehr als zehn Jahre später allerdings etwas modifiziert werden: Zum einen sind in den letzten Jahren Räume entstanden, denen eine eigene überzeugende Ästhetik zu eigenen ist, ohne dass sie unmittelbar religiös dominant aufgeladen sind und die aufgrund ihrer Gestaltung

---

26 Crompton, Architecture (s. Anm. 19).

und Einrichtung mindestens das Potential für die Erfahrung von Heiligkeit oder religiöser Erfahrung eröffnen wollen und vielfach auch können.[27]

Ein neuerer Versuch der Umsetzung sind die bereits genannten Mehrreligionen-Häuser und multi-/interreligiöse Initiativen, die darauf abzielen, in (materialer) gleicher Präsenz an einem Ort mehrere Religionen gemeinsam zu repräsentieren, religiöse Traditionen in spezifischer Architektur, Form, Lehre und Praktik so auszudrücken, dass sie sich nicht auf einen kleinsten gemeinsamen Nenner beziehen, sondern aus der Fülle jeder Religion schöpfen, die Widersprüchlichkeit religiöser Prägungen ausdrücken, diese aber durch die getrennte Parallelität ausgehalten werden kann. Hier scheint es eine Tendenz zu geben, dass es jüdisch, muslimisch, christliche Projekte sind, die auf diese Weise umgesetzt werden, was wiederum eine Engführung religiös pluraler gesellschaftlicher Gegebenheiten impliziert. Ein sehr viel weiteres Konzept verfolgt hier insbesondere das Haus der Religionen in Bern, Schweiz, das aber wiederum deshalb besonders hervortritt, weil es sowohl den Wunsch nach sakralen Räumen mehrerer Religionen als auch die konsequente Umsetzung als interreligiöses Begegnungs- und Kooperationszentrum umsetzt.[28] Dieses Konzept lässt aufgrund pragmatischer Bedingungen wenig Umsetzung großer architektonischer Formen zu. Neben dem Haus der Religionen in Bern weisen auch andere Projekte verschiedene Umsetzungen ähnlicher Visionen auf: Ein relativ frühes (möglicherweise erstes) Projekt dieser Art ist das Tri-Faith-Center in Omaha, Nebraska in den USA, wo auf einem gemeinsamen Gelände, verbunden mit einer Brücke und vereint in einem Garten in der Mitte, eine Moschee, eine Synagoge und eine Kirche separat voneinander in einer Art Campus-Stil errichtet wurden. Ein weiteres prominentes Gebäude ist das in Berlin entstehende House of One, in dem ebenfalls eine Synagoge, eine Moschee und eine Kirche hier vereint unter einem Dach entstehen, die in der Mitte in einem gemeinsamen Raum verbunden sind. Die ebenfalls in Berlin entstehende Drei-Religionen-Kindertagesstätte[29] verfolgt konzeptionell ein ähnliches Modell, weil unter einem Dach eine jüdische, eine muslimische und eine christliche Kindertagesstätte vereint sein werden, die in ihren Einrichtungen ein eigenes religionspädagogisches Konzept verfolgen und gleichzeitig miteinander und aufeinander bezogen arbeiten werden. Hier

---

**27** Vgl. dazu Beispiele in der Online-Ausstellung des Centre for Architecture NYC https://www.centerforarchitecture.org/digital-exhibitions/article/the-global-phenomenon-of-multifaith-worship-spaces/case-studies/.
**28** Haus der Religionen – Dialog der Kulturen, Haus der Religionen – Dialog der Kulturen – Begegnungsstätte der Religionen und ein Ort des Dialogs der Kulturen in Bern, https://haus-der-religionen.ch/, 15.05.2023.
**29** Drei-Religionen-Kita-Haus, Drei-Religionen-Kita-Haus, Konzept & Bau, https://dreireligionenkitahaus.de/bau-konzept/, 30.11.2023.

ist der gleichberechtigte religionspädagogische Ansatz in der gleichzeitigen Präsenz der jeweils zwei anderen Religionen im Zentrum auch der architektonischen Umsetzung. Die Frage des Sakralraumes tritt hinter der pädagogischen Funktion klar zurück, weshalb hier die Kindertagesstätten von außen nicht sichtbar unterschiedlich gestaltet sein werden und religiöse Praktiken sich wiederum auf einen gemeinsamen Raum der Stille beziehen werden.

Diese Modelle, die versuchen, differenzorientiert und kooperativ miteinander zu agieren und dies auch in der Architektur der entstehenden Räume ausdrücken wollen, treffen wiederum auf neue Dilemmata und Probleme. So stellt sich die Frage, wer Teil solcher repräsentativen Bauprojekte überhaupt werden kann und inwiefern hier intra-religiöse Unterschiede nivelliert oder übergangen werden, wenn ein Ausschnitt einer religiösen Gemeinschaft in einer Stadtgesellschaft symbolisch als Repräsentanz der gesamten Community wahrgenommen werden wird. Burchardt und Häring sehen hier insbesondere die Reinszenierung von Hegemonieansprüchen. »In öffentlichen Diskursen werden multireligiöse Räume häufig als Orte der Begegnung, als Symbole interreligiöser Harmonie und Solidarität und als Beispiele für friedliche Koexistenz gepriesen, stehen sie doch für hierarchiefreie ›Begegnungen auf Augenhöhe‹ und damit als Gegenmodelle zu einer von kollektiven Vorurteilen, gruppenbezogener Diskriminierung und Rassismen geprägten sozialen Umwelt. [...] Dabei wird häufig unterschlagen, dass die an multireligiösen Räumen beteiligten religiösen Akteur*innen – trotz der dem Management dieser Räume zugrundeliegenden deliberativen Verfahren – sehr unterschiedlich in den kulturellen Hierarchien westlicher Migrationsgesellschaften und deren urbanen Räumen positioniert sind.«[30] Auch sie stellen die Frage, in welcher Weise Architektur mit ihren Ästhetiken und materialen Formen Ausdruck religiöser Pluralität werden können.[31] Gleichzeitig konstatieren sie aber auch, dass aufgrund der Möglichkeit zu affektiven Bindungen die Architektur Potential habe, »über die Mobilisierung emotionaler und kognitiver Ressourcen Atmosphären zu verstärken, innerhalb derer die Präsenz diverser religiöser Symbole, Praktiken und Identitäten als unproblematisch und thematisierbar erlebt werden. An Gebäuden wie dem *House of One* mit seiner zunächst sehr formalen architektonischen Sprache und

---

**30** Burchardt, Häring, das Versprechen der Architektur (s. Anm. 1), 121; vgl. M. Griera/M.C. Giorda/V. Fabretti, Local Governance of Religious Diversity in Southern Europe. The Role of Interreligious Actors, in: J. Fahy/J.-J. Bock (Hg.), The Interfaith Movement. Mobilising Religious Diversity in the 21st Century (Social movements in the 21st century. New paradigms), London 2019, 122–138: 123–125.
**31** Vgl. Burchardt, Häring, das Versprechen der Architektur (s. Anm. 1), 136.

seiner urbanen Prominenz wird man solche Dynamiken in besonderer Weise beobachten können«[32].

# 5 Heiligkeit und interreligiöse Aushandlungsprozesse – Kommunikative Raumkonstruktionen

Am Anfang dieses Artikels stand die Frage, ob und wie das Verhältnis von Heiligkeit und multireligiösen Räumen beschrieben werden kann. Allein aufgrund der
Tatsache, dass Heiligkeit in je anderen religiösen Traditionen und Kontexten unterschiedlich oder gar nicht konzeptualisiert ist, kann darauf zunächst keine Antwort
gegeben werden. Anhand der – nicht selten problematischen – Umsetzung multireligiöser Räume je nach Funktionalität und Ort wurden mit dem Hinweis auf
architektonische Näherungen an das, was in den Räumen präsent sein soll, die verschiedenen Dilemmata in der gleichzeitigen Präsenz oder Abwesenheit religiöser
Ausdrücke deutlich gemacht. Als Form dessen, worin Heiligkeit sich ggfs. für die
dort praktizierenden Menschen erlebbar machen kann, muss nach neuen und weiteren Formen gesucht werden.

Abschließend soll es hier um einen weiteren Aspekt gehen, der in der Frage
der Form multireligiöser Räume und Gebäude häufig wenig Relevanz erfährt. Es
geht dabei mit Martina Löw und Gabriela Christmann um den Prozess, in dem Räume überhaupt erst konstruiert und zur sozialen Wirklichkeit werden.[33] Nach Löw
werden Räume gebildet, indem Objekte oder Personen platziert werden, gleichzeitig ist die Syntheseleistung notwendig, mit der Erinnerungen, Rituale etc. mit dem
Ort verbunden werden. »Die Prozesshaftigkeit des Räume-Schaffens in Abhängigkeit von den gesellschaftlichen Erfordernissen und Imaginationen, von politischen
Strategien und alltäglichen kulturellen Praktiken ist vielfach belegt worden.«[34]
Christmann wiederum beschreibt, dass diese Prozesse wesentlich durch Kommu-

---

**32** Burchardt, Häring, das Versprechen der Architektur (s. Anm. 1), 136.
**33** Vgl. G.B. Christmann (Hg.), Zur kommunikativen Konstruktion von Räumen. Theoretische
Konzepte und empirische Analysen (Theorie und Praxis der Diskursforschung), Wiesbaden 2016;
M. Löw, Raumsoziologie (Suhrkamp-Taschenbuch Wissenschaft 1506), Frankfurt am Main 2001.
**34** M. Löw, In welchen Räumen leben wir? Eine raumsoziologisch und kommunikativ konstruk-
tivistische Bestimmung der Raumfiguren Territorialraum, Bahnenraum, Netzwerkraum und Ort,
in: J. Reichertz (Hg.), Grenzen der Kommunikation? Kommunikation an den Grenzen, Weilerswist
2020, 149–164: 149.

nikation, also durch die kommunikative Interaktion von Subjekten miteinander entstehen: »Zugrunde gelegt wird zudem die Annahme, dass in kommunikativem Handeln Wissen produziert und vermittelt wird und dass ›zugleich soziale Strukturen erzeugt und reproduziert‹ werden (Knoblauch 1995: 5). Interessant ist auch, dass im Kommunikativen Konstruktivismus Knoblauchs Materialität in Form von Körpern und Dingen als integraler Bestandteil kommunikativen Handelns betrachtet wird.«[35] Bezogen auf die Entstehung multireligiöser Räume ist bislang den Aushandlungsprozessen der an diesen Initiativen Beteiligten zu wenig Aufmerksamkeit zugekommen, weil der kommunikative Prozess der Beteiligten untereinander und mit der weiteren Öffentlichkeit (Politik, Medien, Stadtgesellschaft) wesentlich ist für die Konstruktion dieser Räume und für die Erinnerungen und Narrative, die damit verbunden sind und werden.[36] Die zuvor geschilderten Dilemmata müssen also auch im Hinblick auf diese kommunikativen Prozesse hin beleuchtet werden, z. B. mit der Frage, ob dort Potential besteht, die Dilemmata intersubjektiv und kommunikativ zu überbrücken.[37]

Jenseits von religiösem Pragmatismus sind diese Bauvorhaben kooperativer Mehrreligionenhäuser ein Ausdruck materialisierter interreligiöser Kooperation innerhalb manifester Topografien. Der Herausforderung von Parallelität und Widersprüchlichkeit religiöser architektonischer und bildlicher Anforderung wird hier begegnet, indem diese geradezu zum Konstruktionsprinzip erhoben wird. Es wird in Parallelität und Widersprüchlichkeit gebaut[38] bzw. ausgestattet, während gleichzeitig durch die architektonische Umsetzung unter einem Dach der Gedanke der Einheit ausgedrückt wird. Für die *Drei-Religionen-Kindertagesstätte* ist das Stichwort der »Egalitären Differenz«[39] von Annedore Prengel für die Gestaltung und später auch den Betrieb der Kindertagesstätten handlungsleitend. Dabei spielt auch die Entwicklung dieser Bauvorhaben im Kontext langwieriger und konfliktreicher interreligiöser Aushandlungsprozesse eine wesentliche Rolle. Wenn diese als »kommunikative Raum(re)konstruktion«[40] verstanden werden, kommt den

---

**35** G. B. Christmann, Raum, in: B. Schnettler/R. Tuma/D. vom Lehn/B. Traue/T. S. Eberle (Hg.), Kleines Al(e)phabet des Kommunikativen Konstruktivismus. Fundus Omnium Communicativum – Hubert Knoblauch zum 60. Geburtstag, Wiesbaden 2019, 364–369: 367–368.
**36** Zitat aus den Verhandlungen zur Drei-Religionen-Kindertagesstätte: »Na klar war das schön, das hat ja auch diesen heiligen Raum erzeugt.«
**37** Vgl. S. Radosh-Hinder, Konstruierte Gleichheiten (Religion in Bewegung), Bielefeld 2021.
**38** Widersprüchliche Erscheinungsbilder im Gesamtbau geraten dabei allerdings auch immer wieder an die Grenzen öffentlicher Genehmigungen und Regelwerken.
**39** A. Prengel, Egalitäre Differenz in der Bildung, in: H. Lutz/N. Wenning (Hg.), Unterschiedlich verschieden. Differenz in der Erziehungswissenschaft, Wiesbaden, s.l. 2001, 93–107: 93.
**40** G. B. Christmann, Das theoretische Konzept der kommunikativen Raum(re)konstruktion, in:

Prozessen dieser Verhandlungen eine wichtige gesellschaftliche Funktion zu. Indem Menschen Räume mit Bedeutungen versehen, werden sie kulturell geprägt und erhalten so gesellschaftliche Wirklichkeit.[41] Dies geschieht in interreligiösen Aushandlungsprozessen bereits als pluralitäts- und differenzbewusste Kommunikation. Wie wichtig dabei der geteilte Prozess der Raumkommunikation zur Entstehung ist sowohl für die Gebäude als auch für den beziehungsbildenden Prozess der Beteiligten, beschreiben Löw und auch Christmann. »Das Soziale existiert nicht in einem einzigen Raumtyp, sondern relationales Raumdenken ist die Voraussetzung, um die fundamentale Abhängigkeit, die das Einzelne und den Einzelnen umgibt, in den Blick zu nehmen. Sozial-Sein erklärt sich ganz wesentlich aus der räumlichen Figuration. Diese Figurationen haben materielle und symbolische Dimensionen.«[42] Im Rahmen kommunikativer Aushandlungsprozess über je subjektive Raumkonstruktionen entstehen wiederum intersubjektive Raumkonstruktionen. Diese können als (materiales) Handeln und sprachliche Binnenkommunikationen zu Objektivierungen werden und entwickeln sich zu »verfestigten Wirklichkeitskonstruktionen«[43] zum Beispiel in Form zukünftiger Mehrreligionenhäuser. Diese Materialisierungen interreligiöser Aushandlungen entstehen also schon aus dem Prozess heraus, den sie in Zukunft inhaltlich umsetzen sollen.

Wie diese Prozesse in interreligiösen Aushandlungen stattfinden, soll an den konkreten Aushandlungsprozessen der Drei-Religionen-Kindertagesstätte deutlich gemacht werden. In den nachfolgenden zwei Auszügen aus den Verhandlungen zum Bau der Drei-Religionen-Kindertagesstätte sprechen die Initiatorinnen über die Struktur, die sie als Beteiligte mit dem zukünftigen Gebäude verbinden. Hintergrund ist die Tatsache, dass hier vier Personen aus drei religiösen Vereinen/Institutionen (jüdisch, muslimisch, christlich) miteinander verhandeln, die weder von ihrer Community mit einem konkreten Auftrag entsandt worden sind, noch stehen sie oder ihre Vereine/Institutionen in irgendeinem rechtlichen Verhältnis zueinander. Das zukünftige Gebäude soll nun von den drei Vereinen/Institutionen gemeinsam finanziell verantwortet, betrieben werden, und das Prinzip der Gleichheit dadurch umgesetzt werden, dass jede Religionsgemeinschaft dort eine eigene Kita mit eigenem religionspädagogischem Profil unter einem Dach betreibt. D.h. die Initiatorinnen stehen vor der Aufgabe, Gleichheit und gemeinsame Verantwor-

---

dies. (Hg.), Zur kommunikativen Konstruktion von Räumen. Theoretische Konzepte und empirische Analysen (Theorie und Praxis der Diskursforschung), Wiesbaden 2016, 89–117: 89.

**41** Vgl. Christmann, kommunikative Raum(re)konstruktion (s. Anm. 40), 90.
**42** M. Löw, Space-Oddity. Raumtheorie nach dem Spatial Turn, sozialraum.de 7 (2015); https://www.sozialraum.de/space-oddity-raumtheorie-nach-dem-spatial-turn.php.
**43** Christmann, kommunikative Raum(re)konstruktion (s. Anm. 40), 99.

tung und Pluralität bzw. Differenz miteinander so zu verhandeln, dass die Balance der Gleichheit nicht gefährdet wird. Zusätzlich erschwert wird diese Aufgabe dadurch, dass die beteiligten Vereine/Institutionen im Hinblick auf ihre Möglichkeit, Ressourcen in das Projekt einzubringen, extrem unterschiedlich sind.[44] Schließlich ist die Umsetzung des Bauvorhabens mit öffentlicher Fördermittelzuwendung im Rahmen einer rechtlich nicht verbundenen Struktur von drei Trägern nahezu unmöglich, weil öffentliche Förderstrukturen und -richtlinien dies schlicht nicht hergeben. Die pragmatische Lösung dieses Dilemmas besteht am Beispiel dieser Initiative darin, dass der im Bereich öffentlicher Förderung und Bau von Kindertagesstätten erfahrenste Träger Antragsteller und Bauherr für das geplante Vorhaben der Drei-Religionen-Kindertagesstätte werden soll (hier der Ev. Kindertagesstätten Verband). Dies wiederum führt innerhalb der Initiative zu einer Verschiebung dessen, was die Beteiligten als »Augenhöhe«[45] untereinander bezeichnen und bringt ihnen gelegentlich den Vorwurf ein, kein gleichberechtigt aufgestelltes Projekt zu sein, womit die Initiative in einen Zirkelschluss von eigener Anforderung an Gleichheit, pragmatische Umsetzungsstrategie und von außen an sie gerichtete Anforderungen gerät. Dazu folgender Auszug:

Stefanie: »[...] so hab ich das von Britta verstanden, dass im Moment der Kita-Verband, der einzige solvente Träger da drin ist, der ...«

Rosa: »Der in dieser Größenordnung überhaupt spielen kann. Richtig.«

Stefanie: »Deswegen ist die Frage, was man für ein Setting davon macht, das Ganze korreliert ja mit der Grundüberlegung, immer zu sagen, wir sind drei und wir haben einen gemeinsamen Raum, den wir füllen. Das ist für die weitere Verhandlung, für die Baugeschichte äußerst komplex, das wird extrem schwierig werden. [Zustimmung] Also auch da müssen wir uns überlegen, ob diese Struktur überhaupt noch handlungsfähig sein kann. So wichtig sie uns ist.« (20.04.2016)

Dieses Dilemma ist eines, das die Beteiligten über mehrere Jahre miteinander aushandeln. Die Idee der »konstruierten Gleichheit«[46], die für den Bau der Drei-Religionen-Kindertagesstätte handlungsleitend ist, lässt sich aus pragmatischen Notwendigkeiten bei Förderanträgen und Bauvorhaben nicht umsetzen. Damit entsteht kommunikativ ein Dauer-Dilemma. Dieses Dilemma wird im Verlauf der Aushandlungsprozesse der Beteiligten so überbrückt, dass die Gleichheitsstruktur der Be-

---

44 Einerseits ist ein großer Verband der Evangelischen Kirche beteiligt und andererseits zwei Vereine mit zwei- bis dreistelliger Mitgliederzahl.
45 4. Aufnahme 20.04.2016.
46 10. Aufnahme 30.08.2017.

teiligten mit einem »Binnenvertrag« geregelt werden soll. Dieser »Binnenvertrag« allerdings ist aufgrund des hohen Erwartungsdrucks an ihn bis zum Ende der hier vorgestellten Studie noch nicht formuliert oder unterzeichnet. Die Beteiligten verhandeln aber kontinuierlich darüber, welche Punkte in einem solchen Vertrag aufgenommen werden müssten, ohne diese Verhandlungen über den Binnenvertrag zu einem Abschluss zu bringen. Gleichzeitig wir in dem oben genannten Ausschnitt auch deutlich, wie im gesamten Verlauf der Gespräche das geplante Gebäude (hier sogar explizit) als Raum kommunikativ konstruiert wird, der von den drei beteiligten Gemeinschaften gefüllt werden wird (»wir sind drei, und wir haben einen gemeinsamen Raum, den wir füllen.«). Löw betont dazu, »Raum und Ort können nicht länger als ›bereits gegeben‹ aufgefasst werden, wenn eine Interaktion beginnt, sondern die Leistung Räume herzustellen, sollte als Anteil von Sprech- und Handlungssituationen betrachtet werden«[47].

Eine Aushandlung zwischen Raumkonstruktionen und Binnenvertragsvereinbarungen findet sich in der folgenden Sequenz, die überraschender Weise auch den Begriff der »Heiligkeit« beinhaltet.

Stefanie: »Von der Finanzierungsstruktur, aber das sind genau diese Fragen, wo ich überhaupt nicht weiß, was passiert, wenn sich innerhalb der Struktur einer der Träger sich ändert, was passiert, wenn einer der Träger raus will und sagt, dass er das nicht mehr kann und eine Lücke reißt, die nicht mehr aufzufüllen ist. Es gibt den Wechsel, es gibt den Ausschluss und den Austritt. Das wären die drei Mega-Szenarien, die zu regeln oder mindestens anzudenken sind.«

Rosa: »Deswegen machst du ja einen Vertrag, das finde ich ganz entscheidend. Ich bin ja ganz cool, bevor ich ein Paar verheirate, unterschreibe ich die Trennungsregelung, mit der Ketuva und die lass ich dann schön verzieren und hänge sie über das Klavier als ... jüdisch gesagt. Wenn ich das jetzt mal auf die theologische Ebene ziehe: Die Heiligkeit, die wir hier produzieren, indem wir diesen Bund eingehen, ich werd jetzt groß, aber ich finde das gerade super, die Heiligkeit basiert darauf, dass ich sehenden Auges weiß, dass wir Menschen sind, ein Bund ist was Gegenseitiges und es gibt Kündigungs- oder Scheidungsregelung. Deswegen brauchen wir eine Scheidungsregelung. Was wir normalerweise, das müssen wir dann wieder anders machen, mit dem Wodka anstoßen, das geht an der Stelle nicht. Ich sag dann immer so: L'Chaim, mögen diese Papiere in der Schublade bleiben und nie gebraucht werden. Wo ich die Rangordnung der Papiere wichtig finde. Also das ich eben nicht, wenn ich über die Küche rede, da muss ich nicht den Vertrag rausziehen, wo es über die Scheidung geht. Was ich vorhin als Satzung und Geschäftsordnung gemeint habe.«

---

47 M. Löw, Kommunikation über Raum. Methodologische Überlegungen zur Analyse der Konstitution von Räumen, in: G.B. Christmann (Hg.), Zur kommunikativen Konstruktion von Räumen. Theoretische Konzepte und empirische Analysen (Theorie und Praxis der Diskursforschung), Wiesbaden 2016, 79–88: 85.

Britta: »Also ich finde, alles was gebäudemäßig und finanzierungsmäßig, wie so eine Art Miet- oder Nutzungsvertrag, das ist das eine. Dann gibt es übergeordnet die Satzung, Kooperations- vertrag oder wie auch immer, der wird aber nicht alle 5 Jahre angefasst.«

Silke: »Das ist dann das Inhaltliche oder was meinste?«

Britta: »Die Inhaltliche. Ich würde den Inhalt nicht von der Scheidungsregelung trennen. Weil das Inhaltliche hängt eng mit der Scheidungsregelung zusammen [...].« (11. Aufnahme 26.09.2017)

In diesem Ausschnitt sprechen die Beteiligten über die Finanzierungsstruktur in Zusammenhang mit möglichen Ausstiegsregelungen, wenn einer der am Bau der Drei-Religionen-Kindertagesstätte beteiligten religiösen Träger in der Zukunft aus dem Projekt aussteigen würde. Während Stefanie die möglichen negativen Szena- rien aufzählt, aufgrund derer ein beteiligter Verein/Institution aussteigen könnte, übernimmt Rosa eine Perspektive, die die Beteiligten aus einer möglichen proble- matischen Zukunft wieder zurück in die Gegenwart holt und damit verbindet, dass sie selbst in vergleichbaren Situationen »ja ganz cool« bleibe. Sie vergleicht die Ver- handlungen mit ihrer religiösen Praxis der Aushandlung eines jüdischen Ehever- trages, der schon vor der Hochzeit (also dem fröhlichen Ereignis) die Regelungen einer möglichen Scheidung vorsehe. Sie ermöglicht so einen affirmativen Zugang zu den negativen Seiten der Vertragsverhandlung, indem sie auf die Hochzeit ver- weist und gleichzeitig betont, dass gerade aufgrund der Verzierung des Vertrages dieser mit Positivem aufgeladen werde und in erster Linie als Dekorationsobjekt diene. Sie beschreibt sich anschließend selbst aktiv bei der Platzierung dieses de- korativen Vertrages »und hänge sie über das Klavier ...«. Neben der so erreichten positiven Aufladung der Vertragsverhandlungen wird in dem von Rosa genutzten Bild auch deutlich, wie hier Räume kommunikativ konstruiert werden, indem bild- haft gesprochen, der auszuhandelnde Vertrag als Dekoration an die Wand (Raum) gehängt werde. Im Vollzug dieses Bildes greift sie auf die Praxis des Feierns dieses Ereignisses zurück, indem sie auf das Anstoßen mit Wodka verweist und unmittel- bar selbst korrigiert, weil im interreligiösen Bereich Alkohol keine Option darstellt (»Was wir normalerweise, das müssen wir dann wieder anders machen, mit dem Wodka anstoßen, das geht an der Stelle nicht.«), d.h. das Bild der Vertragsbindung der Beteiligten als fröhliches Ereignis im Rahmen der Konstruktion eines (gemein- samen) Raumes für die Beteiligten wird zeitgleich auf die hier am Tisch Sitzen- den übertragen. Der Anschluss überrascht in mehrfacher Hinsicht: sie bleibt im Begriff der Raummetaphern (»auf die theologische *Ebene* ziehen«) und bricht den zunächst pragmatischen Umgang mit einer Scheidungs- und Trennungsregelung, indem vollkommen unerwartet das Wort »Heiligkeit« aufgerufen wird. Sie charak- terisiert dabei diese nicht als Erfahrung oder Gefühl, sondern als durch die kommunikative Interaktion hergestellte Situation, denn sie spricht von »der Heiligkeit, die wir hier *produzieren*, wenn wir diesen Bund eingehen.« Sie verbleibt dabei – wissend, dass die Beteiligten die religiös/theologisch großen Implikationen des Gottesbundes verstehen – im theologischen Narrativ, wenn sie den Begriff »Bund eingehen« verwendet. Sie spielt auf dieses über das rein sprachlich Hinausgehende an, wenn sie davon spricht, dass sie selbst wisse, sie werde jetzt »groß«. Die anschließende Begründung für die Heiligkeit spielt mit der kommunikativen Interaktion (»ein Bund ist etwas Gegenseitiges«), bleibt aber hinter der vorhergehenden »Größe« zurück, wenn sie betont, dass die Beteiligten sehenden Auges wüssten, dass sie Menschen seien, um dann noch einmal die Erklärung eines Bundes nachzuschieben. Dass sie diesen Teil mit der Erinnerung an das Feiern (Wodka oder interreligiös passende Alternative) verbindet, kommt nun weniger überraschend als die Tatsache, dass sie ohne Übergang zurückgeht in den Verhandlungsmodus, räumlich gesprochen, aus dem Wohnzimmer (»über dem Klavier«) in die Küche wechselt (»wenn ich über die Küche rede, dann muss ich nicht den Vertrag rausziehen«) und ihren Beitrag schließlich mit funktionalen Begriffen wie »Satzung« und »Geschäftsordnung« beendet. Während beim Abhören der Originalmitschnitte diverse kommunikative Signale des Interesses und der Zustimmung zu Rosas Beitrag zu hören sind, überrascht der geschäftsmäßige Übergang von Britta dennoch. Sie übernimmt dies aus dem Ende von Rosas Beitrag und bleibt in funktionalen Begriffen zu Miet- und Kooperationsverträgen. Ob Stefanies anschließende Irritation »oder was meinste?« sich noch auf Rosas oder Brittas Beitrag bezieht oder auf beide, bleibt unklar. Überraschend ist, dass Britta antwortet, sie meine das Inhaltliche und sich dabei mit dem Begriff der »Scheidungsregelung« auf Rosas Beitrag und Affirmation explizit bezieht und betont, das Inhaltliche (ohne zu sagen, was das konkret sei) sei nicht von den funktionalen Regelungen zu trennen. Dass diese Sequenz schließlich über einige kommunikative Sticheleien im gemeinsamen Lachen endet, entspricht wiederum den weiteren Verhandlungen, da über das gemeinsame Lachen (physisch) erlebter Gemeinschaft[48] eine Brücke über strukturelle Unterschiede und Widersprüche hinweg kontinuierlich gebaut wird. Mit der Darstellung der Aushandlungsprozesse der Initiative für den Bau einer Drei-Religionen-Kindertagesstätte lässt sich der Prozess der kommunikativen Konstruktion gemeinsamer Räume nachvollziehen. Dabei wird der Aspekt der Heiligkeit explizit

---

**48** Auch wenn im Moment intensiven Lachens kein Blickkontakt möglich ist, stellt sich ein spezifisches Gefühl von Gemeinschaft der am Lachen Beteiligten ein; vgl. B. Merziger, Das Lachen von Frauen im Gespräch über Shopping und Sexualität. Dissertationsschrift (Dissertationen FU), Berlin 2005: 254.

mit der kommunikativen Interaktion der Beteiligten verbunden, die so Anteil an der Raumkonstruktion gewinnt.

In den hier vorgestellten Verhandlungen geht es im Kontext der vorgestellten Verhandlungen um kommunikative Praktiken der Beteiligten, mit denen multireligiöse Räume (re)konstruiert werden. Darin spielt sowohl die Prozessualität wie die Relationalität der kommunikativen Raum(re)konstruktion eine wesentliche Rolle, wird aber auch ausdrücklich auf den Aspekt von Heiligkeit bezogen.[49]

# 6 Kommunikatives Handeln und Heiligkeit im Kontext multireligiöser Gebäude

»Mit dem Wandel urbaner Räume pluralisieren sich auch die sozialräumlichen Präsenzformen von Kirche und Religion.«[50] So fasst Christopher Zarnow urbane Raum(re)konstruktionen zusammen. Umgekehrt wandeln sich im Kontext von religiöser Pluralisierung auch die materiellen Ausdrucksformen interreligiöser Kooperation in Form von multireligiösen Räumen und Gebäuden. Neben der Funktion dieser Räume für Menschen unterschiedlicher Religionen ein Ort und Raum für religiöse Praktiken vorzuhalten, geht damit auch die Frage nach deren Gestaltung einher und mindestens im christlichen Kontext die Frage und das Verständnis danach, was in diesem Kontext als »heilige Räume« bezeichnet werden kann. Verliert dieser Aspekt an Bedeutung, wenn Räume im Extremfall eine rein funktionale Hülle darstellen, und diese zumindest im Bereich des ästhetisch, architektonischen Raumerlebens wenig Anlass geben, Heiligkeit und Raumerleben in Zusammenhang zu bringen? Ist es überhaupt möglich, Heiligkeit und Raumerleben multireligiös zu verbinden, wenn diesem Erleben keine religiöse Universalität zugrunde liegt? Bieten additiv entwickelte multireligiöse Gebäude by design einen Ausweg aus dem Dilemma durch die räumliche Trennung der beteiligten Religionen, die wiederum unter dem gemeinsamen Dach vereint werden, auch wenn hier immer nur eine ausgesprochen begrenzte Anzahl von religiösen Gemeinschaften repräsentiert sein kann? Welche Rolle spielen dabei wiederum kommunikative Interaktionen sowohl für die Raumkonstruktion als auch für relationale Konzepte von Heiligkeit?

---

49 Vgl. Christmann, kommunikative Konstruktion von Räumen (s. Anm. 33), 90.
50 C. Zarnow, Stadt – Raum – Religion. Zur Einleitung, in: ders./B. Klostermeier/R. Sachau (Hg.), Religion in der Stadt. Räumliche Konfigurationen und theologische Deutungen (Theologisches Labor Berlin 1), Berlin 2018, 13–32: 18.

Im Rahmen dieses Artikels können diese grundsätzlichen Fragen nur angedeutet werden. Dabei sollte in diesem Artikel auf einen bislang kaum beachteten Prozess hingewiesen werden: Den *Prozess* der kommunikativen Raumkonstruktion inter- und multireligiöser Initiativen, deren Ziel der Bau eines gemeinsamen Gebäudes ist. Christmann beschreibt die daran Beteiligten als Raumpionier:innen, die über kommunikative Prozesse in der Öffentlichkeit soziale Wirklichkeit herstellen und so zur materialen Umsetzung führen. Die Verhandlungen im Vorfeld konstruieren dabei bereits eine (visionäre) soziale Raumwirklichkeit, die mit dem zukünftigen Gebäude verbunden sein wird. Dass am Beispiel der Aushandlungsprozess der Drei-Religionen-Kindertagesstätte der Begriff der Heiligkeit sowohl unerwartet als auch explizit eingetragen wird, deutet darauf hin, dass in interreligiösem Kontext dem relational aufeinander ausgerichteten Handeln nicht nur eine gesellschaftlich zentrale Dimension, sondern nicht zuletzt auch eine bislang kaum beachtete theologische Dimension der Heiligkeit im Kontext multireligiöser Gebäude zugrunde liegt. Mit dem Begriff der Bundestheologie als Ausdruck dieser verbindenden, visionären und über das rein Funktionale hinausgehende kooperativ-kommunikative Handeln ließe sich für die Zukunft dieser Aspekt deutlicher in den Fokus nehmen, so wie es Yesekiel Landau betont: »The transcendent goal is transforming our conflicted society into one of mutual understanding, trust, and solidarity. On that sacred foundation, a new future can be built, with God's promise of redemption actualized through our combined efforts. That Divine promise and our human efforts are implemented through a variety of complementary covenants, some that are all-inclusive and some that are unique to particular faith communities. All of these covenants are blessed by the One God. All are part of God's design. And all are necessary for the cosmic plan of God to be fulfilled.«[51]

---

51 Y. Landau, God as Multiple Covenanter, CrossCurrents 65 (2015), 57–78: 74.

Anna Minta

# Was mir heilig ist

## Sakraltransfer und die (neuen) Orte der Gemeinschaftsstiftung

**Zusammenfassung:** Der Beitrag fokussiert auf architektonische und soziokulturelle Aneignungsprozesse des Sakralen und Profanen im Zusammenhang mit Räumen der Gemeinschaftsstiftung. Im Reformkirchenbau des 20. Jahrhunderts mit dem Bemühen, inszenierte Heiligkeit zu entkräften, sowie in den Ambitionen profaner Institutionen, über sakral anmutende Assoziationen die soziale Bedeutung zu steigern, wird die Verhandelbarkeit von Heiligkeit deutlich.

**Abstract:** The article focuses on architectural and socio-cultural appropriation processes of the sacred and the profane in connection with public spaces of forming communities. In the 20th century, the negotiability and social construction of sacredness can be observed in the churches' reform efforts to weaken spatially staged holiness, as well as in the ambitions of profane institutions to enhance the character of the extra-ordinary through sacred associations in architectural design.

Am 23. Februar 2023 beschrieb Architekt Harald Fux in *Der Standard* sein aktuelles Linzer Bauprojekt als »Sehnsuchtsort«: »ein Ort, der das Publikum mit offenen Armen aufnimmt, auch ein pädagogischer, ein sozialer Ort, der zeigt, wie man miteinander umgehen soll. Dass man friedlich und zivilisiert nebeneinander steht.«[1] Er sprach von »Schönheit« und »Stolz«, nannte das Gebäude eine »echte Heimstätte« von »regionaler und überregionaler Bedeutung« und nutzte damit ein Vokabular, was häufig zur Umschreibung von Kirchen(neu)bauten Verwendung findet. Architekt Fux errichtete zu diesem Zeitpunkt allerdings nicht einen Sakralbau, sondern das neue Fußballstadion des Bundesligaclubs LASK Linzer Athletik-Sport-Klub. Am 24. Februar 2023 erfolgte das Eröffnungsspiel, am 30. April 2023 wurde die Kapelle, die an prominenter Stelle im Stadion untergebracht ist, durch den Linzer Diözesanbischof Manfred Scheuer feierlich gesegnet. Dabei verglich der Bischof auf sozialer

---

**1** F. Neumann, Stadionarchitektur Fux: »Linz wird größer, Wien wird kleiner«, in: Der Standard, 23.02.2023, https://www.derstandard.at/story/2000143858179/stadion-architekt-fux-linz-wird-groesser-wien-wird-kleiner (abgerufen am 16.11.2023).

**Kontakt: Anna Minta**, Institut für Geschichte und Theorie der Architektur der Katholischen Privatuniversität Linz; E-Mail: a.minta@ku-linz.at

https://doi.org/10.1515/bthz-2024-0015

Ebene Sport und Kult und sprach von einem gesellschaftlichen Auftrag: »Der Sport setzt einen ethischen Impuls: Werte wie Fairness und die Achtung des Gegners brauchen wir auch im restlichen Leben.«[2] Nicht nur moralisch-ethnisch eröffnete der Bischof damit Parallelen zwischen Sport und Religion, auch institutionell, zumindest per Namensgebung, setzte er diesen Vergleich von Sport und Kirche fort: »Ein Fußballstadion ist die Kathedrale von heute, sowohl architektonisch als auch gesellschaftlich für die Pilger in Sachen Fußball. Baute die Kirche früher schöne Gotteshäuser, geben Fußballvereine und Städte heute nicht weniger für moderne Fußballtempel aus.«[3]

Diese Parallelisierung ist nicht neu. Der katholische Theologe Ansgar Kreuzer schrieb 2005 über Fußball als Religion, über den »Fußballgott«, die quasi-religiöse Sinnstiftung durch das Kollektivereignis Fußball und das Stadion als einen theologischen Ort in der Populärkultur der gegenwärtigen Lebenswelt. Der Vergleich reduziere sich aber auf formale Parallelen zu religiösen Vergemeinschaftungen, urteilte Kreuzer.[4] Auch der Theologiekollege Hans Küng sprach über die Tendenz von Fußball, Ersatzreligion zu werden: »Der Fußball kann eine ernsthafte Konkurrenz sein zur Religion [...] Man spricht ja sogar vom Gott Fußball. Und das Ritual im Stadion zeigt deutliche Parallelen zur Liturgie. Wenn Leute einen Pokal küssen, erinnert das an das Küssen von Ikonen. Wenn der Pokal hochgehoben wird, erinnert das an das Zeigen der Monstranz. Aber nicht das einzelne Phänomen als solches ist entscheidend, sondern die gesamte Stimmung, die dem einzelnen suggeriert, das, was er gerade erlebt, sei das Größte.«[5] Nicht nur aus der Theologie, sondern auch aus der Soziologie werden solche gesellschaftlichen Prozesse der identitätsstiftenden Gruppenformierung analysiert. Die Soziologinnen Sybille Frank und Silke Steets betrachteten in ihrem Sammelband *Stadium Worlds. Football, space and the built environment* Fußball als sozio-kulturelle Praxis, in der sich gesellschaftliche, ökonomische, spirituelle und auch architektonische Trends in der Gesellschaft in

---

**2** Jk, Bischöflicher Segen: LASK-Kapelle in Raiffeisen Arena feierlich eröffnet, 03.05.2023, https://www.dioezese-linz.at/news/2023/05/03/bischoeflicher-segen-lask-kapelle-in-raiffeisen-arena-feierlich-eroeffnet (abgerufen am 16.11.2023).
**3** Linz: LASK-Kapelle mit Bischofssegen feierlich eröffnet, kathpress, 03.05.2023, https://www.katholisch.at/aktuelles/143678/linz-lask-kapelle-mit-bischofssegen-feierlich-eroeffnet (abgerufen am 16.11.2023).
**4** A. Kreuzer, Wie gnädig ist der Fußballgott? Der Fußballplatz als religiöser Ort, in: A. R. Boelderl/H. Eder/A. Kreuzer, Zwischen Beautyfarm und Fußballplatz. Theologische Orte in der Populärkultur, Würzburg 2005, 203–224.
**5** E. Simoni, Theologe Hans Küng: »Fußball macht der Religion Konkurrenz«, in: Frankfurter Allgemeine Zeitung, 24.12.2005 https://www.faz.net/aktuell/sport/mehr-sport/theologe-hans-kueng-fussball-macht-der-religion-konkurrenz-1280950.html (abgerufen am 16.11.2023).

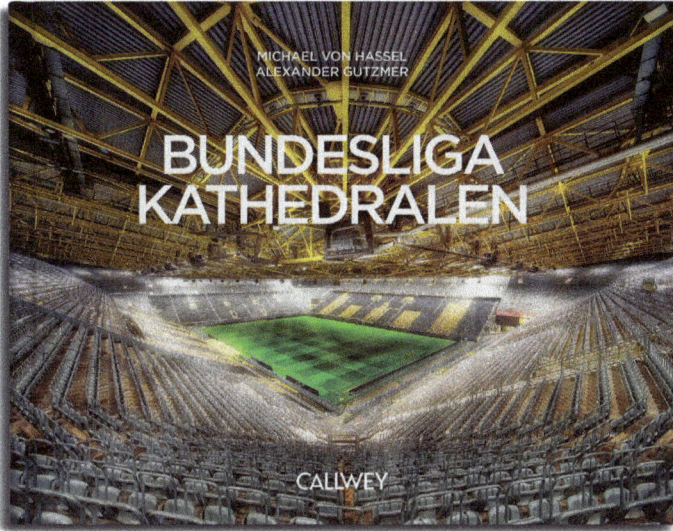

**Abb. 1:** M. v. Hassel/A. Gutzmer, Bundesliga Kathedralen, München 2023, Cover

Form des Stadiums als Abbild und Mikrokosmos verdichteten.[6] Mit künstlerischen Ambitionen erschien 2023 der großformatige Bildband *Bundesliga Kathedralen* von Michael von Hassel und Alexander Gutzmer (s. Abb. 1), in dem die ästhetisch inszenierten und von allen Störfaktoren bereinigten Fotografien deutscher Fußballstadien »mehr« zeigen als »nur die Realität, die uns alle scheinbar umgibt. [...] Unsere menschlichen Sinne haben Kapazitätsgrenzen. [...] Doch da ist noch mehr – und dieses Mehr erfasst eine Kamera.«[7] Dem Stadion wird hier selbst im leeren Zustand eine auratische, beinahe sakrale Atmosphäre zugeschrieben – »heilige Orte des Alltags in Ruhestellung«, so die Autoren weiter. Die gruppenspezifischen Dynamiken während eines Spiels werden im Zusammenhang kulturanthropologischer Betrachtungen als gemeinschafts-, identitäts- und sinnstiftende Prozesse beschrieben, die mit Gemeinschaftskonstruktionen im Kontext von Religion und Glauben in Beziehung gesetzt werden.

Es ist also nicht neu, dass profane Institutionen und Ereignisse einen Sakraltransfer gezielt in Anspruch nehmen, um über religiös anmutende Bezüge eine soziokulturelle Bedeutungssteigerung zum Ausdruck zu bringen. Bemerkenswert ist aber, dass auch die Kirche mit den Worten des Linzer Bischofs Scheuer in diese

---

6 S. Frank/S. Steets (Hg.), Stadium Worlds. Football, space and the built environment, Oxon/New York 2010.

7  M. v. Hassel/A. Gutzmer, Bundesliga Kathedralen, München 2023, 7.

Verschiebungen zwischen dem Profanen und dem Sakralen einstimmt: Über die Namensgebung als Kathedrale und die Zuschreibung ethischer Vorbildfunktionen werden das Stadion und das Ereignis Fußball zu gemeinschaftsstiftenden Orten und übernehmen damit soziale Gesellungsfunktionen auch als Alternativmodell zu religiösen Vergemeinschaftungen.

Dieser Beitrag fokussiert auf diese Ambivalenzen zwischen dem Profanen und Sakralen, auf wechselseitige Aneignungsprozesse des Sakralen respektive des Profanen und die damit einhergehende Verunklarung der Grenzen zwischen beiden Sphären im Zusammenhang mit den architektonischen Räumen der Gemeinschaftsstiftung. Dabei geht es nicht um eine Hierarchisierung von Religion und mutmaßlicher Ersatz-Religion, sondern um die Beschreibung einer sozialen Äquivalenz von sakralen und profanen Räumen im Hinblick auf ihre identitätsstiftende Funktion in Gemeinschaftsbildungsprozessen und deren Aushandlungsorten. Ausgangspunkt dafür ist die Grundthese, dass profane wie religiöse Gemeinschaften ein soziokulturelles Konstrukt sind, die aufgrund dieses konstruktiven Charakters Verschiebungsdynamiken wie einen Sakraltransfer ermöglichen. Daher wird zunächst kurz auf diesen soziologischen Hintergrund eingegangen, nachfolgend stehen architektonisch-räumliche Gestaltungspraktiken und symbolische Referenzierungen im Zentrum.

# 1 (Kult)Orte und Gesellungsformen

Sprechen wir über Kultorte, so müssen wir zunächst die soziale Funktion von Architektur und ihre Stellung im gebauten Raum klären. Architektur und Städtebau sind Praktiken der Gestaltung von Raum als menschliche Umgebung. Als ästhetische Idee und ideelles Konzept entsteht gestalteter Raum, der als menschlicher Lebens- und Handlungsraum dient. In seiner Struktur gelangen zugleich soziopolitische Ordnungen und kulturelle Symbolsysteme zum Ausdruck. Architektur und Raum prägen menschliche Gemeinschaften und sind zugleich auch Abbild, manchmal Vision, einer Gesellschaft.[8] Durch das Bauen entsteht kein homogener, sondern ein heterogener und polyvalenter Raum: ein komplexes Netz aus Orten unterschiedlicher Bedeutung und Wertigkeit, die vielfältig rezipiert und von verschiedenen gesellschaftlichen Gruppierungen in heterogener Weise wahr- und angenommen werden.[9] Es gibt offene und exklusive Räume, die besonderen Wert für

---

**8** E. W. Soja, Postmodern Geographies. The Reassertion of Space in Critical Social Theory, London/ New York 1989.

einzelne Gemeinschaften besitzen. Als Ort einer spezifischen sozialen Praxis und Alteritätswahrnehmung tragen sie zur Stiftung distinktiver Gemeinschaft bei.

Gekennzeichnet durch nationale, politische, kulturelle und/oder religiöse Bedeutungen für die Gesellschaft stehen in diesem Beitrag öffentliche Bauten, sakrale und profane, im Zentrum der Diskussionen.[10] Architektonisch-räumlich nehmen sie meist eine herausragende Stellung in Stadtstrukturen ein, die über Wegführung, Platzgestaltung sowie Dominanz und Differenz zur umgebenden Bebauung die übergeordnete Funktion und den Bedeutungsanspruch des Gebäudes und der Institution markieren. Öffentliche Bauten, und dazu zählen heilige Räume und (alternative) Kultorte, heben sich aber nicht nur physisch aus den alltäglichen Ordnungsstrukturen heraus. Es sind zugleich soziokulturelle Konstruktionen symbolisch verdichteter Orte, die kollektive Deutungs- und Wertsysteme vermitteln und das soziale Handeln der Gemeinschaft sowie ihre Identität prägen.

Betrachtet man Gemeinschaft als ein kollektives soziales Konstrukt und kulturelles System, das gruppenspezifische Gemeinsamkeiten und distinktive Abgrenzungsschemata begründet, so braucht es zur Stabilisierung und Verstetigung solcher Gemeinschaften ein normatives, von Traditionen geprägtes Narrativ und ein Konvolut von Ritualen und Symbolen zur Einübung von Gemeinschaft. Der Ethnologe Clifford Geertz analysierte bereits 1966 dieses Phänomen kultureller Systeme, die Menschen in Gemeinschaften die Vorstellung einer allgemeinen Seinsordnung mit den ihr eigenen Kulturmustern, Wertsystemen und Handlungsanleitungen vermitteln.[11] Religion muss dabei als integraler Bestandteil eines kulturellen (Symbol-)Systems gesehen werden, eines komplexen und dynamischen Geflechts von vielschichtigen Werten und Bedeutungen, die von Gemeinschaften verhandelt und interpretiert werden und im Menschen emotionale und handlungsleitende Dispositionen auslösen. Über Projektionen des Heiligen mit seiner transzendenten Referenz

---

**9** M. Augé, Orte und Nicht-Orte. Vorüberlegungen zu einer Ethnologie der Einsamkeit, Frankfurt am Main 1994.

**10** Thema und Thesen zu diesem Beitrag entstammen aus dem Forschungsprojekt *Heilige Räume in der Moderne. Transformationen und architektonische Manifestationen*, das mit einer Laufzeit 2014–18 vom Schweizerischen Nationalfonds finanziert wurde. Aus diesem Projekt entstanden einige Publikationen, die hier ihren Niederschlag finden. Vgl. insbesondere A. Minta, Öffentliche Bauten als (Kult-)Orte der Gemeinschaft. Sakralisierungsprozesse in der Architektur, in: M. Buchner/A. Minta, Raumkult – Kultraum. Zum Verhältnis von Architektur, Ausstattung und Gemeinschaft, Bielefeld 2019, 23–43.

**11** C. Geertz, Religion als kulturelles System, in: ders., Dichte Beschreibungen. Beiträge zum Verstehen kultureller Systeme, Frankfurt am Main 1983, 44–95 (engl. Original 1966). Zum Konzept von Religion und Ordnungsstiftung vgl. M. Sellmann, Religion und soziale Ordnung. Gesellschaftstheoretische Analysen, Frankfurt/New York 2007.

werden solche Ordnungsstrukturen der Verfügbarkeit weitgehend entzogen und verstetigt.[12] Gemeinschaften brauchen besondere Orte und Räume, in denen Vermittlung und Einübung gemeinsamer Werte praktiziert werden. In gemeinschaftlichen Orten, im religiösen Sinn: Kultorten, manifestieren sich kollektive Wert- und Symbolsysteme und soziale Ordnungen. Michel Foucault spricht im Zusammenhang mit Sakralbauten und heiligen Orten aufgrund ihres anagogischen und utopischen, auf ein Heilsgeschehen gerichteten Gehalts von »Gegenorten« zur Realität.[13] Infolge von Liminalitätserfahrungen zwischen dem Irdischen und Himmlischen, Transzendenz und Immanenz, bilden sie Heterotopien, die unterschiedlich wahrgenommen werden und in der Moderne eine neue Vielfalt erfahren.

Neue Formen der Vergemeinschaftung werfen im Zusammenhang mit Theorien zu postsäkularen und posttraditionalen Gesellschaften neue Fragen nach dem Verhältnis von profanen und religiösen Referenzsystemen und ihren architektonischen Manifestationen auf.[14] Geht man von Heiligkeit als kulturanthropologischer Konstruktion und Religion als kulturellem System aus, das sich in Kirchen als gebauter Handlungsraum manifestiert, so sind auch hier Dynamiken und Transferprozesse des Heiligen eine fast logische Konsequenz. Zuschreibungen als geheiligter Raum und die ihm spezifischen gesellschaftlichen (Be)Deutungsmuster wurden im Zuge der Säkularisierung bzw. Entkonfessionalisierung auch auf andere Institutionen und Bauaufgaben übertragbar. Welche Transformationen durchlaufen Konzeptionen des Heiligen und der Gemeinschaftsstiftung, so dass auch Orte unabhängig von tradierter und institutionalisierter Heiligkeit eine sakral anmutende Aura erhalten? Und welche Rolle spielt die Entwicklung in der Kirchenbaukunst im 20. Jahrhundert, wenn wir über einen Sakraltransfer sprechen?

Um von Kultorten, von Kirchen und auratischen Alternativorten, sprechen zu können, muss mit etablierten Vorstellungen von dem Sakralen als Gegensatz des Profanen gebrochen werden, mit denen Soziologen wie Max Weber und Émile Durkheim Sakralität als vor-modernes Phänomen stigmatisiert hatten.[15] Statt die-

---

12 Der Soziologe Karl-Siegbert Rehberg spricht von vielfältigen Transzendierungsparadigmen, die entstehen, um die neuen Gemeinschafts- und Identitätsstrukturen der Verfügbarkeit zu entziehen und auf Dauer als gesellschaftlichen Orientierungspunkt zu stellen. Vgl. K.-S. Rehberg, Weltrepräsentanz und Verkörperung. Institutionelle Analyse und Symboltheorien. Eine Einführung in systemischer Absicht, in: G. Melville (Hg.), Institutionalität und Symbolisierung, Köln u.a. 2001, 3–49; Th. Rentsch, Transzendenz – Konstitution und Reflexion. Systematische Überlegungen, in: H. Vorländer (Hg.), Transzendenz und die Konstitution von Ordnungen, Berlin/Boston 2013, 397–418.
13 J. Mohn, Heterotopien in der Religionsgeschichte. Anmerkungen zum »Heiligen Raum« nach Mircea Eliade, in: Theologische Zeitschrift 63 (2007), Heft 4, 331–357.
14 Vgl. dazu auch A. Minta, Heilige Räume und das Raumerlebnis, ThPQ165 (2017), 132–140; Minta, Öffentliche Bauten (s. Anm. 10).

ses Phasenmodells und der Verdrängung des Sakralen durch das Profane in der Moderne stehen gegenwärtig die Durchdringung beider Sphären und die gegenseitige Indienstnahme und Bedingtheit von Säkularisierung und Sakralisierung zur Diskussion, die zu einem pluralen Nebeneinander von Religiösem und Nichtreligiösem beziehungsweise zur Verlagerung transzendent begründeter Werte auf weltliche Instanzen und Phänomene geführt haben.[16] Bevor es um Aneignungsphänomene des Sakralen in profanen Bauaufgaben geht, sollen zunächst Beobachtungen zur Entsakralisierung des katholischen Kirchenraums im Kontext der Liturgiereformen im 20. Jahrhundert aufgezeigt werden. Profanisierungstendenzen auf der einen Seite (= im Sakralbau) scheinen mit Sakralisierungsambitionen auf der anderen Seite (= Profanbau) einherzugehen.

## 2 Profanierung des Heiligen: Entsakralisierung des Kirchenbaus in den 1960er Jahren

Die Geschichte des christlichen Sakralbaus ist seit den Anfängen geprägt von einer zunehmenden Heiligung des Kirchengebäudes.[17] Die Urgemeinde nutzte unterschiedlichste profane Räumlichkeiten wie Katakomben und Wohnhäuser als Räume der Versammlung und der gemeinschaftlichen Feier als heilige Handlung. Erst

---

**15** G. Lynch, The Sacred in the Modern World. A Cultural Sociological Approach, Oxford 2012.
**16** Vgl. beispielsweise J. Habermas, der 2001 in seiner Rede zum Friedenspreis des Deutschen Buchhandels den Begriff der »postsäkularen Gesellschaft« einführte. Dabei widersprach er einem vollumfänglichen Bedeutungsverlust von Religion in der Gesellschaft und verwies auf die Ausdifferenzierung von Säkularisierungsprozessen auf Teilbereiche der Gesellschaft. Die postsäkulare Gesellschaft habe sich zwar von der Religion und der Autorität der Kirche emanzipiert, rekurriere aber auf Werte und Moralvorstellungen etc., die ursprünglich aus den Religionen hervorgegangen sind. J. Habermas, Glauben und Wissen, Frankfurt am Main 2001; T. Renner, Postsäkulare Gesellschaft und Religion. Zum Spätwerk von Jürgen Habermas, Freiburg 2017. Vgl. auch Habermas' Theorie der postsäkularen Gesellschaft im Vergleich zu Charles Taylors säkularer Gesellschaft: M. Endreß, Säkular oder Postsäkular? Zur Divergenz der Perspektiven von Jürgen Habermas und Charles Taylor, 2012 https://www.iwm.at/transit-online/sakular-oder-postsakular-zur-divergenz-der-perspektiven-von-jurgen (abgerufen am 18.11.2023).
**17** Einen guten Überblick über den spätantiken-frühchristlichen Kirchenbau und seine Heiligkeitskonzepte bieten C. Jäggi, »Heilige Räume«. Architektur und Sakralität. Geschichte einer Zuschreibung, in: A. Nollert u.a. (Hg.), Kirchenbauten in der Gegenwart. Architektur zwischen Sakralität und sozialer Wirklichkeit, Regensburg 2011, 23–31; dies., Die Kirche als heiliger Raum: Zur Geschichte eines Paradoxons, in: B. Hamm u.a. (Hg.), Sakralität zwischen Antike und Neuzeit, Stuttgart 2007, 75–90; M. Czock, Gottes Haus. Untersuchungen zur Kirche als heiligem Raum von der Spätantike bis ins Frühmittelalter, Berlin/Boston 2009.

über die Jahrhunderte entwickelten sich das Verständnis und die architektonische wie rituelle Praxis von Kirche als sakralem Raum. Die katholische Kirche und der Kirchenbau vollzogen einen Auf- und Ausbau institutioneller, sozialer, räumlicher, liturgischer und symbolischer Grenzen.[18] Sie zielen auf die Profilierung der eigenen kirchlich-religiösen Identität in Abgrenzung zu Anderen. Sie dienen – räumlich oder symbolisch manifestiert – der Scheidung zwischen dem Sakralen und dem Profanen, dem Irdischen und dem Transzendenten. Sie werden zur Hierarchisierung zwischen Klerus und Gemeinde gezogen und in der Ausformung von Liturgie als Liminalitätserfahrungen immer wieder nachvollzogen.[19] Kirchengebäude wurden dabei zunehmend zu einem dem alltäglichen, weltlichen Treiben entzogenen Raum, der besondere Verhaltensregeln einforderte und hierarchische Ordnungsstrukturen etablierte.

Erst mit den liturgischen Reformbestrebungen im frühen 20. Jahrhundert und als Ergebnis des Zweiten Vatikanischen Konzils der römisch-katholischen Kirche (1962–65), wurden Initiativen zum Schwellenabbau im architektonisch-ästhetischen, soziokulturellen und liturgischen Kontext gesetzt und teilweise vollzogen (s. Abb. 2). Die vom Konzil formulierte Konstitution über die heilige Liturgie (Sacrosanctum Concilium) forderte die »Förderung und Erneuerung der Liturgie«.[20] Aggiornamento/Verheutigung und tätige Teilnahme – die Vorstellung von Kirche als communio – sind Schlagworte, die die Bemühungen umschreiben, den christlichen Glauben und die religiöse Praxis in der Gegenwart zu positionieren und für eine breite Teilhabe der Gesellschaft zu öffnen. Dazu gehören die Neuorientierung der Zelebrationsrichtung hin zur Gemeinde und das Feiern in der jeweiligen Landessprache. Gemeinschaftliche Teilhabe ist als soziale Dimension zu sehen, für die Liturgie bleibt das Thema der Erlösung und Offenbarung des Mysteriums Christi und damit letztendlich die Grenzerfahrung mit dem Außeralltäglichen fundamental.

Auch über Architektur und religiöse Kunst wurde laut Konzilsbeschluss eine Öffnung gegenüber der Gegenwart angestrebt.[21] Reformorientierte Architekten entwickelten dabei unterschiedliche, teils radikale Ansätze, um die Sakralität der

---

**18** Zu Schwellen(erfahrungen) im christlichen Sakralraum vgl. A. Minta, Kirchenbau (ab)Schwellen. Bemühungen um den Abbau räumlicher und sozialer Grenzen im christlichen Sakralbau der Moderne, in: UMBAU 32 (2023), 72–83.

**19** Vgl. das Konzept der Übergangsriten des Ethnologen Arnold van Gennep, in dem er eine Vielfalt von Liminalitätserfahrungen in verschiedenen Kulturen beschreibt, A. v. Gennep, Übergangsriten (Les rites des passage, 1909), Frankfurt am Main/New York 2005.

**20** Sacrosanctum Concilium [SC], Die Konstitution über die heilige Liturgie, 1963, Vorwort, Abs. 1–3, https://www.vatican.va/archive/hist_councils/ii_vatican_council/documents/vat-ii_const_19631204_sacrosanctum-concilium_ge.html (abgerufen am 18.11.2023).

**21** SC, Kap. 7, Abs. 124.

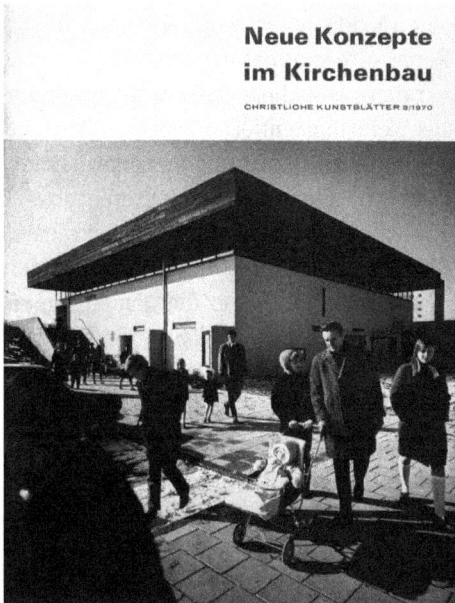

**Abb. 2:** Neue Konzepte im Kirchenbau,
Christliche Kunstblätter 108 (1970), Heft 3,
Cover

Kirchenarchitektur zu brechen. Der Schweizer Architekt und Bildhauer Walter Förderer, der in den 1960er Jahren mit seinen expressiven, brutalistischen Sichtbeton-
Kirchen neue Konzepte erprobt, kritisierte 1968 den konservativen Kirchenbau
scharf. Kirchen seien von einem »verschwommenen Gefühl für ›ahnungsvolle‹,
tradierte Sakralität, mittels derer sich ›die Kirche über [die] profane Umwelt würdig erhebt‹« geprägt und wären weder als Institution nach als Gebäude innovativ:
»[Ü]ber den alten Institutionalismus ist stets ein neuer hochgemauert worden. Stets
mehr Schwellen sind erbaut worden vor institutionalisierten Altären, Tischen und
Kanzeln. Stets mehr Schwellen, die von einer hoffnungslosen kleinen Minderheit
noch überschritten werden, von einer immer offenkundiger werdenden Mehrheit
jedoch ignoriert werden – Schwellen, die das Wort und die Mahlfeier eher ver-
schanzen als dazu einladen.«[22] Auch die Forderungen der Moderne nach Sachlich-
keit, Schlichtheit (Ornamentlosigkeit), Rationalismus, Funktionalismus und Abs-
traktion etc. wurden letztendlich in monumentalisierender Weise in den tradierten
Erfahrungsraum einer Kirche, in die Erhabenheit des Sakralraums, überführt. Das
Sakrale wurde respektive blieb ein raumatmosphärisches Erlebnis.[23]

---

22 W. M. Förderer, Zentren politischer Urbanität. Gottesdienst und Kirchenbau in der demokratischen Ära, in: H.-E. Bahr (Hg.), Kirchen in nachsakraler Zeit, Hamburg 1968, 114–131: 117.
23 Ch. Werner, Sakralität – was ist das?, in: H.-E. Bahr, Kirchen (s. Anm. 22), 64–80: 68 f.

Eine ähnliche Kritik an einer kirchlichen Exklusivität, dem fehlenden Bezug zum Alltäglichen, dem konventionellen Repertoire mutmaßlich sakraler Formen und Raumfigurationen sowie an dem Sakralen als ästhetische Kategorie, übten auch Theologen. »Ungeeignet sind«, so der reformorientierte Theologe Herbert Muck 1966 »der romantische Erlebnisraum und eine Gestaltung aus expressivem Pathos, Räume von übertriebener Stimmung und theatralischer Inszenierung«[24] (s. Abb. 3). Der Theologe und Philosoph Günter Rombold sah in der Entsakralisierung von Kirche und Kirchenbau die »Vollendung eines [positiven] Prozesses, der mit den Propheten und mit Jesus Christus begonnen hat«, da er der gemeinsamen Eucharistiefeier mit Christus als Mitte gegenüber dem heiligen Kult und heiligen Orte den Vorrang gegeben habe.[25] In der Raumfokussiertheit der Gegenwart beobachtete er »Tendenzen der Reksakralisierung«.[26] Im Gegenzug stellte er einen Maßnahmenkatalog *Kirchen für die Zukunft bauen* auf. Hierin forderte er, dass Kirche kein Sakralbau mehr sein müsse und sich nicht mehr von profanen Gebäuden unterscheiden solle: In der äußeren Selbstdarstellung sollten Kirchen nicht mehr auf Herrschaft abzielend, sondern einfach und einladend, als Volkskirche gegenwartsbezogen und gemeinschaftsbildend orientiert sein.[27]

Vor diesem Hintergrund nahmen ab den späten 1960er Jahren zeitgenössische architekturtheoretische Debatten um das Prozesshafte, Serielle, Flexible und Partizipative zunehmend Einfluss auch auf den Kirchenbau.[28] Der österreichische Architekt Ottokar Uhl verfolgte beispielsweise das Konzept eines mobilen Kirchenbaus. Um auf Dynamiken in der modernen Stadtbevölkerung sowie auf die sich verändernden Bedürfnisse einer Kirchengemeinde vor Ort reagieren zu können, entwarf er flexible, mehrmals auf- und abbaubare Raumgitterkonstruktionen (s. Abb. 4). Uhl beschrieb »Bauen als Prozess«, der programmatisch steht für eine demokratische Gesellschaft, »deren Mündigkeit vorhanden und anerkannt und deren Mitbestimmung gesichert ist.«[29] Die Konstruktion der Kirche steht folglich

---

24 H. Muck, Lebendiger Gottesdienst. Die Gestaltung des Kirchenraums nach der Liturgiereform, Regensburg 1966, 9. Vgl. ders., Sakralbau heute, Regensburg 1961.

25 G. Rombold, Anmerkungen zum Problem des Sakralen und des Profanen, in: ders., Kirchen für die Zukunft bauen, Wien u.a. 1969, 69–95.

26 Rombold, Kirchen (s. Anm. 25), 82.

27 G. Rombold, Kirchen für die Zukunft bauen, in: Rombold, Kirchen (s. Anm. 25), 203–217: 206–208.

28 Überblicksartig zum Kirchenbau im 20. Jahrhundert aus dieser Zeit vgl. H. Schnell, Der Kirchenbau des 20. Jahrhunderts in Deutschland, München 1973; G.E. Kidder Smith, Neuer Kirchenbau in Europa, Stuttgart 1964. Zur Nachkriegsmoderne vgl. K. Englert, Zelt, Schiff und Wohnung: Kirchenbauten der Nachkriegsmoderne, München 2006.

29 O. Uhl, »Kirchenbau« als Prozess, in: Rombold, Kirchen (s. Anm. 25), 129–148: 133.

**Abb. 3:** H. Muck, Sakralbau heute, Regensburg 1961, Cover

**Abb. 4:** O. Uhl, Seelsorgestation St. Raphael, Wien, 1962–1964 (aus: Das Werk: Architektur und Kunst 56 [1969], Nr. 3, 190)

materiell-konstruktiv nicht nur als Symptom für eine industrialisierte Gesellschaft, sondern wird in ihrer sichtbaren seriellen und flexiblen Technik zum Sinnbild der demokratisch-partizipativen, mündigen und sich stets verändernden Gesellschaft. Für Uhl ist der »partizipatorische Raum« eine ästhetische Kategorie.[30] Kirche ist nicht das fertige Bauwerk, sondern das gemeinschaftliche Schaffen und Feiern.

Anti-monumental und multi-funktional, prozesshaft und partizipativ sind Kategorien, die immer wieder für einen modernen, offenen Reformkirchenbau gefordert wurden. In Anschluss an einen demokratisierten, die Gemeinschaft aktivierenden Kirchenbau plante Architekt Förderer, Kirchen zu »Zentren politischer Urbanität« werden zu lassen: Sie sollten »Orte der Auseinandersetzung sein, also mehr als nur Orte gelenkter Meditation und rezeptiver Andacht [...] Orte der Realität inmitten anderer Realitäten; [...] dort, wo heute ›allerlei Menschen‹ ungezwungen oder nach den Verkehrs- und Kulturfahrplänen urbanisierter Gesellschaft zusammenkommen«[31] (s. Abb. 5). Kirchenbau ist also nicht bloße Architektur- oder Liturgiereform. Mit dem raumsoziologischen Verständnis, dass Architektur soziale Handlungs- und Haltungsräume der Gesellschaft etabliert, wurde gerade er in der späten Nachkriegszeit als Chance gesehen, das menschliche Zusammenleben nach demokratischen und humanistischen Prinzipien neu zu gestalten. Eine Entsakralisierung des Sakralraums war hier integrale Forderung.

Förderer ging so weit, dass er ein Aufgehen des Sakralraums im profanen Raum visionierte. Ein Kirchenraum sei bis zur Unkenntlichkeit in alltägliche Räume und Institutionen jenseits konfessioneller Bindung zu gruppieren und auf mehreren Ebenen mit Wohnungsbau zu kombinieren. Über eine solche gebaute urbane Integration könne es gelingen, dass Kirche inklusiver und integrierender Bestandteil des gesellschaftlichen Lebens werde. In seinen Skizzen umlagern komplexe Stadt- und Raumstrukturen »würgend eng« ein kirchliches Zentrum. Kirche mit dem Alltag und dem Alltäglichen zu konfrontieren, sei, so Förderer, eine Chance für einen Gottesdienst, der »bewußt im Kontext öffentlich-politischer Meinungsbildung bleibt«.[32] Zusammen mit dem Soziologen Lucius Burckhardt hatte Förderer ebenfalls 1968 die Schrift *Bauen ein Prozess* veröffentlicht, in der sie monofunktionale Bauten mit »selektionierenden Wirkungen« wie Kirchen, Schulen, Theater und Museen gleichermaßen ablehnten und »Überlagerungen von Nutzungen, die mehrfache Verwendbarkeit von Gebäuden« forderten.[33] Vielfältige, nicht autoritä-

**30** O. Uhl, Der partizipatorische Raum, 1994, Wiederabdruck in: E. Krasny/C. Mazanek (Hg.), Ottokar Uhl. Gegen-Sätze. Architektur als Dialog, Wien 2003, 21–25. Zu Uhls Kirchbauten vgl. v.a. C. Lienhardt (Hg.), Ottokar Uhl. Werk. Theorie. Perspektiven, Regensburg 2000.
**31** Förderer, Zentren (s. Anm. 22), 123–125.
**32** Förderer, Zentren (s. Anm. 22), 126.

KATHOLISCHE KIRCHGEMEINDE RHEINACH

*Vorschlag für Bebauung in »grüne Wiese«. Keine repräsentative
Kirche, sondern ein Platz mit Bauten ringsum, an die sich
jede Bebauung anschließen kann, auch ganz nahe.
1) Abgang zur Kirche   2) Kirche   3) Sänger   4) Sakristei   5) Unterricht
6) Büros, Wohnungen   7) Allgemeine Fußgängerebene, Läden
8) Fahrverkehr
A) Hofplatz   B) Schul-, Wohn-, Geschäftsbauten
Kommende Bebauung sollte selbst so würgend eng sich um das
»kirchliche Zentrum« gruppieren dürfen, ohne daß dieses
»verfremdet« – nur noch als Remiszenz erscheinen müßte.*

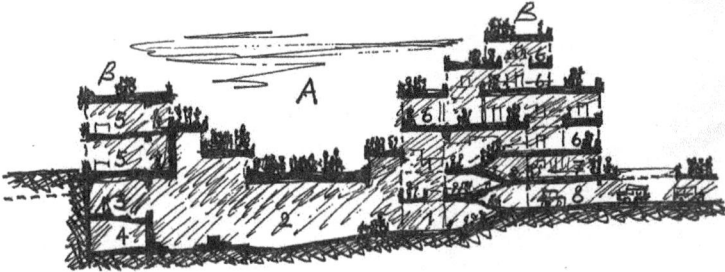

**Abb. 5:** W. Förderer, Katholische Kirchgemeinde Rheinach, Skizze, um 1965 (aus: H.-E. Bahr, Kirchen [s. Anm. 22], 119)

re und sakral-repräsentative Räume, gäben Inspiration für kreative Begegnungen, so dass Kirche zu einem Ort aktueller, gegenwarts- und alltagsbezogener Auseinandersetzungen und tätiger Teilhabe vieler – mündiger Diskussionspartner[34] – werden könne.

Solche Äußerungen zu einem nachkonziliaren Kirchenbau steckten voller Idealismus und Aufbruchstimmung, den häufig erdrückenden Erhabenheitsgestus der als monumental und sakral empfundenen Kirchengebäude und die ihm inhärenten hierarchischen Strukturen zu brechen. Versuche, neue räumliche Gemeinschaftskonzepte zu entwickeln, die aktive Partizipation fördern und Kirche wieder im Leben verankern, indem die Grenzen zwischen dem Profanen und dem Sakralen aufgehoben oder zumindest reduziert werden, führten jedoch in der radikalen Konsequenz zu austauschbaren Raumhüllen, die schon bald als »Ende des Kirchenbaus« beschrieben wurden.[35] Der »Mehrzweckraum« wurde zu einer funktionalen

---

33 L. Burckhardt/W. Förderer, Bauen ein Prozess, Teufen 1968, 50f.

34 Burckhardt/Förderer, Bauen (s. Anm. 33), 14.

35 P. Poscharsky, Ende des Kirchenbaus?, Stuttgart 1969; vgl. auch Rombold, Kirchen (s. Anm. 25); ders., Gegenwärtige Tendenzen im Kirchenbau. Kirchenbau in der Krise: in: Festschrift der Akademie der bildenden Künste, Wien 1972, 208–212.

Abb. 6: Kirchliche Mehrzweckräume,
Christliche Kunstblätter 108 (1970),
Heft 4, Cover

und symbolisch für die Reformbestrebungen stehenden Typologie im Kirchenbau[36]
(s. Abb. 6). Auch wenn zum Teil stark expressive Architekturen von hoher architektonischer und zeichenhafter Qualität errichtet wurden, so tat und tut sich die
Öffentlichkeit bis heute schwer, in den oft brutalistischen, Beton-sichtigen Gebäuden das innovative, gemeinschafts- und gemeindereformierende Potential und den
Denkmalcharakter anzuerkennen; viele werden abgegeben und/oder abgerissen.[37]
Sind diese Kirchen im Anspruch, heilige Räume zu sein, »gescheitert« und bedürfen
einer »Nachsakralisierung«?[38] Der Theologe Rombold hingegen beschrieb schon
1969 ein fehlgeleitetes, stark emotional und ästhetisch motiviertes Bedürfnis nach
einer sakralen Raumstimmung.[39] Auch heute entstehen Kirchenneubauten wieder verstärkt als stimmungsvolle, wirkungsästhetische Sakralräume, die Kirchen

---

**36** H. Graß/K.-W. Dahm (Hg.), Funktionswandel und Raumstruktur. Zur Mehrzwecknutzung gottesdienstlicher Räume. Eine Untersuchung des Instituts für Kirchenbau und kirchliche Kunst der Gegenwart an der Philipps-Universität Marburg, Marburg 1974.
**37** Die Internetplattform *ivisibilis* als Bestandteil von *moderneRegional* führt für Deutschland ein Verzeichnis von geschlossenen, umgenutzten und/oder abgerissenen Kirchen: https://www.moderne-regional.de/listing-category/kirchen/ (abgerufen am 18.11.2023).
**38** Zu diesem Phänomen der nachträglichen künstlerischen Ausstattung von nachkriegsmodernen Kirchen im Sinne einer Steigerung der sakralen Atmosphäre vgl. R. Liptau, Nachsakralisierung durch Neuhistorisierung, in: kunst und kirche 80 (2017), H. 3, 42–47.
**39** Rombold, Anmerkungen (s. Anm. 25), 82–86.

als klar definierten Raum des Anderen vom Profanen unterscheiden und die über architektonische Qualitäten versuchen, Aspekte des Spirituellen, Religiösen, Mystischen und Kontemplativen zu fördern. Die Kunsthistorikerin Carola Jäggi spricht in diesem Zusammenhang von der »Sehnsucht nach dem Heiligen«.[40] Auch der Architekturkritiker Rudolf Stegers verwies 2008 in seinem *Entwurfsatlas Sakralbau* auf diesen Trend: »Auf jeden Fall scheint es, als ob heute für Architekten die Suche nach ›Sakralität‹ und ›Atmosphäre‹ ein starkes Motiv sei. Was immer das Sakrale sei, man will es durch Gestaltung zur Anschauung bringen«.[41]

Mit den Dynamiken des Ent- und Resakralisieren scheint jedoch ein Bedeutungs- und Sinnverlust einherzugehen. Der Maler Markus Lüpertz sprach, losgelöst von Kirchen, von »heiligen Räumen [heute], die imposant wirken, aber keine Sinnlichkeit zulassen«.[42] Religiöses Erleben wird zur ästhetischen Erfahrung, die durch eine entsprechende architektonisch-räumliche Inszenierung evoziert werden soll. Entwurfstheoretisch steht dabei das Erzeugen von einer Raumstimmung im Vordergrund, die Räume zwar zu etwas stimmungsvoll Anderem jenseits des Alltäglichen werden zu lassen, dies muss jedoch nicht mehr spezifisch an die Institution oder Gemeinschaft der Kirche gebunden sein.

# 3 Transformierte Sakralität: neue Kultorte der Gemeinschaftsstiftung

Aufklärung und Entkonfessionalisierung haben zwar zu einer gesellschaftlichen Marginalisierung der Kirchen und ihrer institutionalisierten Doktrin geführt, nicht jedoch die oben genannte Sehnsucht nach dem Heiligen abgeschafft.[43] Im Gegenteil: Dass die Institution Kirche ihre Deutungshoheit und ihr Monopol an Sinn- und Ordnungsstiftung verlor, trug zu einem neuen, heterogenen und polyvalenten Verständnis des Heiligen und seiner sozialen Funktion bei.[44] Neue Konzepte der Gemeinschaftsstiftung, die meist religiöse Referenzsysteme inkorporierten, entwi-

---

**40** Jäggi, Heilige Räume (s. Anm. 17), 27.

**41** R. Stegers, Entwurfsatlas Sakralbau, Basel 2008, 27.

**42** G. Lüpertz, Interview, in: Hassel/Gutzmer, Bundesliga (s. Anm. 7), 159.

**43** S. Žižek, Die Puppe und der Zwerg. Das Christentum zwischen Perversion und Subversion, Frankfurt am Main 2003; T. Luckmann, The Invisible Religion, London 1967; vgl. auch H. Knoblauch, Die Verflüchtigung der Religion ins Religiöse: Thomas Luckmanns Unsichtbare Religion, in: T. Luckmann (Hg.): Die unsichtbare Religion, Frankfurt am Main 1991.

**44** T. Masuzawa, The Invention of World Religions. Or, How European Universalism Was Preserved in the Language of Pluralism, Chicago/London 2005.

**Abb. 7:** Cass Gilbert, »Cathedral of Commerce«. Woolworth Building, New York, 1909–1913, Broschüre 1918, o. S.

ckelten weitreichende mobilisierende Kräfte. Sie hatten einen Übertrag soziokultureller Funktionen und (Be)Deutungsmuster von Religion und Kirche auf andere Ideologien, gesellschaftliche Entwicklungen und ihre räumlichen Konkretisierungen zur Folge. Hierzu zählen insbesondere im 19. Jahrhundert der Nationalismus und in romantischer Prägung auch Natur, Kultur, Kunst und Bildung. Solche Bewegungen entwickelten eine baupolitische Dynamik, die spezifische Projekte wie Nationaldenkmäler, Institutionen der politischen/kulturellen Vertretung, Museen, Mausoleen heroischer Protagonisten etc. zur Folge hatte, die von religiös-auratischen Aufladungsphänomenen gekennzeichnet sind.[45] In der Moderne kommt es auf der einen Seite durch Konzepte des Sublimen und andere einfühlungsästhetische Theorien, auf der anderen Seite durch politisch-kulturelle Konzepte von Staat und Nation vermehrt zu semantischen Verschiebungen und heterotopen Mustern von Sakralität auch jenseits religiöser Kontexte. Ein Sakraltransfer, die gezielte Indienstnahme sakraler Motive, Zeichensysteme und Rhetoriken, ist Bestandteil der

---

[45] A. Minta/F. Schmitz, Auratische Räume der Moderne, Themenheft: kritische Berichte 44 (2016), H. 2; Minta, Öffentliche Bauten (s. Anm. 10).

**Abb. 8:** Charles Klauder, »Cathedral of Learning«, Pittsburgh, 1926–1937, Postkarte 1930er-Jahre (© Privatbesitz A. Minta)

Strategie, solche soziokulturellen Vorstellungen der gemeinschaftlichen Sinn- und Ordnungsstiftung in Architektur und Raum zu materialisieren.

Seit dem späten 19. und im Verlauf des 20. Jahrhunderts finden sich zahlreiche Beispiele, über das Referenzieren auf Sakralbauten wie Kirchen und Tempel oder die Namensgebung als Kathedrale die symbolische Überhöhung eines Gebäudes oder einer Institution erzielen zu wollen. Von 1909–1913 entstand in New York das Woolworth Building als Hauptsitz des gleichnamigen Handelsunternehmens. Architekt Cass Gilbert hatte ein Hochhaus in neogotischer Formensprache entworfen, das bis 1930 als das höchste Gebäude der Welt die Skyline von New York dominierte. Aufgrund seiner Kirchenähnlichkeit, den neogotischen Formen und der Bauskulptur, aufgrund seiner vertikalen Dynamik sowie der gold- und mosaikbetonten Innengestaltung erhielt das Hochhaus den Namen »Cathedral of Commerce« (s. Abb. 7). 1917/18 erschien zu dem Gebäude eine Monografie, in der der Theologe und Prediger S. Parkes Cadman im Vorwort einen Sakraltransfer von der Religion auf Kommerz und Konsum beschrieb: »Just as religion monopolized art and architecture during the medieval epoche, so commerce has engrossed the United States since 1865.«[46] Wie St. Peter in Rom, San Marco in Venedig oder Notre Dame in Paris etc. sei das Woolworth Building ein ranggleiches Bauwerk »of rare beauty, devotion and civic pride«: »Their true value is not in stone nor in gold but in spiritual aspirations which they embodied and expressed.«[47]

Nicht nur kommerzielle Bauten, sondern auch humanistische Projekte bemühen den Übertrag sakraler Raum-Charakteristika und der oben genannten spirituellen Ambitionen (»spiritual aspirations«) in die Profanarchitektur. Begleitet von ähnlichen rhetorischen Strategien entstand nach den Plänen von Charles Klauder 1926–37 in Pittsburgh die »Cathedral of Learning« als Universitätsgebäude[48] (s. Abb. 8). Auch hier wurden stilistische Referenzen zu gotischen Kathedralen herangezogen, um mit dem Universitätshochhaus nicht nur eine architektonische Dominante, sondern auch ein symbolisches Zeichen für Bildung und Humanismus zu setzen. In ihrem Entwurf für die Hebräische Universität in Jerusalem von 1924 verwiesen die Architekten Patrick Geddes und Frank Mears mit ihrer Konzeption als überkuppelter Zentralbau auf den gegenüberliegenden Felsendom (s. Abb. 9–10). Durch Aufgreifen ähnlicher Bauformen sollte der Universität, der »new City of Learning«, ein vergleichbarer Status wie dem Tempelberg als »ancient City of Ideals« verliehen werden.[49]

Insbesondere nach 1945 fällt Universitäten und vor allem Universitätsneugründungen die Rolle als neue soziokulturelle, identitätsstiftende Orte und Gebäude zu. 1958 schrieb der Kunsthistoriker Udo Kultermann einen Beitrag *Internationale Hochschularchitektur*, in der er den zeitgenössischen Trend der modernen Campusbauten als stark symbolisch aufgeladene Baukunst und wirkungsmächtige, nationale Bauaufgabe bezeichnete. Als beinahe auratischer Ort würden solche Bildungslandschaften nicht nur Politik und Kultur eines Landes widerspiegeln, sondern als sozialer Mikrokosmos zur Formung der Nation und des Staates maßgeblich beitragen. Sie seien ein »Kristallisationspunkt der nationalen Kultur [...]. Die Universitäten müssen in der Lage sein, das geistige Leben des Landes zu beeinflussen, die geistigen Werte eines Volkes, die in ihnen erarbeitet und weitergegeben werden, als Teil einer universalen Kultur zu erkennen und in diesem Sinne zu ver-

---

**46** C.S. Parkes, Foreword, in: E.A. Cochran, The Cathedral of Commerce. The Highest Building of the World, New York 1917/18, 4–5. Vgl. auch H. Hammer-Schenk, Sakraltransfer: Kirchenbau und profane Sakralität in der Architektur der USA, in: A. Köth/A. Minta/A. Schwarting (Hg.), Building America. Die Erschaffung einer neuen Welt, Dresden 2005, 181–210.
**47** Parkes, Foreword (s. Anm. 46), 4–5.
**48** J.G. Bowman, The Cathedral of Learning of the University of Pittsburgh, Pittsburgh 1925.
**49** Frank Mears in einem Schreiben an Chaim Weizmann: University of Jerusalem. Notes on Scheme, 11.02.1920 (CZA, Z4/2790), vgl. A. Minta, Israel bauen. Architektur, Städtebau und Denkmalpolitik nach der Staatsgründung 1948, Berlin 2004, 381–388.

**Abb. 9 und 10:** Patrick Geddes und Frank Mears, Hebräische Universität, Jerusalem, Große Halle, nicht ausgeführter Entwurf, Zeichnungen 1924 (aus der Broschüre The Hebrew University, hg. v. The University Committee of the Zionist Organisation, London 1924, o. S.)

walten.«[50] Kultermann interpretierte die neuen Hochschulanlagen als architektonische Manifestationen eines neuen Bildungskonzeptes, das über Bildung hinausgehend gemeinschafts-, kultur- und sinnstiftende Funktionen beinhaltet.[51]

Markierten früher Kirchen und Herrschersitze das Macht- und Ortszentrum eines Gemeinwesens, so treten in der Moderne im Kontext der Diskussion um Kultur und Nation auch kulturelle Zentren wie beispielsweise Museen, Bibliotheken, Volks- und Kulturhäuser als Gemeinschaft und Identität stiftende Orte hinzu. Museen, die nicht nur über die Bezeichnung als Kunsttempel einen rhetorischen Rückgriff auf die Sakralbaukunst machen, wurden im frühen 19. Jahrhundert zudem häufig in klassizistischen Tempelformen errichtet, um über eine auratische, sakrale Anmutung eine Bedeutungssteigerung zu erfahren. In der Verbindung von Kunst und Geschichte vermitteln Museen kollektive Werte und Vorstellungen und erzeugen über ihre Narrative Mechanismen der In- und Exklusion. Die Kulturwissenschaftlerin Carol Duncan hat in ihrer grundlegenden Studie zu Museen 1995 den Zusammenhang der sozialen und auratischen Wirkungsmacht von Museen sowie ihren rituellen Charakter beschrieben und sie als Orte von Liminalitätserfahrungen klassifiziert.[52]

Vor allem aber in politischen Architekturen ist im Kontext zivilreligiöser Vorstellungen die Durchdringung von Politik und Religion zu beobachten. Die Wirkungsmacht der Religion und ihr Konzept einer transzendenten, überzeitlichen Autorität wird dabei zur Legitimation des Politischen in Dienst genommen. Der amerikanische Soziologe Robert Bellah prägte 1967, bezogen auf die USA, mit dem Begriff der Zivilreligion die unscharfe Grenze zwischen religiöser Glaubensgrundhaltung auf der einen und republikanisch-patriotischer Sozialisierung auf der anderen Seite: das (nicht institutionell organisierte) Religiöse in der Politik und das Politische in der Religion.[53] In totalitären Systemen spitzt sich die absolute Verklärung der autoritären Politik als politische Religion zu.[54] Politik soll in beiden Fällen als neu codierter Transzendenzraum etabliert werden. Der Stadtführer zu Washington/DC aus dem Jahr 1926 erklärt die Hauptstadt zum »Wallfahrtsort« für patriotische Amerikaner:innen (s. Abb. 11). Das religiös-patriotische Bekenntnis zu

---

**50** U. Kultermann, Internationale Hochschularchitektur, in: baukunst und werkform, XI, 1958, H. 2, 65–67: 65.

**51** A. Minta, Auratische Orte der Gemeinschaftsstiftung. Universitäten als nationale Bauaufgabe, in: kritische Berichte 44 (2016), H. 2, 34–46.

**52** C. Duncan, Civilizing Rituals: Inside Public Art Museums, London 1999.

**53** R. N. Bellah, Civil Religion in America, in: Daedalus. Journal of the American Academy of Arts and Sciences, Vol. 96, Winter 1967, 1–21; vgl. auch H. Kleger/A. Müller (Hg.), Religion des Bürgers. Zivilreligion in Amerika und Europa, Münster 2004.

**54** H. Maier, Politische Religionen, München 2007.

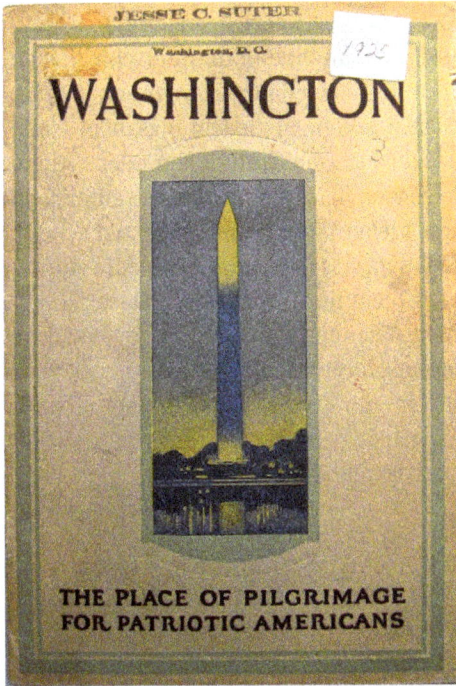

**Abb. 11:** Stadtführer »Washington. The Place of Pilgrimage for Patriotic Americans«, 1925

Staat und Nation, das soziale Ordnung und kollektiven Gemeinsinn stiftet, bedarf der ritualisierten Einübung in Form von Festtagen und Feierlichkeiten sowie der gesellschaftlichen Vergegenwärtigung in der Architektur und im Raum. Hauptstädte, Regierungssitze sowie auch Nationaldenkmäler und Mausoleen für politische Protagonisten sind herausragende Räume, in denen sich die Sakralisierung der Politik in ihrer ideologisch-künstlerischen Materialisierung vorzugsweise untersuchen lässt.[55]

Der ambivalente Charakter solcher Architekturen, der eine Verunklarung einer bautypologischen wie auch gesellschaftlichen Zuordnung als sakralem oder profanem Bau mit sich bringt, lässt sich auch heute noch beobachten. Von den

---

55 Zu Architektur, Macht und Inszenierung in Hauptstädten vgl. H. Mayer/F. Sager/A. Minta (Hg.), Im Herzen der Macht? Hauptstädte und ihre Funktion, Bern 2013; A. Minta/B. Nicolai (Hg.), Parlamentarische Repräsentationen: Das Bundeshaus in Bern im Kontext internationaler Parlamentsbauten und nationaler Strategien seit 1830, 2014; A. Minta, Auratische Alternativorte: Staat und National als Transzendenzraum, in: J. Stückelberger/A.-K. Seyffer (Hg.), Die Stadt als religiöser Raum. Aktuelle Transformationen städtischer Sakraltopografien, Zürich 2022, 253–269. Zu den USA vgl. A. Minta, Staatsbauten und Sakralarchitektur in Washington/DC. Stilkonzepte patriotischer Baukunst, Berlin 2015.

»Bundesliga Kathedralen« war eingangs die Rede. Die Übertragung sakraler Moti-
ve und die Indienstnahme sakraler Referenzsysteme finden in unterschiedlichen
Formen, unter verschiedenen Umständen und mit vielfältigen Intentionen statt.
Ob Nobilitierungs- und gesellschaftliche Geltungssucht, ob Bedeutungsanspruch in
Konkurrenzsituationen, ob Evokation von idealisierten Traditionen oder ästheti-
sches Bemühen um Ikonizität und die Steigerung der architektonisch-räumlichen
Ausdrucks- und Wirkungsintensität: Hinter vielen Bauten und Projekten scheint
die Sehnsucht nach dem Außeralltäglichen, dem Besonderen bis hin zum Auratischen und Heiligen zu stehen. Dabei geht es nicht nur um das besondere ästhetische Erlebnis oder Spektakel in der Architektur, sondern häufig auch um die Suche
nach einer Referenzgruppe und Identifikationsplattform, die ihren Ausdruck über
die Architektur findet. Mit dem Infragestellen von Kirche als tradiertem identifi-
kationsstiftenden Paradigma, vervielfältigt sich das Angebot der Konstruktion von
Gruppenzugehörigkeit und damit auch das Angebot an Kultorten.

# 4 Heilige Räume: Transfer und Transformationen

Phänomene und Strategien der Entsakralisierung, Sakralisierung respektive Resakralisierung sind sowohl in der sakralen wie auch profanen Baukunst immer
wieder zu beobachten. Dabei geht es hier nicht um eine wechselseitige Beziehung
des Transfers, in dem der Kirchenbau sein Potential als ›heiliger Raum‹ an den Profanbau abgibt oder umgekehrt. Es sind parallel ablaufende Entwicklungen, soziale
Äquivalenzbildungen, wenn über die Wirkungsmacht von Architekturen soziokulturelle Bedeutungsansprüche für Gemeinschaften ausgehandelt und physisch
manifestiert werden. In dem Reformstreben der Kirchen, räumlich inszenierte Heiligkeit zugunsten einer aktiven und offenen Teilhabe zu entkräften, sowie in den
Ambitionen profaner Institutionen, über auratisch und sakral anmutende Assoziationen den Charakter des Außeralltäglichen zu steigern, wird die Verhandelbarkeit
und soziale Konstruktion von Heiligkeit im Dienst einer Gemeinschaftsstiftung einmal mehr deutlich. Damit entsteht allerdings auch eine gewisse Beliebigkeit, den
Charakter des Heiligen in Anspruch nehmen zu wollen. Wird aus dem Profanen
damit ein Substitut des Religiösen? Der katholische Theologe Hans Küng bemühte
sich, auf das einleitende Beispiel des Fußballs zurückkommend, eine Unterscheidung zwischen Religion und ›Ersatzreligion‹ zu formulieren: »Religion anerkenne
als letzte Autorität nur das Absolute selbst, also Gott, Ersatzreligionen würden als
letzte Orientierung Relatives anerkennen, eine menschliche Person oder materielle Dinge, einen Ball eben. Das Kriterium des Glaubens an einen metaphysischen
Gott scheint ein Unterscheidungsmerkmal zu liefern, etwa die Beziehung der Is-

raeliten an ihren Jahwe einwandfrei als Religion zu identifizieren, die innige Verehrung eines Fussballs aber als Ersatzreligion abzuqualifizieren, weil kein Ball metaphysische Weihen für sich reklamieren kann.«[56] Die Kirche, allen eigenen Entsakralisierungstendenzen zum Trotz, bleibt Kontakt- und Konfrontationsraum mit dem Unverfügbaren, dem transzendenten Gott. Gestalterische Parameter des Sakralen/Transzendierenden sind im Kirchenbau damit eine konstitutive Notwendigkeit, um als Anders-Orte eine Begegnung mit dem Außeralltäglichen zu ermöglichen. Profane Substitutionsversuche hingegen bleiben in sich selbst verhaftet, auch wenn sie den traditionellen Sakralräumen vergleichbare gemeinschafts- und sinnstiftende Qualitäten entfalten. Mir ist das heilig – und was ist Dir heilig?

---

56 O.A., Der Fussball und seine Aura des Göttlichen, in: Neue Zürcher Zeitung, 03.06.2006, https://www.nzz.ch/kommentarE6GNF-ld.61474 (abgerufen am 16.11.2023).

Insa Eschebach

# Sakralisierungsprozesse in der Erinnerungskultur

**Zusammenfassung:** Sakralisierung kann man als eine Kulturtechnik beschreiben. In Hinblick auf eine gewaltvolle Vergangenheit stellen Sakralisierungsprozesse Handlungsmuster und ein Vokabular zur Verfügung, das das geschehene Unheil in einer sinnvollen, scheinbar überirdisch legitimierten Ordnung aufgehen lässt. Der vorliegende Aufsatz diskutiert Sakralisierung am Beispiel des Umgangs mit Orten wie Oradour-sur-Glane und das Frauen-Konzentrationslager Ravensbrück nach 1945 und schildert erinnerungskulturelle Praktiken der Gegenwart.

**Abstract:** Sacralization can be described as a cultural technique. Sacralization processes offer ways of dealing with the memory of a violent past and a vocabulary through which the disaster that has occurred can be absorbed into a meaningful, seemingly supernaturally legitimized order. This essay discusses sacralization using the example of Oradour-sur-Glane and the Ravensbrück women's concentration camp after 1945 and describes present-day practices of memory culture.

Am Samstag, den 10. Juni 1944 besetzte eine Einheit der Waffen-SS das südfranzösische Dorf Oradour-sur-Glane. Die Soldaten befahlen den Einwohnern, sich auf dem Marktplatz des Ortes zu versammeln. Dort wurden die Männer von den Frauen und Kindern getrennt, abgeführt und in verschiedenen Gebäuden erschossen. Die etwa 350 Frauen und Kinder wurden in die Kirche gebracht, die die SS in Brand steckte. Eine Frau, Marguerite Rouffanche, überlebte das Massaker, indem sie durch ein Fenster, das hinter dem Altar gelegen war, floh. Sie konnte sich, obgleich durch fünf Schusswunden verletzt, in einem Garten verbergen.

Die Waffen-SS führte das Massaker als Vergeltung für die militärischen Erfolge des französischen Widerstandes durch. Mit »rücksichtsloser Härte«, so das wording, mit dem das Militär zu enthemmter Gewalt auffordert, setzten Wehrmacht und SS die sogenannte Bandenbekämpfung in die Tat um. Das Massaker in Oradour, bei dem 643 Menschen ums Leben kamen, war keineswegs das einzige im Süden Frankreichs, aber es war das Massaker mit der höchsten Opferzahl.

Wie kann oder sollte die Geschichte eines solchen Ortes, der nach dem Massaker nur noch aus den Ruinen abgebrannter Häuser bestand, nach Ende des Krieges weitergehen? Der Prozess der Umgestaltung Oradours zu einer Heiligen Stätte, zu

**Kontakt: Insa Eschebach**, Fürstenberg / Havel; E-Mail: office@eschebach.org

https://doi.org/10.1515/bthz-2024-0016

einem »Tempel der Erinnerung«, der heute von etwa 200.000 Menschen jährlich besucht wird, vollzog sich durch die Belehnung katholischer wie national tradierter Symbolbestände. Um diesen Prozess der Sakralisierung geht es in diesem Beitrag. In den Blick genommen wird aber auch der Umgang mit den Überresten des Frauen-Konzentrationslagers Ravensbrück in der Sowjetischen Besatzungszone und der DDR. Zunächst aber stehen eine Reihe relevanter Sakralisierungstheoreme aus den Kultur- und Sozialwissenschaften zur Diskussion. Abschließend geht es um die Frage, welche Bedeutung Sakralisierungsprozessen in der gegenwärtigen Erinnerungskultur zukommt.

# 1 Sakralisierungstheoreme

Gegenwärtig ist eine neue wissenschaftliche Sensibilität für den Begriff der Sakralisierung zu beobachten. Zwar fehlt es noch an einer Theorie der Sakralisierung, wie Volkhard Krech und Magnus Schlette bemerken. Auch Einträge zum Stichwort der Sakralisierung in den einschlägigen Lexika, Hand- und Wörterbüchern sind selten zu finden.[1] Einige erste Ansätze einer Begriffsbestimmung liegen aber vor.

Zunächst lässt sich Sakralisierung als eine Kulturtechnik beschreiben, die darauf zielt, etwas oder jemandem mit der Qualität des Heiligen auszuzeichnen, um zugleich den Anteil menschlichen Handelns und Vorstellens an diesem Vorgang wieder vergessen zu machen. Das ist der Grund dafür, warum sakrale Güter »für sich« selbst zu sprechen scheinen und keiner weiteren Rechtfertigung bedürfen. Der soziale Stoff, der ihnen zugrunde liegt, wird qua Sakralisierung enthistorisiert, holzschnittartig still gestellt und auf diese Weise der Ökonomie des Heils einverleibt. Sakralisierung wird sowohl von religiösen Institutionen als auch von sozialen Gruppen und Staaten als eine spezifische Bearbeitungsform historischen Geschehens zu sozialen und/oder politischen Zwecken in Anspruch genommen.[2]

Ähnlich argumentiert Johannes Paulmann: Der Begriff der Sakralisierung sei deshalb erkenntnisfördernd, weil er »den Vorgang inhaltlich wie institutionell von der Religion zu lösen vermag.« Und weiter: »Ein kulturwissenschaftliches Verständnis des Sakralen [löst] die Frage nach wahrer oder falscher Heiligkeit ab und macht

1 M. Schlette und V. Krech, Sakralisierung, in: D. Pollack/V. Krech/O. Müller/M. Hero (Hg.), Handbuch Religionssoziologie, Wiesbaden 2018, 437–463: 437.
2 Dieser Beitrag entwickelt einige der Überlegungen weiter, die zuerst im Jahr 2000 in folgendem Aufsatz vorgelegt wurden: I. Eschebach und S. Lanwerd, Säkularisierung, Sakralisierung und Kulturkritik, in: Metis. Zeitschrift für historische Frauen- und Geschlechterforschung Heft 18 (2000) 9. Jg., 10–26.

historische Praktiken [...] zum Gegenstand der Untersuchung.«[3] Sakralisierung als Praxis kann man in verschiedenen Bereichen beobachten, sei es auf dem »religiösen Feld« (P. Bourdieu), sei es in der Sphäre der Politik, der Kunst, der Menschenrechte, des populären Films[4] u. a. m.

Ein weiteres Feld, auf dem Sakralisierungsprozesse zu beobachten sind, sind Orte nationalsozialistischer Gewaltverbrechen in West- und Osteuropa. Wie Katharina Schramm schreibt, findet Sakralisierung statt

> namely through the explicit ascription of meaning to a violent past. The victim, the martyr and the hero are narrative figures through which the conversion of the inexplicable into the meaningful may be channeled [...]. Second, the concept of sacralization relates to concrete places. [...] Declaring something sacred means to remove it from the everyday realm, giving it special attention and symbolic value and, at least ideally, deeming it undisputable.[5]

Die Erinnerung an eine gewaltvolle Vergangenheit mit einer Bedeutung von normativem Gewicht zu versehen, um diese erträglich bzw. anschlussfähig zu machen, ist ein zentrales Merkmal von Sakralisierung. Gerade in Hinblick auf ein Unheil – auf Krisen, Kriege, Bedrohung und Tod – stellen Sakralisierungsprozesse Handlungsmuster und ein Vokabular zur Verfügung, dass das Unheil gewissermaßen »bändigt« und in einer sinnvollen, scheinbar überirdisch legitimierten Ordnung aufgehen lässt.[6] Zugleich sind Sakralitätsbehauptungen immer auch Ausdruck geschichtspolitischer Interessen.

Die christliche Religion, die mit ihren Institutionen über Jahrhunderte stets erneut ihr alleiniges Recht auf Sakralisierungsakte zu behaupten suchte, verfügt über ein umfangreiches sprachliches und formensprachliches Repertoire an Sakralisierungsstrategien. Gleichwohl ist daran zu erinnern, dass das Christentum seine Technik zur Erzeugung von Heiligem keineswegs autonom aus sich heraus entwickelt hat. In der Frühzeit des Christentums sind zahlreiche Elemente des römisch-

---

3 J. Paulmann, Sakralisierung, in: M. Sabrow und A. Saupe (Hg.), Handbuch Historische Authentizität, Göttingen 2022, 435–444.
4 Vgl. N. Böhm, Sakrales Sehen. Strategien der Sakralisierung im Kino der Jahrtausendwende, Bielefeld 2009.
5 K. Schramm, Landscapes of Violence: Introduction: Memory and Sacred Space, in: History & Memory, Vol. 23, No. 1, Spring/Summer (2011) 5–22: 7. Schramm weist zurecht darauf hin, dass die narrativen Figuren in Prozessen der Sakralisierung »usually gendered« sind. Die geschlechterhistorische Dimension in Sakralisierungsprozessen ist jedoch nicht Thema des vorliegenden Aufsatzes, vgl. dazu u. a. I. Eschebach, S. Jacobeit, S. Wenk (Hg.), Gedächtnis und Geschlecht. Deutungsmuster in Darstellungen des nationalsozialistischen Genozids, Frankfurt am Main 2002.
6 Vgl. dazu ausführlich: I. Eschebach, Öffentliches Gedenken. Deutsche Erinnerungskulturen seit der Weimarer Republik, Frankfurt am Main 2005, 48 ff.

kaiserlichen Zeremoniells und der kaiserlichen politischen Terminologie adaptiert worden. Ernst H. Kantorowicz diskutiert in diesem Zusammenhang frühchristliche Darstellungen Christi, die diesen in der vollen Uniform eines römischen Kaisers mit goldener Rüstung und weiteren kaiserlichen Attributen zeigen[7] und konstatiert eine »Übertragung von Definitionen von der einen Sphäre in die andere«[8]. Gegenseitige Anleihen der religiösen und der weltlichen Sphäre zeichnen auch das Verhältnis von Papst und Kaiser im Mittelalter aus: Legte sich der Papst den kaiserlichen Purpur um, so trug der Kaiser päpstliche Schuhe und andere Kleidungsstücke des Pontifex.[9]

Historische Orte des Massensterbens waren lange Zeit – und sind es zum Teil heute noch – eingebettet in ein semantisches Feld, das durch Begriffe wie heilige Stätte, geweihte Erde, Opfer, Märtyrer, Wallfahrt, Prozession besetzt ist. Seit den Napoleonischen Kriegen bis hin zu den beiden Weltkriegen, der Ermordung der europäischen Juden und darüber hinaus sind Massentötungen immer wieder mit Hilfe eines sakralisierenden Vokabulars und sakralisierender Praktiken thematisiert worden. Gleiches gilt auch für manche Institutionen politischer Macht: »Metaphysische Transfers vom Absoluten auf endliche Gebilde wie Nationen, Staaten und politische Einrichtungen aller Art«, so Friedrich Wilhelm Graf, »geben diesen eine Aura des Gottgegebenen, Ewigen immer schon Gültigen.«[10]

Ein Beispiel für den Vorgang der Übertragung sakraler Formensprache von einer Sphäre in eine andere gibt Kathrin Hoffmann-Curtius in ihrer Schilderung der französischen Revolutionsfeierlichkeiten: Nachdem am 14. Februar 1790 die Abgeordneten ihren Bürgereid noch in der Kathedrale von Notre Dame in der Nähe des dortigen Hochaltars abgelegt hatten, wurde anlässlich der Revolutionsfeier am 14. Juli desselben Jahres ein »Autel de la Patrie«, ein »Altar des Vaterlandes« auf dem Pariser Marsfeld, im Zentrum der Arena für alle Franzosen, errichtet; dort legte die königliche Garde ihren Schwur auf den König, das Gesetz und das Vaterland ab. »Partiziptionsverheißung und Gewaltbereitschaft«, so Hoffmann-Curtius, sind zwei Facetten des nationalstaatlichen Konzepts, die verschmolzen sind in der

---

7 E.H. Kantorowicz, Die zwei Körper des Königs. Eine Studie zur politischen Theologie des Mittelalters (1957), München 1994, 92.

8 Kantorowicz, Körper des Königs (s. Anm. 7), 42.

9 Kantorowicz, Körper des Königs, (s. Anm. 7), 205.

10 F.W. Graf, Sakraltransfer, in: H.D. Betz et al. (Hg.), Religion in Geschichte und Gegenwart. Handwörterbuch für Theologie und Religionswissenschaft, Tübingen 2004, 748f. Der Begriff geht zurück auf den französischen Begriff der »Transfer de Sacralité«, den die Historikerin Mona Ozouf entwickelt hat, vgl. M. Ozouf, La Fête Révolutionaire 1789–1799, Paris 1976, 317–340.

»ungemein populär gewordenen Vorstellung vom Opfer auf dem Altar des Vaterlandes«.[11]

Ein entsprechender Sakraltransfer lässt sich bekanntlich auch in Deutschland beobachten, wo seit den napoleonischen Kriegen die kirchliche Gottesdienstkultur ein Stück weit aus der Kirche ausgewandert ist: In diesen Jahren werden, so noch einmal Friedrich Wilhelm Graf, »alte christliche Zentralsymbole und überkommene Prädikate Gottes oder Christi zunehmend auf Staat und Nation bezogen.«[12] Davon zeugen nicht zuletzt folgende Verse von Ernst Moritz Arndt: »Einmüthigkeit der Herzen sey eure Kirche, Haß gegen Franzosen eure Religion, Freiheit und Vaterland seyen die Heiligen, bei welchen ihr anbetet!«[13]

Die genannten Beispiele für einen Sakraltransfer kann man als Belege für Joseph Comblins These einer »Verschiebung des Sakralen« lesen, die sich im Kontext von gesellschaftspolitischen Umbrüchen vollzieht. Wenn das Sakrale seine »Ansatzpunkte« ändert, dann besteht die Aufgabe darin, die neuen Formen der Sakralität, die die Gesellschaft entwickelt, zu entdecken und zu beschreiben.[14] Ohne Zweifel ist die christliche Religion auch im 21. Jahrhundert eine Instanz, auf deren Symbolsprache zurückgegriffen wird. Das ideenpolitische Konzept einer säkularisierten Verfallsgeschichte scheint indes nicht geeignet, diese Tradierungsprozesse adäquat zu beschreiben.

Es stellt sich die Frage, ob und inwiefern die Psychoanalyse Einsichten in Prozesse der Sakralisierung vermitteln kann. Renate Schlesier hat auf eine Übereinstimmung hingewiesen zwischen dem, was Sigmund Freud in Hinblick auf das Unheimliche »Gefühlsambivalenz« nennt und dem, was Rudolf Otto als »Kontrast-Harmonie« des »mysterium tremendum und fascinans« bezeichnet. Schlesier fragt, ob nicht beide, Freud und Otto, »einmütig die Verlockung wie den Schrecken« betonen, die vom Heiligen und vom Unheimlichen ausgehen.[15] Trotz Ottos substanziellem und aprioristischem Religionsbegriff könnte man seinen Begriff

---

**11** K. Hoffmann Curtius, Die Nation und ihre Feierorte: Nation und Religion, in: Metis. Zeitschrift für historische Frauen- und Geschlechterforschung, Heft 18, 9. Jg., (2000), 46–57.

**12** F. W. Graf, ›Dechristianisierung‹. Zur Problemgeschichte eines kulturpolitischen Topos, in: H. Lehmann (Hg.), Säkularisierung, Dechristianisierung, Rechristianisierung im neuzeitlichen Europa. Bilanz und Perspektiven der Forschung, Göttingen 1997, 32–66: 59.

**13** E. M. Arndt, zit. n. P. Berghoff, Vom corpus christi mystericum zur Identität der Nation. Die profane Transzendenz politischer Kollektive in der Moderne, in: S. Vietta und St. Porombka (Hg.), Ästhetik – Religion – Säkularisierung, Bd. 2: Die klassische Moderne, München 2009, 21–35.

**14** J. Comblin, Säkularisierung: Mythen, Realitäten und Probleme, in: H.-H. Schrey (Hg.), Säkularisierung, Darmstadt 1981, 312–323: 320.

**15** R. Schlesier, Das Heilige, das Unheimliche, das Unmenschliche, in: D. Kamper/Ch. Wulf (Hg.), Das Heilige. Seine Spur in der Moderne, Frankfurt am Main 1987, 99–113: 107.

des »Numinosen« bzw. des Heiligen als das »Ganz andere« für die Diskussion von Sakralisierungsprozessen in Betracht ziehen: Dieses »Ganz andere« bezeichnet, so Otto in seiner 1917 zuerst veröffentlichten Studie, »das Fremde und Befremdende, das aus dem Bereiche des Gewohnten, Verstandenen und Vertrauten und darum ›Heimlichen‹« heraus fällt,[16] mit anderen Worten: das Außeralltägliche.

Für Freud ist das Unheimliche verknüpft mit dem Grauenhaften und dem Tod: »In allerhöchstem Grade unheimlich erscheint vielen Menschen, was mit dem Tod, mit Leichen und mit der Wiederkehr der Toten, mit Geistern und Gespenstern zusammenhängt«, heißt es in seinem zuerst 1919 veröffentlichten Aufsatz zum Thema. Freud konstatiert hier eine »ursprünglich höchst zweideutige[n], ambivalente[n] Gefühlseinstellung zum Toten« und stellt fest, dass sich auf kaum einem anderen Gebiet »unser Denken und Fühlen seit den Urzeiten so wenig verändert [hat] wie in unserer Beziehung zum Tode.«[17]

Dem entspricht die ambivalente Bedeutung, die Grablagen zukommt. Olaf B. Rader erklärt sie damit, dass der Tote »die Anwesenheit eines Abwesenden« verkörpere. Noch bis in die Vormoderne waren Vorstellungen von einer »Gegenwart der Toten« verbreitet – und sind es zum Teil heute noch. Die Sakralisierung der Grablagen dient immer auch dazu, die Bedrohungen des Todes zu bannen. Weil sich an den Grabstätten Himmel und Erde begegneten, eignen sich Gräber immer auch zur Stiftung von Herkunftsgeschichten und können aus diesem Grund, so Raders These, zur Legitimierung politischer Autorität und Herrschaft in Anspruch genommen werden.[18]

In religionswissenschaftlicher Perspektive bezeichnet der Begriff des Heiligen etwas, das dem Bereich des Heils eigen ist – Vorstellungen des Heils sind in der Regel auf Erfahrungen und Narrative des Unheils bezogen. Vor diesem Hintergrund kann man das Heil auch als ein »Modell der Unheilsbewältigung« bezeichnen.[19] »Jede Sakralisierung« hält dazu an, »auch eine Heilung zu sein [healing]«, so auch Jacques Derrida. »Heil, indemnis, meint jenes, was keinen Schaden genommen hat und nicht beschädigt worden ist [damnum].« Sakralisierung zielt darauf, »die un-

---

**16** R. Otto, Das Heilige. Über das Irrationale in der Idee des Göttlichen und sein Verhältnis zum Rationalen. München 1997, 31.
**17** S. Freud, Das Unheimliche (1919), in: Ders., Psychologische Schriften. Studienausgabe Bd. IV, Frankfurt am Main 1970, 241–274: 264f.
**18** O.B. Rader, Grab und Herrschaft. Politischer Totenkult von Alexander dem Großen bis Lenin, München 1993, insbesondere 29ff. Das Bild einer Begegnung von Himmel und Erde stammt von P. Brown, The Cult of the Saints. Its rise and function in Latin Christianity, University of Chicago Press 1981.
**19** R. Flasche, Heil, in: H. Cancik, B. Gladigow und K.-H. Kohl (Hg.), Handbuch religionswissenschaftlicher Grundbegriffe, Bd. III, Stuttgart, Berlin, Köln 1993, 66–74: 73.

berührte Reinheit [...], die heile, geborgene, unversehrte Vollständigkeit, das unbeschädigte Eigene der Eigenheit und das fleckenlos oder unbefleckt Reinliche« wiederherzustellen.[20] Es handelt sich um eine Strategie, der Evidenz des gewaltsamen Todes zu begegnen und die Katastrophe, das geschehene Unheil, durch eine Integration in die Ökonomie des Heils zu verarbeiten.

Als der Erste Weltkrieg in der Rückschau zu einem »nachgerade heiligen Ereignis« verklärt wurde, ging es darum, wie George L. Mosse formuliert, »eine an sich unerträgliche Vergangenheit erträglich zu machen«.[21] Insofern ist Sakralisierung immer auch ein Angebot zur Konfliktbewältigung: Eine Geschichte soll »als ›vollständige‹, nicht traumatische« gesichert werden.[22] Eine zentrale Funktion der Sakralisierung von Massentötungen und Gewalterfahrungen liegt in diesem spezifischen Angebot einer Konfliktthematisierung und -bewältigung. Sakralisierungsprozesse zielen darauf, realgeschichtliche Ereignisse in einen krisenresistenten, stabilen Ordnungsrahmen zu überführen. Es ist die »Idee eines ›wirklich Wirklichen‹«, so Clifford Geertz,[23] die diesem Ordnungsrahmen seine Stabilität verleiht. Das Heilige markiert in diesem Prozess den Ort sanktionierter Fraglosigkeit, den Punkt vollständiger Selbstreferentialität, der durch kritische Reflexion nicht mehr relativiert werden soll.

## 2 Zur Bedeutung der Orte

Orte, an denen Gewaltverbrechen stattgefunden haben, vermitteln häufig den Eindruck, etwas von dem hier Geschehenen sei trotz aller seither vergangenen Zeit immer noch präsent. Auch Besucher von Gedenkstätten an Orten ehemaliger Konzentrationslager kommen häufig mit der Erwartung, vor Ort der Vergangenheit irgendwie teilhaftig zu werden und ein Konzentrationslager vorzufinden. Diese Erwartungshaltung korrespondiert mit der folgenden Beobachtung von Maurice Halbwachs: »Allein das Bild des Raumes [gibt uns] infolge seiner Beständigkeit die Illusion, zu allen Zeiten unverändert zu sein und die Vergangenheit in der Gegen-

---

20 J. Derrida, Glaube und Wissen. Die beiden Quellen der Religion an den Grenzen der bloßen Vernunft, in: Ders. und G. Vattimo: Die Religion, Frankfurt am Main 2001, 9–106: 40f. (dort Anm. 20).
21 G. L. Mosse, Gefallen fürs Vaterland. Nationales Heldentum und namenloses Sterben, Stuttgart 1993, 13.
22 S. Wenk, Geschlechterdifferenz und visuelle Repräsentation des Politischen, in: Frauen, Kunst, Wissenschaft, Heft 27 (1999), 25–42: 31.
23 C. Geertz, Dichte Beschreibung. Beiträge zum Verstehen kultureller Systeme, Frankfurt am Main 1999, 77.

wart wiederzufinden. [...] Allein der Raum ist beständig genug, um ohne zu altern und ohne einen seiner Teile zu verlieren, fortdauern zu können.«[24] Orte, an die sich die Erwartung heftet, Vergangenes könne einem hier unvermittelter entgegentreten als anderswo, hat Stephan Wackwitz deshalb auch als »Zonen verringerter Realitätsfestigkeit« bezeichnet.[25] Stets erneut stellt sich an den Gedenkorten die Erwartung ein, Gewesenes anwesend zu finden bzw. die Bilder, die man von Vergangenem mit sich bringt, an diesem Ort bestätigt zu sehen.[26]

Orte sind zentrale Referenzpunkte öffentlichen Gedenkens. Der Ort ist von Bedeutung, weil hier der Tote zuletzt gewesen ist, wie u. a. die spontan entstehenden, mit Kerzen, Bildern und Blumen markierten Gedenkorte in städtischen Räumen nach den Attentaten auf Zivilisten zeigen. Die herausragende Bedeutung von Orten für das öffentliche Gedenken ist wiederum christlich präfiguriert: Die Wallfahrten und Pilgerreisen galten Stätten, an denen sich ein als heilig betrachtetes Geschehen ereignet hatte bzw. wo Märtyrer begraben lagen. Die Reformation gilt als einer der großen Versuche, die Bedeutung der heiligen Orte zugunsten eines zeitgebundenen Regulativs öffentlichen Gedenkens zu minimieren, weshalb die Jahrestage – wie der Tag der Taufe Luthers am 11. November oder auch sein Todestag – im Protestantismus eine größere Rolle spielen als heilig erachtete Orte historischen Geschehens.

Die Vorstellung, besondere Orte hätten Vergangenes absorbiert, hat nicht nur in der Literatur ein Füllhorn zahlreicher Geschichten hervorgebracht. Schon Ruth Klüger, Überlebende der KZ Auschwitz und Groß-Rosen, bemerkte, dass den Gedenkstätten »ein tiefer Aberglaube« zugrunde liege, »nämlich dass die Gespenster gerade dort zu fassen seien, wo sie als Lebende aufhörten zu sein. Oder vielmehr kein tiefer, sondern ein eher seichter Aberglaube, wie ihn auch die Grusel- und Gespensterhäuser in aller Welt vermitteln.«[27] Cornelia Siebeck attestiert »Gedächtnisorten« ihrerseits eine »durchaus esoterisch anmutende Komponente«, so als hätten diese Orte Vergangenes gewissermaßen gespeichert.[28] Im Begriff »Gedenkstätte« ist nun der Ortsbezug explizit gesetzt und angekündigt: An dieser Stätte ist es ge-

---

24 M. Halbwachs, Das kollektive Gedächtnis. Frankfurt am Main 1991, 162 f.
25 St. Wackwitz, Ein unsichtbares Land. Familienroman, Frankfurt am Main 2005, 136.
26 Vgl. dazu ausführlich: I. Eschebach, Die Kraft der Orte. Positionen zeitgenössischer Literatur zur Wirkungskraft von KZ-Gedenkstätten, in: H. Knoch und O. von Wrochem (Hg.), Entdeckendes Lernen. Orte der Erinnerung an die Opfer der nationalsozialistischen Verbrechen, Berlin 2022, 456–476.
27 R. Klüger, Weiter Leben. Eine Jugend. Göttingen 1992, 76.
28 C. Siebeck, »Im Raume lesen wir die Zeit«? Zum komplexen Verhältnis von Geschichte, Ort und Gedächtnis (nicht nur) in KZ-Gedenkstätten, in: A. Klei, K. Stoll, A. Wienert (Hg.), Die Transformation der Lager. Annäherungen an die Orte nationalsozialistischer Verbrechen, Bielefeld 2011, 69–97: 71 f.

schehen! Die »Vorstellung von immanenten Qualitäten der Orte« stehe deshalb, so Siebeck, in einem »paradoxen Spannungsverhältnis« zu dem aufklärerischen Anspruch, den Gedenkstätten in ihrer Arbeit verfolgen – während sie sich doch zugleich »des ›Auratischen‹ und ›Unmittelbaren‹ in Form einer besonderen Aufnahmebereitschaft der Besucher/innen« bedienen.[29]

Diese »besondere Aufnahmebereitschaft« bzw. die Erwartung, »alles Gewesene [...] also in Wahrheit anwesend zu finden«, schildert auch der Schriftsteller Günter Kunert in einem 1976 erschienenen Text über seinen Besuch des Obersalzbergs. Doch seine Erwartung wird enttäuscht: »*Das* Gelände, der ›heilige‹ Bezirk, das Herz des Schreckens, eines der Zentren [...] der Macht, heute eine Bushaltestelle. [...] Geröll [...] tritt stets zutage, und weiter gar nichts.«[30]

Der »heilige Bezirk« *ist* »das Herz des Schreckens«, auch wenn das Gelände durch die Existenz einer Bushaltestelle gewissermaßen profanisiert wurde und deshalb Enttäuschung hervorruft. Dies ist aus zwei Gründen aufschlussreich: Zum einen, weil Kunert hier unbesehen jene »Gefühlsambivalenz« zum Ausdruck bringt, durch die bei Freud das Heilige mit dem Schrecken verknüpft ist: Die Doppeldeutigkeit des Wortes ›sacer‹ – heilig und verabscheuungswürdig – tritt hier in den Worten vom heiligen Bezirk und dem Herz des Schreckens zutage.

Zum anderen wird deutlich, dass es bestimmter Akte und Vorrichtungen bedarf, um einen historisch kontaminierten Ort in einen »heiligen Bezirk« zu verwandeln. Dies war in den frühen 1970er Jahren am Obersalzberg in Kunerts Wahrnehmung nicht geschehen. Als »heiliger Bezirk« wäre Hitlers »Berghof« möglicherweise dann erkennbar gewesen, wenn der Ort durch eine wie auch immer geartete Erzählung mit gutem Ausgang »gerahmt« gewesen wäre. Auch wenn der Obersalzberg selbstverständlich keine Gedenkstätte, sondern ein »Lern- und Erinnerungsort« ist, so gilt doch auch hier der Befund Martin Sabrows: Gedenkstätten halten Heilsbotschaften für jedermann bereit: »Den Spieß ostentativ und symbolisch in der Höhle der Löwen umgedreht und diese nunmehr zivilisiert zu haben«, vermittle den Besuchern »ein Bewusstsein von Stärke, Sinnerfüllung und Genugtuung«.[31]

In der Tat tritt Besuchern von KZ-Gedenkstätten die dargestellte Geschichte häufig als überwundene entgegen, die Schrecken des Vergangenen scheinen in einen stabilen, wenn nicht gar heilsversprechenden Ordnungsrahmen überführt. Dementsprechend endete die bisherige Ausstellung der Gedenkstätte der Märty-

---

29 Siebeck, Im Raume (s. Anm. 28), 84.
30 G. Kunert, Im Adlernest, in: Ders., Warum schreiben? Notizen zur Literatur, Berlin, Weimar 1976, 100–124: 101.
31 M. Sabrow, Forschung & Gedenken. Überlegungen zu einer spannungsreichen Beziehung, in: GedenkstättenRundbrief Nr. 185, Heft 3 (2017), 3–12: 10.

rer und Helden des Holocaust, Yad Vashem, mit dem Thema der Auswanderung jüdischer Überlebender nach Israel. Das Holocaust Museum in New York City beendet seine Ausstellung mit einem Blick auf die Statue of Liberty.[32] Auch im Rahmen öffentlicher Gedenkveranstaltungen werden die Massentötungen in der Regel auf eine Weise thematisiert, die Beruhigung beziehungsweise eine Rückkehr in den Alltag, ermöglichen soll. In den staatlich initiierten Gedenkveranstaltungen des 20. und frühen 21. Jahrhunderts ging und geht es stets erneut um eine »redemptive closure«, um einen »erlösenden Abschluss«, wie Tim Cole formuliert.[33] Der Anlass des Schreckens, des Entsetzens und der Trauer sei im Grunde vorüber, so die Botschaft, jetzt gelte es, sich auf der Basis neu zu formulierender Prämissen der Zukunft zuzuwenden.[34]

Öffentliche Akte des Gedenkens thematisieren das geschehene Unheil auf eine Weise, die, es wurde bereits erwähnt, »heilend« wirken soll. Das dieses Ziel nicht immer erreicht wird, beschreibt die französische Schriftstellerin Cécile Wajsbrot in ihrem Essay »Die Zeremonie«: In diesem Text schildert sie die Gedenkveranstaltungen in Beaune-la-Rolande – «die absurde Wiederholung eines pietätvollen Nie-Wieder« –, an der sie mit ihrer Familie Jahrzehntelang regelmäßig »wie zu einer Verabredung« teilgenommen habe. In dem etwa 100 Kilometer südlich von Paris gelegenen Ort hatten Deutsche 1942 ein Auffanglager für Juden eingerichtet, in dem der Großvater der Schriftstellerin ein Jahr inhaftiert war, bevor er nach Auschwitz deportiert und dort ermordet wurde. »Und jedes Mal würde ich alles geben«, so Cécile Wajsbrot, »nur um nicht hin zu müssen, aber es ist nichts zu machen, also gehe ich wieder hin, warte, bis es vorbei ist – doch in Wirklichkeit ist es nie vorbei. [...] Ich nehme an, diese Katastrophe war übergroß, als Ganzes nicht zu ertragen, und deshalb musste man sie aufteilen unter den Generationen.«[35]

In den ersten Jahren sei man im Anschluss an die Zeremonie am Mahnmal noch auf das historische Lagergelände gegangen, »zu Fuß, als Prozession [...], beinahe mit dem Gefühl, es sei etwas Heiliges.«[36] Und weiter: »Auf dem Marsch dorthin hatte ich wohl eine Furcht wie in Alpträumen, glaubte, über vermintes Gelände

---

**32** Um Sinnstiftungen wie die genannten zu vermeiden, endet die 2013 eröffnete Hauptausstellung der Gedenkstätte Ravensbrück mit unterschiedlichen Antworten auf die Frage, ob und warum die Erinnerung an das Frauen-Konzentrationslager wichtig sei. Daran anschließend haben Besucherinnen und Besucher die Möglichkeit, selbst Antworten zu formulieren.
**33** T. Cole, Selling the Holocaust. From Auschwitz to Schindler. How History is bought, packaged, and sold, Routledge New York 2000, 153.
**34** Vgl. I. Eschebach, Nachwort, in: Dies., Öffentliches Gedenken (s. Anm. 6), 206–212.
**35** C. Wajsbrot, Die Zeremonie, aus dem Französischen von H. Thill, in: Sinn und Form, 64. Jg., Heft 2 (2012), 195–212: 199.
**36** Wajsbrot, Zeremonie (s. Anm. 35), 205.

zu gehen – und wirklich sind ja alle Regionen der Erinnerung vermintes Gelände, die Vergangenheit droht jeden Augenblick zu explodieren.«[37]

Auch in diesem beeindruckenden Text fällt der Begriff des Heiligen, verbunden mit der Dimension des Schreckens (»vermintes Gelände«). Zugleich wird aus Wajsbrots Ritualkritik deutlich, dass Gedenkveranstaltungen an Bindekraft verlieren können und in der zweiten und dritten Generation nicht mehr die gleiche Wirkung entfalten, wie für die Generation der von der NS-Verfolgung Betroffenen. Davon, dass die traditionelle Formensprache öffentlichen Gedenkens seit Jahren in der Kritik steht, schal und inhaltsleer zu sein, wird im Folgenden noch die Rede sein.

# 3 Sakralisierungsprozesse an Orten nationalsozialistischer Gewaltverbrechen

Wie eingangs erwähnt, geht es angesichts einer gewaltvollen Vergangenheit immer wieder darum, dem Geschehenen irgendeinen Sinn zuzuschreiben, um es erträglich werden zu lassen. Dabei kommt nicht nur den Gewalttaten selbst, sondern auch den Orten, an denen sie durchgeführt wurden, jeweils eine besondere Bedeutung zu. Der Rückgriff auf narrative Figuren, die der Religionsgeschichte entstammen, ist verbreitet und lässt sich auch in der frühen Nachkriegszeit beobachten. Im Folgenden werden Sakralisierungsprozesse an Orten nationalsozialistischer Gewaltverbrechen wie Oradour und Ravensbrück in den Blick genommen.

## 3.1 Oradour

Unmittelbar nach dem Massaker 1944 begann die Entwicklung Oradours zu einem *village martyr*. Nachdem man die Toten in Sammelgräbern und die große Menge an Asche und Knochenteilen in Kisten verwahrt in einer provisorischen Kapelle untergebracht hatte, begannen Aufräumungsarbeiten und das Sichern der Ruinen.[38] Der witterungsbedingte Schwund der vornehmlich aus Lehm gebauten Häuser wie auch die drohende Überwucherung des Ortes durch natürlichen Wildwuchs waren ein Problem, verfolgte doch die lokale Bevölkerung wie auch der Staat die Idee,

---

**37** Wajsbrot, Zeremonie (s. Anm. 35), 204

**38** Vgl. A. Erkenbrecher, Oradour und die Deutschen. Geschichtsrevisionismus, strafrechtliche Verfolgung, Entschädigungszahlungen und Versöhnungsgesten ab 1949, Berlin/Boston 2023, 31. Ich danke Andrea Erkenbrecher herzlich für hilfreiche Hinweise.

den gesamten Ort als *monument historique* zu bewahren: Oradour sollte als Zeugnis nationalsozialistischer Barbarei, als eine heilige Stätte nationaler Pilgerschaft und als Symbol der Leiden des französischen Volkes dienen. Der Besuch Charles de Gaulles im März 1945 bestätigte dieses Vorhaben: Oradour ging in den Besitz des Staates über und ein neuer Ort Oradour wurde in unmittelbarer Nähe des alten Dorfes errichtet.

Verschiedene Praktiken waren notwendig, um den Statuswechsel des Ortes zu vollziehen, um Oradour von einer chaotischen Stätte völliger Zerstörung in ein nationales Heiligtum zu verwandeln: Sakralisierungsprozesse, die sich auf narrativer, ritueller und ikonischer Ebene vollzogen.

Zunächst galt es, wie bereits erwähnt, die Ruinen zu sichern. Die Idee war, dass künftige Besucher die Möglichkeit haben sollten, »die unsichtbare Präsenz der Hausbewohner« zu fühlen – ein Gedanke, der die Vorstellung einer Präsenz der Toten evoziert. Um das zerstörte Dorf herum wurde eine mit zwei Eingangstoren versehene Mauer gebaut, auch um den Besucherverkehr zu kontrollieren und Plünderungen zu verhindern. Es ging jetzt, wie Sarah Farmer formuliert, darum, der Öffentlichkeit wie der lokalen Bevölkerung angemessene Verhaltensweisen beizubringen.[39] Dies gelang nicht auf der Stelle: Angehörige der Toten, die in den Weilern der Umgebung lebten, betrachteten die Häuser ihrer Familien als ihr Eigentum und nutzten sie entsprechend. Andere nutzten weiterhin die alten Fußwege durchs Dorf zu ihren Feldern, indem sie die Mauer mit Hilfe einer Leiter überstiegen usw. Die Sprache der Debatten staatlicher und kommunaler Einrichtungen, die die Entwicklung des Ortes zu einer nationalen Gedenkstätte zu befördern suchten, ähnelte, so Farmer, »the language of episcopal investigations into the authenticity of miracles in order to decide whether to sanction the founding of an official cult.«[40] Acht Überlebende des Massakers, unter ihnen die eingangs erwähnte Marguerite Rouffanche, wurden als »miraculés« bezeichnet, mit einem Begriff also, der sonst versehrten Pilgern vorbehalten ist, die an einem »shrine of a miracle cult« geheilt wurden.[41] Deutlich wird das Ausmaß, indem im Oradour der frühen Nachkriegszeit ein Sakraltransfer stattgefunden hat.

**39** Vgl. hier und im Folgenden: S. Farmer, Martyred Village. Commemorating the 1944 Massacre at Oradour-sur-Glane, University of California Press, Berkeley and Los Angeles 1999, 59–134.
**40** Farmer, Village (s. Anm. 39), 91.
**41** Farmer, Village (s. Anm. 39), 102. Zur Zahl der Überlebenden und dem bislang wenig erforschten Umgang mit den Begriffen *miraculeux, réscapes* und *survivants* in der Nachgeschichte des Massakers vgl. Erkenbrecher, Oradour (s. Anm. 38), 9 ff.

Das betrifft auch die Gestaltung der Gedenkanlage, die auf dem Areal zwischen dem alten Dorf und dem lokalen Friedhof 1953 unter der Federführung des Architekten Jean Creuzot fertig gestellt wurde: Der Auftrag lautete

> de faire à nos martyrs une sépulture digne de la grandeur de leur sacrifice, pour prouver au monde que la France est la pays du culte du souvenir et de l'honneur.[42]

Dem barbarischen und absolut sinnlosen Massenmord an der Bevölkerung Oradours wird hier unmissverständlich eine ebenso christlich wie national grundierte Opferlogik eingeschrieben, die dem Ereignis sein Grauen und seine Sinnlosigkeit nehmen soll. Die schließlich im staatlichen Auftrag gebaute Gedenkanlage reflektiert diesen Auftrag auf ihre Weise: An das alte Dorf mit seinen Ruinen schließt sich ein großer, von Bäumen gesäumter Platz an, wie er in größeren Gedenkstätten mit nationalem Auftrag üblich ist und für Veranstaltungen genutzt werden kann. Am gegenüberliegenden Ende dieses Platzes wurde ein Altar aus Steinquadern mit einer darunter liegenden Krypta errichtet, die als »crypte des martyrs« die Asche der Toten aufnehmen sollte (s. Abb. 1). Besucher, die den Platz vom Dorf her kommend überqueren, erblicken zunächst diesen großen zentral gelegenen Altar, der in dieser Position an den eingangs erwähnten »Autel de la Patrie« erinnert. Hinter ihm erstreckt sich der Friedhof. Die Gedenkanlage stellt auf diese Weise den Friedhof in eine Deutungsperspektive, der zufolge die dort Bestatteten ihr Leben auf diesem Altar zum Opfer gebracht hätten.

Tatsächlich befindet sich die Asche der Toten nicht in der Krypta. Nachdem die französische Justiz 1953 in einem Strafverfahren gegen die Täter des Massakers ein Amnestiegesetz zugunsten der 13, an dem Verbrechen beteiligten, im Elsass zwangsrekrutierten SS-Männer erlassen hatte, lehnten die Hinterbliebenen jede weitere Zusammenarbeit mit staatlichen Stellen im Kontext öffentlichen Gedenkens ab. Der Verband schuf auf der Basis von Spenden ein «Tombeau des Martyrs« auf dem Friedhof, gekennzeichnet durch eine hohe Säule, die das abgelehnte »Monument de l'Etat« überragt. Hier wurde unter einer großen Steinplatte die Asche der Toten bestattet, zwei gläserne Särge sind in der Tradition des Reliquienkultes mit Asche- und Knochenresten gefüllt.

Der Sakralisierungsprozess basiert auf unterschiedlichen Praktiken: Da ist zunächst die Mauer, die das Dorf als nationales Heiligtum vom Profanum der Umgebung trennt. Eine solche Grenzziehung ist notwendig, um den Ort konsekrieren zu

---

**42** Discours de M. Brouillard, Président de l'Association Nationale des Familles des Martyrs, 10 juin 1947, zit. n. D. Danthieux und Ph. Grandcoing, Oradour après Oradour. Conserver, Reconstruire, Commémorer, Limousin 2006, 106.

**Abb. 1:** Oradour, Crypte des Martyrs, Architekt Jean Creuzot, 1953 (Foto: Emmanuel Sautai, Centre de la Mémoire Oradour, Frankreich)

können, ein Akt, der schon in der römischen Staatsreligion die feierliche, vor allem aber rechtliche Übertragung von etwas aus dem profanen in den sakralen Bereich bezeichnete.

Hinzu tritt der Transfer der Ermordeten in den Status von Märtyrern. »Im Martyrium«, so Sigrid Weigel, »schlägt die Reduktion des menschlichen Lebens auf das bloße Fleisch um in eine Sakralisierung des getöteten oder zerstörten Leibes.« Der Transfer menschlicher Asche und Knochen in Reliquien formt diese dann zu Zeichen der Zugehörigkeit der Toten »zu einer höheren, gleichsam über-menschlichen Gattung« um.[43] Auf diese Weise gelingt es, die Ermordeten von ihrem Status als »victims« in Märtyrer zu transponieren, die willentlich ihr Leben als Opfer – im Sinne des »sacrifice« – einsetzten für die Ehre Frankreichs. Weigel erkennt in einem solchen Akt der Umdeutung ein Symptom des Schuldgefühls von Überlebenden, zumal der plötzliche und unerwartete Tod anderer Menschen erst dann ins

---

[43] S. Weigel, Schauplätze, Figuren, Umformungen. Zu Kontinuitäten und Unterscheidungen von Märtyrerkulturen, in: dies. (Hg.), Märtyrer-Portraits. Von Opfertod, Blutzeugen und Heiligen Kriegern, München 2007, 11–38: 14.

Gedächtnis integriert werden kann, »wenn er – als bedeutungsvoller Tod – symbolisiert worden ist«.[44]

Sarah Farmer hat beschrieben, was durch die Sakralisierung Oradours vergessen gemacht werden sollte: Die Spannung zwischen dem Bild der Franzosen als aktive Widerstandskämpfer und dem Gros der Bevölkerung, das die deutsche Besatzung und den Krieg relativ unbeschadet überstanden habe.[45] Oradour sollte das Leid symbolisieren, das der ganzen Nation widerfahren sei, so Charles de Gaulle bei seinem Besuch des Ortes am 4. März 1945.[46] Allerdings ließ sich das Vorhaben, den Massenmord am 10. Juni 1944 in einen Anlass zu verkehren, Frankreich als Nation zu ehren, nicht bruchlos umsetzen: Konflikte und Zerwürfnisse ergaben sich zwischen dem Hinterbliebenenverband und den Gemeindevertretern sowie, es wurde bereits erwähnt, zwischen lokalen und nationalen Interessen. Es ist hier nicht der Ort, auf die ausgesprochen komplizierte Nachgeschichte Oradours einzugehen, zu der bereits herausragende Arbeiten wie die von Sarah Farmer und Andrea Erkenbrecher vorliegen.[47] Im Folgenden werden, diesen Punkt abschließend, noch kurz die ersten erinnerungskulturellen Bemühungen um das KZ Ravensbrück skizziert.

## 3.2 Das ehemalige Frauen-Konzentrationslager Ravensbrück

Im Unterschied zu Oradour gab es nach der Befreiung des Frauen-Konzentrationslagers 1945 zunächst keine Anstrengungen, den Ort in eine Erinnerungsstätte zu verwandeln, obgleich dort Tausende von Menschen ums Leben gekommen waren. Die lokale Bevölkerung betrachtete die Toten nicht als ihre Toten. Das Lager wurde als Materialreservoir genutzt, man holte sich von dort, was noch irgendwie zu verwerten war. Noch im Jahr 1948 lagen im Bereich des Krematoriums Aschenhaufen und Knochenreste herum.

»Ich habe mich davon überzeugt«, schrieb Fanny Mütze-Specht von der Vereinigung der Verfolgten des Nazi-Regimes Rostock im April 1948, »dass der gesamte Grund und Boden rings um das Krematorium aus den Schlackenresten der Totenverbrennungen stammt. Es ist tief bedauerlich, dass bisher nichts zur Erhaltung des Konzentrationslagers geschah, und das pietätlose Volk die Stätten seiner Schande zu Schacherzwecken mißbraucht.«[48]

---

44 Weigel, Schauplätze (s. Anm. 43), 16.
45 Farmer, Village (s. Anm. 39), 87.
46 Zit. n. Farmer, Village (s. Anm. 39), 82.
47 Farmer, Village (s. Anm. 39), sowie Erkenbrecher, Oradour (s. Anm. 38).
48 Schreiben von F. Mütze-Specht, Forschungsstelle der Widerstandsbewegung beim Landessekre-

Fanny Mütze-Specht gehörte zu den ersten, die diesen Missstand anprangerten und auf Abhilfe sannen. Im Jahr 1948 wurde dann auch eine erste Gedenkveranstaltung vor Ort durchgeführt, die seither dort regelmäßig stattfinden. Sei es, dass sich das Lager im protestantisch geprägten Mecklenburg befand, sei es, weil Ravensbrück – wie auch die großen Konzentrationslager Buchenwald und Sachsenhausen – auf dem Gebiet der SBZ und späteren DDR gelegen war: Rückgriffe auf katholisch tradierte Sakralisierungsstrategien sind hier zunächst nicht zu beobachten. Gleichwohl sollten Vorstellungen des Heiligen doch eine Rolle spielen, wie beispielsweise aus der Begrüßungsansprache von Greta Kuckhoff für den Zentralrat der Vereinigung der Verfolgten des Nazi-Regimes anlässlich einer Gedenkveranstaltung in Fürstenberg/Ravensbrück am 10. September 1949 hervorgeht:

> Heiliges Land ist das Fleckchen von Ravensbrück geworden [...] durch die Asche der Frauen, die die Erde düngte für die neue Saat, die aus ihrem Opfertod hervorging. Die Ernte aus jener Saat von Blut und Leid kann nur eine glückliche und befreite Welt sein.[49]

Wenn aus dem Opfertod der Frauen eine »neue Saat« hervorgeht, deren Ernte einer neuen Welt zugutekomme, dann steht das Sterben in einer ebenso sinnvollen wie beruhigenden Perspektive. Die Heilsvorstellung einer neuen Welt, die sich aus den Massenmorden herleitet, hebt diese Morde in einer ganzen, in einer letztlich unversehrten Geschichte auf. Die von Greta Kuckhoff bemühte Agrarmetaphorik, die schon in den Totenkulten des Ersten Weltkrieges weit verbreitet war, ist hier durchaus als Vorgriff auf die Geschichtspolitik der Deutschen Demokratischen Republik zu verstehen, die vier Wochen nach dieser Rede gegründet wurde: Die DDR stilisierte sich bekanntlich als Erbträger der Verfolgten des NS-Regimes, deren Opfer durch die »glückliche und befreite Welt« des ostdeutschen Staates gerechtfertigt sein sollte.

Im Jahr 1949 wurde im Umfeld des Krematoriums des KZ Ravensbrück eine Tafel mit deutschem und mit russischem Text errichtet: »Gedenkstätte. Für unsere im Konzentrationslager Ravensbrück hingemordeten Brüder und Schwestern. Ehret und achtet dieses Heiligtum« (s. Abb. 2).[50] Im ehemaligen Krematoriumsbereich des Konzentrationslagers Dachau wurde im Herbst 1945 eine ähnliche Tafel angebracht, die diesen Bereich in englischer Sprache als einen *Shrine*, genau genommen als »Altar«, als »Reliquienschrein« auswies. Der Text war mit dem Zusatz:

---

tariat der VVN Rostock, an das Zentralsekretariat der VVN Berlin vom 19.4.1948; StBG/MGR RA I/3-5, K XXXVI 42.

49 Zit. n. »Die Freiheit« vom 14.9.1949.

50 Vgl. Protokoll einer Besichtigung des Lagers Ravensbrück und anschließender Besprechung in Fürstenberg am 21.6.1949; StBG/MGR RA I/3-5 K XXXVI 155–157.

**Abb. 2:** Eine um 1949 errichtete Hinweistafel, die einen Bereich außerhalb der Lagermauer des ehemaligen Frauen-KZ Ravensbrück zur Gedenkstätte erklärt. Der deutsch und russisch verfasste Text lautet: »Gedenkstätte. Für unsere im Konzentrationslager Ravensbrück hingemordeten Brüder und Schwestern. Ehret und achtet dieses Heiligtum! Beschädigt nicht die Anlagen.« (Foto Nr. 2614, Gedenkstätte Ravensbrück / Stiftung Brandenburgische Gedenkstätten)

»Please don't destroy« versehen. Die beiden genannten Hinweisschilder zeigen auf ihre Weise, wie Heiliges »gemacht«, wie etwas vorher als gleichgültig und alltäglich Betrachtetes nunmehr gewürdigt, auf besondere Weise geachtet werden soll. Die auf beiden Tafeln vorhandenen Aufforderungen, den Ort nicht zu zerstören beziehungsweise ihn zu achten und zu ehren, indizieren, dass sich dies seinerzeit keineswegs von selbst verstand. Es bedurfte bestimmter Interessensgruppen, in Dachau vermutlich ehemalige Häftlinge oder auch Angehörige der US-Armee, in Ravensbrück wahrscheinlich Mitglieder der VVN, um die Krematoriumsbereiche in ein gleichsam neues Licht zu setzen. Erst aufgrund spezifischer Praktiken, hier das Anbringen von Erklärungstafeln, kann »das Gedächtnis des Ortes [...] eingeübt« werden.[51]

Aber um welches Gedächtnis handelt es sich? Die Begriffe *shrine* und »Heiligtum« signifizieren eine religiöse Tradition. Die kognitive Matrix, in die beide

---

[51] D. Hoffmann, Dachau, in: ders. (Hg.), Das Gedächtnis der Dinge. KZ-Relikte und KZ Denkmäler 1945–1995, Frankfurt am Main 1998, 36–91: 56.

Krematorien mit Hilfe von Tafeln gestellt werden, macht diese fortan vor dem Hintergrund eines spezifischen Wissens lesbar. Sie werden zu Stätten einer Wiedererkennung: Das, was man vom Heiligen weiß, wird man fortan auch in diesen zuvor missachteten und verwahrlosten Stätten erkennen. Die Hinweistafeln sind hier das Medium, mit dessen Hilfe eine religiös tradierte Definition auf eben noch nichtreligiöse Stätten transferiert wird. Auch hier erweist sich Sakralisierung als eine Kulturtechnik, die neben religiösen Institutionen auch von anderen sozialen und/oder politischen Gruppen genutzt wird, um etwas zuvor Alltägliches mit besonderer Bedeutung zu nobilitieren.

Die Gedenkstätte wurde in den folgenden Jahren bis zum Fall der Mauer für Zwecke des national tradierten Totenkultes genutzt: Soldaten der Nationalen Volksarmee wurden hier vereidigt und hielten »Ehrenwachen« an den Jahrestagen der Befreiung des Lagers. Auch die Massengräber der Lager wurden in der DDR zu einer Herkunftserzählung genutzt, der zufolge die Deutsche Demokratische Republik *das* Vermächtnis *der* Toten erfüllen würde, wie in zahlreichen Ansprachen stets erneut behauptet wurde. Die ehemaligen Konzentrationslager Ravensbrück, Buchenwald und Sachsenhausen wurden als »Nationale Mahn- und Gedenkstätten« national vereinnahmt und dienten der DDR zur Legitimation ihrer politischen Herrschaft.[52]

# 4 Anmerkungen zur Erinnerungskultur der Gegenwart

Es zeigt sich, dass, wo Erinnerungskulturen nationalpolitisch begründet und gerahmt werden, Sakralisierungsprozesse im Umgang mit den Toten bis heute verbreitet sind. Die Ehrung der Toten als Märtyrer, die – vermeintlich oder auch definitiv – ihr Leben für die nationale Sache ließen, ist auch deshalb unverzichtbarer Bestandteil des Protokolls im Rahmen von Staatsbesuchen. Seien es die Besuche am Grab des unbekannten Soldaten an der Kremlmauer in Moskau durch die Kanzlerin Angela Merkel am 10. Mai 2021 oder auch durch die Außenministerin Annale-

---

**52** In Westdeutschland dominierten dagegen zunächst religiöse Deutungsmuster: Das ›Dritte Reich‹ galt als eine »Welt ohne Gott« und wurde als Resultat der Säkularisierung interpretiert. Die Rechristianisierung der bundesdeutschen Nachkriegsgesellschaft sollte nun aus der selbst verursachten Katastrophe herausführen. Dementsprechend begann man, Orte ehemaliger Konzentrationslager mit christlichen Symbolisierungen zu besetzen: Vgl. dazu ausführlich: Eschebach, Öffentliches Gedenken (s. Anm. 6), 163 ff.

na Baerbock am 18. Januar 2022, seien es die regelmäßigen Kranzniederlegungen deutscher Politikerinnen und Politiker in Yad Vashem oder an der Gedenkstätte für die Helden des Maidan in Kiew – so der Verteidigungsminister Boris Pistorius am 19. November 2023 – stets geht es darum, mit der Ehrung der Toten an den symbolischen oder realen Grabstätten zugleich die Regierung des gastgebenden Landes zu würdigen und sich der Legitimität gemeinsamen politischen Handelns zu versichern. Aus dem Verweis auf den gewaltsamen Tod werden sakralisierend normative Setzungen für Gegenwart und Zukunft hergeleitet, die in militärischen Kontexten sogar zu neuen Tötungshandlungen beziehungsweise dem Einsatz des eigenen Lebens auffordern können.

Nun ist der Begriff der Erinnerung selbst von einem »discourse of sacrality« besetzt.[53] Weit davon entfernt, für individuelle Vergangenheitsentwürfe einzustehen, wird »Erinnerung« zunehmend als eine »moralisch aufgeladene, eher diffuse Pathosformel gebraucht«.[54] »Erinnern« ist – wie auch der seit den 1990er Jahren gebräuchliche Begriff der Erinnerungskultur – per se etwas Gutes, etwas moralisch Hochstehendes und Anstrebenswertes. Ziel des mit »Erinnerung« bezeichneten Prozesses ist es, einen Vergangenheitsbezug zu den Verbrechen des NS-Regimes herzustellen, um aus diesem Akt eine politische, religiöse und/oder moralisch nobilitierte Botschaft zu destillieren. In der Erinnerungskultur geht es darum, normativ grundierte Botschaften aus der Befassung mit Vergangenem zu ziehen, obgleich doch die Geschichte »kein moralisches Rezeptbuch« ist, »das uns den pluralistischen und offenen Streit erspart«.[55]

Auch deshalb wird die Praxis öffentlichen Gedenkens seit Jahren von einer ausgesprochen pointierten Kritik begleitet: Volkhard Knigge erkennt in ihr »habitualisierte Redundanzen und Kümmerformen«, die geprägt sind von »visuellen Klischees« und »hilfloser Rhetorik«.[56] Die »Rituale der Holocausterinnerung« wirken inzwischen »merkwürdig abgestanden«, sie sind »schal geworden, petrifiziert, inhaltsleer«, so Harald Welzer.[57]

---

**53** Vgl. Th. Laqueur, Introduction: Special Issue: Grounds for Remembering, in: Representations 69 (2000), 4.

**54** Volkhard Knigge, Zur Zukunft der Erinnerung, in: Aus Politik und Zeitgeschichte (APuZ), 25–26 (2010), 10–29: 10.

**55** G. Morsch, Erinnerungskultur in der Bewährungsprobe. Gedenkstätten in der BRD und der DDR vor 1989, in: Entdeckendes Lernen, 497–513: 508 f.

**56** V. Knigge, Zur Zukunft der Erinnerung, in: Aus Politik und Zeitgeschichte (APuZ), 25–26 (2010) 10–16.

**57** H. Welzer, Für eine Modernisierung der Erinnerungs- und Gedenkkultur, in: Gedenkstätten-Rundbrief 162, (2011) 3–9.

Dieser Umstand ist wahrscheinlich der Tatsache geschuldet, dass die deutsche Erinnerungskultur mittlerweile gesellschaftlich und politisch fest verankert und zu einem konventionellen Bestandteil staatlicher Selbstverständigung geworden ist. Bekanntlich war das nicht immer so: Mit der in den frühen 1970er Jahren einsetzenden Geschichts- und Gedenkstättenbewegung, die nach dem Motto »Grabe wo du stehst« verfuhr, haben die »Kriegs- und Nachkriegskinder«, so Per Leo, »die Not ihrer inneren Verwaistheit« überwunden, »indem sie eine Kultur der produktiven Heimatkritik stifteten«.[58] Zahllose Projekte, Initiativen, Gedenkstättengründungen, Ausstellungen usw. zeugen seither von der Vielfalt möglicher Erzählungen über die Jahre 1933 bis 1945. Die Auseinandersetzung mit der nationalsozialistischen Verbrechensgeschichte war lange Zeit von einem oppositionellen und gesellschaftskritischen Geist beseelt, der durch die Ankunft in der Mitte der Gesellschaft möglicherweise etwas gelitten hat.

Aus diesem kritischen Impuls, der sich weitgehend ohne Anspruch aufs Sakrale »gegen das Vergessen«, gegen die Schlussstrich-Mentalität der deutschen Mehrheitsgesellschaft, richtete, ging u.a. auch das Projekt der »Stolpersteine« des Aktionskünstlers Gunter Demnig hervor, das mit seinen 80.000, mittlerweile in 26 Ländern gesetzten Stolpersteinen als das »größte dezentrale Denkmal der Welt« bezeichnet wird.[59] »Vor der eigenen Haustür wird das Verdrängen schwieriger«, so Demnig über das Setzen der kleinen, messingummantelten Betonklötze in das Pflaster vor den Wohnorten der NS-Verfolgten.[60] Das kollektive Reinigen der Stolpersteine hat sich mittlerweile zu einem jährlich wiederkehrenden Akt des Gedenkens entwickelt – ebenso wie das Aufstellen von Kerzen und Niederlegen von Blumen an einzelnen Stolpersteinen, beispielsweise am 9. November, um der Opfer des Pogroms 1938 zu gedenken. Die zum Schutz gegen Wind in einem roten Behälter eingefassten Grablichte, wie sie am 2. November an »Allerseelen«, dem von Katholiken begangenen Gedenktag aller christlichen Verstorbenen, auf den Friedhöfen Verwendung finden, sind zum Zeichen des Gedenkens in den öffentlichen Straßenraum ausgewandert.

Ein Jahr, nachdem Gunter Demnig 1995 seinen ersten Stolperstein in Köln verlegt hatte, wurde in Berlin erstmals der israelische Gedenktag Jom HaShoah, der an den Holocaust und an den Beginn des Aufstandes im Warschauer Ghetto am 19. April 1943 erinnert, mit dem Verlesen von Namen begangen. Verlesen werden

---

**58** P. Leo, Tränen ohne Trauer. Nach der Erinnerungskultur, Stuttgart 2021, 67.
**59** Vgl. hier und im Folgenden: Th. Schaarschmidt, Ein Kunstprojekt macht Geschichte. Gunter Demnigs Stolpersteine, in: F. Bösch, St. Eisenhuth, H. Hochmuth und I. Zündorf, Public Historians. Zeithistorische Interventionen nach 1945, Göttingen 2021, 288–300.
**60** Zit. n. Schaarschmidt, Kunstprojekt (s. Anm. 59), 293.

die 55.696 Namen der von den Nationalsozialisten ermordeten Berliner Juden, ein Akt, der etwa 28 bis 30 Stunden in Anspruch nimmt. Die Aktion »Jeder Mensch hat einen Namen« wurde von dem damaligen Leiter des Jugendzentrums der jüdischen Gemeinde, Uli Faber, ins Leben gerufen. »Jeder Mensch hat einen Namen« lautet zugleich der Beginn eines Gedichts der israelischen Lyrikerin Zelda Schneersohn Mishkovsky (1914–1984). In Jerusalem lesen am Morgen nach Jom HaShoah Überlebende am Fuß der Westmauer abwechselnd die Namen von Opfern aus einer von der Gedenkstätte Yad Vashem erstellten Liste mit 300.000 Namen vor.[61]

Auch der christliche Kult kennt das Verlesen der Namen von Toten und bezieht sie u.a. in das Memento des Kanons der Messe mit ein. Die Lesung der Namen im Rahmen der Gottesdienste konnte im Europa der Neuzeit »in gröszeren pfarreien oft über eine Viertelstunde dauern«[62]. Kern der Totenmemoria war, zumindest noch im Mittelalter und in der Frühen Neuzeit, die Vorstellung einer »Gegenwart der Toten«. Durch die Nennung des Namens wurde der Tote als gegenwärtig evoziert[63] – eine Strategie auch zivilgesellschaftlich engagierter Gruppen, die in der NS-Zeit Ausgestoßenen und Ermordeten als ›eigene‹ Tote anzuerkennen.

Wenn auch die Formensprache des Gedenkens religiöse Symbolbestände belehnt, ist doch der explizite Bezug aufs Heilige mittlerweile selten geworden. Ein Grund hierfür mögen, wie Gert Pickel schreibt, »die Prozesse funktionaler und struktureller Differenzierung« in modernisierten Gesellschaften sein, die »den Raum religiöser Wirksamkeit« einschränken.[64] Entsprechend beobachtet auch Sonja Keller einen »schleppenden Verlust des ›heiligen Raumes‹« in evangelischen Kirchengebäuden, ein Verlust, der auch von »einer evangelisch-theologischen Skepsis gegenüber Konzepten des Heiligen« geprägt sei.[65]

Anders verhält es sich in der militärischen Gedenkkultur, die seit der Entwicklung der Bundeswehr von einer Armee der Landesverteidigung zu einer weltweit agierenden Einsatztruppe in einem Wandel begriffen ist: Bis zum Fall der Mauer war das Gedenken an die ums Leben gekommenen Soldaten eher bundeswehrintern organisiert. Die Katastrophe des Zweiten Weltkrieges mit den Millionen Toten, die Kriegsverbrechen und das ausdrückliche »Nie wieder!« nach 1945 waren der

---

**61** Vgl. J.E. Young, Jom HaShoah: Die Gestaltung eines Gedenktages, in: N. Berg, J. Jochimsen, B. Stiegler (Hg.), Shoah. Formen der Erinnerung. Geschichte, Philosophie, Literatur, Kunst, München 1996, 70f.

**62** Jacob und Wilhelm Grimm, Gedenken, in: Deutsches Wörterbuch, Bd. IV, Leipzig 1878, Sp. 2007.

**63** Otto Gerhard Oexle, »Die Gegenwart der Toten«, in: H. Braet, W. Verbeke (Hg.), Death in the Middle Ages, Leuven 1983.

**64** Gert Pickel: Religionssoziologie. Eine Einführung in zentrale Themenbereiche, Wiesbaden 2011, 435.

**65** Vgl. den Beitrag von S. Keller in diesem Band.

Grund, warum weite Teile der Bevölkerung sich mit erneuter Kampf- und Todes-bereitschaft deutscher Soldaten nicht befassen wollten.

Das änderte sich mit den Einsätzen im Ausland: Der »Tod durch Fremdein-wirkung« führte dazu, dass man nun doch wieder auf rein soldatische Tugenden rekurrierte, und die Gedenkveranstaltungen seither wieder »inhaltliche Parallelen zum traditionellen militärischen Totenkult und dessen Sinnstiftungsmustern er-kennen« lassen.[66] Traditionelle Elemente wie der Stahlhelm, das Ordenskissen, die Totenwache, das Aufstellen von Ehrenkompanien, der Trauermarsch, der Find-ling wie überhaupt die durch Kreuz und Flamme vermittelte teils christlich, teils national tradierte Symbolsprache sind fester Bestandteil des militärischen Toten-kultes, der den »Gefallenen« mit Sakralisierung begegnet. Der Eindruck entsteht, dass der »Staatsbürger in Uniform« aktuell abgelöst wird durch die Leitfigur des auf seinen Eid verpflichteten, tapferen, zum Selbstopfer bereiten und deshalb vor-bildlichen Kämpfers. Formeln wie »Im Einsatz für den Frieden gefallen«, so die offizielle Sprachregelung seit 2008, dienen der Verschleierung des Umstands, dass Kriege immer in erster Linie aus geopolitischen und wirtschaftlichen Gründen ge-führt werden. Vor diesem Hintergrund steht zu befürchten, dass im Kontext aktu-eller und künftiger Kriege Sakralisierungsstrategien auch im öffentlichen Umgang mit dem gewaltsamen Tod bald wieder an der Tagesordnung stehen werden.

Um zu resümieren: Sakralisierungsprozesse sind in der Erinnerungskultur vor al-lem dort zu beobachten, wo der gewaltsame Tod von Menschen als nationales Op-fer gedeutet wird. Rückgriffe auf religiös tradierte Figuren wie die des Opfers, des Märtyrers oder auch des Helden dienen dazu, das Unerträgliche einer Gewalttat ins Erträgliche zu wenden: Das Opfer stiftet dieser Logik zufolge eine neue Solidarität der Gemeinschaft und gibt Anlass für geschichtspolitisch grundierte Herkunftser-zählungen, die auf eine bessere Gegenwart und Zukunft verweisen.

Orten der Gewaltverbrechen kommt in diesem Zusammenhang eine besondere Bedeutung zu: Sie werden auf besondere Weise markiert und ggf. zu Stätten des Ge-denkens erklärt, es sei denn, die Toten und die Umstände ihres Sterbens sind nicht von Belang für die Gegenwart, in welchem Fall sie dem Vergessen überantwortet werden. Sind aber Gedenkorte einmal gegründet, scheint ihre Aufgabe immer auch darin zu bestehen, Heilsbotschaften zu vermitteln: Die gewaltvolle Vergangenheit wird als überwundene dargestellt, vor der sich die Gegenwart lichtvoll abhebt. Der Umgang mit Orten nationalsozialistischer Gewaltverbrechen wie Oradour und Ravensbrück nach 1945 zeigt, dass in diesem Prozess Rückgriffe auf religiös tra-

---

66 Julia K. Nordmann: Das vergessene Gedenken. Die Trauer- und Gedenkkultur der Bundeswehr, Berlin/Boston 2022, 308.

diertes Vokabular in so unterschiedlichen Regionen wie dem katholischen Süden Frankreichs und dem protestantischen Mecklenburg zur Zeit der Sowjetischen Besatzungszone verbreitet waren.

In der Erinnerungskultur der Gegenwart sind Rückgriffe auf religiöse Symbolbestände eher selten geworden. Religiös tradierte Praktiken sind indes in aktuellen Formen des Gedenkens durchaus zu erkennen, seien es die rot eingefassten Kerzen, die an bestimmten Tagen vom Friedhof in den Straßenraum auswandern und neben den Stolpersteinen vor den Wohnhäusern ehemaliger NS-Verfolger Grablichtern ähnlich platziert werden – oder auch die rituelle Verlesung von Namen der Toten, wie sie traditionell im Rahmen der gottesdienstlichen Totenmemoria üblich war und ist. Gleichwohl gibt es Hinweise darauf, dass angesichts aktueller Krisen, Massaker und Kriege Sakralisierung als eine ebenso sozial wie geschichtspolitisch relevante kulturelle Technik aktuell bleiben wird.

**Teil IV: Heilige Erde und das Heilige im politischen Raum**

Reinhard Flogaus

# »Heiliges Russland« und »Russische Welt«

## Zur Sakralisierung des Landes und zur Politisierung der Religion in Russland

**Zusammenfassung:** Schon zu Beginn seiner Amtszeit hat der russische Patriarch Kirill das seit 2001 von Wladimir Putin propagierte Narrativ einer »Russischen Welt«, das heißt eines durch Sprache, Kultur, traditionelle Werte und orthodoxen Glauben geeinten Volkes, aufgegriffen und es mit der Idee der »Heiligen Rus'« und ihrer eschatologischen Mission verbunden. Zahlreiche Motive dieser im 16. Jahrhundert entstandenen Vorstellung eines heiligen Landes und eines auserwählten Volkes, das von einem orthodoxen Herrscher regiert wird und das mit göttlichem Beistand gegen Unglauben und die Laster kämpft, kehren in den gegenwärtigen Predigten und Ansprachen des Patriarchen wieder. Doch Kirills theologische Rechtfertigung des Ukrainekrieges als eines Kampfes für die Einheit der »Heiligen Rus'« und gegen die Pseudowerte des Westens hat seiner Kirche schweren Schaden zugefügt und dazu geführt, dass sich die Ukrainische und die Lettische Orthodoxe Kirche vom Moskauer Patriarchat getrennt haben und andere Teile der ROK sich klar von ihrem Kirchenoberhaupt distanzieren.

**Abstract:** Right from the beginning of his tenure, Russian Patriarch Kirill took up the narrative of a »Russian world« propagated by Vladimir Putin since 2001, i.e. one people united by language, culture, traditional values and Orthodox faith, and linked it to the idea of »Holy Rus'« and its eschatological mission. Numerous motifs from this 16th-century idea of a holy land and a chosen people, ruled by an Orthodox sovereign and fighting with divine assistance against unbelief and vice, recur in the Patriarch's contemporary sermons and speeches. However, Kirill's theological justification of the war in Ukraine as a fight for the unity of »Holy Rus'« and against the pseudo-values of the West has caused serious damage to his church and led to the Ukrainian and Latvian Orthodox Churches separating from the Moscow Patriarchate and other parts of the ROC clearly distancing themselves from their church leader.

**Kontakt: Reinhard Flogaus**, Theologische Fakultät der Humboldt-Universität zu Berlin;
E-Mail: flogausr@hu-berlin.de

https://doi.org/10.1515/bthz-2024-0017

# 1 »Heilige Rus'« und »Russische Welt« – politische und kirchliche Karriere zweier postsowjetischer Narrative

Nicht erst seit dem Beginn der russischen Eroberung der Krim und der Ostukraine im Jahr 2014 ist in den russischen Medien viel von der Einheit der »Heiligen Rus'« und der Verteidigung der »Russischen Welt« die Rede.[1] Schon zu Beginn seiner ersten Amtszeit als russischer Präsident wies Wladimir Putin anlässlich eines Besuchs des Solowezkij-Klosters im August 2001 darauf hin, dass die Bezeichnung Russlands als »Heilige Rus'« (Святая Русь) einen »tiefen moralischen Sinn« habe. Diese Bezeichnung, so Putin, verweise nämlich auf »die besondere Rolle, welche sich Russland freiwillig als Hüterin der wahren christlichen Werte auferlegt« habe, denn »ohne den orthodoxen Glauben, ohne die auf diesen Glauben gegründete Kultur könnte Russland nicht existieren.«[2] Damit griff der russische Präsident eine jahrhundertealte, nicht nur in der Russischen Orthodoxen Kirche (ROK) tradierte Vorstellung von einer Sakralität des orthodoxen russischen Landes auf und verknüpfte diese inhaltlich mit dem auch von kirchenferneren Kreisen rezipierbaren Narrativ einer besonderen Bewahrung traditioneller christlicher Werte und Moralvorstellungen in der russischen Kultur. Seit den neunziger Jahren des 20. Jahrhunderts galt die ROK nämlich auch vielen persönlich dem christlichen Glauben distanziert gegenüberstehenden Vertretern der russischen Intelligenzija als »Inkarnation der Kultur und Geschichte Rußlands«, die einen wichtigen Beitrag zur »geistigen und moralischen Wiedergeburt« des Landes leisten konnte.[3] Die von der ROK tradierten traditionellen Wertvorstellungen und die »orthodoxe Kultur« sind seitdem zu einem zentralen Bestandteil des russischen Identitätsdiskurses in Abgrenzung zur westlichen Kultur geworden.

Wenige Monate nach seiner Reise zu diesem Zentrum orthodoxer Spiritualität im Weißen Meer, das einst von Lenin zur Errichtung eines ersten Straflagers benutzt worden war, erklärte der russische Präsident dann anlässlich der Eröffnung eines Kongresses von aus insgesamt 47 Staaten zusammengekommenen russischen »Landsleuten«, dass es heute darum gehen müsse, die sprachliche, kulturelle und

---

[1] Für einen Überblick über die Verwendung dieser Begriffe in der russischen Presse zwischen 2010 und 2014 sowie in den religiösen Medien für die Jahre 2014/15 vgl. M.D. Suslov, The Russian Orthodox Church and the Crisis in Ukraine, in: T. Bremer/A. Krawchuk (Hg.), Churches in the Ukrainian Crisis, London 2016, 133–162: 142f.
[2] Vgl. hierzu J. Scherrer, Die Rückkehr der orthodoxen Kirche in die russische Öffentlichkeit, KZG 19 (2006), 187–198: 194.
[3] Scherrer, Rückkehr (s. Anm. 2), 193.

wirtschaftliche Gemeinschaft zwischen der Russischen Föderation und der »russischen Diaspora« zu stärken. Nach dem Zusammenbruch der Sowjetunion hätten sich plötzlich Millionen von Menschen »auf dem Gebiet neuer Staaten« wiedergefunden, doch seien sie alle »Landsleute« und Teil der »Russischen Welt« (Русский Мир), »welche weit über die geografischen Grenzen Russlands und sogar weit über die Grenzen des russischen Ethnos« hinausreiche.[4] Seither spielt der Begriff der »Russischen Welt« im Sinne einer von der »Westlichen Welt« unterschiedenen Zivilisation eine ganz zentrale Rolle in Putins politischen Reden. 2006 rief der russische Präsident die Kulturschaffenden dazu auf, den Begriff »Russische Welt« möglichst häufig zu gebrauchen, und im folgenden Jahr wurde von ihm per Präsidialdekret die Stiftung »Russkij Mir« errichtet, deren Zweck offiziell die weltweite Verbreitung der russischen Sprache und Kultur sein sollte.[5]

Doch spätestens mit dem militärischen Eingreifen Russlands in den Kaukasuskrieg im August 2008 und der Anerkennung der von Georgien abtrünnigen Gebiete Abchasien und Südossetien als selbständige, gleichwohl von Russland de facto abhängige Staaten erschien Putins Propagierung der »Russischen Welt« in einem anderen Licht. Desungeachtet griff der Anfang 2009 zum Patriarchen der Russischen Orthodoxen Kirche (ROK) gewählte Kirill Gundjajew in einer programmatischen Rede bei der Eröffnung der dritten Vollversammlung der Stiftung »Russkij Mir« am 3. November 2009 exakt diese beiden vom russischen Präsidenten verwendeten Begriffe wieder auf und setzte sie zueinander in Beziehung. Demnach sei der »Kern« oder das »Rückgrat« der »Russischen Welt«, die »Heilige Rus'«, die, wie der 1993 kanonisierte Mönch Lawrentij von Tschernigow (1868–1950) erklärt habe, »Russland, die Ukraine und Weißrussland« umfasse.[6] Die Menschen der »Russischen Welt«,

---

**4** Vgl. die Rede des Präsidenten vom 11.10.2001 unter http://kremlin.ru/events/president/transcripts/21359. Zur postsowjetischen Vorgeschichte dieses Begriffes, der Ende der neunziger Jahre von Piotr Schtschedrowitskij, Sergej Gradirowskij und Efim Ostrowskij als Idee für eine transnationale, sprachbasierte Gemeinschaft der Nachfolgestaaten der Sowjetunion in den wirtschafts- und gesellschaftspolitischen Diskurs Russlands eingeführt wurde, vgl. C. Horovun, Interpreting the »Russian World«, in: T. Bremer/A. Krawchuk (Hg.), Churches in the Ukrainian Crisis, London 2016, 163–171: 163f.

**5** Vgl. W. Putin, Мы Русский мир построим!, Литературная газета, 6.–12.12.2006 (Nr. 49), 7; zum Ukas vom 21.06.2007 vgl. https://rg.ru/documents/2007/06/23/fond-dok.html; zur Internetpräsenz der Stiftung vgl. https://russkiymir.ru/en/.

**6** Vgl. Kirills Rede bei der dritten Vollversammlung der Stiftung Russkij Mir am 03.11.2009: »Ядром русского мира сегодня являются Россия, Украина, Белоруссия, и святой преподобный Лаврентий Черниговский выразил эту идею известной фразой: ›Россия, Украина, Беларусь – это и есть святая Русь‹. Именно это понимание Русского мира заложено в современном самоназвании нашей Церкви.« (http://www.patriarchia.ru/db/text/928446.html). Dasselbe Diktum wurde von ihm dann auch bei der folgenden Vollversammlung am 03.11.2010 zitiert (http://www

zu der Kirill auch die Republik Moldau und andere Nachfolgestaaten der Sowjetunion zählte, seien trotz der nun wieder neu entstandenen Staatsgrenzen »geistig weiterhin ein Volk« und zum größten Teil durch die ROK miteinander verbunden. Tatsächlich sei der orthodoxe Glaube das »Herz der russischen Welt«, die außerdem aber auch durch »grundlegende geistige Werte« geeint sei. Aufgrund dieser geschichtlich mit der russischen Zivilisation verbundenen »Wertorientierung« sei das russische Volk als »gottesfürchtige Nation« und »Heilige Rus'« bezeichnet worden. Heute komme es darauf an, dass Staat, Kirche und Zivilgesellschaft auf »eine geeinte Russische Welt« hinwirkten, damit diese »ein starkes Subjekt der globalen internationalen Politik werden kann, stärker als alle politischen Bündnisse.«[7]

Unmittelbar nach der Annexion der Krim im Jahr 2014 wurde der Kampf für die Einheit der »Russischen Welt« von Wladimir Putin dann zu einem Kampf um »ein höheres moralisches Prinzip« erklärt. Anders als der Mensch der westlichen Welt, für den »der persönliche Erfolg« das Maß der Dinge sei, glaube der »Mensch der russischen Welt«, an »eine höhere moralische Bestimmung des Menschen« und sei deshalb bereit, »für die Seinen, für sein Volk und [...] für das Vaterland« den Heldentod zu sterben. Deshalb habe nur das russische Volk das Sprichwort »In der Gemeinschaft ist auch der Tod schön« hervorbringen können. Dies, so Putin, seien die tiefen Wurzeln des russischen Patriotismus.[8] Diese Verbindung der »Russischen Welt« mit bestimmten religiösen und moralischen Werten findet sich dann auch in der am 14. Mai 2014 erlassenen Verfassung der Volksrepublik Donezk wieder. Die Volksrepublik sei »integraler Bestandteil der Russischen Welt«, teile deren »Ideale und Werte« und betrachte den orthodoxen Glauben der ROK als »Grundlage aller Grundlagen der Russischen Welt«. Ihre Staatsorgane werden zur Respektierung der »traditionellen religiösen, sozialen, kulturellen und moralischen Werte der Russischen Welt« verpflichtet und die »historische Erfahrung und Rolle der Orthodoxie« und der ROK »als systembildende Säulen der Russischen Welt« anerkannt.[9]

Ähnlich wie der russische Präsident äußerte sich im Herbst 2014 auch Patriarch Kirill. Zwar betonte er, dass es bei der »Russischen Welt« nicht darum gehe,

.patriarchia.ru/db/text/1310952.html) und auch nach Ausbruch des Krieges, z. B. am 06.11.2022 im Rahmen einer Predigt in der Hauptkirche der Russischen Nationalgarde (http://www.patriarchia .ru/db/text/5974368.html). Vgl. Kirills Rede vom 03.11.2009 unter http://www.patriarchia.ru/db/ text/928446.html.

**7** So Kirill in seiner Rede am 03.11.2009 (s. Anm. 6).

**8** So Putin in einer Fernsehsendung am 17.04.2014, publiziert unter http://www.kremlin.ru/news/ 20796.

**9** Vgl. Auszüge aus der Verfassung unter https://www.sozonline.de/2014/06/die-verfassung-der-volksrepublik-donezk/ sowie https://euromaidanpress.com/2014/06/01/die-verfassung-der-volksre-publik-donezk-russischer-nationalismus-klerikalismus-und-kapitalismus/.

»politische Strukturen neu zu schaffen« oder »neue Imperien zu errichten«, sondern lediglich darum, »die einheitliche geistige und kulturelle Welt der Ostslawen
[...] zu erhalten.« Doch angesichts der »modernen westlichen Zivilisation«, welche
wie eine Art »Schmelztiegel« wirke und den Menschen ihre Identität rauben wolle,
käme es jetzt jedoch darauf an, das russische »Wertesystem, das durch Gottes Gnade« in der »Russischen Welt« bisher bewahrt geblieben sei, weiter zu erhalten und
die »traditionellen moralischen Grundsätze im persönlichen wie im öffentlichen
Leben zu bekräftigen.«[10] Exakt dieselbe Argumentation, dass nämlich die Einheit
der »Russischen Welt« bzw. der »Heiligen Rus'« vom Westen bedroht werde, der
die Menschen der russischen Zivilisation zur Verleugnung ihrer traditionellen moralischen Grundsätze dränge und ihnen seine »Pseudowerte« aufzwingen wolle,
sollte dann acht Jahre später sowohl vom russischen Präsidenten als auch vom russischen Patriarchen zur Rechtfertigung des Ukrainekrieges verwendet werden.[11]

Fragt man nun nach der konkreten Bedeutung der Begriffe »Russische Welt«
und »Heilige Rus'«, so zeigt sich rasch, dass beide Bezeichnungen nicht scharf definiert sind, sondern je nach Kontext, Epoche und Sprecher unterschiedlich große
geographische Räume bezeichnen können, wobei die »Russische Welt« eindeutig
die größere Einheit darstellt. Nach den Worten des russischen Präsidenten umfasst
diese auch die weltweite russische Diaspora und ist somit ein globaler Raum, eben
eine »Russische *Welt*«.[12] Auch für Patriarch Kirill ist die »Russische Welt« »nicht
nur Russland, sondern überall dort, wo Menschen leben, die in den Traditionen
der Orthodoxie und in den Traditionen der russischen Moral erzogen wurden.«[13]
Entsprechend ist das Gebiet des russischen Volkes »nicht nur die Russische Föderation, sondern dieses ganze riesige historische Gebiet, das vom Geist der Orthodoxie
durchdrungen und von der pastoralen Verantwortung der Russischen Orthodoxen

---

10 Vgl. Kirills Fernsehansprache vom 08.09.2014 unter http://www.patriarchia.ru/db/text/3730705
.html.
11 S. Anm. 57 f. u. Anm. 73.
12 Deshalb ist die Stiftung Russkij Mir auch weltweit tätig. Nach Beginn des landesweiten Krieges
gegen die Ukraine hat Präsident Putin in einem Ukas vom 05.09.2022 angeordnet, dass die »russischen kulturelle Präsenz« speziell »in den mittel- und osteuropäischen Regionen« ausgeweitet
werden soll, vgl. http://publication.pravo.gov.ru/Document/View/0001202209050019 (Seite 26, Zif-
fer 97).
13 Vgl. Kirills Ansprache am 01.12.2022 in der Christ-Erlöser-Kathedrale bei einer Begegnung mit
Kindern aus dem Donbass, der »vordersten Verteidigungslinie der Russischen Welt«: »Сегодня
Донбасс – это передняя линия обороны Русского мира, а Русский мир – это не только Россия,
это везде, где живут люди, воспитанные в традициях Православия и в традициях русской
морали.« (http://www.patriarchia.ru/db/text/5982112.html).

Kirche umfangen ist«[14], ja die Russen seien eine »globale Nation, die sich auf der ganzen Welt ausbreitet«.[15]

Das heutige Staatsgebiet der Russischen Föderation stellt also nur einen Teil, wenngleich einen zentralen Teil sowohl der »Russischen Welt« als auch der »Heiligen Rus'« dar. Mit der »Rus'« wiederum wurde ursprünglich das mittelalterliche Reich der Rurikiden bezeichnet, das weder mit dem späteren Zarenreich noch mit dem Gebiet der heutigen Russischen Föderation deckungsgleich ist. Im Deutschen und in anderen europäischen Sprachen wird jedoch das russische Wort »Русь« oft nicht von »Россия« unterschieden und ebenso wie dieses einfach mit »Russland«, »Russia« oder »Russie« übersetzt. Tatsächlich wird aber der Begriff »Heilige Rus'« heutzutage im staatlichen wie im kirchlichen Kontext in Russland verwendet, um gerade eine über die Grenzen der Russischen Föderation (weit) hinausreichende religiös-kulturelle Einheit zu bezeichnen.

Wie schon angedeutet, verfügen sowohl die »Russische Welt« als auch die »Heilige Rus'« über eine gewisse semantische Bandbreite. Beide Begriffe bezeichnen nicht nur einen geographischen, sondern eben auch einen zivilisatorischen oder geistig-ideellen Raum, welcher durch Sprache, Kultur und Volkstum bestimmt wird. Ebenso weisen beide Begriffe auch eine christlich-religiöse Komponente auf. Obschon die »Russische Welt« selbstverständlich auch Menschen und Völker anderer Religionen umfasst, sind diese doch Teil eines Volkes und einer Zivilisation, die in ihrem Kern von der russischen Orthodoxie geprägt ist.[16] Darin unterscheidet sich die »Russische Welt« von anderen trans- oder internationalen Gemeinschaften

---

**14** Vgl. Kirills Ansprache am 30.04.2023 in der Christ-Erlöser-Kathedrale (http://www.patriarchia .ru/db/text/6023595.html).

**15** So Patriarch Kirill in seiner Rede am 01.11.2018 vor dem 22. Weltkonzil des Russischen Volkes (http://www.patriarchia.ru/db/text/5295249.html).

**16** S. Anm. 6 u. 14f. sowie Kirills Rede vom 28.11.2023 beim 25. Weltkonzil des Russischen Volkes, das unter dem Thema »Gegenwart und Zukunft der russischen Welt« stand: »Um auf die Definition der Formel der Russischen Welt zurückzukommen, können wir sagen, dass die Russische Welt in erster Linie eine Gemeinschaft der heiligen Dinge ist. Ich verwende dieses Wort nicht nur im religiösen Sinne, obwohl diese Dimension zweifellos sehr wichtig ist. Die Gemeinsamkeit der weltanschaulichen Vorstellungen und moralischen Werte verbindet Menschen unterschiedlicher ethnischer Herkunft, unterschiedlicher Glaubensrichtungen und kultureller Traditionen [...] Als Kern der russischen Kultur hat der orthodoxe Glaube im russischen Volk all jene moralischen Qualitäten hervorgebracht, die heute unsere Identität ausmachen und dank derer wir von der russischen Identität und der russischen Welt sprechen können.« (http://www.patriarchia.ru/db/text/6080946 .html). Zur Verknüpfung und manchmal auch Vermischung von »Russischer Welt« und »Heiliger Rus'« im kirchlichen Kontext vgl. K. Rousselet, The Russian Orthodox Church and the Russkii Mir, in: T. Bremer/A. Brüning/N. Kizenko (Hg.), Orthodoxy in Two Manifestations? The Conflict in Ukraine as Expression of a Fault Line in World Orthodoxy, Berlin 2022, 121–144: 122.

wie dem »Commonwealth of Nations« oder der »Organisation Internationale de la Francophonie«.[17] Der Begriff der »Heiligen Rus'« besitzt über die mit dem Adjektiv »heilig« verbundene sakral-ethische Konnotation hinaus im kirchlichen Kontext manchmal auch eine heilsgeschichtlich-eschatologische Dimension.

Doch gerade aufgrund dieses fluiden, multidimensionalen Charakters sind die Begriffe der »Russischen Welt« und der »Heiligen Rus'« in der gegenwärtigen politischen und kirchlichen Propaganda vielfältig einsetzbar. Dass das »Konzept der ›Russischen Welt‹ [...] inhaltlich und historisch diffus« ist, bedeutet keineswegs, dass es deshalb für den gegenwärtigen kirchlichen und politischen Diskurs irrelevant wäre. Sicherlich ist die »Russische Welt« nicht das »Motiv hinter der Entscheidung der russländischen Staatsführung [...], den Krieg gegen die Ukraine zu führen«[18], sondern sie ist »nur« ein propagandistisches Narrativ[19], welches seit

---

17 Vgl. O. Zabirko, Russkij Mir und Novorossija. Theologische und nationalistische Konzepte russischer (Außen-)Politik, in: H.-G. Justenhoven, Kampf um die Ukraine. Ringen um Selbstbestimmung und geopolitische Interessen, Baden-Baden – Münster 2018, 63–77: 64.

18 Zu diesem Missverständnis vgl. T. Bremer, Mythos »Russische Welt«. Russlands Regime, die ROK und der Krieg, OE 73/3–4 (2023), 261–274: 262. Bremer behauptet, der Begriff der »Russischen Welt« werde von manchen als eine heuristische Kategorie aufgefasst, mit Hilfe derer sich die Gründe für die russische Aggression besser verstehen ließen. Demgegenüber verweist er selbst auf den diffusen und undeutlichen Charakter dieses Begriffes, der es nicht erlaube, diesen als »Idee, Konzept oder als Ideologie« zu bezeichnen. Tatsächlich ist die »Russische Welt« jedoch ein wichtiges Narrativ innerhalb der imperialistischen Propaganda des Kreml. Dass Putin seine Aggression gegen die Ukraine nicht als Verteidigung der »Russischen Welt« darstelle (ebd., 264), ist unzutreffend. Zwar hat er in seiner Annexionsrede am 30.09.2022 (http://en.kremlin.ru/events/president/news/69465; deutsche Übersetzung unter https://zeitschrift-osteuropa.de/blog/rede-zur-aufnahme-der-volksrepubliken-doneck-lugansk-zaporoze-und-cherson/ bzw. OE 72/9–10 [2022], 219–229) statt von der »Russischen Welt«, vom »großen historischen Russland« und der Verteidigung des »historischen Vaterlandes« bzw. der »historischen Einheit« Russlands gesprochen, doch handelt es sich hierbei um dasselbe Narrativ eines angeblich historisch fundierten Rechts Russlands zur Wiederherstellung seiner früheren Größe. Bremer selbst behauptet ja sogar, Putin und der Patriarch seien tatsächlich beide der Meinung, Russland führe »einen legitimen Verteidigungskrieg« (ebd., 265).

19 Bremer, Mythos (s. Anm. 18), 268, stellt die Dinge auf den Kopf, wenn er erklärt, die Orthodoxe Kirche der Ukraine habe das »Narrativ« der »Russischen Welt« geschaffen. Tatsächlich waren es Putin, Kirill und andere »Patrioten«, die dieses Konzept seit 2001 im nationalen Diskurs Russlands etabliert haben. Zu Bremers Behauptung, »etwa ab dem Jahr 2015 hörte die ROK faktisch auf, von der ›Russischen Welt‹ zu sprechen (ebd., 265) vgl. Anm. 13–16 und 53 sowie den Überblick zu Kirills Verwendung der Begriffe »Russische Welt« und »Heilige Rus'« bei Rousselet, ROC (s. Anm. 16), 123, 128–135. Die wichtigsten Reden des Patriarchen wurden 2015 in Buchform veröffentlicht (Семь слов о русском мире, Moskau 2015), und 2019 hat er sich erneut ausführlich mit der »Russischen Welt« befasst (vgl. das Kapitel »Русский мир и его культура«, in: Kirill (Gundjajew), Диалог с историей, Moskau 2019, 93–136. Im März 2024 ist schließlich mit der Veröffentlichung der Grund-

über zwei Jahrzehnten erfolgreich von der russischen Staatsführung zur Verwirklichung ihrer politischen Ziele eingesetzt wird und das von der ROK, die sich als Stütze des Staates versteht, bereitwillig aufgegriffen wurde. Obwohl sich im letzten Jahrzehnt diese politischen Ziele immer klarer als imperialistisch und irredentistisch entpuppt haben, hält die ROK weiterhin an der Propagierung der »Russischen Welt« fest, da sie ihrerseits damit zugleich ihre jurisdiktionellen Ansprüche auf eine Vielzahl von Staaten absichern möchte.[20] Weitere, jedoch im kirchlichen Diskurs weniger verbreitete Narrative zur propagandistischen Rechtfertigung des russischen Angriffs auf die Ukraine sind die Bedrohung Russlands durch die NATO, der angebliche Genozid in der Ostukraine und die Herrschaft von Neonazis in Kiew.

Beim 25. Weltkonzil des Russischen Volkes im November 2023 unter dem Vorsitz von Patriarch Kirill spielte das Narrativ der »Russischen Welt« eine zentrale Rolle in der Kriegsapologetik des russischen Präsidenten. In der Ukraine, so Putin, gehe es um die Verteidigung der Souveränität Russlands, um einen »Kampf für die nationale Befreiung, denn wir verteidigen die Sicherheit und das Wohlergehen unseres Volkes und unser oberstes historisches Recht, Russland zu sein«. Die »Russische Welt« habe »denjenigen den Weg versperrt [...], die nach Weltherrschaft und Exzeptionalismus strebten.« Diese »Russische Welt« umfasse »die alte Rus', das Moskauer Zarenreich, das Russische Kaiserreich, die Sowjetunion und das moderne Russland«, welches jetzt »seine Souveränität als Weltmacht zurückerobert, festigt und ausweitet.« Demgegenüber sei das, was 1991 geschehen sei eine »künstliche, erzwungene Teilung dieser großen russischen Nation, einer Dreieinigkeit aus Russen, Belarussen und Ukrainern«, so der russische Präsident.[21] Besser lässt sich die irredentistische und imperialistische Funktion des Narrativs der »Russischen Welt« für die gegenwärtige Politik des Kremls und seine Verwurzelung im Mythos der »Heiligen Rus'«, im russischen Nationalismus des 19. Jahrhunderts und im Sowjetimperialismus des 20. Jahrhunderts kaum zusammenfassen.

satzerklärung des von Kirill geleiteten »Weltkonzils des Russischen Volkes« zu »Gegenwart und Zukunft der Russischen Welt« der imperialistische Charakter dieses propagandistischen Narrativs explizit gemacht und der Angriff Russlands auf die Ukraine zugleich als »Heiliger Krieg« verklärt worden (s. Anm. 83).

**20** Vgl. zu dieser Verquickung territorialer Machtansprüche des Staates und jurisdiktioneller Machtansprüche der Kirche K. Stoeckl, The Russian Orthodox Church and Neo-Nationalism, in: F. Höhne/T. Meireis (Hg.), Religion and Neo-Nationalism in Europe, Baden-Baden 2020, 311–319: 313 u. 315.

**21** Vgl. Putins Rede vom 28.11.2023 unter http://en.kremlin.ru/events/president/news/72863.

# 2 Sakralisierung des russischen Reiches und Entstehung einer christlichen Kriegsideologie im 16. Jahrhundert

Sowohl die Rede von der »Heiligen Rus'« als auch diejenige der »Russischen Welt« haben jeweils eine lange, jahrhundertealte Geschichte. Der älteste bekannte Beleg für den Begriff »Russische Welt« findet sich in einem Schreiben des Großfürsten Isjaslaw I. (1024–1078), in welchem dieser das Werk des in der Verbannung in Chersones auf der Krim verstorbenen Hl. Clemens von Rom lobt, welches nicht nur in Rom bekannt sei, »sondern überall: sowohl in Cherson als auch in der russischen Welt«.[22] Die ältesten sicheren Belege für die Bezeichnung des russischen Landes und Reiches als »heilig« begegnen in den Schriften des Fürsten Andrej M. Kurbskij (1528–1583) an Zar Iwan IV. (1530–1584)[23], doch ist es auch möglich, dass diese Vorstellung schon in der zweiten Hälfte des 15. Jahrhunderts entstanden ist[24] und damit ungefähr gleichzeitig mit der Bezeichnung »Sacrum Imperium Romanum« im Westen. Beide Begriffe drücken jeweils den Anspruch aus, der legitime Erbe des christlichen (Ost-)Römischen Reiches zu sein.

Die Idee der Translatio Imperii von Konstantinopel nach Moskau als dem dritten und letzten Rom wurde bekanntlich erst zu Beginn des 16. Jahrhunderts von dem Mönch Filofej von Pskow (ca. 1465–1542) formuliert[25], doch waren be-

---

22 Vgl. Слово на обновление Десятинной церкви: »... не только в Риме, но и повсюду: и в Херсоне, еще и в русском мире ...« (https://portal-slovo.ru/history/35613.php); vgl. M. Laruelle, The »Russian World«. Russia's Soft Power and Geopolitical Imagination (Center for Global Interests Papers), Washington 2015, 3 (https://www.researchgate.net/publication/344222398), die allerdings irrtümlich von einem »Brief an den Römischen Papst Clemens« spricht.

23 Es ist dort sechsmal vom »heilig-russischen Land« (»святорусская земля«), zweimal vom »heilig-russischen Reich« (»империя святорусская«) und einmal vom »heilig-russischen Zarentum« (»святорусское царство«) die Rede; vgl. M. Dmitriev, Парадоксы »Святой Руси«. »Святая Русь« и »русское« в культуре Московского государства 16–17 вв. и фольклоре 18–19 вв., CMRu 52 (2012), 319–331: 321; M. Cherniavsky, »Holy Russia«: A Study in the History of an Idea, AHR 63 (1958), 617–637: 621f.; vgl. G. Kuncevič (Hg.), Сочинения князя Курбского, Bd. 1 (Русская историческая библиотека 31), St. Petersburg 1914, 136, 216, 267, 271, 303–307; Der Briefwechsel Iwans des Schrecklichen mit dem Fürsten Kurbskij (1564–1579), hg. u. übersetzt v. K. Stählin u. K.H. Meyer, Leipzig 1921, 113.

24 Mit einem noch früheren Ursprung dieser Idee rechnete hingegen A. Soloviev, Holy Russia. The History of a Religious-Social Idea, Den Haag 1959, 12–14; vgl. ders., Helles Russland – Heiliges Russland, in: M. Vasmer (Hg.), Festschrift für Dmytro Čyževśkyj zum 60. Geburtstag am 23. März 1954, Wiesbaden 1954, 282–289.

25 Vgl. hierzu H. Schaeder, Moskau, das Dritte Rom. Studien zur Geschichte der politischen Theorien in der slawischen Welt, Darmstadt 1957, 204; F. Kämpfer, Autor und Entstehungszeit der Lehre

reits nach der Union von Florenz (1439) und dann endgültig mit dem Fall Konstantinopels (1453) Vergleiche der rechtgläubigen Moskauer Großfürsten mit dem apostelgleichen Kaiser Konstantin üblich geworden.[26] Auch die Heirat von Iwan III. (1440–1505) mit Zoë Sophia Palaiologina (ca. 1448–1503), der Nichte des letzten Byzantinischen Kaisers, die heraldische Übernahme des byzantinischen Doppeladlers und die Einführung des byzantinischen Zeremoniells am Moskauer Hof zeugen von diesem neuen Selbstverständnis des russischen Reichs in der zweiten Hälfte des 15. Jahrhunderts.

Eine wesentliche Voraussetzung für die Entstehung der Idee der »Heiligen Rus'« war jedoch nicht nur der Untergang des Byzantinischen Reiches, sondern auch der schon vier Jahrhunderte zuvor erfolgte Abfall des Westens vom wahren christlichen Glauben. Dass Byzanz mit der Union von Florenz ebenfalls von der Orthodoxie abgewichen war, galt vielen Russen als der eigentliche Grund für seinen Untergang. Im Denken der kirchlichen Eliten der damaligen Zeit war nunmehr allein Russland der letzte Hort der Rechtgläubigkeit und sein Volk verstand sich als eine von einem »Christusähnlichen Herrscher regierte und beschützte christliche Gemeinde, die dem Ende der Zeiten entgegengeht.«[27] Nach dieser geschichtstheologisch-eschatologischen Auffassung kam der »Heiligen Rus'« somit eine heilsgeschichtliche Sonderrolle zu, die sich allenfalls mit derjenigen des Volkes Israel in der Zeit des Alten Bundes vergleichen ließ. Nicht nur die Sakralisierung des Landes, sondern eben auch die Auserwähltheit des Volkes und ihrer Herrscher im Rahmen des göttlichen Heilsplanes wurde damals auf Russland übertragen. In der kirchlichen Literatur galt das russische Volk fortan als das »Neue Israel«, das Gottesvolk des Neuen Bundes.[28]

---

»Moskau das Dritte Rom«, in: Da Roma alla Terza Roma. IX seminario internazionale di studi storici. Relazioni e comunicazioni, Bd. 1, Rom 1989, 63–83; ders., Die Lehre vom Dritten Rom – pivotal moment, historiographische Folklore?, JGO 49 (2001), 430–441.

**26** Vgl. S. Salei, Ivan the Terrible's Imperial Title and Problem of its Recognition, in: G. Semiančuk/ A. Miacel'ski (Hg.), Castrum, Urbs et Bellum. Zbornik navukovych prac, Baranavichy 2002, 320–341: 325; I. Ševčenko, Ukraine Between East and West: Essays on Cultural History to the Early Eighteenth Century, Edmonton 1996, 96: »He called Ivan the new Constantine, which was routine, and Moscow the new Constantinople, which was said for the first time in recorded Russian History.«

**27** H. Schaeder, Das Neue Israel Gottes: Neues und Drittes Rom. Einhorn und Doppeladler, in: A. Fischer/G. Moltmann/K. Schwabe (Hg.), Rußland – Deutschland – Amerika. Festschrift für Fritz T. Epstein zum 80. Geburtstag (Frankfurter historische Abhandlungen 17), Wiesbaden 1978, 1–9: 5.

**28** Zu den zahlreichen Anleihen aus dem Alten Testament in russischen liturgischen und historiographischen Texten ebenso wie in Kunst und Architektur vgl. D.B. Rowland, Moscow – The Third Rome or the New Israel?, The Russian Review 55 (1996), 591–614; J. Raba, Moscow – The Third Rome or the New Jerusalem?, FOG 50 (1995), 297–307.

Doch anders als im Falle Israels sollte nach Ansicht der Vertreter dieser Konzeption die »Heilige Rus'« bis zur Wiederkehr Christi nicht untergehen, sofern sie an ihrem orthodoxen Glauben festhält. Da es nach dieser russisch-orthodoxen Staatsideologie ein »viertes Rom« nicht geben würde, wurde der orthodoxe Zar der Rus' »für den Bestand der Menschheit, ja der Welt verantwortlich [...], denn wenn Moskau fällt, ist das Ende der Welt da und die Zeit des Antichrist angebrochen.«[29] Am deutlichsten tritt diese Staatsideologie der von Gott erwählten Rus', des »Neuen Israels«, im sogenannten »Stufenbuch« (»Степенная книга«) zutage, welches wohl auf Veranlassung von Metropolit Makarij von Moskau und der ganzen Rus' (1542–1563; * ca. 1482) in den sechziger Jahren des 16. Jahrhunderts entstanden ist. Hier wird die politische Erfolgsgeschichte der Rurikiden bis zu Zar Iwan IV. als Erfüllung des göttlichen Heilsplanes präsentiert.

Tatsächlich begann mit der Eroberung von Kazan im Jahr 1552 der Wandel der »Heiligen Rus'« zu einer imperialen, auch nichtchristliche Gebiete umfassenden Großmacht. Dabei wurde der Krieg – auch der Eroberungskrieg – des orthodoxen Zaren theologisch legitimiert. Ausdruck dessen war beispielsweise die Erschaffung eines neuen Ikonentyps, der Ikone »Gesegnet sei das Heer des himmlischen Herrschers«. Diese zeigt die von der Eroberung Kasans zurückkehrenden Soldaten, teilweise mit einem Märtyrernimbus gekrönt, wie sie zum himmlischen Jerusalem und der dort thronenden Gottesmutter ziehen. Im Zentrum der Komposition steht an der Spitze des Heeres der Erzengel Michael, gefolgt von einem Heerführer mit Konstantinsfahne, bei dem es sich mutmaßlich um den jugendlichen Zaren selbst handelt. »Der rechtgläubige Zar mit seinem Heer wird so zum ausgewählten Akteur im göttlichen Heilsplan und zum Instrument Gottes im bis zur Apokalypse andauernden kosmischen Kampf zwischen dem Guten und Bösen.«[30] Diese »sakrale Überhöhung des vom Moskauer Zaren geführten Krieges als Teil des kosmischen Kampfes gegen die Widersacher Gottes«[31] sollte im weiteren Verlauf der russischen Geschichte zu einem festen Topos werden. Ergänzt wurde diese Vorstellung durch eine Dämonisierung der Gegner, durch die Behauptung einer früheren Zugehörigkeit der eroberten Gebiete zum Russischen Reich bzw. zur »Heiligen Rus'« sowie

---

**29** H. Hecker, Propagierte Geschichte. Die »Stepannaja Kniga« (Stufenbuch) und die Herrschaftsideologie der Moskauer Rus' (16. Jahrhundert), in: J. Laudage (Hg.), Von Fakten und Fiktionen. Mittelalterliche Geschichtsdarstellungen und ihre kritische Aufarbeitung, Köln – Weimar – Wien 2003, 371–388: 381.
**30** R. Frötschner, Das Bild des Krieges im Moskauer Reich im 16. Jahrhundert, in: ders./M. Osterrieder, Das Bild des Krieges im Moskauer Reich und Polen-Litauen im 16. Jahrhundert, München 1995, 12–85: 25.
**31** Frötschner, Bild (s. Anm. 30), 27.

durch Geschichten über göttliche Wunder, welche sich angeblich im Rahmen der Kriegszüge der »Heiligen Rus'« ereignet haben sollen.[32]

Iwan IV. hat diese christliche Kriegsideologie des Moskauer Reichs selbst mit folgenden Worten umrissen: »Wie nach [...] Mose der Erzengel Michael Fürsprecher war für Josua und ganz Israel, also wandelte in Frömmigkeit im neuen Gnadenbund unter dem ersten christlichen Zaren Konstantin unsichtbar der Fürsprecher Erzengel Michael seinem Heere voraus und besiegte alle seine Feinde, und seitdem steht er bis zum heutigen Tag allen frommen Zaren bei. So haben wir nun als Fürsprecher Michael und Gabriel und alle übrigen [seligen] Geister ...«[33] An anderer Stelle schrieb Iwan dann seine militärischen Erfolge sogar unmittelbar der Kraft des heiligen Kreuzes bzw. des Kreuzbanners zu, der sich all jene kampflos beugen würden, die ohne Sünde seien. Nur jene, die unter der Herrschaft der Sünde stünden, würden sich der »Heiligen Rus'« widersetzen und zu den Waffen greifen. Auch hier taucht übrigens mit dem Verweis auf den Sieg der Israeliten über Amalek (Ex 17,12f.) eine als Präfiguration des Kreuzes verstandene Erzählung aus der Geschichte Israels auf.[34]

Nicht nur der Erzengel Michael und das Kreuzesbanner garantieren nach dieser frühneuzeitlichen Ideologie eines heiligen Krieges den militärischen Erfolg des russischen Heeres, sondern auch die Gottesmutter, unter deren besonderem Schutz die »Heilige Rus'« stehe und deshalb, allen äußeren Feinden zum Trotz, letztlich unbesiegbar sei. Zwar ist dieser Gedanke eindeutig aus der byzantinischen Tradition übernommen ebenso wie die Verehrung und Mitführung von bestimmten Gottesmutterikonen als Palladium bei Feldzügen, doch auch hier spielt der Gedanke, dass Russland das »Neue Israel« sei, eine Rolle. So sollen der frommen Legende zufolge zwei in Russland besonders verehrte Marienikonen, die Wladimirskaja und die Tichwinskaja, ursprünglich aus dem Heiligen Land stammen, also von dort, wo die Heilsgeschichte ihren Anfang nahm. Jetzt aber befanden sie sich im »Neuen Heiligen Land«, auf dem Gebiet der »Heiligen Rus'«, wo nach Meinung der damals

---

**32** Frötschner, Bild (s. Anm. 30), 29.37–39.

**33** Briefwechsel (s. Anm. 23), 72.

**34** Briefwechsel (s. Anm. 23), 102.104f.: »[...] sein lebenschaffendes Kreuz, welches vor Alter Amalek und Maxentius niederwarf durch den Vorantritt des kreuztragenden Banners, und keinerlei Kriegslist war erforderlich, wie nicht allein Russland, sondern auch die Deutschen und Litauen und die Tartaren und viele Heiden bezeugen. [...] Die Kraft des lebenschaffenden Kreuzes, die Amalek und Maxentius bezwang, nimmt die Städte ein. Nicht warten die deutschen Städte erst auf den Waffenkampf, sondern bei dem Erscheinen des lebenschaffenden Kreuzes beugen sie ihre Häupter. Wo es aber zufällig wegen einer Sünde keine Erscheinung des lebenschaffenden Kreuzes gab, dort war auch Kampf.«

vorherrschenden kirchlichen Lehre die Heilsgeschichte mit der Wiederkehr Christi ihren Abschluss finden würde.[35]

# 3 »Heilige Rus' und »Russische Welt« im Kontext des Ukrainekrieges

In den Reden und Äußerungen des gegenwärtigen russischen Patriarchen spielen die »Heilige Rus'« und die »Russische Welt« schon seit vielen Jahren eine zentrale Rolle.[36] Dies ist insofern nicht verwunderlich, als Kirill I. Patriarch von Moskau *und der ganzen Rus'* ist und eben nicht nur das Oberhaupt der Orthodoxen Kirche in der Russischen Föderation. Nach dem Zusammenbruch des Sowjetimperiums – von Präsident Putin 2005 als die »größte geopolitische Katastrophe des 20. Jahrhunderts« bezeichnet[37] – kam der Sicherung der Einheit der ROK aus kirchlicher Sicht oberste Priorität zu. Es galt die kirchliche Jurisdiktion Moskaus möglichst auf dem gesamten Territorium der ehemaligen Sowjetunion zu erhalten. Abgesehen von den beiden schismatischen Kirchen in der Ukraine (1990 u. 1992) und kleinen Randgebieten wie Bessarabien (1992) oder Estland (1996) schien dies über mehrere Jahrzehnte auch zu gelingen. Ein wesentliches Element der Verteidigung der seit 1991 in einer Vielzahl von Staaten existierenden ROK war nun aber die Idee der »Russischen Welt« mit ihrem »Kern« – der »Heiligen Rus'«.[38]

Seit Kirill 2009 zum Patriarchen der ROK gewählt wurde, ist nicht nur die Zahl der neuerbauten Kirchen und die Anzahl der Bistümer sprunghaft angestiegen,[39] sondern auch die kirchliche Propagierung der Narrative der »Heiligen Rus'« und der »Russischen Welt« hat deutlich zugenommen. Patriarch Kirill betonte schon zu Beginn seiner Amtszeit immer wieder, dass die »Heilige Rus'«, das »historische Va-

---

**35** Vgl. hierzu R. Frötschner, Heilige Rus' – Neues Israel – Drittes Rom. Die Verehrung der Gottesmutterikone von Tichvin als Element der politischen Mythologie des Moskauer Reiches unter Großfürst Vasilij III. und Zar Ivan IV., JGO 52 (2004), 188–234: 231.

**36** Zur »Russischen Welt« im kirchlichen Diskurs vgl. Horovun, Interpreting (s. Anm. 4), 167–170; zur »Heiligen Rus'« vgl. M. D. Suslov, »Holy Rus«: The Geopolitical Imagination in the Contemporary Russian Orthodox Church, Russian Social Science Review 56 (2015), 43–62; zu beiden Begriffen ders., Russian (s. Anm. 1), 138–143.

**37** Vgl. Putins Rede zur Lage der Nation am 25.04.2005 unter http://en.kremlin.ru/events/president/transcripts/22931; für eine Zusammenfassung in deutscher Sprache vgl. Russland-Analysen 63, 29.04.2005, 13 (https://www.laender-analysen.de/russland-analysen/63/).

**38** Vgl. hierzu das Zitat in Anm. 6.

**39** Vgl. Suslov, »Holy Rus« (s. Anm. 36), 55–57.

terland« der Russen, sich mitnichten auf das Gebiet der Russischen Föderation beschränke, sondern auch die Ukraine, Belarus und Moldawien umfasse.[40] Während der Patriarch mit solchen Äußerungen vordergründig lediglich seinen Jurisdiktionsanspruch auf fast das gesamte Gebiet der ehemaligen Sowjetunion verteidigte, unterstützte er damit doch zugleich auch das mit der Stiftungsgründung verbundene neoimperiale Projekt des russischen Präsidenten.[41] Auch andere hohe Kleriker der ROK, wie Metropolit Hilarion Alfejew oder der sogenannte »Beichtvater« Putins, Metropolit Tichon Schewkunow, der im Oktober 2023 zum neuen Metropoliten der Krim ernannt wurde, unterstützen seit Jahren Putins »Russkij-Mir«-Ideologie.[42]

Dass der Präsident mit der Propagierung der »Russischen Welt« keineswegs nur kulturelle Ziele verfolgte, hatte sich schon 2008 bei Russlands militärischem Eingreifen in den Kaukasuskrieg gezeigt. Insofern war im folgenden Jahr Kirills Erklärung, die Stiftung »Russkij Mir« sei kein Instrument der politischen Einflussnahme, sondern diene ausschließlich der Verbreitung der russischen Sprache und Kultur, wenig überzeugend.[43] Dies gilt um so mehr, als Ultranationalisten wie Alexander Dugin schon viel früher mit einer nationalreligiösen »Russkij-Mir«-Ideologie die Schaffung eines großrussischen Staates unter Einschluss der Ukraine propagiert hatten.[44] Bereits seit 1997 hatte Dugin in seinem Buch »Die Grundlagen der

---

**40** Vgl. Kirills Rede vom 03.11.2009 (s. Anm. 6): »У наших народов присутствует сильное сознание непрерывности и преемственности русской государственной и общественной традиции, начиная со времени Киевской Руси и заканчивая нынешней Россией, Украиной, Белоруссией, Молдавией и другими странами исторического пространства Руси.«; vgl. auch Kirills Rede am 03.11.2010 (s. Anm. 6). Suslov, »Holy Rus« (s. Anm. 36), 46, verweist darauf, dass teilweise auch Kasachstan, Kirgisistan und Transnistrien von Kirill zur »Heiligen Rus« gezählt werden.

**41** Zur Genese und zum politischen Kontext der »Russkij-Mir«-Ideologie vgl. Laruelle, »Russian World« (s. Anm. 22).

**42** Zu ihm und dem von ihm verfassten Drehbuch zu dem antiwestlichen Propagandafilm »Untergang eines Imperiums. Die Lehre von Byzanz« (2008) vgl. M. Hagemeister, Der »Nördliche Katechon« – »Neobyzantinismus« und »politischer Hesychasmus« im postsowjetischen Russland, Erfurt 2016, 5–10.

**43** Vgl. Kirills Rede vom 03.11.2009 (s. Anm. 6): »Другой опорой Русского мира является русская культура и язык ... как и эта организация, «Русский мир», не является инструментом политического влияния Российской Федерации. У нее совершенно другие цели и другие задачи.«

**44** Zu Dugins Vorstellungen vgl. L. Luks, Alexander Dugin – Putins Ideengeber?, in: Die Kolumnisten, 02.04.2022 (https://diekolumnisten.de/2022/04/02/putins-ideengeber/); M. Brumlik, Der Philosoph hinter Putin, in: Deutschland Archiv, 11.3.2022 (www.bpb.de/506103); M. Quiring, Putins Russische Welt. Wie der Kreml Europa spaltet, Berlin 2017, 153–162; S. Salzborn, Die »Wahrheit« der Antidemokraten. Zur politischen Theorie von Aleksandr Dugin, in: F. Vogelmann/M. Nonhoff (Hg.), Demokratie und Wahrheit, Baden-Baden 2021, 165–182; Hagemeister, Katechon (s. Anm. 42), 28–33; A. Umland, Das eurasische Reich Dugins und Putins – Ähnlichkeiten und Unterschiede, in: Kri-

Geopolitik« die Ukraine als Gefahr für Russland bezeichnet und das Ende ihrer Eigenstaatlichkeit gefordert. Das russische Volk sei ein »messianisches Volk«, das von »universaler Bedeutung« für die Menschheit sei und deshalb mit anderen universalen Zivilisationen im Wettstreit stehe.[45]

Lange hat man die kruden Ideen Dugins, der heutzutage vielen als der eigentliche Chefideologe der »Russischen Welt« gilt, für allzu abwegig gehalten, doch mit der russischen Annexion der Krim 2014 und dem Krieg im Donbass hat sich dies radikal geändert. Putins »Russische Welt« hatte nun endgültig ihre Unschuld verloren. Ganz offensichtlich handelt es sich bei ihr nicht nur um ein zivilisatorisches Projekt, das nur die kulturelle und sprachliche Gemeinschaft der Menschen in den Nachfolgestaaten der Sowjetunion fördern will, oder um eine sogenannte »Soft-Power-Maßnahme« im Rahmen der russischen Außenpolitik[46], sondern um eine imperialistische Ideologie. Der russische Patriarch machte indes 2019 einen der engsten Gesinnungsgenossen Dugins, den ultranationalistischen Oligarchen Konstantin Malofejew, zum Stellvertretenden Vorsitzenden des 1993 von der ROK gegründeten Weltkonzil des Russischen Volkes.

Wohin die Reise ging, machte der russische Präsident schließlich in einem am 12. Juli 2021 auf den Internetseiten des Kremls veröffentlichten Aufsatz deutlich, in welchem er die Existenz einer eigenständigen ukrainischen Nation bestritt und erklärte, die Ukraine sei lediglich ein künstliches Produkt der Sowjetzeit. Russland und die Ukraine bildeten »im Grunde ein und denselben historischen und geistigen Raum«. In ähnlicher Weise hatte schon zwei Jahre zuvor Metropolit Hilarion Alfejew auf den »gemeinsamen Zivilisationsraum« von Russland der Ukraine und Belarus verwiesen, freilich nicht um damit die ukrainische Eigenstaatlichkeit, wohl aber um die kirchliche Selbständigkeit der ukrainischen Orthodoxie in Frage zu stellen.[47] Der russische Präsident griff nun seinerseits in seinem Aufsatz die zaris-

---

tiknetz – Zeitschrift für Kritische Theorie der Gesellschaft 2014 (https://d-nb.info/1065628501/34); J.B. Dunlop, Aleksandr Dugin's Foundations of Geopolitics, in: Freeman Spogli Institute for International Studies/Stanford Global Studies Division 2004 (https://tec.fsi.stanford.edu/docs/aleksandr -dugins-foundations-geopolitics); zu Dugins Sicht der Orthodoxie vgl. H.-U. Probst, »Es ist ein geistiger Kampf«. Predigten des Patriarchen Kirill im Kontext des Ukraine-Krieges, Zeitschrift für Rechtsextremismusforschung 3/1 (2023), 3–18: 4–6.

**45** A. Dugin, Основы геополитики (Геополитическое будущее России), Moskau 1997, 191. 348. 377–382.

**46** Vgl. A. Kudors, in: Russian Analytical Digest Nr. 81, 16.06.2010, 2–4 (https://doi.org/10.3929/ethz -a-006249299); Laruelle, »Russian World« (s. Anm. 22).

**47** Vgl. z.B. Hilarions Vortrag am 01.06.2019 an der Universität Fribourg: Russland – Ukraine – Belarus: ein gemeinsamer Zivilisationsraum, in: B. Hallensleben (Hg.), Orthodoxe Kirche in der Ukraine – wohin? Dokumente zur Debatte um die Autokephalie, Münster 2019, 114–131.

tische Ideologie einer großen russischen Nation und eines »dreieinigen russischen Volkes« auf.[48] Diese Formel von einem aus Großrussen, Kleinrussen und Weißrussen bestehenden »dreieinigen Volk«,, war zu Beginn des 18. Jahrhunderts von Feofan Prokopowitsch (1681–1736) geprägt worden und meint inhaltlich dasselbe wie Kirills Verweis auf die »Heilige Rus'«. Dass der Patriarch in seinen Predigten und Reden jedoch Prokopowitschs »dreieiniges russisches Volk« nie erwähnt, dürfte damit zusammenhängen, dass dieser mit den Ideen der Aufklärung sympathisierende Erzbischof auch der geistige Urheber des »Heiligsten Regierenden Synods« und damit der von Peter dem Großen (1672–1725) verfügten Abschaffung des Moskauer Patriarchenamts war.[49]

Unmittelbar vor dem landesweiten Angriff auf die Ukraine, am 21. Februar 2022, erklärte dann Wladimir Putin in seiner Rede an die Nation, die Ukraine sei »integraler Bestandteil unserer eigenen Geschichte, unserer Kultur, unseres geistigen Raums« und gehöre »zum historischen Russland«. Zumindest die Bewohner des südöstlichen Teils der Ukraine hätten sich seit jeher als »Russen und Orthodoxe« bezeichnet und die Ukraine habe nie über »eine gefestigte Tradition einer eigenen authentischen Staatlichkeit« verfügt.[50] Zwar fällt hier nicht der Begriff der »Heiligen Rus'«, doch mit dem Stichwort des »historischen Russlands« verwendet der Präsident einen Terminus, den auch der Patriarch seit langem praktisch synonym zur »Heiligen Rus'« verwendet[51], zumal Putin mit dem Stichwort »orthodox« zugleich auf die religiöse Komponente der Zugehörigkeit zu diesem »historischen Russland« hinweist.

Nach dem 24. Februar 2022 haben sich in Kirills Reden und Ansprachen die Verweise auf die »Russische Welt« und die »Heilige Rus'« zum Erweis der religiösen, kulturellen, historischen und sprachlichen Einheit von Ukraine, Belarus und

---

**48** Vgl. Putins Aufsatz vom 12.07.2021: »[...] the large Russian nation, a triune people comprising Velikorussians, Malorussians and Belorussians« (http://en.kremlin.ru/events/president/news/66181); eine deutsche Übersetzung dieses Textes findet sich in OE 71/7 (2021), 51–66.
**49** In einer Ansprache am 01.02.2023 erklärte Kirill vielmehr, der »Politiker« Prokopowitsch könne kein Vorbild für orthodoxe Gläubige sein (http://www.patriarchia.ru/db/text/6001846.html). Gleichwohl griff das von Kirill geleitete »Weltkonzil des Russischen Volkes« im März 2024 diese von Putin wiederholt benutzte Metapher auf (s. Anm. 83).
**50** Vgl. Putins Rede an die Nation vom 21.02.2022 unter http://en.kremlin.ru/events/president/news/67828; für eine deutsche Übersetzung vgl. https://zeitschrift-osteuropa.de/blog/putin-rede-21.2.2022/ bzw. OE 72/1–3 (2022), 119–135.
**51** So bezeichnete er beispielsweise in seiner bereits erwähnten Rede vor der dritten Vollversammlung der Stiftung »Russkij Mir« 2009 (s. Anm. 6) die Ukraine und Belarus als »Rückgrat des historischen Russlands«: »В качестве Предстоятеля Церкви, помимо некоторых епархий России, мне уже довелось посетить страны, которые являются становым хребтом исторической Руси, – я был в Украине и Белоруссии ...«

Russischer Föderation nochmals intensiviert, und dies obwohl sich der Patriarch dessen bewusst ist, dass er genau hierfür in der Ukraine (und auch anderswo) scharf kritisiert wird.[52] Fast schon trotzig erklärte er am 18. Oktober 2022, dem Festtag der Heiligen Moskaus, in der Uspenskij-Kathedrale des Kremls: »Ich habe den Mut, das Wort ›Russische Welt‹ in diesen Mauern zu verwenden, obwohl ich weiß, dass einige Kräfte in der Ukraine es verteufeln. Aber wir verwenden das Wort ›russisch‹ nicht in dem Sinne, dass es nur einen Teil der historischen Rus' meint, welcher der Russischen Föderation entspricht. [...] Dass der Herr uns alle in einem einzigen Körper der geeinten Heiligen Rus' vereinige! Dass bei allem Verständnis für das politische Weltbild, bei allem Respekt vor solchen politischen Konzepten der neuesten Zeit wie der Souveränität der einzelnen Nationen, unser Bewusstsein, dass wir ein Volk sind – das Volk der Heiligen Rus' – in keiner Weise zerstört werden darf!«[53]

Tatsächlich spielen beide Begriffe eine ganz zentrale Rolle in der Verteidigung des Ukrainekriegs durch den Patriarchen.[54] Schon am ersten Kriegssonntag erklärte der Patriarch, die Rus' wäre von »dunklen und feindlichen äußeren Mächten« angegriffen worden. Die »bösen Kräfte, die immer gegen die Einheit der Rus' und der russischen Kirche gekämpft« hätten, dürften nicht die Oberhand gewinnen. Es gehe jetzt darum, das »gemeinsame historische Vaterland vor allen Handlungen

---

52 Für eine erste Kommentierung einzelner Predigten des Patriarchen nach dem 24.02.2022 vgl. Probst, Kampf (s. Anm. 44), 9–15; J. Willems, Ein Diener zweier Herren. Patriarch Kirill und seine Kriegspredigten, OE 73/3–4 (2023), 221–260: 223–234.

53 Vgl. Kirills Predigt vom 18.10.2022: »Я со смелостью произношу в этих стенах слова ›Русский мир‹, хотя знаю, что некоторые силы на Украине их демонизируют. Но мы употребляем слово ›русский‹ не в том смысле, что оно означает только часть исторической Руси, соответствующую Российской Федерации ... Чтобы Господь воссоединил всех нас в едином теле единой Святой Руси. Чтобы при всем понимании политической картины мира, при всем уважении к таким политическим понятиям новейшего времени, как суверенитет отдельных народов, никак не разрушалось наше осознание того, что мы единый народ – народ Святой Руси.« (http://www.patriarchia.ru/db/text/5968673.html); zu ähnlichen Äußerungen am 20.07.2015 und 28.11.2023 vgl. http://www.patriarchia.ru/db/text/4164499.html und http://www.patriarchia.ru/db/text/6080946.html.

54 Überraschend ist die Behauptung von Bremer, Mythos (s. Anm. 18), 262, der Begriff »Russische Welt« sei seit 2022 vor allem in der Ukraine, und dort selbstverständlich »in distanzierender Weise« verwendet worden. Tatsächlich spielt der Begriff der »Russischen Welt« gerade jetzt in den staatlichen und kirchlichen Verlautbarungen in Russland eine wichtige Rolle ebenso wie die Begriffe »Heilige Rus'« und »historisches Russland«. Würde die »Russische Welt« in der russischen Rechtfertigung des Krieges nur eine marginale Rolle spielen, bliebe völlig unverständlich warum er von ukrainischer Seite so scharf kritisiert, aber auch von vielen orthodoxen Theologen weltweit als häretisch abgelehnt wird (s. z. B. Anm. 117 u. 119).

von außen zu schützen, welche diese Einheit zerstören können.«[55] Wenige Tage später empfahl er dem gesamten russischen Klerus, der Liturgie ein Gebet für die Wiederherstellung des Friedens hinzuzufügen, in welchem unter Berufung auf »das eine Taufbecken«, das heißt die legendenhafte Taufe der Kiewer Rus', Gott dazu aufgerufen wird, er möge den fremden Völkern wehren, welche gegen die »Heilige Rus'« zu den Waffen greifen, und ihre Pläne vereiteln.[56] Für westliche Leser sind solche Sätze zunächst nur schwer verständlich, denn der Interpretation des Patriarchen zufolge ist nicht etwa Russland der Aggressor, sondern selbst das Opfer! Das historische Russland, die »Heilige Rus'« (gemeint ist damit die Ukraine) sei von fremden Mächten bedroht und angegriffen worden (gemeint ist damit der Westen), so der Patriarch.

Eine Woche später, am 6. März 2022, hat Patriarch Kirill das militärische Vorgehen Russlands gegen die Ukraine dann auch erstmals theologisch gerechtfertigt. Es gehe bei diesem Konflikt um die »Wahrheit Gottes«, »um das Heil des Menschen« und darum, ob »der Mensch auf der rechten oder linken Seite Gottes, des Erlösers« stehen werde. Im Donbass gebe es »eine grundsätzliche Ablehnung der sogenannten Werte« des Westens, welche in Wahrheit »die Sünde zur Lebensnorm« erheben würden. Der Westen verlange nämlich als »Test der Loyalität« ihm gegenüber, dass man »eine Gay-Pride-Parade veranstalte, um in den Club dieser Länder aufgenommen zu werden.« Es gehe dem Westen also darum, »den Menschen mit Gewalt die Sünde aufzuzwingen, die durch das Gesetz Gottes verurteilt wird« und darum, sie »zur Leugnung Gottes und seiner Wahrheit zu zwingen«. Obschon »sich die Menschen gegen diese Forderungen wehren«, werde ihr »Widerstand mit Gewalt unterdrückt«. Daher müsse man jetzt »den Brüdern im Donbass, den Orthodoxen« beistehen, »damit sie ihren orthodoxen Glauben bewahren« könnten. Deshalb sei der Kampf in der Ukraine ein Kampf, »der keine physische, sondern eine metaphysische Bedeutung« habe, so der Patriarch.[57]

Diese Begründung des Patriarchen für den russischen Angriff auf die Ukraine erscheint wie ein Echo jener Fernsehansprache des russischen Präsidenten in den

---

**55** Vgl. Kirills Predigt in der Moskauer Christ-Erlöser-Kathedrale am 27.02.2022 unter http://www.patriarchia.ru/db/text/5904390.html.

**56** Vgl. das Rundschreiben an alle Diözesanprälaten vom 03.03.2022 unter http://www.patriarchia.ru/db/text/5905833.html mit dem Gebetstext, in dem es unter anderem heißt: »От единыя купели Крещения, еже при святем князе Владимире, мы, чада Твои, благодать восприяхом, – дух братолюбия и мира в сердцах наших навеки утверди! Иноплеменным же языком, брани хотящим и на Святую Русь ополчающимся, – запрети и замыслы их ниспровергни.«

**57** Vgl. Kirills Predigt vom 06.03.2022 in der Moskauer Christ-Erlöser-Kathedrale unter http://www.patriarchia.ru/db/text/5906442.html; für eine deutsche Übersetzung vgl. Willems, Diener (s. Anm. 52), 235–238.

Morgenstunden des 24. Februar 2022, in welcher Putin den Westen beschuldigte, er versuche die »traditionellen Werte« der »Russischen Welt« zu zerstören und den dort lebenden Menschen seine »Pseudowerte« aufzudrängen. Diese führten aber zu »Verfall und Entartung, da sie der Natur des Menschen widersprechen.« Zum »Schutz jener Menschen, die seit acht Jahren den Schikanen und dem durch das Kiewer Regime verübten Genozid ausgesetzt« seien und die ein »Hilfsgesuch an Russland« gerichtet hätten, habe er daher »den Beschluss gefasst, einen militärischen Spezialeinsatz durchzuführen«.[58] Auch wenn hier das Thema »Homosexualität« nicht explizit benannt wird, so ist es doch mit dem Begriff des »Widernatürlichen« eindeutig impliziert. Bei seiner Rede anlässlich der Annexion der vier ukrainischen Oblaste im September 2022 hat Putin dann diese Vorwürfe noch deutlicher formuliert.[59]

So abwegig diese theologische Rechtfertigung des russischen Angriffs auf die Ukraine als eines Kampfes gegen die Sünde der Homosexualität auch ist, dieses Thema ist für den russischen Patriarchen nicht neu. Bereits im April 2006 hatte Kirill, damals noch Metropolit von Smolensk und Kaliningrad, anlässlich des 10. Weltkonzils des Russischen Volkes einen Vortrag über »Menschenrechte und moralische Verantwortung« gehalten, in dem er sich gegen das westliche Verständnis der Menschenrechte wandte und diese als inakzeptabel für die von der Orthodoxie geprägte russische Zivilisation und die gesamte »Russische Welt« bezeichnete. Der Westen propagiere unter Berufung auf die Menschenrechte einen »staatlichen Zwang«, der »Menschen dazu zwingen kann, eine Sünde zu begehen.« Als Beispiele hierfür nannte Kirill neben Abtreibung und Euthanasie auch die moralische und rechtliche Tolerierung von Homosexualität. Schuld an dieser Fehlentwicklung im Westen sei »der verstärkte Individualismus, der für den demografischen Niedergang, asoziales und unmoralisches Verhalten – also für alles, was heute im Westen ein soziales Problem ist – verantwortlich ist.« Bei dem Thema der Menschenrechte gehe es heutzutage deshalb nicht nur um politische Fragen, sondern um das Wichtigste überhaupt – »um das Heil des Menschen«. Der Staat solle sich daher in seiner Gesetzgebung an den »traditionellen moralischen Normen« orientieren, und die russische »Gesellschaft und die Kirche« sollten sich ihrerseits »am Kampf gegen diese Laster beteiligen«.[60]

---

**58** Vgl. Putins Rede vom 24.02.2022 unter http://en.kremlin.ru/events/president/news/67843; für eine deutsche Übersetzung vgl. https://zeitschrift-osteuropa.de/blog/vladimir-putin-ansprache-am-fruehen-morgen-des-24.2.2022/ sowie OE 72/1–3 (2022), 141–148.
**59** S. Anm. 73.
**60** Vgl. Kirills Vortrag vom 04.04.2006 unter http://www.patriarchia.ru/db/text/102261.html.

Sechzehn Jahre später ist für den Patriarchen Kirill auch der Krieg in der Ukraine im Grunde ein Kampf um christliche Werte und ein Kampf um den Glauben und das Heil. Ähnliche Gedanken äußerte der Patriarch immer wieder. So erklärte er mit Hinblick auf die Ukraine, die »Unterscheidung zwischen den Geschlechtern« dürfe nicht verloren gehen und es dürfe keine »Eltern Nummer 1 und Nummer 2« geben. Weil die »Heilige Rus'« die christlichen Werte und ihren Glauben bewahre, sei der »gegenwärtige Kampf nicht gegen Blut und Fleisch, sondern gegen die Weltbeherrscher der Finsternis dieses Zeitalters, gegen die Geister des Bösen unter dem Himmel (vgl. Eph 6,12). Ich sage dies kühn und im vollen Vertrauen darauf, dass Russland auf der Seite des Lichts steht.«[61] Der sehr populäre Erzpriester Andrej Tkatschow, dessen Youtube-Kanal mehr als eine Million Follower hat, erklärte am 17. Oktober 2022 in der Russischen Staatsduma sogar, dass das von der russischen Regierung geplante Gesetz gegen die »sodomitische Ethik« eine wichtige Voraussetzung für den Sieg in der Ukraine sei, denn Gott schenke den Sieg nur denen, »die dieses Sieges moralisch würdig sind«.[62] Und auch Kirill selbst machte bei seiner Weihnachtsansprache 2023 klar, dass wenn die Ukraine sich mit den Lastern des Westens abfindet und seinen moralischen Relativismus akzeptiert, aufhören wird »ein heiliges Land« zu sein.[63]

# 4 Christliche Kriegsideologie im 21. Jahrhundert

Schon 2015 hat der russische Religionswissenschaftler Boris Knorre von einem Revival einer »Theologie des Krieges« in der russischen Orthodoxie gesprochen und erklärt, dass von bestimmten orthodoxen Theologen die militärischen Konflikte der Gegenwart – auf der Krim und in der Ostukraine – als Auswirkung eines »himmlischen, heiligen Kampfes« in der unsichtbaren Welt verstanden werden. »Dementsprechend erhalten auch die irdischen Kriege, die ein Abbild des ›himmlischen heiligen Kampfes‹ sind, den Nimbus des ›Heiligen‹.« Laut Knorre neigt die Orthodoxie »zu einer spezifischen militarisierten Spiritualität«.[64] So hatte etwa Oberst-

---

**61** Vgl. Kirills Predigt in der Christ-Erlöser-Kathedrale am 09.04.2023 unter http://www.patriarchia.ru/db/text/6017763.html.

**62** Vgl. https://radonezh.ru/2022/10/17/protoierey-andrey-tkachev-vyskazalsya-za-skoreyshee-prinyatie-zakona-o-zaprete-propagandy. Das Gesetz wurde am 5.12.2022 vom Präsidenten unterzeichnet.

**63** Vgl. das am 07.01.2023 vom Sender Rossija 1 ausgestrahlte Interview unter http://www.patriarchia.ru/db/text/5992951.html.

**64** В. Knorre, »Богословие войны« в постсоветском российском православии, Страницы:

leutnant Alexander Kostin, Kommandeur des Bataillons der Heiligen Gottesmutter von Augustow in der Region Luhansk im November 2014 den Krieg im Donbass ausdrücklich als »Krieg für das ›Heilige Russland‹« bezeichnet.[65]

Diese Tendenz zur Sakralisierung des Krieges hat sich seit Beginn des landesweiten Angriffs Russlands auf die Ukraine noch verstärkt. So veröffentlichte etwa die Synodalabteilung des Moskauer Patriarchats für die Zusammenarbeit mit den Streitkräften und den Sicherheitsorganen im April 2022 ein Werbevideo, in welchem die »militärische Spezialoperation« als eine »große historische und spirituelle Mission« bezeichnet wurde, bei der »Orthodoxie und russische Soldaten« gemeinsam gegen »jenseitige höllische Mächte« kämpfen würden. In den Reihen der ukrainischen Streitkräfte gebe es »Fälle von offenem Satanismus und Heidentum« und unter den »radikalsten Nazis« seien sogar Opfer verbreitet, weshalb es des Gebets und der Unterstützung Gottes bedürfe.[66]

Wie schon zu Zeiten Iwans IV. werden auch in unseren Tagen die Gegner der »Heiligen Rus'« dämonisiert und der Krieg Russlands zu einem kosmischen Kampf mit satanischen Mächten sakral überhöht. Wer damit gemeint ist, machte Patriarch Kirill etwa in einer Ansprache in der Christ-Erlöser-Kathedrale im April 2023 deutlich, als er erklärte, in der westlichen Welt gebe es keine Lebensperspektive, sondern nur den »Tod der Zivilisation«, »denn alles, was dort heute als Ideal präsentiert wird, ist vom Antichristen, vom Dämon und gegen Christus«.[67] Den Gegenpol zu diesem antichristlichen Westen und der vom Satanismus und Nazismus befallenen Ukraine bildet die »Heilige Rus'«. Deren Heiligkeit wird von Kirill in erster Linie nicht mit der orthodoxen Glaubenslehre begründet, sondern mit dem Festhalten an den traditionellen christlichen Werten – Ehe, Familie, Volk, Religion und Patriotismus –, was eine Rezeption dieses politischen Narrativs auch durch kirchenfernere

---

богословие, культура, образование 19 (2015), 559–578: 563 u. 572. Eine solche »Theologie des Krieges« werde durch die biblisch-theologische Metaphorik des »geistlichen Kampfes« zur Charakterisierung der irdischen Existenz der Christen einerseits sowie durch die soziologischen Analogien zwischen der hierarchischen Struktur der Armee und der Kirche andererseits begünstigt (ebd., 561 f. u. 569–572).

**65** Vgl. A. Kostin, Мы воюем за Святую Русь …, Русская народная линия, 06.11.2014: »Мы воюем за Святую Русь. Единой Украины не будет. Ее толком и не было никогда. Есть Святая Русь. Все пошло от Святой Руси. Две мировых войны нас пытались разъединить и уничтожить, сейчас идет третья. Но наш народ всегда объединялся и побеждал.« (http://ruskline.ru/analitika/2014/11/07/my_voyuem_za_svyatuyu_rus/).

**66** Vgl. das Video vom 17.04.2022 unter https://old.pobeda.ru/novosti/voennoe-duhovenstvo.html. Es sei darauf hingewiesen, dass der Name dieser Website der Synodalabteilung »Pobeda«, das heißt »Sieg«, lautet.

**67** Zu Kirills Ansprache vom 30.04.2023 s. Anm. 14.

Bevölkerungsschichten ermöglicht.[68] Kennzeichnend für diese »Heilige Rus'« ist im übrigen die scharfe Abgrenzung zur westlichen Zivilisation mit ihrem Individualismus, Liberalismus, Globalismus, Säkularismus sowie einem angeblichen »anthropologischen Humanismus«.[69]

Eine solche antagonistische Sicht der »Heiligen Rus'« und des »dekadenten Westens« ist seit dem 19. Jahrhundert fest im russischen Geistesleben verwurzelt, und ist im heutigen Russland nicht nur in kirchlichen, sondern auch in politischen Kreisen sehr verbreitet. Im Bemühen um eine eigene soziale, kulturelle und religiöse Identität des russischen Volkes gegenüber dem tonangebenden Westen Europas propagierten Alexej Chomjakow (1804–1860) und die Slawophilen, aber auch Nikolai Gogol (1809–1852) und Fjodor Dostojewski (1821–1881) die kulturell-religiöse Überlegenheit der russischen Zivilisation gegenüber dem Westen und ihre Mission für die Rettung der Welt.[70] Sergej Uwarow (1786–1855) prägte in Abgrenzung zu »Liberté, Égalité, Fraternité« die Formel von »Autokratie, Orthodoxie und Volkstum« als dem Inbegriff der russischen Werte, Piotr Wjasemski (1792–1878) und Wasilij Schukowski (1783–1852) formulierten dann in ihren Schriften den Gegensatz von »Heiliger Rus'« und »gottlosem Europa«, und gegen Ende des 19. Jahrhunderts avancierte die »Heilige Rus'« (zusammen mit dem »Neuen Israel«) dann zu einem

---

**68** Zu dieser kirchlichen Fokussierung auf die moralischen Werte vgl. Rousselet, ROC (s. Anm. 16), 123. Für eine Kritik des »Mythos des ›Heiligen Russlands‹« und Kirills Verteidigung des Krieges vgl. J. T. Searle, A Theological Case for Ukraine's European Integration: Deconstructing the Myth of »Holy Russia« versus »Decadent Europe«, IJPT 16 (2022), 289–304: 291–293.

**69** Zu diesem 1999 von Kirill geprägten Begriff, der dann in der Folge von anderen hochrangigen Vertretern der ROK aufgegriffen und als Gegensatz zu einem »christlichen Humanismus« konzipiert wurde, vgl. O. Tomyuk, Zur diskursiven Konstruktion von Humanismus in der Russisch-Orthodoxen Kirche, KZG 36 (2023), 138–167. Entsprechend wurde in den unter Vorsitz von Metropolit Kirill erarbeiteten »Grundlagen der Sozialdoktrin« aus dem Jahr 2000 das »System des gegenwärtigen weltlichen, humanistischen Menschenrechtsverständnisses« von der ROK explizit abgelehnt, vgl. J. Thesing/R. Uertz (Hg.), Grundlagen der Sozialdoktrin der Russisch-Orthodoxen Kirche, Sankt Augustin 2001, 43 (Abschnitt IV.7). Patriarch Kirill selbst hat am 23.01.2024 in einer Rede vor dem Russischen Föderationsrat die russischen Senatoren daran erinnert, dass der »europäische Humanismus« zwar aus dem Christentum entstanden sei, dessen Werte jedoch seit einigen Jahrzehnten in Westeuropa heftig bekämpft würden, da man dort »unter dem Vorwand der Achtung der Menschenrechte« einen »Krieg gegen die Institution der traditionellen Familie« führe (vgl. https://mospat.ru/en/news/91290/).

**70** Vgl. z.B. F. Dostojewski, Tagebuch eines Schriftstellers, hg. u. übers. v. A. Eliasberg, Bd. 1: 1873, München 1921, 111: »Hat denn nicht die Orthodoxie allein das göttliche Antlitz Christi in seiner ganzen Reinheit bewahrt? Vielleicht liegt auch die wichtigste vorbestimmte Bedeutung des russischen Volkes für die Schicksale der ganzen Menschheit nur darin, daß es das göttliche Antlitz Christi in seiner ganzen Reinheit bewahrt, und wenn die Zeit kommt, der Welt, die ihre Wege verloren hat, offenbart!«

zentralen Begriff des sich formierenden klerikal-konservativen orthodoxen Patriotismus in Russland, der sich zugleich von einem gottlosen »westlichen« Nationalismus scharf abzugrenzen versuchte.[71]

Der russische Patriarch und der russische Präsident ähneln sich nicht nur in ihrem autokratischen Führungsstil, sondern eben auch in ihrer Rechtfertigung des Ukrainekrieges mit dem Verweis auf die russische Geschichte einerseits und dem notwendigen Schutz der Rus' vor der Gottlosigkeit und Unmoral des Westens andererseits. So verglich sich der russische Präsident am Rande des St. Petersburger Wirtschaftsforums im Juni 2022 unverblümt mit Zar Peter dem Großen, welcher 21 Jahre lang im Nordischen Krieg gegen Schweden gekämpft habe, und zwar nicht, so Putin, um fremde Gebiete zu erobern, sondern um verlorene russische Gebiete »heimzuholen«. Dies sei offensichtlich nun auch seine Aufgabe, und auch er werde sicherlich seine Ziele erreichen, so der russische Präsident.[72] Doch beherrscht Putin zur Rechtfertigung des russischen Angriffs auf die Ukraine auch das Spiel auf der Klaviatur der traditionellen Werte und der christlichen Religion. In seiner Rede anlässlich der Annexion der vier ukrainischen Oblaste Donezk, Luhansk, Cherson und Saporischschja am 30. September 2022 im Großen Kremlpalast verwies er zur Begründung des gegenwärtigen Kampfes »für das große historische Russland« auf die im Westen propagierte Genderpolitik. Die Behauptung, es gebe neben Mann und Frau noch weitere Geschlechter, die Ermöglichung von Geschlechtsumwandlungen und die schon in der Schule einsetzende Propagierung von »Perversionen«, welche zur »Degeneration« und zum »Aussterben« der Menschheit führen würden, all diese Dinge, so der russische Präsident, bedeuteten den »Umsturz des Glaubens und der traditionellen Werte sowie die Unterdrückung der Freiheit und ähneln einer ›pervertierten Religion‹ – offenkundiger Satanismus.«[73]

---

71 Vgl. zur Vorgeschichte seit dem 19. Jahrhundert vgl. Zabirko, Russkij Mir (s. Anm. 17), 67–70; ders., »Russkij Mir«. Literarische Genealogie eines folgenreichen Konzepts, Russland-Analysen 289 (30.01.2015), 2–6; Z. Gasimov, Idee und Institution. Russkij Mir zwischen kultureller Mission und Geopolitik, OE 62/5 (2012), 69–80; zum »orthodoxen Patriotismus« im späten 19. Jahrhundert vgl. J. Strickland, The Making of Holy Russia. The Orthodox Church and Russian Nationalism before the Revolution, Jordanville (NY) 2013.

72 Vgl. Putins Rede am 09.06.2022 in St. Petersburg: »Peter the Great waged the Great Northern War for 21 years. On the face of it, he was at war with Sweden taking something away from it [...] He was not taking away anything, he was returning. This is how it was. [...] He was returning and reinforcing, that is what he was doing. Clearly, it fell to our lot to return and reinforce as well. And if we operate on the premise that these basic values constitute the basis of our existence, we will certainly succeed in achieving our goals.« (http://en.kremlin.ru/events/president/news/68606).

73 Vgl. Putins Rede vom 30.09.2022 unter http://en.kremlin.ru/events/president/news/69465; deutsche Übersetzung unter https://zeitschrift-osteuropa.de/blog/rede-zur-aufnahme-der-volksrepubliken-doneck-lugansk-zaporoze-und-cherson/ bzw. OE 72/9–10 (2022), 219–229. Ganz ähnlich hatte

Einige Wochen später erklärte auch der stellvertretende Sekretär des Russischen Sicherheitsrates, Alexej Pawlow, der Umsturz in der Ukraine 2014 sei ein Werk neuheidnischer, antichristlicher Kräfte gewesen, und fügte hinzu: »Ich glaube, je länger die militärische Sonderoperation andauert, desto dringlicher wird es, die Ukraine zu entsatanisieren oder, wie es der tschetschenische Staatschef Ramsan Kadyrow treffend formulierte, ›vollständig zu ent-schatanisieren‹«.[74] Tatsächlich hatte Tschetschenen-Führer Kadyrow den Krieg in der Ukraine schon länger zum »Dschihad« erklärt und sich ebenfalls Putins »Satanismus«-Narrativ angeschlossen.[75] Und auch Alexander Dugin bediente sich dieser Dämonisierung des Gegners der »Heiligen Rus'« und behauptete, der Krieg in der Ukraine sei eine apokalyptische Auseinandersetzung zwischen Orthodoxie, Uniatismus, Katholizismus und Satanismus. Entweder, so Dugin weiter, die Ukraine komme wieder »unter das Omophorion Christi und seiner unbefleckten Mutter, oder sie werde unter der Herrschaft Satans bleiben«. Russland kämpfe jetzt für die Herrschaft Christi in der Ukraine und gegen die teuflische Herrschaft des Westens unter Selenskyj. Nicht Russland brauche die Ukraine, wohl aber Christus.[76]

Die eigentlich folgenrichtige Bezeichnung des Krieges gegen die »Geister des Bösen« und die »Herrscher der Finsternis« als »Heiligen Krieg« vermied Patriarch Kirill hingegen lange Zeit. Diese hatte seinen Grund wohl in erster Linie darin, dass der Kreml den Begriff »Krieg« für den russischen Angriff auf die Ukraine zunächst bei Strafe verboten hatte. Doch auch in der unter Kirills Leitung erarbeiteten Sozialdoktrin der ROK aus dem Jahr 2000 war der Krieg noch als »physische Erscheinungsform ... des brudermordenden Hasses« und damit als etwas »Böses« bezeichnet worden.[77] Dass der russische Patriarch jedoch spätestens mit Beginn des landesweiten Angriffs auf die Ukraine in dem dortigen Geschehen einen solchen »Heiligen Krieg« zwischen Gut und Böse erblickte, zeigte sich schon Anfang

---

sich Putin bereits am 19.09.2013 auf dem Waldai-Forum geäußert: »We can see how many of the Euro-Atlantic countries are actually rejecting their roots, including the Christian values that constitute the basis of Western civilisation. They are denying moral principles and all traditional identities: national, cultural, religious and even sexual. They are implementing policies that equate large families with same-sex partnerships, belief in God with the belief in Satan.« (http://en.kremlin.ru/events/president/news/19243).

**74** Vgl. die Ausgabe vom 26.10.2022 unter https://aif.ru/society/religion/chto_varyat_v_vedminom_kotle_na_ukraine_nabrali_silu_neoyazycheskie_kulty.

**75** Vgl. https://www.fr.de/politik/satanisten-ukraine-krieg-kadyrow-putin-russland-tschetschenien-militaer-zr-91803315.html.

**76** Vgl. Dugins Artikel »Apocalyptic Realism« vom 20.04.2022 unter https://web.archive.org/web/20220421064756/https://katehon.com/en/article/apocalyptic-realism.

**77** Grundlagen (s. Anm. 69), 63 (Abschnitt VIII.1).

März 2022, als er von einem »Kampf von metaphysischer Bedeutung« sprach und das Kriegsgeschehen zu einem christlichen Kampf gegen die Sünde und das Böse und für den orthodoxen Glaube und das Heil sakralisierte.

Auch hier zeigen sich deutliche Parallelen zur christlichen Kriegsideologie von Iwan IV. und ihrer Behauptung, dass nur diejenigen sich dem Heer der Rus' widersetzen würden, die durch die Sünde verblendet seien.[78] Insofern ist es wenig überraschend, dass andere Hierarchen der ROK doch explizit im Hinblick auf die Ukraine von einem »Heiligen Krieg« sprechen. So fand zum Beispiel am 12. und 13. Dezember 2022 unter Leitung von Metropolit Kirill Pokrowskij von Stawropol und Newinnomyssk ein lokales Forum des Weltkonzil des Russischen Volkes statt, welches unter dem Thema stand: »Heiliger Krieg – Transfiguration Russlands« (»Священная война: преображение России«).[79] Metropolit Kirill erklärte gleich zu Beginn seines Vortrages, dass es in der Ukraine derzeit »einen Krieg mit dem Nazismus, mit dem Satanismus, mit dem Antichristen« gebe, dass dort mehr als 50 hochentwickelte Länder versuchen würden, Russland zu zerstückeln und seine Kultur auszulöschen, und dass Russland daher »um seine Seele und seine Heiligtümer« kämpfen müsse. Wie der Moskauer Patriarch so verwies auch der Metropolit von Stawropol auf die Laster und Unzucht der westlichen liberalen Gesellschaften und kontrastierte sie – unter Berufung auf Dostojewski – mit der Heiligkeit des russischen Volkes.[80]

Auch der Vorsitzende der Stiftung »Russkij Mir«, der Dumaabgeordnete Wjatscheslaw Nikonow, bezeichnete schon früh den Krieg in der Ukraine als »Heiligen Krieg« und als einen »Kampf zwischen Gut und Böse«. Russland müsse gegen diese »Kräfte des absolut Bösen, das durch die ukrainischen Nazi-Bataillone verkörpert wird«, unbedingt gewinnen.[81] Im Sommer 2022 hat deshalb die Europäische Union gegen Nikonow sowie die von ihm geleitete Stiftung Sanktionen verhängt, weil sie die militärische Aggression Russlands gegen die Ukraine rechtfertigten und die Legitimität der Ukraine als souveräne Nation ablehnten.[82]

---

78 S. Anm. 34.

79 Vgl. die Meldung vom 13.12.2022, http://stavropol-eparhia.ru/mitropolit-kirill-vozglavil-plenarnoe-zasedanie-ix-stavropolskogo-foruma-vsemirnogo-russkogo-narodnogo-sobora/.

80 Vgl. die Meldung vom 14.12.2022, http://stavropol-eparhia.ru/doklad-mitropolita-stavropolskogo-i-nevinnomysskogo-kirilla-na-plenarnom-zasedanii-stavropolskogo-foruma-vrns-svyashhennaya-vojna-preobrazhenie-rossii/.

81 Vgl. den Bericht über Nikonows Äußerungen vom 17.04.2022 unter https://www.bzbasel.ch/international/ukraine-krieg-es-wird-keine-gnade-geben-russische-tv-stars-senden-duestere-drohung-in-richtung-europa-ld.2279105.

82 Vgl. Amtsblatt der Europäischen Union L 193 vom 21.07.2022, 189f.

Doch als kurz nach Putins Wiederwahl Kremlsprecher Peskow am 22. März 2024 verkündete, dass die »Militärische Spezialoperation« durch das Eingreifen des Westens aufseiten der Ukraine inzwischen tatsächlich zu einem »Krieg« geworden sei, gab umgehend auch der Patriarch seine Zurückhaltung gegenüber diesem bislang vom Kreml inkriminierten Begriff auf. Das von Kirill geleitete »Weltkonzil des Russischen Volkes« (WKRV), dem neben staatlichen und gesellschaftlichen Vertretern auch mehr als 100 orthodoxe Bischöfe angehören, veröffentlichte am 27. März eine Grundsatzerklärung zur »Gegenwart und Zukunft der Russischen Welt«, in welcher es heißt, die »Militärische Spezialoperation« in der Ukraine sei »aus spiritueller und moralischer Sicht ein Heiliger Krieg, in welchem Russland und sein Volk bei der Verteidigung des einheitlichen geistigen Raums der Heiligen Rus' die Mission des ›Bewahrers‹ erfüllt und die Welt vor dem Ansturm des Globalismus und dem Sieg des Westens, der dem Satanismus verfallen sei, schützt.« Russlands militärisches Eingreifen in der Ukraine sei »eine neue Etappe des nationalen Befreiungskampfes des russischen Volkes gegen das verbrecherische Kiewer Regime und den dahinter stehenden kollektiven Westen.« Das russische Volk verteidige »mit den Waffen in der Hand sein Leben, seine Freiheit, seine Staatlichkeit, seine zivilisatorische, religiöse, nationale und kulturelle Identität sowie das Recht, auf seinem eigenen Land innerhalb der Grenzen des vereinigten russischen Staates zu leben.« Ähnlich wie schon zwei Jahre zuvor Wjatscheslaw Nikonow lehnte auch das von Kirill geleitete WKRV eine Eigenstaatlichkeit der Ukraine ab und forderte, dass nach Ende des Krieges »das gesamte Territorium der modernen Ukraine in eine Zone des ausschließlichen Einflusses Russlands übergehen« solle. Im übrigen solle Russland »zu der seit mehr als drei Jahrhunderten bestehenden Doktrin der Dreieinigkeit des russischen Volkes zurückkehren, wonach das russische Volk aus Großrussen, Kleinrussen und Weißrussen besteht, die Zweige (Unterethnien) eines Volkes sind.«[83]

Sehr deutlich tritt auch in den Reden und Predigten des Patriarchen das apokalyptische Moment zutage, wonach die »Heilige Rus'« von Gott dazu auserwählt sei, in der Endzeit einen besonderen Auftrag zu erfüllen. In einer Predigt, die der Patriarch am 8. Mai 2022 in der Hauptkathedrale der Russischen Streitkräfte in Kubinka hielt, heißt es beispielsweise: »Möge der Herr uns helfen, nicht von dem geschichtlichen Weg abzuweichen, der für unser Volk und unser Land bestimmt ist, das heute eine große Macht ist, welche die Welt nach dem Wort des Apostels zweifellos vor einer schrecklichen und verderblichen gottlosen zivilisatorischen Entwicklung bewahrt.«[84] Für den Patriarchen ist die »Heilige Rus'« in der jetzigen Situation nicht

---

83 Vgl. den Text der Grundsatzerklärung des WKRV vom 27.03.2024 unter http://www.patriarchia .ru/db/text/6116189.html.

nur das Land, das treu am orthodoxen Glauben festhält und gegen die Herrschaft der Sünde kämpft, sondern sie ist geradezu der Katechon (τὸ κατέχον, 2 Thess 2,6 f.), jene endzeitliche Macht, welche den Widersacher Gottes, den Antichrist, einstweilen noch aufhält. Solange es Russland noch gelänge, »Widerstand gegen all diese zerstörerischen Tendenzen« zu leisten und in Treue zum Glauben und zur Tradition das Vaterland Russland als eine »Insel der Freiheit« zu erhalten, so lange werde auch »der Rest der Welt ein Zeichen der Hoffnung auf eine Chance haben, den Lauf der Geschichte noch zu ändern und ein globales apokalyptisches Ende zu verhindern«.[85] Und zum russischen Weihnachtsfest am 7. Januar 2023 erklärte Kirill in einem auf Rossija 1 ausgestrahlten Interview, dass wir »eine apokalyptische Perspektive« vor uns hätten, und fügte hinzu: »Deshalb ist unser Kampf für moralische Prinzipien, unser Kampf für die Bewahrung des Glaubens, ein Kampf für die Zukunft der gesamten Menschheit, für das Leben der Welt, nichts weniger. Wir kämpfen für das Leben der Welt. Wir kämpfen dafür, dass die menschliche Zivilisation lebensfähig bleibt. Und solange diese Arbeit und dieser Glaube erhalten bleiben, wird auch die Hoffnung auf die Zukunft erhalten bleiben. In diesem Sinne kommt unserem Land natürlich eine ganz besondere Rolle zu.«[86] In einer Liturgie zu Ehren des russischen Kriegerfürsten Alexander Newskij († 1263) schließlich erläuterte der Patriarch, dass es sich bei jenem Kampf, mit dem Russland heute seine katechontische Mission erfülle, keineswegs nur um einen rein geistigen, sondern eben auch um einen politischen und militärischen Kampf handle.[87] Damit verklärt

---

84 Vgl. Kirills Predigt vom 08.05.2022: »Да поможет нам Господь не сойти с исторического пути, предначертанного нашему народу и нашей стране, которая сегодня является великой силой, несомненно удерживающей мир, по слову апостола, от страшного и пагубного безбожного цивилизационного развития.« (http://www.patriarchia.ru/db/text/5924172.html); für eine deutsche Übersetzung vgl. Willems, Diener (s. Anm. 52), 247–251. In derselben Predigt erklärte Kirill – unter grober Missachtung der historischen Tatsachen –, dass Russland nie jemanden angegriffen habe, sondern sich allenfalls manchmal »geopfert« habe, »um anderen zu helfen«.
85 Vgl. Kirills Rede auf dem 24. »Weltkonzil des Russischen Volkes« am 25.10.2022 unter http://www.patriarchia.ru/db/text/5971182.html.
86 Vgl. Kirills Weihnachtsinterview vom 07.01.2023 (s. Anm. 63): »Поэтому наша борьба за нравственные принципы, наша борьба за сохранение веры – это борьба за будущее всего человечества, за жизнь мира, ни много ни мало. Мы боремся за жизнь мира. Мы боремся за то, чтобы человеческая цивилизация оставалась жизнеспособной. И покуда эта работа и эта вера будут сохраняться, будет сохраняться и надежда на будущее. В этом смысле, конечно, совершенно особая роль у нашей страны.«
87 Vgl. Kirills Predigt am 12.09.2023 in der Dreifaltigkeits-Alexander-Newskij-Lawra in St. Petersburg: »Сегодня перед Россией стоит задача выйти победительницей из той борьбы, которая против нас развязана силами зла. И не надо преуменьшать сложности переживаемого момента! Сегодня нужна мобилизация всех – и воинства, и политических сил; и, конечно, в первую очередь должна быть мобилизована Церковь. ... Нам еще многое нужно сделать не

Kirill das russische Vorgehen in der Ukraine zu einem eschatologischen Kampf in göttlichem Auftrag. Russlands Krieg in der Ukraine, so die Botschaft des Patriarchen, verhindert die Herrschaft des Antichrists. Diese von Patriarch Kirill behauptete heilsgeschichtlich-katechontische Funktion der »Heiligen Rus'« hat, wie bereits eingangs gezeigt, in Russland eine sehr lange Tradition und ist eng verknüpft mit der zu Beginn des 16. Jahrhunderts aufgekommenen Auffassung von Moskau als dem »Dritten« und letzten Rom.[88]

Schon Jahre zuvor hatte der bekannte russische Fernsehjournalist und Theoretiker der »Politischen Orthodoxie« Egor Cholmogorow in einem Aufsatz mit dem Titel »Religionen der Endzeit« unter Berufung auf die Idee von Moskau als dem Dritten Rom das »hagiopolitische Projekt Heiliges Russland«, das heißt, die Errichtung einer »orthodoxen politischen Ordnung« und die »Schaffung einer integralen, landesweiten Infrastruktur des Heils« propagiert. Der russische Staat habe katechontische Bedeutung und sei eine Kraft zur Zurückhaltung des Antichristen »mit rechtlichen und militärischen Mitteln«. Um einen endzeitlichen Krieg zu führen und eine »orthodoxe missionarische Ausbreitung« zu ermöglichen, bedürfe es jetzt einer »Armee von Heiligen«.[89] Auch Alexander Dugin ist ein Verfechter der Auffassung, Russland sei der endzeitliche »Katechon«.[90] 2015 gründete er hierfür zusammen mit dem Oligarchen Konstantin Malofejew, für dessen Sender Tsargrad TV sowohl Cholmogorow als auch Dugin zeitweilig arbeiteten, sogar eigens die Online-Zeitschrift »Katechon«. Kennengelernt hatte Dugin die Vorstellung des »Katechon« als einer politischen Macht, welche den Antichrist und das Chaos zurückhält, durch Carl Schmitt (1888–1985).[91] Auch Dugin verband diese Idee mit der Vorstellung von

только в масштабах страны, но и, не побоюсь сказать, в масштабах мира, оставаясь силой удерживающей. А Удерживающий – это тот, кто не дает возможность тотальному мировому злу взять верх над всем родом человеческим.« (http://www.patriarchia.ru/db/text/6058732 .html). Zum Alexander-Newskij-Kult vgl. F.B. Schenk, Die Nationalisierung des kulturellen Gedächtnisses? Das Aleksandr Nevskij-Bild in Rußland im 19. Jahrhundert, in: M. Schulze Wessel (Hg.), Nationalisierung der Religion und Sakralisierung der Nation im östlichen Europa, Stuttgart 2006, 51–71; (ders.), Der Heilige und die Nation. Aleksandr Nevskij und der Heilige Wenzel im russischen bzw. tschechischen kulturellen Gedächtnis, Bohemia 45 (2004), 315–352: 315–333.
**88** S. Anm. 27–29 sowie Hagemeister, Katechon (s. Anm. 42), 12–16.
**89** E. Cholmogorow, Религии последнего времени, Стратегический журнал 2 (2006): Политическое православие, 51–72: 67–71.
**90** Vgl. z.B. Dugins Aufsatz über »Katechon und Revolution« (Катехон и революция) in: ders., Тамплиеры пролетариата (национал-большевизм и инициация), Moskau 1997, 52–59. Zum Kontext vgl. hierzu D. Lewis, Apocalypse Delayed: Katechontic Thinking in Late Putinist Russia, in: ders., Russia's New Authoritarianism: Putin and the Politics of Order, Edinburgh 2020, 193–214; M. Engström, Contemporary Russian Messianism and New Russian Foreign Policy, in: Contemporary Security Policy 35 (2014), 356–379; Hagemeister, Katechon (s. Anm. 42), 31–34.

Moskau als dem »Dritten Rom«, welches nach dem Fall des Byzantinischen Reiches von diesem die Rolle des »Katechon« übernommen habe. Nach dem russischen Angriff auf die Ukraine im Jahr 2022 erklärte Alexander Dugin dann in einem Beitrag für seine Zeitschrift, der gegenwärtige Kampf um den Donbass, Odessa, Kiew und Lemberg sei eine endzeitliche Schlacht und die Apokalypse habe begonnen. Nach dem ersten apokalyptischen Reiter, der Corona-Pandemie, zeige sich nun mit dem Krieg der zweite Reiter.[92]

Nicht nur die göttliche Mission der »Heiligen Rus'« im endzeitlichen Kampf zwischen Licht und Finsternis, nicht nur die Dämonisierung des Gegners und die Sakralisierung der Rus' finden sich in Kirills Predigten wieder, sondern auch eine Reihe weiterer Motive und Vorstellungen aus der Kriegsideologie Iwans IV. Auch in den gegenwärtigen Kriegszeiten spielen himmlische Fürsprecher, Ikonen und wahrhaft orthodoxe Herrscher in der Rechtfertigung des Krieges durch den russischen Patriarchen eine nicht unwichtige Rolle. So hat Kirill etwa am 6. Mai 2022, dem Fest des Hl. Georg des Siegreichen, den Beistand dieses Heiligen für die gegenwärtige Verteidigung des Vaterlandes erbeten. Der Hl. Georg, der Russland schon 1945 zum Sieg verholfen habe, möge auch in der gegenwärtigen »schwierigen, gefährlichen und in gewissem Sinne schicksalhaften Phase« der Geschichte Russlands mit dem russischen Volk, der russischen Armee und den russischen Behörden sein und Russland zum Sieg verhelfen.[93] Genau ein Jahr später erklärte der Patriarch dann zum gleichen Festtag, die Rus' sei durch die Gnade Gottes »zu einer mächtigen militärisch wirklich unbesiegbaren Macht geworden« und könne nicht erobert werden. Gott sei mit Russland, »solange wir den orthodoxen Glauben bewahren«.[94]

Im zentralen Militärkrankenhaus von Krasnogorsk forderte Kirill im Juni 2022 die verwundeten Soldaten auf, dem Erzengel Michael, dem obersten himmlischen Heerführer und »Schutzpatron aller, die mit Waffen umgehen«, zu vertrauen, damit ihnen »im Kampf des Guten gegen das Böse« auch die nötige »göttliche Unterstützung für ihre Taten [...] durch den heiligen obersten Heerführer Gottes« zuteil

---

**91** Vgl. hierzu G. Meuter, Der Katechon. Zu Carl Schmitts fundamentalischer Kritik der Zeit, Berlin 1994; F. Grossheutschi, Carl Schmitt und die Lehre vom Katechon, Berlin 1996; A. Motschenbacher, Katechon oder Großinquisitor? Eine Studie zu Inhalt und Struktur der Politischen Theologie Carl Schmitts, Marburg 2000.

**92** Dugin, Apocalyptic Realism (s. Anm. 76).

**93** Vgl. Kirills Predigt in der Moskauer Christ-Erlöser-Kathedrale am 06.05.2022 unter http:// www.patriarchia.ru/db/text/5923691.html; für eine deutsche Übersetzung vgl. Willems, Diener (s. Anm. 52), 243–245.

**94** Vgl. Kirills Predigt vom 06.05.2023 unter http://www.patriarchia.ru/db/text/6024963.html; vgl. auch denselben Gedanken der Unbesiegbarkeit Russlands in der Predigt vom 17.03.2023, dem Festtag des Großfürsten Daniel von Moskau, http://www.patriarchia.ru/db/text/6011285.html.

werde. Auch schenkte der Patriarch dem Krankenhaus eine Ikone des Hl. Michael sowie eine Ikone des Hl. Georg.[95] Eine andere Ikone, die Gottesmutter von Augustów, die 1914 russischen Soldaten vor einer erfolgreichen Schlacht bei dieser polnischen Stadt erschienen war, überreichte Kirill am 13. März 2022 an Viktor Zolotow, den Kommandeur der Russischen Nationalgarde. Diese Ikone möge die Soldaten zur Verteidigung des Vaterlandes inspirieren, sagte Kirill, worauf Zolotow dem Patriarchen dankte und erklärte: »Diese Ikone wird die Russische Armee schützen und schneller unseren Sieg herbeiführen.«[96]

Dass die »Heilige Rus'« unter dem besonderen »Schutz der Himmelskönigin« stehe und das »Erbe« der Gottesmutter sei, betont Patriarch Kirill seit Kriegsbeginn immer wieder.[97] Durch aufrichtige Gebete zu ihr werde Russland auch »heute den Sieg erringen« und in der Lage sein, seine Freiheit, seine Unabhängigkeit und seine Traditionen zu bewahren, sagte Kirill in einer Predigt im Oktober 2022 anlässlich des Festes des schützenden Schleiers der Gottesmutter.[98] Der Patriarch verglich die gegenwärtige Lage, in welcher die Rus' von Westen her angegriffen werde, um ihre Souveränität zu zerstören und sie ihrer Freiheit zu berauben, mit früheren »brutalen Invasionen aus dem Westen«, wie der Invasion durch Polen im Jahr 1612 oder dem Feldzug Napoleons 200 Jahre später, bei denen auch die Gottesmutter der Rus' zum Sieg verholfen habe. Doch durch »Gebete vor der reinsten Himmelskönigin, die aus reinen Herzen und aufrichtigem, tiefem Glauben entspringen«, werde Russland auch »heute der Sieg zuteil«.[99] Und am 4. November 2023 überraschte er die Öffentlichkeit mit der Mitteilung, er habe die 1904 aus der Kasaner Kathedrale am Roten Platz gestohlene und seither verschollene wundertätige Ikone der Gottesmutter von Kasan, in seiner Residenz in Peredelkino wiederentdeckt. Dieses »Nationalheiligtum« habe das russische Volk stets in schwierigen Zeiten bewahrt und vor Feinden geschützt. Sollte seine Wiederentdeckung gerade jetzt nicht ein himmlisches Zeichen sein?[100]

---

**95** Vgl. den Bericht über Kirills Besuch am 21.06.2022 in Krasnogorsk bei Moskau unter http:// www.patriarchia.ru/db/text/5938567.html.
**96** Vgl. Kirills Predigt in der Christ-Erlöser-Kathedrale am 13.03.2022 unter http://www.patriarchia.ru/db/text/5908325.html sowie die Antwort des Generals unter https://orthodoxtimes.com/patriarch-of-moscow-gifted-icon-of-the-theotokos-to-the-army-to-win-the-war-against-ukraine/.
**97** Vgl. Kirills Predigt vom 21.09.2022 zum Fest Mariä Geburt (http://www.patriarchia.ru/db/text/5961645.html).
**98** Vgl. Kirills Predigt vom 14.10.2022 im Pokrowskij-Kloster in Moskau zum Fest des schützenden Schleiers der Gottesmutter (http://www.patriarchia.ru/db/text/5967443.html).
**99** Ebd.
**100** Vgl. dazu Kirills Ansprache in der Uspenskij-Kathedrale des Kremls am 04.11.2023 unter http://

Doch es sind nicht nur die himmlischen Fürsprecher, die angeblich Russland zum Sieg verhelfen und dafür sorgen werden, dass Russland seine »wahrhaft souveräne historische Existenz« fortsetzen und seine »Unabhängigkeit« bewahren kann. Der Patriarch erblickt auch in dem Umstand, dass »an der Spitze des Vaterlandes, an der Spitze der Armee ein Heiliger steht, und vielleicht nicht einmal ein Heiliger, sondern ein orthodoxer getaufter Gläubiger«, die Garantie dafür, dass dann Russland »niemals Kriegsverbrechen begehen wird« und »vor jeder Art von militärischen Abenteuern sicher sein« könne. Unter einem solchen Staatsoberhaupt, so Kirill, werde Waffengewalt nur dann eingesetzt, »wenn es moralisch, sittlich und sogar geistlich gerechtfertigt ist.«[101] Damit wird von dem obersten Hierarchen der ROK de facto der russische Angriff auf die Ukraine unter Hinweis auf den sich öffentlich zum orthodoxen Glauben bekennenden russischen Präsidenten theologisch legitimiert. Auch wenn der Anlass für diese Äußerung Kirills der Gedenktag der beiden heiliggesprochenen Kriegerfürsten Alexander Newskij und dessen Sohn Daniel (1261–1303) war, so formulierte Kirill diesen Zusammenhang doch ganz bewusst so allgemein, dass damit selbstverständlich auch das derzeitige Staatsoberhaupt der Russischen Föderation und der jetzige Krieg mit gemeint war. Und kurz darauf, in einem Glückwunschschreiben an den russischen Präsidenten aus Anlass von dessen 70. Geburtstag, ließ er diesen wissen, seine Herrschaft sei von Gottes Gnaden und trage entsprechende Früchte.[102]

Kurz nach Putins Ankündigung der Mobilisierung von Reservisten ging Kirill dann noch einen Schritt weiter und verkündete, dass ein Soldat, der »bei der Erfüllung seiner militärischen Pflichten stirbt«, sich für andere opfere und »dass dieses Opfer alle Sünden abwäscht, die der Mensch begangen hat.«[103] Mit dieser

---

www.patriarchia.ru/db/text/6074436.html sowie sein Weihnachtsinterview vom 07.01.2024 unter http://www.patriarchia.ru/db/text/6091171.html.

101 Vgl. Kirills Predigt vom 12.09.2022 in seiner Residenz im Danilow-Kloster unter http://www.patriarchia.ru/db/text/5958411.html.

102 Vgl. Kirills Schreiben an Putin vom 07.10.2022: »Der Herr hat Sie an die Spitze der Macht gestellt, damit Sie Dienste von besonderer Bedeutung und großer Verantwortung für das Schicksal des Landes und der Menschen leisten können, die Ihnen anvertraut sind. Der Imagewandel Russlands, die Stärkung seiner Souveränität und Verteidigungsfähigkeit, der Schutz seiner nationalen Interessen, seine fortschreitende sozioökonomische Entwicklung, die Sorge um das Wohlergehen seiner Bürger sind nur einige der offensichtlichen und unbestreitbaren Ergebnisse der langjährigen gemeinsamen Arbeit der verschiedenen Regierungsstellen und öffentlichen Einrichtungen unter Ihrer Führung.« (http://www.patriarchia.ru/db/text/5960363.html).

103 Vgl. Kirills Predigt am 25.09.2022 in der Kirche der Alexander-Newskij-Skite bei Peredelkino unter http://www.patriarchia.ru/db/text/5962628.html; in allgemeinerer Form kehrt der Gedanke des sündenvergebenden Opfers der Gläubigen dann auch in einer Predigt am 27.09.2022 wieder (http://www.patriarchia.ru/db/text/5963304.html; deutsche Übersetzung bei Willems, Diener (s.

faktischen Ausweitung der sündenvergebenden Wirkung des Kreuzestodes Christi auf den Opfertod eines Soldaten, hat der russische Patriarch eindeutig die Grenze zur Häresie überschritten. Leider gab es aber solche Grenzüberschreitungen im Verlaufe der Kirchengeschichte immer wieder. Schon Papst Urban II. († 1099) hatte ja bekanntlich 1095 seinen Aufruf zur Teilnahme am Ersten Kreuzzug mit dem Versprechen des Nachlasses aller Sünden und eines »nie verwelkenden Ruhms im Himmelreich« verbunden, und in den deutschen Kriegspredigten des Ersten Weltkrieges wurde mit ähnlichen Versprechungen versucht, die Zahl der Kriegsfreiwilligen zu steigern.[104]

# 5 Von der »Symphonie« zur Kirchenspaltung

Die »Symphonie« von Präsident und Patriarch, von Staatsführung und Kirchenleitung scheint in Russland derzeit vollkommen. Patriarch Kirill selbst hat anlässlich des 14. Jahrestages seiner Inthronisation erklärt, es habe noch nie in der Geschichte der ROK so harmonische Beziehungen zwischen Staat und Kirche gegeben wie jetzt. Der Patriarch bedankte sich beim russischen Präsidenten ausdrücklich für dessen Unterstützung und »diese besondere Form der Zusammenarbeit von Kirche und Staat«[105] und er fügte hinzu: »Wenn es uns gelingt, die Zusammenarbeit zwischen der Kirche und den Behörden zu bewahren und zu entwickeln, dann werden unser

---

Anm. 52), 257–260). Ähnlich äußerte sich Kirill auch in einer Weihnachtsansprache vor Kindern am 07.01.2023 (http://www.patriarchia.ru/db/text/5993811.html) sowie in einer Rede am 12.12.2023 vor dem Komitee der Familien der Vaterlandskämpfer (http://www.patriarchia.ru/db/text/6083736.html). Implizit ist dieser Gedanke bereits in der Sozialdoktrin der ROK enthalten, wo in Abschnitt II.2 der Hl. Filaret von Moskau (1782–1867) mit den im Kontext der napoleonischen Invasion gesprochenen Worten zitiert wird: »... stirbst du für Glaube und Vaterland, empfängst du Leben und Kranz im Himmel« (Grundlagen [s. Anm. 69], 19).

**104** Vgl. Friedrich Dobberahn, Deutsche Theologie im Dienste der Kriegspropaganda. Umdeutung von Bibel, Gesangbuch und Liturgie 1914–1918, Göttingen ²2022, 94. Ähnlich wie Patriarch Kirill argumentierte beispielsweise 1915 Adolf Harnack in seinem Beitrag zu »Christbaum und Schwert. Weihnachtsbuch für Feld und Heimat«: »Den Sterbenden aber, die willig für uns sterben und hier auf Erden den Sieg nicht sehen, gilt das Wort: ›Sie sind vom Tode zum Leben hindurchgedrungen; denn sie liebten die Brüder« (Adolf v. Harnack, Eine Betrachtung und ein Gedicht ins Felde geschickt, in: ders., Schriften über Krieg und Christentum, hg. v. Bodo Bischof u. Peter Bürger, Norderstedt 2021, 228–230: 230).

**105** Vgl. die Interfax-Meldung vom 01.02.2023 unter https://www.interfax.ru/russia/884158; vgl. auch Kirills Schreiben an Putin vom 07.10.2022 (s. Anm. 102), wo ebenfalls von einem »einzigartigen Modell der Zusammenarbeit« von Staat und Kirche in Russland die Rede ist.

Land und unser Volk wirklich unbesiegbar sein.«[106] Mit anderen Worten: Neben dem Gebet ist auch die harmonische Symphonie von Staat und Kirche eine wichtige Voraussetzung für den militärischen Erfolg Russlands.[107]

Kirill selbst hat in seiner Zeit als Metropolit von Smolensk und Kaliningrad dafür gesorgt, dass das Modell eines patriotisch-nationalen Zusammenwirkens von Staats- und Kirchenleitung auch Eingang in die theologische Lehre der ROK fand. Damals war er nämlich der Vorsitzende einer Synodalkommission, welche die »Grundlagen der Sozialdoktrin der Russisch-Orthodoxen Kirche« erarbeitete. Das auf der Jubiläumssynode im Jahr 2000 von der ROK approbierte Dokument stellt unter anderem fest, dass sich in der Kirche »das universale mit dem nationalen Prinzip« verbinde. Als »Bürger des himmlischen Vaterlandes« dürften die orthodoxen Christen zugleich deshalb »ihre irdische Heimat nicht vergessen«. Die ROK habe durch ihr Wirken im Verlauf ihrer tausendjährigen Geschichte eine eigene »nationale christliche Kultur« erschaffen und »ihre Gläubigen im Geiste des Patriotismus« erzogen. Sie verehre zahlreiche Fürsten und Mönche als Heilige, die sich für die militärische Verteidigung ihres Vaterlandes eingesetzt und die Waffen gesegnet hätten, und die Kirche selbst sei in früheren Zeiten als »höchstes Heiligtum des Volkes« anerkannt gewesen. Auch heute zeige sich der »christliche Patriotismus« des russischen orthodoxen Christentums in der »Verteidigung des Vaterlands gegen den Feind«, in dem Bemühen, »die nationale Kultur und das nationale Selbstbewusstsein zu wahren und weiterzuentwickeln« und in der Liebe zu den »über die Welt verstreuten Blutsbrüder[n].«[108]

Vor dem Hintergrund des Ukrainekrieges und angesichts von Kirills theologischer Rechtfertigung des Krieges als Verteidigung der Einheit »Heiligen Rus'« und der »Russischen Welt« erscheinen diese Aussagen zur patriotischen Erziehung der Gläubigen durch die ROK in einem neuen, nicht hellen, sondern leider sehr finsteren Licht. Kirills Versuch, »ein Diener zweier Herren« zu sein, ist ganz offensichtlich gescheitert.[109] Angesichts des von Wladimir Putin begonnenen Eroberungskrieges gegen die Ukraine ist der Patriarch der ROK in erster Linie russisch-staatstragend

---

**106** Vgl. Kirills Predigt am 01.02.2023 in der Christ-Erlöser-Kathedrale unter http://www.patriarchia.ru/db/text/6001846.html. Schon an seinem 76. Geburtstag, am 20.11.2022, erklärte Kirill in der Christ-Erlöser-Kathedrale in Moskau, dass zwischen ihm und dem Präsidenten ein Konsens »über sehr wichtige aktuelle Fragen« bestehe (http://www.patriarchia.ru/db/text/5978657.html).
**107** So Kirill in der Predigt an seinem 76. Geburtstag (s. Anm. 106).
**108** Thesing/Uertz, Grundlagen (s. Anm. 69), 18 f. 25–28 (Abschnitte II.2 f. u. III.4).
**109** Zu dieser Formulierung vgl. Willems, Diener (s. Anm. 52); für eine orthodoxe theologische Kritik des Narrativs der »Russischen Welt« vgl. P. Kalaitzidis, Orthodox Theology Challenged by Balkan and East European Ethnotheologies, in: ders./H.-P. Großhans (Hg.), Politics, Society and Culture in Orthodox Theology in a Global Age, Paderborn 2022, 108–159: 146–156.

und patriotisch-nationalistisch. Der christliche Glaube und die orthodoxe Theologie haben sich der unbedingten Loyalität gegenüber seinem Präsidenten unterzuordnen. Dass selbst der zunächst äußerst diplomatisch agierende römische Papst nach einigen Wochen alle Zurückhaltung fahren ließ und Kirill daran erinnern musste, dass der Patriarch von Moskau und der ganzen Rus' »sich nicht zu einem Messdiener Putins« machen dürfe und dass er kein »Staatskleriker«, sondern ein Hirte des Volkes Gottes sei, macht deutlich, wie geradezu blasphemisch Kirills patriotisches Christentum und die von ihm als »einzigartig« gepriesene Symphonie von Staat und Kirche auf einen Großteil der Christenheit weltweit wirken musste.[110] Was sich schon zu Beginn der Putin-Ära abzeichnete, gilt um so mehr jetzt in Zeiten des Krieges: Die Symphonie zwischen Staat und Kirche in Russland ist eine äußerst asymmetrische Symphonie, bei der die Kirche eindeutig die schwächere, die staatlichen Vorgaben unterstützende Rolle einnimmt.[111]

Doch Kirills Sakralisierung von Land, Volk und Nation, seine Loyalität und Servilität gegenüber Putin und vor allem seine moralische und theologische Rechtfertigung des Angriffs bis hin zur Rede von einem »Heiligen Krieg« haben nicht nur ihm selbst, sondern vor allem auch seiner Kirche schweren Schaden zugefügt. Die bislang dem Moskauer Patriarchat unterstehende autonome Ukrainische Orthodoxe Kirche (UOK) konnte gar nicht anders, als sich am 27. Mai 2022 für völlig unabhängig von der ROK und für selbständig zu erklären.[112] Damit ist – um in der Sprache Kirills zu bleiben – der »Heiligen Rus'« das Rückgrat weggebrochen. Eher weniger überraschend ist es, dass auch das Oberhaupt der mit der UOK konkurrierenden Orthodoxen Kirche der Ukraine, Metropolit Epifanij Dumenko, am 27. Juli 2022 den Ökumenischen Patriarchen bat, gemeinsam mit den Ersthierarchen der übrigen orthodoxen Kirchen Patriarch Kirill und die von ihm vertretene »ethnophyletistische und rassistische Lehre der Russischen Welt« als Häresie zu verurteilen.[113]

---

**110** Vgl. das Interview mit Papst Franziskus in der Tageszeitung Corriere della Sera vom 03.05.2022 unter https://www.corriere.it/cronache/22_maggio_03/intervista-papa-francesco-putin-694c35f0-ca 57-11ec-829f-386f144a5eff.shtml. Zu weiteren kirchlichen Reaktionen auf Kirills Haltung vgl. R. Flogaus, Ökumene im Zeitalter der Apokalypse, RGOW 51/3 (2023), 22–26: 23f.
**111** Vgl. hierzu P. Anderson, Putin and the Russian Orthodox Church: Asymmetric Symphonia?, Journal of International Affairs 61 (2007), 185–201: 197f.; N. Wood, Church and State in Orthodox Christianity: Two Versions of Symphonia, in: T. Bremer / A. Brüning / N. Kizenko (Hg.), Orthodoxy in Two Manifestations? The Conflict in Ukraine as Expression of a Fault Line in World Orthodoxy, Berlin 2022, 397–417: 412f.
**112** Vgl. https://news.church.ua/2022/05/27/postanova-soboru-ukrajinskoji-pravoslavnoji-cerkvi-vid-27-travnya-2022-roku/#2023-11-01.
**113** Vgl. für ein Faksimile des Schreibens: https://orthodoxtimes.com/epifaniys-appeal-to-bartholomew-dethrone-kirill-from-patriarch-of-moscow/.

Auch die Orthodoxe Kirche in Lettland hat sich – auf staatlichen Druck zwar, aber ohne öffentlichen Widerspruch – auf einem Landeskonzil am 20. Oktober 2022 für unabhängig vom Moskauer Patriarchat erklärt und inzwischen auch ohne Zustimmung Moskaus einen neuen Bischof geweiht.[114] Darüber hinaus haben andere Teile der ROK außerhalb Russlands sich klar von der Rechtfertigung des Krieges durch Patriarch Kirill distanziert und streben teilweise eine größere Unabhängigkeit von Moskau an, darunter das litauische Erzbistum, das Erzbistum der orthodoxen Gemeinden russischer Tradition in Westeuropa und die Russische Orthodoxe Kirche im Ausland.[115] Und Anfang September 2023 sandte sogar der bislang treu zum Moskauer Patriarchat stehende Metropolit Wladimir Cantarean von Chișinău und ganz Moldawien, ein ständiges Mitglied des Heiligen Synods der ROK, einen langen Brief an Patriarch Kirill, in welchem er auf die immer prekärere Lage der Moldawischen Orthodoxen Kirche aufgrund ihrer engen Verbindung zur ROK verwies und der Moskauer Kirchenleitung eine Reihe von Vorwürfen machte. Unter anderem kritisierte der Metropolit den »immer stärker werdende[n] Wunsch des Moskauer Patriarchats, die moldawische Metropole in die so genannte ›Russische Welt‹ zu integrieren«, und sprach von einer »Fortsetzung der brutalen Politik der Entnationalisierung, die während des Zarismus und der Sowjetära gegen die Moldawier betrieben wurde«, welche die ROK offenbar jetzt noch »perfektionieren« wolle.[116]

---

**114** Vgl. https://www.noek.info/nachrichten/ostmitteleuropa/lettland/2671-lettland-orthodoxe-kir-che-beschliesst-unabhaengigkeit-von-moskau (Meldung vom 03.11.2022) sowie https://www.noek .info/nachrichten/ostmitteleuropa/lettland/3020-lettland-bischof-der-lettischen-orthodoxen-kirche-ohne-zustimmung-moskaus-geweiht (Meldung vom 24.08.2023).
**115** Vgl. z.B. zu Litauen: https://noek.info/nachrichten/ostmitteleuropa/litauen/2752-litauen-ortho-doxe-kirche-bekraeftigt-streben-nach-mehr-unabhaengigkeit (Meldung vom 12.01.2023); zum Erzbistum der ROK in Westeuropa: https://orthodoxie.com/la-lettre-ouverte-du-metropolite-jean-de-doubna-au-patriarche-cyrille/ (Meldung vom 09.03.2022); https://noek.info/nachrichten/osteuropa/russland/2828-frankreich-metropolit-jean-kritisiert-patriarch-kirill (Meldung vom 09.03.2023); zur Auslandskirche: https://www.rnd.de/politik/russisch-orthodoxe-kirche-warum-sind-gebete-muni-tion-metropolit-mark-WHWA3PWSKBC2ZJE57NARAHHCY4.html (Meldung vom 29.05.2022).
**116** »Другая тенденция, которая беспокоит наш народ и духовенство, которая кстати 80% имеют румынское гражданство –, это все более настойчивое стремление Московского Патриархата поглотить Молдавскую Митрополию в так называемый ›Русский мир‹ – являющимся чуждым нашим национальным устремлениям и ценностям. К сожалению, эта тенденция является продолжением жестокой политики денационализации, проводившейся в отношении молдаван в период царской, а затем советское время, которую Русская Православная Церковь хочет ›усовершенствовать‹.«; vgl. die englische Übersetzung des Schreibens vom 05.09.2023 unter https://www.unifr.ch/orthodoxia/de/dokumentation/anderson/ (dort unter dem Datum des 20.10.2023 zu finden).

Insbesondere der Patriarch selbst und seine Rechtfertigung des Krieges mit Hilfe der »Russkij-Mir«-Ideologie als »Verteidigung« der »Heiligen Rus'« steht auch bei vielen orthodoxen Theologinnen und Theologen im Zentrum der Kritik. Nur knapp drei Wochen nach Beginn des landesweiten Angriffs auf die Ukraine, am 13. März 2022, dem Sonntag der Orthodoxie, veröffentlichte die Theologische Akademie Volos eine »Erklärung zur Lehre von der Russischen Welt (Russkij Mir)«, die mittlerweile von mehr als 1.500 orthodoxen, aber auch einigen nichtorthodoxen Theologen unterzeichnet worden ist.[117] In dieser »Erklärung«, die nach dem Vorbild der Barmer Theologischen Erklärung aufgebaut ist, wird die von der Leitung der ROK vertretene Lehre von der »Russischen Welt« und der »Heiligen Rus'« als »Irrlehre« bezeichnet und als eine »Form von ethnophyletischem religiösem Fundamentalismus mit totalitärem Charakter«. Diese Lehre sei »zutiefst unorthodox, unchristlich und gegen die Menschheit gerichtet« und falle unter die von einem orthodoxen Konzil 1872 in Konstantinopel verurteilte Lehre des »Ethnophyletismus«.[118] Verworfen wird in der ersten These dieser »Erklärung zur Lehre von der Russischen Welt« des weiteren eine Ersetzung des Reiches Gottes »durch ein Reich dieser Welt, sei es die Heilige Rus, das Heilige Byzanz oder irgendein anderes irdisches Reich«. Dieser Vorwurf trifft jedoch m. E. nicht auf den Patriarchen und die übrigen Mitglieder der Moskauer Kirchenleitung zu, da sie die »Heilige Rus'« durchaus vom Reich Gottes unterscheiden. Schon sehr viel zutreffender ist hingegen die in der dritten These ausgesprochene Verwerfung einer Lehre, »die einer einzelnen lokalen, nationalen oder ethnischen Identität göttliche Einsetzung oder Autorität, besondere Heiligkeit oder Reinheit zuschreibt oder eine bestimmte Kultur als besonders oder göttlich gewollt charakterisiert«. Dies ist in der Tat der Kern der Ideologie der »Heiligen Rus« und ihrer angeblichen heilsgeschichtlichen Mission, wie sie in Russland seit dem 16. Jahrhundert in kirchlichen Kreisen und darüber hinaus propagiert wird. Häretisch im engeren Sinn sind darüber hinaus die Aussagen des Patriarchen zum sündenvergebenden Opfertod von Soldaten auf dem Schlachtfeld sowie seine Identifizierung Russlands bzw. der »Heiligen Rus'« mit dem endzeitlichen Katechon, die jedoch beide erst nach Veröffentlichung der »Erklärung« erfolgt sind.

Widerspruch gegen Kirills Haltung zum Ukrainekrieg Russlands kommt selbstverständlich auch aus dem ukrainischen Klerus. Mehr als 400 Priester der damals noch nominell Kirill unterstehenden UOK schlossen sich einem am 10. April 2022 von Andrij Pintschuk auf Facebook veröffentlichten Appell an die Ersthierarchen der anderen autokephalen orthodoxen Kirchen an, die Lehre von der »Russischen

---

**117** Vgl. https://www.polymerwsvolos.org/2022/03/24/erklarung_zur_lehre_von_der_russischen/.
**118** Zum Horos dieses Konzils vgl. COGD IV/1, 371–373.

Welt« als Häresie zu verurteilen und den Moskauer Patriarchen abzusetzen.[119] Nach dem Raketenangriff auf die Kathedrale von Odessa haben am 23. Juli 2023 erneut mehr als 300 Priester der UOK sowie nun auch zwei Metropoliten an ihr Kirchenoberhaupt, Metropolit Onufrij Beresowskyj, appelliert, im Rahmen eines weiteren Kirchenkonzils sich endgültig von der ROK loszusagen und Kirills Unterstützung des Krieges und seine jurisdiktionelle Annexion von Eparchien der UOK zu verurteilen.[120] Metropolit Onufrij verweigerte indes das Gespräch mit den Unterzeichnern und ließ sie durch den Geschäftsführer der UOK wissen, ihre Forderungen zielten offenbar auf eine »Zerstörung der Kirche«.[121]

Andererseits hat das Kirchliche Außenamt der UOK schon am Tag nach der Veröffentlichung der »Grundsatzerklärung« des von Kirill geleiteten WKRV sich äußerst scharf von deren Theologie und deren politischen Zielen distanziert. Dieses Dokument sei ein Aufruf zur »Zerstörung der Ukraine« und eine »Rechtfertigung der militärischen Aggression«, welche »unvereinbar mit der Lehre des Evangeliums« sei. Die Bezeichnung der sogenannten »Militärischen Spezialoperation« als »Heiliger Krieg« widerspreche den Prinzipien der christlichen Moral und dem Evangelium und könnte erst recht nicht von Menschen befürwortet werden, »die sich selbst als Kleriker bezeichnen«. Die Forderung nach einer Annexion der Ukraine sei ebenso wie die Rede von einem »Heiligen Krieg« unvereinbar mit der Heiligen Schrift und der Sozialdoktrin der ROK. Diese vom WKRV formulierten Vorstellungen könnten daher »von einer religiösen Organisation, welche sich als christlich bezeichnet, nicht unterstützt werden.«[122] In ähnlicher Weise hat inzwischen auch die Synode der Estnischen Orthodoxen Kirche des Moskauer Patriarchats den Text des WKRV als für Christen inakzeptabel und die Idee der »Russischen Welt« als einen »Ersatz für die Lehre des Evangeliums« bezeichnet.[123]

---

**119** Vgl. https://publicorthodoxy.org/2022/04/26/open-appeal-of-uoc-priests/#more-11270 (Meldung vom 26.04.2022).
**120** Vgl. https://noek.info/nachrichten/osteuropa/ukraine/3001-ukraine-geistliche-der-uok-fordern-definitiven-bruch-mit-dem-moskauer-patriarchat (Meldung vom 27.07.2023).
**121** Vgl. https://noek.info/nachrichten/osteuropa/ukraine/3019-ukraine-geistliche-weisen-kritik-an-ihrer-bitte-um-konzil-zurueck (Meldung vom 24.08.2023).
**122** Vgl. die Erklärung der UOK vom 28.03.2024 unter https://news.church.ua/2024/03/28/zakliki-znishhennya-ukrajini-ta-vipravdannya-vijskovoji-agresiji-nespivstavni-z-jevangelskim-vchenny-am-zayava-vzcz-upc/#2024-04-01.
**123** Vgl. die Erklärung vom 02.04.2024 unter https://ru.orthodox.ee/messages/poslanie-sinoda-epcz-mp/.

Trotz solcher klaren Worte droht der UOK aufgrund der teilweise unklaren Haltung mancher Hierarchen nach wie vor ein gesetzliches Verbot in der Ukraine.[124] Zudem ließen der ukrainische Geheimdienst SBU und die Generalstaatsanwaltschaft am 4. November 2023 mitteilen, dass gegen Patriarch Kirill ein strafrechtliches Ermittlungsverfahren wegen des Verdachts der Unterstützung des russischen Angriffskrieges gegen die Ukraine eingeleitet worden sei. Als Indiz hierfür wurde unter anderem die Überreichung der erwähnten Marienikone von Augustów an den Leiter der Russischen Nationalgarde Zolotow im Kontext von deren Einsatz im Ukrainekrieg angeführt. Am 15. Dezember 2023 hat die Ukraine den Patriarchen dann offiziell zur Fahndung ausgeschrieben.[125]

Die Idee der »Heiligen Rus'«, die seit Jahrhunderten in Russland im kirchlichen, staatspolitischen und literarischen Kontext verwurzelt ist und im 19. Jahrhundert eine dezidiert antiwestliche Ausrichtung erfahren hat, ist für Patriarch Kirill und weitere Mitglieder der Moskauer Kirchenleitung die ideologische Grundlage der historischen und theologischen Rechtfertigung des russischen Kriegs gegen die Ukraine. Nach dieser Auffassung geht es bei der »militärischen Spezialoperation« um die Verteidigung der Einheit der »Heiligen Rus'« und ihrer traditionellen christlichen Werte, um den orthodoxen Glauben und um das Heil der Menschen in der Ukraine. Diese seien durch den Einfluss der dekadenten Zivilisation des Westens mit ihrer angeblichen Propagierung von moralischer Sünde, militantem Säkularismus und radikalem Individualismus akut gefährdet. Die ebenfalls seit Jahrhunderten immer wieder kirchlicherseits beschworene und theologisch verklärte »Symphonie« von Kaiser und Patriarch, Staat und Kirche, hat schon seit längerem zu einer unheiligen Allianz des russischen Patriarchen mit dem russischen Präsidenten und seinen imperialistisch-irredentistischen Zielen geführt. Vor dem Hintergrund des seit mehr als neun Jahren andauernden russischen Kriegs gegen die Ukraine mit inzwischen hunderttausenden Toten stellt die explizite historische und theologische Rechtfertigung der sogenannten »militärischen Spezialoperation« durch Patriarch Kirill unter Berufung auf die Einheit der »Heiligen Rus'« und ihre Werte ohne Zweifel einen gotteslästerlichen Akt und eine Pervertierung der christlichen Botschaft

---

**124** Ein entsprechender Gesetzesentwurf wurde am 19.10.2023 vom ukrainischen Parlament in erster Lesung befürwortet; vgl. https://noek.info/nachrichten/osteuropa/ukraine/3107-ukraine-verbot-von-aus-russland-geleiteten-kirchen-in-erster-lesung-angenommen (Meldung vom 03.11.2023).
**125** Vgl. https://www.katholisch.de/artikel/48383-ukraine-plant-offenbar-anklage-gegen-moskauer-patriarchen-kyrill (Meldung vom 04.11.2023) sowie die Fahndungsausschreibung unter https://wanted.mvs.gov.ua/searchperson/details/?id=3023347531118149; zur Überreichung der Ikone an Zolotow s. Anm. 96.

dar.[126] Verschiedene Ansichten des Patriarchen, wie etwa die sündenvergebende Wirkung des Soldatentodes, die Rede von einem »Heiligen Krieg« in der Ukraine oder die Behauptung, Russland sei die von Gott auserwählte Kraft, welche die Herrschaft des Antichrists noch aufhalten könne, müssen sogar als häretisch bezeichnet werden. Im Übrigen aber hat der russische Patriarch mit seiner Haltung zum Ukrainekrieg seine eigene Kirche tief gespalten. Die Moskauer Kirchenleitung muss mittelfristig mit dem Verlust der Jurisdiktion über große Teile ihres außerhalb der Russischen Föderation gelegenen kanonischen Territoriums rechnen.

---

126 Vgl. die Feststellung von Bundespräsident Steinmeier in seiner Rede anlässlich der Eröffnung der Vollversammlung des ÖRK in Karlsruhe am 31.08.2022, wonach der russische Patriarch seine Gläubigen und seine Kirche auf »einen schlimmen, ja geradezu glaubensfeindlichen und blasphemischen Irrweg« geführt habe, unter https://www.bundespraesident.de/SharedDocs/Reden/DE/Frank-Walter-Steinmeier/Reden/2022/08/220831-Vollversammlung-Oekumenischer-Kirchenrat.html.

Martin Illert

# Apotheose der Nation?

## Zur Entstehung und Gestaltung der Methodius-Gedenkstätte in Ellwangen

**Zusammenfassung:** Die Gestaltung der Methodius-Gedenkstätte im baden-württembergischen Ellwangen erfolgte 1987 als Gemeinschaftsprojekt der örtlichen Kommune, der damaligen Volksrepublik Bulgarien und der Bulgarischen Orthodoxen Kirche. Die Ikonographie und die Stifterinschrift bulgarisieren und säkularisieren die Figur des transnationalen orthodoxen Heiligen und geben dem Ort ein national-sakrales Gepräge.

**Abstract:** The Methodius-Memorial in Ellwangen in Baden-Württemberg was designed in 1987 as a joint project of the local municipality, the then People's Republic of Bulgaria and the Bulgarian Orthodox Church. The iconography and the dedication-plate bulgarize and secularize the figure of the transnational orthodox saint and give the place a national-religious character.

## 1 Fragestellung und Vorgehen

In der »Methodius-Gedenkstätte« in der ostwürttembergischen Kreisstadt Ellwangen (Jagst) wird die Erinnerung an das transethnische und präkonfessionelle missionarische Wirken des Bischof Method von Saloniki (†885) gepflegt.[1] Damit steht Ellwangen seit den politischen Veränderungen von 1989/90 in einem breiten osteuropäischen Kontext der Verehrung Kyrills und Methods mit der Slowakei, der Tschechischen Republik, Nordmazedonien und der Lausitz.[2] Eine Besonderheit des

---

1 Grundlegend zur kultischen Verehrung des Methodius und seines Bruders Kyrill sowie zur politischen Vereinnahmung ihres Heiligenkultes seit dem Mittelalter vgl. S. Rohdewald: Götter der Nationen. Religiöse Erinnerungsfiguren in Serbien, Bulgarien, Makedonien bis 1944 (Visuelle Geschichtskultur 14), Köln, Weimar, Wien 2014, 41–60 (von der ältesten Verehrung bis ins 18. Jh.), 237–274 (vom Zeitalter der nationalen »Wiedergeburt« bis ins 20. Jh.), 677–689 (während des 2. Weltkrieges).
2 Zur Verehrung Methods und Kyrills in der Slowakei, in der Tschechischen Republik und in der

**Kontakt: Martin Illert**, Theologische Fakultät der Martin-Luther-Universität Halle-Wittenberg; E-Mail: martin.illert@theologie.uni-halle.de

https://doi.org/10.1515/bthz-2024-0018

hier behandelten »heiligen Raumes«, an dem – anders als an den traditionellen Wallfahrtsorten der orthodoxen Kirche – keine Reliquien ruhen,[3] ist der Umstand, dass es sich um einen in sozialistischer Zeit errichteten und in der Zeit nach 1989 weiter ausgeschmückten »Heiligen Ort« handelt, der das transkulturelle Wirken der Missionare als primär nationalbulgarisches und säkulares Ereignis interpretiert.[4] Unser Beitrag möchte herausarbeiten, wie die besonderen Entstehungskontexte die Gestalt der Gedenkstätte mitsamt ihrer Ikonographie und Ausstattung prägten.[5] Zu diesem Zweck beschreiben wir nacheinander die bauliche Erscheinung der Gedenkstätte, ihr Bildprogramm und ihre Widmungsinschrift, um dann nach den spezifischen kultur- und kirchenpolitischen Faktoren zu fragen, die in der Gestaltung der Gedenkstätte zum Ausdruck kommen.[6]

---

sorbischen Lausitz vgl. R. Mitewa-Michalkowa: Zwischen Religion und Ideologie. Kyrill und Method als Erinnerungsort in Bulgarien vor und nach 1989, 364–366; zum historischen Hintergrund der neuzeitlichen Verehrung vgl. F. Halder: Der Magna-Moravia-Mythos zwischen Geschichtsschreibung und Politik im 19. und 20. Jahrhundert, in: E. Behring, L. Richter, W. F. Schwarz (Hg.): Geschichtliche Mythen in den Literaturen und Kulturen Ostmittel- und Südosteuropas, Stuttgart 1999, 274–291. Zu ostmitteleuropäischen Verehrungsorten Kyrills und Methods vgl. M.-P. Beham, S. Rohdewald: Kyrill und Method, in: J. Bahlke, S. Rohdewald, T. Wünsch (Hg.): Religiöse Erinnerungsorte in Ostmitteleuropa. Konstitution und Konkurrenz im nationalen und epochenübergreifenden Zugriff, Berlin 2023, 473–493.
**3** Die Reliquien Methods sind heute verloren. Seine älteste Vita (Vita Sancti Methodii. Russico-slovenice et latine ed. F. Miklosich, Wien 1870, 22: »Man feierte einen Gottesdienst in lateinischer, griechischer und slawischer Sprache und bestattete ihn in der Kathedralkirche« [Übersetzung M. Illert]) berichtet von einer Beisetzung des Heiligen in der »Großen Kathedrale« (d. h. vermutlich in der Bischofskirche des mährischen Velehrad).
**4** Vgl. die Gegenüberstellung der bulgarischen Methodius-Repräsentation in Ellwangen mit den dortigen Gedenkmonumenten der Slowaken, der Nordmazedonier und der römisch-katholischen Ortsgemeinde bei M. Illert: Ostkirchliche Erinnerungsorte in Deutschland am Beispiel des Methodiusgedenkens in Ellwangen, in: M. Klöckner, U. Tworuschka, M. Rötting (Hg.): Handbuch der Religionen 76, 2023, 5–7.
**5** Zu den kulturpolitischen Entstehungskontexten des »Mikrozeitraumes« zwischen 1970 und 1989 vgl. neben Mitewa-Michalkowa, Religion (s. Anm. 2) auch E. Dżewiecka: Jubilejno i moderno. Kirilo-Metodievskijat razkaz prez socializma v Bălgarija [Geehrt und modern. Das Kyrill-und-Method-Narrativ während des Sozialismus in Bulgarien], (Kirilometodievski studii 29), Sofia 2020, 85–103. Vgl. damit die unterschiedlichen Phasen des politischen Umganges mit dem christlichen Erbe in der DDR bei: F. Stengel: Die SED und das christliche nationale Erbe, in: Händel-Jahrbuch 59, 2013, 351–359.
**6** Wir orientieren uns damit methodisch am Ansatz der Ikonologie vgl. E. Panowsky: Ikonographie und Ikonologie. Bildinterpretation nach dem Dreistufenmodell, Köln 2006, 33–60.

## 2 Die bauliche Gestalt der Gedenkstätte

Die Gedenkstätte befindet sich in einem Turm im südlichen Abschnitt der in der ersten Hälfte des 19. Jahrhunderts niedergelegten, ehemaligen Ellwanger Stadtbefestigung.[7] Der Außenbau aus verputztem Haustein wird auf seiner Ostseite von einer Tür und auf seiner Westseite von einem Fenster durchbrochen. Auf dem steinernen Gebäudekubus ruht ein geziegeltes Satteldach, das nach Osten kegelförmig abschließt. Unter dem offenen Dachstuhl des Innenraumes werden die weißgekalkten Wände von 2018 geschaffenen, neobyzantinischen Fresken des bulgarischen neorealistischen Malers Valentin Vitanov (* 1949) verziert.[8] Diese stellen in einer ersten Szene den taufenden Method,[9] in einer zweiten Szene Kyrill und Method bei der Übersetzungsarbeit (wobei Kyrill auf einem Hocker vor einem Schreibpult sitzt und mit einem Kiel einen Rotulus beschreibt, während Methodius hinter ihm steht)[10] und in einer dritten Szene Kyrill und Methodius mit ihren Schülern dar.[11] Während Method und seine Schüler mit Heiligenscheinen versehen sind, fehlt dieses Attribut in den beiden anderen Darstellungen.[12] Zwei umlaufende Friese aus Buchstaben, deren oberer das kyrillische und deren unterer das glagolitische Al-

---

7 Zur Ellwanger Stadtbefestigung und ihrer Niederlegung in der ersten Hälfte des 19. Jahrhunderts vgl. V. Eidlot: Stadtbefestigung als hinderliche Vergangenheit. Städtebaulich-planerische Tendenzen in kleinen Städten des 19. Jahrhunderts, in: Denkmalpflege in Baden-Württemberg, Ser. NF, Bd. 29, 2000, 96–108.
8 Zur Vita und zu den Arbeiten V. Vitanovs vgl. dessen Homepage, https://valentin-vitanov.de/biographie/ (abgerufen am 29.10.2023).
9 Vgl. die Abbildung der Taufszene (Bild 17) auf der Homepage des Künstlers, https://valentin-vitanov.de/kunst-am-bau-ellwangen/ (abgerufen am 29.10.2023). Zu Method in Süddeutschland vgl. S. Barlieva: Der hl. Methodius und die süddeutschen Benediktiner. In: E. Ivanov, I. Naydenov (Hg.): Der heilige Methodius, Bulgarien und Europa. Festschrift anläßlich des 50. Methodiusgedenkens in Ellwangen und des 10. Jahrestages der Gründung des südosteuropäisch-bulgarischen Kulturinstituts in Ellwangen, ECI 12, Paderborn 2023, 9–20; zum Wirken Kyrills und Methods vgl. auch E. Mühle: Die Slawen im Mittelalter zwischen Idee und Wirklichkeit, Wien, Köln, Weimar 2020, 161–169; G. Podskalsky: Theologische Literatur des Mittelalters in Bulgarien und Serbien 865–1453, München 2000, 174–176 und 274–277; M. Jonova: Metodij, in: D. Petkanova (Hg.): Starobălgarska Literatura, Veliko Tărnovo 2000, 298–299; P.A. Hollingsworth: Art. Methodius, in: ODB 2, Oxford 1991, 1354–1355 sowie R.-J. Lilie, C. Ludwig, B. Zielke, T. Pratsch, Art. Methodios, in: dies. (Hg.): Prosopographie der mittelbyzantinischen Zeit online, Berlin, Boston 2013, https://www.degruyter.com/database/PMBZ/entry/PMBZ27217/html (abgerufen 29.10.2023).
10 Vgl. Vitanov, Homepage (s. Anm. 9), die Abbildung der Übersetzungsszene (Bilder 6, 10 und 12).
11 Vgl. Vitanov, Homepage (s. Anm. 9), Abbildung 16.
12 Dies zeigt der Vergleich der Darstellungen Vitanovs mit der kanonischen Ikonographie des Methodius, die u.a. dargestellt wird in: J. Myslivec: Art. Cyrillus (Konstantin) und Methodius, Apostel der Slaven, in: LCI 6, Rom, Freiburg, Basel, Wien 1974, 23–26.

phabet darstellt, verbinden die Darstellungen.[13] Ferner befinden sich zwei orthodoxe Ikonen, die Kyrill und Method darstellen sowie eine Ikone des Method in der
Gedenkstätte.[14] Eine bronzene Stiftertafel ist an der westlichen Außenwand angebracht.[15]

# 3 Ikonographische Spezifika

Die ikonographische Zuordnung, welche wir als ersten Schritt der Kontextualisie-
rung dieses »heiligen Raumes« vornehmen wollen, zeigt die Verwendung unterschiedlicher Quellen für die Dekoration der Gedenkstätte: Während die Darstellung Kyrills und Methods mit ihren Schülern Kliment, Naum, Sava, Gorazd und
Angelarij sich ikonographisch an die üblichen Darstellungen der Gruppe der »Sveti
Sedmočislenitsi« anlehnt, die im kirchlichen Festkalender am 27. Juli erinnert werden,[16] fehlt in den Namensbeischriften die für kanonische Bilder der orthodoxen
Kirche unverzichtbare Bezeichnung als »Heilige«.[17] Die Szenen von Kyrill und Method bei der Übersetzungsarbeit und Methods bei der Taufe kommen sogar ganz
ohne Namensbeischriften und auch ohne Heiligenscheine aus.[18] Damit erinnern
sie, was durch die nicht im Bildkanon der Ostkirche enthaltene Dekoration eines
umlaufenden glagolitischen und kyrillischen Alphabets ergänzt wird, nicht länger
an die kirchenrechtlich vorgegebene orthodoxe Ikonographie, sondern an die 1950
durch den Maler Ivan Dimov Hristov (1908–1996) geschaffenen säkularen Muster
für die »nationale« Bildkultur des seit 1969 in beabsichtigter Distanzierung von

---

**13** Vgl. Vitanov, Homepage (s. Anm. 9), Abbildung 20. Zur von Kyrill und Method entwickelten
glagolitischen Schrift und der später von ihren Schülern in Bulgarien entworfenen kyrillischen
Schrift vgl. H.D. Döpmann: Das alte Bulgarien. Ein kulturgeschichtlicher Abriss bis zum Ende der
Türkenherrschaft im Jahr 1878, Leipzig 1973, 30–34 sowie Ž. Ikonomova: Azbuki, in: Petkanova,
Literatura (s. Anm. 9), 20–22.
**14** Vgl. Vitanov, Homepage (s. Anm. 9), Abbildung 20.
**15** Vgl. die Abbildung auf der Homepage des Tourismusverbandes Schwäbische Alb, http://schwae-
bischealb.de/attraktionen/methodiusgebetsstaette#/article/3a5a5d3d-f717-4901-ba87-eb378f47604f
(abgerufen am 29.10.2023).
**16** Vgl. Hl. Sinod der Bulgarischen Kirche (Hg.): Žitija na Svetiite (Leben der Heiligen), Sofia 1991,
365–366; zur späteren Verehrung der »Sieben« vgl. Rohdewald, Götter (s. Anm. 1) 58–59.607.670.
**17** Vgl. Vitanov, Homepage (s. Anm. 9), Abbildung 16.
**18** Vgl. Vitanov, Homepage (s. Anm. 9), die Abbildung der Übersetzungsszene (Bilder 6, 10 und 12).
Zu den entsprechenden Gedenktagen vgl. Sinod, Žitija (s. Anm. 16), 103: »Tod des hl. slawisch-bulgarischen Kyrill« (14. Februar), 184: »Tod des hl. slawisch-bulgarischen Methodius« (6. April), 245
»Heilige Apostelgleiche Kyrill und Method« (11. Mai). Der »Feiertag der slawischen Schrift und Kultur« (24. Mai) ist demgegenüber nicht im Kirchenkalender vermerkt.

den kirchlichen Gedenkfeiern auf den 24. Mai verlegten »Tages des slawischen Alphabets und der bulgarischen Aufklärung und Kultur«, an dem die beiden Brüder als Patrone der bulgarischen Sprache, Literatur und Nationalität gefeiert werden.[19] Im Gegensatz zu den Fresken folgen die beweglichen Ikonen in der Gedenkstätte dem ikonographischen Kanon der Bulgarischen Orthodoxen Kirche und schaffen so eine Verbindung zu den Kirchenfesten, an denen Kyrills (14. Februar), Methods (6. April) und der beiden Brüder gemeinsam (11. Mai) gedacht wird.[20]

Dass die Ausgestaltung durch die Fresken einer gleichermaßen national wie säkular verengten Sichtweise auf die ostkirchliche Überlieferung entspricht, wird auch durch den Vergleich der Darstellungen mit der Method-Vita deutlich: Die Gegenüberstellung der Ikonographie mit der Überlieferung der Vita zeigt vor allem, welche zentralen Segmente der traditionellen hagiographischen Überlieferung in der ikonographischen Ausgestaltung an den Wänden der Gedenkstätte ausgespart werden. So werden, wie dies seit der nationalen »Wiedergeburt« Bulgariens üblich ist, Kyrill und Method beinahe wie eine einzige Person behandelt,[21] was in den von uns betrachteten Darstellungen insofern Niederschlag findet als die eigene Übersetzungsleistung des Method, die in dessen Vita eindrücklich dokumentiert wird, in der bildlichen Darstellung zugunsten der »Erfindung« des glagolitischen Alphabets durch Kyrill zurücktritt, dem Method nur über die Schulter schauen darf.[22] Ferner werden die byzantinische Herkunft Methods, Methods administrative Karriere im byzantinischen Dienst und auch die »mährische Gesandtschaft« der Fürsten Swe-

---

**19** Zur Herausbildung des Feiertages im 19. Jahrhundert vgl. Rohdewald, Götter (s. Anm. 1), 237–253; zur Verlegung des Tages vom 11. Mai, dem traditionellen Datum der orthodoxen Kirche auf den 24. Mai und der damit einhergehenden Transformation des Tages in sozialistischer Zeit vgl. Mitewa-Michalkowa, Kyrill und Method (s. Anm. 2), 364–366; zum ikonographischen Muster Hristovs vgl. ebd. 370.

**20** Vgl. Vitanov, Homepage (s. Anm. 9), Abbildung 20.

**21** Zum Zurücktreten Methods hinter Kyrill in den neuzeitlichen Narrativen vgl. Dżewiecka: Jubilejno (s. Anm. 5), 105–118.

**22** Vgl. Vitanov, Homepage (s. Anm. 9), die Abbildung der Übersetzungsszene (Bilder 6, 10 und 12). Dass die Übersetzungsarbeit Methods an Umfang weit über die Arbeit seines Bruders hinausging, bezeugt die älteste Vita Methods: Vita Methodii XV (s. Anm. 3), 20: »Danach, als er alle seine Sorge und Traurigkeit auf Gott geworfen hatte, nahm er zunächst von seinen Schülern zwei schnellschreibende Priester zu sich und übertrug rasch alle Bücher außer den Makkabäerbüchern aus der griechischen Sprache in die slawische Sprache innerhalb von sechs Monaten. Er begann im Monat März und (erg. arbeitete) bis sechsundzwanzigsten Oktober«. Vorausgegangen war die gemeinsame Übertragung biblischer, liturgischer, patristischer und kirchenrechtlicher Schriften (Vita Methodii XV (s. Anm. 3), 22): »Denn den Psalter und das Evangelium mit dem Apostolos und ausgewählten Gottesdienstordnungen hatte er bereits gemeinsam mit dem Philosophen (scil. Kyrill) übersetzt. Damals hatte er auch den Nomokanon, d.h. das Kirchenrecht und die Bücher der Väter übersetzt«.

toslaw und Rostislaw von Groß-Mähren nicht dargestellt.[23] Zugleich fügt der Maler seinem Programm Szenen und Motive hinzu, die in der ältesten Vita Methods nicht expliziert werden, etwa eine Taufe durch Methodius.[24] Diese auffälligen Differenzen besitzen eine Gemeinsamkeit: Sie übergehen oder marginalisieren allesamt die transnationalen Spezifika der ältesten ostkirchlichen Method-Überlieferung im Sinne einer nationalbulgarischen Einordnung Methods als eines säkularen Bildungsheroen. Ein Blick auf die Methodiustradition seit dem 18. Jahrhundert macht deutlich, dass die Bulgarisierung und allmähliche Nationalisierung des Methodius ebenso wie seine Verbindung mit der »Bildung«, »Aufklärung« und »Kultur« bereits vor der sozialistischen Zeit entfaltet wurden.[25] Die säkulare ikonographische Ausgestaltung verdankt sich hingegen den spezifischen historischen Entstehungs-

---

**23** Zur Herkunft des Methodius vgl. Vita Methodii II (s. Anm 3), 10: »Er entstammte von beiden Elternteilen einer … guten und ehrenwerten Familie, die von Anfang an Gott und dem Kaiser und der ganzen Region von Thessaloniki bekannt war, wie auch seine körperliche Gestalt zeigte.« Zur Karriere des Methodius vgl. Vita Methodii II (s. Anm. 3), 10: »Danach … übertrug ihm der Kaiser, der seinen Scharfsinn erkannte, ein slawisches Fürstentum zur Verwaltung«. Zur mährischen Gesandtschaft vgl. Vita Methodii V (s. Anm. 3), 12: »Es ereignete sich in jenen Tagen, dass Rostislav, der Fürst und Svetoslav von Mähren zu Kaiser Michael die folgende Botschaft sandten: ›Durch Gottes Gnade sind wir wohlauf und es sind zu uns viele christliche Lehrer gekommen, aus Italien und aus Griechenland und aus Deutschland, die uns unterschiedliche Dinge lehren. Wir Slawen sind aber einfache Leute und es gibt niemanden, der uns in der Wahrheit unterrichtet und die Bedeutung (scil. der Schrift) erschließt. Deshalb, guter Herrscher, sende einen solchen Mann, der uns in aller Wahrheit unterrichtet.‹ Das sprach der Kaiser Michael zu Konstantin, dem Philosophen: ›Hörst du diese Rede, Philosoph? Niemand außer dir kann diese Aufgabe erledigen, denn du besitzt große Gaben. Nimm auch deinen Bruder, den Abt Methodius mit dir […]. Denn ihr seid Leute aus Thessaloniki und alle Einwohner von Thessaloniki sprechen rein Slawisch‹ […] Da widmeten sie sich dem Gebet mit anderen, die ihre Ansicht teilten und dann offenbarte Gott dem Philosophen die slawischen Buchstaben und dann, nachdem er das Alphabet zusammengestellt hatte und eine Rede entworfen hatte, machte er sich auf den Weg nach Mähren und nahm Methodius mit sich. Der […] diente dem Philosophen und lehrte mit ihm und nach drei Jahren kehrten sie aus Mähren zurück.«
**24** Zur anachronistischen Überlieferung der Taufe des bulgarischen Zaren Boris durch Kyrill und Method vgl. das Fresko im nordmazedonischen Resen, https://garystockbrindge617.getarchive.net/ amp/topics/boris+i+of+bulgaria (abgerufen am 29.10.2023).
**25** Vgl. dazu Rohdewald, Götter (s. Anm. 1), 237–274 und 677–689. Im bulgarischen wissenschaftlichen Diskurs wurde seit den 1960er Jahren zunehmend der Begriff der »Aufklärung« zur Beschreibung des Wirkens von Kyrill und Method verwendet (vgl. Dževiecka, Jubilejno (s. Anm. 5), 76). Während der Begriff in sozialistischen Ländern sonst oft antireligiös geprägt war, besitzt »Aufklärung« im hier behandelten Kontext auch Konnotationen, die auf die Zeit der bulgarischen »Wiedergeburt« zurückgehen und die dem Wirken der religiösen Akteure des 9. Jahrhunderts ein emanzipatorisches Potenzial zuerkennen (vgl. Dževiecka, Jubilejno (s. Anm. 5), 76–95). Zum Aufklärungsbegriff der bulgarischen »Wiedergeburt« vgl. Rohdewald, Götter (s. Anm. 1), 244 (dort Anm. 456).

bedingungen der sozialistischen Zeit. Diese Kontexte entfaltet die an der Außenmauer der Gedenkstätte angebrachte Stiftertafel mit der Bauinschrift, der wir uns
nun zuwenden.

# 4 Die Bauinschrift

Die Stifterinschrift ist nicht allein für die historische Verortung des Baus wichtig,
sondern begründet zugleich, weshalb das Methodiusgedenken ausgerechnet in
der baden-württembergischen Stadt Ellwangen verortet wird: An der westlichen
Außenmauer informiert eine Bronzeplatte in deutscher und bulgarischer Sprache
über die Errichtung der Gedenkstätte mit den folgenden Worten: »Gebetsstätte
für den hlg. Methodius, den der Überlieferung nach von 870 bis 873 im Kloster Ellwangen verbannten Slaven-Apostel. Diese Stätte wurde von der Stadt Ellwangen,
der Volksrepublik Bulgarien und der Bulgarisch Orthodoxen Kirche errichtet. Den
23. Mai 1987«.[26] Die Gedenktafel bezieht sich damit auf die Folgen der Regensburger Synode von 870, auf der unter dem Vorsitz König Ludwigs des Deutschen (reg.
843–876) die versammelten ostfränkischen Bischöfe die Absetzung des Methodius
und seine Internierung beschlossen.[27] Gegen den von der Inschrift erweckten Eindruck gilt es allerdings festzuhalten, dass der Ort der Verbannung nicht in der Vita
Methodii angegeben wird. Erst seit den 1940er Jahren gilt Ellwangen Historikern
aufgrund seines benediktinischen Reichsklosters als ein möglicher Verbannungs-
ort des Methodius.[28]

---

26 Zum Text der Tafel s. Anm. 15.

27 Vgl. W. Hartmann (Hg.): Die Konzilien der Karolingischen Teilreiche 860–874, MGH Concilia
IV (Concilia Aevi Karolini DCCCLV–DCCCLXXIV), Hannover 1998, 402–405. Von der Regensburger
Synode berichtet die Vita Methodii, IX (s. Anm. 3), 16: »Danach erregte der alte Feind, der Neider
des Guten und Gegner der Wahrheit das Herz des Feindes des Fürsten von Mähren gegen ihn (scil.
Methodius) mit allen seinen Bischöfen (und sie sagten): ›Du lehrst in unserem Territorium‹. Er
aber antwortete: ›Hätte ich gewusst, dass es euer Territorium ist, wäre ich weggegangen. Doch
ist es in Wahrheit das Territorium des heiligen Petrus. Wenn ihr aus Eifersucht und Gier die alten
kanonischen Grenzen überschreitet, und Gottes Lehre bekämpft, so seht euch vor, wenn ihr einen
eisernen Berg mit einem knöchernen Schädel zerschlagen wollt, dass ihr dabei nicht euer Gehirn
verspritzt.‹ Sie sagten ihm zornentbrannt: ›Dir wird es schlecht ergehen!‹ Er aber antwortete: ›Ich
sage die Wahrheit vor den Herrschern und schäme mich nicht. Ihr aber verfahrt mit mir nach
eurem Willen [...]‹. Der König sagte: Quält meinen Methodius nicht, er ist schon ganz verschwitzt.
Er aber antwortete: ›Herr, als irgendwelche Leute einmal einen verschwitzten Philosophen sahen,
sagten sie ihm: ›Was schwitzt du?‹ Er aber sagte ihnen: ›Ich stritt mit Dummköpfen‹.«

28 Vgl. den Text der Vita Methodii IX (s. Anm. 3), 16: »Man sandte ihn (scil. den Methodius) nach
Schwaben und hielt ihn dort für zweieinhalb Jahre fest« (Übersetzung M. I.); neben Ellwangen

Mag auch die genaue Verortung des Exils unsicher sein, so ist die Motivation
von zweien der drei Stifter leicht erschließbar: Die römisch-katholisch geprägte Stadt wollte an den u.a. durch die päpstliche Enzyklika »Slavorum Apostoli«
(02. Juni 1985) geehrten Missionar erinnern.[29] Für die bulgarische Kirche ging es
um das Gedächtnis eines ihrer bedeutendsten Heiligen und zugleich um die Pflege
ökumenischer Kontakte und den Aufbau kirchlicher Strukturen in Westeuropa.[30]
Die Harmonie zwischen der römisch-katholischen und der bulgarisch-orthodoxen
Identität wird zudem bereits durch die ostkirchliche hagiographische Überlieferung der ältesten Vita Methodii nahegelegt, in der auf außergewöhnliche Weise
die zentrale Rolle Roms als Hort der Rechtgläubigkeit,[31] durch die Förderung der
Mission und durch die Segnung der slawischen Bücher, d.h. die Kritik an der »Dreisprachenhäresie« herausgestrichen wird.[32]

---

kommen auch Freising oder die Reichenau als mögliche Verbannungsorte infrage (vgl. Hartmann,
Konzilien (s. Anm. 26), 402).

**29** Vgl. M. Illert: Vorwort zu: Ivanov, Naydenov, Methodius (s. Anm. 9) VII–X.

**30** Vgl. M. Illert: Dialog – Narration – Transformation. Die Dialoge der Evangelischen Kirche in
Deutschland und des Bundes der Evangelischen Kirchen in der DDR mit orthodoxen Kirchen seit
1959, BÖR 106, Leipzig 2016, 243.

**31** Die Vita Methods arbeitet die Rechtgläubigkeit des Papstes in einer für die kirchenslawische
Literatur überraschenden Deutlichkeit mittels der Profilierung der Rolle der Päpste auf den ersten
sechs (sic! d.h. ohne Nizäa II) ökumenischen Konzilien heraus und sei deshalb hier zitiert, vgl. Vita
Methodii, I (s. Anm. 3), 8: »Der ehrenwerte Silvester mit dreihundertachtzehn Vätern nahm den
großen Kaiser Konstantin zur Hilfe und besiegte und verfluchte auf dem ersten Konzil zu Nizäa
den Arius und seine Häresie [...]. Damasus und Gregor der Theologe befestigten mit einhundert-
fünfzig Vätern und dem großen Kaiser Theodosius zu Konstantinopel das heilige Bekenntnis [...].
Coelestin und Kyrill unterdrückten mit zweihundert Vätern und einem anderen Kaiser in Ephesus den Nestorius und seinen christologischen Irrtum [...]. Leo und Anatolios verfluchten mit dem
rechtgläubigen Kaiser Markian und sechshundertdreißig Vätern den wahnsinnigen Irrtum des
Eutyches. Vigilus und mit dem gottgefälligen Kaiser Justin (sic! anstelle des historisch korrekten
Namens »Justinian«) und einhundertfünfundsechzig Vätern stellten eine Untersuchung an und
sprachen Verdammungen aus. Der apostolische Papst Vigilius und zweihundertsechzig Väter unterdrückten, exkommunizierten und verdammten auf dem sechsten Konzil Theodor von Pharan,
Severus und Pyrrhus, Kyros von Alexandria, Honorius von Rom, Marcian von Antiochia und ihre
übrigen Genossen.«

**32** Methodius in den Augen Roms beschreibt Vita Methodii, XII (s. Anm. 3), 20: »Unser Bruder Methodius ist heilig und rechtgläubig, er übt ein apostolisches Werk aus und alle slawischen Länder
von Gott und vom apostolischen Stuhl in seine Hand gelegt. Wen er verflucht, der soll verflucht
sein und wen er heiligt, der soll geheiligt sein«; vgl. auch das päpstliche Schreiben Vita Methodii,
VIII (s. Anm. 3), 14: »Wir senden unseren Sohn Methodius, einen vollkommen vernünftigen und
rechtgläubigen Mann, in euer Land und weihen ihn und seine Schüler, damit er euch lehrt, wie ihr
erbeten habt und (damit er) die (heiligen) Bücher in eurer Sprache auslegt, wie es der göttlichen
Ordnung entspricht, das bedeutet mit Gottesdienst und Taufe, wie es Konstantin der Philosoph mit

Woraus aber begründete sich die Motivation der Volksrepublik Bulgarien zur Umsetzung des Bauvorhabens?

Blicken wir auf die Stiftertafel, so fällt erstens ins Auge, dass im bulgarischen Text anders als im deutschen Text nicht von einer »Gebetsstätte«, sondern von einem »Gedenk- und Gebetswinkel« (Bulg.: văspomenatelen moleben kăt) die Rede ist, sodass die kirchlich-religiöse Funktion des Ortes in der bulgarischen Version hinter dessen gedächtnispolitische Funktion an die zweite Stelle gesetzt wird. Auffällig ist zweitens, dass sich die Tafel für den Ellwangen-Aufenthalt des Methodius auf die »Überlieferung« beruft (auch Bulg.: spored predanieto), obgleich Ellwangen – wie wir bereits anmerkten – keine explizite Erwähnung in der Vita Methodii findet, die nur von »Schwaben« spricht. Die Stiftertafel deklariert somit eine Hypothese zeitgenössischer Historiker als »Überlieferung« und stellt sich damit in die Reihe der »erfundenen Traditionen«.[33] In diesem anachronistischen Sinn der erfundenen Tradition wird drittens Methodius nicht allein als »Slawenapostel«, sondern als »slawisch-bulgarischer Apostel« (Bulg.: slavjanobălgarski apostol) bezeichnet, sodass gegenüber der deutschen Fassung eine nationale Komponente seines Wirkens imaginiert und eine stichwortartige Assoziation mit der 1760 begonnenen »slawisch-bulgarischen Geschichte« des Paisij von Hilandar (1722–1773), dem Gründungsdokument des bulgarischen Nationalbewusstseins, hergestellt wird.[34] Diese Verbindung zur Wiedergeburtszeit erfolgt viertens auch noch durch das Datum der Bauinschrift, den 23. Mai, das den Vorabend des »Tages des slawischen Alphabets« darstellt (und nicht etwa den 11. Mai als den traditionellen kirchlichen Gedenktag des Methodius), womit ein weiteres Mal die säkular-nationale Einbindung des Gedenkens betont wird.[35]

Durch diese vier Faktoren wird von der Stiftertafel eine Methodius-»Tradition« konstruiert, in der die transnational orthodox-religiöse Funktion hinter der säkular und national bestimmten gedächtnispolitischen Funktion rangiert.[36] Bereits ein Jahrzehnt vor der Errichtung der Kapelle war exakt eine dieser Sichtweise identi-

---

Gottes Hilfe und durch das Gebet des heiligen Klemens begonnen hat«. Zur »Dreisprachenhäresie« vgl. Vita Methodii VI (s. Anm. 3), 12: »Papst Nikolaus […] legte das slawische Evangelium auf dem Altar des heiligen Apostels Petrus. […] Es gab aber viele Leute, die sagten […] Es gehört sich nicht, dass irgendjemand ein eigenes Alphabet benutzt außer Hebräern, Griechen und Lateinern, wie es dem Titulus des Pilatus entspricht, den er auf das Kreuz Christi schrieb«.

**33** Vgl. das grundlegende Werk von E. Hobsbawm, The Invention of Tradition, Cambridge 1992.

**34** Zu Paisij vgl. Rohdewald, Götter (s. Anm. 1), 214–218.

**35** Seit 1969 wurde der Tag des Alphabets nicht länger am Heiligengedenktag Kyrills und Methods, dem 11. Mai gefeiert, sondern auf den 24. Mai verlegt, um das kirchliche Gedenken zu marginalisieren, vgl. Mitewa-Michalkowa, Kyrill und Method (s. Anm. 2), 369.

**36** Vgl. Mitewa-Michalkowa, Kyrill und Method (s. Anm. 2), 374: »Unter dem Leitsatz ›Einheit zwische Perspektive durch eine Anbringung einer Gedenktafel in der Schmiedstrasse in Ellwangen mit der Aufschrift »zu Ehren des großen bulgarischen Aufklärers Method vom dankbaren bulgarischen Volk« zum Ausdruck gebracht worden, wo eine an der Method-Ikonographie des 19. Jhs. orientierte Heiligengestalt ohne Nimbus und bischöflichen Ornat im Stil des sozialistischen Realismus präsentiert wird.[37]

# 5 Sozialistisches und postsozialistisches Methodius-Gedenken als Rahmenbedingung

Die bulgarisierte und säkularisierte Bearbeitung des Method-Narrativs fügte sich dem seit 1969 von der Kommunistischen Partei Bulgariens massiv implementierten Säkularisierungsschub ein, der die religiöse Tradition nur noch als kulturelle Errungenschaft dulden wollte und sie doch zugleich in den kulturellen Außenkontakten des Landes zu instrumentalisieren suchte.[38] Darüber hinaus kam diese Version der Lebensgeschichte und des Wirkens Methods den Aspirationen der bulgarischen Kulturpolitik entgegen: Seit der Amtszeit Ljudmila Živkovas (1942–1981) als Kultusministerin (ab 1975) zählte das Gedenken an Kyrill und Method zum Kernbestandteil der sozialistischen Identitätspolitik Bulgariens sowohl im In- wie auch im Ausland.[39] Die Errichtung der von uns untersuchten Gedenkstätte fällt in die

---

schen Vergangenheit, Gegenwart und Zukunft‹ (*edinstvo meždu minalo, nastojašte i bădešte*) wurden sämtliche historischen, künstlerischen und medialen Ressourcen mobilisiert«.
37 Vgl. Illert, Erinnerungsorte (s. Anm. 4), 5–7. Wie Rohdewald, Götter (s. Anm. 1), zeigt, ist die Nationalisierung bereits ein Produkt des 19. Jahrhunderts und keine Erfindung der sozialistischen Zeit. Kirchlicherseits wurde die Zusammenführung von Nation und Religion spätestens im Jahr 1872 durch die Verurteilung der Bulgarischen Kirche durch das Patriarchat Konstantinopel als »phyletistisch«, d.h. nationalistisch, deutlich. Vgl. den Tomos der Synode bei: B. Martin-Hisard (Hg.): Concilium Constantinopolitanum 1872 in: Alberto Melloni (Hg.): The Great Councils of the Orthodox Churches. Decisions and Synodika. From Constantinople 861 to Constantinople 1872, Turnhout 2016, 371–373.
38 Im Jahr 1968 erbrachte die Erhebung »Der Prozess der Überwindung der Religion in Bulgarien« das Ergebnis, dass nur noch 35 Prozent der Bevölkerung sich als religiös begriff. Die Partei beschloss daraufhin die Schaffung säkularer Ersatzrituale für die Taufe und die Hochzeit, vgl. M. Metodiev, Meždu vjarata i kompromisa, https://minaloto.bg/gb/между-вярата-и-компромиса/ (abgerufen am 30.10.2023).
39 Vgl. Džewiecka: Jubilejno (s. Anm. 5), 85. Freilich ist mit Blick auf das Jahr 1987 zu spezifizieren, dass die 2. Hälfte der 1980er Jahre bereits eine Krisenzeit war, in die der »Wiedergeburtsprozess« der Vertreibung der bulgarischen Türken, die Reformen Gorbatschovs und eine schwere ökonomische Krise Bulgariens fielen (vgl. ebd. 92).

»jüngste Mikroperiode, die die Gestalt des Narrativs von Kyrill und Method während der Zeit des Sozialismus prägte«, in der »internationale Kulturpolitik« der »Implementierung von dem totalitären Ideensystem ›fremden‹ Ideen (sowohl religiös-philosophischen als auch ökonomischen)«[40] einherging. Unter dem Einfluss von Živkova wurde »eine ›neue‹ Vision Bulgariens als eines Staats alter Kulturen, als eines Kreuzweges der Zivilisationen«[41] propagiert. Der Fokus lag auf dem Jubiläum der »1300 Jahre seit der Schaffung des bulgarischen Staates« (1981),[42] bei dem das Gedächtnis der Vergangenheit zur Legitimation der Gegenwart verwendet« wurde, indem die Nationalgeschichte mystifiziert und die nationale Mythologie für einen Nationalkult erfolgen sollte, »der sich als offen und inklusiv für alle Werte der tausendjährigen kulturellen Tradition Bulgariens präsentierte.«[43] Aus diesen Gründen entsprach die Einrichtung einer säkular und national geprägten »Gedenkstätte« für Methodius exakt der Kulturpolitik der Volksrepublik und selbst noch die Ausmalung der Gedenkstätte ist ohne den Geist der Kulturpolitik Živkovas unverständlich.

In der Endphase der kommunistischen Herrschaft hatte auch Vitanov, der Maler der Fresken der Gedenkstätte, seine künstlerische Ausbildung erhalten.[44] Dass für ihn, wie für viele seiner Kollegen, der »magische Realismus« nach eigenem Bekunden eine Alternative zur offiziell gewünschten Form des sozialistischen Realismus darstellte,[45] dürfen wir nicht vorschnell mit einem religiösen Bekenntnis gleichsetzen. Vitanovs 2018 erfolgte Ausmalung der Gedenkstätte beinahe drei Jahrzehnte nach der politischen Wende von 1989 erhebt vielmehr Kyrill und Method im alten, d. h. in der sozialistischen Zeit geprägten Stil zu Heroen der bulgarischen

---

**40** Džewiecka: Jubilejno (s. Anm. 5), 85.

**41** Džewiecka: Jubilejno (s. Anm. 5), 85.

**42** Vorausgegangen waren Jubiläen wie das 1100. Jubiläum der mährischen Mission 1963, das zum Datum der »Erschaffung der bulgarischen Literatur« umgedeutet wurde, der 1100. Todestag Kyrills (1969), der mit dem 100-jährigen Jubiläum der Bulgarischen Akademie der Wissenschaften zusammenfiel. Es folgte 1985 das 1100. Todesjahr Methods, das von staatlicher und kirchlicher Seite mit internationalen Kongressen begangen wurde (vgl. die Abbildungen bei Džewiecka: Jubilejno (s. Anm. 5), 183–191).

**43** Džewiecka: Jubilejno (s. Anm. 5), 85. Nicht allein als wissenschaftlicher Bericht wurde das Narrativ von Kyrill und Method in sozialistischer Zeit erzählt, sondern auch als ökumenisches Programm. Die unbestreitbar nationale Zuspitzung der Tradition wurde teilweise durch den ökumenischen Gedankengang abgemildert, das Werk der Brüder sei nicht nur bulgarisch, sondern auch allgemeinslawisch und eigentlich allgemeinmenschlich (Vgl. Džewiecka: Jubilejno (s. Anm. 5), 91–101). Eine so beschworene Ökumene konnte auch als Teil des sozialistischen Internationalismus interpretiert werden.

**44** Vgl. Vitanov, Biografie (s. Anm. 8).

**45** Vgl. Vitanov, Biografie (s. Anm. 8).

»Bildung« und »Aufklärung«. Vitanovs Fresken zeigen, wie stark die bulgarisierte und zugleich säkularisierte Form der Methodius-Verehrung der sozialistischen Zeit auch nach dieser Zeit fortwirkte und bezeugen die Inspiration des Künstlers durch die nach 1950 erfolgte Brechung des kirchlich-kanonischen Formenkanons in der offiziellen Kunst des Landes.[46] Für die Kontinuität zwischen der sozialistischen Method-Vereinnahmung und der nachfolgenden Zeit sind Vitanovs Fresken nur ein eindrückliches Einzelbeispiel. Das breite Fortwirken der »erfundenen Tradition« nach der politischen Wende wurde durch den Umstand ermöglicht, dass das demokratische Bulgarien im Jahr 1990 beschloss, den 24. Mai – als einzigen Tag aus dem kommunistischen Festkalender – in den Kalender des Feiertags des demokratischen Bulgariens zu übernehmen, sodass die in der sozialistischen Zeit erarbeitete panegyrische Rhetorik und die dies begleitende Ikonographie des Festtags selbst noch zum Zeitpunkt der Aufnahme Bulgariens in die europäische Union 2007 so gut wie unverändert von den staatlichen und kulturellen Repräsentanten des Balkanlandes reproduziert werden konnten.[47] Achtundzwanzig Jahre nach dem Beschluss der Übernahme des Feiertags bietet die Ausmalung des »heiligen Raums« in Ellwangen ein weiteres sprechendes Zeugnis für die Kontinuität.

---

**46** Zum Folgenden vgl. Illert, Erinnerungsorte (s. Anm. 4), 7. Mit der insbesondere nach 1989 verstärkten Beteiligung der Tschechen, Slowaken, Russen (bis 2021) und Makedonier am Methodiusgedenken in Ellwangen erfolgte eine Pluralisierung der Gedenktage. Neben der bulgarischen Gedenktafel in der Ellwanger Schmiedstrasse wurden Tafeln der mazedonisch-orthodoxen Kirche und des slowakischen Staates angebracht, die Method als orthodoxe bischöfliche Heiligenfigur bzw. als westlichen Bischof darstellen. Zu den von der orthodoxen Gemeinde in München organisierten bulgarischen Pilgerreisen fanden nun auch »Tschechenwallfahrten« statt und in diesem Sinne interpretierte die bulgarische Botschafterin Elena Shekerletova die Gedenkfeier denn auch jüngst als »Tribut an das Lebenswerk des St. Method für die Verbreitung des slawischen Alphabets als eines integralen Bestandteils des Lebens vieler slawischer Völker« (Grußwort zum 51. Methodiustag 2021 zitiert nach Illert, Erinnerungsorte (s. Anm. 4), 7), womit sie ein historisch zwar unpräzises, politisch aber auch im Sinne des europäischen Gedankens plausibles Narrativ entfaltet, das freilich in seinem Kern der Herausarbeitung eines bulgarischen Beitrags zur Weltkultur auf die nationale und Interpretation des Methodius aus sozialistischer Zeit zurückgeht.
**47** Vgl. Mitewa-Michalkowa, Kyrill und Method (s. Anm. 2), 382.

# Verzeichnis der Autorinnen und Autoren

**Dr. Marlen Bunzel**
Vertretung der Professur für Biblische Theologie am Zentralinstitut für Katholische Theologie der Humboldt-Universität zu Berlin, Friedrichstr. 60, 10117 Berlin, Deutschland, **marlen.bunzel@hu-berlin.de**

**Prof. Dr. Martin Düchs**
Professur für Kunst- und Kulturwissenschaften / Geschichte und Theorie der Architektur und des Designs an der New Design University, Mariazeller Str. 97a, A-3100 St. Pölten, Österreich, **martin.duechs@ndu.ac.at**

**Dr. Insa Eschebach**
Krumme Str. 18, 16798 Fürstenberg, Deutschland, **office@eschebach.org**

**PD Dr. Reinhard Flogaus**
Privatdozent für Kirchengeschichte und Fachvertreter für Kirchen- und Konfessionskunde / Ostkirchenkunde an der Theologischen Fakultät der Humboldt-Universität zu Berlin, Unter den Linden 6, 10099 Berlin, Deutschland, **flogausr@hu-berlin.de**

**Prof. Dr. Mohammad Gharaibeh**
Professur für Islamische Ideengeschichte am Berliner Institut für Islamische Theologie der Humboldt-Universität zu Berlin, Unter den Linden 6, 10099 Berlin, Deutschland, **mohammad.gharaibeh@hu-berlin.de**

**Prof. Dr. Katharina Greschat**
Professur für Kirchen- und Christentumsgeschichte (Alte Kirche und Mittelalter) an der Evangelisch-Theologischen Fakultät der Ruhr-Universität Bochum, Universitätsstraße 150, 44801 Bochum, Deutschland, **katharina.greschat@rub.de**

**apl. Prof. Dr. Martin Illert**
Seminar für Ostkirchenkunde an der Theologischen Fakultät der Martin-Luther-Universität Halle-Wittenberg, Franckeplatz 30, 06110 Halle (Saale), Deutschland, **martin.illert@theologie.uni-halle.de**

**Prof. Dr. Sonja Keller**
Professur für Praktische Theologie, Augustana-Hochschule, Waldstrasse 14, 91564 Neuendettelsau, Deutschland, **sonja.keller@augustana.de**

**apl. Prof. Dr. Stefanie Lieb**
Kunsthistorisches Institut der Philosophischen Fakultät an der Universität zu Köln, Albertus Magnus Platz, 50923 Köln, Deutschland, **stefanie.lieb@uni-koeln.de**

https://doi.org/10.1515/bthz-2024-0019

**Prof. a. D. Dr. Ulrich Mell**
Fakultät Wirtschafts- und Sozialwissenschaften der Universität Hohenheim, Schloss Hohenheim 1B,
70599 Stuttgart, Deutschland, **u.mell@t-online.de**


**Dr. Kerstin Menzel**
Vertretung der Professur für Praktische Theologie an der Theologischen Fakultät der Martin-Luther-
Universität Halle-Wittenberg, 06099 Halle (Saale), Deutschland,
**kerstin.menzel@theologie.uni-halle.de**


**Univ.-Prof. Dr. Anna Minta**
Institut für Geschichte und Theorie der Architektur der Katholischen Privatuniversität Linz,
Bethlehemstraße 20, A-4020 Linz, Österreich, **a.minta@ku-linz.at**


**PD Dr. Gerdi Nützel**
Sorauer Str. 13, 10997 Berlin, Deutschland, **nuetzelgerdi@web.de**


**Dr. Silke Radosh-Hinder**
Superintendentin, Ev. Kirchenkreis Berlin Stadtmitte, Klosterstraße 66, 10179 Berlin, Deutschland,
**s.radosh-hinder@kkbs.de**


**Prof. Dr. Risto Saarinen**
Faculty of Theology, University of Helsinki, Talkootie 10 A, FI-00660 Helsinki, Finnland,
**risto.saarinen@helsinki.fi**


**Prof. Ansgar Schulz und Prof. Benedikt Schulz**
Dipl.-Ing. Architekt BDA DWB, Professur für Entwerfen und Konstruieren I an der Fakultät Architektur
der Technischen Universität Dresden, Zellescher Weg 17, 01069 Dresden, Deutschland,
**ek@mailbox.tu-dresden.de**


**Rabbiner drs. Edward van Voolen**
Kunsthistoriker, Historiker und Rabbiner, Berlin, Deutschland, **edwardvanvoolen@gmail.com**


**Prof. Dr. Thomas Wabel**
Professur für Systematische Theologie und theologische Gegenwartsfragen am Institut für
Evangelische Theologie an der Otto-Friedrich-Universität Bamberg, An der Universität 11,
96047 Bamberg, Deutschland, **thomas.wabel@uni-bamberg.de**


**Prof. Dr. Markus Witte**
Professur für Literaturgeschichte und Theologie des Alten Testaments an der Theologischen Fakultät
der Humboldt-Universität zu Berlin, Unter den Linden 6, 10099 Berlin, Deutschland,
**markus.witte@hu-berlin.de**

**Prof. Dr. Matthias D. Wüthrich**
Professur für Systematische Theologie insbesondere der Religionsphilosophie am
Institut für Hermeneutik und Religionsphilosophie des Theologischen Seminars der Universität
Zürich, Kirchgasse 9, 8001 Zürich, Schweiz, **matthias.wuethrich@theol.uzh.ch**

**Berliner Theologische Zeitschrift**
Band 42 (2025): »Anwaltschaft zwischen Solidarität und hegemonialer Praxis«

Unser nächster Band ist dem Thema Anwaltschaft gewidmet. Anwaltschaft (*advocacy*) ist ein zentraler Begriff im internationalen politischen Diskurs, v. a. in Menschenrechtskontexten und in der Entwicklungszusammenarbeit, der zunächst auf uneigennützige, öffentliche themenanwaltliche Interessenvertretung zielt, in christlich-theologischen Kontexten oft mit biblischen Weisungen (etwa Spr 31,8) assoziiert wird und insgesamt nicht selten mit universalen normativen Geltungsansprüchen einhergeht. Allerdings ist das Konzept in Verruf geraten: Eine nicht mandatierte Anwaltschaft kann leicht als paternalistisch verstanden werden, weil sie performativ eine Deutungshoheit beansprucht, die die Unterlegenheit der als subaltern Behaupteten mit den besten Absichten verstärkt, wie etwa die postkoloniale Kritik verdeutlicht. Advocacy-Handeln im internationalen wie auch im kirchlichen Kontext ist zudem eingebettet in globale politische und ökonomische Asymmetrien, in denen koloniale Deutungsmuster und Abhängigkeiten weiterwirken. Auch populistische Bewegungen stellen anwaltschaftliches Handeln zunehmend infrage.

Die Beiträge schauen u. a. aus verschiedenen theologischen, religionswissenschaftlichen, historischen, entwicklungssoziologischen und politikwissenschaftlichen Perspektiven auf das Thema und gehen der Frage nach, was das Besondere anwaltschaftlichen Handelns speziell in religiösen Kontexten ausmacht, welche theologischen und ethischen Fragen sich rund um das Thema *advocacy* ergeben und wie eine zeitgemäße Praxis und wissenschaftliche Reflexion aussehen kann.

Mit Beiträgen von Gabriele Beckmann, Johannes Eurich, Doris Günther-Kriegel, Torsten Meireis, Jeremy Punt, Ulrike Schröder, Ufuk Topkara, Markus Vogt, Ruben Zimmermann und anderen.

www.ingramcontent.com/pod-product-compliance
Lightning Source LLC
Chambersburg PA
CBHW070407100426
42812CB00005B/1661